시작하세요!
도커/쿠버네티스 개정2판
친절한 설명으로 쉽게 이해하는 컨테이너 관리

시작하세요!
도커/쿠버네티스

개정2판

친절한 설명으로 쉽게 이해하는 컨테이너 관리

지은이 용찬호

펴낸이 박찬규 엮은이 윤가희 디자인 북누리 표지디자인 Arowa & Arowana

펴낸곳 위키북스 전화 031-955-3658, 3659 팩스 031-955-3660

주소 경기도 파주시 문발로 115 세종출판벤처타운 311호

가격 36,000 페이지 636 책규격 188 x 240mm

1쇄 발행 2025년 07월 10일
ISBN 979-11-5839-616-9 (93000)

등록번호 제406-2006-000036호 등록일자 2006년 05월 19일
홈페이지 wikibook.co.kr 전자우편 wikibook@wikibook.co.kr

Copyright © 2025 by 용찬호
All rights reserved.
Printed & published in Korea by WIKIBOOKS

이 책의 한국어판 저작권은 저작권자와 독점 계약한 위키북스에 있습니다.
신저작권법에 의해 한국 내에서 보호를 받는 저작물이므로 무단 전재와 복제를 금합니다.
이 책의 내용에 대한 추가 지원과 문의는 위키북스 출판사 홈페이지 wikibook.co.kr이나
이메일 wikibook@wikibook.co.kr을 이용해 주세요.

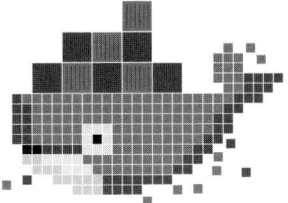

개정2판

시작하세요!
도커/쿠버네티스

── Getting Started with Docker/Kubernetes ──

친절한 설명으로 쉽게 이해하는 컨테이너 관리 ── 용찬호 지음

위키북스

2013년에 도커가 출시되고 나서 무려 12년이라는 시간이 흘렀습니다. 이 책의 전신이 되는 "시작하세요! 도커" 책을 집필했을 당시인 2016년에는 이미 많은 회사가 도커를 실제 운영 환경에 도입하고 있었습니다. 하지만 도커만으로는 대규모 운영 환경을 구축할 수 없었고, 이를 해결하기 위해 랜처(Rancher), 스웜 모드(Swarm Mode) 등의 컨테이너 오케스트레이션 툴이 등장했습니다. 하지만 지금에 이르러서는 쿠버네티스(Kubernetes)가 컨테이너 오케스트레이션 생태계에서의 승자로 자리 잡았으며, 클라우드 및 인프라 업계에서는 사실상 표준으로서 여겨지고 있습니다.

컨테이너 기술은 쿠버네티스를 중심으로 발전하고 있으며, 지금도 수많은 오픈소스 프로젝트가 쿠버네티스를 기반으로 개발되고 있습니다. 이러한 오픈소스 생태계는 긍정적으로 보일 수도 있지만, 다른 한편으로는 컨테이너 기술의 진입 장벽을 더욱 높이고 있는 것 같아 안타깝다는 생각이 듭니다. 도커 그 자체는 크게 어려운 기술이 아니지만, 쿠버네티스는 도커보다 훨씬 더 다양한 지식을 필요로 하므로 진입 장벽이 매우 높은 편입니다. 이로 인해 많은 개발자가 쿠버네티스의 도입을 망설이게 되는 것도 사실입니다.

저 또한 도커와 쿠버네티스를 공부하고 실제로 도입하기 위해 매우 힘든 과정을 거쳤습니다. 개발자들이 흔히 말하는, 이른바 삽질을 수없이 거듭하고 나서야 도커와 쿠버네티스를 효율적으로 운영하는 방법을 조금이나마 익히게 됐습니다. 그 과정에서 "다른 사람들은 나처럼 힘든 학습 과정을 거치지 않았으면 좋겠다"는 생각이 들었고, 이를 계기로 초보자를 위한 책을 집필하게 됐습니다. 비록 책을 쓰는 과정은 힘들었지만, 누군가에게 조금이라도 도움이 될 수 있다면 그보다 큰 기쁨은 없을 것입니다.

도커와 더불어 쿠버네티스는 굉장히 방대한 프로젝트이기 때문에 사용법을 전부 글로 옮기는 것은 불가능합니다. 이 책에서는 도커와 쿠버네티스를 처음 시작하는 사람이 좀 더 쉽게 입문할 수 있도록 꼭 필요한 개념과 사용 방법만을 다루고 있습니다. 만약 책의 내용이 여러분들이 필요한 방향과 다르다면 시간이 날 때 도커와 쿠버네티스의 공식 문서를 읽어보거나, 직접 구글링을 통해 그 해답을 얻어야만 합니다. 이 책은 어디까지나 기본적인 지식을 쌓을 수 있도록 도와줄 뿐, 여러분의 목표를 실현하는 것은 여러분 스스로의 몫이기 때문입니다.

마지막으로 저에게 책을 다시 집필할 기회를 주신 위키북스 박찬규 대표님, 책 집필 기간 동안 함께해준 소중한 친구 병국이와 만수, 영제에게 감사의 말을 전합니다.

> **예제 파일**
>
> 이 책에서 제공하는 예제 파일은 아래 사이트에서 내려받을 수 있습니다.
>
> - 깃허브:
>
>   https://github.com/alicek106/start-docker-kubernetes-renewal
>
> - 위키북스 홈페이지
>
>   https://wikibook.co.kr/docker-kube-rev2/
>
> **문의**
>
> 책을 따라 하다가 잘 안되는 것이 있거나 궁금한 점이 있다면 부담없이 의견을 남겨주시기 바랍니다. 좀 더 좋은 글을 쓸 수 있는 원동력이 됩니다.
>
> - X(트위터) 계정 @alice_k106
> - https://blog.naver.com/alice_k106

책의 구성에 대하여

이 책은 다음과 같이 구성돼 있으며, 각 장을 학습함으로써 최종적으로 쿠버네티스와 도커의 기본 사용 방법을 이해하는 것을 목표로 하고 있습니다.

- 도커의 기본 사용 방법을 익힘으로써 컨테이너의 기본 개념을 학습합니다. (1부 1장, 1부 2장)
- 도커 스웜 모드를 통해 서버 클러스터링과 오케스트레이션의 기본 개념을 학습합니다. (1부 3장)
- 도커 컴포즈를 통해 YAML 파일의 사용 방법 및 여러 개의 컨테이너를 다루는 방법을 학습합니다. (1부 4장)
- 위 내용을 바탕으로 쿠버네티스로 운영 환경을 구축하기 위한 방법을 학습합니다. (2부 이후)

쿠버네티스를 다루는 2부와 3부에서 쓰이는 YAML 파일은 책에서 제공하는 깃허브에서 확인할 수 있습니다.

https://github.com/alicek106/start-docker-kubernetes-renewal

또한 쿠버네티스의 생태계는 매우 넓고 복잡하기 때문에 모든 사용 방법을 책에서 다룰 수 없어 심화된 쿠버네티스의 사용 방법이나 구성 절차 등은 깃허브에 별도의 강좌로 분리했습니다. 이 점 양해 바랍니다.

01장 도커란?

1.1 가상 머신과 도커 컨테이너 … 3

1.2 도커를 시작해야 하는 이유 … 4
   1.2.1 애플리케이션의 개발과 배포가 편해집니다. … 4
   1.2.2 여러 애플리케이션의 독립성과 확장성이 높아집니다. … 5
   1.2.3 도커를 통해 컨테이너 기술을 쉽게 학습할 수 있습니다 … 6

1.3 도커 엔진 설치 … 6
   1.3.1 도커 엔진의 종류 및 버전 … 7
   1.3.2 리눅스 도커 엔진 설치 … 7
   1.3.3 윈도우, 맥 OS에 도커 설치 … 9
   1.3.4 리눅스 환경에 도커 마련하기 … 13

02장 도커 엔진

2.1 도커 이미지와 컨테이너 … 18
   2.1.1 도커 이미지 … 18
   2.1.2 도커 컨테이너 … 19

2.2 도커 컨테이너 다루기 … 20
   2.2.1 컨테이너 생성 … 20
   2.2.2 컨테이너 목록 확인 … 23
   2.2.3 컨테이너 삭제 … 25
   2.2.4 컨테이너를 외부에 노출 … 27
   2.2.5 컨테이너 애플리케이션 구축 … 31
   2.2.6 도커 볼륨 … 37
   2.2.7 도커 네트워크 … 47
   2.2.8 컨테이너 로깅 … 60
   2.2.9 컨테이너 자원 할당 제한 … 76

2.3 도커 이미지 … 82
   2.3.1 도커 이미지 생성 … 83
   2.3.2 이미지 구조 이해 … 85
   2.3.3 이미지 추출 … 88
   2.3.4 이미지 배포 … 89

2.4	Dockerfile	109
	2.4.1 이미지를 생성하는 방법	109
	2.4.2 Dockerfile 작성	110
	2.4.3 Dockerfile 빌드	114
	2.4.4 기타 Dockerfile 명령어	122
	2.4.5 Dockerfile로 빌드할 때 주의할 점	135
2.5	도커 데몬	138
	2.5.1 도커의 구조	138
	2.5.2 도커 데몬 실행	140
	2.5.3 도커 데몬 설정	141
	2.5.4 도커 데몬 모니터링	159
	2.5.5 파이썬 Remote API 라이브러리를 이용한 도커 사용	165

03장 도커 스웜

3.1	도커 스웜을 사용하는 이유	168
3.2	스웜 모드	169
	3.2.1 도커 스웜 모드의 구조	170
	3.2.2 도커 스웜 모드 클러스터 구축	171
	3.2.3 스웜 모드 서비스	175
	3.2.4 도커 스웜 모드 노드 다루기	204

04장 도커 컴포즈

4.1	도커 컴포즈를 사용하는 이유	211
4.2	도커 컴포즈 설치	212
4.3	도커 컴포즈 사용	212
	4.3.1 도커 컴포즈 기본 사용법	212
	4.3.2 도커 컴포즈 활용	217
4.4	도커 학습을 마치며: 도커와 컨테이너 생태계	229

05장 쿠버네티스 설치

- 5.1 쿠버네티스 설치 환경의 종류 … 236
- 5.2 쿠버네티스 버전 선택 … 239
- 5.3 개발 용도의 쿠버네티스 설치 … 240
  - 5.3.1 Docker Desktop on Mac / Windows에서 쿠버네티스 사용 … 240
  - 5.3.2 Minikube로 쿠버네티스 설치 … 241
- 5.4 여러 서버로 구성된 쿠버네티스 클러스터 설치 … 243
  - 5.4.1 kubeadm으로 쿠버네티스 설치 … 244
  - 5.4.2 kops로 AWS에서 쿠버네티스 설치 … 250
  - 5.4.3 구글 클라우드 플랫폼의 GKE로 쿠버네티스 사용하기 … 255

06장 쿠버네티스 시작하기

- 6.1 쿠버네티스를 시작하기 전에 … 260
- 6.2 파드(Pod): 컨테이너를 다루는 기본 단위 … 264
  - 6.2.1 파드 사용하기 … 264
  - 6.2.2 파드 vs. 도커 컨테이너 … 268
  - 6.2.3 완전한 애플리케이션으로서의 파드 … 272
- 6.3 레플리카셋(Replica Set) : 일정 개수의 파드를 유지하는 컨트롤러 … 273
  - 6.3.1 레플리카셋을 사용하는 이유 … 273
  - 6.3.2 레플리카셋 사용하기 … 276
  - 6.3.3 레플리카셋의 동작 원리 … 279
- 6.4 디플로이먼트(Deployment) : 레플리카셋, 파드의 배포를 관리 … 284
  - 6.4.1 디플로이먼트 사용하기 … 284
  - 6.4.2 디플로이먼트를 사용하는 이유 … 287
- 6.5 서비스(Service) : 파드를 연결하고 외부에 노출 … 291
  - 6.5.1 서비스(Service)의 종류 … 293
  - 6.5.2 ClusterIP 타입의 서비스 – 쿠버네티스 내부에서만 파드에 접근하기 … 295
  - 6.5.3 NodePort 타입의 서비스 – 서비스를 이용해 파드를 외부에 노출하기 … 298
  - 6.5.4 클라우드 플랫폼의 로드 밸런서와 연동하기 – LoadBalancer 타입의 서비스 … 302

	6.5.5 트래픽의 분배를 결정하는 서비스 속성 : externalTrafficPolicy	307
	6.5.6 요청을 외부로 리다이렉트하는 서비스 : ExternalName	312

07장 쿠버네티스 리소스의 관리와 설정

7.1	네임스페이스(Namespace) : 리소스를 논리적으로 구분하는 장벽	314
7.2	컨피그맵(Configmap), 시크릿(Secret) : 설정값을 파드에 전달	322
	7.2.1 컨피그맵(Configmap)	323
	7.2.2 시크릿(Secret)	334

08장 인그레스 (Ingress)

8.1	인그레스를 사용하는 이유	350
8.2	인그레스의 구조	351
8.3	인그레스의 세부 기능 : annotation을 이용한 설정	362
8.4	Nginx 인그레스 컨트롤러에 SSL/TLS 보안 연결 적용	364
8.5	여러 개의 인그레스 컨트롤러 사용하기	367

09장 퍼시스턴트 볼륨(PV)과 퍼시스턴트 볼륨 클레임 (PVC)

9.1	로컬 볼륨 : hostPath, emptyDir	371
	9.1.1 워커 노드의 로컬 디렉터리를 볼륨으로 사용 : hostPath	372
	9.1.2 파드 내의 컨테이너 간 임시 데이터 공유 : emptyDir	373
9.2	네트워크 볼륨	375
9.3	PV, PVC를 이용한 볼륨 관리	380
	9.3.1 퍼시스턴트 볼륨과 퍼시스턴트 볼륨 클레임을 사용하는 이유	380
	9.3.2 퍼시스턴트 볼륨과 퍼시스턴트 볼륨 클레임 사용하기	384
	9.3.3 퍼시스턴트 볼륨을 선택하기 위한 조건 명시	390
	9.3.4 퍼시스턴트 볼륨의 라이프사이클과 Reclaim Policy	394
	9.3.5 StorageClass와 Dynamic Provisioning	399

10장 보안을 위한 인증과 인가 : ServiceAccount와 RBAC

- 10.1 쿠버네티스의 권한 인증 과정 — 407
- 10.2 서비스 어카운트와 롤(Role), 클러스터 롤(Cluster Role) — 410
- 10.3 쿠버네티스 API 서버에 접근 — 420
  - 10.3.1 서비스 어카운트의 시크릿을 이용해 쿠버네티스 API 서버에 접근 — 420
  - 10.3.2 클러스터 내부에서 kubernetes 서비스를 통해 API 서버에 접근 — 424
  - 10.3.3 쿠버네티스 SDK를 이용해 파드 내부에서 API 서버에 접근 — 427
- 10.4 서비스 어카운트에 이미지 레지스트리 접근을 위한 시크릿 설정 — 431
- 10.5 kubeconfig 파일에 서비스 어카운트 인증 정보 설정 — 432
- 10.6 유저(User)와 그룹(Group)의 개념 — 436
- 10.7 x509 인증서를 이용한 사용자 인증 — 440

11장 애플리케이션 배포를 위한 고급 설정

- 11.1 파드의 자원 사용량 제한 — 446
  - 11.1.1 컨테이너와 파드의 자원 사용량 제한 : Limits — 447
  - 11.1.2 컨테이너와 파드의 자원 사용량 제한하기 : Requests — 449
  - 11.1.3 CPU 자원 사용량의 제한 원리 — 453
  - 11.1.4 QoS 클래스와 메모리 자원 사용량 제한 원리 — 458
  - 11.1.5 ResourceQuota와 LimitRange — 465
  - 11.1.6 ResourceQuota, LimitRange의 원리 : Admission Controller — 477
- 11.2 쿠버네티스 스케줄링 — 481
  - 11.2.1 파드가 실제로 노드에 생성되기까지의 과정 — 481
  - 11.2.2 파드가 생성될 노드를 선택하는 스케줄링 과정 — 484
  - 11.2.3 NodeSelector와 Node Affinity, Pod Affinity — 484
  - 11.2.4 Taints와 Tolerations 사용하기 — 497
  - 11.2.5 Cordon, Drain 및 PodDistributionBudget — 504
  - 11.2.6 커스텀 스케줄러 및 스케줄러 확장 — 509
- 11.3 쿠버네티스 애플리케이션 상태와 배포 — 511
  - 11.3.1 디플로이먼트를 통해 롤링 업데이트 — 513
  - 11.3.2 파드의 생애 주기(Lifecycle) — 520
  - 11.3.3 HPA를 활용한 오토스케일링 — 538

12장 커스텀 리소스와 컨트롤러

- 12.1 쿠버네티스 컨트롤러의 개념과 동작 방식 … 546
- 12.2 커스텀 리소스에 대한 개념 … 549
- 12.3 커스텀 리소스를 정의하기 위한 CRD(Custom Resource Definition) … 551
- 12.4 커스텀 리소스와 컨트롤러 … 555

13장 파드를 사용하는 다른 오브젝트들

- 13.1 잡(Jobs) … 558
- 13.2 데몬셋(DaemonSets) … 564
- 13.3 스테이트풀셋(StatefulSets) … 566

14장 쿠버네티스 모니터링

- 14.1 모니터링 기본 구조 … 575
- 14.2 모니터링 메트릭의 분류 … 578
- 14.3 쿠버네티스 모니터링 기초 … 579
  - 14.3.1 metrics-server … 579
  - 14.3.2 metrics-server 동작 원리: APIService 리소스 … 581
  - 14.3.3 kube-state-metrics … 587
  - 14.3.4 node-exporter … 588
- 14.4 프로메테우스를 활용한 메트릭 수집 … 590
  - 14.4.1 프로메테우스 설치 … 591
  - 14.4.2 프로메테우스로 메트릭 수집하기 … 594
  - 14.4.3 그라파나로 프로메테우스 메트릭 시각화하기 … 601

부록

- 부록 A 도커 데몬 시작 옵션 변경하기 … 610
- 부록 B gcloud 명령어 설치하기 … 614
- 부록 C AWS CLI 설치하기 … 616

1부

도커

1장 도커란?
2장 도커 엔진
3장 도커 스웜
4장 도커 컴포즈

01
도커란?

도커(Docker)는 리눅스 컨테이너에 여러 기능을 추가함으로써 애플리케이션을 컨테이너로서 좀 더 쉽게 사용할 수 있게 만들어진 오픈소스 프로젝트입니다. 도커는 Go 언어로 작성돼 있으며, 2013년 3월에 첫 번째 릴리스가 발표된 이후 지금까지 꾸준히 개발되고 있습니다. 기존에 쓰이던 가상화 방법인 가상 머신과는 달리 도커 컨테이너는 성능의 손실이 거의 없어서 차세대 클라우드 인프라 솔루션으로서 많은 개발자들에게 주목받고 있습니다.

도커와 관련된 프로젝트는 도커 컴포즈(Docker Compose), 레지스트리(Private Registry), 도커 허브(Docker Hub), Docker for Desktop 등 여러 가지가 있지만 일반적으로 도커라고 하면 도커 엔진(Docker Engine) 혹은 도커에 관련된 모든 프로젝트를 의미합니다. 보통 도커 엔진이라는 의미로 더 많이 쓰이는데 도커 엔진은 컨테이너를 생성하고 관리하는 주체로서 이 자체로도 컨테이너를 제어할 수 있고 다양한 기능을 제공하는 도커의 주 프로젝트이기 때문입니다.

도커의 생태계에 있는 여러 프로젝트들은 도커 엔진을 좀 더 효율적으로 사용하기 위한 것에 불과하기 때문에 핵심이 되는 것은 도커 엔진입니다. 이 때문에 도커 엔진을 사용하는 방법을 익히는 것은 도커와 관련된 모든 프로젝트를 능숙하게 다루기 위한 첫걸음이라고 봐도 무방합니다. 이번 장에서는 도커 컨테이너를 다루기 위한 가장 기본적인 프로젝트인 도커 엔진을 사용하는 방법을 다루겠습니다.

1.1 가상 머신과 도커 컨테이너

기존의 가상화 기술은 하이퍼바이저를 이용해 여러 개의 운영체제를 하나의 호스트에서 생성해 사용하는 방식이었습니다. 이러한 여러 개의 운영체제는 가상 머신이라는 단위로 구별되고, 각 가상 머신에는 우분투(Ubuntu), CentOS 등의 운영체제가 설치되어 사용됩니다. 하이퍼바이저에 의해 생성되고 관리되는 운영체제는 게스트 운영체제(Guest OS)라고 하며, 각 게스트 운영체제는 다른 게스트 운영체제와는 완전히 독립된 공간과 시스템 자원을 할당받아 사용합니다. 이러한 가상화 방식을 사용할 수 있는 대표적인 가상화 툴로 VirtualBox, VMware 등이 있습니다.

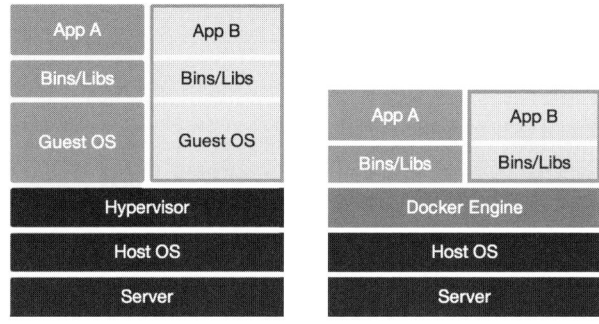

그림 1.1 가상 머신과 도커 컨테이너의 구조[1]

그러나 각종 시스템 자원을 가상화하고 독립된 공간을 생성하는 작업은 하이퍼바이저를 반드시 거치기 때문에 일반 호스트에 비해 성능의 손실이 발생합니다. 그뿐만 아니라 가상 머신은 게스트 운영체제를 사용하기 위한 라이브러리, 커널 등을 전부 포함하기 때문에 가상 머신을 배포하기 위한 이미지로 만들었을 때 이미지의 크기 또한 커집니다. 즉, 가상 머신은 완벽한 운영체제를 생성할 수 있다는 장점은 있지만 일반 호스트에 비해 성능 손실이 있으며, 수 기가바이트에 달하는 가상 머신 이미지를 애플리케이션으로 배포하기는 부담스럽다는 단점이 있습니다.

이에 비해 도커 컨테이너는 가상화된 공간을 생성하기 위해 리눅스의 자체 기능인 chroot, 네임스페이스(namespace), cgroup을 사용함으로써 프로세스 단위의 격리 환경을 만들기 때문에 성능 손실이 거의 없습니다. 컨테이너에 필요한 커널은 호스트의 커널을 공유해 사용하고, 컨테이너 안에는 애플리케이션을 구동하는 데 필요한 라이브러리 및 실행 파일만 존재하기 때문에 컨테이너를 이미지로 만들었을 때 이미지의 용량 또한 가상 머신에 비해 대폭 줄어듭니다. 따라서 컨테이너를 이미지로 만들어 배포하는 시간이 가상 머신에 비해 빠르며, 가상화된 공간을 사용할 때의 성능 손실도 거의 없다는 장점이 있습니다.

---

[1] 출처: http://www.docker.com/whatisdocker/

1.2 도커를 시작해야 하는 이유

컨테이너를 다루는 도구는 CRI-O, Podman 등 여러 가지가 존재하지만, 그 중에서도 도커는 컨테이너 생태계에서 가장 보편적으로 사용되어 온 도구입니다. 컨테이너를 사용하기 위해 반드시 도커를 사용해야 하는 것은 아니지만, 컨테이너라고 하면 일반적으로 도커 컨테이너를 가장 많이 떠올리곤 합니다. 따라서 도커는 쿠버네티스를 비롯한 다양한 오픈소스 프로젝트에 많은 영향을 미쳤으며, 지금도 다양한 컨테이너 생태계에 영향을 주고 있습니다.

그렇다면 왜 그렇게 많은 회사와 프로젝트가 도커와 같은 컨테이너 기술을 선택했는지, 그리고 왜 도커를 시작해야 하는지 개발자 입장에서 먼저 이야기해 보도록 하겠습니다.

> 아래에서 설명하는 도커 컨테이너와 컨테이너 자체에 대한 장점들은 지금 당장 이해하기 힘들 수도 있습니다. 그러나 책을 읽으며 도커 컨테이너의 구조, 원리 등을 하나씩 이해하다 보면 아래의 내용이 무엇을 의미하는지를 이해할 수 있을 것이므로, 책을 어느 정도 읽은 뒤 아래의 내용을 다시 읽어보는 것도 좋은 방법입니다.

1.2.1 애플리케이션의 개발과 배포가 편해집니다.

서버를 부팅할 때 실행되는 운영체제를 일반적으로 '호스트 OS'라고 부르며, 도커 컨테이너는 호스트 OS 위에서 실행되는 격리된 공간입니다. 따라서 컨테이너 자체에 특별한 권한을 주지 않는 한, 여러분이 컨테이너 내부에서 수많은 소프트웨어를 설치하고 설정 파일을 수정해도 호스트 OS에는 영향을 끼치지 않습니다. 즉, 여러분만의 독립된 개발 환경을 보장받을 수 있다는 것입니다.

여러분이 컨테이너 내부에서 여러 작업을 마친 뒤 이를 운영 환경에 배포하려고 한다면, 해당 컨테이너를 '도커 이미지'라고 하는 일종의 패키지로 만들어 운영 서버에 전달하기만 하면 됩니다. 컨테이너에서 사용되던 패키지를 운영 서버에서 새롭게 설치할 필요도 없으며 각종 라이브러리 설치 등으로 인한 의존성을 걱정할 필요도 없습니다. 서비스를 개발했을 때 사용했던 환경을 다른 서버에서도 컨테이너로서 똑같이 복제할 수 있기 때문에 개발/운영 환경의 통합이 가능해집니다.

게다가 도커 이미지는 가상 머신의 이미지와 달리 커널을 포함하고 있지 않기 때문에 이미지 크기가 그다지 크지 않습니다. 또한 도커는 이미지 내용을 레이어 단위로 구성하며, 중복되는 레이어를 재사용할 수 있어서 애플리케이션의 배포 속도가 매우 빨라진다는 장점이 있습니다. 이에 대한 내용은 2.3절에서 다시 자세히 설명합니다.

1.2.2 여러 애플리케이션의 독립성과 확장성이 높아집니다.

소프트웨어의 여러 모듈이 상호 작용하는 로직을 하나의 프로그램 내에서 구동시키는 방식을 모놀리스(Monolith) 애플리케이션이라고 합니다. 소규모 서비스에서는 이 방식이 어울릴지도 모르지만, 서비스의 기능이 복잡해지고 거대해질수록 소프트웨어 자체의 확장성과 유연성이 줄어든다는 단점이 있습니다. 이러한 모놀리스 방식을 대체하기 위해 최근 새롭게 떠오른 개념이 바로 마이크로서비스(Microservices) 구조입니다.

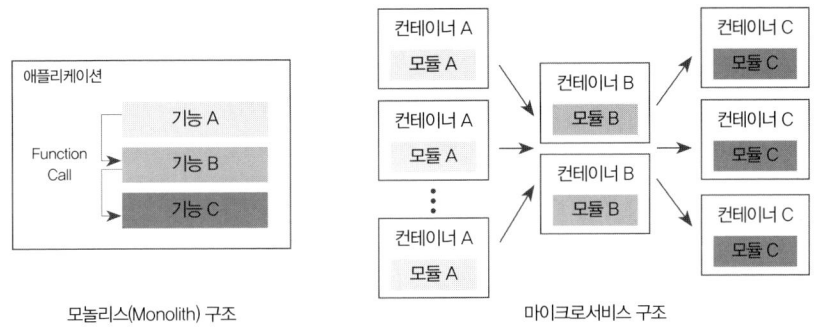

그림 1.2 모놀리스 구조와 마이크로서비스 구조의 예시

마이크로서비스 구조는 여러 모듈을 독립된 형태로 구성하기 때문에 언어에 종속되지 않고 변화에 빠르게 대응할 수 있으며, 각 모듈의 관리가 쉬워진다는 장점이 있습니다. 컨테이너는 수 초 내로 생성, 시작이 가능할 뿐만 아니라 여러 모듈에게 독립된 환경을 동시에 제공할 수 있기 때문에 마이크로서비스 구조에서 가장 많이 사용되고 있는 가상화 기술입니다.

예를 들어 웹 서비스는 데이터베이스 컨테이너와 웹 서버 컨테이너로 분리할 수 있고, 웹 서비스에 부하가 발생할 시 마이크로서비스 구조의 웹 서버 컨테이너만을 동적으로 늘려서 부하를 분산할 수 있습니다. 또한 웹 서버와 데이터베이스의 이미지 버전을 독립적으로 관리하기 때문에 유지 보수도 용이해집니다.[2] 이와 같은 컨테이너 기반의 마이크로서비스는 개발자가 그 구조를 직접 구현하기보다는 도커 스웜 모드, 쿠버네티스 등의 컨테이너 오케스트레이션 플랫폼을 통해 사용하는 것이 일반적입니다. 이에 대한 자세한 내용은 도커 스웜을 설명하는 3장 및 쿠버네티스를 설명하는 2부에서 다시 다룹니다.

---

2 이는 설명을 위한 예시일 뿐, 실제 운영 환경에서는 더욱 복잡한 마이크로서비스 구조로 웹 서비스를 운영합니다.

1.2.3 도커를 통해 컨테이너 기술을 쉽게 학습할 수 있습니다.

컨테이너라고 하면 일반적으로 도커 컨테이너를 떠올리지만, 사실 컨테이너를 사용하기 위해 반드시 도커를 사용해야 하는 것은 아닙니다. 컨테이너 환경 자체를 구축하는 것은 간단한 셸 스크립트로도 가능할 정도로 단순할 수도 있지만, 도커나 Podman 등과 같이 컨테이너 기술을 사용자 레벨에서 적절히 추상화한 도구들을 사용할 수도 있습니다. 따라서 도커는 컨테이너를 사용할 수 있도록 구현한 일종의 도구일 뿐 모든 컨테이너 기술이 도커에 종속되는 것은 절대로 아닙니다. 즉, 도커가 아니더라도 컨테이너를 사용하는 방법은 많습니다.

하지만 그럼에도 불구하고 도커를 시작해야 하는 이유는 따로 있습니다. 도커는 2013년부터 오랜 기간 동안 개발되어 왔기 때문에 프로젝트 자체의 성숙도와 편의성이 뛰어나다는 것이 그 첫 번째 이유입니다. 도커는 컨테이너에 대해 잘 알지 못하더라도 컨테이너 환경의 이점을 누릴 수 있도록 다양한 기능을 제공하고 있습니다. 따라서 도커는 컨테이너 기술 자체를 학습하기에 가장 좋은 시작 포인트라고 볼 수 있습니다.

도커를 시작해야 하는 두 번째 이유는 도커가 컨테이너 생태계 전반을 보다 쉽게 이해할 수 있도록 도와준다는 점입니다. 현재에는 도커 외에도 컨테이너 기술을 구현한 오픈소스가 많지만, 컨테이너 기술 초창기에는 많은 회사와 프로젝트들이 도커를 사실상 표준으로 사용했습니다. 따라서 도커를 먼저 공부하면 도커가 오픈소스 생태계에 남긴 족적을 쉽게 이해할 수 있다는 장점이 있습니다.

지금은 이러한 내용이 직관적으로 와닿지 않을 수도 있지만, 이를 이해하기 위해서는 도커를 직접 사용해 보는 것이 가장 좋습니다. 다음 절에서는 도커 컨테이너를 사용하기 위해 반드시 필요한 도커 엔진을 설치하는 방법에 대해 알아보겠습니다.

1.3 도커 엔진 설치

도커는 다양한 운영체제에서 사용할 수 있습니다. 도커는 리눅스 컨테이너를 제어하는 API를 Go 언어로 구현한 libcontainer를 사용하기 때문에 대부분의 리눅스 운영체제에서 사용할 수 있습니다. 도커를 사용할 때 쓰는 대표적인 리눅스 운영체제로는 CentOS, 우분투 등이 있습니다. 어느 운영체제를 선택하든 상관없지만 가능하다면 지원이 중단되지 않은 최신 버전의 운영체제 배포판을 사용하는 것이 좋습니다. 마이크로소프트 윈도우, 맥 OS X에서도 도커를 사용할 수 있지만 윈도우 10, 맥 OS X 10.10.3 Yosemite 이전 버전의 운영체제를 사용한다면 도커를 사용하기 위해 가상화 공간을 별도로 생성해야 합니다. 그러나 도커가 어느 운영체제에 설치되든 사용법은 거의 같습니다. 이어지는 절에서는 리눅스, 윈도우, 맥 OS X에서 도커를 설치하는 방법과 각 설치 방법의 구조적 차이점을 알아보겠습니다.

1.3.1 도커 엔진의 종류 및 버전

앞으로 이 책에서 설명할 도커의 기능들은 오픈소스 버전의 도커에 해당하는 도커 CE(Community Edition)을 기준으로 하고 있습니다. CE라는 이름에서 알 수 있듯이 도커 CE는 무료로 제공되는 도커 엔진이며, 별도의 기술 지원 및 서비스를 제공하지는 않지만, 도커 엔진 자체의 핵심 기능을 무료로 사용할 수 있다는 장점이 있습니다. 만약 엔터프라이즈 수준의 서포트가 필요할 경우 미란티스 컨테이너 런타임(Mirantis Container Runtime) 등을 고려할 수 있으나, 대부분의 경우 도커 CE만으로도 원하는 기능을 충분히 사용할 수 있다는 점을 알아두기 바랍니다.

도커 엔진은 현재도 활발히 개발되고 있기 때문에 새로운 버전이 비교적 빠르게 릴리즈되고 있습니다. 하지만 도커의 핵심 기능은 대부분 도커 엔진 버전에 상관없이 동일하기 때문에, 어떠한 버전을 사용하더라도 학습에 큰 지장은 없습니다.

1.3.2 리눅스 도커 엔진 설치

리눅스에서 도커를 설치할 때 확인해야 할 사항은 아래와 같습니다.

- **지원 기간 내에 있는 배포판인지 확인합니다.**
  일부 오래된 리눅스 배포판은 업데이트 등의 지원을 받지 못할 수 있습니다. 현재 사용 중인 리눅스 배포판의 지원 종료 여부는 각 리눅스 운영체제의 공식 웹사이트에서 확인할 수 있습니다. 2025년 기준으로 기술 지원이 지속되고 있는 운영체제로는 우분투 22, 24 및 Fedora 41 등이 있습니다.

- **64비트 리눅스인지 확인합니다.**
  도커는 64비트에 최적화돼 있습니다. 32비트 버전에서 도커를 실행하는 방법이 없는 것은 아니지만 권장하지 않습니다.

- **sudo 명령어를 통해 설치하거나 root 권한을 소유한 계정에서 설치를 진행해야 합니다.**

위 조건을 모두 만족한다면 도커 설치를 진행합니다. 각 리눅스 운영체제에서 설치하는 방법은 아래와 같습니다.

우분투 24.04[3]

```
sudo apt-get update
sudo apt-get install ca-certificates curl
sudo install -m 0755 -d /etc/apt/keyrings
```

---

[3] 이 명령어는 https://docs.docker.com/engine/install/ubuntu/에서 복사해 사용할 수 있습니다.

```
sudo curl -fsSL https://download.docker.com/linux/ubuntu/gpg -o /etc/apt/keyrings/docker.asc
sudo chmod a+r /etc/apt/keyrings/docker.asc

echo \
  "deb [arch=$(dpkg --print-architecture) signed-by=/etc/apt/keyrings/docker.asc] https://
download.docker.com/linux/ubuntu \
  $(. /etc/os-release && echo "${UBUNTU_CODENAME:-$VERSION_CODENAME}") stable" | \
  sudo tee /etc/apt/sources.list.d/docker.list > /dev/null
sudo apt-get update
```

Fedora[4]

```
sudo dnf -y install dnf-plugins-core
sudo dnf-3 config-manager --add-repo https://download.docker.com/linux/fedora/docker-ce.repo
```

현재 어떤 운영체제를 사용 중인지 잘 모르거나 도커 설치 방법을 찾을 수 없다면 도커에서 제공하는 설치 스크립트로 손쉽게 설치할 수 있습니다. 대부분의 리눅스 운영체제에서 사용할 수 있는 간단한 방법이지만 웹에서 신뢰할 수 없는 셸 스크립트를 받아 실행하는 것은 좋은 습관이 아닙니다. 아래의 명령어는 현재 사용 가능한 최신 버전의 도커 엔진을 설치합니다.

```
# wget -qO- get.docker.com | sh
```

설치가 완료된 후 도커가 정상적으로 동작하는지 확인하려면 docker info 명령어를 입력합니다. docker info는 설치된 도커 엔진의 각종 정보를 출력하는 명령어입니다.

```
# docker info
Client: Docker Engine - Community
 Version:    28.0.1
 Context:    default
 …
```

위 출력으로부터 도커 엔진 28.0.1 버전이 설치됐음을 알 수 있습니다. 최신 버전의 도커 엔진은 새로운 기능을 사용할 수 있다는 장점은 있지만, 안정화되지 않아 각종 버그가 발생할 수 있으므로 가능하면 출시되고 어느 정도 시간이 흐른 버전의 도커 엔진을 사용하는 것을 권장합니다.

---

4   이 명령어는 https://docs.docker.com/engine/install/fedora/에서 복사해 사용할 수 있습니다.

1.3.3 윈도우, 맥 OS에 도커 설치

도커의 기능을 완전하게 사용하려면 리눅스에서 사용하는 것이 가장 바람직하지만 윈도우와 맥 OS X에서도 간단한 테스트나 개발 용도로 도커를 사용할 수 있습니다. 윈도우와 맥 OS X에서 설치하는 도커를 일반적으로 Docker Desktop이라고 부르며, 윈도우용 Docker Desktop은 Hyper-V 및 WSL 2 기술을 사용합니다.

단, Docker Desktop은 개인 용도로는 무료이지만, 상업적 용도로 기업에서 사용할 경우 별도의 유료 구독이 필요하다는 점에 유의합니다. 또한, Docker Desktop에서는 도커에서 제공하는 네트워크, 볼륨 기능 등이 일부 지원되지 않을 수 있으며, 예상치 못한 버그가 발생할 가능성이 높습니다. 따라서 가능하다면 Docker Desktop보다는 완전한 리눅스 환경에서 도커를 사용하는 것이 좋습니다.

1.3.3.1. Docker Desktop on Windows

Docker Desktop on Windows는 Hyper-V 또는 WSL 2 중 하나를 선택해 가상화 환경을 구축할 수 있습니다. 이 두 방식은 가상화 원리는 다르지만 최종적으로 도커 기능 자체에는 차이가 없으므로 필요에 따라 Hyper-V 또는 WSL 2를 선택하면 됩니다. 단, Docker Desktop on Windows를 사용할 경우 1.3.4.1절에서 설명하는 버추얼박스와 같은 가상화 도구와 호환되지 않는다는 점에 유의합니다.

Docker Desktop on Windows는 다운로드 페이지[5]에서 내려받아 설치할 수 있습니다. 설치 과정에 특별한 사항은 없으므로 따로 설명하지 않지만, 도커를 내려받은 사이트에서 설치 과정을 참고할 수 있습니다.

---

[5] https://docs.docker.com/desktop/setup/install/windows-install/

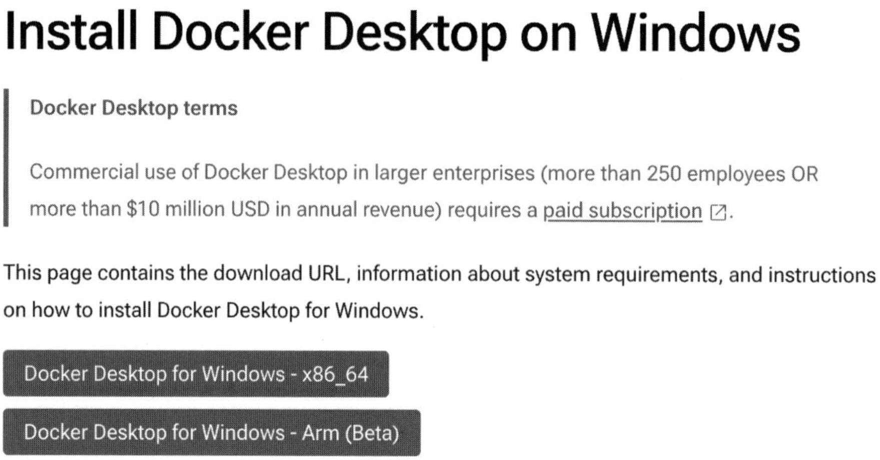

Install Docker Desktop on Windows
Docker Desktop terms
Commercial use of Docker Desktop in larger enterprises (more than 250 employees OR more than $10 million USD in annual revenue) requires a paid subscription.
This page contains the download URL, information about system requirements, and instructions on how to install Docker Desktop for Windows.
Docker Desktop for Windows - x86_64
Docker Desktop for Windows - Arm (Beta)

그림 1.3 Docker Desktop on Windows 다운로드 페이지

Docker Desktop on Windows를 설치하고 나면 설치를 완료하기 위해 PC를 재시작합니다. 설치 과정에서 WSL을 사용하도록 설정했다면 WSL 업데이트가 필요할 수 있습니다.

docker desktop
PERSONAL
Sign in
You can do more when you sign in.
Containers
Give feedback
View all your running containers and applications. Learn more
Your running containers show up here
A container is an isolated environment for your code
What is a container?
RAM 1.97 GB CPU 0.00% Disk: 1.13 GB used (limit 1006.85 GB)

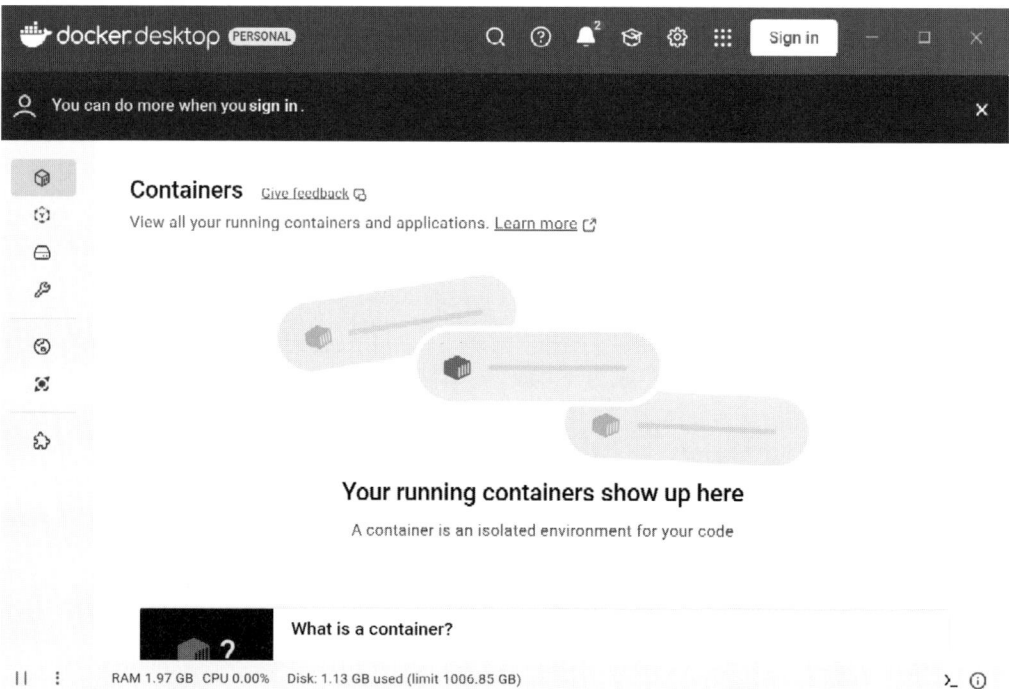

그림 1.4 정상적으로 설치된 Docker Desktop on Windows 화면

설치가 정상적으로 완료되면 명령 프롬프트나 파워셸 등의 셸을 실행해 도커를 사용할 수 있습니다.

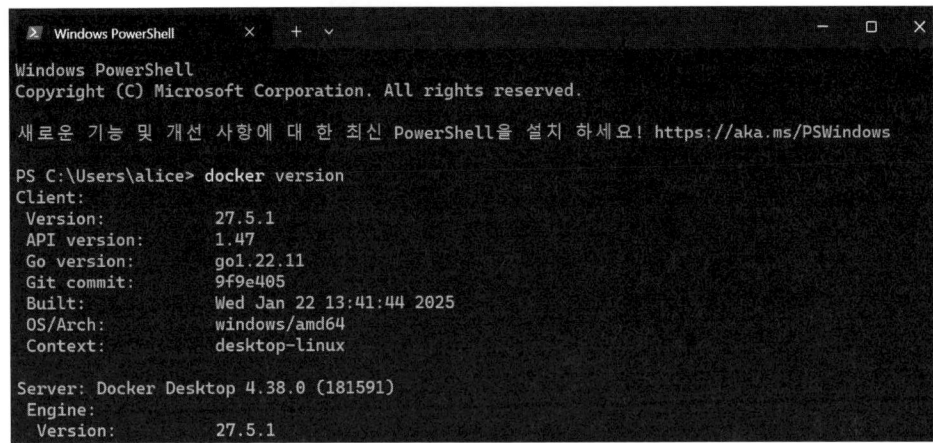

그림 1.5 파워셸에서 도커 버전 확인

1.3.3.2. Docker Desktop for Mac 설치

Docker Desktop on Mac는 도커 홈페이지 문서의 페이지에서 다운로드할 수 있습니다. 설치에는 특별한 사항이 없으므로 따로 설명하지는 않지만, 도커의 원활한 사용을 위해 가능하면 MacOS의 OS 버전을 최신으로 유지하는 것이 좋습니다.

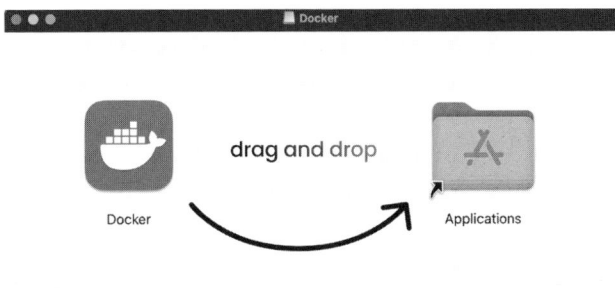

그림 1.6 Docker Desktop on Mac 설치

설치가 정상적으로 완료되면 우측 상단에서 도커 아이콘을 확인할 수 있으며, 터미널을 실행해 도커를 사용할 수 있습니다.

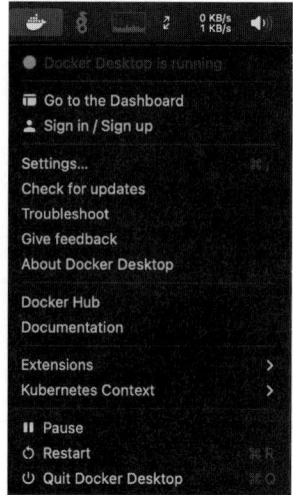

그림 1.7 도커가 실행 중임을 나타내는 아이콘

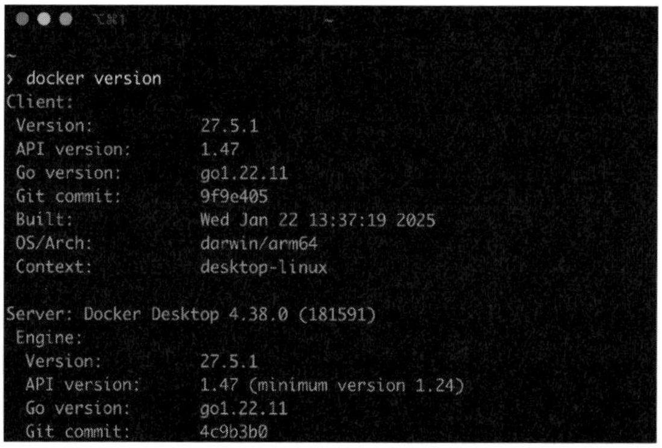

그림 1.8 터미널에서 도커 버전 확인

Docker Desktop for Mac은 가상 환경을 생성하기 위해 리눅스킷(Linuxkit)이라고 불리는 툴을 이용합니다. 리눅스킷은 최소화된 리눅스 커널만을 탑재한 뒤 필요한 작업만 컨테이너 기반의 서비스로 정의해 사용합니다. 따라서 Docker Desktop for Mac의 커널은 리눅스킷의 커널을 따르게 되며, 가상 환경에서 실행되는 도커 엔진 또한 해당 커널을 사용하게 됩니다.

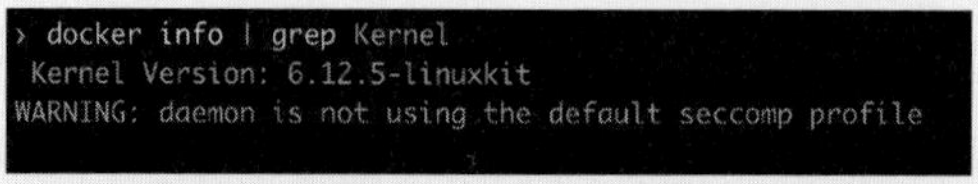

그림 1.9 Docker Desktop for Mac의 도커 엔진이 사용하는 커널 버전

리눅스킷의 자세한 내용은 이 책의 범위를 벗어나므로 설명하지 않지만, 리눅스킷에 흥미가 있다면 Linuxkit 프로젝트의 깃허브를 참고하기 바랍니다.

1.3.4 리눅스 환경에 도커 마련하기

도커는 원래 리눅스에서 작동하는 데 최적화돼 있으므로 윈도우, 맥 OS X에서 도커를 사용하면 일부 기능이 제약될 수 있습니다. 아직까지는 여러 커뮤니티에서 리눅스로 도커를 실행하는 것을 권장하지만 도커로 개발하기 위해 리눅스 물리 서버를 직접 구하기는 쉽지 않습니다. 이를 위해 리눅스 개발 환경을 만들기 위한 몇 가지 대안이 있습니다. 이번 절에서는 버추얼박스와 아마존 웹 서비스의 EC2를 사용해 도커를 설치할 수 있는 리눅스 환경을 마련하는 방법을 설명하겠습니다.

1.3.4.1 버추얼박스, VMWare

도커를 공부할 때 사용하는 가장 일반적인 방법은 버추얼박스, VMWare 같은 가상화 도구로 리눅스 환경을 생성한 뒤 도커를 설치하는 것입니다. 이 방법은 별도의 리눅스 서버 없이 윈도우, 맥 OS X에서 마치 실제 리눅스를 사용하는 것처럼 도커를 연습할 수 있으므로 컨테이너 애플리케이션을 개발하는 용도로 많이 사용됩니다. 여기서는 버추얼박스로 우분투 가상 환경을 만드는 방법을 설명합니다.

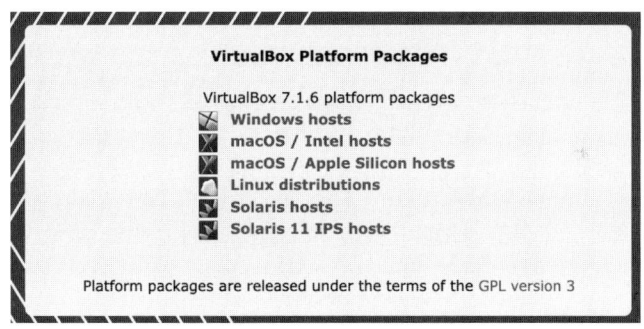

그림 1.10 VirtualBox 다운로드 페이지

버추얼박스는 버추얼박스의 다운로드 페이지[6]에서 각 운영체제에 맞는 설치 파일을 내려받아 설치할 수 있습니다. 설치 과정에는 특별한 사항이 없으므로 따로 설명하지는 않으나 별도의 설치 가이드가 필요하다면 버추얼박스 설치 과정을 다룬 글[7]을 참고하기 바랍니다.

버추얼박스 설치를 마치면 가상 머신에 사용될 이미지 파일(.iso)이 필요합니다. 이 예제에서는 우분투 24.04를 기준으로 설명합니다. 다음 URL에서 iso 파일을 내려받을 수 있습니다.

---

[6] https://www.virtualbox.org/wiki/Downloads
[7] http://blog.naver.com/alice_k106/220967706683

```
http://releases.ubuntu.com/24.04/
```

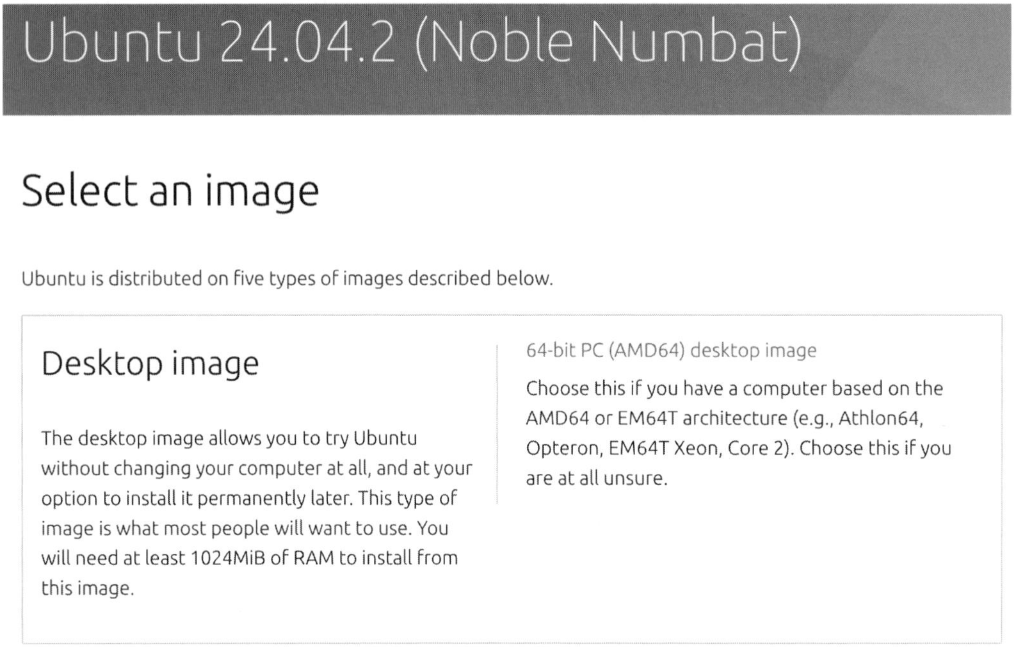

Ubuntu 24.04.2 (Noble Numbat)

Select an image

Ubuntu is distributed on five types of images described below.

Desktop image

The desktop image allows you to try Ubuntu without changing your computer at all, and at your option to install it permanently later. This type of image is what most people will want to use. You will need at least 1024MiB of RAM to install from this image.

64-bit PC (AMD64) desktop image

Choose this if you have a computer based on the AMD64 or EM64T architecture (e.g., Athlon64, Opteron, EM64T Xeon, Core 2). Choose this if you are at all unsure.

그림 1.11 우분투 다운로드 사이트에서 제공하는 데스크톱 버전 iso

리눅스를 사용하는 데 익숙하다면 서버 버전을, 그렇지 않다면 데스크톱 버전을 사용합니다. 가상 머신을 설정하고 생성하는 과정은 "VirtualBox로 리눅스 설치하기"라는 글[8]을 참고하기 바랍니다.

 도커와 가장 잘 호환되며 관련 자료가 많은 리눅스는 우분투입니다. Fedora 등 다른 리눅스를 사용해도 도커 엔진을 사용하는 데는 큰 문제가 없지만 도커를 처음 사용한다면 우분투를 설치하는 것을 권장합니다.

1.3.4.2 아마존 웹 서비스 EC2

AWS(Amazon Web Service)는 클라우드에서 인스턴스를 제공받아 사용하는 EC2(Elastic Compute Cloud) 서비스를 제공합니다. 이 서비스를 이용하면 AWS 사이트에서 새로운 인스턴스를 생성해 IP를 할당받아 PuTTY, Xshell 등의 SSH 클라이언트로 해당 서버에 접속해 리눅스 환경을 사용할 수 있습니다. EC2 서비스는 원하는 성능의 서버를 생성해 사용한 시간만큼만 요금을 지

---

[8] http://blog.naver.com/alice_k106/220882666548

불하기 때문에 필요할 때마다 간편하게 리눅스를 사용할 수 있다는 장점은 있지만, AWS의 모든 서비스는 사용한 만큼 요금을 지불하는 방식이므로 오랜 기간 동안 높은 성능의 서버를 사용하면 요금을 많이 지불해야 하므로 주의해야 합니다.

EC2를 사용하려면 AWS 계정이 필요합니다. 계정은 아마존 웹 서비스 사이트에서 무료로 생성할 수 있으며, 회원 가입 과정은 복잡하지 않기 때문에 따로 설명하지 않겠습니다.

 AWS는 최초 가입 시 월 750시간의 프리티어를 1년간 제공하며, AWS EC2의 t2.micro 인스턴스를 무료로 사용할 수 있습니다. 인스턴스를 1개만 사용한다면 한 달 내내 켜둬도 요금이 발생하지 않는데, 이는 24시간 ×31일 = 744시간으로 750시간을 넘지 않기 때문입니다.

AWS 사이트에 접속해 [콘솔에 로그인] 버튼을 눌러 로그인하면 Management Console(관리 콘솔)을 볼 수 있습니다. 왼쪽 상단의 검색 탭에서 EC2를 검색해 클릭합니다.

그림 1.12 관리 콘솔 페이지에서 EC2 검색

[인스턴스 시작] 버튼을 클릭해 새로운 인스턴스를 생성합니다.

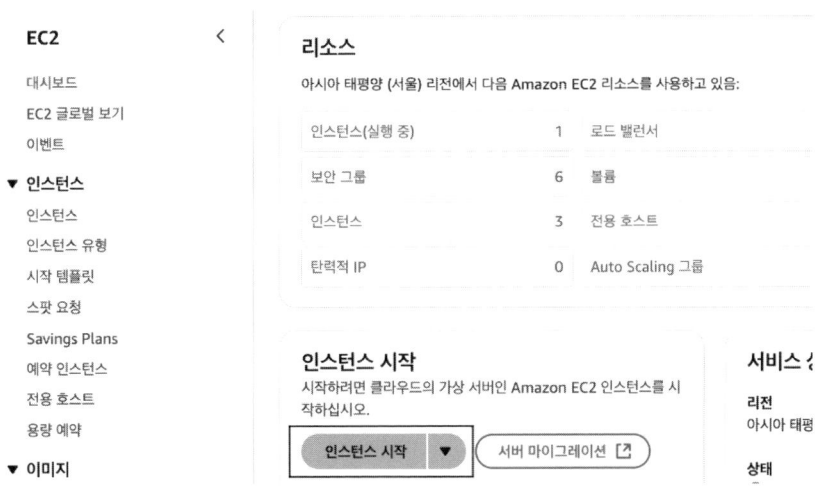

그림 1.13 새로운 인스턴스 생성

인스턴스를 생성하기 전, AWS 사이트 오른쪽 상단의 Region(리전)을 Seoul로 변경하면 인스턴스를 AWS 서울 리전에 생성할 수 있습니다. US, EU 등의 리전에 인스턴스를 생성하면 인스턴스에 SSH로 접속했을 때 반응 속도가 느려질 수 있습니다.

가장 먼저 인스턴스에 사용할 운영체제를 선택합니다. 여러 가지 운영 체제를 사용할 수 있으나, 여기서는 Ubuntu Server 24.04를 선택합니다.

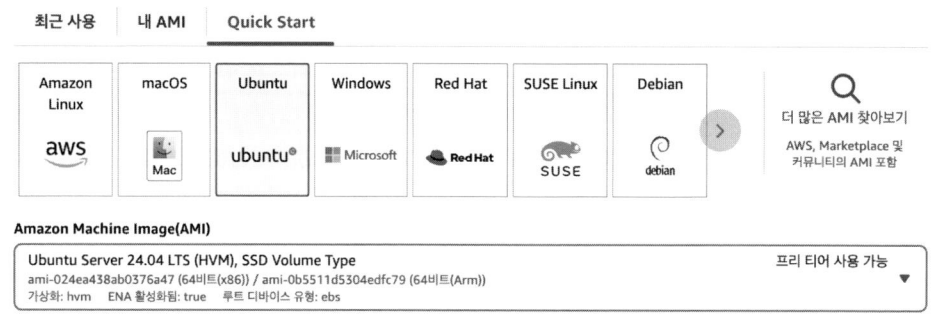

그림 1.14 사용할 운영체제 선택

[인스턴스 유형] 섹션에서는 생성할 인스턴스의 성능을 선택합니다. 필요에 따라 높은 성능의 인스턴스를 사용할 수 있지만, 더 많은 요금을 지불해야 합니다. 여기서는 AWS의 프리티어를 통해 무료로 사용 가능한 t2.micro 항목을 선택하겠습니다.

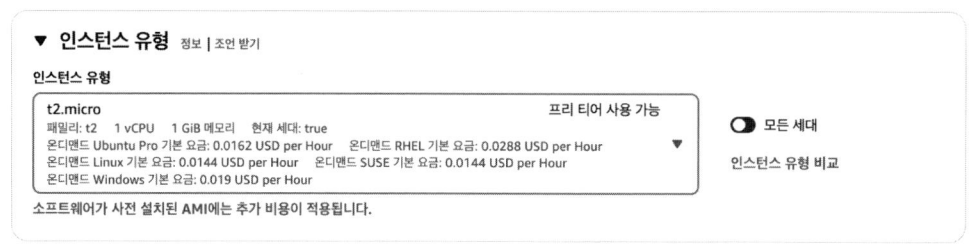

그림 1.15 인스턴스의 성능 선택

[키 페어(로그인)] 섹션에서는 인스턴스에 원격으로 접속하기 위한 키를 발급받을 수 있습니다. 키 파일을 내려받았다면 가장 아래의 [인스턴스 시작] 버튼을 클릭해 인스턴스를 생성합니다.

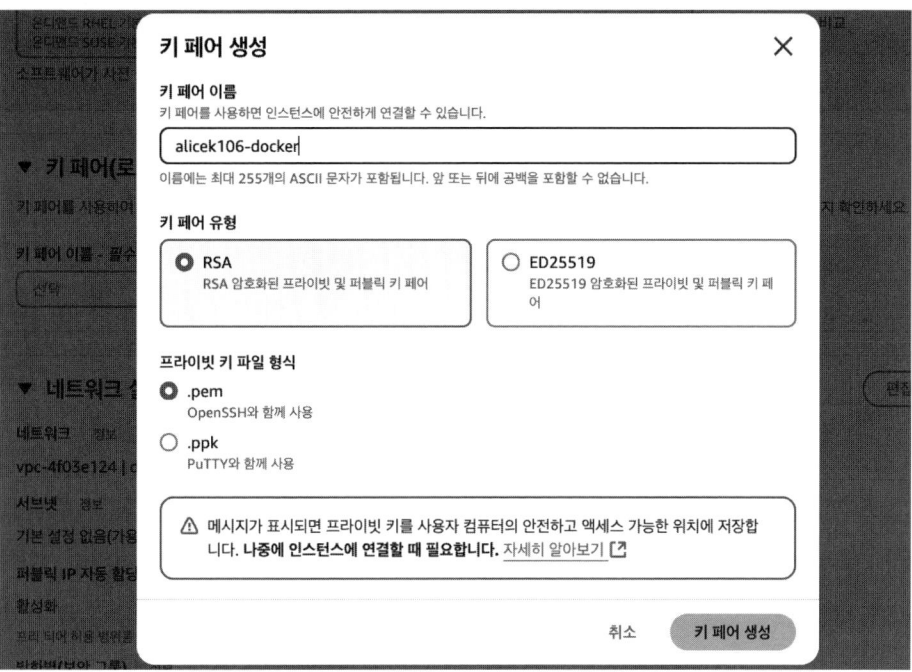

인스턴스를 생성한 후 조금 기다리면 인스턴스 상태가 실행 중(running)으로 바뀝니다.

그림 1.16 생성된 인스턴스 확인

내려받은 키 파일(.pem)과 인스턴스의 Public IP를 사용하면 해당 인스턴스에 접근할 수 있습니다. 아래는 커맨드라인에서 SSH 클라이언트를 사용해 접근하는 예입니다. SSH 클라이언트로는 커맨드라인뿐 아니라 PuTTY, Xshell 등 다양한 프로그램을 사용할 수 있으므로 각자의 취향에 맞는 클라이언트를 선택해서 사용하기 바랍니다.

```
# ssh -i mykey.pem ubuntu@52.78.....
```

PuTTY나 Xshell 같은 SSH 클라이언트로 EC2 서버에 접속하는 자세한 방법에 대해서는 "AWS EC2의 .pem 파일로 서버 인스턴스에 접속하기"[9] 글을 참고하기 바랍니다.

---

9 http://blog.naver.com/alice_k106/220882708567

02

도커 엔진

2.1 도커 이미지와 컨테이너

도커 엔진에서 사용하는 기본 단위는 이미지와 컨테이너이며, 이 두 가지가 도커 엔진의 핵심입니다. 사실 이미지와 컨테이너는 이번 장에서 설명한 것보다 훨씬 복잡한 구조지만 지금은 이미지와 컨테이너가 무엇이고 어떤 방식으로 사용되는지만 이해하면 됩니다.

2.1.1 도커 이미지

이미지는 컨테이너를 생성할 때 필요한 요소이며, 가상 머신을 생성할 때 사용하는 iso 파일과 비슷한 개념입니다. 이미지는 여러 개의 계층으로 된 바이너리 파일로 존재하고, 컨테이너를 생성하고 실행할 때 읽기 전용으로 사용됩니다. 이미지는 도커 명령어로 내려받을 수 있으므로 별도로 설치할 필요는 없습니다.

도커에서 사용하는 이미지의 이름은 기본적으로 [저장소 이름]/[이미지 이름]:[태그]의 형태로 구성됩니다.

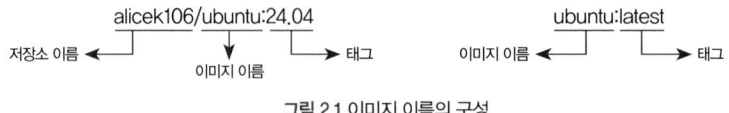

그림 2.1 이미지 이름의 구성

- **저장소**(Repository) 이름은 이미지가 저장된 장소를 의미합니다. 저장소 이름이 명시되지 않은 이미지는 도커에서 기본적으로 제공하는 이미지 저장소인 도커 허브(Docker Hub)의 공식(Official) 이미지를 뜻합니다. 그러나 이미지를 생성할 때 저장소 이름을 명시할 필요는 없으므로 생략하는 경우도 있습니다.[1]

- **이미지 이름**은 해당 이미지가 어떤 역할을 하는지 나타냅니다. 위 예시는 우분투 컨테이너를 생성하기 위한 이미지라는 것을 알 수 있습니다. 이미지의 이름은 생략할 수 없으며 반드시 설정해야 합니다.

- **태그**는 이미지의 버전 관리, 혹은 리비전(Revision) 관리에 사용합니다. 일반적으로 24.04와 같이 버전을 명시하지만 태그를 생략하면 도커 엔진은 이미지의 태그를 latest로 인식합니다.

2.1.2 도커 컨테이너

앞에서 설명한 도커 이미지는 우분투, CentOS 등 기본적인 리눅스 운영체제부터 아파치 웹 서버, MySQL 데이터베이스 등의 각종 애플리케이션, 하둡(Hadoop)이나 스파크(Spark), 스톰(Storm) 등의 빅데이터 분석 도구까지 갖가지 종류가 있습니다. 이러한 이미지로 컨테이너를 생성하면 해당 이미지의 목적에 맞는 파일이 들어 있는 파일 시스템과 격리된 시스템 자원 및 네트워크를 사용할 수 있는 독립된 공간이 생성되고, 이것이 바로 도커 컨테이너가 됩니다. 대부분의 도커 컨테이너는 생성될 때 사용된 도커 이미지의 종류에 따라 알맞은 설정과 파일을 가지고 있기 때문에 도커 이미지의 목적에 맞도록 사용되는 것이 일반적입니다. 예를 들어, 웹 서버 도커 이미지로부터 여러 개의 컨테이너를 생성하면 생성된 컨테이너의 개수만큼 웹 서버가 생성되고, 이 컨테이너들은 외부에 웹 서비스를 제공하는 데 사용될 것입니다.

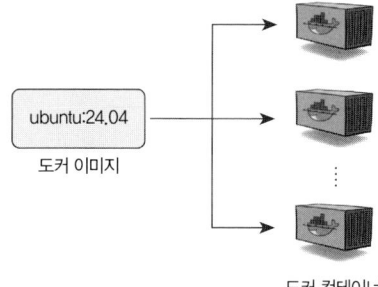

그림 2.2 도커 이미지와 컨테이너는 1:N 관계

컨테이너는 이미지를 읽기 전용으로 사용하되 이미지에서 변경된 사항만 컨테이너 계층에 저장하므로 컨테이너에서 무엇을 하든지 원래 이미지는 영향을 받지 않습니다. 또한 생성된 각 컨테이너는 각기 독립된 파일 시스템을 제공받으며 호스트와 분리돼 있으므로 특정 컨테이너에서 어떤 애플리케이션을 설치하거나 삭제해도 다른 컨테이너와 호스트는 변화가 없습니다.

예를 들어, 우분투 도커 이미지로 두 개의 컨테이너를 생성한 뒤 A 컨테이너에 MySQL을, B 컨테이

---

1 도커 허브에 저장될 이미지라는 것을 명시하기 위해서 이미지 이름 최상위에 docker.io를 붙여 docker.io/alicek106/ubuntu:24.04와 같이 나타내기도 합니다. 이미지 저장소를 나타내는 최상위 접두어는 docker.io(도커 허브) 외에도 gcr.io(구글 클라우드 컨테이너 레지스트리) 등이 있습니다.

너에 아파치 웹 서버를 설치해도 각 컨테이너는 서로 영향을 주지 않을뿐더러 호스트에도 아무런 영향을 주지 않습니다.

2.2 도커 컨테이너 다루기

도커 엔진을 설치하고 컨테이너와 이미지의 기본적인 개념을 이해했다면 도커 엔진을 사용할 준비가 끝났습니다. 이번에는 도커 컨테이너의 기초적인 사용법을 알아봅시다.

2.2.1 컨테이너 생성

도커를 사용하기에 앞서 설치된 도커 엔진의 버전을 확인합니다.

```
# docker -v
Docker version 28.0.1, build 068a01e
```

2025년 기준으로 사용 가능한 도커의 최신 버전은 28.0.1입니다. 최신 버전의 도커에서는 다양한 기능들과 보안 패치 등이 지속적으로 제공되고 있으므로 가급적이면 최신 버전을 유지하는 것이 좋습니다.

버전을 확인했다면 다음 명령어를 입력해 첫 번째 컨테이너를 생성합니다. docker run 명령어는 컨테이너를 생성하고 실행하는 역할을 합니다. ubuntu:24.04는 컨테이너를 생성하기 위한 이미지의 이름이며, -i -t 옵션은 컨테이너와 상호(interactive) 입출력을 가능하게 합니다. 이러한 옵션에 대해서는 2.2.5절 "컨테이너 애플리케이션 구축"에서 다시 설명합니다.

```
# docker run -i -t ubuntu:24.04
```

docker run 명령어를 입력하면 다음과 같은 내용이 출력됩니다. ubuntu:24.04 이미지가 로컬 도커 엔진에 존재하지 않으므로 도커 중앙 이미지 저장소인 도커 허브에서 자동으로 이미지를 내려받습니다. 네트워크 환경에 따라 시간이 약간 소요될 수 있습니다.

```
Unable to find image 'ubuntu:24.04' locally
24.04: Pulling from library/ubuntu
5a7813e071bf: Pull complete
Digest: sha256:72297848456d5d37d1262630108ab308d3e9ec7ed1c3286a32fe09856619a782
Status: Downloaded newer image for ubuntu:24.04
root@0f4c5b82c03f:/#
```

단 한 줄의 docker 명령어로 컨테이너를 생성 및 실행과 동시에 컨테이너 내부로 들어왔습니다. 셸의 사용자와 호스트 이름이 변경된 것이 컨테이너 내부에 들어와 있다는 것을 나타냅니다. 컨테이너에서 기본 사용자는 root이고 호스트 이름은 무작위의 16진수 해시값입니다. 무작위의 16진수 해시값은 컨테이너의 고유한 ID의 앞 일부분이며, 위 예시에서는 0f4c5b82c03f입니다.

docker run 명령어로 컨테이너를 생성할 때 -i 옵션으로 상호 입출력을, -t 옵션으로 tty를 활성화해서 배시(bash) 셸을 사용하도록 컨테이너를 설정했습니다. docker run 명령어에서 이 두 옵션 중 하나라도 사용하지 않으면 셸을 정상적으로 사용할 수 없습니다.

컨테이너와 호스트의 파일 시스템은 서로 독립적이므로 ls 명령어로 파일 시스템을 확인해보면 아무것도 설치되지 않은 상태임을 확인할 수 있습니다.

```
root@0f4c5b82c03f:/# ls
bin   dev   home  lib64  mnt   proc  run   srv   tmp   var
boot  etc   lib   media  opt   root  sbin  sys   usr
```

컨테이너 내부에서 호스트의 도커 환경으로 돌아옵니다. 컨테이너 내부에서 빠져나오는 방법은 두 가지가 있습니다. 첫 번째 방법은 컨테이너 셸에서 exit를 입력하거나 Ctrl + D를 동시에 입력하는 것입니다. 그러나 이 방법은 컨테이너 내부에서 빠져나오면서 동시에 컨테이너를 정지시킵니다. 여기서는 exit 명령어를 사용합니다.

```
root@0f4c5b82c03f:/# exit
exit
```

다른 방법은 컨테이너를 정지하지 않고 빠져나오는 것으로 Ctrl + P, Q를 입력하는 것입니다. exit 명령어는 배시 셸을 종료함으로써 컨테이너를 정지시킴과 동시에 컨테이너에서 빠져나오지만 Ctrl + P, Q를 사용하면 단순히 컨테이너의 셸에서만 빠져나오기 때문에 컨테이너 애플리케이션을 개발하는 목적으로 컨테이너를 사용할 때는 이 방법을 많이 씁니다. 이 방법을 아래의 centos:7 이미지를 사용하는 컨테이너를 생성하는 예제에서 사용해 봅시다.

컨테이너 내부에서 호스트로 되돌아와 컨테이너를 다시 생성합니다. 이번에는 CentOS 이미지를 사용합니다. 다음 명령어를 입력해 도커 공식 이미지 저장소에서 centos:7 이미지를 내려받습니다. docker pull 명령어는 이미지를 내려받을 때 사용합니다.

```
# docker pull centos:7
7: Pulling from library/centos
3d8673bd162a: Pull complete
```

```
Digest: sha256:a66ffcb73930584413de83311ca11a4cb4938c9b2521d331026dad970c19adf4
Status: Downloaded newer image for centos:7
```

이미지를 정상적으로 내려받았는지 확인합니다. docker images 명령어는 도커 엔진에 존재하는 이미지의 목록을 출력합니다.

```
# docker images
```

방금 내려받은 centos:7 이미지와 이전에 내려받은 ubuntu:24.04 이미지가 존재하는 것을 알 수 있습니다.

```
# docker images
REPOSITORY   TAG     IMAGE ID        CREATED        SIZE
ubuntu       24.04   a04dc4851cbc    5 weeks ago    78.1MB
centos       7       eeb6ee3f44bd    3 years ago    204MB
```

컨테이너를 생성할 때는 run 명령어가 아닌 create 명령어를 사용할 수도 있습니다. 다음 명령어를 입력해 centos:7 이미지로 컨테이너를 생성합니다. --name 옵션에는 컨테이너의 이름을 설정합니다. 여기서는 mycentos로 설정합니다.

```
# docker create -i -t --name mycentos centos:7
dd06c5cb6bf48843820ba00ca8b32318d019817f2b6d345200665f32b9d8c059
```

 create 명령어의 결과로 출력된 무작위의 16진수 해시값은 컨테이너의 고유 ID입니다. 그러나 너무 길어 일반적으로 앞의 12자리만 사용합니다. docker inspect 명령어로 컨테이너의 ID를 다시 확인할 수 있습니다.

그런데 이번에는 run 명령어를 실행했을 때와 달리 컨테이너 내부로 들어가지 않습니다. create 명령어는 컨테이너를 생성만 할 뿐 컨테이너로 들어가지 않기 때문입니다.

이번에는 docker start 명령어와 docker attach 명령어를 써서 컨테이너를 시작하고 내부로 들어갑니다. attach는 컨테이너의 내부로 들어가는 명령어입니다.

```
# docker start mycentos
mycentos

# docker attach mycentos
[root@dd06c5cb6bf4 /]#
```

이번에는 exit가 아닌 Ctrl + P, Q를 입력해 컨테이너에서 빠져나옵니다. 위에서 설명한 것처럼 이 방법은 exit와는 다르게 컨테이너를 정지시키지 않고 컨테이너에서 빠져나옵니다.

지금까지 컨테이너를 생성하기 위해 run, create, start 명령어를 사용했습니다. run 명령어는 pull, create, start 명령어를 일괄적으로 실행한 후 attach가 가능한 컨테이너라면 컨테이너 내부로 들어갑니다.

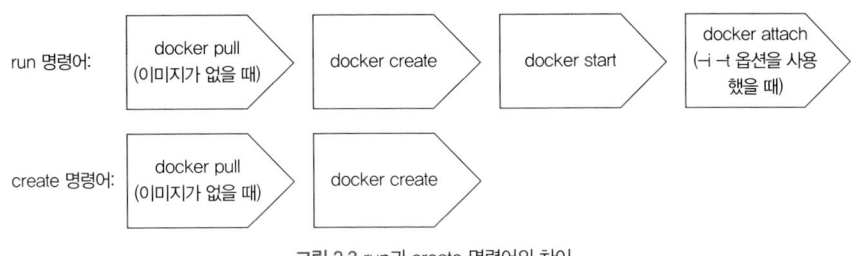

그림 2.3 run과 create 명령어의 차이

그러나 create 명령어는 도커 이미지를 pull한 뒤에 컨테이너를 생성만 할 뿐 start, attach를 실행하지 않습니다. 보통은 컨테이너를 생성함과 동시에 시작하기 때문에 run 명령어를 더 많이 사용합니다. 따라서 앞으로 컨테이너를 생성할 때 run 명령어를 쓰겠습니다.

 컨테이너를 대상으로 하는 모든 명령어는 컨테이너의 이름 대신 ID를 쓸 수 있습니다. 그러나 ID의 이름이 너무 길 때는 앞의 2~3자만 입력해도 됩니다.

```
# docker start dd06c5cb6bf4
```

또는

```
# docker start dd0
```

그러나 ID의 앞자리가 dd0인 다른 컨테이너가 이미 존재한다면 어느 컨테이너를 가리키는지 알 수 없으므로 에러가 발생합니다. 따라서 ID의 앞자리를 사용해 컨테이너를 제어할 때는 적절히 3~4자를 입력하는 것이 좋습니다.

2.2.2 컨테이너 목록 확인

CentOS 컨테이너에서 호스트로 되돌아와 지금까지 생성한 컨테이너의 목록을 확인합니다.

```
# docker ps
```

docker ps 명령어는 정지되지 않은 컨테이너만 출력합니다. 즉, exit를 사용해 빠져나온 컨테이너는 정지 상태이기 때문에 컨테이너 목록에 출력되지 않지만 Ctrl + P, Q를 입력해 빠져나온 컨테이너는 실행 중이기 때문에 컨테이너 목록에 출력됩니다.

```
CONTAINER ID   IMAGE      COMMAND      CREATED       STATUS         PORTS    NAMES
5cc815c9e796   centos:7   "/bin/bash"  16 hours ago  Up 3 seconds            mycentos
```

정지된 컨테이너를 포함한 모든 컨테이너를 출력하려면 -a 옵션을 추가합니다. 컨테이너의 상태는 STATUS 항목에서 확인합니다. Exited …는 정지된 상태, Up .. seconds는 실행 중인 상태임을 의미합니다.

```
# docker ps -a
CONTAINER ID   IMAGE         COMMAND      CREATED       STATUS                PORTS    NAMES
5cc815c9e796   centos:7      "/bin/bash"  16 hours ago  Up 29 seconds                  mycentos
0f4c5b82c03f   ubuntu:24.04  "/bin/bash"  20 hours ago  Exited (1) 3 minutes ago       angry_morse
....
```

docker ps 명령어의 출력에 대한 설명은 아래와 같습니다.

- CONTAINER ID: 컨테이너에게 자동으로 할당되는 고유한 ID입니다. 위 출력 결과에서는 ID의 일부분밖에 확인할 수 없지만 컨테이너의 정보를 확인하기 위해 docker inspect 명령어를 사용하면 전체 ID를 확인할 수 있습니다.

    ```
    # docker inspect mycentos | grep Id
        "Id":"5cc815c9e7967bff447c5a7746871e10a884506da560d83bf2f777aa815508eaebaa2d",
    ```

- IMAGE: 컨테이너를 생성할 때 사용된 이미지의 이름입니다. 위 출력 결과의 컨테이너는 centos:7, ubuntu:24.04 이미지로부터 생성됐음을 알 수 있습니다.

- COMMAND: 커맨드(command)는 컨테이너가 시작될 때 실행될 명령어입니다. 커맨드는 대부분의 이미지에 미리 내장돼 있기 때문에 별도로 설정할 필요는 없습니다. 위에서 생성한 centos:7, ubuntu:24.04 이미지에는 /bin/bash라는 커맨드가 내장돼 있기 때문에 컨테이너를 생성할 때 별도의 커맨드를 설정하지 않았습니다. 컨테이너가 시작될 때 /bin/bash 명령어가 실행됐으므로 상호 입출력이 가능한 셸 환경을 사용할 수 있었습니다.

    이미지에 내장된 커맨드는 docker run이나 create 명령어의 맨 끝에 입력해서 컨테이너를 생성할 때 덮어쓸 수 있습니다. 예를 들어, 아래의 docker run 명령어로 생성되는 컨테이너는 실행될 때마다 "echo hello world!"를 실행합니다.

    ```
    # docker run -i -t ubuntu:24.04 echo hello world!
    ```

    그러나 위 명령어로 생성된 컨테이너는 ubuntu:24.04 이미지에 내장된 커맨드인 /bin/bash를 덮어쓰기 때문에 상호 입출력이 가능한 셸이 실행되지 않아 'hello world!'라는 내용만 출력되고 컨테이너가 종료됩니다. 커맨드에 대한 자세한 내용은 2.4.4.4절의 "ENTRYPOINT, CMD"를 참고합니다.

- CREATED: 컨테이너가 생성되고 난 뒤 흐른 시간을 나타냅니다.
- STATUS: 컨테이너의 상태를 나타내며, 컨테이너가 실행 중임을 나타내는 'Up', 종료된 상태인 'Exited', 일시 중지된 상태인 'Pause' 등이 있습니다.
- PORTS: 컨테이너가 개방한 포트와 호스트에 연결한 포트를 나열합니다.[2] 앞에서 컨테이너를 생성할 때는 외부에 노출하도록 설정하지 않았으므로 PORTS 항목에는 아무것도 출력되지 않습니다.
- NAMES: 컨테이너의 고유한 이름입니다. 컨테이너를 생성할 때 --name 옵션으로 이름을 설정하지 않으면 도커 엔진이 임의로 형용사와 명사를 무작위로 조합해 이름을 설정하기 때문에 우분투 컨테이너의 이름이 angry_morse로 설정돼 있습니다. 컨테이너의 이름은 ID와 마찬가지로 중복될 수는 없지만 docker rename 명령어를 사용하면 컨테이너의 이름을 변경할 수 있습니다.

```
# docker rename angry_morse my_container
```

셸의 화면이 작아서 ps 명령어의 출력 결과가 줄바꿈되어 알아보기 힘들 때는 --format 옵션에 {{.ID}}\t{{.Status}}와 같은 Go 템플릿을 입력해서 원하는 정보만 출력할 수 있습니다. \t는 탭을 의미하며, \t를 사이사이에 끼워 넣어 출력 결과를 좀 더 깔끔하게 보여줄 수 있습니다.

```
# docker ps --format "table {{.ID}}\t{{.Status}}\t{{.Image}}"
CONTAINER ID      STATUS            IMAGE
dd06c5cb6bf4      Up 3 hours        centos:7

# docker ps --format "table {{.ID}}\t{{.Status}}\t{{.Image}}\t{{.Names}}"
CONTAINER ID      STATUS            IMAGE             NAMES
dd06c5cb6bf4      Up 3 hours        centos:7          mycentos
```

2.2.3 컨테이너 삭제

더 이상 사용하지 않는 컨테이너를 삭제할 때는 docker rm 명령어를 사용합니다. 한 번 삭제한 컨테이너는 복구할 수 없으므로 삭제할 때는 신중을 기해야 합니다. 그러나 위에서 생성한 CentOS, 우분투 컨테이너는 연습 용도이므로 삭제해도 문제가 없습니다. 이번에는 우분투 컨테이너와 CentOS 컨테이너를 삭제해 봅시다.

다음 명령어를 입력해 컨테이너를 삭제합니다. 컨테이너의 이름은 생성한 컨테이너의 이름에 맞게 적절히 변경합니다.

---

2   포트에 대한 자세한 내용은 2.2.4절 "컨테이너를 외부에 노출"에서 다시 설명합니다.

```
# docker rm angry_morse
```

컨테이너가 삭제됐는지 확인하려면 docker ps -a 명령어를 입력합니다.

```
# docker ps -a
CONTAINER ID   IMAGE      COMMAND       CREATED        STATUS          PORTS      NAMES
5cc815c9e796   centos:7   "/bin/bash"   16 hours ago   Up 29 seconds              mycentos
....
```

이번에는 mycentos 컨테이너를 삭제합니다.

```
# docker rm mycentos
```

그런데 아래와 같은 에러가 발생합니다.

```
Error response from daemon: You cannot remove a running container 5cc815c9e79694370be801c1bd78bc
45dc32c5cfe041a6729ea023b0d43e795c. Stop the container before attempting removal or force remove
```

실행 중인 컨테이너는 삭제할 수 없으므로 컨테이너를 정지한 뒤 삭제하거나 강제로 삭제할 수 있는 옵션을 추가하라는 내용입니다. 첫 번째로 삭제한 angry_morse 컨테이너는 docker ps에서 상태가 Exited(1)..., 즉 정지된 상태였기 때문에 삭제가 가능했습니다. mycentos 컨테이너를 삭제하려면 다음과 같이 stop 명령어로 컨테이너를 정지한 후에 삭제해야 합니다.

```
# docker stop mycentos
# docker rm mycentos
```

실행 중인 컨테이너를 삭제하는 다른 방법은 rm 명령어에 -f 옵션을 추가하는 것입니다.

```
# docker rm -f mycentos
```

도커를 사용하다 보면 연습용으로 생성한 컨테이너가 너무 많아 일일이 삭제하기 귀찮은 경우가 있습니다. 이런 경우에는 prune 명령어를 입력해서 모든 컨테이너를 삭제할 수 있습니다.

```
# docker container prune
WARNING! This will remove all stopped containers.
Are you sure you want to continue? [y/N] y
```

또는 docker ps 명령어의 -a 옵션과 -q 옵션을 조합해 컨테이너를 삭제할 수도 있습니다. -a는 컨테이너 상태와 관계 없이 모든 컨테이너를, -q는 컨테이너의 ID만 출력하는 역할을 합니다.

```
# docker ps -a -q
5cc815c9e796
…
```

이 옵션들을 사용해 출력된 컨테이너 리스트를 변수로 컨테이너를 삭제하면 모든 컨테이너를 간단히 삭제할 수 있습니다. 즉, 다음 명령어는 컨테이너의 실행 상태와 관계없이 모든 컨테이너를 정지하고 삭제합니다.

```
# docker stop $(docker ps -a -q)
# docker rm $(docker ps -a -q)
```

컨테이너를 삭제하면 컨테이너의 데이터를 모두 잃게 되므로 연습용으로 도커를 활용한 경우에만 위 명령어를 사용할 것을 권장합니다.

2.2.4 컨테이너를 외부에 노출

컨테이너는 가상 머신과 마찬가지로 가상 IP 주소를 할당받습니다. 기본적으로 도커는 컨테이너에 172.17.0.x의 IP를 순차적으로 할당합니다. 컨테이너를 새롭게 생성한 후 ifconfig 명령어로 컨테이너의 네트워크 인터페이스를 확인합니다.

```
# docker run -i -t --name network_test ubuntu:24.04
root@26081d500bf5:/# ifconfig

eth0      Link encap:Ethernet  HWaddr 02:42:ac:11:00:03
          inet addr:172.17.0.2  Bcast:0.0.0.0  Mask:255.255.0.0
          inet6 addr: fe80::42:acff:fe11:3/64 Scope:Link
          UP BROADCAST RUNNING MULTICAST  MTU:1500  Metric:1
          RX packets:8 errors:0 dropped:0 overruns:0 frame:0
          TX packets:8 errors:0 dropped:0 overruns:0 carrier:0
collisions:0 txqueuelen:0
          RX bytes:648 (648.0 B)  TX bytes:648 (648.0 B)

lo        Link encap:Local Loopback
          inet addr:127.0.0.1  Mask:255.0.0.0
          inet6 addr: ::1/128 Scope:Host
          UP LOOPBACK RUNNING  MTU:65536  Metric:1
          RX packets:0 errors:0 dropped:0 overruns:0 frame:0
          TX packets:0 errors:0 dropped:0 overruns:0 carrier:0
collisions:0 txqueuelen:0
          RX bytes:0 (0.0 B)  TX bytes:0 (0.0 B)
```

2025년 기준으로 사용할 수 있는 최신 우분투 버전인 24.04에는 ifconfig를 비롯한 네트워크 도구가 설치되어 있지 않습니다. 따라서 앞으로 IP 정보를 확인해야 하는 경우 ifconfig 명령어를 기본적으로 사용할 수 있는 ubuntu:24.04 도커 이미지를 사용하지만, 필요에 따라 ubuntu:24.04 이미지에서 각종 네트워크 도구를 설치해 사용해도 무방합니다.

```
# docker run -i -t ubuntu:24.04
root@5e7889b783b6:/# apt update && apt install net-tools
root@5e7889b783b6:/# ifconfig
eth0: flags=4163<UP,BROADCAST,RUNNING,MULTICAST>  mtu 1500
        inet 172.17.0.2  netmask 255.255.0.0  broadcast 172.17.255.255
..
```

도커의 NAT IP인 172.17.0.2를 할당받은 eth0 인터페이스와 로컬 호스트인 lo 인터페이스가 있습니다. 아무런 설정을 하지 않았다면 이 컨테이너는 외부에서 접근할 수 없으며 도커가 설치된 호스트에서만 접근할 수 있습니다.[3] 외부에 컨테이너의 애플리케이션을 노출하기 위해서는 eth0의 IP와 포트를 호스트의 IP와 포트에 바인딩해야 합니다.

컨테이너에서 호스트로 빠져나온 뒤 다음 명령어를 입력해 컨테이너를 생성합니다. 이 컨테이너에 아파치 웹 서버를 설치해 외부에 노출할 것입니다.

```
# docker run -i -t --name mywebserver -p 80:80 ubuntu:24.04
```

이전의 run 예제와 다른 점은 -p 옵션을 추가한 것입니다. -p 옵션은 컨테이너의 포트를 호스트의 포트와 바인딩해 연결할 수 있게 설정합니다. -p 옵션의 입력 형식은 다음과 같습니다.

[호스트의 포트]:[컨테이너의 포트]

호스트의 7777번 포트를 컨테이너의 80번 포트와 연결하려면 7777:80과 같이 입력하며, 호스트의 특정 IP를 사용하려면 192.168.0.100:7777:80과 같이 바인딩할 IP와 포트를 명시합니다.[4] 또한 여러 개의 포트를 외부에 개방하려면 -p 옵션을 여러 번 써서 설정합니다.

```
# docker run -i -t -p 3306:3306 -p 192.168.0.100:7777:80 ubuntu:24.04
```

---

3 예외로 Docker Desktop for Mac에서는 호스트에서 컨테이너 IP로의 접근이 불가능합니다.
4 여기서 사용한 192.168.0.100이라는 IP는 이해를 돕기 위한 것이며, 여러분의 호스트 IP로 적절히 변경해서 사용해야 합니다.

아파치 웹 서버는 기본적으로 80번 포트를 사용하므로 여기서는 컨테이너의 80번 포트를 호스트와 연결합니다.

 -p 80과 같이 입력하면 컨테이너의 80번 포트를 쓸 수 있는 호스트의 포트 중 하나와 연결합니다. 그러나 이와 같이 입력하면 컨테이너를 생성하는 시점에서 호스트의 어느 포트와 연결됐는지 알 수 없으므로 docker ps 명령어를 입력해 PORTS 항목을 확인해야 합니다.

컨테이너를 생성해 내부로 들어오면 다음과 같은 명령어를 차례로 입력해 아파치 웹 서버를 설치합니다.

```
root@7d50b96b237b:/# apt-get update
root@7d50b96b237b:/# apt-get install apache2 -y
root@7d50b96b237b:/# service apache2 start
```

아파치 웹 서버의 설치 및 실행이 완료되면 [도커 엔진 호스트의 IP]:80으로 접근합니다. 가장 쉬운 방법은 웹 브라우저를 활용하는 것이지만 cURL 같은 HTTP 요청 도구를 활용해도 됩니다.

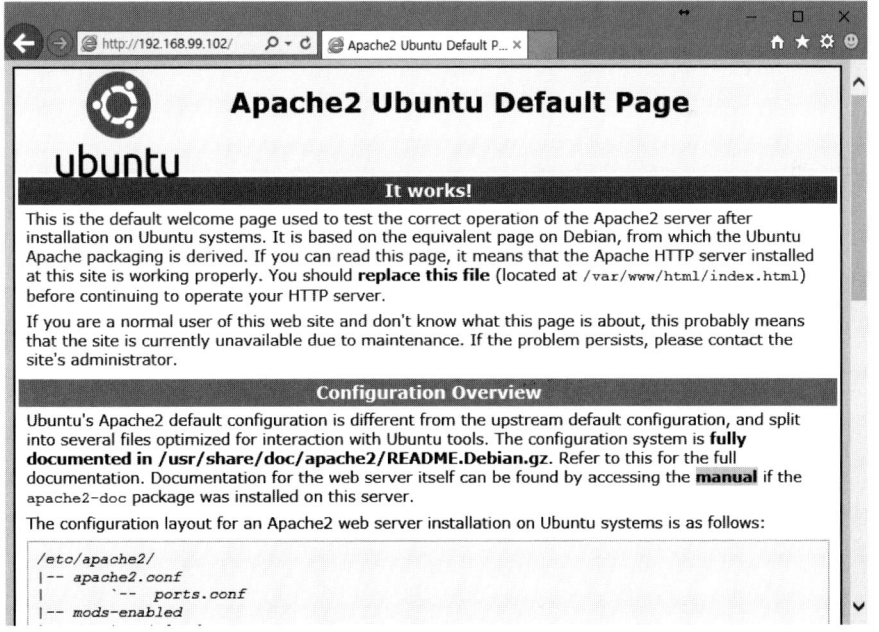

그림 2.4 브라우저로 아파치 웹 서버에 접속

손쉽게 아파치 웹 서버 컨테이너를 생성하고 시작했습니다. 실제로 아파치 서버가 설치된 것은 컨테이너 내부이므로 호스트에는 어떠한 영향도 주지 않습니다.

호스트의 IP와 포트를 컨테이너의 IP와 포트로 연결한다는 개념은 매우 중요합니다. 아파치 웹 서버는 172 대역을 가진 컨테이너의 NAT IP와 80번 포트로 서비스하므로 여기에 접근하려면 172.17.0.x:80의 주소로 접근해야 합니다. 그러나 도커의 포트 포워딩 옵션인 -p를 써서 호스트와 컨테이너를 연결했으므로 호스트의 IP와 포트를 통해 172.17.0.x:80으로 접근할 수 있습니다. 순서를 정리하면 그림 2.5와 같습니다.

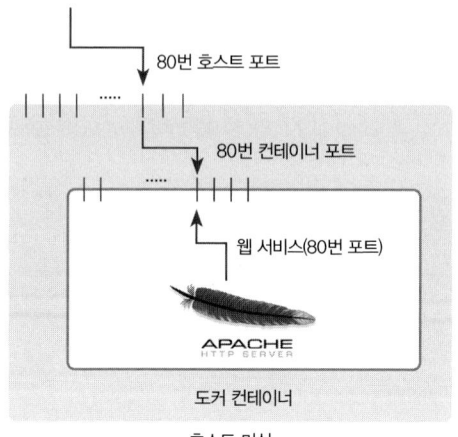

그림 2.5 -p 옵션을 이용한 호스트와 컨테이너 포트 연결

호스트 IP의 80번 포트로 접근 → 80번 포트는 컨테이너의 80번 포트로 포워딩 → 웹 서버 접근

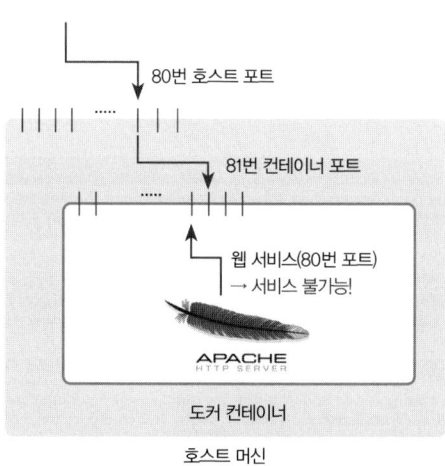

그림 2.6 잘못된 -p 옵션의 사용

그러나 그림 2.6처럼 -p 옵션의 값으로 80:81과 같이 입력했다면 외부에서 웹 서버에 접근하지 못합니다. 호스트의 80번 포트와 연결된 컨테이너의 포트는 81번이 될 것이고 81번 포트는 어떠한 서비스도 제공하도록 설정돼 있지 않기 때문입니다.

2.2.5 컨테이너 애플리케이션 구축

대부분의 서비스는 단일 프로그램으로 동작하지 않습니다. 여러 에이전트나 데이터베이스 등과 연결되어 완전한 서비스로써 동작하는 것이 일반적입니다. 이런 서비스를 컨테이너화(Containerize) 할 때 여러 개의 애플리케이션을 한 컨테이너에 설치할 수도 있습니다. 그러나 컨테이너에 애플리케이션을 하나만 동작시키면 컨테이너 간의 독립성을 보장함과 동시에 애플리케이션의 버전 관리, 소스코드 모듈화 등이 더욱 쉬워집니다. 웹 서버와 그에 필요한 데이터베이스를 예로 들어보겠습니다.

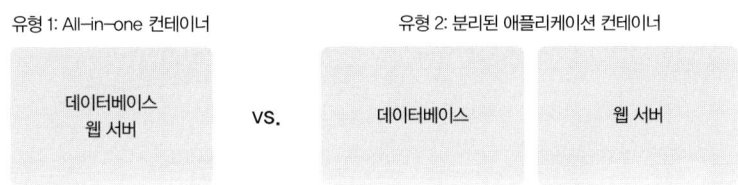

그림 2.7 애플리케이션을 하나 혹은 분리된 컨테이너로 구성

그림 2.7의 '유형 1'처럼 데이터베이스와 웹 서버를 컨테이너 하나에 설치할 수 있습니다. 그러나 '유형 2'와 같이 데이터베이스와 웹 서버 컨테이너를 구분하는 편이 도커 이미지를 관리하고 컴포넌트의 독립성을 유지하기가 쉽습니다. 이 같은 구조는 여러 도커 커뮤니티뿐 아니라 도커 공식 홈페이지에서도 권장하는 구조입니다. 한 컨테이너에 프로세스 하나만 실행하는 것이 도커의 철학이기 때문입니다.

이번에는 데이터베이스와 워드프레스 웹 서버 컨테이너를 연동해 워드프레스 기반 블로그 서비스를 만들어 봅시다. 다음 명령어를 입력해 각 컨테이너를 생성합니다.

 가독성을 위해 명령어의 길이가 길면 \(역슬래시)를 이용해 각 설정 옵션을 구분합니다. 그러나 실제로 사용할 때는 \ 없이 입력해도 상관없습니다.

```
# docker run -d \
--name wordpressdb \
-e MYSQL_ROOT_PASSWORD=password \
-e MYSQL_DATABASE=wordpress \
mysql:5.7
```

```
# docker run -d \
-e WORDPRESS_DB_HOST=mysql \
-e WORDPRESS_DB_USER=root \
```

```
-e WORDPRESS_DB_PASSWORD=password \
--name wordpress \
--link wordpressdb:mysql \
-p 80 \
wordpress
```

첫 번째 명령어는 mysql 이미지를 사용해 데이터베이스 컨테이너를, 두 번째 명령어는 미리 준비된 워드프레스 이미지를 이용해 워드프레스 웹 서버 컨테이너를 생성합니다. 워드프레스 웹 서버 컨테이너의 -p 옵션에서 80을 입력했으므로 호스트의 포트 중 하나와 컨테이너의 80번 포트가 연결됩니다. docker ps 명령어로 호스트의 어느 포트와 연결됐는지 확인합니다.

```
# docker ps
CONTAINER ID   IMAGE       COMMAND              CREATED   STATUS   PORTS                    NAMES
47553801a162   wordpress   "/entrypoint.sh apach"   ...              0.0.0.0:32769->80/tcp   wordpress
....
```

 호스트와 바인딩된 포트만 확인하려면 docker port 명령을 사용합니다. 다음은 wordpress라는 이름의 컨테이너가 사용 중인 호스트의 포트가 출력된 결과입니다.

```
# docker port wordpress
80/tcp -> 0.0.0.0:32769
```

0.0.0.0:32769 -> 80/tcp에서 0.0.0.0은 호스트의 활용 가능한 모든 네트워크 인터페이스에 바인딩함을 뜻합니다.

이 예제에서는 호스트의 32769번 포트와 연결됐습니다. 따라서 호스트의 IP와 32769번 포트로 워드프레스 웹 서버에 접근할 수 있습니다. 웹 브라우저로 [호스트 IP]:32769에 접근했을 때 다음과 같은 화면이 나타나면 워드프레스 컨테이너가 성공적으로 생성된 것입니다.

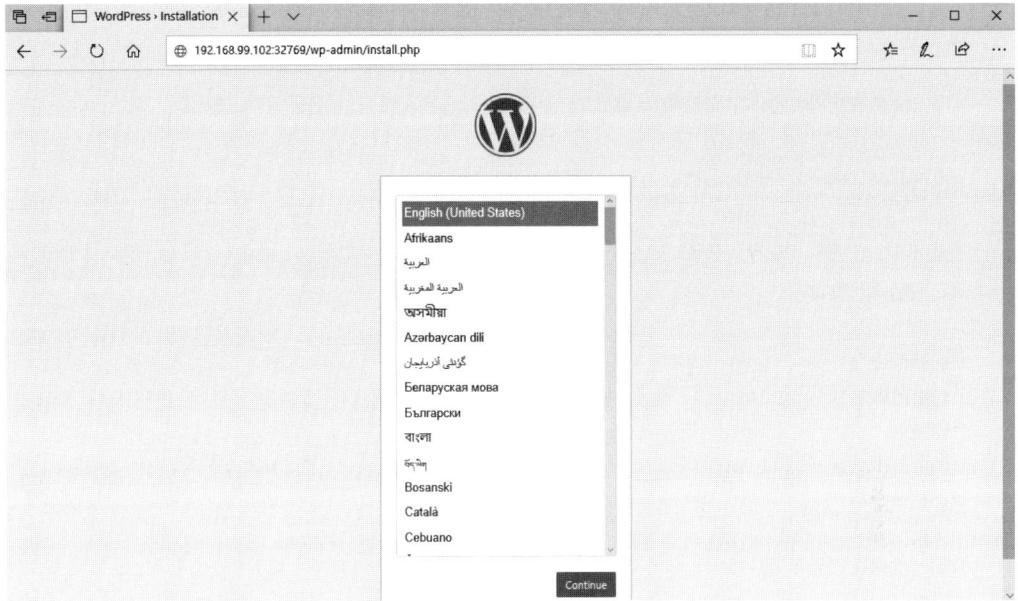

그림 2.8 브라우저로 워드프레스 컨테이너에 접근

이번에 사용한 run 명령어의 옵션도 이전의 run 명령어의 옵션과 다릅니다. -d, -e, --link 옵션이 추가됐습니다.

- -d: -i -t가 컨테이너 내부로 진입하도록 attach 가능한 상태로 설정한다면 -d는 Detached 모드로 컨테이너를 실행합니다. Detached 모드는 컨테이너를 백그라운드에서 동작하는 애플리케이션으로써 실행하도록 설정합니다.

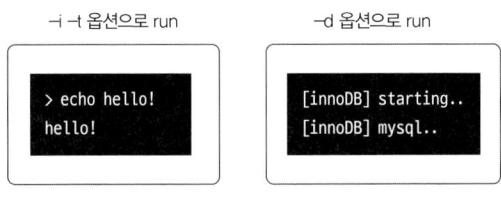

그림 2.9 -i -t와 -d의 차이

앞에서 우분투, CentOS 컨테이너를 생성한 것처럼 -i, -t 옵션으로 run을 실행하면 표준 입출력이 활성화된, 상호작용이 가능한 셸 환경을 사용할 수 있습니다. ubuntu:24.04, centos:7과 같은 대부분의 기본 이미지들은 컨테이너를 시작할 때 /bin/bash를 커맨드로 설정해 실행함으로써 배시 셸을 쓸 수 있게 설정합니다. docker ps 명령어로 컨테이너 목록을 확인할 때 COMMAND에 표시되는 /bin/bash가 바로 여기에 해당합니다.

그러나 -d 옵션으로 run을 실행하면 입출력이 없는 상태로 컨테이너를 실행합니다. 컨테이너 내부에서 프로그램이 터미널을 차지하는 포그라운드(foreground)로 실행돼 사용자의 입력을 받지 않습니다. Detached 모드인 컨테이너는 반드시 컨테이너에서 프로그램이 실행돼야 하며, 포그라운드 프로그램이 실행되지 않으면 컨테이너는 종료됩니다.

mysql은 하나의 터미널을 차지하는 mysqld를, 워드프레스는 하나의 터미널을 차지하는 apache2-foreground를 실행하므로 -d 옵션을 지정해 백그라운드로 설정한 것입니다.

이를 테스트하기 위해 컨테이너 내부에서 프로그램을 실행하지 않은 채로 -d 옵션을 설정해 봅시다.

```
# docker run -d --name detach_test ubuntu:24.04
```

컨테이너가 생성됐더라도 바로 종료되므로 docker ps 명령어로는 확인할 수 없습니다. docker ps -a 명령어로 컨테이너의 상태를 확인합니다.

```
# docker ps -a
CONTAINER ID    IMAGE          COMMAND       CREATED         STATUS              PORTS
NAMES
8954ffd1701e    ubuntu:24.04   "/bin/bash"   11 seconds ago  Exited (0) 7 seconds ago
detach_test
```

이렇게 종료된 컨테이너를 docker start 명령어로 다시 시작시켜도 컨테이너 내부에 터미널을 차지하는 포그라운드로써 동작하는 프로그램이 없으므로 컨테이너는 시작되지 않습니다. 그렇다면 반대로 mysql 컨테이너를 -i -t 옵션으로 생성하면 어떻게 될까요?

```
# docker run -i -t \
--name mysql_attach_test \
-e MYSQL_ROOT_PASSWORD=password \
-e MYSQL_DATABASE=wordpress \
mysql:5.7

Initializing database
2016-09-07T06:47:33.707917Z 0 [Warning] InnoDB: New log files created, LSN=45790
2016-09-07T06:47:34.306140Z 0 [Warning] InnoDB: Creating foreign key constraint system
tables.
…
```

하나의 터미널을 차지하는 mysqld 프로그램이 포그라운드로 실행된 로그를 볼 수 있습니다. MySQL 이미지는 컨테이너가 시작될 때 mysqld가 동작하도록 설정돼 있기 때문입니다. 이 상태에서는 상호 입출력이 불가능하고 단순히 프로그램이 포그라운드 모드로 동작하는 것만 지켜볼 수 있습니다. 이 같은 이유로 -d 옵션을 설정해 컨테이너가 백그라운드에서 동작하게 하는 것입니다.

컨테이너는 각기 하나의 모니터를 기본적으로 가지고 있다고 생각하면 이해하기 쉽습니다. 여러 개의 터미널을 열어 동일한 컨테이너에 동시에 attach해보면 이를 바로 알 수 있습니다. 예를 들어, ubuntu:24.04 이미지로 컨테이너를 생성한 뒤, 2개의 터미널에서 동시에 docker attach 명령어로 컨테이너 내부로 들어가 컨테이너를 사용해보면 재미있는 결과를 볼 수 있습니다.

- -e: -e 옵션은 컨테이너 내부의 환경변수를 설정합니다. 컨테이너화된 애플리케이션은 환경변수에서 값을 가져와 쓰는 경우가 많으므로 자주 사용하는 옵션 중 하나입니다. mysql 컨테이너를 생성할 때 설정한 -e 옵션의 값을 살펴보면 mysql 컨테이너의 환경변수로 어떤 것이 설정됐는지 알 수 있습니다.

```
… -e MYSQL_ROOT_PASSWORD=password…
```

컨테이너의 MYSQL_ROOT_PASSWORD 환경변수의 값을 password로 설정한다는 의미입니다. 그렇다면 이 값이 실제로 컨테이너에 적용됐는지 확인해 보겠습니다. 리눅스에서 환경변수를 확인하는 가장 간단한 방법은 아래와 같이 echo를 사용하는 것입니다

```
# echo ${ENVIRONMENT_NAME}
```

컨테이너 내부에서 echo로 환경변수를 출력하면 -e 옵션에 입력된 대로 값이 설정돼 있음을 확인할 수 있습니다.

```
root@a0897ecfbbae:/# echo $MYSQL_ROOT_PASSWORD
password
```

그러나 echo 명령어를 사용하려면 상호 입출력이 가능한 배시 셸을 사용할 수 있는 환경이 필요합니다. 입출력이 가능한 셸 환경을 사용하려면 docker attach 명령어로 컨테이너 내부로 들어가야 하지만 위에서 생성한 mysql 컨테이너는 -d 옵션으로 생성됐으므로 attach 명령어를 쓰는 것이 의미가 없습니다. attach를 쓰면 컨테이너에서 실행 중인 프로그램의 로그 출력을 보게 될 뿐입니다.

그러나 exec 명령어를 이용하면 컨테이너 내부의 셸을 사용할 수 있습니다. 다음 명령어를 입력하면 mysql 컨테이너 내부에 /bin/bash 프로세스를 실행하고, -i -t 옵션을 사용해 배시 셸을 쓸 수 있게 유지합니다.

```
# docker exec -i -t wordpressdb /bin/bash
root@a0897ecfbbae:/# echo $MYSQL_ROOT_PASSWORD
password
```

exec 명령어를 사용하면 컨테이너 내부에서 명령어를 실행한 뒤 그 결괏값을 반환받을 수 있습니다. 그러나 여기서는 -i -t 옵션을 추가해 /bin/bash를 상호 입출력이 가능한 형태로 exec 명령어를 사용했습니다. 옵션을 추가하지 않고 단순히 exec만 쓰면 컨테이너 내부에서 실행한 명령어에 대한 결과만 반환합니다.

```
# docker exec wordpressdb ls /
bin
boot
dev
docker-entrypoint-initdb.d
…
```

설정된 환경변수가 실제로 MySQL에 사용됐는지 확인하려면 컨테이너 내부에서 mysql -u root -p를 입력한 뒤 password를 입력합니다.

```
root@a0897ecfbbae:/# mysql -u root -p
Enter password: (password 입력)
Welcome to the MySQL monitor.  Commands end with ; or \g.
Your MySQL connection id is 3
Server version: 5.7.17 MySQL Community Server (GPL)
…
```

컨테이너에서 빠져 나오려면 Ctrl + P, Q를 입력합니다. 또는 /bin/bash 프로세스를 종료하며 빠져나오려면 exit를 입력합니다. exec로 mysql 컨테이너에 들어왔을 때는 exit를 써도 컨테이너가 종료되지 않는데, 이는 mysqld 프로세스가 컨테이너 안에서 여전히 포그라운드 모드로 동작하고 있기 때문입니다.

위에서 생성한 워드프레스와 MySQL 컨테이너는 빠른 이해를 위해 환경 변수에 비밀번호를 입력했지만, 비밀번호처럼 민감한 정보를 컨테이너 내부의 환경 변수로 설정하는 것은 매우 바람직하지 않습니다. 이런 경우에는 도커 스웜 모드의 secret이나 쿠버네티스의 secret과 같은 기능을 활용해 안전하게 비밀번호를 전달하는 것이 좋습니다. 이러한 기능은 각각 3.3.3.5절과 7.2.2절에서 다시 설명합니다.

- --link: A 컨테이너에서 B 컨테이너로 접근하는 방법 중 가장 간단한 것은 NAT로 할당받은 내부 IP를 쓰는 것입니다. B 컨테이너의 IP가 172.17.0.3이라면 A 컨테이너는 이 IP를 써서 B 컨테이너에 접근할 수 있습니다. 그러나 도커 엔진은 컨테이너에게 내부 IP를 172.17.0.2, 3, 4…와 같이 순차적으로 할당합니다. 이는 컨테이너를 시작할 때마다 재할당하는 것이므로 매번 변경되는 컨테이너의 IP로 접근하기는 어렵습니다.

--link 옵션은 내부 IP를 알 필요 없이 항상 컨테이너에 별명(alias)으로 접근하도록 설정합니다. 위에서 생성한 워드프레스 웹 서버 컨테이너는 --link 옵션의 값에서 wordpressdb 컨테이너를 mysql이라는 이름으로 설정했습니다

```
… --link wordpressdb:mysql…
```

즉, 워드프레스 웹 서버 컨테이너는 wordpressdb의 IP를 몰라도 mysql이라는 호스트명으로 접근할 수 있게 됩니다. 워드프레스 웹 서버 컨테이너에서 mysql이라는 호스트 이름으로 요청을 전송하면 wordpressdb 컨테이너의 내부 IP로 접근하는 것을 확인할 수 있습니다.[5]

```
# docker exec wordpress curl mysql:3306 --http0.9 --silent
rI&mysql_native_password Got packets out of orderr
```

워드프레스 컨테이너도 docker run에서 -d 옵션을 사용해 detached 모드로 생성됐으므로 다음 명령어를 입력해 직접 bash 셸을 활성화함으로써 curl을 사용해도 됩니다.

```
# docker exec -i -t wordpress /bin/bash
```

---

5 MySQL 컨테이너의 3306 포트는 HTTP 요청을 지원하지 않으므로 정상적인 응답이 반환되지 않습니다.

--link 옵션을 쓸 때 유의할 점은 --link에 입력된 컨테이너가 실행 중이지 않거나 존재하지 않는다면 --link를 적용한 컨테이너 또한 실행할 수 없다는 것입니다. 이를 확인하려면 호스트에서 다음 명령어를 입력합니다.

```
# docker stop wordpress wordpressdb
```

 start, stop, restart 등의 명령어를 사용할 때는 여러 개의 컨테이너 이름을 순서대로 입력할 수도 있습니다.

```
# docker start wordpress wordpressdb ...
```

wordpressdb 컨테이너가 정지된 상태에서 wordpress 컨테이너를 실행하면 다음과 같은 오류가 출력됩니다. 즉 --link 옵션은 컨테이너를 연결해주는 것뿐만 아니라 컨테이너 실행 순서의 의존성도 정의해준다는 것을 알 수 있습니다.

```
# docker start wordpress
Error response from daemon: Cannot link to a non running container: /wordpressdb AS /
wordpress/mysql
Error: failed to start containers: wordpress
```

이처럼 --link 옵션은 컨테이너 간에 이름으로 서로를 찾을 수 있게 도와주지만, --link 옵션은 현재 deprecated된 옵션이며 추후 삭제될 수 있습니다. 도커 브리지(bridge) 네트워크를 사용하면 --link 옵션과 동일한 기능을 더욱 손쉽게 사용할 수 있으므로 브리지 네트워크를 사용하는 것을 권장합니다. 도커 브리지 네트워크의 기능에 대해서는 2.2.7.2절에서 다시 자세히 설명합니다.

2.2.6 도커 볼륨

도커 이미지로 컨테이너를 생성하면 이미지는 읽기 전용이 되며 컨테이너의 변경 사항만 별도로 저장해서 각 컨테이너의 정보를 보존합니다. 예를 들어, 위에서 생성했던 mysql 컨테이너는 mysql:5.7이라는 이미지로 생성됐지만 워드프레스 블로그를 위한 데이터베이스 등의 정보는 컨테이너가 갖고 있습니다. 즉, 다음과 같은 구조를 띱니다.

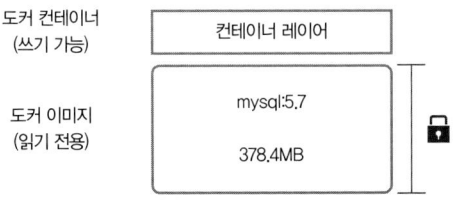

그림 2.10 이미지와 컨테이너의 구조

이미 생성된 이미지는 어떠한 경우로도 변경되지 않으며, 컨테이너 계층에 원래 이미지에서 변경된 파일 시스템 등을 저장합니다. 이미지에 mysql을 실행하는 데 필요한 애플리케이션 파일이 들어있다면 컨테이너 계층에는 워드프레스에서 쓴 로그인 정보나 게시글 등과 같이 데이터베이스를 운용하면서 쌓이는 데이터가 저장됩니다.

그러나 여기에는 치명적인 단점이 있습니다. mysql 컨테이너를 삭제하면 컨테이너 계층에 저장돼 있던 데이터베이스의 정보도 삭제된다는 점입니다. 도커의 컨테이너는 생성과 삭제가 매우 쉬우므로 실수로 컨테이너를 삭제하면 데이터를 복구할 수 없게 됩니다. 이를 방지하기 위해 컨테이너의 데이터를 영속적(Persistent) 데이터로 활용할 수 있는 방법이 몇 가지 있습니다. 그중 가장 활용하기 쉬운 방법이 바로 **볼륨**을 활용하는 것입니다.

볼륨을 활용하는 방법은 여러 가지가 있습니다. 호스트와 볼륨을 공유할 수도 있고, 볼륨 컨테이너를 활용할 수도 있으며, 도커가 관리하는 볼륨을 생성할 수도 있습니다. 첫 번째로 호스트와 볼륨을 공유함으로써 데이터베이스 컨테이너를 삭제해도 데이터는 삭제되지 않도록 설정해봅시다.

2.2.6.1 호스트 볼륨 공유

다음 명령어를 입력해 mysql 데이터베이스 컨테이너와 워드프레스 웹 서버 컨테이너를 생성합니다.

```
# docker run -d \
--name wordpressdb_hostvolume \
-e MYSQL_ROOT_PASSWORD=password \
-e MYSQL_DATABASE=wordpress \
-v /home/wordpress_db:/var/lib/mysql \
mysql:5.7
```

```
# docker run -d \
-e WORDPRESS_DB_PASSWORD=password \
--name wordpress_hostvolume \
--link wordpressdb_hostvolume:mysql \
-p 80 \
wordpress
```

워드프레스 컨테이너에 -p 옵션으로 컨테이너의 80 포트를 외부에 노출했으므로 docker ps 명령어에서 확인한 wordpress_hostvolume 컨테이너의 호스트 포트로 워드프레스 컨테이너에 접속할 수 있습니다.

이전 예제에서 데이터베이스 컨테이너를 생성할 때 사용한 run 명령어의 옵션과 달라진 점은 -v 옵션을 추가했고, 그 값을 /home/wordpress_db:/var/lib/mysql로 설정한 것입니다. 이는 호스트의 /home/wordpress_db 디렉터리와 컨테이너의 /var/lib/mysql 디렉터리를 공유한다는 뜻입니다. 즉 [호스트의 공유 디렉터리]:[컨테이너의 공유 디렉터리] 형태입니다.

 컨테이너의 /var/lib/mysql 디렉터리는 MySQL이 데이터베이스의 데이터를 저장하는 기본 디렉터리입니다.

미리 /home/wordpress_db 디렉터리를 호스트에 생성하지 않았어도 도커는 자동으로 이를 생성합니다. 실제로 해당 디렉터리에 데이터베이스 관련 파일이 있는지 확인합니다.

```
# ls /home/wordpress_db
auto.cnf  ib_buffer_pool  ib_logfile0  ib_logfile1  ibdata1  ibtmp1  mysql  performance_schema
sys  wordpress ...
```

mysql을 구동하는 데 필요한 각종 파일이 공유됐습니다. mysql, performance_schema, sys, wordpress 디렉터리는 mysql에 존재하는 실제 데이터베이스에 대응됩니다.

컨테이너를 삭제해 데이터베이스의 데이터가 보존되는지 확인합니다. 다음 명령어를 입력해 방금 생성한 두 개의 컨테이너를 삭제합니다.

```
# docker stop wordpress_hostvolume wordpressdb_hostvolume

# docker rm wordpress_hostvolume wordpressdb_hostvolume
```

다시 /home/wordpress_db 디렉터리를 확인하면 mysql 컨테이너가 사용한 데이터가 그대로 남은 것을 확인할 수 있습니다.

```
# ls /home/wordpress_db
auto.cnf  ib_buffer_pool  ib_logfile0  ib_logfile1  ibdata1  ibtmp1  mysql  performance_schema
sys  wordpress ...
```

-v 옵션을 써서 컨테이너의 디렉터리를 호스트와 공유한 것을 그림으로 나타내면 다음과 같습니다. 컨테이너의 /var/lib/mysql 디렉터리는 호스트의 /home/wordpress_db 디렉터리와 동기화되는 것이 아니라 완전히 같은 디렉터리입니다.

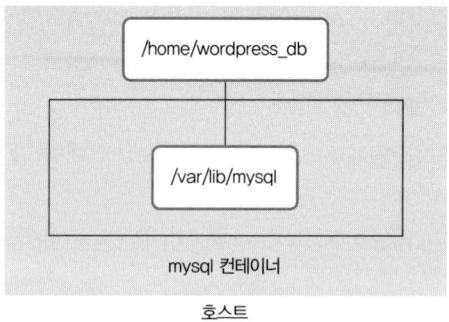

그림 2.11 컨테이너와 호스트의 볼륨 공유 구조

 디렉터리 단위의 공유뿐 아니라 단일 파일 단위의 공유도 가능하며, 동시에 여러 개의 -v 옵션을 쓸 수도 있습니다.

```
# echo hello >> /home/hello && echo hello2 >> /home/hello2
# docker run -i -t \
--name file_volume \
-v /home/hello:/hello \
-v /home/hello2:/hello2 \
ubuntu:24.04

root@8650eb0f6d35:/# cat hello && cat hello2
hello
hello2
```

위 예시의 경우 원래 호스트에는 /home/wordpress_db 디렉터리가 존재하지 않았습니다. -v 옵션을 사용함으로써 호스트에 /home/wordpress_db 디렉터리가 생성됐고, 이 디렉터리에 파일이 공유됐습니다. 결과적으로 컨테이너의 파일이 호스트로 복사된 것입니다.

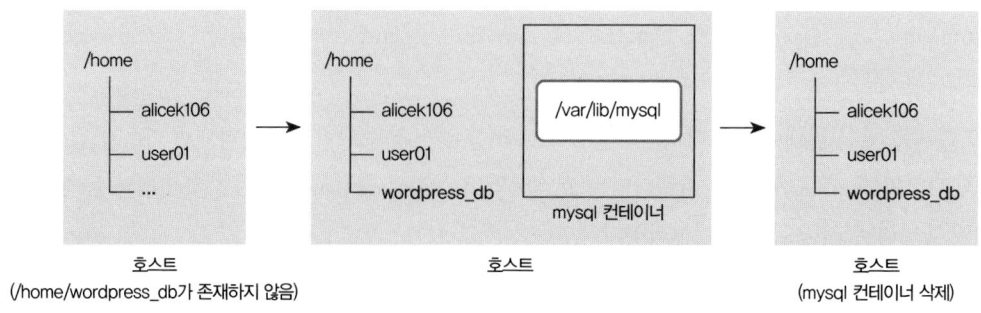

그림 2.12 호스트 머신과 파일을 공유한 뒤 컨테이너를 삭제

그렇다면 호스트에 이미 디렉터리와 파일이 존재하고 컨테이너에도 존재할 때 두 디렉터리를 공유하면 어떻게 될까요?

이를 확인하기 위해 alicek106/volume_test라는 미리 준비된 이미지를 활용하겠습니다. 이 이미지의 /home 디렉터리에는 testdir_2라는 디렉터리가 존재하고 test라는 파일이 그 안에 들어있습니다. 다음 명령어를 입력해 컨테이너를 생성한 뒤 /home/testdir_2라는 디렉터리를 확인하면 파일이 존재하는 것을 알 수 있습니다.

```
# docker run -i -t --name volume_dummy alicek106/volume_test
root@2b835eb49114:/# ls /home/testdir_2/
test
```

컨테이너를 빠져나온 뒤 -v 옵션으로 컨테이너를 생성합니다. -v 옵션의 값인 /home/testdir_2 디렉터리를 확인하면 원래 존재했던 test 파일이 없어지고 호스트에서 공유된 파일이 존재하는 것을 확인할 수 있습니다. 이미지에 원래 존재하던 디렉터리에 호스트의 볼륨을 공유하면 컨테이너의 디렉터리 자체가 덮어씌워집니다. 정확히 말하면 -v 옵션을 통한 호스트 볼륨 공유는 호스트의 디렉터리를 컨테이너의 디렉터리에 마운트합니다.

```
# docker run -i -t \
--name volume_overide \
-v /home/wordpress_db:/home/testdir_2 \
alicek106/volume_test

root@6f34011f4585:/# ls /home/testdir_2/
auto.cnf   ib_buffer_pool   ib_logfile0   ib_logfile1   ibdata1   mysql   performance_schema   sys
wordpress
```

run 명령어를 실행하면서 alicek106/volume_test 이미지가 도커에 존재하지 않으므로 이미지를 pull합니다. 그러나 태그를 지정하지 않았는데 이미지가 pull된 것은 이미지의 태그를 지정하지 않으면 도커 엔진이 latest 태그로 지정된 이미지를 pull하기 때문입니다.

2.2.6.2 볼륨 컨테이너

볼륨을 사용하는 두 번째 방법은 -v 옵션으로 볼륨을 사용하는 컨테이너를 다른 컨테이너와 공유하는 것입니다. 컨테이너를 생성할 때 --volumes-from 옵션을 설정하면 -v 또는 --volume 옵션을 적용한 컨테이너의 볼륨 디렉터리를 공유할 수 있습니다. 그러나 이는 직접 볼륨을 공유하는 것이 아닌 -v 옵션을 적용한 컨테이너를 통해 공유하는 것입니다.

아래의 예제는 위에서 생성한 volume_overide 컨테이너에서 볼륨을 공유받는 경우입니다. 앞에서 생성한 volume_overide 컨테이너는 /home/testdir_2 디렉터리를 호스트와 공유하고 있으며, 이 컨테이너를 볼륨 컨테이너로서 volumes_from_container 컨테이너에 다시 공유하는 것입니다.

```
# docker run -i -t \
--name volumes_from_container \
--volumes-from volume_overide \
ubuntu:24.04

root@31dfb4de6f1c:/# ls /home/testdir_2/
auto.cnf    ib_buffer_pool   ib_logfile0   ib_logfile1   ibdata1   mysql   performance_schema   sys
wordpress
```

--volumes-from 옵션을 적용한 컨테이너와 볼륨 컨테이너 사이의 관계를 나타내면 다음 그림과 같습니다.

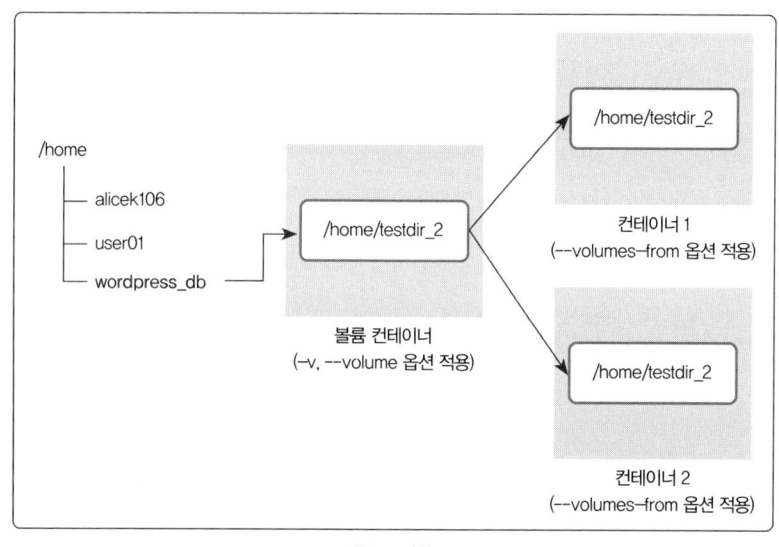

그림 2.13 볼륨 컨테이너의 구조

여러 개의 컨테이너가 동일한 컨테이너에 --volumes-from 옵션을 사용함으로써 볼륨을 공유해 사용할 수도 있습니다. 이러한 구조를 활용하면 호스트에서 볼륨만 공유하고 별도의 역할을 담당하지 않는 일명 '볼륨 컨테이너'로서 활용하는 것도 가능합니다. 즉, 볼륨을 사용하려는 컨테이너에 -v 옵션 대신 --volumes-from 옵션을 사용함으로써 볼륨 컨테이너에 연결해 데이터를 간접적으로 공유받는 방식입니다.

2.2.6.3 도커 볼륨

볼륨을 활용하는 세 번째 방법은 docker volume 명령어를 사용하는 것입니다. 지금까지 한 방법과 같이 호스트와 볼륨을 공유해 컨테이너의 데이터를 보존하거나 --volumes-from 옵션을 활용하는 것도 나쁘지 않지만 도커 자체에서 제공하는 볼륨 기능을 활용해 데이터를 보존할 수도 있습니다.

볼륨을 다루는 명령어는 docker volume으로 시작하며, docker volume create 명령어로 볼륨을 생성합니다. 다음 명령은 myvolume이라는 볼륨을 생성합니다.

```
# docker volume create --name myvolume
myvolume
```

docker volume ls 명령어를 입력해 생성된 볼륨을 확인합니다.

```
# docker volume ls
DRIVER              VOLUME NAME
local               myvolume
```

볼륨을 생성할 때 플러그인 드라이버를 설정해 여러 종류의 스토리지 백엔드를 쓸 수 있지만 여기서는 기본적으로 제공되는 드라이버인 local을 사용합니다. 이 볼륨은 로컬 호스트에 저장되며 도커 엔진에 의해 생성되고 삭제됩니다.

다음 명령어를 입력해 myvolume이라는 볼륨을 사용하는 컨테이너를 생성합니다. 호스트와 볼륨을 공유할 때 사용한 -v 옵션의 입력과는 다르게 다음과 같은 형식으로 입력해야 합니다.

[볼륨의 이름]:[컨테이너의 공유 디렉터리]

아래의 예시에서 생성되는 컨테이너는 볼륨을 컨테이너의 /root/ 디렉터리에 마운트하므로 /root 디렉터리에 파일을 쓰면 해당 파일이 볼륨에 저장됩니다.

```
# docker run -i -t --name myvolume_1 \
-v myvolume:/root/ \
ubuntu:24.04

root@60f31cc49256:~# echo hello, volume! >> /root/volume
```

/root 디렉터리에 volume이라는 파일을 생성했습니다. 다른 컨테이너도 myvolume 볼륨을 쓰면 볼륨을 활용한 디렉터리에 volume 파일이 존재할 것입니다. 컨테이너에서 호스트로 빠져나온 뒤 컨테이너를 생성해 확인봅시다.

```
# docker run -i -t --name myvolume_2 \
-v myvolume:/root/ \
ubuntu:24.04

root@c297a1d1f562:/# cat /root/volume
hello, volume!
```

결과를 보면 같은 파일인 volume이 존재합니다. docker volume 명령어로 생성한 볼륨은 아래 그림과 같은 구조로 활용됩니다. 도커 볼륨도 여러 개의 컨테이너에 공유되어 활용될 수 있습니다.

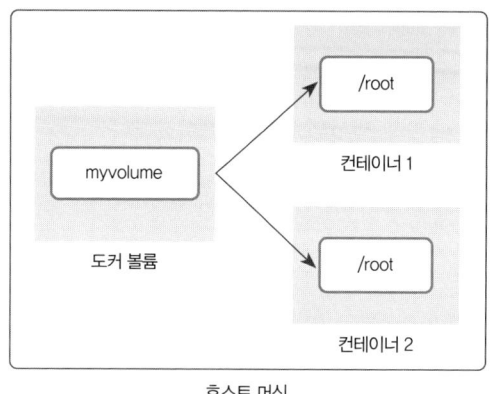

그림 2.14 도커 볼륨 사용 구조

볼륨은 디렉터리 하나에 상응하는 단위로서 도커 엔진에서 관리합니다. 도커 볼륨도 호스트 볼륨 공유와 마찬가지로 호스트에 저장함으로써 데이터를 보존하지만 파일이 실제로 어디에 저장되는지 사용자는 알 필요가 없습니다.

docker inspect 명령어를 사용하면 myvolume 볼륨이 실제로 어디에 저장되는지 알 수 있습니다. docker inspect 명령어는 컨테이너, 이미지, 볼륨 등 도커의 모든 구성 단위의 정보를 확인할 때 사용되며, 정보를 확인할 종류를 명시하기 위해 --type 옵션에 image, volume 등을 입력하는 것이 좋습니다. 다음 명령은 이름이 myvolume인 볼륨의 정보를 출력합니다.

```
# docker inspect --type volume myvolume
[
    {
        "Driver": "local",
        "Labels": {},
        "Mountpoint": "/var/lib/docker/volumes/myvolume/_data",
```

```
            "Name": "myvolume",
            "Options": {},
            "Scope": "local"
    }
]
```

 도커의 모든 명령어는 docker 접두어 다음에 container, image, volume 등을 명시함으로써 특정 구성 단위를 제어하는 명령어를 사용할 수 있습니다. 예를 들어, docker container inspect는 컨테이너의 정보를, docker volume inspect는 볼륨의 정보를 출력합니다.

Driver는 볼륨이 쓰는 드라이버를, Label은 볼륨을 구분하는 라벨을 나타내며, Mountpoint는 해당 볼륨이 실제로 호스트의 어디에 저장됐는지를 의미합니다. 그러나 볼륨을 쓰는 사용자 입장에서 Mountpoint를 알 필요는 없습니다.

해당 디렉터리의 파일을 살펴보면 컨테이너에서 사용했던 파일이 남아있음을 알 수 있습니다.

```
# ls /var/lib/docker/volumes/myvolume/_data
volume

# cat /var/lib/docker/volumes/myvolume/_data/volume
hello, volume!
```

docker volume create 명령을 별도로 입력하지 않아도 -v 옵션을 입력할 때 이를 수행하도록 설정할 수 있습니다. 다음과 같이 컨테이너에서 공유할 디렉터리의 위치를 -v 옵션에 입력하면 해당 디렉터리에 대한 볼륨을 자동으로 생성합니다.

```
# docker run -i -t --name volume_auto \
-v /root \
ubuntu:24.04
```

컨테이너를 생성한 뒤 호스트로 빠져나와 docker volume ls 명령어로 확인하면 이름이 무작위의 16진수 형태인 볼륨이 자동으로 생성된 것을 볼 수 있습니다.

```
# docker volume ls
DRIVER          VOLUME NAME
local           dae1b4a2edc962...
local           myvolume
```

생성된 volume_auto 컨테이너가 위의 dae1b4a… 볼륨을 사용하는지 확인하는 다른 방법은 docker container inspect 명령어를 이용하는 것입니다. docker container inspect 명령어는 컨테이너의 상세한 정보를 출력하는데, 그중 볼륨 마운트에 대한 정보도 포함돼 있기 때문입니다.

```
# docker container inspect volume_auto
......
"Mounts": [
        {
            "Name": "dae1b4a2edc9626908a53f011…",
"Source":"/var/lib/docker/volumes/dae1b4a2edc9626908a53f011…/_data",
......
```

inspect 명령어는 많은 정보를 출력하므로 대부분의 출력 결과를 생략했습니다. 여기서 주목할 정보는 "Source" 항목에 정의된 디렉터리인 /var/lib/…이 volume_auto 컨테이너에 마운트돼 볼륨으로 쓰고 있다는 것입니다.

이렇게 도커 볼륨을 생성하고 삭제하다 보면 불필요한 볼륨들이 남아있을 때가 있습니다. 도커 볼륨을 사용하고 있는 컨테이너를 삭제해도 볼륨이 자동으로 삭제되지는 않기 때문입니다. 사용되지 않는 볼륨을 한꺼번에 삭제하려면 docker volume prune 명령어를 사용합니다.

```
# docker volume prune
WARNING! This will remove all volumes not used by at least one container.
Are you sure you want to continue? [y/N] y
Deleted Volumes:
c1e3beb9b1546b4c0fb8477d6901fb35321b7219bea2465f1b547fd53750fd3c

Total reclaimed space: 23.33 MB
```

지금까지 볼륨 공유를 통한 데이터 저장에 대해 알아봤습니다. 이처럼 컨테이너가 아닌 외부에 데이터를 저장하고 컨테이너는 그 데이터로 동작하도록 설계하는 것을 스테이트리스(stateless)하다고 말합니다. 컨테이너 자체는 상태가 없고 상태를 결정하는 데이터는 외부로부터 제공받습니다. 컨테이너가 삭제돼도 데이터는 보존되므로 스테이트리스한 컨테이너 설계는 도커를 사용할 때 매우 바람직한 설계입니다.

이와 반대로 컨테이너가 데이터를 저장하고 있어 상태가 있는 경우 스테이트풀(stateful)하다고 말합니다. 스테이트풀한 컨테이너 설계는 컨테이너 자체에서 데이터를 보관하므로 지양하는 것이 좋습니다.

-v 옵션 대신 --mount 옵션을 사용할 수도 있습니다. 두 옵션의 기능은 같지만, 볼륨의 정보를 나타내는 방법이 다르기 때문에 둘 중 사용하기 편한 옵션을 사용하면 됩니다. 예를 들어 --mount 옵션으로 myvolume이라는 이름의 도커 볼륨을 컨테이너 내부의 /root에 공유하는 명령어는 아래와 같이 쓰일 수 있습니다.

```
# docker run -i -t --name mount_option_1 \
--mount type=volume,source=myvolume,target=/root \
ubuntu:24.04
```

호스트의 디렉터리를 컨테이너 내부에 마운트하는 경우에는 type을 bind로 지정합니다. 이때 source의 값은 호스트의 디렉터리 경로를 지정합니다.

```
# docker run -i -t --name mount_option_2 \
--mount type=bind,source=/home/wordpress_db,target=/home/testdir \
ubuntu:24.04
```

2.2.7 도커 네트워크

2.2.7.1 도커 네트워크 구조

이전에 컨테이너 내부에서 ifconfig를 입력해 컨테이너의 네트워크 인터페이스에 eth0과 lo 네트워크 인터페이스가 있는 것을 확인했습니다.

```
root@8b5fc82c34ba:/# ifconfig
eth0      Link encap:Ethernet  HWaddr 02:42:ac:11:00:07
          inet addr:172.17.0.7  Bcast:0.0.0.0  Mask:255.255.0.0
          ...

lo        Link encap:Local Loopback
          inet addr:127.0.0.1  Mask:255.0.0.0
          ...
```

이전에 언급한 바와 같이 도커는 컨테이너에 내부 IP를 순차적으로 할당하며, 이 IP는 컨테이너를 재시작할 때마다 변경될 수 있습니다. 이 내부 IP는 도커가 설치된 호스트, 즉 내부 망에서만 쓸 수 있는 IP이므로 외부와 연결될 필요가 있습니다. 이 과정은 컨테이너를 시작할 때마다 호스트에 veth…라는 네트워크 인터페이스를 생성함으로써 이뤄집니다. 도커는 각 컨테이너에 외부와의 네트워크를 제공하기 위해 컨테이너마다 가상 네트워크 인터페이스를 호스트에 생성하며 이 인터페이스의 이름은 veth로 시작합니다. veth 인터페이스는 사용자가 직접 생성할 필요는 없으며 컨테이너가 생성될 때 도커 엔진이 자동으로 생성합니다.

veth에서 v는 virtual을 뜻합니다. 즉, virtual eth라는 의미입니다.

도커가 설치된 호스트에서 ifconfig나 ip addr과 같은 명령어로 네트워크 인터페이스를 확인하면 실행 중인 컨테이너 수만큼 veth로 시작하는 인터페이스가 생성된 것을 알 수 있습니다.

 여기서 설명한 네트워크 구성은 리눅스를 기준으로 합니다. 윈도우라면 ipconfig를 입력해 확인합니다.

```
# ifconfig
eth0: flags=4163<UP,BROADCAST,RUNNING,MULTICAST>  mtu 1500
...

lo: flags=73<UP,LOOPBACK,RUNNING>  mtu 65536
...

veth0500ea3: flags=4163<UP,BROADCAST,RUNNING,MULTICAST>  mtu 1500
        inet6 fe80::c4e4:80ff:fe9f:a131  prefixlen 64  scopeid 0x20<link>
        ether c6:e4:80:9f:a1:31  txqueuelen 0  (Ethernet)
...

docker0: flags=4163<UP,BROADCAST,RUNNING,MULTICAST>  mtu 1500
        inet 172.17.0.1  netmask 255.255.0.0  broadcast 0.0.0.0
        inet6 fe80::42:a4ff:fec2:b617  prefixlen 64  scopeid 0x20<link>
...
```

출력 결과에서 eth0은 공인 IP 또는 내부 IP가 할당되어 실제로 외부와 통신할 수 있는 호스트의 네트워크 인터페이스입니다. veth로 시작하는 인터페이스는 컨테이너를 시작할 때 생성됐으며, 각 컨테이너의 eth0과 연결됐습니다.

veth 인터페이스뿐 아니라 docker0이라는 브리지도 존재하는데 docker0 브리지는 각 veth 인터페이스와 바인딩돼 호스트의 eth0 인터페이스와 이어주는 역할을 합니다. 즉 컨테이너와 호스트의 네트워크는 아래 그림과 같은 구성입니다.

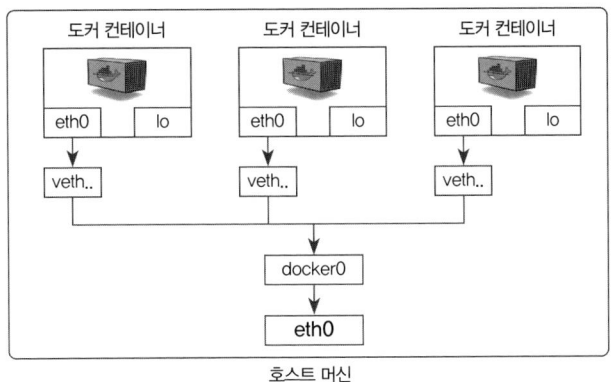

그림 2.15 도커 네트워크의 구조

정리하면 컨테이너의 eth0 인터페이스는 호스트의 veth…라는 인터페이스와 연결됐으며 veth 인터페이스는 docker0 브리지와 바인딩돼 외부와 통신할 수 있습니다.

brctl 명령어를 이용해 docker0 브리지에 veth이 실제로 바인딩됐는지 알 수 있습니다.

```
# brctl show docker0
bridge name     bridge id               STP enabled     interfaces
docker0         8000.0242259c460d       no              veth28629bf
```

2.2.7.2 도커 네트워크 기능

컨테이너를 생성하면 기본적으로 docker0 브리지를 통해 외부와 통신할 수 있는 환경을 사용할 수 있지만 사용자의 선택에 따라 여러 네트워크 드라이버를 쓸 수도 있습니다. 도커가 자체적으로 제공하는 대표적인 네트워크 드라이버로는 브리지(bridge), 호스트(host), 논(none), 컨테이너(container), 오버레이(overlay)가 있습니다. 서드파티(third-party) 플러그인 솔루션으로는 weave, flannel, openvswitch 등이 있으며, 더 확장된 네트워크 구성을 위해 활용됩니다. 이번 장에서는 도커 자체만으로 손쉽게 쓸 수 있는 브리지, 호스트, 논, 컨테이너를 설명하겠습니다.

먼저 도커에서 기본적으로 쓸 수 있는 네트워크는 무엇이 있는지 확인해 봅시다. docker network ls 명령어로 네트워크 목록을 확인합니다. 도커의 네트워크를 다루는 명령어는 docker network로 시작합니다.

```
# docker network ls
NETWORK ID          NAME                DRIVER              SCOPE
```

```
a7d2c538bb49        bridge              bridge              local
e87a830883b0        host                host                local
2d2c1cd4c9e7        none                null                local
```

이미 브리지, 호스트, 논 네트워크가 있음을 알 수 있습니다. 브리지 네트워크는 컨테이너를 생성할 때 자동으로 연결되는 docker0 브리지를 활용하도록 설정돼 있습니다. 이 네트워크는 172.17.0.x IP 대역을 컨테이너에 순차적으로 할당합니다. docker network inspect 명령어를 이용하면 네트워크의 자세한 정보를 살펴볼 수 있습니다. docker inspect --type network를 사용해도 동일한 출력 결과를 볼 수 있습니다.

```
# docker network inspect bridge
…
"Config": [
            {
                "Subnet": "172.17.0.0/16",
                "Gateway": "172.17.0.1"
            }
        ]
…
"Containers": {
…
```

Config 항목의 서브넷과 게이트웨이가 172.17.0.0/16과 172.17.0.1로 설정돼 있습니다. 또한 브리지 네트워크를 사용 중인 컨테이너의 목록을 Containers 항목에서 확인할 수 있습니다. 아무런 설정을 하지 않고 컨테이너를 생성하면 컨테이너는 자동으로 docker0 브리지를 사용합니다.

브리지 네트워크

2.2.7.1절 "도커 네트워크 구조"에서 설명한 docker0 브리지와 비슷하게 브리지 네트워크는 docker0이 아닌 사용자 정의 브리지를 새로 생성해 각 컨테이너에 연결하는 네트워크 구조입니다. 컨테이너는 연결된 브리지를 통해 외부와 통신할 수 있습니다.

기본적으로 존재하는 docker0을 사용하는 브리지 네트워크가 아닌 새로운 브리지 타입의 네트워크를 생성할 수 있습니다. 다음 명령어를 입력해 새로운 브리지 네트워크를 생성합니다.

```
# docker network create --driver bridge mybridge
```

브리지 타입의 mybridge라는 네트워크가 생성됐습니다. docker run 또는 create 명령어에 --net 옵션의 값을 설정하면 컨테이너가 이 네트워크를 사용하도록 설정할 수 있습니다. 다음 명령어를 입력해 mybridge 네트워크를 사용하는 컨테이너를 생성합니다.

```
# docker run -i -t --name mynetwork_container \
--net mybridge \
ubuntu:24.04
```

컨테이너 내부에서 ifconfig를 입력하면 새로운 IP 대역이 할당된 것을 알 수 있습니다. 브리지 타입의 네트워크를 생성하면 도커는 IP 대역을 차례대로 할당합니다. 다음 예시에서는 172.18 대역의 내부 IP가 할당됐습니다.

```
root@62d001ef07df:/# ifconfig
eth0      Link encap:Ethernet  HWaddr 02:42:ac:12:00:02
          inet addr:172.18.0.2  Bcast:0.0.0.0  Mask:255.255.0.0
...
```

이렇게 생성된 사용자 정의 네트워크는 docker network disconnect, connect를 통해 컨테이너에 유동적으로 붙이고 뗄 수 있습니다. 아래의 명령어는 mynetwork_container 컨테이너에 mybridge라는 이름의 브리지 네트워크를 끊은 뒤 다시 연결합니다.

```
# docker network disconnect mybridge mynetwork_container
# docker network connect mybridge mynetwork_container
```

단, 이번 장에서 설명하는 논 네트워크, 호스트 네트워크 등과 같은 특별한 네트워크 모드에는 docker network connect, disconnect 명령어를 사용할 수 없습니다. 브리지 네트워크, 또는 3.3.3.6절에서 설명할 오버레이 네트워크와 같이 특정 IP 대역을 갖는 네트워크 모드에만 이 명령어를 사용할 수 있습니다.

네트워크의 서브넷, 게이트웨이, IP 할당 범위 등을 임의로 설정하려면 네트워크를 생성할 때 아래와 같이 --subnet, --ip-range, --gateway 옵션을 추가합니다. 단 --subnet과 --ip-range는 같은 대역이어야 합니다.

```
# docker network create --driver=bridge \
  --subnet=172.72.0.0/16 \
  --ip-range=172.72.0.0/24 \
  --gateway=172.72.0.1 \
  my_custom_network
```

호스트 네트워크

네트워크를 호스트로 설정하면 호스트의 네트워크 환경을 그대로 쓸 수 있습니다. 위의 브리지 드라이버 네트워크와 달리 호스트 드라이버의 네트워크는 별도로 생성할 필요 없이 기존의 host라는 이름의 네트워크를 사용합니다.

```
root@docker-host:/# docker run -i -t --name network_host \
--net host \
ubuntu:24.04

root@docker-host:/# echo "컨테이너 내부입니다"
```

--net 옵션을 입력해 호스트를 설정한 컨테이너의 내부에서 네트워크 환경을 확인하면 호스트와 같은 것을 알 수 있습니다. 호스트 머신에서 설정한 호스트 이름도 컨테이너가 물려받기 때문에 컨테이너의 호스트 이름도 무작위 16진수가 아닌 도커 엔진이 설치된 호스트 머신의 호스트 이름으로 설정됩니다.

```
root@docker-host:/# echo "컨테이너 내부입니다"
root@docker-host:/# ifconfig
docker0   Link encap:Ethernet  HWaddr 02:42:40:39:B0:DC
          inet addr:172.17.0.1  Bcast:0.0.0.0  Mask:255.255.0.0
…
eth0      Link encap:Ethernet  HWaddr 08:00:27:67:CB:D1
          inet addr:192.168.99.105  Bcast:192.168.99.255  Mask:255.255.255.0
…
lo        Link encap:Local Loopback
…
```

컨테이너의 네트워크를 호스트 모드로 설정하면 컨테이너 내부의 애플리케이션을 별도의 포트 포워딩 없이 바로 서비스할 수 있습니다. 이는 마치 실제 호스트에서 애플리케이션을 외부에 노출하는 것과 같습니다. 예를 들어, 호스트 모드를 쓰는 컨테이너에서 아파치 웹 서버를 구동한다면 호스트의 IP와 컨테이너의 아파치 웹 서버 포트인 80으로 바로 접근할 수 있습니다.

논 네트워크

none은 말 그대로 아무런 네트워크를 쓰지 않는 것을 뜻합니다. 다음과 같이 컨테이너를 생성하면 외부와 연결이 단절됩니다.

```
# docker run -i -t --name network_none \
--net none \
ubuntu:24.04
```

--net 옵션으로 none을 설정한 컨테이너 내부에서 네트워크 인터페이스를 확인하면 로컬호스트를 나타내는 lo 외에는 존재하지 않는 것을 알 수 있습니다.

```
# ifconfig
lo        Link encap:Local Loopback
          inet addr:127.0.0.1  Mask:255.0.0.0
…
```

컨테이너 네트워크

--net 옵션으로 container를 입력하면 다른 컨테이너의 네트워크 네임스페이스 환경을 공유할 수 있습니다. 공유되는 속성은 내부 IP, 네트워크 인터페이스의 맥(MAC) 주소 등입니다. --net 옵션의 값으로 container:[다른 컨테이너의 ID]와 같이 입력합니다.

```
# docker run -i -t -d --name network_container_1 ubuntu:24.04
2fc4333dac1e716bdedfd7e7634b7e70984335c51ec26919fd2e75be2d8fbe0e

# docker run -i -t -d --name network_container_2 \
--net container:network_container_1 \
ubuntu:24.04

eb151e8000a0235e54a4c241b970fb29c676464aba64b8530a9a8a1b17567054
```

 -i, -t, -d 옵션을 함께 사용하면 컨테이너 내부에서 셸을 실행하지만 내부로 들어가지 않으며 컨테이너도 종료되지 않습니다. 위와 같이 테스트용으로 컨테이너를 생성할 때 유용하게 쓸 수 있습니다.

위와 같이 다른 컨테이너의 네트워크 환경을 공유하면 내부 IP를 새로 할당받지 않으며 호스트에 veth로 시작하는 가상 네트워크 인터페이스도 생성되지 않습니다. network_container_2 컨테이너의 네트워크와 관련된 사항은 전부 network_container_1과 같게 설정됩니다. 다음 명령어를 입력해 이를 확인할 수 있습니다.

```
# docker exec network_container_1 ifconfig
eth0      Link encap:Ethernet    HWaddr 02:42:ac:11:00:03
          inet addr:172.17.0.3  Bcast:0.0.0.0  Mask:255.255.0.0
          inet6 addr: fe80::42:acff:fe11:3/64 Scope:Link
…
# docker exec network_container_2 ifconfig
eth0      Link encap:Ethernet    HWaddr 02:42:ac:11:00:03
          inet addr:172.17.0.3  Bcast:0.0.0.0  Mask:255.255.0.0
          inet6 addr: fe80::42:acff:fe11:3/64 Scope:Link
…
```

두 컨테이너의 eth0에 대한 정보가 완전히 같은 것을 알 수 있습니다. 이를 그림으로 나타내면 아래와 같습니다.

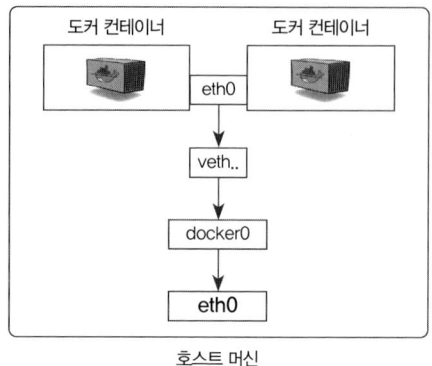

그림 2.16 컨테이너 네트워크의 구조

브리지 네트워크와 --net-alias

브리지 타입의 네트워크와 run 명령어의 --net-alias 옵션을 함께 쓰면 특정 호스트 이름으로 컨테이너 여러 개에 접근할 수 있습니다. 위에서 생성한 mybridge 네트워크를 이용해 컨테이너를 3개 생성해 봅시다. --net-alias 옵션의 값은 alicek106으로 설정했으며, 다른 컨테이너에서 alicek106이라는 호스트 이름으로 아래 3개의 컨테이너에 접근할 수 있습니다.

```
# docker run -i -t -d --name network_alias_container1 \
--net mybridge \
--net-alias alicek106 ubuntu:24.04

# docker run -i -t -d --name network_alias_container2 \
--net mybridge \
--net-alias alicek106 \
ubuntu:24.04

# docker run -i -t -d --name network_alias_container3 \
--net mybridge \
--net-alias alicek106 \
ubuntu:24.04
```

inspect 명령어로 각 컨테이너의 IP를 확인해 봅시다.

```
# docker inspect network_alias_container1 | grep IPAddress
            "SecondaryIPAddresses": null,
            "IPAddress": "",
"IPAddress": "172.18.0.3",
```

첫 번째 컨테이너의 IP 주소가 172.18.0.3이므로 두 번째, 세 번째 컨테이너는 각각 172.18.0.4, 172.18.0.5일 것입니다. 세 개의 컨테이너에 접근할 컨테이너를 생성한 뒤 alicek106이라는 호스트 이름으로 ping 요청을 전송해 봅시다.

```
# docker run -i -t --name network_alias_ping \
--net mybridge \
ubuntu:24.04

root@47cbc6e2a35b:/# ping -c 1 alicek106
PING alicek106 (172.18.0.5) 56(84) bytes of data.
64 bytes from network_alias_container3.mybridge (172.18.0.5): icmp_seq=1 ttl=64 time=0.065 ms
…
root@47cbc6e2a35b:/# ping -c 1 alicek106
PING alicek106 (172.18.0.3) 56(84) bytes of data.
64 bytes from network_alias_container1.mybridge (172.18.0.3): icmp_seq=1 ttl=64 time=0.068 ms

root@47cbc6e2a35b:/# ping -c 1 alicek106
PING alicek106 (172.18.0.4) 56(84) bytes of data.
64 bytes from network_alias_container2.mybridge (172.18.0.4): icmp_seq=1 ttl=64 time=0.045 ms
…
```

컨테이너 3개의 IP로 각각 ping이 전송된 것을 확인할 수 있습니다. 매번 달라지는 IP를 결정하는 것은 별도의 알고리즘이 아닌 라운드 로빈(round-robin)[6] 방식입니다. 이것이 가능한 이유는 도커 엔진에 내장된 DNS가 alicek106이라는 호스트 이름을 --net-alias 옵션으로 alicek106을 설정한 컨테이너로 변환(resolve)하기 때문입니다. 다음 그림은 도커 네트워크에서 사용하는 내장 DNS와 --net-alias의 관계를 보여줍니다.

---

[6] 하나의 중앙처리장치를 여러 프로세스들이 우선순위 없이 돌아가며 할당받아 실행되는 방식

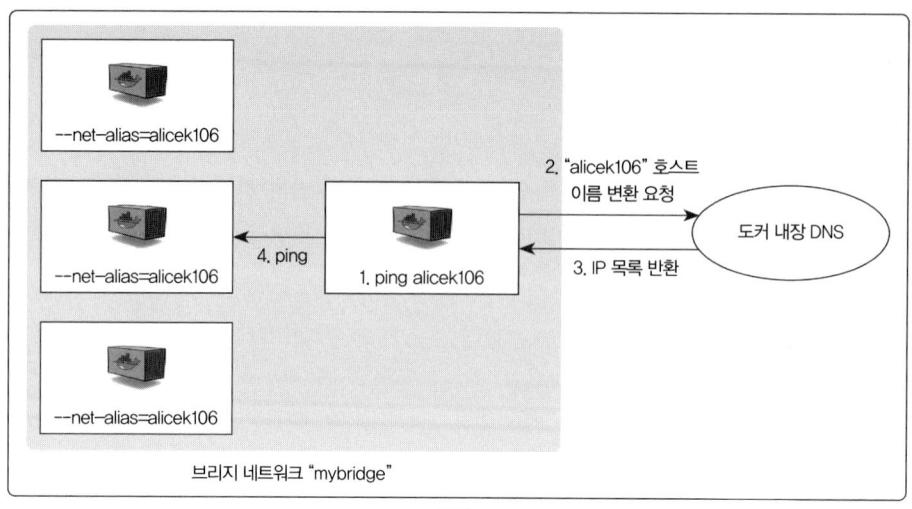

그림 2.17 브리지 네트워크의 --net-alias와 도커 DNS의 작동 구조

도커의 DNS는 호스트 이름으로 유동적인 컨테이너를 찾을 때 주로 사용됩니다. 가장 대표적인 예가 --link 옵션인데, 이는 컨테이너의 IP가 변경돼도 별명으로 컨테이너를 찾을 수 있게 DNS에 의해 자동으로 관리됩니다. 단 이 경우는 디폴트 브리지 네트워크의 컨테이너 DNS라는 점이 다릅니다.

--net-alias 옵션 또한 --link 옵션과 비슷한 원리로 작동합니다. 도커는 기본 브리지 네트워크가 아닌 사용자가 정의한 브리지 네트워크에 사용되는 내장 DNS 서버를 가지며, DNS의 IP는 127.0.0.11입니다. mybridge라는 이름의 네트워크에 속한 3개의 컨테이너는 run으로 생성할 때 --net-alias 옵션에 alicek106이라는 값을 입력했으며, 이 컨테이너의 IP는 DNS 서버에 alicek106이라는 호스트 이름으로 등록됩니다.

mybridge 네트워크에 속한 컨테이너에서 alicek106이라는 호스트 이름으로 접근하면 DNS 서버는 라운드 로빈 방식을 이용해 컨테이너의 IP 리스트를 반환합니다. ping 명령어는 이 IP 리스트에서 첫 번째 IP를 사용하므로 매번 다른 IP로 ping을 전송합니다.

이를 확인하기 위해 dig라는 도구를 사용해 봅시다. dig는 DNS로 도메인 이름에 대응하는 IP를 조회할 때 쓰는 도구입니다. dig는 ubuntu:24.04 이미지에 설치돼 있지 않으므로 방금 생성한 network_alias_ping 컨테이너 내부에서 다음 명령어를 입력해 설치합니다.

```
root@47cbc6e2a35b:/# apt-get update
root@47cbc6e2a35b:/# apt-get install dnsutils
```

dig 명령어로 alicek106 호스트 이름이 변환되는 IP를 확인합니다.

```
root@47cbc6e2a35b:/# dig alicek106
......
alicek106.          600     IN      A       172.18.0.5
alicek106.          600     IN      A       172.18.0.3
alicek106.          600     IN      A       172.18.0.4
...
```

위 명령어를 반복해서 입력해보면 반환되는 IP의 리스트 순서가 모두 다른 것을 알 수 있습니다.

MacVLAN 네트워크

MacVLAN은 호스트의 네트워크 인터페이스 카드를 가상화해 물리 네트워크 환경을 컨테이너에게 동일하게 제공합니다. 따라서 MacVLAN을 사용하면 컨테이너는 물리 네트워크상에서 가상의 맥(MAC) 주소를 가지며, 해당 네트워크에 연결된 다른 장치와의 통신이 가능해집니다. MacVLAN에 연결된 컨테이너는 기본적으로 할당되는 IP 대역인 172.17.X.X 대신 네트워크 장비의 IP를 할당받기 때문입니다.

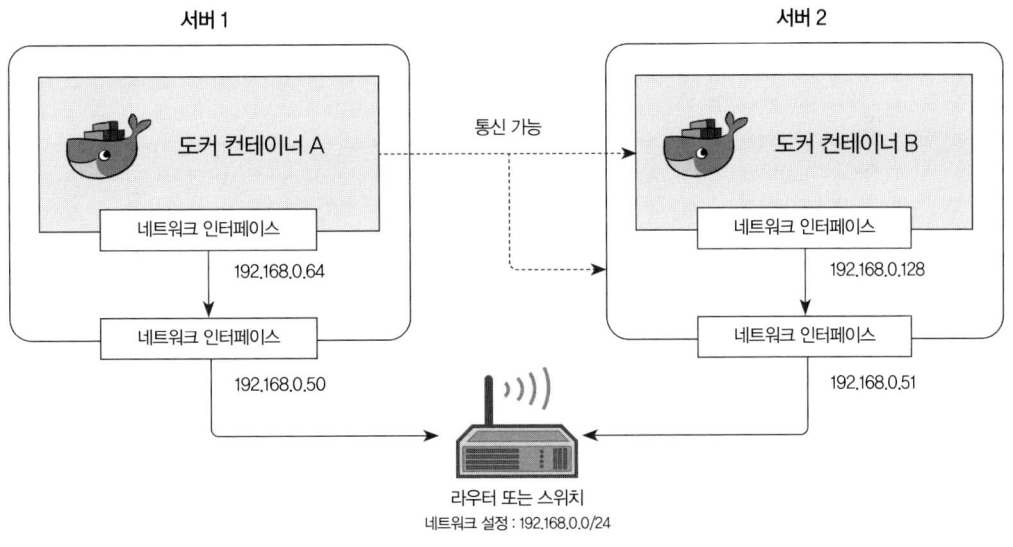

그림 2.18 MacVLAN 네트워크

위 그림과 같이 공유기, 라우터, 스위치와 같은 네트워크 장비에 두 대의 서버가 연결돼 있고, 각 서버는 192.168.0.0/24 대역에서 IP를 동적으로 할당받는다고 가정해 보겠습니다. MacVLAN을 사용하면 각 컨테이너에 192.168.0.0/24 대역의 IP를 할당할 수 있습니다. 따라서 MacVLAN을 사용하는 컨테이너들과 동일한 IP 대역을 사용하는 서버 및 컨테이너들은 서로 통신이 가능합니다.

 MacVLAN 네트워크를 사용하는 컨테이너는 기본적으로 호스트와 통신이 불가능합니다. 위 예시에서 컨테이너 A는 서버 2와는 통신할 수 있지만, 서버 1과는 통신할 수 없습니다.

MacVLAN을 사용하려면 적어도 1개의 네트워크 장비와 서버가 필요합니다. 그러나 대부분 환경에서 MacVLAN 네트워크의 사용 방법은 거의 동일하기 때문에 고가의 스위치와 서버 대신 공유기와 라즈베리 파이를 사용할 수도 있습니다. 상황이 여의치 않다면 버추얼박스(VirtualBox) 가상 머신과 호스트 전용 어댑터(Host-only Ethernet Adapter)로 테스트할 수도 있습니다[7]. 여기서는 공유기에 유선으로 연결된 2대의 라즈베리 파이로 MacVLAN을 테스트했으며, 네트워크 정보는 아래와 같습니다.

```
공유기의 네트워크 정보 : 192.168.0.0/24
서버 1 (node01) : 192.168.0.50
서버 2 (node02) : 192.168.0.51
```

두 서버에서 각각 아래의 명령어를 입력하면 MacVLAN 네트워크를 생성할 수 있습니다.

```
root@node01:~ # docker network create -d macvlan --subnet=192.168.0.0/24 \
> --ip-range=192.168.0.64/28 --gateway=192.168.0.1 \
> -o macvlan_mode=bridge -o parent=eth0 my_macvlan

root@node02:~ # docker network create -d macvlan --subnet=192.168.0.0/24 \
> --ip-range=192.168.0.128/28 --gateway=192.168.0.1 \
> -o macvlan_mode=bridge -o parent=eth0 my_macvlan
```

브리지 네트워크를 생성했을 때와 동일하게 docker network create 명령어를 사용했지만, 이번에는 여러 옵션이 함께 사용됐습니다. 각 옵션에 대한 설명은 아래와 같습니다.

- **-d** : 네트워크 드라이버로 macvlan을 사용한다는 것을 명시합니다. --driver와 같습니다.
- **--subnet** : 컨테이너가 사용할 네트워크 정보를 입력합니다. 여기서는 네트워크 장비의 IP 대역 기본 설정을 그대로 따릅니다.

---

[7] 버추얼박스에서 테스트할 경우 https://blog.naver.com/alice_k106/221480200046를 참고해 추가적인 설정을 진행해야 합니다.

- --ip-range : MacVLAN을 생성하는 호스트에서 사용할 컨테이너의 IP 범위를 입력합니다. node01과 node02의 IP 범위가 겹쳐 동일한 IP의 컨테이너가 각각 생성된다면 컨테이너 네트워크가 정상적으로 동작하지 않을 수 있으므로 반드시 겹치지 않게 설정해야 합니다.

사용 가능한 IP 대역은 IP 뒤에 쓰여진 서브넷을 통해서 나타냅니다. 위 예시에서 node01은 2^4개, 즉 192.168.0.64 ~ 192.168.0.79까지의 IP를 컨테이너에 할당할 수 있습니다.

- --gateway : 네트워크에 설정된 게이트웨이를 입력합니다. 여기서는 네트워크 장비의 기본 설정을 그대로 따릅니다.
- -o : 네트워크의 추가적인 옵션을 설정합니다. 위 예시에서는 macvlan_mode=bridge 값을 통해 MacVLAN을 bridge 모드로, parent=eth0 값을 통해 MacVLAN으로 생성될 컨테이너 네트워크 인터페이스의 부모(parent) 인터페이스를 eth0으로 지정합니다. eth0은 공유기에 랜선으로 연결되어 192.168.0.0/24 대역의 IP를 할당받은 네트워크 인터페이스입니다.

MacVLAN은 여기서 설명하는 것보다 더 복잡한 네트워크 개념을 포함하고 있습니다. MacVLAN에는 여러 종류가 있으며 그중에서 bridge 모드를 사용한다는 것, 그리고 MacVLAN을 사용하기 위해서는 부모 네트워크 인터페이스를 지정할 필요가 있다는 것만 알아두면 됩니다. 이러한 내용에 관심이 있다면 VLAN 개념과 함께 MacVLAN을 찾아보는 것을 추천합니다.[8]

아래의 명령어를 입력해 MacVLAN 네트워크를 사용하는 컨테이너를 생성해보겠습니다. node01에서 c1 컨테이너를, node02에서 c2 컨테이너를 생성했습니다.

```
root@node01:~ # docker run -it --name c1 --hostname c1 \
> --network my_macvlan ubuntu:24.04

root@c1:/# ip a
27: eth0@if2: <BROADCAST,MULTICAST,UP,LOWER_UP> mtu 1500 qdisc noqueue state UP group default
    link/ether 02:42:c0:a8:00:40 brd ff:ff:ff:ff:ff:ff
    inet 192.168.0.64/24 brd 192.168.0.255 scope global eth0

root@node02:~ # docker run -it --name c2 --hostname c2 \
> --network my_macvlan ubuntu:24.04

root@c2:/# ip a
8: eth0@if2: <BROADCAST,MULTICAST,UP,LOWER_UP> mtu 1500 qdisc noqueue state UP group default
    link/ether 02:42:c0:a8:00:80 brd ff:ff:ff:ff:ff:ff
    inet 192.168.0.128/24 brd 192.168.0.255 scope global eth0
```

---

[8] https://docs.docker.com/network/macvlan/

컨테이너 c1에서 node02와 컨테이너 c2로 핑을 전송해 MacVLAN 네트워크가 정상적으로 동작하고 있음을 확인할 수 있습니다.

```
root@c1:/# ping 192.168.0.128 -c 1
PING 192.168.0.128 (192.168.0.128) 56(84) bytes of data.
64 bytes from 192.168.0.128: icmp_seq=1 ttl=64 time=0.859 ms

--- 192.168.0.128 ping statistics ---
1 packets transmitted, 1 received, 0% packet loss, time 0ms
rtt min/avg/max/mdev = 0.859/0.859/0.859/0.000 ms
```

```
root@c1:/# ping 192.168.0.51 -c 1
PING 192.168.0.51 (192.168.0.51) 56(84) bytes of data.
64 bytes from 192.168.0.51: icmp_seq=1 ttl=64 time=0.847 ms

--- 192.168.0.51 ping statistics ---
1 packets transmitted, 1 received, 0% packet loss, time 0ms
rtt min/avg/max/mdev = 0.847/0.847/0.847/0.000 ms
```

2.2.8 컨테이너 로깅

2.2.8.1 json-file 로그 사용하기

컨테이너 내부에서 어떤 일이 일어나는지 아는 것은 디버깅뿐만 아니라 운영 측면에서도 중요합니다. 애플리케이션 레벨에서 로그가 기록되도록 개발해 별도의 로깅 서비스를 쓸 수도 있지만 도커는 컨테이너의 표준 출력(StdOut)과 에러(StdErr) 로그를 별도의 메타데이터 파일로 저장하며 이를 확인하는 명령어를 제공합니다.

먼저 컨테이너를 생성해 간단한 로그를 남겨 봅시다. 다음 명령은 mysql 5.7 버전의 컨테이너를 생성합니다.

```
# docker run -d --name mysql \
-e MYSQL_ROOT_PASSWORD=1234 \
mysql:5.7
```

mysql과 같은 애플리케이션을 구동하는 컨테이너는 포그라운드 모드로 실행되므로 -d 옵션을 써서 백그라운드 모드로 컨테이너를 생성하는 경우가 많습니다. 따라서 애플리케이션이 잘 구동되는지 여부를 알 수 없지만 docker logs 명령어를 써서 컨테이너의 표준 출력을 확인함으로써 애플리케이션의 상태를 알 수 있습니다. docker logs 명령어는 컨테이너 내부에서 출력을 보여주는 명령어입니다.

```
# docker logs mysql
Initializing database
2016-09-25T12:33:20.487677Z 0 [Warning] TIMESTAMP with implicit DEFAULT value is deprecated. Please use --explicit_defaults_for_timestamp          server option (see documentation for more details).
......
```

이번에는 다른 방법으로 컨테이너를 생성해 봅시다. 동일한 mysql 컨테이너를 생성하되, -e 옵션을 제외합니다.

```
# docker run -d --name no_passwd_mysql \
mysql:5.7
```

위 명령어를 실행한 뒤 docker ps 명령어로 컨테이너의 목록을 확인하면 no_passwd_mysql 컨테이너는 생성됐으나 실행되지 않았습니다. docker start 명령어로 다시 시작해도 컨테이너는 시작되지 않습니다.

```
# docker ps --format "table {{.ID}}\t{{.Status}}\t{{.Ports}}\t{{.Names}}"
CONTAINER ID      STATUS            PORTS             NAMES
e2c07e70d9fe      Up 5 minutes      3306/tcp          mysql

# docker start no_passwd_mysql
no_passwd_mysql

# docker ps --format "table {{.ID}}\t{{.Status}}\t{{.Ports}}\t{{.Names}}"
CONTAINER ID      STATUS            PORTS             NAMES
e2c07e70d9fe      Up 5 minutes      3306/tcp          mysql
```

이럴 때 docker logs 명령어를 사용하면 애플리케이션에 무슨 문제가 있는지 확인할 수 있습니다. 위의 경우는 mysql 실행에 필요한 환경변수를 지정하지 않아 컨테이너가 시작되지 않은 것입니다. 이처럼 컨테이너가 정상적으로 실행 및 동작하지 않고 docker attach 명령어도 사용하지 못하는 개발 환경에서 docker logs 명령어를 쓰면 간단하고 빠르게 에러를 확인할 수 있습니다.

```
# docker logs no_passwd_mysql
error: database is uninitialized and password option is not specified
  You need to specify one of MYSQL_ROOT_PASSWORD, MYSQL_ALLOW_EMPTY_PASSWORD and MYSQL_RANDOM_ROOT_PASSWORD
```

컨테이너의 로그가 너무 많아 읽기 힘들다면 --tail 옵션을 써서 마지막 로그 줄부터 출력할 줄의 수를 설정할 수 있습니다. 다음 예시에서는 컨테이너의 로그 중 마지막 2줄만 출력합니다.

```
# docker logs --tail 2 mysql
2016-09-25T12:33:29.739977Z 0 [Note] mysqld: ready for connections.
Version: '5.7.15'  socket: '/var/run/mysqld/mysqld.sock'  port: 3306  MySQL Community Server (GPL)
```

--since 옵션에 유닉스 시간을 입력해 특정 시간 이후의 로그를 확인할 수 있으며, -t 옵션으로 타임스탬프를 표시할 수도 있습니다. 컨테이너에서 실시간으로 출력되는 내용을 확인하려면 -f 옵션을 써서 로그를 스트림으로 확인할 수 있습니다. 특히 -f 옵션은 애플리케이션을 개발할 때 유용합니다.

```
# docker logs --since 1474765979 mysql
Initializing database
2017-02-18T15:50:17.425862Z 0 [Warning] TIMESTAMP with implicit DEFAULT value is deprecated. Please use --explicit_defaults_for_timestamp server option (see documentation for more details).
…

# docker logs -f -t mysql
…
```

docker logs 명령어는 run 명령어에서 -i -t 옵션을 설정해 docker attach 명령어를 사용할 수 있는 컨테이너에도 쓸 수 있으며, 컨테이너 내부에서 bash 셸 등을 입출력한 내용을 확인할 수 있습니다.

```
# docker run -i -t --name logstest ubuntu:24.04
root@2233bbf7d7c6:/# echo test!
test!

# docker logs logstest
root@2233bbf7d7c6:/# echo test!
test!
```

기본적으로 위와 같은 컨테이너 로그는 JSON 형태로 도커 내부에 저장됩니다. 이 파일은 다음 경로에 컨테이너의 ID로 시작하는 파일명으로 저장됩니다. 아래의 log 파일의 내용을 cat, vi 편집기 등으로 확인하면 logs 명령으로 정제되지 않은 JSON 데이터를 볼 수 있습니다.

```
# cat /var/lib/docker/containers/${CONTAINER_ID}/${CONTAINER_ID}-json.log
```

그러나 컨테이너 내부의 출력이 너무 많은 상태로 방치하면 json 파일의 크기가 계속해서 커질 수 있고, 결국 호스트의 남은 저장 공간을 전부 사용할 수도 있습니다. 이러한 상황을 방지하기 위해서 --log-opt 옵션으로 컨테이너 json 로그 파일의 최대 크기를 지정할 수 있습니다. max-size는 로그 파일의 최대 크기, max-file은 로그 파일의 개수를 의미합니다.[9]

```
# docker run -it \
--log-opt max-size=10k --log-opt max-file=3 \
--name log-test ubuntu:24.04
```

어떠한 설정도 하지 않았다면 도커는 위와 같이 컨테이너 로그를 JSON 파일로 저장하지만 그 밖에도 각종 로깅 드라이버를 사용하게 설정해 컨테이너 로그를 수집할 수 있습니다. 사용 가능한 드라이버의 대표적인 예로 syslog, journald, fluentd, awslogs 등이 있으며 애플리케이션의 특징에 적합한 로깅 드라이버를 선택합니다.[10]

로깅 드라이버는 기본적으로 json-file로 설정되지만 도커 데몬 시작 옵션에서 --log-driver 옵션을 써서 기본적으로 사용할 로깅 드라이버를 변경할 수 있습니다. 위에서 설명한 max-size와 같은 --log-opt 옵션 또한 도커 데몬에 적용함으로써 모든 컨테이너에 일괄적으로 사용할 수 있습니다. 도커 데몬 시작 옵션을 변경하는 방법은 부록 A를 참고하기 바랍니다.

```
DOCKER_OPTS="--log-driver=syslog"
```

```
DOCKER_OPTS="--log-opt max-size=10k --log-opt max-file=3"
```

2.2.8.2 syslog 로그

컨테이너의 로그는 JSON뿐 아니라 syslog로 보내 저장하도록 설정할 수 있습니다. syslog는 유닉스 계열 운영체제에서 로그를 수집하는 오래된 표준 중 하나로서, 커널, 보안 등 시스템과 관련된 로그, 애플리케이션의 로그 등 다양한 종류의 로그를 수집해 저장합니다. 대부분의 유닉스 계열 운영체제에서는 syslog를 사용하는 인터페이스가 동일하기 때문에 체계적으로 로그를 수집하고 분석할 수 있다는 장점이 있습니다.

다음 명령어를 입력해 syslog에 로그를 저장하는 컨테이너를 생성합니다. 컨테이너의 커맨드가 echo syslogtest로 설정되기 때문에 syslogtest라는 문구를 출력하고 컨테이너는 종료될 것입니다.

---

[9] 기본적으로 max-size의 값은 무제한(-1)이며, k, m, g 등의 단위를 사용할 수 있습니다. max-file의 값은 1로 설정돼 1개의 파일에만 로그를 남기게 되어 있습니다.
[10] 여기서는 드라이버 로깅의 몇 가지 예시만 설명하지만 도커 공식 문서인 https://docs.docker.com/config/containers/logging/configure/#supported-logging-drivers에서 사용 가능한 모든 드라이버 목록을 확인할 수 있습니다.

```
# docker run -d --name syslog_container \
--log-driver=syslog \
ubuntu:24.04 \
echo syslogtest
```

syslog 로깅 드라이버는 기본적으로 로컬호스트의 syslog에 저장하므로 운영체제 및 배포판에 따라 syslog 파일의 위치를 알아야 이를 확인할 수 있습니다. 우분투 24.04 기준으로 /var/log/syslog 및 journalctl -u docker.service 명령어로 syslog 메시지를 확인할 수 있습니다. 다음은 우분투에서 syslog가 기록된 예시입니다.

```
# tail /var/log/syslog
…
Sep 26 13:50:29 alicek106 docker/e71b3f15cd58[1226]: syslogtest
Sep 26 13:50:29 alicek106 kernel: [ 4727.724630] vethbbb4ac0: renamed from eth0
……
```

syslog를 원격 서버에 설치하면 로그 옵션을 추가해 로그 정보를 원격 서버로 보낼 수 있습니다. 이번에는 syslog를 원격에 저장하는 방법의 하나인 rsyslog를 써서 중앙 컨테이너로 로그를 저장해 봅시다. 아래의 IP는 이번 예시에서 사용된 서버의 IP이며, syslog를 사용할 서버와 클라이언트 두 개의 머신을 따로 설정합니다.

```
서버 호스트: 192.168.0.100
클라이언트 호스트: 192.168.0.101
```

서버 호스트에 rsyslog 서비스가 시작하도록 설정된 컨테이너를 구동하고, 클라이언트 호스트에서 컨테이너를 생성해 서버의 rsyslog 컨테이너에 로그를 저장합니다. 서버 호스트에서 다음 명령어를 입력해 rsyslog 컨테이너를 생성합니다.

```
server@192.168.0.100# docker run -i -t \
-h rsyslog \
--name rsyslog_server \
-p 514:514 -p 514:514/udp \
ubuntu:24.04
```

컨테이너 내부의 rsyslog.conf 파일을 열어 syslog 서버를 구동시키는 항목의 주석을 해제한 후 변경사항을 저장합니다.

```
root@rsyslog:/# vi /etc/rsyslog.conf
…
```

```
# provides UDP syslog reception
$ModLoad imudp
$UDPServerRun 514

# provides TCP syslog reception
$ModLoad imtcp
$InputTCPServerRun 514
...
```

다음 명령어를 입력해 rsyslog 서비스를 재시작합니다.

```
root@rsyslog:/# service rsyslog restart
```

 rsyslog는 컨테이너가 아닌 우분투, CentOS 등의 호스트에서도 쓸 수 있으며, 위 방법은 우분투를 기준으로 합니다. 그러나 컨테이너를 쓰면 호스트가 어떤 운영체제이든 상관없이 rsyslog를 사용할 수 있습니다. 이처럼 애플리케이션을 컨테이너로 구현하면 도커 엔진이 설치될 수 있는 운영체제라면 어떤 환경이라도 간단히 배포할 수 있습니다.

컨테이너를 빠져나온 뒤 클라이언트 호스트에서 아래의 명령어를 입력해 컨테이너를 생성합니다. 컨테이너 로그를 기록하기 위해 간단한 echo 명령어를 실행합니다.

```
client@192.168.0.101# docker run -i -t \
--log-driver=syslog \
--log-opt syslog-address=tcp://192.168.0.100:514 \
--log-opt tag="mytag" \
ubuntu:24.04

root@64513d11e91d:/# echo test
test
```

--log-opt는 로깅 드라이버에 추가할 옵션을 뜻하며, syslog-address에 rsyslog 컨테이너에 접근할 수 있는 주소를 입력합니다. tag는 로그 데이터가 기록될 때 함께 저장될 태그이며 로그를 분류하기 위해 사용합니다.

다시 서버의 rsyslog 컨테이너로 되돌아와 컨테이너 내부의 syslog 파일을 확인하면 로그가 전송된 것을 알 수 있습니다. 또한 각기 로그 앞에 mytag라는 명칭이 추가됐습니다.

```
root@rsyslog:/# tail /var/log/syslog
...
Sep 25 22:27:43 192.168.56.107 mytag[7562]: #033]0;root@64513d11e91d: /#007root@64513d11e91d:/#
```

```
echo test#015
Sep 25 22:27:43 192.168.56.107 mytag[7562]: test#015
…
```

 rsyslog의 설정 파일을 변경할 때 tcp와 udp의 두 방법 모두 활성화했으므로 syslog를 쓸 때 tcp뿐만 아니라 udp로도 쓸 수 있습니다.

```
# docker run -i -t \
--log-driver=syslog \
--log-opt syslog-address=udp://192.168.0.100:514 \
--log-opt tag="mylog" \
  ubuntu:24.04
```

--log-opt 옵션으로 syslog-facility를 쓰면 로그가 저장될 파일을 바꿀 수 있습니다. facility는 로그를 생성하는 주체에 따라 로그를 다르게 저장하는 것으로, 여러 애플리케이션에서 수집되는 로그를 분류하는 방법입니다. 기본적으로 daemon으로 설정돼 있지만 kern, user, mail 등 다른 facility를 사용할 수 있습니다.

```
# docker run -i -t \
--log-driver syslog \
--log-opt syslog-address=tcp://192.168.0.100:514 \
--log-opt tag="maillog" \
--log-opt syslog-facility="mail" \
ubuntu:24.04
```

facility 옵션을 쓰면 rsyslog 서버 컨테이너에 해당 facility에 해당하는 새로운 로그 파일이 생성됩니다.

```
root@rsyslog:/var/log# ls /var/log/
alternatives.log  bootstrap.log  dmesg     faillog   kern.log  mail.log  upstart
apt               btmp           dpkg.log  fsck      lastlog   syslog    wtmp
```

rsyslog는 우분투에서 쓸 수 있는 기본적인 로깅 방법이므로 별도의 UI를 제공하지 않지만 logentries, LogAnalyzer 등과 같은 로그 분석기와 연동하면 웹 인터페이스를 활용해 편리하게 로그를 확인할 수 있습니다.

2.2.8.3 fluentd 로깅

fluentd는 각종 로그를 수집하고 저장할 수 있는 기능을 제공하는 오픈소스 도구로서, 도커 엔진의 컨테이너의 로그를 fluentd를 통해 저장할 수 있도록 플러그인을 공식적으로 제공합니다. fluentd는 데이터 포맷으로 JSON을 사용하기 때문에 쉽게 사용할 수 있을뿐만 아니라 수집되는 데이터를 AWS S3, HDFS(Hadoop Distributed File System), MongoDB 등 다양한 저장소에 저장할 수 있다는 장점이 있습니다.

여기서 살펴볼 예제는 fluentd와 몽고DB(MongoDB)를 연동해 데이터를 저장하는 방법을 보여줍니다. 특정 호스트에 생성되는 컨테이너는 하나의 fluentd에 접근하고, fluentd는 몽고DB에 데이터를 저장하는 구조입니다.

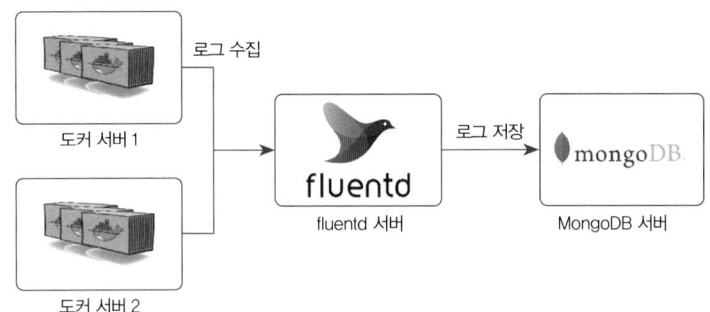

그림 2.19 로그 수집 시나리오

그림 2.19는 fluentd를 통해 로그가 수집되는 흐름을 보여줍니다. 위 그림대로라면 도커 서버, fluentd 서버, 몽고DB 서버로 구성되므로 서버는 최소 3대가 필요하지만 사용자의 환경에 맞게 변경해서 사용하면 됩니다. 예를 들어, 각 서버 호스트에 fluentd를 설치할 수도 있고, 테스트를 위해 몽고DB 서버, fluentd 서버, 도커 서버가 하나의 물리 머신에서 동작하도록 구성할 수도 있습니다.

여기서 사용되는 서버의 목록은 아래와 같습니다. 몽고DB와 fluentd는 도커 허브에서 공식 이미지를 내려받을 수 있으므로 설치 과정은 생략합니다.

```
도커 서버: 192.168.0.100
fluentd 서버: 192.168.0.101
몽고DB 서버: 192.168.0.102
```

몽고DB 서버에서 몽고DB 컨테이너를 생성합니다. 물론 호스트의 27017 포트는 개방돼 있어야 합니다.

```
root@mongo:/ docker run --name mongoDB -d \
-p 27017:27017 \
mongo:5.0
```

fluentd 서버의 호스트에서 다음과 같은 내용을 fluent.conf 파일로 저장합니다. fluent.conf 파일의 주 내용은 들어오는 로그 데이터를 몽고DB에 전송하고, access라는 이름의 컬렉션에 로그를 저장하며, 몽고DB 컨테이너의 호스트 주소와 포트를 지정한 것입니다. 〈match docker.**〉는 로그의 태그가 docker로 시작하면 이를 MongoDB에 전달하는 것을 의미합니다.

```
<source>
  @type forward
</source>

<match docker.**>
  @type mongo
  database nginx
  collection access
  host 192.168.0.102
  port 27017
  flush_interval 10s
</match>
```

이 예제에서는 몽고DB에 사용자와 비밀번호를 통한 인증 작업을 설정하지 않았지만 몽고DB에 인증 정보를 설정했다면 위 내용 중 flush_interval 10s 항목 밑에 user, password를 정의하고 사용자명과 비밀번호를 명시해야 합니다.

```
user alicek106
passoword mypw
```

fluentd.conf 파일이 저장된 디렉터리에서 다음 명령어를 입력해 fluentd 컨테이너를 생성합니다. 위 내용의 fluent.conf 파일을 -v 옵션을 이용해 fluentd 컨테이너에 공유하고 설정 파일로 사용합니다.

```
root@fluentd:/# docker run -d --name fluentd -p 24224:24224 \
-v $(pwd)/fluent.conf:/fluentd/etc/fluent.conf \
-e FLUENTD_CONF=fluent.conf \
alicek106/fluentd:mongo
```

도커 허브의 fluentd 이미지에는 몽고DB에 연결하는 플러그인이 내장돼 있지 않습니다. alicek106/fluentd:mongo 이미지는 공식 fluentd 이미지에 몽고DB 플러그인을 설치한 것입니다.[11]

도커 서버에서 로그를 수집할 컨테이너를 생성합니다. 이때 --log-driver를 fluentd로 설정하고 --log-opt의 fluentd-address 값에 fluentd 서버 주소를 지정합니다. --log-opt tag를 명시함으로써 로그의 태그를 docker.nginx.webserver로 지정했지만 fluentd의 설정 파일 중 〈match docker.**〉에 맞으므로 몽고DB에 로그로서 저장됩니다.

이미지는 어떤 것이든 상관없지만 로그가 기록되는 것을 확실히 알 수 있게 nginx 이미지를 사용해 컨테이너를 생성해 봅시다.

```
root@docker-server:/ docker run -p 80:80 -d \
--log-driver=fluentd \
--log-opt fluentd-address=192.168.0.101:24224 \
--log-opt tag=docker.nginx.webserver \
nginx
```

위의 docker run 명령어는 호스트의 80번 포트로 nginx 웹 서버에 접근할 수 있습니다. 웹 서버에 접근해야 컨테이너 내부에서 접근 로그가 출력되므로 한 번 이상은 웹 서버에 접근해야 합니다. 따라서 웹 브라우저 등을 통해 위에서 생성한 nginx 서버에 접근한 뒤 몽고DB 서버에서 몽고DB 컨테이너에 들어가 데이터를 확인하면 nginx 웹 서버에 대한 접근 기록이 저장된 것을 확인할 수 있습니다.

```
root@mongo:/ docker exec -it mongoDB mongo
MongoDB shell version v3.4.0
....
>show dbs
admin   0.000GB
local   0.000GB
nginx   0.000GB

>use nginx
switched to db nginx

>show collections
```

---

11 alicek106/fluentd:mongo 이미지를 빌드하기 위한 Dockerfile은 https://github.com/alicek106/start-docker-kubernetes-renewal의 chapter2에서 확인할 수 있습니다.

```
access

>db['access'].find()
{ "_id" : ObjectId("5853e1dadd4d080008000001"), "container_name" : "/small_stallman", "source" :
"stdout", "log" : "172.17.0.1 - - [16/Dec/2016:22:03:57 +0000] \"GET / HTTP/1.1\" 200 612 \"-\"
\"curl/7.29.0\" \"-\"", "container_id" : "04ee1012520b847716db78dad041f66e5a5340e18d2e5d713f1cf9
e76192c520", "time" : ISODate("2016-12-16T22:03:57Z") }
```

여기서 기억해야 할 것은 도커 엔진은 fluentd 서버에 컨테이너의 로그를 전송했고, 이 로그는 다시 몽고DB 서버로 전송되어 저장됐다는 점입니다.

2.2.8.4 아마존 클라우드워치 로그

AWS(Amazon Web Service)에서는 로그 및 이벤트 등을 수집하고 저장해 시각적으로 보여주는 클라우드워치(CloudWatch)를 제공합니다. 도커를 AWS EC2에서 사용하고 있다면 다른 도구를 별도로 설치할 필요 없이 컨테이너에서 드라이버 옵션을 설정하는 것만으로 클라우드워치 로깅 드라이버를 사용할 수 있습니다.[12]

클라우드워치를 사용하는 것은 아래와 같은 단계를 따릅니다.

- 클라우드워치에 해당하는 IAM 권한 생성
- 로그 그룹 생성
- 로그 그룹에 로그 스트림(LogStream) 생성
- 클라우드워치의 IAM 권한을 사용할 수 있는 EC2 인스턴스 생성과 로그 전송

클라우드워치를 사용하려면 AWS 계정이 필요합니다. 계정은 AWS 사이트에서 무료로 생성할 수 있으며, 회원 가입 과정은 복잡하지 않기 때문에 따로 설명하지 않겠습니다.

1. 클라우드워치에 해당하는 IAM 권한 생성

AWS 사이트에 접속한 다음 오른쪽에 있는 [콘솔에 로그인]을 클릭해 준비된 계정으로 로그인하면 관리 콘솔(Management Console) 메뉴가 나타납니다. 도커에서 AWS의 클라우드워치를 쓸 수 있는 권한을 설정하려면 IAM 역할(Role)을 생성해야 합니다.

---

[12] AWS의 모든 서비스는 유료이므로 테스트 용도로 사용한 뒤에 서비스를 삭제하는 것이 좋습니다. 삭제하지 않고 계속 방치하면 요금이 과다하게 부과될 수 있으니 유의하기 바랍니다.

관리 콘솔 상단의 검색 탭에서 'IAM'을 입력하고 검색 결과를 클릭해 IAM 관리 콘솔 페이지로 접속합니다. 그 다음 왼쪽 사이드 바의 [역할] 탭을 클릭하고 오른쪽 상단의 [역할 생성] 버튼을 눌러 새로운 IAM 권한을 생성합니다.

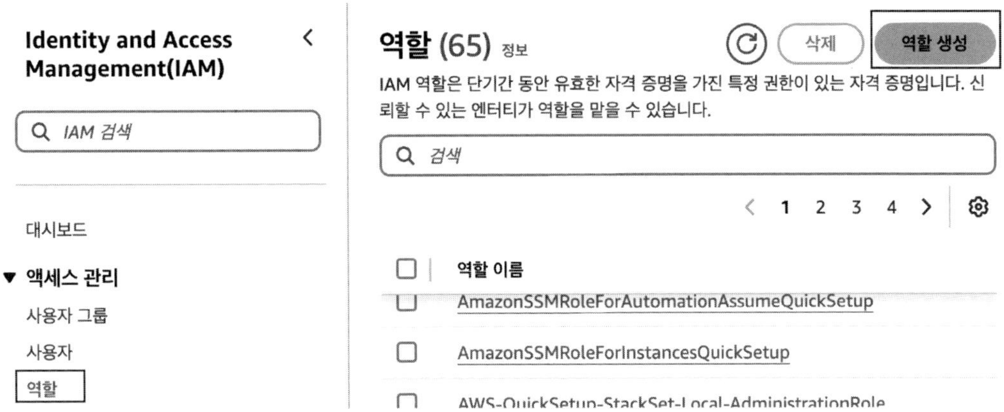

그림 2.20 왼쪽 사이드 바의 [역할] 탭과 [역할 생성] 버튼 선택

'신뢰할 수 있는 엔터티 유형' 항목에서 [EC2]를 선택한 뒤, '사용 사례'에서 [AWS 서비스]를 선택하고 [다음] 버튼을 클릭합니다.

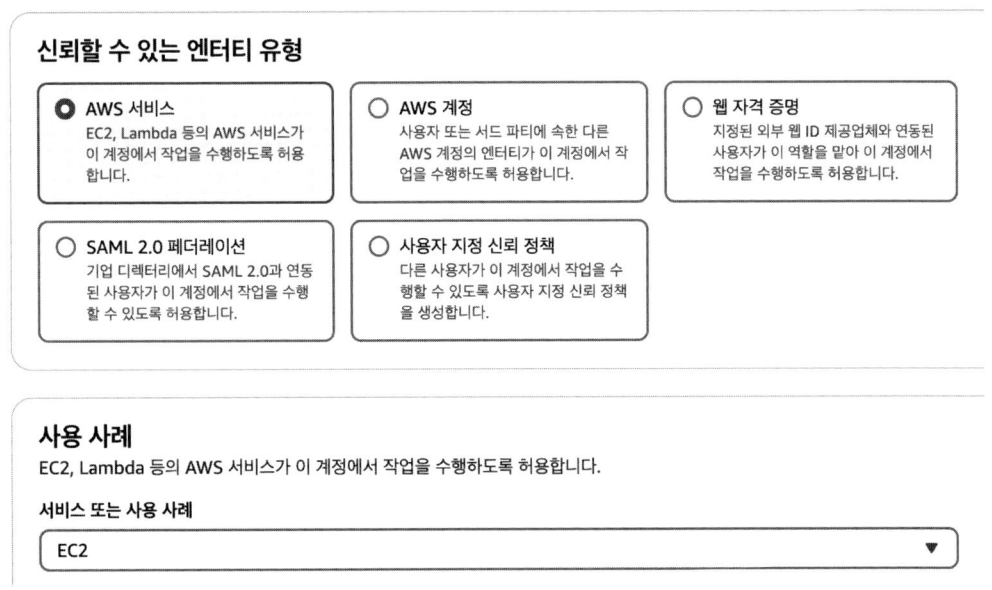

그림 2.21 [AWS 서비스] - [EC2] 항목 선택

'권한 추가' 항목에서 'CloudWatchFullAccess'를 입력한 뒤 체크하고 [다음] 버튼을 클릭합니다.

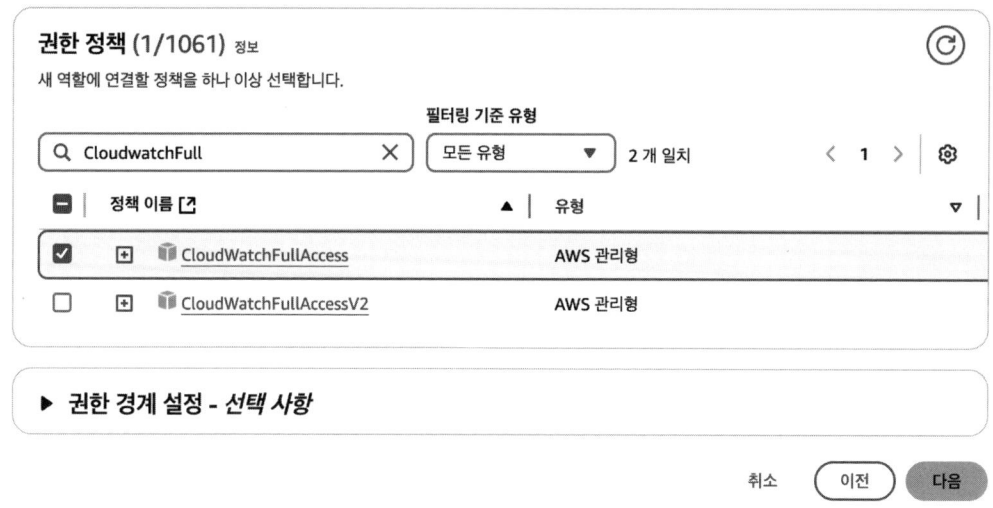

그림 2.22 필터에서 CloudWatchFullAccess 입력 및 선택

 지금은 실습을 위해 CloudWatch의 FullAccess 권한을 부여했지만, 실제 서비스에 FullAccess 권한을 부여하는 것은 일반적으로 바람직하지 않습니다. 반드시 필요한 권한만을 IAM 권한에 부여하는 것이 보안적으로 바람직합니다.

마지막으로 해당 IAM 역할의 이름을 입력해 새로운 권한을 생성합니다. 이 예시에서 사용하는 권한의 이름은 'mycloudwatch'로 입력했습니다. 그리고 나서 가장 아래에 있는 [역할 생성] 버튼을 클릭합니다.

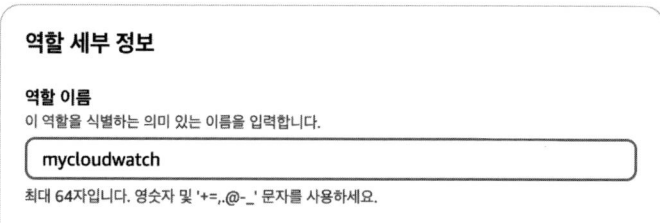

2. 로그 그룹 생성

관리 콘솔 상단의 검색 탭에서 'CloudWatch'를 입력해 CloudWatch 관리 콘솔 페이지로 접속합니다. 왼쪽 사이드바에서 [로그] 항목을 클릭한 뒤 [로그 그룹 생성] 버튼을 클릭해 로그가 저장될 새로운 그룹을 생성할 수 있습니다.

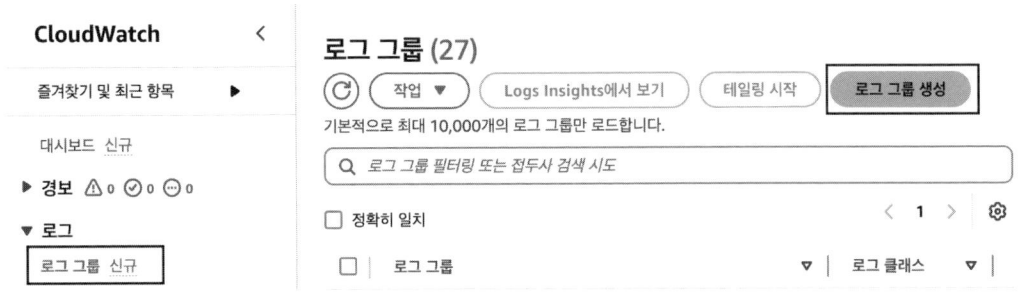

그림 2.23 로그 그룹 생성

로그 그룹의 이름을 입력한 뒤 오른쪽 하단의 [생성] 버튼을 클릭해 새 로그 그룹을 생성합니다. 이 예제에서는 'mylogs'라는 이름으로 그룹을 생성했습니다.

그림 2.24 생성된 로그 그룹 확인

3. 로그 그룹에 로그 스트림 생성

생성된 로그 그룹을 클릭한 뒤 페이지 중간의 [로그 스트림 생성] 버튼을 클릭해 새 로그 스트림을 생성합니다. 여기서는 'mylogstream'이라는 이름을 사용합니다.

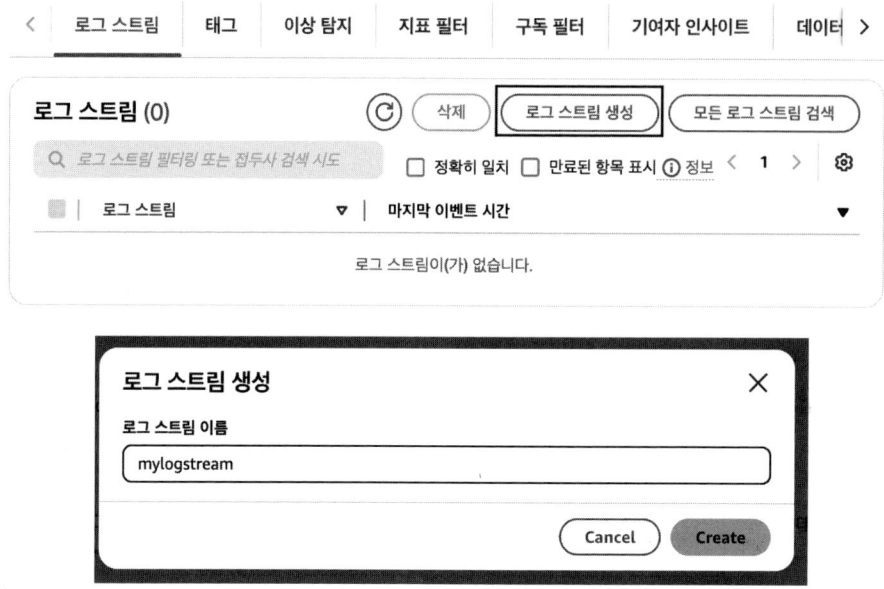

그림 2.25 로그 스트림 생성 화면

로그 스트림을 생성했지만 아직 컨테이너에서 CloudWatch로 로그를 전송하도록 설정하지 않았기 때문에 로그가 저장돼 있지 않습니다.

4. 클라우드워치의 IAM 권한을 사용할 수 있는 EC2 인스턴스 생성과 로그 전송

다음 단계는 EC2 인스턴스에서 mycloudwatch라는 IAM 역할을 사용하도록 권한을 추가해야 합니다. EC2 인스턴스를 새로 생성한다면 생성 페이지 중간에 위치한 [고급 세부 정보] 섹션의 [IAM 인스턴스 프로파일]에서 mycloudwatch를 선택해 이를 설정할 수 있습니다.

여기서는 인스턴스를 미리 생성해 두었다고 가정하고, 기존 인스턴스의 IAM 역할을 설정해 보겠습니다. 인스턴스를 마우스 오른쪽 버튼으로 클릭한 뒤 [보안] – [IAM 역할 수정]을 클릭합니다.

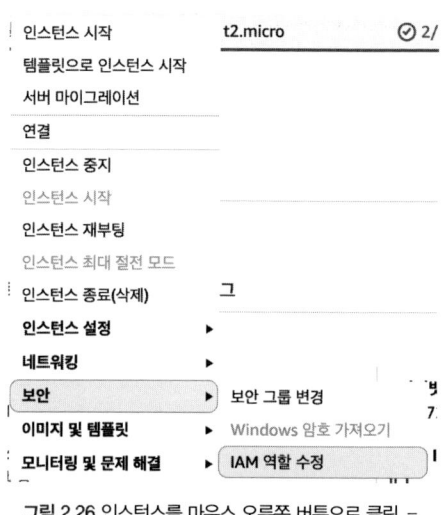

그림 2.26 인스턴스를 마우스 오른쪽 버튼으로 클릭 – [보안] – IAM 역할 수정

위에서 생성했던 mycloudwatch라는 이름의 IAM 역할을 선택한 뒤 [IAM 역할 업데이트] 버튼을 누릅니다.

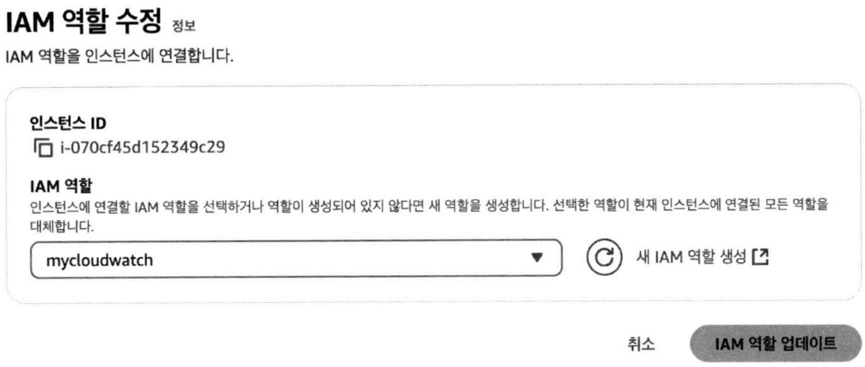

그림 2.27 미리 생성된 인스턴스의 IAM 역할 연결

IAM 권한을 사용하도록 설정한 EC2 인스턴스의 도커 엔진에서 다음 명령어를 입력해 컨테이너를 생성합니다. 로깅 드라이버로 awslogs(클라우드워치)를 사용할 수 있게 설정하고, 로그 그룹과 스트림은 mylogs와 mylogstream을 사용합니다. 리전은 EC2 인스턴스의 리전이 아닌, 로그 그룹 및 스트림이 생성된 리전을 입력해야 합니다. ap-northeast-2는 아시아 태평양(서울) 리전의 코드입니다.

```
# docker run -i -t \
--log-driver=awslogs \
--log-opt awslogs-region=ap-northeast-2 \
--log-opt awslogs-group=mylogs \
--log-opt awslogs-stream=mylogstream \
ubuntu:24.04

root@5e95f239e6f0:/# echo test!
test!
```

클라우드워치의 mylogstream 로그 스트림 내의 로그를 확인하면 로그가 정상적으로 수집됐음을 확인할 수 있습니다.

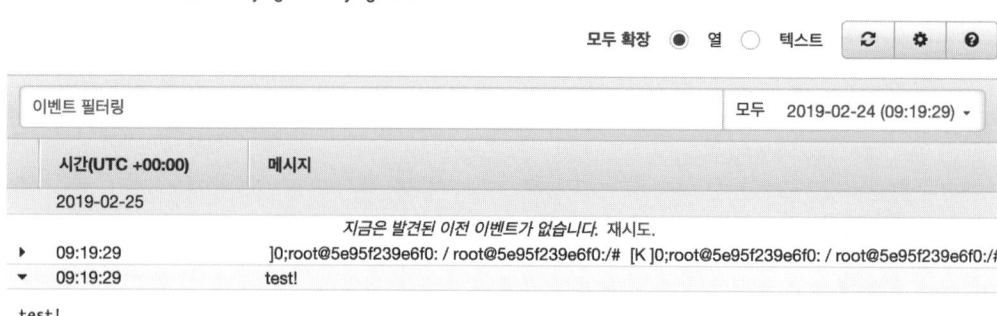

그림 2.28 클라우드워치로 로그가 전송된 것을 확인

2.2.9 컨테이너 자원 할당 제한

컨테이너를 생성하는 run, create 명령어에서 컨테이너의 자원 할당량을 조정하도록 옵션을 입력할 수 있습니다. 아무런 옵션을 입력하지 않으면 컨테이너는 호스트의 자원을 제한 없이 쓸 수 있게 설정되므로 제품 단계의 컨테이너를 고려한다면 컨테이너의 자원 할당을 제한해 호스트와 다른 컨테이너의 동작을 방해하지 않게 설정하는 것이 좋습니다. 컨테이너에 자원 할당 옵션을 설정하지 않으면 호스트의 자원을 전부 점유해 다른 컨테이너들뿐 아니라 호스트 자체의 동작이 멈출 수도 있습니다.

현재 컨테이너에 설정된 자원 제한을 확인하는 가장 쉬운 방법은 docker inspect 명령어를 입력하는 것입니다. 지금까지 테스트한 컨테이너 중 하나를 선택해 inspect 명령을 입력하면 상세한 정보를 확인할 수 있습니다.

```
# docker inspect rsyslog
"HostConfig": {
....
        "DiskQuota": 0,
        "KernelMemory": 0,
        "MemoryReservation": 0,
        "MemorySwap": 0,
        "MemorySwappiness": -1,
        "OomKillDisable": false,
        "PidsLimit": 0,
        "Ulimits": null,
```

```
        "CpuCount": 0,
        "CpuPercent": 0,
        "IOMaximumIOps": 0,
        "IOMaximumBandwidth": 0
....
```

자원 할당을 제한하기 위해 컨테이너에 적용할 수 있는 옵션은 많지만, 여기서는 대표적인 몇 가지만 설명하겠습니다.

run 명령어에서 설정된 컨테이너의 자원 제한을 변경하려면 update 명령어를 사용합니다.

```
# docker update (변경할 자원 제한) (컨테이너 이름)

# docker update --cpuset-cpus=1 centos ubuntu
```

2.2.9.1 컨테이너 메모리 제한

docker run 명령어에 --memory를 지정해 컨테이너의 메모리를 제한할 수 있습니다. 입력할 수 있는 단위는 m(megabyte), g(gigabyte)이며 제한할 수 있는 최소 메모리는 6MB입니다. 다음 명령어는 컨테이너의 메모리 사용량을 1GB로 제한합니다.

```
# docker run -d \
--memory="1g" \
--name memory_1g \
nginx
```

위 명령어로 컨테이너를 생성한 뒤 inspect 명령어로 메모리의 값을 확인하면 1GB에 해당하는 바이트 값이 설정됐음을 확인할 수 있습니다.

```
# docker inspect memory_1g | grep \"Memory\"
            "Memory": 1073741824,
```

컨테이너 내에서 동작하는 프로세스가 컨테이너에 할당된 메모리를 초과하면 컨테이너는 자동으로 종료되므로 애플리케이션에 따라 메모리를 적절하게 할당하는 것이 좋습니다.

기본적으로 컨테이너의 Swap 메모리는 메모리의 2배로 설정되지만 별도로 지정할 수 있습니다. 다음 명령어는 Swap 메모리를 500MB로, 메모리를 200MB로 설정해 컨테이너를 생성합니다.

```
# docker run -it --name swap_500m \
--memory=200m \
```

```
--memory-swap=500m \
ubuntu:24.04
```

2.2.9.2 컨테이너 CPU 제한

--cpu-shares

--cpu-shares 옵션은 컨테이너에 가중치를 설정해 해당 컨테이너가 CPU를 상대적으로 얼마나 사용할 수 있는지를 나타냅니다. 즉 컨테이너에 CPU를 한 개씩 할당하는 방식이 아닌, 시스템에 존재하는 CPU를 어느 비중만큼 나눠(share) 쓸 것인지를 명시하는 옵션입니다. 아래의 명령어는 --cpu-shares 옵션을 사용하는 예시입니다.

```
# docker run -i -t --name cpu_share \
--cpu-shares 1024 \
ubuntu:24.04
```

--cpu-shares 옵션은 상대적인 값을 가집니다. 아무런 설정을 하지 않았을 때 컨테이너가 가지는 값은 1024로, 이는 CPU 할당에서 1의 비중을 뜻합니다.

실제로 --cpu-shares 옵션이 어떻게 동작하는지 확인하기 위해 **1개의 CPU를 가지는 호스트**에서 간단한 테스트를 해보겠습니다. 먼저 다음 명령어를 입력해 컨테이너를 생성합니다. cpu_1024 컨테이너는 --cpu-shares 옵션을 이용해 1024의 값을 할당했습니다. 컨테이너의 명령어는 1개의 프로세스로 CPU에 부하를 주는 명령어(stress --cpu 1)로 설정됐습니다.

```
# docker run -d --name cpu_1024 \
--cpu-shares 1024 \
alicek106/stress \
stress --cpu 1
```

cpu_1024 컨테이너의 CPU 사용률을 확인해 보겠습니다.

```
# ps aux | grep stress
root      29694  0.3  0.0  7312   904 ?        Ss   15:01   0:00 stress --cpu 1
root      29738   101  0.0  7312    96 ?        R    15:01   0:10 stress --cpu 1
```

--cpu-shares의 값이 1024로 설정됐지만, 호스트에 다른 컨테이너가 존재하지 않기 때문에 CPU를 100% 사용하고 있음을 알 수 있습니다. 그렇다면 --cpu-shares의 값이 512로 설정된 컨테이너가 같이 실행된다면 어떻게 될까요? 아래의 명령어를 실행해 새로운 컨테이너를 생성해보겠습니다.

```
# docker run -d --name cpu_512 \
--cpu-shares 512 \
alicek106/stress \
stress --cpu 1
```

어느 정도 시간이 충분히 흐른 뒤, CPU 사용률을 확인해 보겠습니다.

```
# ps aux | grep stress
root      29694  0.0  0.0  7312   904 ?    Ss   15:01   0:00 stress --cpu 1
root      29738 69.3  0.0  7312    96 ?    R    15:01   5:46 stress --cpu 1
root      29795  0.0  0.0  7312   868 ?    Ss   15:02   0:00 stress --cpu 1
root      29847 33.1  0.0  7312    96 ?    R    15:02   2:30 stress --cpu 1
```

두 컨테이너가 각각 69%, 33%의 CPU를 사용하고 있으며 약 2:1의 비율로 CPU를 나눠쓰고 있는 것을 확인할 수 있습니다. 즉, [1024 : 512 = 2 : 1]의 비율대로 시스템의 CPU를 사용하는 것을 알 수 있습니다. 이처럼 --cpu-shares에 설정된 값의 비율에 따라 컨테이너가 CPU를 사용할 수 있는 비율이 정해집니다.

위에서 사용한 stress라는 명령어는 CPU와 메모리에 과부하를 줘서 성능을 테스트합니다. 우분투 컨테이너에서는 다음 명령어로 설치할 수 있습니다. alicek106/stress 도커 이미지는 미리 준비한 stress가 설치된 우분투 이미지입니다.

```
# apt-get install stress
```

위에서 생성한 컨테이너는 -d 옵션으로 생성되어 백그라운드에서 계속 CPU에 부하를 주므로 테스트가 끝나면 반드시 컨테이너를 삭제해야 합니다.

--cpuset-cpus

호스트에 CPU가 여러 개 있을 때 --cpuset-cpus 옵션을 지정해 컨테이너가 특정 CPU만 사용하도록 설정할 수 있습니다. CPU 집중적인 작업이 필요하다면 여러 개의 CPU를 사용하도록 설정해 작업을 적절하게 분배하는 것이 좋습니다. 다음 예시는 컨테이너가 3번째 CPU만 사용하도록 설정합니다.

```
# docker run -d --name cpuset_2 \
--cpuset-cpus=2 \
alicek106/stress \
stress --cpu 1
```

htop 명령어로 CPU 사용량을 확인하면 3번째 CPU만 사용되는 것을 알 수 있습니다.

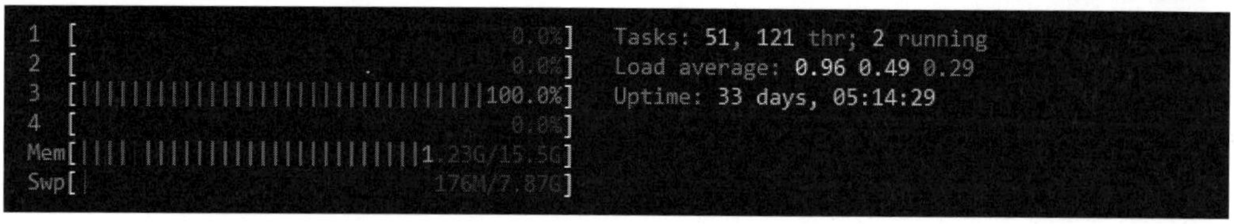

그림 2.29 htop 명령어로 CPU 사용량 확인

> --cpuset-cpus="0,3"은 1, 4번째 CPU를, --cpuset-cpus="0-2"는 1, 2, 3번째 CPU를 사용하도록 설정합니다.

--cpu-period, --cpu-quota

컨테이너의 CFS(Completely Fair Scheduler) 주기는 기본적으로 100ms로 설정되지만 run 명령어의 옵션 중 --cpu-period와 --cpu-quota로 이 주기를 변경할 수 있습니다. 다음 명령어를 입력해 컨테이너를 생성합니다.

```
# docker run -d --name quota_1_4 \
--cpu-period=100000 \
--cpu-quota=25000 \
alicek106/stress \
stress --cpu 1
```

--cpu-period의 값은 기본적으로 100000이며, 이는 100ms를 뜻합니다. --cpu-quota는 --cpu-period에 설정된 시간 중 CPU 스케줄링에 얼마나 할당할 것인지를 설정합니다. 위 예시에서 100000(--cpu-period) 중 25000(--cpu-quota)만큼을 할당해 CPU 주기가 1/4로 줄었으므로 일반적인 컨테이너보다 CPU 성능이 1/4 정도로 감소합니다. 즉, 컨테이너는 [--cpu-quota 값] / [--cpu-period 값]만큼 CPU 시간을 할당받습니다.

성능 비교를 위해 다음 명령어로 컨테이너를 추가로 생성합니다.

```
# docker run -d --name quota_1_1 \
--cpu-period=100000 \
--cpu-quota=100000 \
alicek106/stress \
stress --cpu 1
```

htop 명령어나 ps aux | grep stress로 CPU 할당량을 확인하면 첫 번째 컨테이너가 1/4만큼 CPU를 적게 사용하고 있음을 알 수 있습니다.[13]

```
# ps aux | grep stress
root      2751  0.0  0.0  7304   428 ?    Ss   22:12   0:00 stress --cpu 1
root      2769 25.1  0.0  7304    96 ?    R    22:12   0:24 stress --cpu 1
root      2835  0.0  0.0  7304   432 ?    Ss   22:13   0:00 stress --cpu 1
root      2851  100  0.0  7304   100 ?    R    22:13   1:26 stress --cpu 1
```

--cpus

--cpus 옵션은 --cpu-period, --cpu-quota와 동일한 기능을 하지만 좀 더 직관적으로 CPU의 개수를 직접 지정한다는 점에서 다릅니다. 예를 들어, --cpus 옵션에 0.5를 설정하면 --cpu-period=100000 또는 --cpu-quota=50000과 동일하게 컨테이너의 CPU를 제한할 수 있습니다.

```
# docker run -d --name cpus_container \
--cpus=0.5 \
alicek106/stress \
stress --cpu 1
```

마찬가지로 컨테이너의 사용량을 확인해보면 CPU의 약 50%를 점유하고 있음을 알 수 있습니다.

```
# ps aux | grep stress
root     19497  1.0  0.0  7304   432 ?    Ss   00:42   0:00 stress --cpu 1
root     19517 49.1  0.0  7304   100 ?    R    00:42   0:02 stress --cpu 1
```

병렬 처리를 위해 CPU를 많이 소모하는 워크로드를 수행해야 한다면 --cpu-share, --cpus, --cpu-period, --cpu-quota 옵션보다는 --cpuset-cpu 옵션을 사용하는 것이 좋습니다. --cpuset-cpu 옵션을 사용하면 특정 컨테이너가 특정 CPU에서만 동작하는 CPU 친화성(Affinity)을 보장할 수 있고, CPU 캐시 미스 또는 컨텍스트 스위칭과 같이 성능을 하락시키는 요인을 최소화할 가능성이 높아지기 때문입니다.

---

13 이 테스트는 4개의 CPU를 가진 호스트에서 실행됐습니다. 1개의 CPU를 가지는 호스트에서 실행할 경우 각각 25%, 75% 정도를 사용하게 될 것입니다.

2.3 도커 이미지

모든 컨테이너는 이미지를 기반으로 생성되므로 이미지를 다루는 방법은 도커 관리에서 빼놓을 수 없는 부분입니다. 이미지의 이름을 구성하는 저장소, 이미지 이름, 태그를 잘 관리하는 것뿐만 아니라 이미지가 어떻게 생성되고 삭제되는지, 이미지의 구조는 어떻게 돼 있는지 등을 아는 것 또한 중요합니다. 이번 장에서는 이미지를 관리하는 기본적인 방법을 살펴보겠습니다.

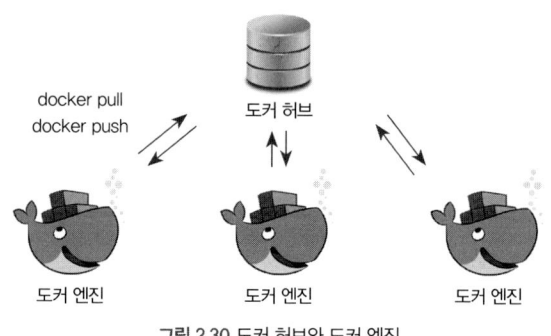

그림 2.30 도커 허브와 도커 엔진

데비안 운영체제에서 apt-get install을 실행하면 apt 리포지터리에서 패키지를 내려받고 레드햇 운영체제에서 yum install을 실행하면 yum 리포지터리에서 패키지를 내려받듯이 도커는 기본적으로 도커 허브(Docker Hub)라는 중앙 이미지 저장소에서 이미지를 내려받습니다. 도커 허브는 도커가 공식적으로 제공하고 있는 이미지 저장소로서, 도커 계정을 가지고 있다면 누구든지 이미지를 올리고 내려받을 수 있기 때문에 다른 사람들에게 이미지를 쉽게 공유할 수 있습니다.

docker create, docker run, docker pull의 명령어로 이미지를 내려받을 때 도커는 도커 허브에서 해당 이미지를 검색한 뒤 내려받습니다. 필요한 대부분의 이미지는 도커 허브에서 공식적으로 제공하거나(ubuntu:24.04 등) 다른 사람들이 도커 허브에 이미 올려놓은 경우(Apache Tomcat, Hadoop 등)가 대부분이라서 애플리케이션 이미지를 직접 만들지 않아도 손쉽게 사용할 수 있다는 장점이 있습니다.

단, 도커 허브는 누구나 이미지를 올릴 수 있기 때문에 공식(Official) 라벨이 없는 이미지는 사용법을 찾을 수 없거나 제대로 동작하지 않을 수 있습니다. 또한 이미지 저장소를 다른 사람들에게 공개하지 않기 위해 비공개(Private) 저장소를 사용하려면 비공개 저장소의 수에 따라 요금을 지불해야 합니다. 이를 해결하기 위해 도커 이미지 저장소를 직접 구축해 비공개로 사용할 수도 있으며 이는 뒤의 2.3.4.2절 "도커 사설 레지스트리"에서 자세히 설명하겠습니다.

도커 허브에 어떤 이미지가 있는지 확인하기 위해 도커 허브 사이트를 직접 접속해서 찾아볼 수도 있지만 도커 엔진에서 docker search 명령어를 사용할 수도 있습니다. 예를 들어, ubuntu라는 키워드와 관련된 이미지는 어떤 것이 있는지 검색해 봅시다.

docker search 명령어는 도커 허브에서 이미지를 검색하며, 도커 허브 이미지임을 명시하기 위해 docker.io/ubuntu와 같이 docker.io 접두어를 사용할 수도 있습니다. 이는 구글 이미지 레지스트리(gcr.io) 등과 같은 다른 이미지 저장소와 구분하기 위함입니다. 그러나 일반적으로 최상위 접두어를 명시하지 않으면 도커 허브의 이미지를 의미합니다.

```
# docker search ubuntu
NAME            DESCRIPTION                              STARS   OFFICIAL  ....
ubuntu          Ubuntu is a Debian-based Linux operating s...  4656    [OK]
ubuntu-upstart  Upstart is an event-based replacement for ...  66      [OK]
......
```

보다시피 ubuntu 이미지도 여러 종류가 있음을 알 수 있습니다. STARS는 해당 이미지가 도커 사용자로부터 얼마나 즐겨찾기(star)됐는지를 나타냅니다.

2.3.1 도커 이미지 생성

앞에서처럼 docker search를 통해 검색한 이미지를 pull 명령어로 내려받아 사용할 수도 있지만 도커로 개발하는 많은 경우에는 컨테이너에 애플리케이션을 위한 특정 개발 환경을 직접 구축한 뒤 사용자만의 이미지를 직접 생성해야 할 것입니다. 이를 위해 컨테이너 안에서 작업한 내용을 이미지로 만드는 방법을 먼저 설명하겠습니다.

다음 명령어를 입력해 이미지로 만들 컨테이너를 생성합니다. 컨테이너 내부에 first라는 이름의 파일을 하나 생성해 기존의 이미지로부터 변경사항을 만듭니다.

```
# docker run -i -t --name commit_test ubuntu:24.04
root@acc525940263:/# echo test_first! >> first
```

first라는 파일을 만들어 ubuntu:24.04 이미지로부터 변경 사항을 만들었다면 컨테이너에서 호스트로 빠져나와 docker commit 명령어를 입력해 컨테이너를 이미지로 만듭니다. docker commit 명령어의 형식은 아래와 같습니다. 먼저 commit의 옵션을 지정하고 커밋할 컨테이너의 이름을 명시한 뒤 생성될 이미지의 이름을 입력합니다.

```
# docker commit [OPTIONS] CONTAINER [REPOSITORY[:TAG]]
```

다음 명령은 commit_test라는 컨테이너를 commit_test:first라는 이름의 이미지로 생성합니다.

```
# docker commit \
-a "alicek106" -m "my first commit" \
commit_test \
commit_test:first

sha256:76bac8d005301cb8b50c0...
```

저장소 이름은 입력하지 않아도 상관없지만 이미지의 태그를 입력하지 않으면 자동으로 latest로 설정됩니다. 위 명령어에서는 이미지의 이름을 commit_test로, 태그를 first로 설정했습니다.

-a 옵션은 author를 뜻하며, 이미지의 작성자를 나타내는 메타데이터를 이미지에 포함시킵니다. commit_test:first 이미지의 작성자 데이터는 "alicek106"으로 설정될 것입니다. -m 옵션은 커밋 메시지를 뜻하며, 이미지에 포함될 부가 설명을 입력합니다.

최상위 디렉터리에 first라는 파일이 있는 도커 이미지가 생성됐습니다. docker images 명령어로 이미지가 생성됐는지 확인합니다.

```
# docker images
REPOSITORY        TAG      IMAGE ID       CREATED         SIZE
commit_test       first    e61bb604e513   26 seconds ago  78.1MB
ubuntu            24.04    a04dc4851cbc   5 weeks ago     78.1MB
```

commit_test라는 이름에 first라는 태그로 이미지가 생성됐습니다. ubuntu:24.04 이미지의 크기와 비교했을 때 차이가 없는 것은 컨테이너의 변경사항에 해당하는 파일인 first라는 파일이 수 바이트에 불과하기 때문입니다.

이번에는 commit_test:first 이미지로 새로운 이미지를 생성해 봅시다. commit_test:first 이미지로 컨테이너를 생성한 뒤 second라는 파일을 추가해 commit_test:second라는 이미지를 새롭게 생성합니다. 이미지를 생성하는 과정은 commit_test:first 이미지를 생성할 때와 같습니다.

```
# docker run -i -t --name commit_test2 commit_test:first
root@0c765bd0c915:/# echo test_second! >> second

# docker commit \
-a "alicek106" -m "my second commit" \
commit_test2 \
commit_test:second

sha256:76bac8d005301cb8b50c01...
```

docker images 명령어로 두 번째 이미지인 commit_test:second도 생성됐는지 확인합니다.

```
# docker images
REPOSITORY          TAG         IMAGE ID        CREATED            SIZE
commit_test         second      76bac8d00530    About a minute ago 78.1MB
commit_test         first       e61bb604e513    4 minutes ago      78.1MB
ubuntu              24.04       a04dc4851cbc    5 weeks ago        78.1MB
```

2.3.2 이미지 구조 이해

위와 같이 컨테이너를 이미지로 만드는 작업은 commit 명령어로 쉽게 수행할 수 있습니다. 그러나 이미지를 좀 더 효율적으로 다루기 위해 컨테이너가 어떻게 이미지로 만들어지며, 이미지의 구조는 어떻게 돼 있는지 알 필요가 있습니다. 다음 명령어를 입력해 이미지의 좀 더 자세한 정보를 확인해 봅시다.

```
# docker inspect ubuntu:24.04
# docker inspect commit_test:first
# docker inspect commit_test:second
```

 inspect 명령어는 컨테이너뿐만 아니라 네트워크, 볼륨, 이미지 등 모든 도커 단위의 정보를 얻을 때 사용할 수 있습니다. 단, 이름이 중복될 경우 컨테이너에 대해 먼저 수행되므로 --type을 명시하는 것이 좋습니다.

docker inspect 명령어는 많은 정보를 출력하지만 주의 깊게 살펴볼 항목은 가장 아랫부분에 있는 Layers 항목입니다. ubuntu:24.04, commit_test:first, commit_test:second에 대한 각 Layers 항목은 다음과 같습니다. 16진수 해시값 중 뒷부분을 생략했으며 ID 값은 아래 이미지와 다를 수 있습니다. 다음 그림은 각 이미지에 대한 inspect 명령어의 출력 결과 중 Layers 항목만 나타낸 것입니다.

```
"Layers": [
    "sha256:4b7c01ed05…"
]
```
ubuntu:24.04

```
"Layers": [
    "sha256:4b7c01ed05…",
    "sha256:d5dc524c98…"
]
```
commit_test:first

```
"Layers": [
    "sha256:4b7c01ed05…",
    "sha256:d5dc524c98…",
    "sha256:ca768473b5…"
]
```
commit_test:second

그림 2.31 ubuntu:24.04, commit_test:first, commit_test:second 이미지의 Layers 항목

이를 좀 더 보기 쉽게 그림으로 나타내 보겠습니다.

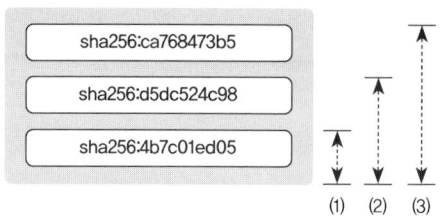

그림 2.32 3개 이미지의 레이어 구조

docker images에서 위 3개의 이미지 크기가 각각 78.1MB라고 출력돼도 78.1MB 크기의 이미지가 3개 존재하는 것은 아닙니다. 이미지를 커밋할 때 컨테이너에서 변경된 사항만 새로운 레이어로 저장하고, 그 레이어를 포함해 새로운 이미지를 생성하기 때문에 전체 이미지의 실제 크기는 78.1MB + first 파일의 크기 + second 파일의 크기가 됩니다. first 파일은 commit_test:first 이미지를 생성할 때 사용했던 컨테이너에서 변경된 사항이고, second 파일은 commit_test:second 이미지를 생성할 때 사용했던 컨테이너에서 변경된 사항입니다.

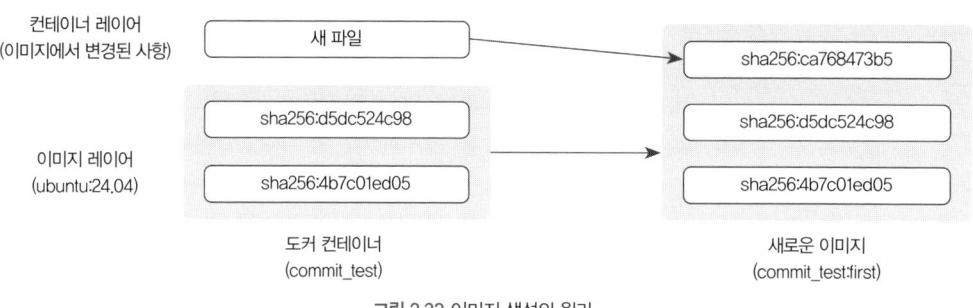

그림 2.33 이미지 생성의 원리

즉, 위 그림과 같이 ubuntu:24.04 이미지를 기반으로 생성했던 첫 번째 컨테이너 commit_test에서 변경된 사항인 first 파일이 sha256:cc1bcbb270d 레이어가 됩니다. 이는 commit_test:second 이미지를 생성할 때도 같습니다.

 이러한 이미지의 레이어 구조는 docker history 명령을 통해 좀 더 쉽게 확인할 수 있습니다. 이 명령어는 이미지가 어떤 레이어로 생성됐는지 출력합니다.

```
# docker history commit_test:second
IMAGE           CREATED          CREATED BY       SIZE      COMMENT
76bac8d00530    26 minutes ago   /bin/bash        13B       my second commit
e61bb604e513    29 minutes ago   /bin/bash        123B      my first commit
…
```

이번에는 생성한 이미지를 삭제해 봅시다. docker rmi 명령어를 사용하면 이미지를 삭제할 수 있습니다.

```
# docker rmi commit_test:first
```

그러나 위 명령어는 다음과 같은 에러를 출력합니다.

```
Error response from daemon: conflict: unable to remove repository reference "commit_test:first"
 (must force) - container 0c765bd0c915 is using its referenced image e61bb604e513
```

이미지를 사용 중인 컨테이너가 존재하므로 해당 이미지를 삭제할 수 없다는 내용입니다. 컨테이너를 삭제할 때 사용했던 docker rm -f [컨테이너 이름]처럼 -f 옵션을 추가해 이미지를 강제로 삭제할 수도 있지만 이는 이미지 레이어 파일을 실제로 삭제하지 않고 이미지 이름만 삭제하기 때문에 의미가 없습니다. 따라서 다음 명령어와 같이 컨테이너를 삭제한 뒤 이미지를 삭제하게 합니다.

```
# docker stop commit_test2 && docker rm commit_test2
# docker rmi commit_test:first
Untagged: commit_test:first
```

 컨테이너가 사용 중인 이미지를 docker rmi -f로 강제로 삭제하면 이미지의 이름이 〈none〉으로 변경되며, 이러한 이미지들을 댕글링(dangling) 이미지라고 합니다. 댕글링 이미지는 docker images -f dangling=true 명령어를 사용해 별도로 확인할 수 있습니다.

```
# docker images -f dangling=true
REPOSITORY      TAG         IMAGE ID        CREATED         SIZE
<none>          <none>      831692ed29f9    2 minutes ago   188 MB
```

사용 중이지 않은 댕글링 이미지는 docker image prune 명령어로 한꺼번에 삭제할 수 있습니다.

```
# docker image prune
```

commit_test:first 이미지를 삭제했다고 해서 실제로 해당 이미지의 레이어 파일이 삭제되지는 않습니다. commit_test:first 이미지를 기반으로 하는 하위 이미지인 commit_test:second가 존재하기 때문입니다. 따라서 실제 이미지 파일을 삭제하지 않고 레이어에 부여된 이름만 삭제합니다. rmi 명령어의 출력 결과인 Untagged: …는 이미지에 부여된 이름만 삭제한다는 것을 뜻합니다.

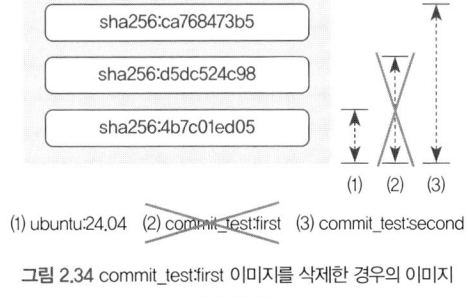

그림 2.34 commit_test:first 이미지를 삭제한 경우의 이미지 레이어 구조

이번에는 commit_test:second 이미지를 삭제해 봅시다. commit_test:second 이미지를 사용하고 있는 컨테이너가 없으니 바로 삭제할 수 있습니다.

```
# docker rmi commit_test:second
Untagged: commit_test:second
Deleted: sha256:76bac8d005301cb8b50c0193e8c53535dbbccef0fe724cbf7d60d8ed5e1013ed
Deleted: sha256:28b7f9e9e0685624d5b48ed1e3f92f879867710f9301e607282243e404ee778b
Deleted: sha256:e61bb604e5132f15b10ca72aacfdef3ace0d41180cd8c55ec623f150fbbf726c
Deleted: sha256:2f7b45af951790be5fdfb282890bb91a6f19675d8a345d8b6d856e7cb384d49b
```

"Deleted:"라는 출력 결과는 이미지 레이어가 실제로 삭제됐음을 뜻합니다. 이미지의 이름인 commit_test:second를 가리키는 ID와 실제 레이어를 가리키는 ID가 삭제됐는데 실제 레이어 파일은 sha256:28b7f9e9e0…라는 ID에 의해 참조됩니다. 즉, 삭제되는 이미지의 부모 이미지가 존재하지 않아야만 해당 이미지의 파일이 실제로 삭제됩니다.

그렇지만 commit_test:second 이미지를 삭제했다고 해서 ubuntu:24.04 이미지도 함께 삭제되는 것은 아닙니다. 앞에서는 second, first 파일이 존재하는 레이어만 삭제됐는데, commit_test:first 이미지 태그는 이미 삭제되어 존재하지 않지만 우분투 이미지를 가리키는 ubuntu:24.04 이미지 태그는 아직 존재하기 때문입니다. 따라서 우분투 이미지의 레이어는 commit_test:second 이미지를 삭제할 때 함께 삭제되는 레이어의 범위에 포함되지 않습니다.

2.3.3 이미지 추출

도커 이미지를 별도로 저장하거나 옮기는 등 필요에 따라 이미지를 단일 바이너리 파일로 저장해야 할 때가 있습니다. docker save 명령어를 사용하면 컨테이너의 커맨드, 이미지 이름과 태그 등 이미지의 모든 메타데이터를 포함해 하나의 파일로 추출할 수 있습니다. -o 옵션에는 추출될 파일명을 입력합니다.

```
# docker save -o ubuntu_24_04.tar ubuntu:24.04
```

추출된 이미지는 load 명령어로 도커에 다시 로드할 수 있습니다. save 명령어로 추출된 이미지는 이미지의 모든 메타데이터를 포함하기 때문에 load 명령어로 이미지를 로드하면 이전의 이미지와 완전히 동일한 이미지가 도커 엔진에 생성됩니다.

```
# docker load -i ubuntu_24_04.tar
```

save, load 명령어와 유사하게 사용할 수 있는 명령어로 export, import가 있습니다. docker commit 명령어로 컨테이너를 이미지로 만들면 컨테이너에서 변경된 사항뿐만 아니라 컨테이너가 생성될 때 설정된 detached 모드, 컨테이너 커맨드와 같은 컨테이너의 설정 등도 이미지에 함께 저장됩니다. 그러나 export 명령어는 컨테이너의 파일 시스템을 tar 파일로 추출하며 컨테이너 및 이미지에 대한 설정 정보를 저장하지 않습니다.

export와 import는 다음 예제처럼 사용할 수 있습니다. export 명령어는 mycontainer라는 컨테이너의 파일 시스템을 rootFS.tar 파일로 추출하고, 이 파일을 import 명령어로 myimage:0.0이라는 이미지로 다시 저장합니다.

```
# docker export -o rootFS.tar mycontainer
# docker import rootFS.tar myimage:0.0
```

그러나 이미지를 단일 파일로 저장하는 것은 효율적인 방법이 아닙니다. 추출된 이미지는 레이어 구조의 파일이 아닌 단일 파일이기 때문에 여러 버전의 이미지를 추출하면 이미지 용량을 각기 차지하게 됩니다. 예를 들어, ubuntu:24.04 이미지와 commit_test:first라는 두 개의 이미지를 추출하면 각각 78MB의 파일이 생성되어 총 156MB를 차지하게 될 것입니다.

2.3.4 이미지 배포

이미지를 생성했다면 이를 다른 도커 엔진에 배포할 방법이 필요합니다. save나 export와 같은 방법으로 이미지를 단일 파일로 추출해서 배포할 수도 있지만 이미지 파일의 크기가 너무 크거나 도커 엔진의 수가 많다면 이미지를 파일로 배포하기 어렵습니다. 또한 도커의 이미지 구조인 레이어 형태를 이용하지 않으므로 매우 비효율적입니다.

이를 해결하는 첫 번째 방법은 도커에서 공식적으로 제공하는 도커 허브 이미지 저장소를 사용하는 것입니다. 도커 허브는 도커 이미지를 저장하기 위한 클라우드 서비스라고 생각하면 이해하기 쉽습니다. 사용자는 단지 이미지를 올리고(docker push) 내려받기(docker pull)만 하면 되므로 매우 간단하게 사용할 수 있습니다. 단, 결제를 하지 않으면 비공개(Private) 저장소의 수에 제한이 있다는 것이 단점입니다. 공개(Public) 저장소는 무료로 사용할 수 있으므로 만든 이미지를 다른 사용자에게도 공개해도 상관없다면 도커 허브를 사용하는 것도 좋은 선택입니다.

두 번째 방법은 도커 사설 레지스트리(Docker Private Registry)를 사용하는 것으로서 사용자가 직접 이미지 저장소를 만들 수 있습니다. 그러나 사용자가 직접 이미지 저장소 및 사용되는 서버, 저장 공간 등을 관리해야 하므로 도커 허브보다는 사용법이 까다롭습니다. 그러나 회사의 내부망과 같은 곳에서 도커 이미지를 배포해야 한다면 도커 사설 레지스트리가 더 좋은 방안이 될 수 있습니다. 여기서는 두 가지 방법을 모두 설명합니다.

2.3.4.1 도커 허브 저장소

도커 허브 사이트[14]에서도 docker search 명령어를 입력했을 때와 같이 이미지를 검색할 수 있으며, 이미지 저장소를 클릭하면 해당 이미지에 대한 자세한 설명을 볼 수 있습니다.

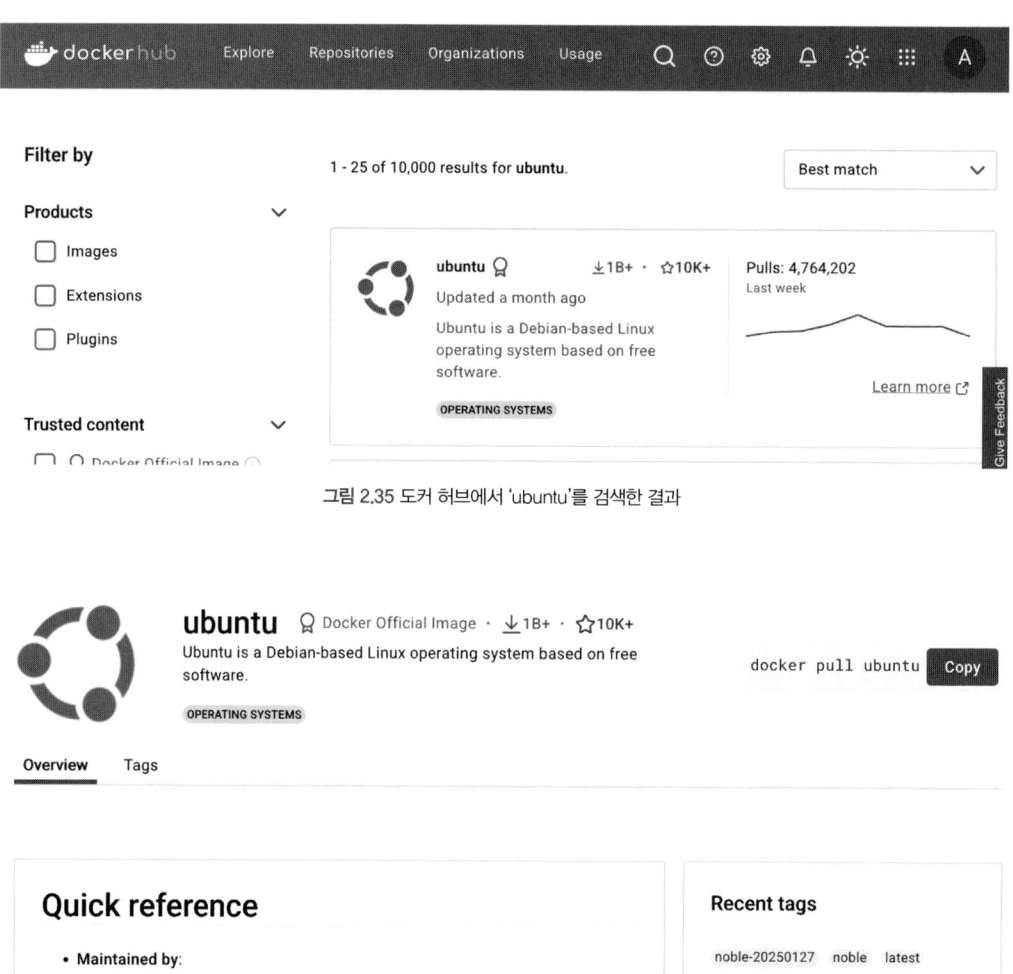

그림 2.35 도커 허브에서 'ubuntu'를 검색한 결과

그림 2.36 ubuntu 이미지 저장소 페이지

---

14 https://hub.docker.com/

우분투처럼 많이 쓰이는 이미지는 x86, ARM 등 여러 CPU 아키텍처에 알맞는 이미지를 제공하고 있습니다.

 docker inspect 명령어를 사용하면 해당 이미지가 어느 CPU 아키텍처에서 사용되도록 설정됐는지 알 수 있습니다. docker pull과 같은 명령어를 사용하면 자동으로 호스트의 CPU 아키텍처에 해당하는 이미지를 내려받기 때문에 이를 신경쓸 필요는 없습니다.

```
# docker inspect ubuntu | grep Architecture
        "Architecture": "amd64",
```

도커 허브에 이미지를 올리기 위해 여러분의 저장소를 생성해보겠습니다. 저장소를 생성하려면 로그인이 필요하므로 메인 화면이나 페이지 오른쪽 위의 [Sign up]을 클릭해 가입합니다. 회원 가입에는 특별한 사항이 없으므로 별도로 설명하지 않겠습니다. Docker Desktop on Mac이나 Docker Desktop on Windows를 설치할 때 회원가입한 계정을 그대로 사용해도 됩니다.

이미지 저장소(Repository) 생성

가입한 뒤 로그인하면 아래와 같은 화면을 볼 수 있습니다. 오른쪽 위에 있는 [Create Repository] 버튼을 클릭해 저장소를 생성합니다.

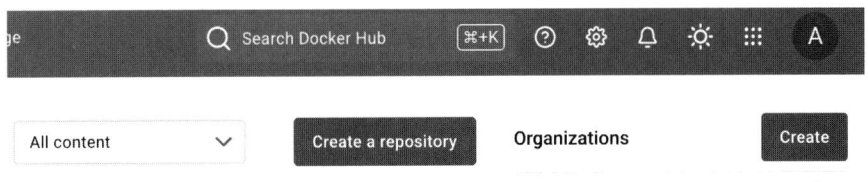

그림 2.37 로그인 후 오른쪽 위에 있는 [Create a repository] 클릭

저장소를 생성하기 전에 저장소에 대한 정보를 입력해야 합니다. 저장소에 저장할 이미지의 이름과 간단한 설명을 입력합니다.

마지막으로 저장소의 Visibility를 설정해 저장소를 다른 사람에게 공개할지 여부를 결정합니다. 공개(public)로 설정하면 다른 사용자가 docker search와 pull 명령어로 이미지를 사용할 수 있고, 비공개(private)로 설정하면 저장소의 접근 권한이 있는 계정으로 로그인해야 저장소를 사용할 수 있습니다.

기본적으로 비공개 저장소는 1개만 무료이고 그 이상 사용하려면 매달 일정 금액을 결제해야 합니다. 여기서는 공개 저장소를 생성하겠습니다. 모든 정보를 입력했다면 아래에 있는 [Create] 버튼을 눌러 저장소를 생성합니다.

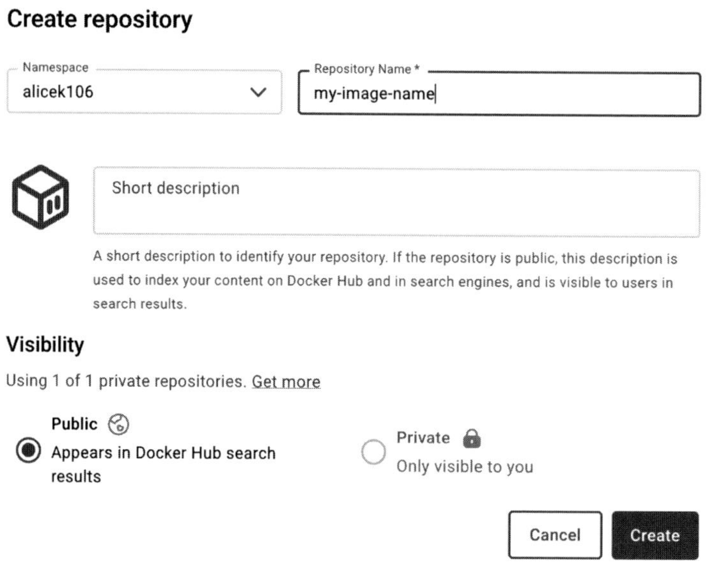

그림 2.38 이미지 저장소에 대한 정보 입력

이 저장소의 이름은 alicek106/my-image-name입니다. 회원 가입을 할 때 입력한 이름이 저장소 이름이 되며, 위 예시에서는 계정 이름이 alicek106이기 때문에 저장소 이름 또한 alicek106으로 설정됐습니다. my-image-name은 실제로 이 저장소에 저장될 이미지의 이름입니다.

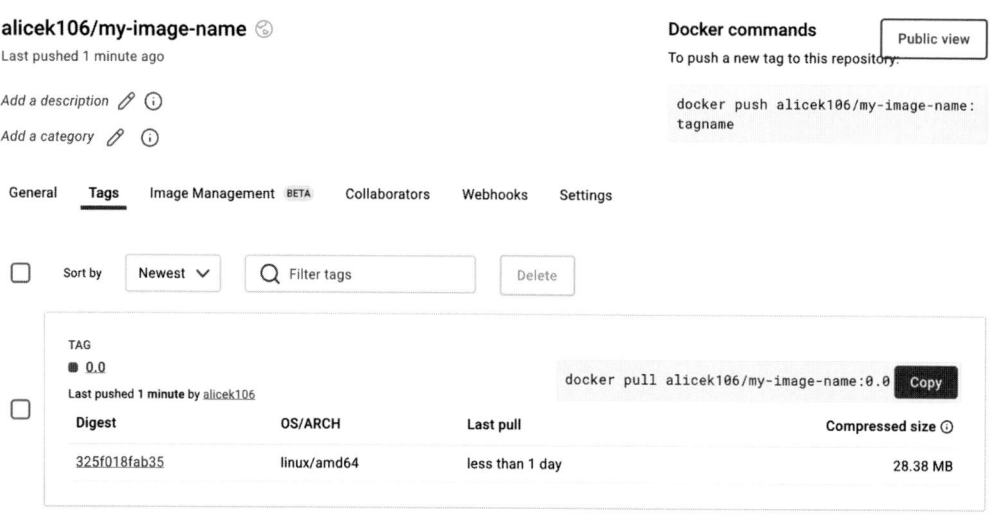

그림 2.39 생성된 이미지 저장소

저장소에 이미지 올리기

방금 생성한 저장소에 이미지를 올려봅시다. 도커에서 다음 명령어를 입력해 저장소에 올릴 이미지를 생성합니다.

```
# docker run -i -t --name commit_container1 ubuntu:24.04
root@578658cff420:/# echo my first push >> test

# docker commit commit_container1 my-image-name:0.0
sha256:9a32e396aa7342c9842236614ebf666a13e410f24f348f9d9beb326a2f1a6066
```

ubuntu:24.04 이미지에 test라는 파일을 생성해 변경 사항을 만든 뒤 my-image-name:0.0이라는 이미지로 커밋했습니다. 그러나 이 이름으로는 이미지를 저장소에 올릴 수 없습니다. 2.2.1절 "도커 이미지"에서 설명했듯이 이미지 이름의 접두어는 이미지가 저장되는 저장소 이름으로 설정합니다. 즉, 특정 이름의 저장소에 이미지를 올리려면 저장소 이름(사용자의 이름)을 이미지 앞에 접두어로 추가해야 합니다.

docker tag 명령어를 사용하면 이미지의 이름을 추가할 수 있습니다. tag 명령어의 형식은 'docker tag [기존의 이미지 이름] [새롭게 생성될 이미지 이름]'으로서, 다음 예시는 my-image-name:0.0 이미지에 alicek106/my-image-name:0.0이라는 이름을 추가합니다.

```
# docker tag my-image-name:0.0 alicek106/my-image-name:0.0
```

 tag 명령어로 이미지의 이름을 변경했다고 해서 기존의 이름이 사라지는 것은 아니며, 같은 이미지를 가리키는 새로운 이름을 추가할 뿐입니다.

```
# docker images
REPOSITORY                TAG    IMAGE ID       CREATED          SIZE
my-image-name             0.0    f4604c02f642   42 minutes ago   78.1MB
alicek106/my-image-name   0.0    f4604c02f642   42 minutes ago   78.1MB
```

이미지 이름을 변경한 후, 다음 명령어를 입력해 도커 허브 서버에 로그인합니다. 로그인하지 않으면 생성한 저장소에 이미지를 올릴 수 있는 권한을 얻을 수 없습니다. -u 옵션에는 회원가입 시 사용한 아이디를 입력합니다.

```
# docker login -u alicek106

i Info → A Personal Access Token (PAT) can be used instead.
         To create a PAT, visit https://app.docker.com/settings
```

```
Password:

WARNING! Your credentials are stored unencrypted in '/root/.docker/config.json'.
Configure a credential helper to remove this warning. See
https://docs.docker.com/go/credential-store/

Login Succeeded
```

 도커 엔진에서 로그인한 정보는 /[계정명]/.docker/config.json 파일에 저장됩니다. 로그인 정보를 삭제하고 싶다면 docker logout을 입력합니다.

로그인한 뒤 push 명령어를 입력해 이미지를 저장소에 올려 보겠습니다. 명령어의 출력 결과를 보면 하나의 레이어만 저장소로 전송되고, 나머지 레이어는 ubuntu:24.04 이미지에서 생성되어 도커 허브의 우분투 이미지 저장소에 이미 존재하므로 전송되지 않았습니다.

```
# docker push alicek106/my-image-name:0.0
The push refers to repository [docker.io/alicek106/my-image-name]
500b7a68b33a: Pushed
4b7c01ed0534: Mounted from library/ubuntu
0.0: digest: sha256:325f018fab3581b8ad629ea4b019bd6667cdc9a370155c9ff8d2c51c282dcfab size: 736
```

도커 허브의 저장소에 실제로 이미지가 올려졌는지 확인합니다. Tags 항목에서 이미지를 확인할 수 있습니다.

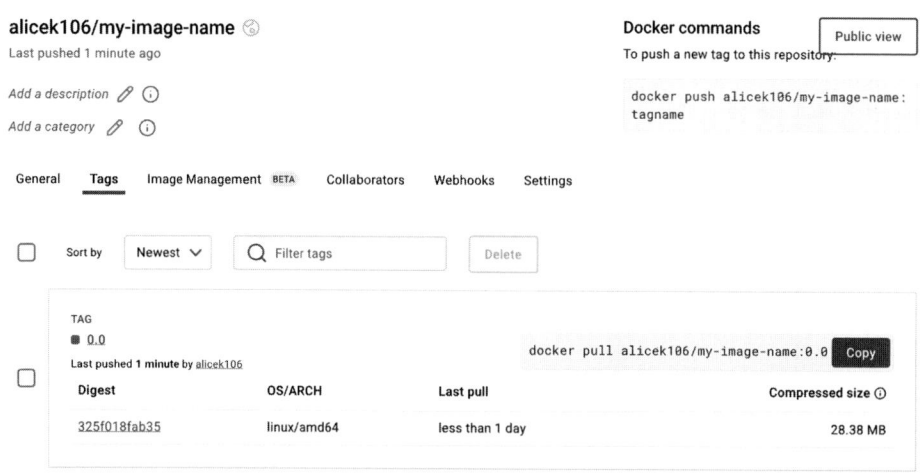

그림 2.40 Push한 이미지 확인

도커에서 이 이미지를 내려받으려면 별도로 로그인하지 않고 다음 명령어를 입력하면 됩니다.

```
# docker pull alicek106/my-image-name:0.0
```

 비공개로 설정한 저장소는 접근 권한을 가진 계정으로 로그인해야만 이미지를 내려받을 수 있습니다. 다른 계정에 접근 권한을 주려면 저장소 페이지의 Collaborators에 권한을 부여할 사용자 이름을 추가해야 합니다. Collaborator로 추가된 사용자는 저장소의 공개 여부에 상관 없이 이미지를 저장소에 push 할 수 있습니다.

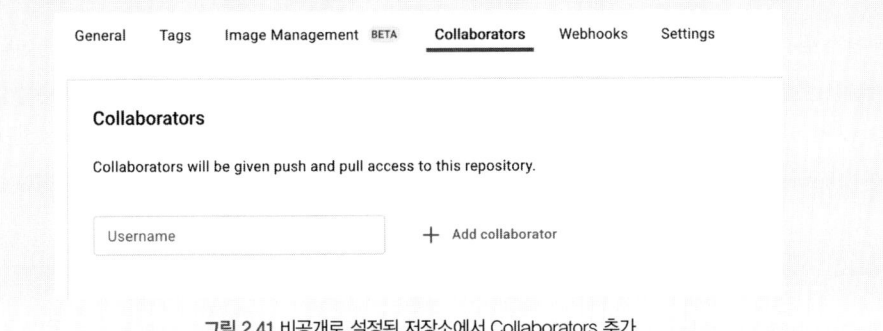

그림 2.41 비공개로 설정된 저장소에서 Collaborators 추가

2.3.4.2 도커 사설 레지스트리

사설 레지스트리 컨테이너 생성

도커 사설 레지스트리(Docker Private Registry)를 사용하면 개인 서버에 이미지를 저장할 수 있는 저장소를 만들 수 있습니다. 이 레지스트리는 컨테이너로서 구현되므로 이에 해당하는 도커 이미지가 존재합니다. 이 이미지는 도커에서 공식적으로 제공하고 있기 때문에 아래의 run 명령어로 간단히 사용할 수 있습니다.[15]

```
# docker run -d --name myregistry \
-p 5000:5000 \
--restart=always \
registry:2.6
```

---

[15] 레지스트리 컨테이너의 이미지에는 버전 1과 2가 있지만 1은 더는 사용되지 않으므로 여기서는 2.x 버전을 사용합니다. 레지스트리 컨테이너의 이미지 버전은 https://hub.docker.com/r/library/registry/tags/에서 확인할 수 있습니다.

--restart 옵션은 컨테이너가 종료됐을 때 재시작에 대한 정책을 설정합니다. always는 컨테이너가 정지될 때마다 다시 시작하도록 설정하기 때문에 도커 호스트나 도커 엔진을 재시작하면 컨테이너도 함께 재시작됩니다.

--restart의 다른 입력으로는 on-failure와 unless-stopped가 있는데, restart 정책을 on-failure:5로 설정하면 컨테이너 종료 코드가 0이 아닐 때 컨테이너 재시작을 5번까지 시도합니다. unless-stopped는 컨테이너를 stop 명령어로 정지했다면 도커 호스트나 도커 엔진를 재시작해도 컨테이너가 시작되지 않도록 설정합니다.

레지스트리 컨테이너는 기본적으로 5000번 포트를 사용하므로 -p 옵션으로 컨테이너의 5000번 포트를 호스트의 5000번 포트와 연결했으며, 이 포트로 레지스트리 컨테이너의 RESTful API를 사용할 수 있습니다. 다음 명령어를 입력해 레지스트리 컨테이너가 정상적으로 작동하는지 확인합니다. curl은 HTTP 요청을 보내는 도구 중 하나이며, 어느 도구를 사용해도 상관없습니다.

```
# curl localhost:5000/v2/
{}
```

사설 레지스트리에 이미지 Push하기

도커 허브의 저장소를 사용할 때 썼던 이미지를 레지스트리 컨테이너에 올려 봅시다. 다음 명령어를 입력해 이미지의 이름을 추가합니다. ${DOCKER_HOST_IP}에는 레지스트리 컨테이너를 생성한 도커 호스트의 IP를 입력합니다.

```
# docker tag my-image-name:0.0 ${DOCKER_HOST_IP}:5000/my-image-name:0.0
```

레지스트리 컨테이너에 이미지를 올리려면 이미지의 접두어를 레지스트리 컨테이너가 존재하는 호스트의 IP와 레지스트리 컨테이너의 5000번 포트와 연결된 호스트의 포트로 설정해야 합니다. 이 예제에서는 이미지의 접두어를 192.168.99.101:5000과 같이 도커 호스트 IP를 직접 입력했지만 사용 중인 도메인 이름이 있다면 my.domain.name:5000/my-image-name:0.0과 같이 설정할 수도 있습니다.

다음 명령어를 입력해 레지스트리 컨테이너에 이미지를 올려 봅시다. 도커 허브에서 이미지를 push할 때와 같습니다.

```
# docker push 192.168.99.101:5000/my-image-name:0.0
```

그러나 다음과 같은 출력 결과와 함께 이미지가 push되지 않습니다.

```
The push refers to a repository [192.168.99.101:5000/my-image-name]
Get https://192.168.99.101/v2/: http: server gave HTTP response to HTTPS client
```

기본적으로 도커 데몬은 HTTPS를 사용하지 않은 레지스트리 컨테이너에 접근하지 못하도록 설정합니다. HTTPS를 사용하려면 인증서를 적용해 별도로 설정해야 하는데, 이 내용은 뒤에서 다시 설명하겠습니다. 지금은 테스트를 위해 HTTPS를 사용하지 않아도 이미지를 push, pull할 수 있게 해봅시다. 부록 A를 참고해 다음 옵션을 도커 시작 옵션에 추가한 뒤 도커를 재시작합니다.

```
DOCKER_OPTS="--insecure-registry=192.168.99.101:5000"
```

--insecure-registry 옵션은 HTTPS를 사용하지 않는 레지스트리 컨테이너에 이미지를 push, pull할 수 있게 설정합니다. 이미지를 다시 push하면 정상적으로 레지스트리 컨테이너에 전송된 것을 확인할 수 있습니다.

```
# docker push 192.168.99.101:5000/my-image-name:0.0
The push refers to a repository [192.168.99.101:5000/my-image-name]
....
```

이미지를 pull할 때도 이미지의 접두어를 레지스트리 컨테이너의 URL로 입력해야 합니다. pull도 push와 마찬가지로 --insecure-registry 플래그가 도커 데몬에 설정돼야만 사용할 수 있습니다.

```
# docker pull 192.168.99.101:5000/my-image-name:0.0
```

레지스트리 컨테이너는 생성됨과 동시에 컨테이너 내부 디렉터리에 마운트되는 도커 볼륨을 생성합니다. push된 이미지 파일은 이 볼륨에 저장되며 레지스트리 컨테이너가 삭제돼도 볼륨은 남아있게 됩니다. 컨테이너를 삭제할 때 볼륨도 함께 삭제하고 싶다면 docker rm 명령어에 --volumes 옵션을 추가합니다.

```
# docker rm --volumes myregistry
```

Nginx 서버로 접근 권한 생성

도커 데몬에 --insecure-registry 옵션만 추가하면 별도의 인증(Authentication) 절차 없이 레지스트리 컨테이너에서 이미지를 push, pull할 수 있습니다. 그러나 도커 허브에서 저장소를 사용하기 위해 docker login 명령어를 사용한 것처럼 레지스트리 컨테이너 또한 미리 정의된 계정으로 로그인하도록 설정함으로써 접근을 제한할 수 있습니다. 레지스트리 컨테이너 자체에서 인증 정보를 설정할 수도 있지만 여기서는 별도의 Nginx 서버 컨테이너를 생성해 레지스트리 컨테이너와 연동하는 방식을 설명하겠습니다.

로그인 인증 기능은 보안을 적용하지 않은(insecure) 레지스트리 컨테이너에서는 사용할 수 없으므로 여기서는 스스로 인증한(Self-Signed) 인증서와 키를 발급함으로써 TLS를 적용하는 방법을 함께 설명합니다. 그러나 미리 구입한 신뢰할 수 있는 인증서와 키가 있다면 그것을 사용해도 무관합니다.

다음 명령어를 차례대로 입력해 Self-signed ROOT 인증서(CA) 파일을 생성합니다. 인증서 정보를 입력하는 칸에는 전부 공백을 입력해도 상관없습니다.

```
# mkdir certs

# openssl genrsa -out ./certs/ca.key 2048
Generating RSA private key, 2048 bit long modulus
.....
# openssl req -x509 -new -key ./certs/ca.key -days 10000 -out ./certs/ca.crt
You are about to be asked to enter information that will be incorporated
into your certificate request.
....
-----
Country Name (2 letter code) [AU]:
State or Province Name (full name) [Some-State]:
Locality Name (eg, city) []:
Organization Name (eg, company) [Internet Widgits Pty Ltd]:
Organizational Unit Name (eg, section) []:
Common Name (e.g. server FQDN or YOUR name) []:
Email Address []:
```

앞에서 생성한 ROOT 인증서로 레지스트리 컨테이너에 사용될 인증서를 생성합니다. 인증서 서명 요청 파일인 CSR(certificate signing request) 파일을 생성하고 ROOT 인증서로 새로운 인증서를 발급합니다. ${DOCKER_HOST_IP}에는 레지스트리 컨테이너가 존재하는 도커 호스트 서버의 IP나 도메인 이름을 입력합니다. 이 IP로 Nginx 서버 컨테이너에 접근할 것입니다.

```
# openssl genrsa -out ./certs/domain.key 2048
Generating RSA private key, 2048 bit long modulus
...
# openssl req -new -key ./certs/domain.key -subj /CN=${DOCKER_HOST_IP} -out ./certs/domain.csr
ex) openssl req -new -key ./certs/domain.key -subj /CN=192.168.99.101 -out ./certs/domain.csr
# echo subjectAltName = IP:${DOCKER_HOST_IP} > extfile.cnf
ex) echo subjectAltName = IP:192.168.99.101 > extfile.cnf
```

```
# openssl x509 -req -in ./certs/domain.csr -CA ./certs/ca.crt -CAkey ./certs/ca.key
-CAcreateserial -out ./certs/domain.crt -days 10000 -extfile extfile.cnf
Signature ok
subject=/CN=...
Getting CA Private Key
```

다음 명령어를 입력해 레지스트리에 로그인할 때 사용할 계정과 비밀번호를 저장하는 파일을 생성합니다. 다음 예제에서 사용할 계정의 이름은 alicek106입니다.

```
# htpasswd -c htpasswd alicek106
New password:
Re-type new password:
Adding password for user alicek106
# mv htpasswd certs/
```

htpasswd가 설치돼 있지 않다면 다음과 같은 방법으로 설치합니다.

데비안 계열(우분투)

```
# apt-get install apache2-utils
```

레드햇 계열(CentOS)

```
# yum install httpd-tools
```

다음 내용을 certs 디렉터리에 nginx.conf 파일로 저장합니다.[16] Nginx 서버에서 SSL 인증에 필요한 각종 파일의 위치와 레지스트리 컨테이너로의 프락시(Proxy)를 설정합니다. ${DOCKER_HOST_IP}에는 ROOT 인증서를 생성할 때와 마찬가지로 도커 호스트 서버의 IP를 입력합니다.

예제 2.1 nginx.conf 설정 파일

```
# vi certs/nginx.conf
upstream docker-registry {
  server registry:5000;
}

server {
  listen 443 ssl;
  server_name ${DOCKER_HOST_IP};
  ssl on;
  ssl_certificate /etc/nginx/conf.d/domain.crt;
  ssl_certificate_key /etc/nginx/conf.d/domain.key;
```

---

[16] nginx.conf와 같은 파일은 직접 입력하는 것도 좋은 공부가 될 수 있지만, 이 책에서 제공하는 깃허브 저장소의 chapter2에서 nginx.conf 파일을 내려받을 수도 있습니다.

```
    client_max_body_size 0;
    chunked_transfer_encoding on;

    location /v2/ {
      if ($http_user_agent ~ "^(docker\/1\.(3|4|5(?!\.[0-9]-dev))|Go ).*$" ) {
        return 404;
      }

      auth_basic "registry.localhost";
      auth_basic_user_file /etc/nginx/conf.d/htpasswd;
      add_header 'Docker-Distribution-Api-Version' 'registry/2.0' always;

      proxy_pass                          http://docker-registry;
      proxy_set_header  Host              $http_host;
      proxy_set_header  X-Real-IP         $remote_addr;
      proxy_set_header  X-Forwarded-For   $proxy_add_x_forwarded_for;
      proxy_set_header  X-Forwarded-Proto $scheme;
      proxy_read_timeout                  900;
    }
}
```

기존에 생성한 레지스트리 컨테이너가 있다면 혼동을 피하고자 이를 삭제하고 다시 생성합니다. 다음 명령어로 생성된 레지스트리 컨테이너는 -p 옵션으로 호스트와 포트 바인딩을 하지 않는데, 실제로 레지스트리 컨테이너에 접근하는 프런트엔드(front-end)는 Nginx 서버가 되기 때문입니다. 따라서 이 예제의 레지스트리 컨테이너는 외부에 노출될 필요가 없습니다.

```
# docker stop myregistry; docker rm myregistry
```

```
# docker run -d --name myregistry --restart=always registry:2.6
```

다음 명령어로 Nginx 서버 컨테이너를 생성합니다. 위에서 생성한 nginx.conf, domain.crt, domain.key 파일이 존재하는 auth 디렉터리를 -v 옵션으로 컨테이너에 공유합니다. 이 컨테이너의 443번 포트는 Docker 호스트의 443번 포트와 바인딩됩니다.

```
# docker run -d --name nginx_frontend \
-p 443:443 \
--link myregistry:registry \
-v $(pwd)/certs/:/etc/nginx/conf.d \
nginx:1.27
```

docker ps 명령어로 컨테이너가 잘 생성됐는지 확인합니다.

```
# docker ps --format "table {{.ID}}\t{{.Image}}\t{{.Ports}}"
CONTAINER ID      IMAGE              PORTS
decba9863984      nginx:1.27         80/tcp, 0.0.0.0:443->443/tcp
748df0b6403c      registry:2.6       5000/tcp
```

도커 허브와 동일하게 docker login 명령어로 레지스트리 컨테이너로 로그인합니다. 앞에서 로그인한 방법과 다른 점은 login 뒤에 https://${DOCKER_HOST_IP}를 입력하는 것입니다. https를 사용했으므로 자동으로 호스트 IP의 443번 포트로 연결하며, 이는 Nginx 서버 컨테이너로 포워딩됩니다.

```
# docker login https://192.168.99.100
Username: alicek106
Password:
Error response from daemon: Get https://192.168.99.100/v1/users/: x509: certificate signed by unknown authority
```

그러나 신뢰할 수 없는 인증서인 Self-signed 인증서를 사용했으므로 도커에서 이를 사용하지 못하도록 에러를 출력합니다. 따라서 우리가 직접 서명한 인증서를 신뢰할 수 있는 인증서 목록에 추가해야 합니다. 다음 명령어를 입력해 ca.crt 파일을 인증서 목록에 추가합니다.

데비안 계열(우분투)

```
# cp certs/ca.crt /usr/local/share/ca-certificates/
# update-ca-certificates
```

레드햇 계열(CentOS)

```
# cp certs/ca.crt /etc/pki/ca-trust/source/anchors/
# update-ca-trust
```

인증서를 추가한 다음, 도커를 재시작하고 Nginx 서버 컨테이너를 시작합니다.

```
# service docker restart
# docker start nginx_frontend
```

다시 docker login으로 인증을 요청하면 성공했다는 출력 결과를 확인할 수 있습니다.

```
# docker login 192.168.99.100
Username: alicek106
Password:
Login Succeeded
```

이 레지스트리 컨테이너에 이미지를 push하고 pull하려면 이미지의 접두어를 IP나 도메인 이름으로 설정합니다. https로 로그인했으므로 자동으로 443번 포트로 인식하기 때문에 포트를 적어줄 필요는 없습니다.

```
# docker tag my-image-name:0.0 192.168.99.100/my-image-name:0.0
# docker push 192.168.99.100/my-image-name:0.0
```

사설 레지스트리 RESTful API

도커 엔진은 명령행 도구로 docker ps와 같은 명령어를 사용할 수 있었지만 레지스트리 컨테이너는 별도의 인터페이스를 제공하지 않으므로 레지스트리 컨테이너를 제어하려면 RESTful API를 사용해야 합니다. 앞에서도 설명했지만 RESTful API는 기본적으로 레지스트리 컨테이너의 5000번 포트로 사용할 수 있으므로 호스트와 포트를 바인딩해 사용하는 것이 일반적입니다.

레지스트리 컨테이너에 저장되는 이미지를 제어하기 위해서는 별도의 RESTful API를 숙지해야 하므로 도커 허브보다 사용법이 좀 더 복잡합니다. 여기서는 레지스트리 컨테이너를 사용하기 위한 몇 가지 대표적인 RESTful API만 소개하지만, 실제로 사용할 수 있는 기능은 훨씬 많고 다양합니다. 레지스트리 컨테이너를 다루기 위한 모든 RESTful API 목록을 확인하려면 CNCF의 distribution 공식 문서[17]를 참고하시기 바랍니다.

레지스트리의 API를 직접 사용하는 것이 어렵다면 다른 개발자들이 미리 만들어놓은 레지스트리 제어 CLI를 사용할 수도 있습니다. 관심이 있다면 깃허브에서 docker registry cli와 같은 키워드로 검색해 마음에 드는 CLI 도구를 사용해보기 바랍니다.

이번 절의 예제에서 사용하는 curl 명령어는 nginx 인증을 사용하지 않으며, run 명령어에서 -p 옵션을 5000:5000으로 설정해 호스트의 5000번 포트와 연결돼 있는 레지스트리 컨테이너를 사용한다고 가정합니다. 앞에서 nginx 컨테이너를 생성해 HTTPS와 로그인으로 인증을 설정했다면 모든 curl 명령어에 대해 다음과 같이 옵션을 추가합니다. 즉, -u 옵션과 함께 (계정 이름):(비밀번호)를 입력하고 HTTPS를 사용합니다.

```
# curl -u alicek106:mypassword https://192.168.99.100/v2/_catalog
```

레지스트리 컨테이너에 저장된 이미지의 목록을 확인하려면 /v2/_catalog를 사용합니다.

---

[17] https://distribution.github.io/distribution/spec/api/

```
# curl 192.168.99.100:5000/v2/_catalog
{"repositories":["my-image-name"]}
```

그러나 위 요청은 이미지의 이름만 반환하고 태그를 반환하지 않습니다. 특정 이미지의 태그 리스트를 확인하려면 /v2/(이미지 이름)/tags/list를 사용합니다.

```
# curl 192.168.99.100:5000/v2/my-image-name/tags/list
{"name":"my-image-name","tags":["0.0"]}
```

저장된 이미지의 자세한 정보를 반환하려면 /v2/(이미지 이름)/manifests/(태그)를 사용합니다. 다음 명령어 가운데 -i 옵션은 HTTP 응답의 헤더를 출력하도록 설정하며, --header는 HTTP 요청의 헤더에 입력된 값을 추가합니다. manifests(매니페스트)는 레지스트리 컨테이너에 저장된 이미지 정보의 묶음을 의미합니다.

```
# curl -i \
--header "Accept: application/vnd.docker.distribution.manifest.v2+json" \
192.168.99.100:5000/v2/my-image-name/manifests/0.0

HTTP/2 200
...
docker-content-digest: sha256:ced837b91578326e03655238dbd445...
...
date: Wed, 27 Feb 2019 07:27:55 GMT

{
    "schemaVersion": 2,
    "mediaType": "application/vnd.docker.distribution.manifest.v2+json",
    "config": {
        "mediaType": "application/vnd.docker.container.image.v1+json",
        "size": 3390,
        "digest": "sha256:9a32e396aa7342c9842236614ebf..."
    },
    "layers": [
        {
            "mediaType": "application/vnd.docker.image.rootfs.diff.tar.gzip",
            "size": 67148514,
            "digest": "sha256:e53f134edff2c9a6928199bfbd8d0e70c1ecfcb4b..."
        },
....
```

> 매니페스트 형식은 버전 1과 2가 있습니다. 위의 예제는 HTTP 요청의 헤더에 Accept: application/vnd.docker.distribution.manifest.v2+json을 추가함으로써 schemaVersion(스키마 버전) 2에 해당하는 매니페스트를 출력했습니다. HTTP 요청에 별도의 헤더를 추가하지 않으면 레지스트리 컨테이너는 스키마 버전 1의 매니페스트를 출력합니다.

도커 이미지는 이미지에 대한 정보를 저장하는 매니페스트와 실제로 이미지에 레이어 파일을 저장하는 바이너리 파일로 나뉩니다. 그리고 매니페스트와 각 레이어에 해당하는 파일은 서로 고유하게 식별하기 위한 ID로 Digest(다이제스트) 값을 가집니다.

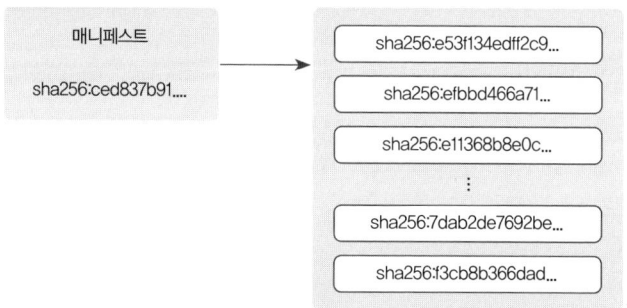

그림 2.42 매니페스트와 다이제스트

매니페스트와 레이어에 부여된 다이제스트는 레지스트리 컨테이너에 저장된 이미지를 제어할 때 사용됩니다. 이번에는 다이제스트를 이용해 이미지를 삭제해 봅시다. 이미지를 삭제하려면 매니페스트와 레이어 파일을 따로 삭제해야 합니다. 매니페스트를 삭제하는 URL은 아래와 같습니다.

```
DELETE /v2/(이미지 이름)/manifests/(매니페스트 다이제스트)
```

매니페스트 다이제스트는 해당 이미지의 매니페스트를 가져올 때 출력된 Docker-Content-Digest를 사용합니다.

```
# curl --header "Accept: application/vnd.docker.distribution.manifest.v2+json" \
-X DELETE \
192.168.99.100:5000/v2/my-image-name/manifests/sha256:ced837b91578326e03655238d…

{"errors":[{"code":"UNSUPPORTED","message":"The operation is unsupported."}]}
```

그러나 위 명령어를 실행하면 지원되지 않는 작업이라는 에러 메시지가 반환됩니다. 레지스트리 컨테이너는 각종 설정을 컨테이너 환경변수로 저장해 이미지 저장 기능을 설정하는데, 그중에 이미지를 삭제하는 기능을 활성화할지가 포함되기 때문입니다. 이미지 삭제 기능 활성화에 대한 환경변수를 지정하지 않으면 레지스트리 컨테이너는 이 환경변수를 false로 인식해 해당 기능을 비활성화합니다. 따라서 다음과 같이 레지스트리 컨테이너를 설정해야 합니다.

```
# docker run -d --name registry_delete_enabled \
-p 5001:5000 \
--restart=always \
-e REGISTRY_STORAGE_DELETE_ENABLED=true \
registry:2.6
```

새롭게 생성한 레지스트리 컨테이너에 다시 이미지를 push한 다음 매니페스트를 삭제합니다.

```
# docker tag my-image-name:0.0 localhost:5001/my-image-name:0.0
# docker push localhost:5001/my-image-name:0.0
```

로컬에 있는 레지스트리 컨테이너를 사용하기 위해 도메인명을 localhost로 설정하면 도커 시작 옵션에 --insecure-registry를 설정하지 않아도 이미지를 push할 수 있습니다. 이는 도커 엔진이 --insecure-registry 목록에 기본적으로 localhost(127.0.0.1)를 추가해놓기 때문입니다.

```
# docker info
…
Insecure Registries:
 127.0.0.0/8
…
```

```
# curl --header "Accept: application/vnd.docker.distribution.manifest.v2+json" \
-X DELETE -v \
192.168.99.100:5001/v2/my-image-name/manifests/sha256:ced837b91578326e03655238d…

…
< HTTP/1.1 202 Accepted.
…
```

202 Accepted 메시지가 반환되면 해당 이미지의 매니페스트가 정상적으로 삭제된 것입니다. 그러나 이는 실제 이미지 레이어 파일이 아닌 매니페스트 파일만 삭제된 것이며, 같은 이미지를 다시 push하면 레지스트리 컨테이너에 레이어 파일이 존재하기 때문에 Layer Already Exist라는 출력 결과를 확인할 수 있습니다.

이미지 레이어 파일을 실제로 삭제하려면 각 레이어 파일의 다이제스트를 입력해 삭제 API를 호출해야 합니다. 레이어 파일을 삭제하는 URL은 아래와 같습니다.

```
DELETE /v2/(이미지 이름)/blobs/(레이어 다이제스트)
```

위 예제에서 실제 레이어 파일을 삭제하려면 매니페스트에 명시된 레이어 파일의 다이제스트를 다음과 같이 하나씩 입력합니다. 각 레이어의 다이제스트는 이미지의 매니페스트를 가져올 때 Layers 항목에서 확인할 수 있습니다.

```
# curl -X DELETE \
-i 192.168.99.100:5001/v2/my-image-name/blobs/sha256:e53f134edff2c9a69…

HTTP/1.1 202 Accepted
...
```

사설 레지스트리에 옵션 설정

레지스트리 컨테이너는 컨테이너 내부의 환경변수를 써서 레지스트리 서비스를 설정합니다. 그중 하나는 위에서 사용한 REGISTRY_STORAGE_DELETE_ENABLED와 같은 환경변수입니다. 이러한 환경변수로는 이미지 삭제뿐만 아니라 스토리지 백엔드, 이미지 레이어 파일이 저장될 디렉터리, 웹훅(Webhook) 설정 등이 있으며, 위의 예제에서 사용한 것처럼 docker run 명령어의 -e 옵션을 추가해 설정할 수 있습니다.

```
# docker run -d -p 5001:5000 --name registry_delete_enabled --restart=always \
-e REGISTRY_STORAGE_DELETE_ENABLED=true \
-e REGISTRY_STORAGE_FILESYSTEM_ROOTDIRECTORY=/var/lib/mydocker \
…..
registry:2.6
```

위에서 nginx로 설정했던 레지스트리의 로그인 기능, 인증서 보안 기능 또한 환경 변수를 통해 설정할 수 있습니다. 이 경우 인증 작업은 레지스트리가 자체적으로 수행하게 됩니다.[18]

그러나 위와 같이 매번 -e 옵션으로 입력할 필요 없이 yml 파일을 정의해 레지스트리 컨테이너의 환경변수를 설정할 수도 있습니다. yml 파일을 사용하지 않으면 레지스트리 컨테이너는 기본 yml 파일을 사용합니다. 다음 명령어는 기본적으로 사용하는 yml 파일의 내용을 출력합니다. yml 파일은 레지스트리 컨테이너의 /etc/docker/registry/config.yml에 위치합니다.

---

[18] htpasswd 생성 시 -B 옵션을 통해 암호화해야 레지스트리의 자체 인증을 사용할 수 있습니다. 이에 대한 자세한 내용은 docker registry의 issue https://github.com/docker/docker-registry/issues/1080에서 확인할 수 있습니다.

```
# docker exec registry_delete_enabled cat /etc/docker/registry/config.yml

version: 0.1
log:
  fields:
    service: registry
storage:
  cache:
    blobdescriptor: inmemory
  filesystem:
    rootdirectory: /var/lib/registry
......
```

레지스트리 컨테이너의 환경변수를 설정하기 위해 직접 yml 파일을 작성해 적용해 봅시다. 다음 내용을 config.yml 파일로 저장합니다. 이 파일의 주된 내용은 로그 출력 레벨을 info로 설정하고, 이미지 파일이 저장되는 디렉터리를 컨테이너 내부의 /registry_data로 설정하며, 이미지 삭제 API를 활성화하는 것입니다. http 항목의 addr은 레지스트리 서비스를 바인딩할 주소를 나타내므로 반드시 명시해야 합니다.

예제 2.2 config.yml 설정 파일

```
# vi config.yml
version: 0.1
log:
  level: info
storage:
  filesystem:
    rootdirectory: /registry_data
  delete:
    enabled: true
http:
  addr: 0.0.0.0:5000
```

 레지스트리 컨테이너에 적용할 수 있는 환경변수는 여기서 설명한 것뿐만 아니라 Webhook, Notification, 스토리지 백엔드 드라이버(S3, Azure) 등 다양한 것들이 있습니다. 전체 환경변수를 확인하고 싶다면 CNCF의 distribution 공식 문서[19]를 참고합니다.

---

[19] https://distribution.github.io/distribution/about/configuration/

다음 명령어를 입력해 직접 입력한 yml 파일을 적용한 레지스트리 컨테이너를 생성합니다. 다음 docker run 명령어는 -v 옵션을 사용해 레지스트리 컨테이너에 존재하는 config.yml 파일을 위에서 작성한 설정 파일로 교체합니다.

```
# docker run -d --name yml_registry \
-p 5002:5000 \
--restart=always \
-v $(pwd)/config.yml:/etc/docker/registry/config.yml \
registry:2.6
```

직접 작성한 yml 파일을 적용한 레지스트리 컨테이너에 이미지를 push하면 해당 이미지 파일이 yml 파일의 rootdirectory 설정 변수에 지정한 디렉터리에 저장되는 것을 확인할 수 있습니다. rootdirectory 옵션을 설정하지 않으면 이미지 파일은 레지스트리 컨테이너의 /var/lib/registry에 저장됩니다.

```
# docker tag ubuntu:24.04 localhost:5002/ubuntu:24.04

# docker push localhost:5002/ubuntu:24.04
The push refers to a repository [localhost:5002/ubuntu]
367b9c52c931: Pushed
....
# docker exec yml_registry ls /registry_data
docker
```

yml 파일에 설정하는 옵션은 run 명령어의 -e 옵션에서 REGISTRY를 접두어로 두고, 상위 항목을 포함한 이름으로 직접 설정할 수 있습니다. 예를 들어, 다음 yml 파일의 내용과 docker run 명령어는 동일한 설정을 나타냅니다.

```
# docker run -d \
-e REGISTRY_STORAGE_FILESYSTEM_ROOTDIRECTORY=/registry_data \
registry:2.6

storage:
  filesystem:
    rootdirectory: /registry_data
...
```

2.4 Dockerfile

2.4.1 이미지를 생성하는 방법

개발한 애플리케이션을 컨테이너화할 때 가장 먼저 생각나는 방법은 아래와 같습니다.

1. 아무것도 존재하지 않는 이미지(우분투, CentOS 등)로 컨테이너를 생성
2. 애플리케이션을 위한 환경을 설치하고 소스코드 등을 복사해 잘 동작하는 것을 확인
3. 컨테이너를 이미지로 커밋(commit)

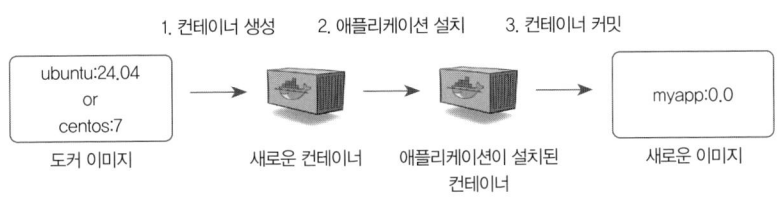

그림 2.43 컨테이너로 이미지를 생성하는 방법

이 방법을 사용하면 애플리케이션이 동작하는 환경을 구성하기 위해 일일이 수작업으로 패키지를 설치하고 소스코드를 깃(Git)에서 복제하거나 호스트에서 복사해야 합니다. 물론 직접 컨테이너에서 애플리케이션을 구동해보고 이미지로 커밋하기 때문에 이미지의 동작을 보장할 수 있다는 점도 있습니다.

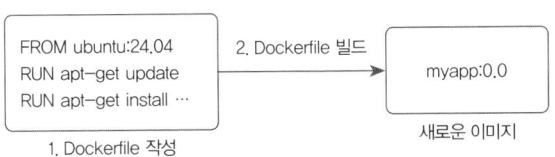

그림 2.44 Dockerfile로 이미지를 생성하는 방법

도커는 위와 같은 일련의 과정을 손쉽게 기록하고 수행할 수 있는 빌드(build) 명령어를 제공합니다. 완성된 이미지를 생성하기 위해 컨테이너에 설치해야 하는 패키지, 추가해야 하는 소스코드, 실행해야 하는 명령어와 셸 스크립트 등을 하나의 파일에 기록해 두면 도커는 이 파일을 읽어 컨테이너에서 작업을 수행한 뒤 이미지로 만들어냅니다.

이러한 작업을 기록한 파일의 이름을 Dockerfile이라 하며, 빌드 명령어는 Dockerfile을 읽어 이미지를 생성합니다. Dockerfile을 사용하면 직접 컨테이너를 생성하고 이미지로 커밋해야 하는 번거

로움을 덜 수 있을뿐더러 깃과 같은 개발 도구를 통해 애플리케이션의 빌드 및 배포를 자동화할 수 있습니다.

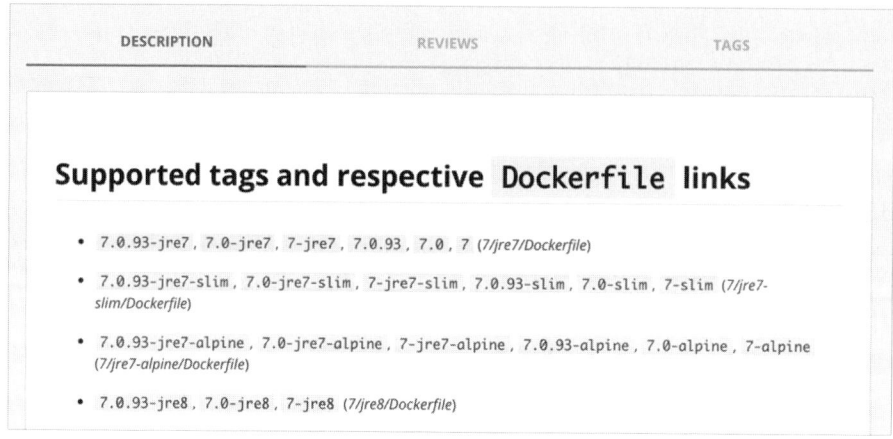

그림 2.45 아파치 톰캣 공식 이미지의 Dockerfile

Dockerfile은 애플리케이션을 개발하는 용도 외에도 여러 목적으로 사용될 수 있습니다. 생성한 이미지를 도커 허브(Docker Hub) 등을 통해 배포할 때 이미지 자체를 배포하는 대신 이미지를 생성하는 방법을 기록해 놓은 Dockerfile을 배포할 수도 있습니다. 배포되는 이미지를 신뢰할 수 없거나 직접 이미지를 생성해서 사용하고 싶다면 도커 허브에 올려져 있는 Dockerfile로 빌드하는 것도 하나의 방법입니다. 실제로 도커 허브에 올려져 있는 대부분의 이미지는 Dockerfile을 함께 제공하고 있기 때문입니다.

도커를 처음 접하는 사람이라면 Dockerfile을 작성해야 하는 이유에 대해 혼란스러울 수도 있습니다. 실제로 어떤 사람들은 '컨테이너에서 작업을 마치고 이미지로 커밋하면 되지 않느냐?'라고 묻기도 합니다. 그러나 애플리케이션을 컨테이너화하기 위한 장기적인 시점에서 본다면 Dockerfile을 작성하는 것은 이미지를 생성하는 방법을 기록하는 것뿐만 아니라 이미지의 빌드, 배포 측면에서도 매우 유리합니다. 애플리케이션에 필요한 패키지 설치 등을 명확히 할 수 있고 이미지 생성을 자동화할 수 있으며, 쉽게 배포할 수 있기 때문입니다.

2.4.2 Dockerfile 작성

앞에서 설명한 것처럼 Dockerfile에는 컨테이너에서 수행해야 할 작업을 명시합니다. 이 작업을 Dockerfile에 정의하기 위해서는 Dockerfile에서 쓰이는 명령어를 알아둘 필요가 있습니다.

Dockerfile은 도커를 위한 특수한 파일인 만큼 기존의 스크립트 언어와 비교했을 때 완전히 새로운 방식으로 쓰이지만 컨테이너에서 사용되는 기초적인 명령어를 알기 쉽게 변환한 것이므로 어렵지 않게 익힐 수 있습니다.

Dockerfile을 사용하기 위한 간단한 시나리오로 웹 서버 이미지를 생성하는 예를 설명하겠습니다. 먼저 이번 절의 예제에서 사용할 디렉터리를 생성하고, 디렉터리 안에 HTML 파일을 미리 만들어 둡니다.

```
# mkdir dockerfile && cd dockerfile
# echo test >> test.html

# ls
test.html
```

새롭게 생성한 디렉터리 내부에서 아래의 내용으로 Dockerfile이라는 이름의 파일을 저장합니다. 아래의 Dockerfile은 이미지에 아파치 웹 서버를 설치한 뒤, 로컬에 있는 test.html 파일을 웹 서버로 접근할 수 있는 컨테이너의 디렉터리인 /var/www/html에 복사합니다.

예제 2.3 아파치 웹 서버가 설치된 이미지를 빌드하는 Dockerfile

```
# vi Dockerfile

FROM ubuntu:24.04
LABEL "purpose"="practice"
RUN apt-get update
RUN apt-get install apache2 -y
ADD test.html /var/www/html
WORKDIR /var/www/html
RUN ["/bin/bash", "-c", "echo hello >> test2.html"]
EXPOSE 80
CMD ["apachectl", "-DFOREGROUND"]
```

도커 엔진은 Dockerfile을 읽어 들일 때 기본적으로 현재 디렉터리에 있는 Dockerfile이라는 이름을 가진 파일을 선택합니다. 따라서 아래 예제에서는 Dockerfile이라는 이름으로 파일을 저장했습니다. Dockerfile은 빈(Empty) 디렉터리에 저장하는 것이 좋은데, 이는 이미지를 빌드할 때 사용되는 컨텍스트(Context) 때문이며, 자세한 내용은 2.4.3.2절 "이미지 빌드 과정 살펴보기"에서 자세히 설명합니다.

Dockerfile에서 사용되는 명령어에는 여러 가지가 있지만 앞에서는 FROM, RUN, ADD 등의 기초적인 명령어를 우선적으로 다뤘습니다. Dockerfile은 한 줄이 하나의 명령어가 되고, 명령어

(Instruction)를 명시한 뒤에 옵션을 추가하는 방식입니다. 명령어를 소문자로 표기해도 상관은 없지만 일반적으로 대문자로 표기합니다.

Dockerfile의 명령어는 위에서 아래로 한 줄씩 차례대로 실행됩니다. 앞에서 사용한 명령어에 대한 설명은 다음과 같습니다.

- **FROM**: 생성할 이미지의 베이스가 될 이미지를 뜻합니다. FROM 명령어는 Dockerfile을 작성할 때 반드시 한 번 이상 입력해야 하며, 이미지 이름의 포맷은 docker run 명령어에서 이미지 이름을 사용했을 때와 같습니다. 사용하려는 이미지가 도커에 없다면 자동으로 pull합니다.

- **LABEL**: 이미지에 메타데이터를 추가합니다. 메타데이터는 '키:값'의 형태로 저장되며, 여러 개의 메타데이터가 저장될 수 있습니다. 추가된 메타데이터는 docker inspect 명령어로 이미지의 정보를 구해서 확인할 수 있습니다.

- **RUN**: 이미지를 만들기 위해 컨테이너 내부에서 명령어를 실행합니다. 예제에서는 apt-get update와 apt-get install apache2 명령어를 실행하기 때문에 아파치 웹 서버가 설치된 이미지가 생성됩니다. 단, Dockerfile을 이미지로 빌드하는 과정에서는 별도의 입력이 불가능하기 때문에 apt-get install apache2 명령어에서 설치할 것일지를 선택하는 Y/N을 Yes로 설정해야 합니다. 이미지를 빌드할 때 별도의 입력을 받아야 하는 RUN이 있다면 build 명령어는 이를 오류로 간주하고 빌드를 종료합니다.

    RUN 명령어에 ["/bin/bash", "echo hello >> test2.html"]과 같이 입력하면 /bin/bash 셸을 이용해 'echo hello >> test2.html'을 실행합니다. Dockerfile의 일부 명령어는 이처럼 배열의 형태로 사용할 수 있습니다. RUN의 경우에는 다음과 같은 형태로 사용됩니다.
    ```
    RUN ["실행 가능한 파일", "명령줄 인자 1", "명령줄 인자 2, … ]
    ```
    이는 JSON 배열의 입력 형식을 따르기 때문에 JSON 형식과 일치해야 합니다. 단, JSON 배열 형태로 Dockerfile의 명령어를 사용하면 셸을 실행하지 않습니다. 예를 들어, ["echo", "$MY_ENV"]는 $MY_ENV 환경변수를 사용하지 않습니다. 이 형태로 셸을 사용하려면 ["sh", "-c", "echo $MY_ENV"]와 같이 사용하는 것이 좋습니다.[20]

- **ADD**: 파일을 이미지에 추가합니다. 추가하는 파일은 Dockerfile이 위치한 디렉터리인 컨텍스트(Context)에서 가져옵니다. 컨텍스트에 대한 설명은 뒤의 2.4.3.2절 "이미지 빌드 과정 살펴보기"에서 다시 하겠지만 지금은 Dockerfile이 위치한 디렉터리에서 파일을 가져온다고 이해하면 됩니다. 예제에서는 Dockerfile이 위치한 디렉터리에서 test.html 파일을 이미지의 /var/www/html 디렉터리에 추가합니다.

    ADD 명령어는 JSON 배열의 형태로 ["추가할 파일 이름", …, "컨테이너에 추가될 위치"]와 같이 사용할 수 있습니다. 추가할 파일명은 여러 개를 지정할 수 있으며 배열의 마지막 원소가 컨테이너에 추가될 위치입니다.

---

[20] 자세한 내용은 2.4.4.4절 "ENTRYPOINT, CMD"의 "JSON 배열 형태와 일반 형식의 차이점"에서 다시 설명합니다.

- **WORKDIR**: 명령어를 실행할 디렉터리를 나타냅니다. 배시 셸에서 cd 명령어를 입력하는 것과 같은 기능을 합니다. 예를 들어, WORKDIR /var/www/html이 실행되고 나서 RUN touch test를 실행하면 /var/www/html/ 디렉터리에 test 파일이 생성됩니다.

     WORKDIR 명령어를 여러 번 사용하면 cd 명령어를 여러 번 사용한 것과 같습니다. 예를 들어 다음과 같은 입력도 WORKDIR /var/www/html과 같습니다.

    ```
    WORKDIR /var
    WORKDIR www/html
    ```

- **EXPOSE**: Dockerfile의 빌드로 생성된 이미지에서 노출할 포트를 설정합니다. 그러나 EXPOSE를 설정한 이미지로 컨테이너를 생성했다고 해서 반드시 이 포트가 호스트의 포트와 바인딩되는 것은 아니며, 단지 컨테이너의 80번 포트를 사용할 것임을 나타내는 것뿐입니다. EXPOSE는 컨테이너를 생성하는 run 명령어에서 모든 노출된 컨테이너의 포트를 호스트에 퍼블리시(Publish)하는 -P 플래그(flag)와 함께 사용됩니다. 이 명령어의 사용법은 뒤에서 다시 설명합니다.

- **CMD**: CMD는 컨테이너가 시작될 때마다 실행할 명령어(커맨드)를 설정하며, Dockerfile에서 한 번만 사용할 수 있습니다. Dockerfile에 CMD를 명시함으로써 이미지에 apachectl -DFOREGROUND라는 커맨드를 내장하면 컨테이너를 생성할 때 별도의 커맨드를 입력하지 않아도 이미지에 내장된 apachectl -DFOREGROUND 커맨드가 적용되어 컨테이너가 시작될 때 자동으로 아파치 웹 서버가 실행될 것입니다. 그리고 아파치 웹 서버는 하나의 터미널을 차지하는 포그라운드 모드로 실행되기 때문에 -d 옵션을 사용해 detached 모드로 컨테이너를 생성해야 합니다.[21]

    즉 CMD는 run 명령어의 이미지 이름 뒤에 입력하는 커맨드와 같은 역할을 하지만 docker run 명령어에서 커맨드 명령줄 인자를 입력하면 Dockerfile에서 사용한 CMD의 명령어는 run의 커맨드로 덮어 쓰입니다. 이와 마찬가지로 ubuntu:24.04 이미지에 기본적으로 내장된 커맨드인 /bin/bash 또한 Dockerfile의 CMD에 의해 덮어 쓰입니다.

    CMD는 ENTRYPOINT의 명령줄 인자로 사용될 수도 있는데, 이는 뒤의 2.4.4.4절 "ENTRYPOINT, CMD"에서 다시 설명하겠습니다.

그럼 다시 Dockerfile을 보면서 어떤 내용인지 정리해 보겠습니다.

```
FROM ubuntu:24.04
LABEL "purpose"="practice"
```

가장 먼저 FROM에서 Dockerfile에서 사용할 베이스 이미지를 ubuntu:24.04로 설정합니다. 그리고 Dockerfile에서 생성될 이미지의 라벨을 purpose=practice로 설정합니다.

```
RUN apt-get update
RUN apt-get install apache2 -y
ADD test.html /var/www/html
```

---

21 apachectl -DFOREGROUND가 커맨드로 설정된 이미지로 컨테이너를 생성할 때 docker run -d가 아닌 -i -t 옵션으로 컨테이너를 생성하면 상호 입출력이 불가능한 상태로 아파치 웹 서버가 포그라운드 모드로 동작하는 것만 지켜볼 수 있습니다.

이어서 RUN으로 apt-get update, apt-get install apache2 -y 명령어를 차례대로 실행해 아파치 웹 서버를 설치하고, ADD로 Dockerfile이 위치한 디렉터리에서 text.html 파일을 이미지의 /var/www/html 디렉터리에 추가합니다.

```
WORKDIR /var/www/html
RUN ["/bin/bash", "-c", "echo hello >> test2.html"]
```

WORKDIR으로 작업 디렉터리를 /var/www/html로 바꾼 뒤 RUN ["/bin/bash …로 test2.html 파일을 생성하는데, 작업 디렉터리가 /var/www/html로 변경됐으므로 해당 디렉터리에 test2.html 파일이 생성됩니다.

```
EXPOSE 80
CMD ["apachectl", "-DFOREGROUND"]
```

마지막으로 EXPOSE를 통해 컨테이너가 사용해야 할 포트를 80번으로 설정하고 CMD로 컨테이너의 명령어를 apachectl -DFOREGROUND로 설정해 이미지 빌드를 마칩니다. 새롭게 빌드된 이미지에는 위 변경사항이 전부 반영돼 있을 것입니다.

2.4.3 Dockerfile 빌드

2.4.3.1 이미지 생성

Dockerfile의 기본적인 명령어를 이해했다면 앞에서 만든 Dockerfile을 빌드해 보겠습니다. 빌드 명령어는 다음과 같습니다.

```
# docker build -t mybuild:0.0 ./
```

-t 옵션은 생성될 이미지의 이름을 설정합니다. 위 명령을 실행하면 mybuild:0.0이라는 이름의 이미지가 생성됩니다. -t 옵션을 사용하지 않으면 16진수 형태의 이름으로 이미지가 저장되므로 가급적이면 -t 옵션을 사용하는 것이 좋습니다.

build 명령어의 끝에는 Dockerfile이 저장된 경로를 입력합니다. 일반적으로 로컬에 저장된 Dockerfile을 사용하지만 외부 URL로부터 Dockerfile의 내용을 가져와 빌드할 수도 있습니다. 이 예시에서는 로컬에 Dockerfile을 저장했으므로 ./(현재 디렉터리)를 입력했습니다.

빌드를 시작하면 다음과 같은 내용이 출력됩니다.

```
# docker build -t mybuild:0.0 ./ --no-cache
[+] Building 31.6s (11/11) FINISHED
 => [internal] load build definition from Dockerfile
```

```
=> => transferring dockerfile: 280B
=> [internal] load metadata for docker.io/library/ubuntu:24.04
=> [internal] load .dockerignore
=> => transferring context: 2B
=> CACHED [1/6] FROM docker.io/library/ubuntu:24.04@sha256:72297848456d5d…
=> => resolve docker.io/library/ubuntu:24.04@sha256:72297848456d5d3..
=> [internal] load build context
=> => transferring context: 30B
=> [2/6] RUN apt-get update
=> [3/6] RUN apt-get install apache2 -y
=> [4/6] ADD test.html /var/www/html
=> [5/6] WORKDIR /var/www/html
=> [6/6] RUN ["/bin/bash", "-c", "echo hello >> test2.html"]
=> exporting to image
=> => exporting layers
=> => writing image sha256:cc07b9bb360b9e730337d811b06..
=> => naming to docker.io/library/mybuild:0.0
```

최종적으로 mybuild:0.0이라는 이름의 이미지가 생성됩니다. 이 이미지에는 아파치 웹 서버가 설치돼 있으며, 컨테이너가 시작될 때 웹 서버를 실행하도록 CMD(커맨드)를 설정했기 때문에 별다른 설정 없이도 웹 서버가 실행됩니다.

이제 다음 명령어를 입력해 생성된 이미지로 컨테이너를 실행해봅시다.

```
# docker run -d -P --name myserver mybuild:0.0
3868a8fc0956e07fe554d908d48da22ec7495f3
```

-P 옵션은 이미지에 설정된 EXPOSE의 모든 포트를 호스트에 연결하도록 설정합니다. 위 예시에서는 Dockerfile에서 EXPOSE를 80번으로 설정했으며 이는 이미지에 '컨테이너의 80번 포트를 사용한다'는 것을 의미합니다. 즉, 이미지를 생성하기 위한 Dockerfile을 작성하는 개발자로서는 EXPOSE를 이용해 이미지가 실제로 사용될 때 어떤 포트가 사용돼야 하는지 명시할 수 있으며, 이미지를 사용하는 입장에서는 컨테이너의 애플리케이션이 컨테이너 내부에서 어떤 포트를 사용하는지 알 수 있게 됩니다. -P 옵션은 EXPOSE로 노출된 포트를 호스트에서 사용 가능한 포트에 차례로 연결하므로 이 컨테이너가 호스트의 어떤 포트와 연결됐는지 확인할 필요가 있습니다.

docker ps 또는 docker port 명령어로 컨테이너와 연결된 호스트의 포트를 확인할 수 있으며, 호스트의 IP와 이 포트로 컨테이너의 웹 서버에 접근할 수 있습니다. Dockerfile에서 ADD로 test.html 파일을, RUN으로 test2.html 파일을 웹 서버 디렉터리인 /var/www/html에 추가했으므로 [호스트 IP]:[포트]/test.html 혹은 test2.html로 접근해 각 파일의 내용을 확인할 수 있습니다.

```
# docker port myserver
80/tcp -> 0.0.0.0:32769
80/tcp -> [::]:32769
```

Dockerfile에 이미지의 라벨을 purpose=practice로 설정했으므로 docker images 명령어의 필터에 이 라벨을 적용할 수 있습니다. 아래의 명령어는 --filter 옵션을 통해 해당 라벨을 가지는 이미지, 즉 위에서 생성한 이미지만을 출력합니다.

```
# docker images --filter "label=purpose=practice"
REPOSITORY    TAG      IMAGE ID       CREATED         SIZE
mybuild       0.0      570369208695   5 minutes ago   216MB
```

 라벨은 도커 이미지뿐만 아니라 컨테이너, 도커 엔진 등에 메타데이터를 추가할 수 있는 유용한 방법입니다. 컨테이너는 docker run 명령어에서 --label 옵션을 사용할 수 있으며 docker ps에서 --filter 옵션을 적용할 수 있습니다. 라벨은 부가적인 정보를 부여함으로써 원하는 조건의 컨테이너, 이미지 등을 쉽게 찾을 수 있도록 도와주기 때문에 반드시 기억하는 것이 좋습니다.

2.4.3.2 빌드 과정 살펴보기

build 명령어를 입력했을 때 다양한 내용이 출력됐습니다. 내용 중 대부분은 Dockerfile의 RUN을 실행해서 컨테이너 내부에서 발생한 표준 출력이지만 이미지를 생성하는 부분은 조금 눈여겨볼 필요가 있습니다.

Dockerfile과 레이어 구조

Build 명령어는 Dockerfile에 기록된 대로 컨테이너를 실행한 뒤 완성된 이미지를 만들어냅니다. 그렇지만 이미지로 만드는 과정이 하나의 컨테이너에서 일어나는 것은 아닙니다. 이전에 Dockerfile을 빌드할 때 출력되었던 내용을 다시 한 번 살펴보겠습니다.

```
...
=> [2/6] RUN apt-get update
 => [3/6] RUN apt-get install apache2 -y
 => [4/6] ADD test.html /var/www/html
 => [5/6] WORKDIR /var/www/html
...
```

[2/6] 처럼 표시된 부분은 Dockerfile에 기록된 명령어의 순서에 해당합니다. Dockerfile의 ADD, RUN 명령어가 실행될 때마다 새로운 컨테이너를 생성한 뒤 해당 명령어를 실행하고 이미지로 커밋함으로써 이미지 레이어 하나를 만들어내는 방식입니다.

예를 들어, 위 예시에서는 베이스 이미지를 통해 새 컨테이너를 생성하고 RUN apt-get update를 실행한 뒤 이미지 레이어로 만들면, 이 이미지를 기반으로 새 컨테이너를 다시 생성해 다음 명령어인 [3/6] RUN apt-get install apache2를 실행한다고 이해하면 됩니다.

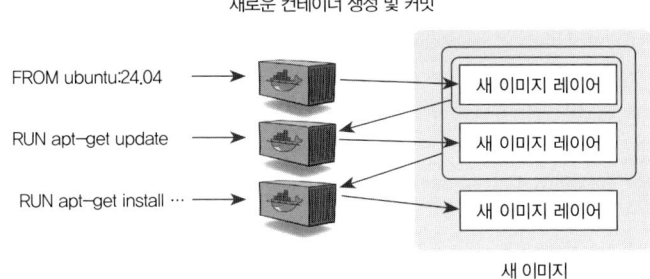

그림 2.46 이미지 빌드 시 일어나는 컨테이너 생성과 커밋

따라서 이미지의 빌드가 완료되면 Dockerfile의 RUN, ADD 등의 명령어 줄 수만큼의 레이어가 존재하게 됩니다.

 Dockerfile 빌드 중 생성되는 임시 컨테이너는 도커가 아닌 buildkit이라는 별도의 프로세스에서 제어되므로 docker ps 명령어로는 확인할 수 없습니다. buildkit은 Dockerfile을 최적화된 형태로 빌드해주는 도구로서 기본적으로 활성화되어 있으며, 일반적으로는 이를 신경쓸 필요가 없습니다.

하지만 디버깅 등의 용도로 임시 컨테이너를 직접 확인할 필요가 있다면 DOCKER_BUILDKIT 환경변수를 0으로 설정해 buildkit을 비활성화할 수도 있습니다. buildkit을 비활성화하면 docker ps로 임시 컨테이너를 확인할 수 있습니다.

```
DOCKER_BUILDKIT=0 docker build . -t test
```

캐시를 이용한 이미지 빌드

한 번 이미지 빌드를 마치고 난 뒤 다시 같은 빌드를 진행하면 이전의 이미지 빌드에서 사용했던 캐시를 사용합니다. 다음 내용을 파일로 저장하고 다시 이미지를 빌드해 봅시다. 예제 2.3에서 사용한 Dockerfile의 내용에서 일부를 지웠습니다.

예제 2.4 빌드 캐시를 사용하기 위한 테스트 Dockerfile

```
# vi Dockerfile2
FROM ubuntu:24.04
LABEL "purpose"="practice"
RUN apt-get update
```

이번에는 파일의 이름을 Dockerfile이 아닌 Dockerfile2로 저장했습니다. build 명령어의 –f 또는 --file 옵션으로 Dockerfile의 이름을 지정할 수 있습니다. 다음 명령어를 입력해 새로운 이미지를 빌드합니다.

```
# docker build -f Dockerfile2 -t mycache:0.0 ./
[+] Building 0.6s (6/6) FINISHED
 => [internal] load build definition from Dockerfile2
 => => transferring dockerfile: 102B
 => [internal] load metadata for docker.io/library/ubuntu:24.04
 => [internal] load .dockerignore
 => => transferring context: 2B
 => [1/2] FROM docker.io/library/ubuntu:24.04
 => CACHED [2/2] RUN apt-get update
 => exporting to image
 => => exporting layers
 => => writing image sha256:0631c0fe7cb5754bf7fe0793…
 => => naming to docker.io/library/mycache:0.0
```

중간의 [2/2] 부분을 확인해보면 CACHED라는 출력 내용과 함께 별도의 빌드 과정이 진행되지 않고 바로 이미지가 생성됐습니다. 이전에 빌드했던 Dockerfile에 같은 내용이 있다면 build 명령어는 이를 새로 빌드하지 않고 같은 명령어 줄까지 이전에 사용한 이미지 레이어를 활용해 이미지를 생성합니다. 이는 같은 명령어를 여러 번 실행해야 하는 여러 개의 이미지를 빌드하거나 빌드 도중 Dockerfile의 문법과 기타 오류가 발생했을 때 불필요하게 다시 명령어를 실행하지 않게 합니다.

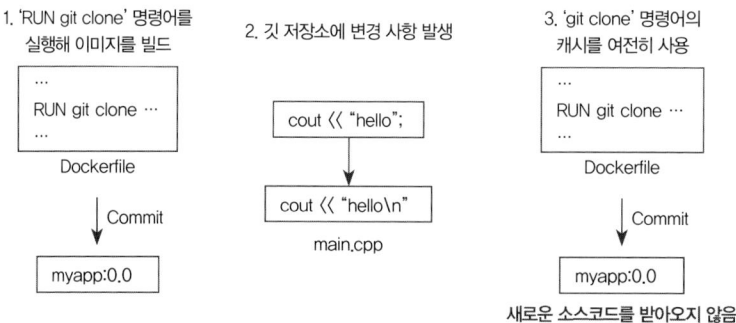

그림 2.47 캐시가 불필요한 경우

그러나 때로는 캐시 기능이 너무 친절한 나머지 오히려 캐시 기능이 필요하지 않을 때도 있습니다. 깃허브 같은 소스코드 저장소에서 git clone 등의 명령어를 사용해 빌드할 때가 여기에 해당합니다. Dockerfile에 RUN git clone ....을 사용해 이미지를 빌드했다면 RUN에 대한 이미지 레이어를 계속 캐시로 사용하기 때문에 실제 깃 저장소에서 리비전 관리가 일어나도 매번 빌드를 할 때마다 고정된 소스코드를 사용하게 될 것입니다.

이 경우 캐시를 사용하지 않으려면 build 명령어에 --no-cache 옵션을 추가합니다. --no-cache 옵션을 사용하면 기존 빌드에 사용된 캐시를 사용하지 않고 Dockerfile을 처음부터 다시 이미지 레이어로서 빌드합니다.

```
# docker build --no-cache -t mybuild:0.0 .
```

또는 캐시로 사용할 이미지를 직접 지정할 수도 있습니다. 특정 Dockerfile을 확장해서 사용한다면 기존의 Dockerfile로 빌드한 이미지를 빌드 캐시로 사용할 수 있습니다. 예를 들어, 도커 허브의 nginx 공식 저장소에서 nginx:latest 이미지를 빌드하는 Dockerfile에 일부 내용을 추가해 사용한다면 로컬의 nginx:latest 이미지를 캐시로 사용할 수 있습니다.

```
# docker build --cache-from nginx -t my_extend_nginx:0.0 .
```

2.4.3.3 멀티 스테이지를 이용한 Dockerfile 빌드하기

일반적으로 애플리케이션을 빌드할 때는 많은 의존성 패키지와 라이브러리를 필요로 합니다. 예를 들어, Go로 작성된 소스코드를 빌드하기 위해서는 Go와 관련된 빌드 툴과 라이브러리가 미리 설치되어 있어야 합니다. Dockerfile에서 Go 소스코드를 빌드하기 위해서 가장 먼저 생각나는 방법은 아래의 Dockerfile처럼 (1) Go와 관련된 도구들이 미리 설치된 이미지를 FROM에 명시한 뒤, (2) RUN 명령어로 소스코드를 컴파일하는 것입니다. 이 방법을 통해 Hello World를 출력하는 간단한 Go 소스코드를 작성한 뒤, 빌드된 프로그램을 실행하는 도커 이미지를 Dockerfile을 사용해 빌드해보겠습니다.

예제 2.5 Dockerfile을 통해 컴파일될 main.go 파일의 내용

```go
package main
import "fmt"
func main() {
    fmt.Println("hello world")
}
```

> **예제 2.6** golang 이미지를 기반으로 main.go를 컴파일하고 출력 프로그램을 실행하는 Dockerfile
>
> ```
> FROM golang
> ADD main.go /root
> WORKDIR /root
> RUN go build -o /root/mainApp /root/main.go
> CMD ["./mainApp"]
> ```

위 Dockerfile을 빌드한 뒤, 이미지의 크기를 확인해 보겠습니다.

```
# docker build . -t go_helloworld
[+] Building 35.0s (10/10) FINISHED
 => [internal] load build definition from Dockerfile
 => => transferring dockerfile: 143B
 => [internal] load metadata for docker.io/library/golang:latest
 => [auth] library/golang:pull token for registry-1.docker.io
 => [internal] load .dockerignore
 => => transferring context: 2B
 => [internal] load build context
 => => transferring context: 104B
 => [1/4] FROM docker.io/library/golang:latest@sha256:…
…
 => [2/4] ADD main.go /root
 => [3/4] WORKDIR /root
 => [4/4] RUN go build -o /root/mainApp /root/main.go
 => exporting to image
 => => exporting layers
 => => writing image sha256:de92074ef2a7989bce0070d…
 => => naming to docker.io/library/go_helloworld


# docker images
REPOSITORY       TAG      IMAGE ID       CREATED          SIZE
go_helloworld    latest   de92074ef2a7   16 seconds ago   888MB
```

단순히 Hello World를 출력하는 프로그램을 실행하는 이미지임에도 불구하고, 이미지의 크기는 무려 800MB에 달하는 것을 확인할 수 있습니다. 실제 실행 파일의 크기는 매우 작지만 소스코드 빌드에 사용된 각종 패키지 및 라이브러리가 불필요하게 이미지의 크기를 차지하고 있는 것입니다. 17.05 버전 이상을 사용하는 도커 엔진이라면 이미지의 크기를 줄이기 위해 멀티 스테이지(Multi-stage) 빌드 방법을 사용할 수 있습니다. 멀티 스테이지 빌드는 하나의 Dockerfile 안에 여러 개의 FROM 이미지를 정의함으로써 빌드 완료 시 최종적으로 생성될 이미지의 크기를 줄이는 역할을 합니다.

이번에는 위 Dockerfile에서 빌드된 이미지와 동일한 역할을 하지만, 멀티 스테이지 빌드를 사용해 이미지를 빌드하는 예시를 살펴보겠습니다.

```
FROM golang
ADD main.go /root
WORKDIR /root
RUN go build -o /root/mainApp /root/main.go

FROM alpine:latest
WORKDIR /root
COPY --from=0 /root/mainApp .
CMD ["./mainApp"]
```

일반적인 Dockerfile과는 다르게, 2개의 FROM을 통해 2개의 이미지가 명시되었습니다. 첫 번째 FROM에 명시된 golang 이미지는 이전과 동일하게 main.go 파일을 /root/mainApp으로 빌드했습니다. 그러나 두 번째 FROM 아래에서 사용된 COPY 명령어는 첫 번째 FROM에서 사용된 이미지의 최종 상태에 존재하는 /root/mainApp 파일을 두 번째 이미지인 alpine:latest에 복사합니다. 이때 --from=0은 첫 번째 FROM에서 빌드된 이미지의 최종 상태를 의미합니다. 즉, 첫 번째 FROM 이미지에서 빌드한 /root/mainApp 파일을 두 번째의 FROM에 명시된 이미지인 alpine:latest 이미지에 복사하는 것입니다.

alpine이나 busybox와 같은 이미지는 우분투나 CentOS에 비해 이미지 크기가 매우 작지만 기본적인 프로그램 실행에 필요한 필수적인 런타임 요소가 포함되어 있는 리눅스 배포판 이미지입니다. 이러한 이미지를 활용하면 경량화된 애플리케이션 이미지를 간단히 생성할 수 있다는 장점이 있습니다.

위 Dockerfile을 빌드한 뒤 이미지의 크기를 확인해 보겠습니다.

```
docker build . -t go_helloworld:multi-stage
[+] Building 3.3s (14/14) FINISHED
 => [internal] load build definition from Dockerfile
...
=> => naming to docker.io/library/go_helloworld:multi-stage

# docker images
REPOSITORY       TAG            IMAGE ID       CREATED             SIZE
go_helloworld    multi-stage    7f15b49bbbb9   About a minute ago  10MB
```

이전과 동일한 역할을 하는 이미지임에도 불구하고, 이미지의 최종 크기가 크게 줄은 것을 확인할 수 있습니다. 이와 같이 멀티 스테이지 빌드는 반드시 필요한 실행 파일만 최종 이미지 결과물에 포함시킴으로써 이미지 크기를 줄일 때 유용하게 사용할 수 있습니다.

 멀티 스테이지 빌드를 사용하는 Dockerfile은 2개 이상의 이미지를 사용할 수 있으며, 각 이미지는 먼저 FROM에서 명시된 순서대로 0, 1...의 순으로 차례대로 구분되어 사용됩니다. 이를 활용하면 여러 개의 이미지를 사용해 멀티 스테이지 빌드를 활용할 수 있습니다.

```
FROM golang
ADD main.go /root
WORKDIR /root
RUN go build -o /root/mainApp /root/main.go

FROM golang
ADD main2.go /root
WORKDIR /root
RUN go build -o /root/mainApp2 /root/main2.go

FROM alpine:latest
WORKDIR /root
COPY --from=0 /root/mainApp .
COPY --from=1 /root/mainApp2 .
```

또는 특정 단계의 이미지에 별도의 이름을 정의해 사용할 수 있습니다. 아래는 첫 번째 단계의 최종 이미지에 builder라는 이름을 붙여 사용한 예시입니다.

```
FROM golang as builder
ADD main.go /root
WORKDIR /root
RUN go build -o /root/mainApp /root/main.go
FROM alpine:latest
WORKDIR /root
COPY --from=builder /root/mainApp .
CMD ["./mainApp"]
```

2.4.4 기타 Dockerfile 명령어

간단한 애플리케이션을 이미지로 빌드한다면 지금까지 설명한 내용으로도 충분하겠지만 가끔은 Dockerfile에서 좀 더 많은 작업을 수행해야 할 때가 있습니다. 이번에는 이미지에 좀 더 많은 설정을 할 수 있게 돕는 Dockerfile의 명령어와 자주 쓰는 각종 build 옵션에 대해 알아보겠습니다. 그러나 여기서 설명한 옵션과 명령어가 전부는 아니며, 전체 목록을 확인하고 싶다면 도커 공식 사이트의 Dockerfile 레퍼런스[22]를 참고하기 바랍니다.

2.4.4.1 ENV, VOLUME, ARG, USER

- ENV: Dockerfile에서 사용될 환경변수를 지정합니다. 설정한 환경변수는 ${ENV_NAME} 또는 $ENV_NAME의 형태로 사용할 수 있습니다. 이 환경변수는 Dockerfile뿐 아니라 이미지에도 저장되므로 빌드된 이미지로 컨테이너를 생성하면 이 환경변수를 사용할 수 있습니다. 다음 Dockerfile에서는 test라는 환경변수에 /home이라는 값을 설정했습니다.

예제 2.7 ENV를 사용하는 Dockerfile

```
# vi Dockerfile
FROM ubuntu:24.04
ENV test=/home
WORKDIR $test
RUN touch $test/mytouchfile
```

이미지를 빌드하고 컨테이너를 생성해 환경변수를 확인하면 /home 값이 적용된 것을 확인할 수 있습니다. run 명령어에서 -e 옵션을 사용해 같은 이름의 환경변수를 사용하면 기존의 값은 덮어 쓰여집니다.

```
# docker build -t myenv:0.0 ./
[+] Building 0.5s (7/7) FINISHED
...
=> [3/3] RUN touch /home/mytouchfile
 => exporting to image
 => => exporting layers
 => => writing image sha256:27f7efa60b77a...
 => => naming to docker.io/library/myenv:0.0
# docker run -i -t --name env_test myenv:0.0 /bin/bash
root@2c83dc005b07:/home# echo $test
/home

# docker run -i -t --name env_test_override \
-e test=myvalue \
myenv:0.0 /bin/bash
root@8cc2fcea30bd:/home# echo $test
myvalue
```

---

[22] https://docs.docker.com/reference/dockerfile/

Dockerfile에서 환경변수의 값을 사용할 때 배시 셸에서 사용하는 것처럼 값이 설정되지 않은 경우와 설정된 경우를 구분해 사용할 수 있습니다. ${env_name:-value}는 env_name이라는 환경변수의 값이 설정되지 않았으면 이 환경변수의 값을 value로 사용합니다. 반대로 ${env_name:+value}는 env_name의 값이 설정돼 있으면 value를 값으로 사용하고, 값이 설정되지 않았다면 빈 문자열을 사용합니다.

```
FROM ubuntu:24.04
ENV my_env=my_value
RUN echo ${my_env:-value} / ${my_env:+value}
```

위 내용으로 Dockerfile을 작성한 뒤 이미지를 빌드하면 RUN에 입력된 echo 명령어를 실행한 결과를 확인할 수 있습니다.

```
# docker build .
[+] Building 0.5s (6/6) FINISHED
...
 => [2/2] RUN echo my_value / value
```

- **VOLUME**: 빌드된 이미지로 컨테이너를 생성했을 때 호스트와 공유할 컨테이너 내부의 디렉터리를 설정합니다. VOLUME ["/home/dir", "home/dir2"]처럼 JSON 배열의 형식으로 여러 개를 사용하거나 VOLUME /home/dir /home/dir2로도 사용할 수 있습니다. 다음 예시는 컨테이너 내부의 /home/volume 디렉터리를 호스트와 공유하도록 설정합니다.

예제 2.8 VOLUME을 사용하는 Dockerfile

```
# vi Dockerfile
FROM ubuntu:24.04
RUN mkdir /home/volume
RUN echo test >> /home/volume/testfile
VOLUME /home/volume
```

이미지를 빌드한 뒤 컨테이너를 생성하고 볼륨의 목록을 확인해 보면 볼륨이 생성된 것을 알 수 있습니다. 이름이 3d26fa42b28c5b4...에 해당하는 볼륨은 컨테이너 내부의 /home/volume 디렉터리를 호스트와 공유합니다.

```
# docker build -t myvolume:0.0 .
......

# docker run -i -t -d --name volume_test myvolume:0.0
b5c02b3f9c3c1462d9.....

# docker volume ls
DRIVER              VOLUME NAME
local               3d26fa42b28c5b4....
```

- **ARG**: build 명령어를 실행할 때 추가로 입력을 받아 Dockerfile 내에서 사용될 변수의 값을 설정합니다. 다음 Dockerfile은 build 명령어에서 my_arg와 my_arg_2라는 이름의 변수를 추가로 입력받을 것이라고 ARG를 통해 명시합니다. ARG의 값은 기본적으로 build 명령어에서 입력받아야 하지만 다음의 my_arg_2와 같이 기본값을 지정할 수도 있습니다.

  예제 2.9 ARG를 사용하는 Dockerfile
  ```
  # vi Dockerfile
  FROM ubuntu:24.04
  ARG my_arg
  ARG my_arg_2=value2
  RUN touch ${my_arg}/mytouch
  ```

위 내용을 Dockerfile로 저장한 뒤 이미지를 빌드합니다. build 명령어를 실행할 때 --build-arg 옵션을 사용해 Dockerfile의 ARG에 값을 입력할 수 있습니다. 입력하는 형식은 '〈키〉=〈값〉'과 같이 쌍을 이뤄야 합니다.

```
# docker build --build-arg my_arg=/home -t myarg:0.0 ./
.....
```

ARG와 ENV의 값을 사용하는 방법은 ${}로 같으므로 Dockerfile에서 ARG로 설정한 변수를 ENV에서 같은 이름으로 다시 정의하면 --build-arg 옵션에서 설정하는 값은 ENV에 의해 덮어쓰여집니다.

위의 Dockerfile 예제에서는 $(my_arg)의 디렉터리에 mytouch라는 파일을 생성했기 때문에 빌드된 이미지로 컨테이너를 생성해 확인하면 mytouch라는 이름의 파일을 확인할 수 있습니다.

```
# docker run -i -t --name arg_test myarg:0.0
root@cca2dfeb051c:/# ls /home/mytouch
/home/mytouch
```

- **USER**: USER로 컨테이너 내에서 사용될 사용자 계정의 이름이나 UID를 설정하면 그 아래의 명령어는 해당 사용자 권한으로 실행됩니다. 일반적으로 RUN으로 사용자의 그룹과 계정을 생성한 뒤 사용합니다. 루트 권한이 필요하지 않다면 USER를 사용하는 것을 권장합니다.

  ```
  ....
  RUN groupadd -r author && useradd -r -g author alicek106
  USER alicek106
  ...
  ```

기본적으로 컨테이너 내부에서는 root 사용자를 사용하도록 설정됩니다. 이는 컨테이너가 호스트의 root 권한을 가질 수 있다는 것을 의미하기 때문에 보안 측면에서 매우 바람직하지 않습니다. 예를 들어 root가 소유한 호스트의 디렉터리를 컨테이너에 공유했을 때, 컨테이너 내부에서는 공유된 root 소유의 디렉터리를 마음대로 조작할 수도 있습니다.

때문에 컨테이너 애플리케이션을 최종적으로 배포할 때는 컨테이너 내부에서 새로운 사용자를 새롭게 생성해 사용하는 것을 권장합니다. docker run 명령어 자체에서도 --user 옵션을 지원하지만, 가능하다면 이미지 자체에 root가 아닌 다른 사용자를 설정해 놓는 것이 좋습니다.

2.4.4.2 Onbuild, Stopsignal, Healthcheck, Shell

- ONBUILD: 빌드된 이미지를 기반으로 하는 다른 이미지가 Dockerfile로 생성될 때 실행할 명령어를 추가합니다. 간단한 예를 들어 이해해보겠습니다. 먼저 아래와 같은 내용의 Dockerfile을 작성합니다.

예제 2.10 ONBUILD가 사용된 Dockerfile

```
# vi Dockerfile
FROM ubuntu:24.04
RUN echo "this is onbuild test"!
ONBUILD RUN echo "onbuild!" >> /onbuild_file
```

ONBUILD에 RUN echo "onbuild!" >> /onbuild_file을 입력해서 onbuild!라는 명령어가 최상위 디렉터리의 onbuild_file에 저장되도록 지정했습니다. 이 명령어는 이 Dockerfile을 빌드할 때 실행되지 않으며, 별도의 정보로 이미지에 저장될 뿐입니다. 이 이미지를 빌드해 봅시다.

```
# docker build ./ -t onbuild_test:0.0
[+] Building 0.5s (6/6) FINISHED
…
 => [2/2] RUN echo "this is onbuild test"!
…
 => => naming to docker.io/library/onbuild_test:0.0
```

예상했다시피 이 이미지로 컨테이너를 생성해도 디렉터리에는 /onbuild_file이 존재하지 않습니다. 다음 명령어는 onbuild_test:0.0 이미지로 컨테이너를 생성하고, 컨테이너의 커맨드를 ls /로 설정함으로써 컨테이너의 디렉터리를 출력합니다.

```
# docker run -i -t --rm onbuild_test:0.0 ls /
bin   dev   home  lib64  mnt   proc  run   srv   tmp   var
boot  etc   lib   media  opt   root  sbin  sys   usr
```

이번에는 위에서 생성한 이미지를 기반으로 하는 새로운 이미지를 Dockerfile로 생성해봅시다. 다음과 같이 새로운 Dockerfile을 작성합니다. 앞에서 작성한 Dockerfile과 구분하기 위해 Dockerfile2라는 이름으로 저장하겠습니다.

예제 2.11 ONBUILD가 적용된 이미지를 기반으로 하는 Dockerfile

```
# vi Dockerfile2
FROM onbuild_test:0.0
RUN echo "this is child image!"
```

그리고 위와 같은 내용의 Dockerfile2를 빌드하면 다음과 같은 출력 결과를 확인할 수 있습니다. 아래에서 쓰인 build 명령어에서는 Dockerfile2를 지정하기 위해 -f 옵션을 사용했습니다.

```
# docker build -f ./Dockerfile2 ./ -t onbuild_test:0.1
[+] Building 0.9s (7/7) FINISHED
...
 => [1/2] FROM docker.io/library/onbuild_test:0.0
 => [2/3] ONBUILD RUN echo "onbuild!" >> /onbuild_file
 => [3/3] RUN echo "this is child image!"
...
 => => naming to docker.io/library/onbuild_test:0.1
```

onbuild_test:0.0 이미지를 빌드할 때 ONBUILD의 뒤에 지정한 RUN echo "onbuild!" ...가 이제야 하나의 Dockerfile 명령어로 동작한 것을 확인할 수 있습니다. 물론 onbuild_test:0.1 이미지로 컨테이너를 생성하면 onbuild_file이 존재하는 것을 확인할 수 있습니다.

```
# docker run -i -t --rm onbuild_test:0.1 ls /
bin   dev   home  lib64  mnt          opt   root  sbin  sys  usr
boot  etc   lib   media  onbuild_file proc  run   srv   tmp  var
```

이처럼 ONBUILD는 ONBUILD, FROM을 제외한 RUN, ADD 등, 이미지가 빌드될 때 수행돼야 하는 각종 Dockerfile의 명령어를 나중에 빌드될 이미지를 위해 미리 저장해 놓을 수 있습니다. 단, 이미지의 속성을 설정하는 다른 Dockerfile 명령어와는 달리 ONBUILD는 부모 이미지의 자식 이미지에만 적용되며, 자식 이미지는 ONBUILD 속성을 상속받지 않습니다.

- STOPSIGNAL: 컨테이너가 정지될 때 사용될 시스템 콜의 종류를 지정합니다. 아무것도 설정하지 않으면 기본적으로 SIGTERM으로 설정되지만 Dockerfile에 STOPSIGNAL을 정의해 컨테이너가 종료되는 데 사용될 신호를 선택할 수 있습니다. 다음은 Dockerfile에서 STOPSIGNAL을 SIGTERM이 아닌 SIGKILL로 지정한 예입니다.

예제 2.12 STOPSIGNAL을 사용

```
FROM ubuntu:24.04
STOPSIGNAL SIGKILL
```

위 Dockerfile을 빌드한 뒤 해당 이미지로 컨테이너를 생성하면 컨테이너의 설정에 StopSignal이 SIGKILL로 설정된 것을 확인할 수 있습니다.

```
# docker build . -t stopsignal:0.0
[+] Building 0.2s (5/5) FINISHED
 => [internal] load build definition from Dockerfile
...
 => => writing image sha256:19b26c2b8e696416be...
 => => naming to docker.io/library/stopsignal:0.0

# docker run -itd --name stopsignal_container stopsignal:0.0
c4b157e6d6cfef584576701c9a416515640417ce9c82ce1910509d12b44cf614
# docker inspect stopsignal_container | grep Stop
            "StopSignal": "SIGKILL"
```

 Dockerfile의 STOPSIGNAL은 docker run 명령어에서 --stop-signal 옵션으로 컨테이너에 개별적으로 설정할 수 있습니다. 이는 docker stop뿐 아니라 docker kill에도 적용됩니다.

- HEALTHCHECK: HEALTHCHECK는 이미지로부터 생성된 컨테이너에서 동작하는 애플리케이션의 상태를 체크하도록 설정합니다. 컨테이너 내부에서 동작 중인 애플리케이션의 프로세스가 종료되지는 않았으나 애플리케이션이 동작하고 있지 않은 상태를 방지하기 위해 사용될 수 있습니다.

다음 예시는 1분마다 curl -f ...를 실행해 nginx 애플리케이션의 상태를 체크하며, 3초 이상이 소요되면 이를 한 번의 실패로 간주합니다. 3번 이상 타임아웃이 발생하면 해당 컨테이너는 unhealthy 상태가 됩니다. 단, HEALTHCHECK에서 사용되는 명령어가 curl이므로 컨테이너에 curl을 먼저 설치해야 합니다.

```
# vi Dockerfile
FROM nginx
RUN apt-get update -y && apt-get install curl -y
HEALTHCHECK --interval=1m --timeout=3s --retries=3 CMD curl -f http://localhost || exit 1
```

HEALTHCHECK에서 --interval은 컨테이너의 상태를 체크하는 주기입니다. 마지막에 지정한 CMD curl ... 부분이 상태를 체크하는 명령어가 되고, --interval에 지정된 주기마다 이를 실행합니다. 상태를 체크하는 명령어가 --timeout에 설정한 시간을 초과하면 상태 체크에 실패한 것으로 간주하고 --retries의 횟수만큼 명령어를 반복합니다. --retries에 설정된 횟수만큼 상태 체크에 실패하면 해당 컨테이너는 unhealthy 상태로 설정됩니다.

이미지를 빌드한 후 해당 이미지로 컨테이너를 생성하면 docker ps의 출력 중 해당 컨테이너의 STATUS에 정보가 추가된 것을 확인할 수 있습니다.

```
# docker build ./ -t nginx:healthcheck
[+] Building 11.2s (7/7) FINISHED
 => [internal] load build definition from Dockerfile
...
```

```
 => => writing image sha256:1addc6bb828bc8f4cef78e74c79...
 => => naming to docker.io/library/nginx:healthcheck
```

```
# docker run -d -P nginx:healthcheck
ec7c309021360e2ce1a25fe8a7ee5474eda5c51bb541c65640940fa783e7c54f
```

```
# docker ps
CONTAINER ID         IMAGE                COMMAND              CREATED          STATUS
...
ec7c30902136         nginx:healthcheck    "nginx -g 'daemon off"  9 minutes ago    Up 9
minutes (healthy)   ...
```

상태 체크에 대한 로그는 컨테이너의 정보에 저장되므로 애플리케이션에 장애가 있을 때 해당 로그를 확인할 수 있습니다. 이는 docker inspect의 출력 중 State – Health – Log 항목에서 확인할 수 있습니다.

```
# docker inspect ec7c30902136
....
"State": {
…
   "Health": {
               "Status": "healthy",
               "FailingStreak": 0,

"Log": [
               {
               "Start": "2016-12-16T05:41:08.359948317Z",
               "End": "2016-12-16T05:41:08.405103702Z",
               "ExitCode": 0,
…
```

- **SHELL**: 뒤에서 다시 설명하겠지만 Dockerfile에서 기본적으로 사용하는 셸은 리눅스에서 "/bin/sh –c", 윈도우에서 "cmd /S /C"입니다. 예를 들어, Dockerfile에 다음과 같은 명령어가 있다면 윈도우와 리눅스는 이를 다르게 수행합니다.

```
....
RUN echo "hello, world!"
# 리눅스에서는 /bin/sh -c echo hello, world, 윈도우에서는 cmd /S /C echo hello, world로 실행됨
...
```

그렇지만 사용하려는 셸을 따로 지정하고 싶을 수도 있습니다. 물론 모든 명령어를 JSON 배열 형식으로 사용해 기본 셸을 비활성화하고 사용하려는 셸을 명시할 수도 있지만 SHELL 뒤에 사용하고자 하는 셸을 명시하는 방법이 좀 더 편리할 것입니다. 다음은 node를 기본 셸로 사용하도록 설정한 예입니다.

예제 2.13 기본 셸을 node로 변경

```
FROM node
RUN echo hello, node!
SHELL ["/usr/local/bin/node"]
RUN -v
```

 node 이미지는 도커 허브에 있는 Node.js 공식 이미지의 node:latest입니다.

빌드된 이미지로 컨테이너를 생성할 때 컨테이너 커맨드로 "-v" 옵션을 넘겨주면, node의 버전을 출력하는 node -v 명령어가 실행되는 것을 알 수 있습니다.

```
# docker build ./ -t nodetest
[+] Building 19.4s (8/8) FINISHED
...
 => [2/3] RUN echo hello, node!
...
 => => naming to docker.io/library/nodetest

# docker run --rm nodetest -v
v23.9.0
```

2.4.4.3 ADD, COPY

COPY는 로컬 디렉터리에서 읽어 들인 컨텍스트로부터 이미지에 파일을 복사하는 역할을 합니다. COPY를 사용하는 형식은 ADD와 같습니다.

```
COPY test.html /home/
COPY ["test.html", "/home/"]
```

그렇다면 ADD와 COPY의 차이점은 없는 것처럼 보입니다. 사실 ADD와 COPY의 기능은 그 자체만으로 봤을 때는 같습니다. 그러나 COPY는 로컬의 파일만 이미지에 추가할 수 있지만 ADD는 외부 URL 및 tar 파일에서도 파일을 추가할 수 있다는 점에서 다릅니다. 즉, COPY의 기능이 ADD에 포함되는 셈입니다.

예를 들어, ADD 명령어는 다음과 같이 사용할 수 있습니다. ADD에 추가할 파일을 깃과 같은 외부 URL로 지정할 수 있습니다.

```
ADD https://raw.githubusercontent.com/alicek106/mydockerrepo/master/test.html /home
```

또는 tar 파일을 추가할 수도 있습니다. 그러나 tar 파일을 그대로 추가하는 것이 아니라 tar 파일을 자동으로 해제해서 추가합니다. 다음 명령어는 test.tar 파일을 이미지의 /home 디렉터리에 풉니다.

```
ADD test.tar /home
```

그러나 ADD를 사용하는 것은 그다지 권장하지 않습니다. 그 이유는 ADD로 URL이나 tar 파일을 추가할 경우 이미지에 정확히 어떤 파일이 추가될지 알 수 없기 때문입니다. 그에 비해 COPY는 로컬 컨텍스트로부터 파일을 직접 추가하기 때문에 빌드 시점에서도 어떤 파일이 추가될지 명확합니다.

2.4.4.4 ENTRYPOINT, CMD

이전에 설명했던 것처럼 CMD는 컨테이너가 시작될 때 실행할 명령어를 설정합니다. 이는 docker run 명령어에서 맨 뒤에 입력했던 커맨드와 같은 역할을 합니다. 그러나 컨테이너의 실행 옵션에는 CMD와 유사한 ENTRYPOINT라는 명령어도 존재합니다. ENTRYPOINT와 CMD는 역할 자체는 비슷하지만 서로 다른 역할을 담당하는 명령어입니다. 이번에는 ENTRYPOINT와 CMD의 차이점과 사용법에 대해서 알아보겠습니다.

ENTRYPOINT와 CMD의 차이점

entrypoint는 커맨드와 동일하게 컨테이너가 시작될 때 수행할 명령을 지정한다는 점에서 같습니다. 그러나 entrypoint는 커맨드를 인자로 받아 사용할 수 있는 스크립트의 역할을 할 수 있다는 점에서 다릅니다.

먼저 다음과 같이 컨테이너를 생성해 봅시다. ubuntu:24.04 이미지로 컨테이너를 생성하고, 컨테이너가 시작될 때 실행될 명령어를 /bin/bash로 설정합니다. 지금은 entrypoint를 입력하지 않아서 설정되지 않았으며, 컨테이너의 커맨드는 /bin/bash입니다.

```
# # entrypoint: 없음, cmd: /bin/bash
# docker run -i -t --name no_entrypoint ubuntu:24.04 /bin/bash
root@008b8dc45486:/#
```

지금까지 컨테이너를 생성했던 것처럼 컨테이너 내부로 들어왔으며, cmd로 배시 셸을 실행하도록 설정했으므로 셸을 통해 표준 입출력을 할 수 있습니다. 그렇다면 entrypoint로 특정 명령어를 넣으면 어떻게 될까요?

```
# # entrypoint: echo, cmd: /bin/bash
# docker run -i -t --entrypoint="echo" --name yes_entrypoint ubuntu:24.04 /bin/bash
/bin/bash
```

/bin/bash라는 내용이 터미널에 출력됐습니다. 즉, 컨테이너에 entrypoint가 설정되면 run 명령어의 맨 마지막에 입력된 cmd를 인자로 삼아 명령어를 출력합니다. 그러므로 위 예에서 echo /bin/bash가 컨테이너에서 실행되어 /bin/bash가 출력된 것입니다. 이를 정리하면 다음 그림과 같습니다.

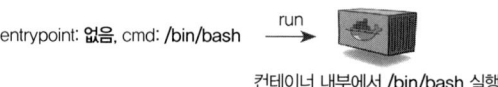

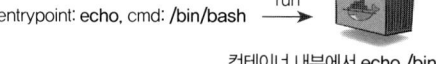

그림 2.48 entrypoint와 cmd의 조합

entrypoint가 설정되지 않았다면 cmd에 설정된 명령어를 그대로 실행하지만 entrypoint가 설정됐다면 cmd는 단지 entrypoint에 대한 인자의 기능을 합니다.

 커맨드와 entrypoint가 둘 다 설정되지 않으면 컨테이너는 생성되지 않고 에러를 출력하므로 반드시 둘 중 하나를 설정해야 합니다.

entrypoint를 이용한 스크립트 실행

앞에서 살펴본 것처럼 entrypoint에 하나의 명령어만 입력할 수도 있지만 일반적으로는 스크립트 파일을 entrypoint의 인자로 사용해 컨테이너가 시작될 때마다 해당 스크립트 파일을 실행하도록 설정합니다. 스크립트 파일을 entrypoint에 설정하려면 스크립트 파일의 이름을 entrypoint의 인자로 입력합니다.

```
# docker run -i -t --name entrypoint_sh --entrypoint="/test.sh" ubuntu:24.04 /bin/bash
```

단 실행할 스크립트 파일은 컨테이너 내부에 존재해야 합니다. 이는 이미지 내에 스크립트 파일이 존재해야 한다는 것을 의미합니다. 지금까지 설명한 Dockerfile 중 이미지에 파일을 추가하는 좋은 방법이 있었습니다. 바로 COPY 혹은 ADD입니다.

이미지를 빌드할 때 이미지가 작동하기 위해서는 다음과 같은 단계를 거칩니다.

1. 어떤 설정 및 실행이 필요한지에 대해 스크립트로 정리
2. ADD 또는 COPY로 스크립트를 이미지로 복사
3. ENTRYPOINT를 이 스크립트로 설정
4. 이미지를 빌드해 사용
5. 스크립트에서 필요한 인자는 docker run 명령어에서 cmd로 entrypoint의 스크립트에 전달

 Dockerfile에서 스크립트뿐 아니라 다음과 같이 CMD와 ENTRYPOINT를 조합해서 사용할 수 있습니다. 다음 내용을 Dockerfile에서 사용하면 컨테이너가 시작될 때 echo hello world를 실행합니다.

```
ENTRYPOINT ["echo"]
CMD ["hello", "world"]
```

그러나 Dockerfile에 명시된 CMD와 ENTRYPOINT는 docker run 명령어에서 --entrypoint 옵션과 마지막 옵션으로 재정의해 사용하면 재정의한 명령어로 덮어 쓰입니다.

다음 Dockerfile은 스크립트 파일을 이용해 ENTRYPOINT를 사용하는 예를 보여줍니다. 다음 내용을 Dockerfile로 저장합니다.

예제 2.14 ENTRYPOINT를 사용하는 Dockerfile

```
# vi Dockerfile
FROM ubuntu:24.04
RUN apt-get update
RUN apt-get install apache2 -y
ADD entrypoint.sh /entrypoint.sh
RUN chmod +x /entrypoint.sh
ENTRYPOINT ["/bin/bash", "/entrypoint.sh"]
```

예제에서는 이전과 같이 아파치 웹 서버를 구동하도록 지정했습니다. 조금 다른 점은 빌드 컨텍스트의 entrypoint.sh를 ADD로 이미지의 /entrypoint.sh로 추가했고 이 파일을 실행할 수 있도록 chmod로 권한을 부여한 것입니다. 그리고 entrypoint.sh를 이미지의 ENTRYPOINT로 지정했습니다.

다음 내용을 entrypoint.sh 파일로 저장합니다. 인자로 받은 2개의 값을 echo로 출력하고 아파치 웹 서버를 실행하는 내용입니다.

예제 2.15 entrypoint.sh 파일

```
# vi entrypoint.sh
echo $1 $2
apachectl -DFOREGROUND
```

Dockerfile을 이미지로 빌드한 뒤 빌드된 이미지로 컨테이너를 생성해 컨테이너 내부에서 출력된 내용을 확인하면 entrypoint.sh 스크립트가 정상적으로 작동한 것을 알 수 있습니다.

```
# docker build -t entrypoint_image:0.0 ./
[+] Building 0.7s (10/10) FINISHED
...
 => [4/5] ADD entrypoint.sh /entrypoint.sh
 => [5/5] RUN chmod +x /entrypoint.sh
...
 => => naming to docker.io/library/entrypoint_image:0.0

# docker run -d --name entrypoint_apache_server entrypoint_image:0.0 first second

1c7e41cb2b94e033c.....

# docker logs entrypoint_apache_server

first second
....
```

JSON 배열 형태와 일반 형식의 차이점

CMD 또는 ENTRYPOINT에 설정하려는 명령어를 /bin/sh로 사용할 수 없다면 JSON 배열의 형태로 명령어를 설정해야 합니다. JSON 배열 형태가 아닌 CMD와 ENTRYPOINT를 사용하면 실제로 이미지를 생성할 때 cmd와 entrypoint에 /bin/sh -c가 앞에 추가되기 때문입니다.

예를 들어, 다음 CMD는 실제 이미지로 생성될 때 echo test가 아닌 /bin/sh -c echo test로 설정됩니다. ENTRYPOINT도 마찬가지로 /entrypoint.sh가 아닌 /bin/sh -c /entrypoint.sh로 설정됩니다. JSON 배열 형태로 입력하지 않으면 CMD와 ENTRYPOINT에 명시된 명령어의 앞에 /bin/sh -c가 추가된다고 이해하면 쉽습니다.

```
CMD echo test
# -> /bin/sh -c echo test
```

```
ENTRYPOINT /entrypoint.sh
# -> /bin/sh -c /entrypoint.sh

# 실제 컨테이너에서 실행되는 명령어는 /bin/sh -c entrypoint.sh /bin/sh -c echo test
```

CMD와 ENTRYPOINT를 JSON 형태로 명령어를 입력하면 입력된 명령어가 그대로 이미지에서 사용됩니다.

```
CMD ["echo", "test"]
# -> echo test

ENTRYPOINT ["/bin/bash", "/entrypoint.sh"]
# -> /bin/bash /entrypoint.sh

# 실제로 컨테이너에서 실행되는 명령어는 /bin/bash entrypoint.sh echo test
```

2.4.5 Dockerfile로 빌드할 때 주의할 점

Dockerfile을 사용하는 데도 좋은 습관(practice)이라는 것이 있습니다. 예를 들어, 하나의 명령어를 \(역슬래시)로 나눠서 가독성을 높일 수 있도록 작성하거나 .dockerignore 파일을 작성해 불필요한 파일을 빌드 컨텍스트에 포함하지 않는 것이 있습니다. 또는 빌드 캐시를 이용해 기존에 사용했던 이미지 레이어를 재사용하는 방법도 Dockerfile을 활용하는 방법 중 하나입니다. 다음 예시는 Dockerfile을 사용할 때 백슬래시로 apt-get을 사용하는 좋은 습관 중 하나입니다.

```
# vi Dockerfile
...
RUN apt-get install package-1 \
package-2 \
package-3
```

그러나 여기서 설명하고자 하는 것은 도커의 이미지 구조와 Dockerfile의 관계입니다. Dockerfile을 아무렇게나 작성하면 저장 공간을 불필요하게 차지하는 이미지나 레이어가 너무 많은 이미지가 생성될 수 있습니다.

다음은 Dockerfile을 사용할 때 이미지를 비효율적으로 빌드하는 예입니다. fallocate라는 명령어는 100MB 크기의 파일을 가상으로 만들어 컨테이너에 할당하고, 이를 이미지 레이어로 빌드합니다. 그리고 이 파일을 rm 명령어로 삭제합니다. 즉, 빌드가 완료되어 최종 생성된 이미지에는 100MB 크기의 파일인 /dummy가 존재하지 않습니다.

예제 2.16 잘못된 Dockerfile 사용
```
# vi Dockerfile
FROM ubuntu:24.04
RUN mkdir /test
RUN fallocate -l 100m /test/dummy
RUN rm /test/dummy
```

위 Dockerfile로 빌드한 이미지 크기는 어떻게 될까요? 일반적으로 생각하면 ubuntu:24.04 이미지의 크기와 같아야 합니다. 그러나 결론부터 말하자면, 위 Dcokerfile로 빌드된 이미지의 크기는 ubuntu:24.04 이미지에 100MB를 더한 약 183MB 정도를 차지하게 됩니다.

```
# docker build -t falloc_100mb:0.0 .
…

# docker images
REPOSITORY      TAG        IMAGE ID       CREATED          SIZE
falloc_100mb    latest     c5c5086277bc   2 seconds ago    183MB
ubuntu          24.04      a04dc4851cbc   6 weeks ago      78.1MB
```

그러나 위에서 빌드한 이미지로 컨테이너를 생성하면 100MB 크기의 /test/dummy라는 파일은 존재하지 않습니다. Dockerfile에서 RUN rm /test/dummy 명령어로 이 파일을 삭제한 상태로 이미지를 빌드했기 때문입니다. 이는 컨테이너를 이미지로 생성할 때 컨테이너에서 변경된 사항만 새로운 이미지 레이어로 생성하는 방식의 단점 중 하나입니다. RUN rm /test/dummy 명령어를 수행해 100MB 크기의 파일을 삭제하더라도 이는 "파일을 삭제했다"라는 변경사항으로서의 레이어로 새롭게 저장될 뿐, 실제 100MB 크기의 파일은 이전 레이어에 남아있기 때문입니다. 즉, 실제로 컨테이너에서 사용하지 못하는 파일이 이미지 레이어로 존재하기 때문에 저장 공간은 차지하지만 실제로는 의미가 없는 저장 공간일 수도 있는 것입니다.

이를 방지하는 방법은 매우 간단합니다. Dockerfile을 작성할 때 &&로 각 RUN 명령을 하나로 묶는 것입니다. 즉, 하나의 RUN으로 여러 개의 명령어를 실행하도록 작성하면 됩니다.

예제 2.17 Dockerfile 명령어의 바람직한 사용법
```
# vi Dockerfile
FROM ubuntu:24.04
RUN mkdir /test && \
fallocate -l 100m /test/dummy && \
rm /test/dummy
```

RUN이 하나의 이미지 레이어가 된다는 것을 생각해보면 매우 간단한 해결책입니다. 이 방법은 이미지 레이어 수를 줄이는 데도 활용할 수 있습니다. 여러 개의 RUN 명령어가 하나로 묶일 수 있다면 이미지 레이어의 개수 또한 하나로 줄어들기 때문입니다.

 도커의 레이어 이미지 구조는 위의 경우에 단점으로 작용할 수도 있지만 잘만 활용하면 장점으로 작용할 수 있습니다. 예를 들어, A, B 애플리케이션이 500MB 크기의 같은 라이브러리를 사용해야 한다면 각 애플리케이션의 이미지에 라이브러리를 각기 설치하기보다는 500MB 크기의 라이브러리 이미지를 미리 만들어 놓은 다음 이 이미지를 이용해 A, B 애플리케이션의 이미지를 생성함으로써 저장 공간을 절약할 수 있습니다. 즉, A와 B 애플리케이션의 이미지는 이 라이브러리로 인해 각각 500MB를 차지해 1GB의 저장 공간을 사용하는 것이 아닌, 500MB의 이미지 레이어를 공유하게 됩니다.

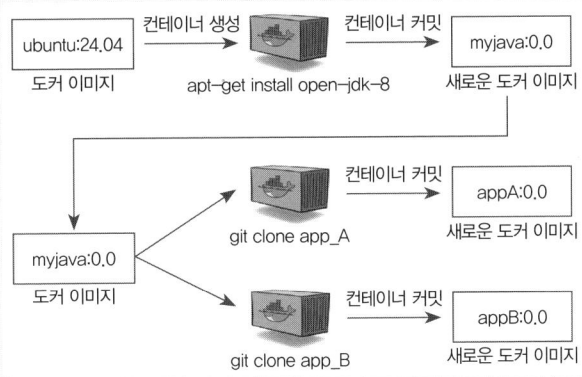

그림 2.49 이미지의 레이어 구조를 활용하기

또한 이미지를 배포할 때도 애플리케이션에 해당하는 변경된 부분만 내려받으면 되므로 이미지를 빠르게 전송할 수 있습니다.

다른 사람이 빌드한 이미지에 불필요한 이미지 레이어가 들어있다면 해당 이미지로 컨테이너를 생성하고 docker export, import 명령어를 사용해 컨테이너를 이미지로 만듦으로써 이미지의 크기를 줄일 수 있습니다. 익스포트(export)된 파일을 임포트해서 다시 도커에 저장하면 레이어가 한 개로 줄어듭니다. 그러나 이전 이미지에 저장돼 있던 각종 이미지 설정은 잃어버리게 되므로 주의해야 합니다.

```
# docker run -i -t -d --name temp falloc_100mb:0.0
d7f995887c58035....

# docker export temp | docker import - falloc_100mb:0.1
```

```
sha256:742733a0507fb4756b905....

# docker run -i -t -d --name temp2 falloc_100mb:0.1
Error response from daemon: No command specified.
```

위 예에서는 베이스 이미지인 ubuntu:24.04 이미지의 커맨드 명령어가 손실되어 설정되지 않았고, entrypoint 또한 설정되지 않아 에러를 출력하며 컨테이너가 생성되지 않았습니다.

2.5 도커 데몬

지금까지 도커를 사용하는 방법을 설명했습니다. 가장 먼저 알아야 할 컨테이너부터 시작해서 컨테이너의 밑바탕이 되는 이미지, 그리고 그 이미지를 생성할 수 있는 Dockerfile을 알아봤습니다. 그렇다면 이제는 도커 자체를 다뤄볼 차례입니다. 도커 자체에 사용할 수 있는 여러 옵션을 익히면 컨테이너와 이미지를 좀 더 쉽게 사용할 수 있을뿐더러 도커를 이용한 개발이 더욱 수월해질 것입니다.

2.5.1 도커의 구조

도커를 사용할 때 docker라는 명령어를 맨 앞에 붙여서 사용해왔습니다. 그렇다면 도커는 실제로 어디에 있는 걸까요? which 명령어로 도커 명령어의 위치를 확인할 수 있습니다.

```
# which docker
/usr/bin/docker
```

보다시피 도커 명령어는 /usr/bin/docker에 위치한 파일을 통해 사용되고 있습니다. 이번에는 실행 중인 도커 프로세스를 확인해 보겠습니다.

```
# ps aux | grep docker
root     20907  0.0  6.7 594500 68872 ?        Ssl  16:28   0:05 /usr/bin/dockerd -H fd://
...
```

 리눅스의 which 명령어는 명령어의 파일이 위치한 경로를 출력합니다. ps aux 명령어는 실행 중인 프로세스의 목록을 출력합니다.

컨테이너나 이미지를 다루는 명령어는 /usr/bin/docker에서 실행되지만 도커 엔진의 프로세스는 /usr/bin/dockerd 파일로 실행되고 있습니다. 이는 docker 명령어가 실제 도커 엔진이 아닌 클라이언트로서의 도커이기 때문입니다.

도커의 구조는 크게 두 가지로 나뉩니다. 하나는 클라이언트로서의 도커이고, 다른 하나는 서버로서의 도커입니다. 실제로 컨테이너를 생성하고 실행하며 이미지를 관리하는 주체는 도커 서버이고, 이는 dockerd 프로세스로서 동작합니다. 도커 엔진은 외부에서 API 입력을 받아 도커 엔진의 기능을 수행하는데, 도커 프로세스가 실행되어 서버로서 입력을 받을 준비가 된 상태를 도커 데몬이라고 이야기합니다.

다른 하나는 도커 클라이언트입니다. 도커 데몬은 API 입력을 받아 도커 엔진의 기능을 수행하는데, 이 API를 사용할 수 있도록 CLI(Command Line Interface)를 제공하는 것이 도커 클라이언트입니다. 사용자가 docker로 시작하는 명령어를 입력하면 도커 클라이언트를 사용하는 것이며, 도커 클라이언트는 입력된 명령어를 로컬에 존재하는 도커 데몬에게 API로서 전달합니다. 이때 도커 클라이언트는 /var/run/docker.sock에 위치한 유닉스 소켓을 통해 도커 데몬의 API를 호출합니다. 도커 클라이언트가 사용하는 유닉스 소켓은 같은 호스트 내에 있는 도커 데몬에게 명령을 전달할 때 사용됩니다. tcp로 원격에 있는 도커 데몬을 제어하는 방법도 있지만 이는 뒤에서 자세히 설명하겠습니다.

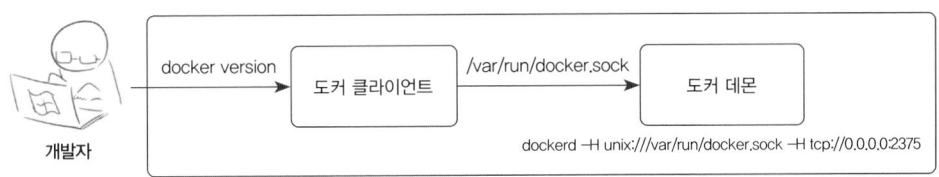

그림 2.50 도커 클라이언트와 도커 데몬

즉, 터미널이나 PuTTY 등으로 도커가 설치된 호스트에 접속해 docker 명령어를 입력하면 아래와 같은 과정으로 도커가 제어됩니다.

1. 사용자가 docker version 같은 도커 명령어를 입력합니다.
2. /usr/bin/docker는 /var/run/docker.sock 유닉스 소켓을 사용해 도커 데몬에게 명령어를 전달합니다.
3. 도커 데몬은 이 명령어를 파싱하고 명령어에 해당하는 작업을 수행합니다.
4. 수행 결과를 도커 클라이언트에게 반환하고 사용자에게 결과를 출력합니다.

이것은 아무런 설정을 하지 않았을 때 일반적으로 도커 데몬을 제어하는 순서입니다. 도커 데몬에 각종 옵션을 추가해 실행한다면 위 순서에 별도의 과정이 포함될 수 있습니다.

2.5.2 도커 데몬 실행

도커 데몬은 일반적으로 아래와 같은 명령어로 시작, 정지할 수 있습니다. 우분투에서는 도커가 설치되면 자동으로 서비스로 등록되므로 호스트가 재시작되더라도 자동으로 실행됩니다.

```
# service docker start
# service docker stop
```

레드햇 계열의 운영체제는 도커를 설치해도 자동으로 실행되도록 설정되지는 않습니다. 도커를 자동으로 실행하도록 설정하려면 아래의 명령어로 docker 서비스를 활성화합니다.

```
# systemctl enable docker
```

앞에서 설명했듯이 도커 서비스는 dockerd로 도커 데몬을 실행합니다. 그러나 서비스를 사용하지 않고 직접 도커 데몬을 실행할 수도 있습니다. 도커 서비스를 정지한 뒤 명령어로 도커를 직접 실행해 봅시다. dockerd 명령어 또한 /usr/bin/dockerd로서 존재하기 때문에 docker 명령어와 같이 바로 사용할 수 있습니다.

```
root@ip-172-31-27-223:/home/ubuntu# dockerd
INFO[2025-03-11T11:43:04.047353994Z] Starting up
...
INFO[2025-03-11T11:43:04.969461390Z] Initializing buildkit
INFO[2025-03-11T11:43:05.440768990Z] Completed buildkit initialization
INFO[2025-03-11T11:43:05.462165745Z] Daemon has completed initialization
INFO[2025-03-11T11:43:05.462195943Z] API listen on /var/run/docker.sock
```

dockerd를 입력하면 도커 데몬이 실행됩니다. 그럼 도커 데몬에 대한 각종 정보가 출력되는데, 마지막에 /var/run/docker.sock에서 입력(listen)을 받을 수 있는 상태라는 메시지가 출력됩니다. 터미널을 하나 더 연 다음 도커 명령어를 입력하면 이전처럼 도커를 사용할 수 있습니다. 터미널에 실행된 도커 데몬을 종료하려면 Ctrl + C를 입력하면 됩니다.

디버깅이나 도커 자체의 트러블슈팅(troubleshooting)이 필요하다면 도커 데몬을 직접 실행하는 것이 더 편리할 수도 있습니다. 그러나 직접 도커 데몬을 실행하면 하나의 터미널을 차지하는 포그라운드(foreground) 상태로 실행되기 때문에 운영 및 관리 측면에서 바람직하지 않습니다. 실제 운영 환경에서는 도커 데몬을 직접 실행하기보다는 service, systemctl 명령어를 통해 리눅스 서비스로서 관리하는 것이 좋습니다.

2.5.3 도커 데몬 설정

지금까지 도커 데몬과 도커 클라이언트가 어떻게 구성돼 있는지 살펴봤습니다. 그렇다면 도커 데몬에 적용할 수 있는 옵션으로는 무엇이 있는지 dockerd --help 명령어로 확인해 보겠습니다.

```
# dockerd --help

Usage: dockerd [OPTIONS]

A self-sufficient runtime for containers.

Options:
      --add-runtime runtime            Register an additional OCI compatible runtime
      --authorization-plugin list      Authorization plugins to load
      --bip string                     IPv4 address for the default bridge
      --bip6 string                    IPv6 address for the default bridge
...
```

도커 데몬에 적용할 수 있는 옵션은 매우 많습니다. --help의 출력 결과를 자세히 살펴보면 레지스트리 컨테이너를 구축할 때 사용했던 --insecure-registry도 있고, 컨테이너의 로깅을 설정할 때 사용했던 --log-driver, 스토리지 백엔드를 변경할 때 사용하는 --storage-opt도 있습니다. 이전 장에서 부록 A 'Docker 데몬 시작 옵션 변경하기'를 참고해 사용하는 옵션은 전부 도커 데몬에 추가적인 옵션을 부여해 서비스로서 시작한 것입니다.

물론 부록 A에서 설명한 방법을 사용하지 않고 옵션을 직접 추가해 도커 데몬을 실행할 수도 있습니다. 다음과 같은 명령어는 2.3.4.2절 "도커 사설 레지스트리"에서 설명했던 --insecure-registry 옵션을 사용하도록 도커 데몬을 직접 실행합니다.

```
# dockerd --insecure-registry=192.168.99.100:5000
```

그러나 이전 절의 마지막에서 설명했던 바와 같이 dockerd 명령어로 도커 데몬을 직접 실행하는 것보다 도커 설정 파일을 수정한 뒤 도커 데몬이 설정 파일을 읽어 서비스로 실행되게 하는 것이 일반적입니다.

이번 절에서는 도커 데몬의 옵션을 설명하기 위해 dockerd 명령어로 예를 들지만 실제로 사용할 때는 옵션을 그대로 설정 파일의 DOCKER_OPTS에 입력하면 됩니다. 예를 들어, 다음의 두 방식은 동일하게 도커 데몬을 설정하며, 직접 도커 데몬을 실행하느냐 또는 서비스로 실행하느냐의 차이만 있습니다. 다음 명령어는 dockerd로 직접 도커 데몬을 실행합니다.

```
# dockerd -H tcp://0.0.0.0:2375 --insecure-registry=192.168.100.99:5000 --tls=false
```

아래 예제의 설정 파일인 /etc/default/docker는 부록 A의 가이드를 따라 도커의 실행 옵션을 설정한 경우의 설정 파일입니다. docker라는 이름의 서비스가 이 파일을 읽어 도커 데몬을 서비스로서 실행합니다.

```
# vi /etc/default/docker
....
DOCKER_OPTS="-H tcp://0.0.0.0:2375 --insecure-registry=192.168.100.99:5000 --tls=false"
```

 도커 데몬의 설정 옵션은 매우 많으며 여기서 모든 옵션을 설명하지는 않습니다. 전체 옵션의 설명을 확인하고 싶다면 도커 공식 매뉴얼[23]을 참조하기 바랍니다.

2.5.3.1 도커 데몬 제어: -H

-H 옵션은 도커 데몬의 API를 사용할 수 있는 방법을 추가합니다. 아무런 옵션을 설정하지 않고 도커 데몬을 실행하면 도커 클라이언트인 /usr/bin/docker를 위한 유닉스 소켓인 /var/run/docker.sock을 사용합니다. 그러므로 단순히 dockerd를 입력해 도커 데몬을 실행해도 도커 클라이언트의 CLI를 사용할 수 있습니다. 즉, 다음의 두 명령어는 차이가 없습니다.

```
# dockerd
# dockerd -H unix:///var/run/docker.sock
```

-H에 IP 주소와 포트 번호를 입력하면 원격 API인 Docker Remote API로 도커를 제어할 수 있습니다. Remote API는 도커 클라이언트와는 다르게 로컬에 있는 도커 데몬이 아니더라도 제어할 수 있으며, RESTful API 형식을 띠고 있으므로 HTTP 요청으로 도커를 제어할 수 있습니다.

다음과 같이 도커 데몬을 실행하면 호스트에 존재하는 모든 네트워크 인터페이스의 IP 주소와 2375번 포트를 바인딩해 입력을 받습니다.

```
# dockerd -H tcp://0.0.0.0:2375 --tls=false
```

-H에 unix:///var/run/docker.sock을 지정하지 않고, 위와 같이 Remote API만을 위한 바인딩 주소를 입력했다면 유닉스 소켓은 비활성화되므로 도커 클라이언트를 사용할 수 없게 되며, docker

---

[23] https://docs.docker.com/reference/cli/dockerd/

로 시작하는 명령어를 사용할 수 없습니다. 따라서 일반적으로 도커 클라이언트를 위한 유닉스 소켓과 Remote API를 위한 바인딩 주소를 동시에 설정합니다.

 -H 및 --tls=false 옵션으로 Remote API를 개방하면 기본적으로 누구나 API를 인증 없이 호출할 수 있습니다. 따라서 악의적인 목적의 컨테이너를 생성하는 등의 보안 취약점이 될 수 있으므로 뒤에서 설명할 TLS 인증을 반드시 적용하는 것이 좋습니다. 향후 도커 업데이트에서는 Remote API 사용을 위해 TLS 인증이 강제될 수도 있다는 점에 유의합니다.

다음은 호스트의 모든 네트워크 인터페이스 카드에 할당된 IP 주소와 2375번 포트로 도커 데몬을 제어함과 동시에 도커 클라이언트도 사용할 수 있는 예입니다.

```
# dockerd -H unix:///var/run/docker.sock -H tcp://0.0.0.0:2375 --tls=false
```

도커 클라이언트가 도커 데몬에게 명령어를 수행하도록 요청할 때도 내부적으로는 같은 API를 사용하므로 Remote API 또한 도커 클라이언트에서 사용 가능한 모든 명령어를 사용할 수 있습니다. -H로 Remote API를 사용하려면 cURL 같은 HTTP 요청 도구를 사용합니다. 예를 들어, IP 주소가 192.168.99.100인 도커 호스트에서 -H로 Remote API를 허용했다면 다른 호스트에서 다음과 같이 Remote API를 사용할 수 있습니다.

```
# dockerd -H 192.168.99.100:2375 --tls=false
INFO[2025-03-11T15:05:49.367181125Z] Starting up
…
INFO[2025-03-11T15:05:51.194891973Z] Completed buildkit initialization
INFO[2025-03-11T15:05:51.206194200Z] Daemon has completed initialization
INFO[2025-03-11T15:05:51.206405032Z] API listen on 192.168.99.100:2375


# curl 192.168.99.100:2375/version --silent | jq
{
  "Platform": {
    "Name": "Docker Engine - Community"
  },
  "Components": [
    {
      "Name": "Engine",
      "Version": "28.0.1",
      "Details": {
        "ApiVersion": "1.48",
…
```

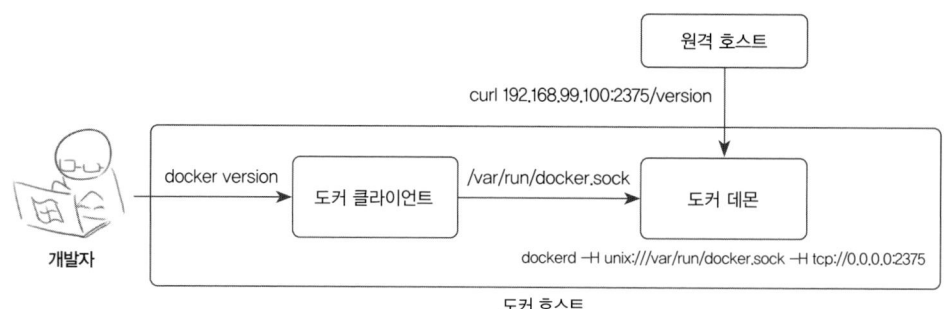

그림 2.51 Remote API를 사용하는 구조

위 예에서는 -H tcp://192.168.99.100:2375라는 옵션을 사용해 192.168.99.100이라는 IP 주소와 2375번 포트로 도커 데몬을 바인딩했습니다. 그리고 다른 호스트에서 192.168.99. 100:2375/version이라는 URL로 http 요청을 보내 도커 데몬의 버전을 확인했습니다. 즉, 192.168.99.100:2375/version으로 HTTP 요청을 전송하는 것은 docker version이라는 명령어와 같습니다.

Remote API의 종류는 도커 명령어의 개수만큼 있으며, API에 따라서 사용하는 방법이 도커 명령어와 조금씩 다른 부분도 있으므로 HTTP 도구로 직접 API 요청을 전송하기보다는 특정 언어로 바인딩된 라이브러리를 사용하는 것이 일반적입니다. 뒤에서 자세히 설명하겠지만 Remote API를 특정 언어의 라이브러리로 사용하면 Remote API를 사용하기 위해 일일이 HTTP 요청을 사용할 필요도 없고, 도커를 활용할 수 있는 다양한 전략을 세울 수도 있습니다.

셸의 환경변수를 설정해 원격에 있는 도커를 제어할 수도 있습니다. 도커 클라이언트는 셸의 DOCKER_HOST 변수가 설정돼 있다면 해당 도커 데몬에 API 요청을 전달합니다. 다음 예시는 192.168.99.100:2375의 주소에 연결해 도커 데몬을 제어합니다.

```
root@docker-remote-client:/# export DOCKER_HOST="tcp://192.168.99.100:2375"
root@docker-remote-client:/# docker version
....
```

또는 도커 클라이언트에 -H 옵션을 설정해 제어할 원격 도커 데몬을 설정할 수 있습니다. -H 옵션을 사용하지 않으면 로컬에 있는 도커 데몬을 제어합니다.

```
# docker -H tcp://192.168.99.100:2375 version
```

여러 개의 도커 데몬을 번갈아 가면서 사용해야 하는 경우, docker context 기능을 활용할 수도 있습니다. docker context는 특정 도커 데몬을 도커 컨텍스트로 등록한 후, 필요에 따라 컨텍스트를 전환하며 사용할 수 있게 해줍니다. 쉽게 말해, DOCKER_HOST 환경 변수를 좀 더 유동적으로 관리할 수 있는 방법입니다.

현재 사용자의 환경에 등록된 컨텍스트 목록은 docker context ls 명령어로 확인할 수 있습니다.

```
$ docker context ls
NAME                DESCRIPTION                               DOCKER ENDPOINT                          ERROR
colima              colima                                    unix:///Users/alicek106/.colima/default/docker.sock
default *           Current DOCKER_HOST based configuration   unix:///var/run/docker.sock
desktop-linux       Docker Desktop                            unix:///Users/alicek106/.docker/run/docker.sock
orbstack            OrbStack                                  unix:///Users/alicek106/.orbstack/run/docker.sock
```

특정 도커 데몬을 새로운 컨텍스트로 등록하려면 docker context create 명령어를 사용합니다. 이때 --docker 옵션의 host 값은 DOCKER_HOST에 사용하는 값과 동일하게 설정하면 됩니다.

```
$ docker context create my-remote-docker-daemon --docker "host=tcp://<IP>:2375"
my-remote-docker-daemon
Successfully created context "my-remote-docker-daemon"
```

새롭게 추가한 도커 컨텍스트는 docker context 명령어로 전환할 수 있습니다. 컨텍스트를 전환한 이후 실행하는 모든 docker 명령은 해당 컨텍스트에 연결된 도커 데몬으로 전달됩니다.

```
$ docker context use my-remote-docker-daemon
my-remote-docker-daemon
Current context is now "my-remote-docker-daemon"

$ docker context ls
...
my-remote-docker-daemon *                                    tcp://<IP>:2375
...
```

2.5.3.2 도커 데몬에 보안 적용: --tlsverify

도커를 설치하면 기본적으로 보안 연결이 설정돼 있지 않습니다. 이는 도커 클라이언트, Remote API를 사용할 때 별도의 보안이 적용되지 않음을 의미합니다. 그러나 실제 운영 환경에서 도커를 사용해야 한다면 보안을 적용하지 않는 것은 바람직하지 않습니다. 보안이 적용돼 있지 않으면 Remote API를 위해 바인딩된 IP 주소와 포트 번호만 알면 도커를 제어할 수 있기 때문입니다. 이번에는 도커 데몬에 TLS 보안을 적용하고, 도커 클라이언트와 Remote API 클라이언트가 인증되지 않으면 도커 데몬을 제어할 수 없도록 설정하는 방법을 설명하겠습니다.

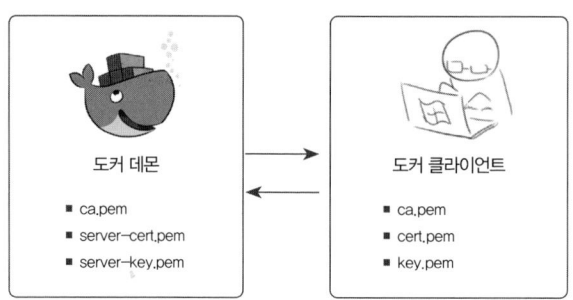

그림 2.52 도커 데몬에 보안을 적용할 때 사용되는 파일

보안을 적용할 때 사용될 파일은 총 5개로서, ca.pem, server-cert.pem, server-key.pem, cert.pem, key.pem입니다. 그림 2.52와 같이 클라이언트 측에서 도커 데몬에 접근하려면 ca.pem, cert.pem, key.pem 파일이 필요합니다.

다음 과정을 하나씩 따라 해 보안을 적용하는 데 필요한 파일을 생성합니다.

1. 서버 측 파일 생성

1) 인증서에 사용될 키를 생성합니다.

```
# mkdir keys && cd keys
# openssl genrsa -aes256 -out ca-key.pem 4096
Generating RSA private key, 4096 bit long modulus
...++
.................................................................
............................................................++
e is 65537 (0x10001)
Enter pass phrase for ca-key.pem: (비밀번호를 입력합니다)
Verifying - Enter pass phrase for ca-key.pem: (비밀번호를 입력합니다)
```

2) 공용 키(public key)를 생성합니다. 입력하는 모든 항목은 공백으로 둬도 상관없습니다.

```
# openssl req -new -x509 -days 10000 -key ca-key.pem -sha256 -out ca.pem
Enter pass phrase for ca-key.pem: (위에서 입력한 비밀번호를 입력합니다.)
You are about to be asked to enter information that will be incorporated
```

```
....
-----
Country Name (2 letter code) [AU]:
State or Province Name (full name) [Some-State]:
Locality Name (eg, city) []:
Organization Name (eg, company) [Internet Widgits Pty Ltd]:
Organizational Unit Name (eg, section) []:
Common Name (e.g. server FQDN or YOUR name) []:
Email Address []:
```

3) 서버 측에서 사용될 키를 생성합니다.

```
# openssl genrsa -out server-key.pem 4096
Generating RSA private key, 4096 bit long modulus
........................................................................
.............++
.......................++
e is 65537 (0x10001)
```

4) 서버 측에서 사용될 인증서를 위한 인증 요청서 파일을 생성합니다. $HOST 부분에는 사용 중인 도커 호스트의 IP 주소 또는 도메인 이름을 입력하며, 이는 외부에서 접근 가능한 IP 주소 또는 도메인 이름이어야 합니다.

```
# openssl req -subj "/CN=$HOST" -sha256 -new -key server-key.pem -out server.csr
```

5) 접속에 사용될 IP 주소를 extfile.cnf 파일로 저장합니다. 위와 마찬가지로 $HOST에는 도커 호스트의 IP 주소 또는 도메인 이름을 입력합니다.

```
# echo subjectAltName = IP:$HOST,IP:127.0.0.1 > extfile.cnf
```

6) 다음 명령을 입력해 서버 측의 인증서 파일을 생성합니다. 다음 예에서는 192.168.99.100으로 접속하는 연결에 사용되는 인증서 파일이 생성됐습니다.

```
# openssl x509 -req -days 365 -sha256 -in server.csr -CA ca.pem -CAkey ca-key.pem
-CAcreateserial -out server-cert.pem -extfile extfile.cnf

Signature ok
subject=/CN=192.168.99.100
Getting CA Private Key
Enter pass phrase for ca-key.pem: (비밀번호를 입력합니다)
```

2. 클라이언트 측에서 사용할 파일 생성

1) 클라이언트 측의 키 파일과 인증 요청 파일을 생성하고, extfile.cnf 파일에 extendedKeyUsage 항목을 추가합니다.

```
# openssl genrsa -out key.pem 4096
Generating RSA private key, 4096 bit long modulus
............................................................
.................................++
.......................................++
e is 65537 (0x10001)
# openssl req -subj '/CN=client' -new -key key.pem -out client.csr
# echo extendedKeyUsage = clientAuth > extfile.cnf
```

2) 다음 명령을 입력해 클라이언트 측의 인증서를 생성합니다.

```
# openssl x509 -req -days 30000 -sha256 -in client.csr -CA ca.pem -CAkey ca-key.pem
-CAcreateserial -out cert.pem -extfile extfile.cnf

Signature ok
subject=/CN=client
Getting CA Private Key
Enter pass phrase for ca-key.pem: (비밀번호를 입력합니다)
```

3) 여기까지 따라 했다면 다음과 같은 파일이 만들어졌는지 확인합니다. 그러나 앞에서 말했던 것처럼 필요한 파일은 5개입니다.

```
# ls
ca-key.pem   ca.pem   ca.srl   cert.pem   client.csr   extfile.cnf   key.pem   server-cert.pem
server.csr   server-key.pem
```

4) 생성된 파일의 쓰기 권한을 삭제해 읽기 전용 파일로 만듭니다.

```
# chmod -v 0400 ca-key.pem key.pem server-key.pem ca.pem server-cert.pem cert.pem
```

5) 도커 데몬의 설정 파일이 존재하는 디렉터리인 ~/.docker로 도커 데몬 측에서 필요한 파일을 옮깁니다. 이것은 필수적이지는 않지만 도커 데몬에 필요한 파일을 한곳에 모아두면 관리하기 쉽기 때문입니다.

```
# cp {ca,server-cert,server-key,cert,key}.pem ~/.docker
```

보안 적용을 위한 파일을 모두 생성했으므로 다음 명령어를 입력해 암호화가 적용된 도커 데몬을 실행합니다. TLS 보안 적용을 활성화하기 위해 –tlsverify 옵션을 추가하고, --tlscacert, --tlscert, --tlskey에는 각각 보안을 적용하는 데 필요한 파일의 위치를 입력합니다.

```
# dockerd --tlsverify \
--tlscacert=/root/.docker/ca.pem \
--tlscert=/root/.docker/server-cert.pem \
--tlskey=/root/.docker/server-key.pem \
```

```
-H=0.0.0.0:2376 \
-H unix:///var/run/docker.sock
```

이전 장에서도 언급했지만 위와 같이 --tlsverify 등의 모든 도커 데몬 옵션은 부록 A에 설명한 대로 도커 서비스의 설정 파일을 변경해 사용할 수 있다는 점을 알아두기 바랍니다.

이제 도커 데몬에 TLS 보안이 정상적으로 적용됐습니다. 다른 도커 호스트에서 도커 클라이언트에 -H를 추가해 보안이 적용된 도커를 제어해 봅시다.

```
# docker -H 192.168.99.100:2376 version
Client:
 Version:           18.09.1
 API version:       1.39
...
Get http://192.168.99.100:2376/v1.39/version: net/http: HTTP/1.x transport connection broken:
malformed HTTP response "\x15\x03\x01\x00\x02\x02".
* Are you trying to connect to a TLS-enabled daemon without TLS?
```

도커의 Remote API를 사용하는 포트는 보안이 적용돼 있지 않다면 2375번 포트를, 보안이 적용돼 있다면 2376번 포트를 사용하도록 설정합니다. 이는 반드시 지켜야 할 규칙은 아니지만 도커 커뮤니티 내에서 약속한 관례입니다.

TLS 연결 설정을 하지 않았다는 에러가 출력되는 것을 볼 수 있습니다. 보안이 적용된 도커 데몬을 사용하려면 ca.pem, key.pem, cert.pem 파일이 필요합니다. 이 파일을 docker 명령어의 옵션에 명시하고 다시 원격 제어를 시도합니다.

```
# docker -H 192.168.99.100:2376 \
--tlscacert=/root/.docker/ca.pem \
--tlscert=/root/.docker/cert.pem \
--tlskey=/root/.docker/key.pem \
--tlsverify version
...
Server: Docker Engine - Community
 Engine:
  Version:          28.0.1
  API version:      1.48 (minimum version 1.24)
```

인증이 정상적으로 이뤄졌고, 도커 클라이언트로 원격 제어가 정상적으로 수행된 것을 알 수 있습니다. 그러나 매번 도커 명령어를 입력할 때마다 위와 같이 인증 관련 옵션을 입력하는 것은 귀찮은 일입니다. 이 또한 셸의 DOCKER_HOST 환경변수와 마찬가지로 인증 관련 환경변수를 설정해 매번 파일의 위치를 입력하지 않게 설정할 수 있습니다. DOCKER_CERT_PATH는 도커 데몬 인증에 필요한 파일의 위치를, DOCKER_TLS_VERIFY는 TLS 인증을 사용할지를 설정합니다.

```
# export DOCKER_CERT_PATH="/root/.docker"
# export DOCKER_TLS_VERIFY=1

# docker -H 192.168.99.100:2376 version
...
Server: Docker Engine - Community
 Engine:
  Version:          28.0.1
  API version:      1.48 (minimum version 1.24)
```

셸의 환경변수는 셸이 종료되면 초기화되므로 ~/.bashrc 등의 파일에 export를 추가해 셸을 사용할 때마다 환경변수의 값을 설정할 수 있습니다. 아래는 루트 계정에서 ~/.bashrc 파일을 수정하는 예시입니다.

```
# vi ~/.bashrc
....
export DOCKER_CERT_PATH="/root/.docker"
export DOCKER_TLS_VERIFY=1
...
```

curl로 보안이 적용된 도커 데몬의 Remote API를 사용하려면 다음과 같이 플래그를 추가합니다. 사용되는 파일은 도커 클라이언트에서 사용했던 것과 동일합니다.

```
# curl https://192.168.99.100:2376/version \
--cert ~/.docker/cert.pem \
--key ~/.docker/key.pem \
--cacert ~/.docker/ca.pem
```

2.5.3.3 도커 스토리지 드라이버 변경: --storage-driver

도커는 특정 스토리지 백엔드 기술을 사용해 도커 컨테이너와 이미지를 저장하고 관리합니다. 도커에서는 이러한 스토리지 백엔드 기술을 "스토리지 드라이버"라고 부르며, 여러분이 도커를 설치하면 자동으로 특정 스토리지 드라이버를 사용하도록 되어 있습니다. 스토리지 드라이버는 도커 컨테이너가 이미지를 불변(immutable)인 읽기 전용 파일 시스템으로 사용할 수 있도록 만들어주는 핵심 기술입니다.

도커가 사용 중인 스토리지 드라이버는 docker info 명령어로 확인할 수 있습니다. 도커 버전 28.0.1 기준으로 기본적으로 사용하도록 설정되는 스토리지 드라이버는 overlay2이며, 대부분의 리눅스 배포판에서 별도의 설정 없이 사용할 수 있는 대표적인 스토리지 드라이버입니다.

```
# docker info | grep "Storage Driver"
Storage Driver: overlay2
```

이처럼 대부분의 경우 스토리지 드라이버는 overlay2로 자동으로 설정되지만 도커 데몬 실행 옵션에서 스토리지 드라이버를 변경할 수도 있습니다. 스토리지 드라이버는 도커 데몬 옵션 중 --storage-driver를 사용해 선택할 수 있으며 지원하는 드라이버로는 overlay2, btrfs, zfs 등이 있습니다. 이 가운데 하나만 선택해 도커 데몬에 적용할 수 있으며, 적용된 스토리지 드라이버에 따라 컨테이너와 이미지가 별도로 생성됩니다.

예를 들어, 도커가 overlay2를 사용하던 도중 다음과 같이 zfs를 사용하도록 도커 데몬을 재시작하면 overlay2에서 사용했던 이미지와 컨테이너는 사용할 수 없습니다. 즉 컨테이너와 이미지는 스토리지 드라이버별로 따로 관리되는 셈입니다.

```
# dockerd --storage-driver=zfs
```

어떤 스토리지 드라이버를 사용할지는 개발하는 컨테이너 애플리케이션 및 개발 환경에 따라 다릅니다. 대부분의 경우 스토리지 드라이버의 기본 값인 overlay2를 사용해도 무방하지만, 성능이나 안정성을 좀 더 우선시한다면 btrfs나 zfs가 좋은 선택이 될 수도 있습니다. 무조건 좋은 스토리지 드라이버라는 것은 없기 때문에 상황에 따라 적절한 것을 사용하는 것이 좋습니다.

 도커 데몬이 사용하는 컨테이너와 이미지가 저장되는 디렉터리를 별도로 지정하지 않았다면 드라이버별로 사용되는 컨테이너와 이미지는 /var/lib/docker/{드라이버 이름}에 저장됩니다. 컨테이너와 이미지 파일들이 저장될 디렉터리를 임의로 지정하려면 도커 데몬의 옵션에 --data-root 옵션을 사용합니다. 빈 디렉터리를 --data-root 옵션의 입력으로 설정하면 도커 엔진이 초기화된 상태로 도커 데몬이 실행됩니다.

```
# dockerd --data-root /DATA/docker
```

단, 여러 개의 디바이스 드라이버의 디렉터리가 하나의 디렉터리에 존재할 경우 --storage-driver 옵션으로 사용할 드라이버를 명시하지 않으면 도커 데몬이 어느 드라이버를 사용할지 찾지 못하는 상황이 발생해 도커 데몬이 시작되지 않습니다. 따라서 테스트 용도로 여러 개의 스토리지 드라이버를 번갈아 사용하고 있다면 사용할 스토리지 드라이버를 명시하는 것이 좋습니다.

스토리지 드라이버의 원리

2.3절 '이미지 다루기'에서 컨테이너와 이미지가 어떻게 동작하는지 알아봤습니다. 이미지는 읽기 전용 파일로 사용되며, 컨테이너는 이 이미지 위에 얇은 컨테이너 레이어를 생성함으로써 컨테이너의 고유한 공간을 생성한다는 것이었습니다. 그러나 이것은 기본적인 개념이고, 실제로 컨테이너 내부에서 읽기와 새로운 파일 쓰기, 기존 파일 쓰기 작업이 일어날 때는 Copy-on-Write(CoW) 개념이 사용됩니다. 스토리지 기술을 상세하게 다루는 것은 이 책의 범위를 벗어나므로 자세하게 설명하지는 않지만, 도커 스토리지 드라이버는 기본적으로 CoW 원리를 기반으로 동작하므로 이 개념에 대해 간단히 짚고 넘어가겠습니다.

스냅숏의 기본 개념은 '원본 파일은 읽기 전용으로 사용하되 이 파일이 변경되면 새로운 공간을 할당한다'는 것입니다. 스토리지를 스냅숏으로 만들면 어느 파일이 스냅숏의 어느 위치에 저장되어 있는지가 목록으로 저장됩니다. 그리고 이 스냅숏을 사용하다가 스냅숏 안의 파일에 변화가 생기면 변경된 내역을 따로 관리함으로써 스냅숏을 사용합니다. 도커 이미지는 이 스냅숏의 원리를 통해 컨테이너 레이어를 관리합니다.

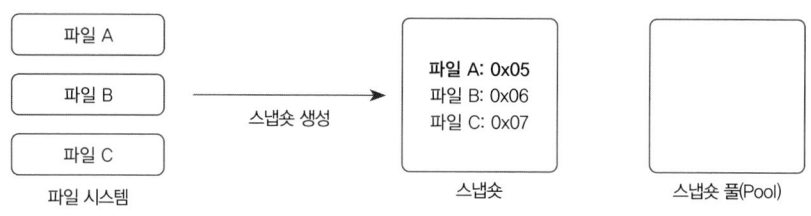

그림 2.53 파일 시스템에서 스냅숏 생성

예를 들어, 그림 2.53에서 A, B, C 파일이 스냅숏으로 생성됐다고 가정해 보겠습니다. 이 파일에 대해 읽기 작업을 수행한다면 단순히 파일 시스템의 원본 파일에 접근해 파일 내용을 읽으면 됩니다. 그러나 이 스냅숏의 A 파일에 쓰기 작업을 수행해야 할 경우에는 조금 상황이 달라집니다. 스냅숏의 파일은 변경하지 않으면서도 쓰기 작업을 수행한 결과를 저장할 수 있어야 하기 때문입니다. 이를 해결해주는 방법이 바로 CoW입니다.

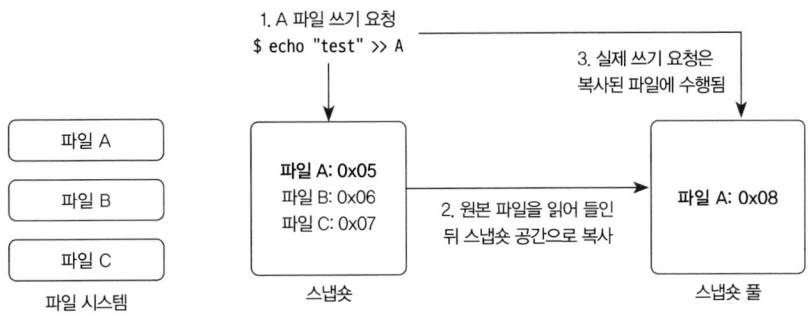

그림 2.54 CoW의 스냅숏 파일 쓰기 작업 과정

CoW는 스냅숏의 파일에 쓰기 작업을 수행할 때 원본 파일을 스냅숏 바깥의 공간에 복사한 뒤, 복사된 파일에 쓰기 요청을 반영합니다. 따라서 실제 쓰기 작업은 스냅숏 내부의 파일이 아닌, 별도의 공간에 복사된 파일에서 이루어지게 됩니다.

이를 도커 컨테이너와 이미지에 적용해 보겠습니다. 이미지 레이어는 스냅숏에 해당하고, 컨테이너는 이 스냅숏을 사용하는 변경점입니다. 컨테이너에서 이미지 레이어 내부의 파일을 변경해야 할 경우 해당 파일을 컨테이너 레이어로 복사하고, 해당 파일에 쓰기 작업을 수행합니다. 컨테이너를 이미지로 만들면 변경된 사항이 스냅숏으로 생성되고 하나의 이미지 레이어로서 존재하게 됩니다.

각 디바이스 드라이버별로 스냅숏과 레이어를 지칭하는 용어는 조금씩 다르지만, 기본적으로는 CoW의 원리를 사용하고 있습니다.

OverlayFS 드라이버 사용하기

OverlayFS는 대부분의 운영체제에서 도커를 설치하면 자동으로 사용되도록 설정되는 드라이버입니다. OverlayFS는 도커에서 overlay2라는 이름의 스토리지 드라이버로 사용되며, 이는 docker info 명령어에서도 확인할 수 있습니다. overlay2는 커널의 버전 4.0 이상이라면 기본적으로 사용할 수 있습니다.

```
# docker info | grep "Storage"
 Storage Driver: overlay2
```

도커 엔진이 overlay2를 사용하는 것을 확인했다면 적당한 이미지와 컨테이너를 새로 생성해 보겠습니다.

```
# docker run -i -t --name container ubuntu:24.04
root@88d95f23d5ce:/# echo my file! >> overlayfile
```

호스트로 빠져나와 /var/lib/docker/overlay2 디렉터리의 내용을 살펴보면 다음과 같이 컨테이너와 이미지의 파일을 담고 있는 디렉터리가 존재하는 것을 확인할 수 있습니다. 이 가운데 이름 끝에 -init이 붙은 디렉터리가 방금 생성한 컨테이너를 의미합니다. 이 디렉터리의 이름에서 -init을 제외한 디렉터리가 실제 컨테이너의 파일 시스템을 담고 있는 디렉터리입니다.

```
# ls /var/lib/docker/overlay2
…
bcd1d76e581302885431c4f210d0f8493b955618c995aebf35430974f6ac9c16
bcd1d76e581302885431c4f210d0f8493b955618c995aebf35430974f6ac9c16-init
…
```

-init을 제외한 이름의 디렉터리를 확인해보면 다음과 같이 5개의 파일이 존재합니다.

```
# ls bcd1d76e581302885431c4f210d0f8493b955618c995aebf35430974f6ac9c16
diff  link  lower  merged  work
```

 mount 명령어를 사용하면 컨테이너의 마운트 디렉터리를 쉽게 확인할 수 있습니다.

```
# mount | grep overlay2
overlay on /var/lib/docker/overlay2/bcd1d76e5…/merged type overlay
(rw,relatime,
lowerdir=/var/lib/docker/overlay2/l/F4YVNIW…:/var/lib/docker/overlay2/l/KMR2GN…,
upperdir=/var/lib/docker/overlay2/bcd1d76e5…/diff,
workdir=/var/lib/docker/overlay2/bcd1d76e5…/work,
nouserxattr)
```

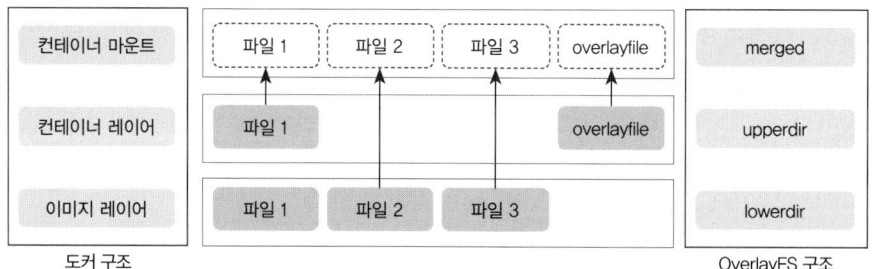

그림 2.55 overlay 드라이버의 구조

overlay2 드라이버는 컨테이너를 사용하기 위해 merged, upperdir, lowerdir의 구조로 나눕니다. lowerdir은 도커의 이미지 레이어에 해당하고, upperdir은 컨테이너 레이어에 해당합니다. 다른 스토리지 드라이버와는 다르게 여러 계층의 이미지 레이어가 존재하는 것이 아니며, 여러 개의 이미지 레이어를 하나의 컨테이너 마운트 지점에서 통합해 사용합니다.

upperdir에는 컨테이너에서 발생한 변경 사항을 담고 있으며, 위에서 생성한 컨테이너는 overlayfile이라는 변경 사항을 가지고 있기 때문에 upperdir 디렉터리에는 해당 파일이 존재합니다. 여기서 upperdir 디렉터리는 diff라는 이름의 디렉터리에 해당합니다.

```
ls /var/lib/docker/overlay2/bcd1d76e…/diff
overlayfile

# ls /var/lib/docker/overlay2/bcd1d76e…/merged
bin  boot  dev  etc  home  lib  lib64  media  mnt  opt  overlayfile  proc  root  run  sbin  srv
sys  tmp  usr  var
```

overlay2는 이미지에 존재하는 파일에 쓰기 작업을 수행할 때 파일을 컨테이너 레이어인 upperdir로 복사(copy_up)해 사용합니다. 따라서 크기가 큰 파일에 처음으로 쓰기 작업을 수행할 때는 upperdir에 복사하는 시간으로 인해 작업 수행 시간에 지연이 생길 수도 있습니다. 컨테이너 내부에서 읽기, 쓰기 작업이 많이 발생할 경우 도커 볼륨을 사용하는 것도 좋은 방법입니다.

btrfs 드라이버 사용하기

btrfs는 리눅스 파일 시스템 중 하나로, SSD 최적화, 데이터 압축 등 다양한 기능을 제공합니다. btrfs 드라이버는 OverlayFS와는 다르게 파일 시스템을 별도로 구성하지 않으면 도커에서 사용할 수 없으며, /var/lib/docker 디렉터리가 btrfs 파일 시스템을 사용하는 공간에 마운트되어 있어야만 합니다. btrfs는 리눅스 커널에 포함되어 있으므로 대부분의 리눅스 배포판에서 사용할 수 있으나, 가능하면 우분투 및 데비안 계열의 리눅스에서 사용하는 것이 권장됩니다.

btrfs를 스토리지 드라이버로 사용하는 방법은 아래와 같습니다.

1. btrfs를 설치하기 전에 도커 데몬이 실행 중이라면 먼저 이를 정지한 후 진행합니다.

2. 다음 명령어를 입력해 btrfs 스토리지 풀을 생성합니다. 다음 명령에서는 /dev/xvdd를 사용하여 해당 디바이스를 btrfs로 만들었지만, 여러분의 환경에서 사용할 디바이스의 이름을 적절히 입력하기 바랍니다.

   ```
   # mkfs.btrfs -f /dev/xvdd
   ```

3. 도커가 이미 설치되어 /var/lib/docker가 비어있지 않다면, 해당 디렉터리를 먼저 삭제한 후 재생성합니다.

   ```
   # rm -rf /var/lib/docker
   # mkdir /var/lib/docker
   ```

/var/lib/docker 디렉터리를 삭제하면 기존에 사용하던 도커 이미지 및 컨테이너가 모두 삭제되므로, 필요하다면 디렉터리를 백업해두는 것이 좋습니다. 기존 데이터를 삭제하기를 원치 않는다면 도커 데몬 옵션 중 --data-root를 btrfs가 마운트된 디렉터리로 설정해 사용하는 것도 방법입니다.

4. 시스템이 재부팅될 때마다 btrfs 디바이스가 마운트되도록 설정하기 위해 /etc/fstab 파일에 다음 내용을 추가합니다. 위와 마찬가지로 /dev/xvdd는 예시일 뿐이며, 사용하는 디바이스에 맞게 이름을 수정하기 바랍니다.

```
# vi /etc/fstab
…
/dev/xvdb /var/lib/docker btrfs defaults 0 0
```

5. /etc/fstab 파일에 설정한 내용을 적용하기 위해 mount -a 명령어를 입력해 fstab 파일에 명시된 파일 시스템을 마운트합니다. mount 명령어를 사용하면 정상적으로 파일 시스템이 마운트됐는지 확인할 수 있습니다.

```
# mount -a
# mount
…
/dev/xvdd on /var/lib/docker type btrfs (rw,relatime,ssd,space_cache=v2,subvolid=5,subvol=/)
```

6. btrfs 마운트가 완료됐다면 도커 데몬 옵션에 --storage-driver=btrfs를 추가한 뒤 재시작하면 스토리지 드라이버가 btrfs로 설정됩니다.

```
# vi /etc/default/docker
…
DOCKER_OPTS="--storage-driver=btrfs"

# service docker restart
# docker info | grep Storage
Storage Driver: btrfs
…
```

도커가 정상적으로 btrfs 드라이버를 인식하고 사용하고 있음을 알 수 있습니다.

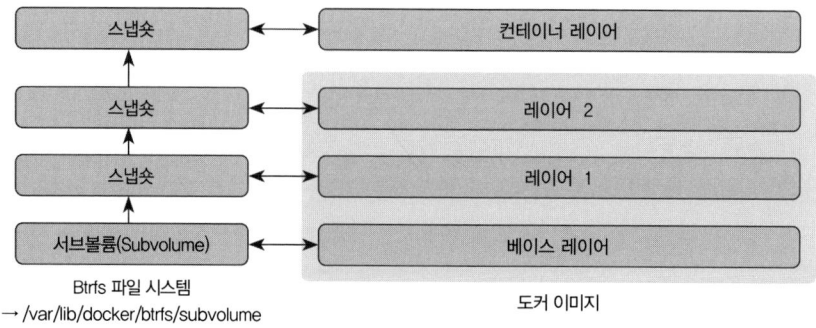

그림 2.56 btrfs의 이미지, 컨테이너 구조

btrfs 드라이버의 구조 자체는 다른 스토리지 드라이버와 유사하지만, 이미지와 컨테이너를 서브 볼륨(subvolume)과 스냅숏 단위로 관리한다는 점이 다릅니다. 이미지에서 가장 아래에 있는 베이스 레이어(Base Layer)가 서브 볼륨이 되고, 그 위에 쌓이는 자식 레이어(Child Layer)가 베이스 레이어에 대한 스냅숏으로 생성됩니다. 새로운 컨테이너가 생성되면 컨테이너 레이어가 이미지의 맨 위에 있는 레이어의 스냅숏으로서 생성됩니다. btrfs 또한 /var/lib/docker/btrfs 디렉터리에서 컨테이너 레이어의 파일을 확인할 수 있습니다.

```
# ls /var/lib/docker/btrfs
subvolumes
```

btrfs는 이미지에 존재하던 파일에 쓰기 작업을 수행할 때 전체 파일이 아닌 블록 레벨에서 CoW를 수행함으로써 원본 스냅숏 파일을 보존한다는 특징이 있습니다. 또한 btrfs는 자체적으로 SSD에 최적화돼 있어 대체적으로 우수한 성능을 보여주며, 리눅스의 파일 시스템이 제공하지 않는 여러 기능을 제공한다는 장점도 있습니다.

ZFS 드라이버 사용하기

ZFS는 썬 마이크로시스템즈(Sun Microsystems)[24]에서 개발했으며 Btrfs처럼 압축, 레플리카, 데이터 중복 제거 등 다양한 기능을 제공합니다. 그러나 ZFS는 라이선스 문제로 리눅스 커널에 기본적으로 탑재돼 있지 않기 때문에 별도의 설치 과정이 필요합니다. 이를 위해 ZFS on Linux(ZoL)라는 프로젝트가 ZFS를 독립적으로 설치할 수 있도록 모듈을 제공합니다.

설치하는 방법은 다음과 같습니다.[25]

1. 먼저 도커 데몬이 실행 중이라면 이를 정지합니다.

   ```
   # service docker stop
   ```

2. 우분투 및 데비안 계열 리눅스에서는 아래의 명령어를 입력해 zfs 관련 유틸리티를 설치할 수 있습니다.

   ```
   # apt install zfsutils-linux
   ```

3. 리눅스 배포판에 상관없이 설치가 완료되면 다음 명령어를 입력해 모듈을 로드합니다.

   ```
   # modprobe zfs
   ```

---

[24] 현재는 오라클에 인수되어 합병됐습니다.
[25] CentOS에서 ZFS를 사용하는 것이 불가능하지는 않지만, CentOS보다는 우분투에서 ZFS를 사용하는 것을 권장합니다.

4. 다음 명령어를 입력해 새로운 zpool을 생성합니다. 이 zpool의 이름은 zpool-docker로 설정돼 생성됩니다. 이 예에서는 디바이스 이름을 /dev/xvdb로 지정했지만 디바이스에 맞게 이름을 변경하기 바랍니다.

```
# zpool create -f zpool-docker /dev/xvdb
```

5. ZFS 파일 시스템을 생성하고 이를 /var/lib/docker에 마운트합니다.

```
# zfs create -o mountpoint=/var/lib/docker zpool-docker/docker
```

6. ZFS 풀이 /var/lib/docker에 정상적으로 마운트됐는지 확인합니다. 다음과 같은 출력 결과를 확인했다면 /var/lib/docker 디렉터리가 ZFS를 사용하고 있으며 도커가 ZFS를 사용할 준비가 된 것입니다.

```
# zfs list -t all
NAME                    USED   AVAIL   REFER   MOUNTPOINT
zpool-docker            95K    7.69G   19K     /zpool-docker
zpool-docker/docker     19K    7.69G   19K     /var/lib/docker
```

7. 도커 데몬 옵션에 --storage-driver=zfs를 추가한 뒤 재시작하면 스토리지 드라이버가 zfs로 설정됩니다.

```
# vi /etc/default/docker
...
DOCKER_OPTS="--storage-driver=zfs"

# service docker restart
# docker info | grep Storage
Storage Driver: zfs
...
```

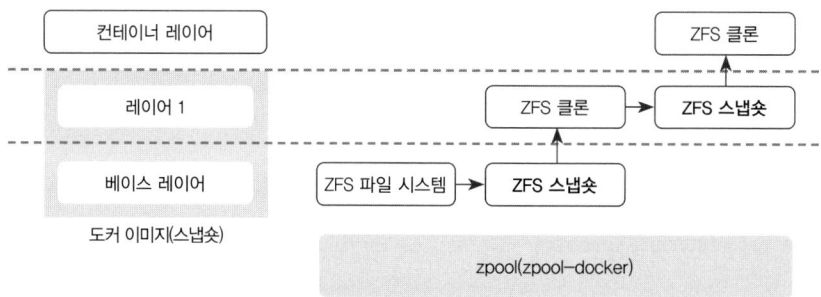

그림 2.57 ZFS의 컨테이너, 이미지 레이어 구조

ZFS도 용어의 차이만 있을 뿐 다른 스토리지 드라이버와 유사한 구조를 띱니다. ZFS 드라이버를 사용하면 이미지와 컨테이너 레이어는 ZFS 파일 시스템, ZFS 클론(clone), ZFS 스냅숏으로 구분되어 관리됩니다. 이미지의 베이스 레이어가 ZFS 파일 시스템이 되고, 이로부터 ZFS 스냅숏을 생성해 하나의 레이어를 구성합니다. 이 ZFS 스냅숏에서 ZFS 클론을 생성해 이를 컨테이너 레이어를 위한 공간으로 사용합니다. ZFS 클론을 다시 스냅숏으로 만들면 다시 이미지 레이어로서 생성되며, 이전과 동일한 과정을 거쳐 하나의 이미지로 사용됩니다.

ZFS의 쓰기와 읽기 작업도 Btrfs와 유사하게 RoW를 사용합니다. 컨테이너 레이어에서 새로운 데이터를 쓸 때는 allocate-on-demand 작업에 의해 zpool로부터 새로운 블록을 할당받고 쓰기 작업을 수행합니다. 이미 존재하던 파일에 쓰기 작업을 수행할 때는 컨테이너 레이어인 ZFS 클론에 zpool로부터 128KB 크기의 새로운 블록을 여러 개 할당하고 이 블록에 쓰기 작업을 수행합니다.

ZFS는 성능뿐 아니라 안정성에 초점을 뒀으며, 앞서 언급한 것처럼 압축과 데이터 중복 제거 등 여러 기능을 제공합니다. 또한 ZFS는 ARC(Adaptive Replacement Cache)라고 하는 메모리 구조로 디스크 블록을 캐시하기 때문에 PaaS 환경에도 나쁘지 않은 스토리지입니다.

그러나 기억해야 할 것은 ZFS는 결코 가벼운 파일 시스템이 아니라는 점입니다. ZFS는 메모리를 상당히 소모하는 파일 시스템이기 때문에 ZFS를 스토리지 드라이버로 사용하는 도커에서 많은 수의 컨테이너를 동시에 사용해야 한다면 호스트의 자원 사용량을 수시로 확인하는 것이 좋습니다.

2.5.4 도커 데몬 모니터링

도커 데몬을 모니터링하는 데는 여러 가지 이유가 있을 수 있습니다. 많은 수의 도커 서버를 효율적으로 관리하기 위해서일 수도 있고, 도커로 컨테이너 애플리케이션을 개발하다가 문제가 생겼을 때 그 원인을 찾아내기 위해서일 수도 있으며, 도커를 PaaS로써 제공하기 위해 실시간으로 도커 데몬의 상태를 체크해야 할 수도 있습니다. 이러한 목적에 부합하는 모니터링 방법은 매우 많습니다. 제한적으로나마 도커 엔진 자체가 지원하는 모니터링 기능도 있고, 도커 프로젝트에서 지원하는 상용 솔루션 및 각종 오픈소스 대시보드도 있습니다. 이번 절에서는 하나의 컨테이너뿐만 아니라 도커 데몬 자체를 모니터링하는 방법을 알아보겠습니다.

2.5.4.1 도커 데몬 디버그 모드

도커 데몬에서 어떤 일이 일어나고 있는지 가장 확실하고 정확하게, 그리고 자세히 알아내는 방법은 도커 데몬을 디버그 옵션으로 실행하는 것입니다. 이렇게 하면 Remote API의 입출력뿐만 아니라 로컬 도커 클라이언트에서 오가는 모든 명령어를 로그로 출력합니다. 디버그 모드는 도커 데몬을 실행할 때 -D 옵션을 추가해서 사용할 수 있습니다.

```
# dockerd -D
INFO[2025-03-15T08:58:05.465048434Z] Starting up
DEBU[2025-03-15T08:58:05.465519808Z] Listener created for HTTP on unix (/var/run/docker.sock)
INFO[2025-03-15T08:58:05.465881875Z] OTEL tracing is not configured, using no-op tracer provider
INFO[2025-03-15T08:58:05.466023482Z] detected 127.0.0.53 nameserver, assuming systemd-resolved,
so using resolv.conf: /run/systemd/resolve/resolv.conf
DEBU[2025-03-15T08:58:05.477002441Z] Golang's threads limit set to 6750
...
```

 도커를 서비스로서 구동했을 때는 위와 같은 출력 내용이 없기 때문에 로그 파일에서 이를 확인할 수 있습니다. upstart 기반의 리눅스에서는 /var/log/upstart/docker.log에서, systemd를 기반으로 하는 우분투 16.04 이상의 리눅스 등에서는 journalctl -u docker 명령어로 확인할 수 있습니다.

디버그 모드는 도커 데몬에 문제가 생겼을 때 무엇이 잘못됐는지 확인하는 가장 좋은 수단입니다. 그러나 로그에는 원하지 않는 정보까지 너무 많이 출력되며, 호스트에 있는 파일을 읽거나 도커 데몬을 포그라운드 상태로 실행해야 한다는 단점이 있으므로 이 방법만으로는 뭔가 조금 부족해 보입니다. 다음 절에서는 도커가 제공하는 명령어를 통해 도커 데몬을 모니터링하는 방법을 알아보겠습니다.

2.5.4.2 events, stats, system df 명령어

events

도커를 사용하는 가장 쉬운 방법은 도커 자체가 제공하는 기능을 사용하는 것이며, events 명령어도 도커가 기본으로 제공하는 명령어입니다. events는 도커 데몬에 어떤 일이 일어나고 있는지를 실시간 스트림 로그로 보여줍니다. 사용법은 매우 간단합니다. 다음 명령어 중 하나를 입력하면 도커 데몬이 수행한 명령어의 결과를 실시간으로 볼 수 있습니다.

```
# docker events
# docker system events
```

위 명령어를 입력한 직후에는 어떠한 이벤트도 도커 데몬에 발생하지 않았으므로 아무것도 출력되지 않습니다. 새로운 터미널을 연 뒤에 ubuntu:24.04 이미지를 pull해보겠습니다.

```
# docker pull ubuntu:24.04
24.04: Pulling from library/ubuntu
Digest: sha256:72297848456d5d37d1262630108ab308d3e9ec7ed1c3286a32fe09856619a782
Status: Image is up to date for ubuntu:24.04
```

이미지의 pull이 완료되면 docker events를 실행했던 터미널에서 다음과 같은 명령어가 출력되는 것을 확인할 수 있습니다.

```
# docker events
2025-03-15T09:01:37.565470882Z image pull ubuntu:24.04 (name=ubuntu, org.opencontainers.image.
ref.name=ubuntu, org.opencontainers.image.version=24.04)
```

이처럼 도커 데몬에서 실행되는 명령어의 결과를 로그로 출력합니다. 그러나 도커 클라이언트에서 입력하는 모든 명령어가 출력되는 것은 아니며, attach, commit, copy, create 등의 컨테이너 관련 명령어, delete, import, load, pull, push 등의 이미지 관련 명령어, 볼륨, 네트워크, 플러그인 등에 관한 명령어의 수행 결과가 출력됩니다.

events 명령어는 filter 옵션을 사용해 원하는 정보만 출력하도록 설정할 수 있습니다. 출력의 종류는 container, image, volume, network, plugin, daemon으로 나뉘는데, 특정 항목에 대한 출력 결과만 보고 싶다면 --filter 'type=..'처럼 옵션을 설정하면 됩니다. 다음 예는 이미지에 관한 로그만 출력하도록 설정했으므로 docker pull, push 등 이미지에 관련된 명령어만 출력될 것입니다.

```
# docker events --filter 'type=image'
```

type뿐 아니라 특정 컨테이너와 특정 이미지로 생성된 이미지, 라벨 등으로 필터를 설정할 수도 있으며, 자세한 내용은 도커의 events 명령어 항목[26]을 참고하기 바랍니다.

stats

docker stats 명령어는 실행 중인 모든 컨테이너의 자원 사용량을 스트림으로 출력합니다. stats 명령어도 다음과 같이 간단히 사용할 수 있습니다.

```
# docker stats
CONTAINER       CPU %     MEM USAGE / LIMIT    MEM %     NET I/O         BLOCK I/O         PIDS
fce137b795fa    0.00%     4.18 MiB / 15.47 GiB 0.03%     578 B / 578 B   4.301 MB / 0 B    0
```

stats 명령어는 실행 중인 모든 컨테이너의 CPU, 메모리 제한 및 사용량, 네트워크 입출력(I/O), 블록 입출력(하드웨어 입출력) 정보를 출력합니다. 기본적으로 스트림 형태로 출력되며, 스트림이 아닌 한 번만 출력하는 방식으로 사용하고 싶다면 --no-stream 옵션을 추가합니다.

```
# docker stats --no-stream
```

---

[26] https://docs.docker.com/reference/cli/docker/system/events/
[27] https://docs.docker.com/reference/api/engine/version/v1.39/#tag/Container/operation/ContainerStats

Remote API로 사용할 수 있는 stats 명령어는 도커 클라이언트에서 확인할 수 있는 자원 사용량보다 더욱 자세한 정보를 반환합니다. 도커 클라이언트는 퍼센트(%)와 대략적인 크기로만 출력되지만 Remote API는 모든 데이터를 바이트 단위로 반환하며 훨씬 자세한 항목을 포함합니다. 이에 대한 자세한 설명은 도커 Remote API의 stats 항목[27]을 참고하기 바랍니다.

system df

system df 명령어는 도커에서 사용하고 있는 이미지, 컨테이너, 로컬 볼륨의 총 개수 및 사용 중인 개수, 크기, 삭제함으로써 확보 가능한 공간을 출력합니다. 다음 예시에서 총 이미지의 개수는 2개이고, 이 가운데 사용 중인 이미지는 1개이며, 이미지가 차지하는 공간이 189MB임을 확인할 수 있습니다. RECLAIMABLE 항목은 사용 중이지 않은 이미지를 삭제함으로써 확보할 수 있는 공간을 의미합니다.

```
# docker system df
TYPE            TOTAL   ACTIVE   SIZE       RECLAIMABLE
Images          2       1        189 MB     1.11 MB (0%)
Containers      2       1        0 B        0 B
Local Volumes   5       0        193.3 MB   193.3 MB (100%)
Build Cache     0       0        0B         0B
```

사용 중이지 않은 컨테이너와 볼륨은 각각 docker container prune, docker volume prune으로 한꺼번에 삭제할 수 있습니다. docker image prune 명령어를 사용하면 사용 중이지 않은 댕글링(dangling) 이미지를 삭제합니다.

댕글링 이미지는 docker images 명령어의 출력 결과에서 이름이 〈none〉:〈none〉인 이미지를 뜻합니다.

```
# docker images
REPOSITORY      TAG         IMAGE ID       CREATED        SIZE
<none>          <none>      7c09e61e9035   32 hours ago   188 MB
```

2.5.4.3 CAdvisor

CAdvisor는 구글이 만든 컨테이너 모니터링 도구로, 컨테이너로서 간단히 설치할 수 있고 컨테이너별 실시간 자원 사용량 및 도커 모니터링 정보 등을 시각화해서 보여줍니다. CAdvisor는 오픈소스로서 깃허브[28]에서 소스코드로 사용할 수 있으며, 구글 컨테이너 레지스트리[29]에서 도커 이미지로도 배포되고 있습니다.

CAdvisor를 사용하기 위해 다음 명령어를 입력합니다. CAdvisor는 컨테이너 에이전트의 형태로 도커 모니터링에 필요한 자료를 수집합니다.

```
# docker run \
  --volume=/:/rootfs:ro \
  --volume=/var/run:/var/run:ro \
  --volume=/sys:/sys:ro \
  --volume=/var/lib/docker/:/var/lib/docker:ro \
  --volume=/dev/disk/:/dev/disk:ro \
  --publish=8080:8080 \
  --detach=true \
  --name=cadvisor \
  --privileged \
  --device=/dev/kmsg \
  gcr.io/cadvisor/cadvisor:v0.49.1
```

이미지 pull 및 컨테이너 생성이 완료되면 호스트의 8080번 포트로 CAdvisor 대시보드에 접근할 수 있습니다. 웹 브라우저에서 아래와 같은 화면을 확인할 수 있다면 CAdvisor 컨테이너가 정상적으로 생성된 것입니다.

그림 2.58 CAdvisor에 웹 브라우저로 접속한 모습

---

28 https://github.com/google/cadvisor
29 https://gcr.io/cadvisor/cadvisor

CAdvisor에서는 생성된 모든 컨테이너의 자원 사용량을 확인할 수 있을 뿐만 아니라 도커 데몬의 정보, 상태, 호스트의 자원 사용량까지 한 번에 확인할 수 있습니다. IP 주소와 8080번 포트로 접속했을 때 확인할 수 있는 페이지는 호스트의 프로세스, 자원 사용량 등을 보여줍니다.

[Subcontainers] 항목의 [/docker]를 클릭하면 도커 데몬의 정보, 컨테이너의 목록을 보여주는 페이지로 이동합니다. [Subcontainers] 항목의 컨테이너 이름을 클릭하면 컨테이너의 자원 사용률도 실시간으로 확인할 수 있습니다.

CAdvisor의 대시보드는 60초간의 모니터링 정보만 보여주지만 InfluxDB나 Prometheus 등과 같이 사용하면 장기간의 모니터링 정보를 수집하고 분석할 수 있습니다.

여기서 짚고 넘어가야 할 부분은 CAdvisor를 생성할 때 옵션으로 설정한 호스트 볼륨 공유(-v) 부분입니다. CAdvisor는 이렇게 많은 정보를 어떻게 사용자에게 보여줄 수 있는 것일까요?

답은 도커 데몬의 정보를 가져올 수 있는 호스트의 모든 디렉터리를 CAdvisor 컨테이너에 볼륨으로서 마운트했기 때문입니다. /var/run에는 도커를 로컬에서 제어하기 위한 유닉스 소켓이 있고, /sys에는 도커 컨테이너를 위한 cgroup 정보가 저장돼 있으며 /var/lib/docker에는 도커의 컨테이너, 이미지 등이 파일로 존재합니다.

/sys/fs 디렉터리에는 도커 컨테이너에게 격리된 자원을 제공하기 위한 cgroup 디렉터리가 존재합니다. 이 디렉터리에는 CPU, Memory 등 컨테이너가 격리되어 할당받아야 할 자원이 디렉터리로서 다시 존재하고, 그 하위 디렉터리에는 각 컨테이너에게 할당된 cgroup 정보가 존재합니다.

```
# ls /sys/fs/cgroup/(cgroup 할당 자원)/docker/(컨테이너 ID)/ ....
```

다음 예에서 08d709...라는 ID를 가진 컨테이너의 메모리 cgroup 정보가 들어있는 디렉터리를 볼 수 있습니다. 관심이 있다면 한 번 cgroup 디렉터리를 자세히 살펴보는 것을 권장합니다.

```
# ls /sys/fs/cgroup/memory/docker/
08d709c5cfe81801918ef4956....
memory.failcnt
memory.kmem.tcp.limit_in_bytes
memory.memsw.limit_in_bytes
....
```

그러나 CAdvisor은 단일 도커 호스트만을 모니터링할 수 있다는 한계가 있습니다. 여러 개의 호스트로 도커를 사용하고 있으며, 이를 기반으로 PaaS(Platform as a Service) 같은 도커 클러스터를 구축했다면 단일 CAdvisor 컨테이너는 용도에 맞지 않을 수도 있습니다. 이를 위해서, 보통은 쿠버네티스나 스웜 모드 등과 같은 오케스트레이션 툴을 설치한 뒤에 프로메테우스(Prometheus), InfluxDB 등을 이용해 여러 호스트의 데이터를 수집하는 것이 일반적입니다.

2.5.5 파이썬 Remote API 라이브러리를 이용한 도커 사용

이전의 2.5.3.1절 '도커 데몬 제어하기: -H'에서 도커를 원격으로 제어하는 방법을 살펴봤습니다. 필요에 따라서는 -H 옵션을 원격의 도커 데몬을 제어하기 위해 사용하는 것도 좋은 방법이 될 수 있지만 컨테이너 애플리케이션이 수행해야 할 작업이 많거나 애플리케이션 초기화 등에 복잡한 과정이 포함돼 있다면 도커를 제어하는 라이브러리를 사용해 이를 좀 더 쉽게 해결할 수 있습니다.

도커를 제어하고 싶을 경우 일일이 Remote API에 대한 요청을 소스코드로 작성할 필요 없이 이미 Remote API를 래핑해서 사용하기 쉽게 만들어 놓은 라이브러리를 이용할 수 있습니다. 이러한 라이브러리는 도커 SDK 페이지[30]에서 확인할 수 있습니다. 도커의 기반 언어인 Go는 물론 C#, C++, 파이썬(Python), 다트(Dart), PHP, 자바(Java) 등 많은 라이브러리를 오픈소스로 사용할 수 있습니다.

Unofficial libraries

There are a number of community supported libraries available for other languages. They have not been tested by Docker, so if you run into any issues, file them with the library maintainers.

Language	Library
C	libdocker
C#	Docker.DotNet
C++	lasote/docker_client
Clojure	clj-docker-client

그림 2.59 활용할 수 있는 라이브러리 목록

이 가운데 친숙한 언어를 선택해 라이브러리를 사용하면 됩니다. 이번 절에서는 파이썬 공식 라이브러리를 사용하는 방법을 설명하지만 다른 언어로 바인딩된 라이브러리도 각 깃허브 저장소에서 사용법을 간단히 설명하고 있으므로 관심이 있다면 사용해보는 것을 추천합니다.

---

[30] https://docs.docker.com/engine/api/sdks/

파이썬 라이브러리를 사용하려면 Python 3 버전 이상이 설치돼 있어야 합니다. 리눅스를 설치하면 기본적으로 파이썬이 설치돼 있으므로 도커 엔진을 리눅스 환경에서 사용하고 있다면 별도로 설치할 필요는 없습니다. 파이썬 라이브러리는 도커 홈페이지에서 확인할 수 있는 docker-py이며, docker-py의 깃허브[31]에서 소스코드를 확인할 수 있습니다. 또한 라이브러리를 사용하는 자세한 방법은 docker-py의 문서[32]에서도 확인할 수 있습니다.

파이썬 라이브러리는 pip를 통해 설치되므로 pip가 설치돼 있지 않다면 이를 먼저 설치합니다.

우분투에서 pip 설치
```
# apt-get install python3-pip -y
```

CentOS에서 pip 설치
```
# yum install epel-release -y
# yum install python3-pip -y
```

pip로 도커 라이브러리 설치
```
# pip3 install docker
```

라이브러리가 정상적으로 설치됐는지 확인하기 위해 파이썬 셸을 실행해 도커 클라이언트를 실행합니다. 다음 예는 유닉스 소켓에 연결해 도커 엔진의 정보를 출력합니다. Remote API로 도커 클라이언트를 사용하려면 base_url에 http://192.168.0.100:2375와 같이 도커 데몬에 접근할 수 있는 IP 주소와 포트 번호를 입력합니다.

```
# python3
Python 3.8.10 (default, Mar 15 2022, 12:22:08)
[GCC 9.4.0] on linux
Type "help", "copyright", "credits" or "license" for more information.
>>> import docker
>>> client = docker.DockerClient(base_url='unix://var/run/docker.sock')
>>> client.info()
{'ID': 'YAV5:3RHG:HW7B:62QU:JUAP:HKB7:RIHQ:U7GZ:4PIH:X7SE:5Q64:OHW4', 'Containers': 1,
'ContainersRunning': 1, 'ContainersPaused': 0, 'ContainersStopped': 0, 'Images': 14, 'Driver':
'overlay2',
```

도커 클라이언트 객체를 생성했다면 이를 이용해 도커 엔진을 제어할 수 있습니다. 다음 예시는 호스트의 80/tcp 포트를 컨테이너의 80번 포트에 연결하는 Nginx 컨테이너를 Detach 상태로 생성하고 시작하는 예입니다. 즉, 다음 내용은 docker run -d -p 80:80 nginx와 동일합니다.

---

[31] https://github.com/docker/docker-py
[32] https://docker-py.readthedocs.io/en/stable/index.html

```
# vi run_nginx_container.py
import docker

client = docker.DockerClient(base_url='unix://var/run/docker.sock')
container = client.containers.run('nginx',
detach=True,
ports={'80/tcp': 80})

print("Created container is : {}, {}".format(container.name, container.id))
```

```
# python3 run_nginx_container.py
Created container is : hopeful_feynman, ace63b3c9b3b8e6a9134d37cb76....
```

03

도커 스웜

3.1 도커 스웜을 사용하는 이유

지금까지 알아본 도커 사용법은 대부분 하나의 호스트를 기준으로 합니다. docker ps 명령어는 하나의 도커 엔진에 존재하는 컨테이너의 목록을 출력하며 create, run 명령어 또한 하나의 도커 엔진에 컨테이너를 생성합니다. 그러나 실제로 도커를 운영 환경에 적용한다면 조금 이야기가 달라집니다. 하나의 호스트 머신에서 도커 엔진을 구동하다가 CPU나 메모리, 디스크 용량과 같은 자원이 부족하면 이를 어떻게 해결할까요?

가장 간단한 해답은 '매우 성능이 좋은 서버를 새로 산다'입니다. 하지만 자원의 확장성 측면이나 비용 측면에서도 이것은 좋은 해답이 아닙니다. 자원이 부족할 때마다 더 성능이 좋은 서버를 살 수는 없을뿐더러 높은 가격의 서버를 사고 유지하는 비용 또한 무시할 수 없기 때문입니다. 이를 해결하기 위해 여러 가지 방법이 제안됐지만, 가장 많이 사용하는 방법은 여러 대의 서버를 클러스터로 만들어 자원을 병렬로 확장하는 것입니다.

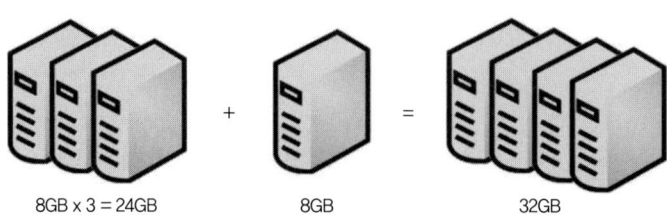

그림 3.1 서버를 병렬로 확장하기

예를 들어, 8GB의 메모리가 탑재된 서버 3대에 도커 엔진을 설치해 실제 운영 환경에 사용한다고 가정해 봅시다. 이 3대의 서버에 컨테이너가 너무 많이 생성돼 있어 더는 컨테이너를 사용할 수 없다고 판단되면 8GB의 메모리가 탑재된 새로운 서버를 추가해 자원을 늘리는 것입니다. 이렇게 추가된 서버의 자원만큼 클러스터 내의 가용 자원은 늘어나므로 총 사용 가능한 자원은 32GB가 됩니다. 따라서 필요한 만큼 많은 서버를 병렬로 확장해 나가면 적당한 성능의 서버 여러 대를 하나의 자원 풀(Pool)로 만들어 사용할 수 있고 성능이 좋은 값비싼 서버를 사지 않아도 됩니다.

 서버 클러스터링에 관심이 있지만 가격과 성능 등의 문제로 여러 대의 서버를 사용하지 못하고 있다면 라즈베리 파이 같은 저렴한 가격의 하드웨어를 여러 개 사거나 각종 클라우드 서비스에서 서버 인스턴스를 최소한의 성능으로 제공받아 도커 클러스터를 구축하는 것도 좋은 선택이 될 수 있습니다.

그러나 여러 대의 서버를 하나의 자원 풀로 만드는 것은 쉬운 작업이 아닙니다. 새로운 서버나 컨테이너가 추가됐을 때 이를 발견(Service Discovery)하는 작업부터 어떤 서버에 컨테이너를 할당할 것인가에 대한 스케줄러와 로드밸런서 문제, 클러스터 내의 서버가 다운됐을 때 고가용성(High Availability)을 어떻게 보장할지 등이 문제로 남아 있습니다. 그러나 다행히도 이러한 문제를 해결하는 여러 솔루션을 오픈소스로 활용할 수 있습니다. 이 가운데 대표적인 것이 바로 쿠버네티스 및 도커 스웜(docker swarm)입니다. 실제 운영 환경에서는 대부분 쿠버네티스를 사용하지만 서버 클러스터를 접해본 적이 없는 초보자라면 가장 먼저 도커 스웜을 사용해 보는 것을 권장합니다. 비록 도커 스웜 모드가 실제 운영 환경에서 많이 쓰이는 것은 아니지만 서버 클러스터에서 컨테이너를 어떻게 다루는지에 대한 기초적인 지식을 쌓기에 적합하기 때문입니다. 서버 클러스터에서의 컨테이너 관리에 익숙하지 않다면 뒤의 6장에서 설명할 쿠버네티스를 읽기 전에 스웜 모드를 한 번쯤 따라 해보는 것도 나쁘지 않습니다.

3.2 스웜 모드

앞에서 설명한 것과 같이, 스웜 모드는 별도의 설치 과정이 필요하지 않으며 도커 엔진 자체에 내장돼 있습니다. docker info 명령어를 통해 도커 엔진의 스웜 모드 클러스터 정보를 확인할 수 있습니다.

```
# docker info | grep Swarm
Swarm: inactive
```

지금까지 도커 엔진을 사용해온 방법들은 전부 단일 도커 서버에서 사용된 것이므로, 현재 스웜 모드의 상태는 비활성(inactive)으로 설정돼 있습니다.

 서버 클러스터링을 할 때는 반드시 각 서버의 시각을 NTP 등의 툴을 이용해 동기화해야 합니다. 서버 간에 설정된 시각이 다를 경우 예상치 못한 오류가 발생할 수 있기 때문입니다.

3.2.1 도커 스웜 모드의 구조

스웜 모드는 매니저 노드와 워커(Worker) 노드로 구성돼 있습니다. 워커 노드는 실제로 컨테이너가 생성되고 관리되는 도커 서버이고 매니저 노드는 워커 노드을 관리하기 위한 도커 서버입니다. 그렇지만 매니저 노드에도 컨테이너가 생성될 수 있습니다. 즉, 매니저 노드는 기본적으로 워커 노드의 역할을 포함하고 있습니다.

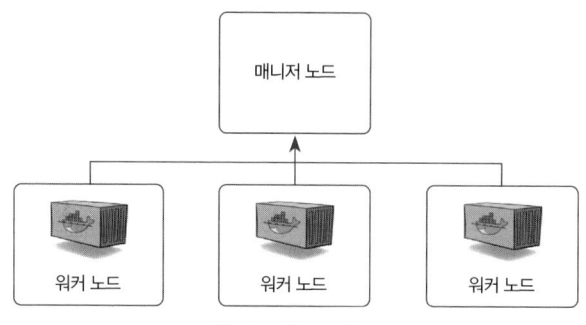

그림 3.2 스웜 모드의 구조

매니저 노드는 1개 이상이 있어야 하지만 워커 노드는 없을 수도 있습니다. 이는 매니저 노드가 워커 노드의 역할도 포함하고 있어 매니저 노드만으로 스웜 클러스터를 구성할 수 있기 때문입니다. 그러나 일반적으로 워커 노드와 매니저 노드를 구분해서 사용하는 것을 권장합니다.

이번에 설명할 예제에서는 매니저 노드를 1개만 사용하지만 운영 환경에서 스웜 모드로 도커 클러스터를 구성하려면 매니저 노드를 다중화하는 것을 권장합니다. 이렇게 하면 매니저의 부하를 분산하고 특정 매니저 노드가 다운됐을 때 정상적으로 스웜 클러스터를 유지할 수 있기 때문입니다. 그러나 매니저 수를 늘린다고 해서 스웜 클러스터의 성능이 좋아지는 것은 아닙니다.

스웜 모드는 매니저 노드의 절반 이상에 장애가 생겨 정상적으로 작동하지 못할 경우 장애가 생긴 매니저 노드가 복구될 때까지 클러스터의 운영을 중단합니다. 만약 매니저 노드 사이에 네트워크 파티셔닝과 같은 현상이 발생했을 경우 짝수 개의 매니저로 구성한 클러스터는 운영이 중단될 수도 있지만 홀수 개로 구성했을 경우에는 과반수 이상이 유지되는 쿼럼(quorum) 매니저에서 운영을 계속할 수 있습니다. 따라서 스웜 매니저는 가능한 한 홀수 개로 구성하는 것이 권장됩니다.[1]

3.2.2 도커 스웜 모드 클러스터 구축

이번 절의 예제에서 사용할 서버의 IP와 호스트 이름은 아래와 같습니다. 여러분의 서버 환경에 따라 알맞게 설정해 사용하길 바랍니다.

```
swarm-manager 192.168.0.100
swarm-worker1 192.168.0.101
swarm-worker2 192.168.0.102
```

먼저 docker swarm init 명령어를 입력해 매니저 역할을 할 서버에서 스웜 클러스터를 시작합니다. --advertise-addr에는 다른 도커 서버가 매니저 노드에 접근하기 위한 IP 주소를 입력합니다. 즉, 매니저 노드의 IP 주소를 입력합니다.

```
root@swarm-manager:~# docker swarm init --advertise-addr 192.168.0.100

Swarm initialized: current node (evexhpqlr8tjoqp9r71cmcnkz) is now a manager.

To add a worker to this swarm, run the following command:

    docker swarm join \
    --token SWMTKN-1-4rcs7fnogy1113i2g9yr13vtiii4gg6x6ffkl3zg29gulcpwxs-aqxcygo7upy68tati8dfyxgtu \
    192.168.0.100:2377

To add a manager to this swarm, run 'docker swarm join-token manager' and follow the
instructions.
```

매니저 노드에 2개 이상의 네트워크 인터페이스 카드가 있을 경우 어느 IP 주소로 매니저에 접근해야 할지 다른 노드에 알려줄 필요가 있습니다. 예를 들어, ifconfig 같은 명령어를 입력했을 때 출력된 IP 주소가 172.17.0.5와 192.168.0.100으로 두 개가 존재한다면 스웜 클러스터 내에서 사용할 IP 주소를 지정해야 합니다. 두 IP 주소 중 전자가 Private IP, 후자가 Public IP라면 후자를 --advertise-addr에 지정해 다른 노드가 해당 노드에 접근할 수 있게 설정합니다.

---

1 분산 클러스터에서 홀수 개로 노드를 구성하는 이유는 네트워크 파티셔닝, 데이터 일관성을 위한 투표 등 여러 가지 이유가 있습니다. 관심이 있다면 스웜 모드에서 사용하는 합의 알고리즘인 Raft Consensus를 검색해 보거나 도커 공식 문서인 https://docs.docker.com/engine/swarm/admin_guide/#add-manager-nodes-for-fault-tolerance를 참고하기 바랍니다.

출력 결과 중 docker swarm join 명령어는 새로운 워커 노드를 스웜 클러스터에 추가할 때 사용됩니다. --token 옵션에 사용된 토큰 값은 새로운 노드를 해당 스웜 클러스터에 추가하기 위한 비밀 키입니다.

스웜 매니저는 기본적으로 2377번 포트를 사용하며, 노드 사이의 통신에 7946/tcp, 7946/udp 포트를, 스웜이 사용하는 네트워크인 ingress 오버레이 네트워크에 4789/tcp, 4789/udp 포트를 사용합니다. 스웜 클러스터를 구성하기 전에 이러한 포트를 각 호스트 머신에서 열어두는 것을 잊지 말기 바랍니다.

위 출력 결과에서 워커 노드를 추가하기 위한 토큰을 사용해 새로운 워커 노드를 추가합니다. 워커 노드로 사용할 각 서버에서 다음과 같은 명령어를 입력합니다.

```
[root@swarm-worker1 ~]# docker swarm join \
--token SWMTKN-1-5cjwwzjp2m1bbur2lvsg8wthty4rzacer25z3d1xby79nt00cm-bg8t6ju0k6lv5iy941etk9cvg \
192.168.0.100:2377
This node joined a swarm as a worker.
```

특정 도커 서버가 정상적으로 스웜 클러스터에 추가됐는지 확인하려면 매니저 노드에서 docker node ls 명령어를 입력합니다.

```
[root@swarm-manager ~]# docker node ls
ID                            HOSTNAME         STATUS    AVAILABILITY   MANAGER STATUS
0f43e381p9uchiutn29l91hew *   swarm-manager    Ready     Active         Leader
9cbom75vzgfc92tnmmsdkv9is     swarm-node01     Ready     Active
bpadbv6h9jcfmiam6j1yayuuk     swarm-node02     Ready     Active
```

위 출력 결과 중 ID 옆에 별표(*)가 붙어 있는 노드가 현재 서버입니다. 위에서 추가한 다른 두 개의 워커 노드가 정상적으로 스웜 클러스터에 추가됐고 사용 가능한 상태(Active)임을 알 수 있습니다.

매니저 노드는 일반적인 매니저 역할을 하는 노드와 리더 역할을 하는 노드로 나뉩니다. 리더 매니저는 모든 매니저 노드에 대한 데이터 동기화와 관리를 담당하므로 항상 작동할 수 있는 상태여야 합니다. 리더 매니저의 서버가 다운되는 등의 장애가 생기면 매니저는 새로운 리더를 선출하는데, 이때 Raft Consensus 알고리즘을 사용합니다. Raft Consensus 알고리즘은 리더 선출 및 고가용성 보장을 위한 알고리즘으로서, 자세한 설명은 공식 홈페이지[2]를 참고하기 바랍니다.

위 예제에서는 한 개의 매니저 노드만 존재하고, 이 매니저 노드에서 스웜 클러스터가 생성됐으므로 해당 노드가 리더가 됩니다.

---

[2] https://raft.github.io

새로운 매니저 노드를 추가하려면 매니저 노드를 위한 토큰을 사용해 docker swarm join 명령어를 사용합니다. 매니저 노드를 추가하기 위한 토큰은 docker swarm join-token manager 명령어로 확인할 수 있습니다. 이와 마찬가지로, 워커 노드를 추가하기 위한 토큰도 docker swarm join-token worker 명령어로 확인할 수 있습니다.

```
[root@swarm-manager ~]# docker swarm join-token manager
To add a manager to this swarm, run the following command:
    docker swarm join \
    --token SWMTKN-1-5cjwwzjp2m1bbur2lvsg8wthty4rzacer25z3d1xby79nt00cm-e1n8bkrasbqx6ktv2qzj8gn6c \
    192.168.99.100:2377
```

이 토큰은 외부에 노출되지 않도록 주의하는 것이 좋습니다. 스웜 클러스터에 새로운 노드를 추가하는 토큰이 공개되면 누구든지 해당 스웜 클러스터에 노드를 추가할 수 있게 되고, 보안 측면에서 문제가 될 수 있기 때문입니다. 따라서 실제 운영 환경에서는 주기적으로 스웜 클러스터의 토큰을 변경하는 것이 안전합니다.

토큰을 갱신하려면 swarm join 명령어에 --rotate 옵션을 추가하고 변경할 토큰의 대상을 입력하면 됩니다. 단, 이 작업은 매니저 노드에서만 수행할 수 있습니다. 다음은 매니저 노드를 추가하는 토큰을 변경하는 예입니다.

```
[root@swarm-manager ~]# docker swarm join-token  --rotate manager
```

docker info 명령어를 사용해도 스웜 클러스터의 정보를 확인할 수 있으며, 출력되는 대부분의 값은 docker swarm init의 추가적인 옵션을 통해 설정할 수 있습니다.

```
[root@swarm-manager ~]# docker info
….
Swarm: active
 NodeID: uwhhjz4skvomasf7y774xyxok
 Is Manager: true
 ClusterID: h0e4at4lmm851j15vmceda8ap
 Managers: 1
 Nodes: 3
 Default Address Pool: 10.0.0.0/8
 SubnetSize: 24
 Orchestration:
  Task History Retention Limit: 5
```

추가된 워커 노드를 삭제하고 싶으면 해당 워커 노드에서 docker swarm leave 명령어를 입력합니다.

```
[root@swarm-worker1 ~]# docker swarm leave
Node left the swarm.
```

특정 워커 노드가 leave 명령어로 스웜 모드를 해제하면 매니저 노드는 해당 워커 노드의 상태를 Down으로 인지할 뿐 자동으로 워커 노드를 삭제하지 않습니다. 따라서 매니저 노드에서 docker node rm 명령어를 사용해 해당 워커 노드를 삭제해야 합니다.

```
[root@swarm-manager ~]# docker node ls
ID                           HOSTNAME         STATUS   AVAILABILITY   MANAGER STATUS
0f43e381p9uchiutn29l91hew *  swarm-manager    Ready    Active         Leader
9cbom75vzgfc92tnmmsdkv9is    swarm-node01     Down     Active
bpadbv6h9jcfmiam6j1yayuuk    swarm-node02     Ready    Active

[root@swarm-manager ~]# docker node rm swarm-node01
swarm-node01

[root@swarm-manager ~]# docker node ls
ID                           HOSTNAME         STATUS   AVAILABILITY   MANAGER STATUS
0f43e381p9uchiutn29l91hew *  swarm-manager    Ready    Active         Leader
bpadbv6h9jcfmiam6j1yayuuk    swarm-node02     Ready    Active
```

 컨테이너를 다룰 때 컨테이너의 이름이 아닌 ID의 일부를 사용한 것처럼 도커에서 ID가 부여되는 대부분의 단위는 ID의 앞자리 중 일부만 사용해 제어할 수 있습니다. 예를 들어, 위의 docker node rm 명령어는 다음과 같이 쓸 수도 있습니다.

```
[root@swarm-manager ~]# docker node rm 9cb0
```

매니저 노드는 docker swarm leave 명령어에 --force 옵션을 추가해야만 삭제할 수 있습니다. 매니저 노드를 스웜 클러스터에서 삭제하면 해당 매니저 노드에 저장돼 있던 클러스터의 정보도 삭제되므로 주의해야 합니다. 스웜 클러스터에 매니저 노드가 단 한 개 존재할 때 매니저 노드를 삭제하면 해당 스웜 클러스터는 더 이상 사용하지 못하는 상태가 됩니다. 따라서 매니저 노드를 삭제할 때는 신중을 기해야 합니다.

```
[root@swarm-manager ~]# docker swarm leave --force
```

워커 노드를 매니저 노드로 변경하려면 docker node promote 명령어를 사용합니다. 이와 반대로, 매니저 노드를 워커 노드로 변경하려면 docker node demote 명령어를 사용하면 됩니다. 단, 매니저 노드가 1개일 때 매니저 노드에 대해 demote 명령어를 사용할 수 없습니다. 매니저 리더 노드에 demote 명령어를 사용하면 다른 매니저 노드 중 새로운 리더를 선출합니다.

```
[root@swarm-manager ~]# docker node promote swarm-worker1
Node swarm-worker1 promoted to a manager in the swarm.

ID                           HOSTNAME        STATUS  AVAILABILITY  MANAGER STATUS
0f43e381p9uchiutn29l91hew *  swarm-manager   Ready   Active        Leader
9cbom75vzgfc92tnmmsdkv9is    swarm-node01    Ready   Active        Reachable
...

[root@swarm-manager ~]# docker node demote swarm-worker1
Manager swarm-worker1 demoted in the swarm.

ID                           HOSTNAME        STATUS  AVAILABILITY  MANAGER STATUS
0f43e381p9uchiutn29l91hew *  swarm-manager   Ready   Active        Leader
9cbom75vzgfc92tnmmsdkv9is    swarm-node01    Ready   Active
...
```

3.2.3 스웜 모드 서비스

3.2.3.1 스웜 모드 서비스 개념

지금까지 계속 사용해온 도커 명령어의 제어 단위는 컨테이너입니다. docker run 명령어는 컨테이너를 생성하고, docker rm 명령어는 컨테이너를 삭제했던 것처럼 도커 클라이언트에서 사용하는 명령어가 제어하는 것은 컨테이너입니다. 그러나 스웜 모드에서 제어하는 단위는 컨테이너가 아닌 서비스(Service)입니다.

서비스는 같은 이미지에서 생성된 컨테이너의 집합이며, 서비스를 제어하면 해당 서비스 내의 컨테이너에 같은 명령이 수행됩니다. 서비스 내에 컨테이너는 1개 이상 존재할 수 있으며, 컨테이너들은 각 워커 노드와 매니저 노드에 할당됩니다. 이러한 컨테이너들을 태스크(Task)라고 합니다.

 공식적으로는 서비스 내의 컨테이너를 태스크라고 부르지만 여기서는 이해를 돕기 위해 태스크를 컨테이너라고 부르겠습니다.

서비스 레플리카셋: 3

그림 3.3 서비스 레플리카의 예

예를 들어, ubuntu:24.04 이미지로 서비스를 생성하고 컨테이너의 수를 3개로 설정했다고 가정해 보겠습니다. 스웜 스케줄러(Scheduler)는 서비스의 정의에 따라 컨테이너를 할당할 적합한 노드를 선정하고, 해당 노드에 컨테이너를 분산해서 할당합니다. 그림 3.3은 각 노드에 컨테이너가 하나씩 할당된 경우를 보여주지만 반드시 각 노드에 하나씩 할당되지 않을 수도 있습니다.

이처럼 함께 생성된 컨테이너를 레플리카(replica)라고 하며, 서비스에 설정된 레플리카의 수만큼의 컨테이너가 스웜 클러스터 내에 존재해야 합니다.

스웜은 서비스의 컨테이너들에 대한 상태를 계속 확인하고 있다가 서비스 내에 정의된 레플리카의 수만큼 컨테이너가 스웜 클러스터에 존재하지 않으면 새로운 컨테이너 레플리카를 생성합니다. 그림 3.4에서 컨테이너가 할당된 노드가 다운되면 매니저는 사용 가능한 다른 노드에 같은 컨테이너를 생성합니다. 서버가 다운되지 않더라도 서비스 내의 컨테이너 중 일부가 작동을 멈춰 정지한 상태로 있다면 이 또한 레플리카의 수를 충족하지 못하는 것으로 판단해 스웜 매니저는 새로운 컨테이너를 클러스터에 새롭게 생성합니다.

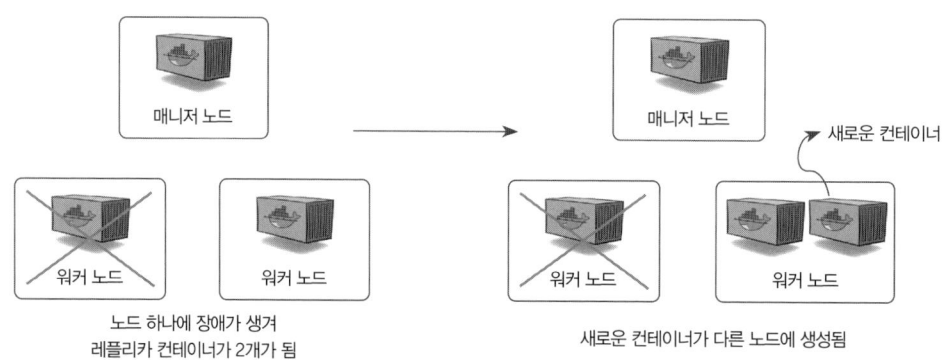

그림 3.4 노드나 컨테이너에 장애가 발생했을 때

서비스는 롤링 업데이트(Rolling Update) 기능도 제공합니다. 서비스 내 컨테이너들의 이미지를 일괄적으로 업데이트해야 할 때 컨테이너들의 이미지를 순서대로 변경해 서비스 자체가 다운되는 시간 없이 컨테이너의 업데이트를 진행할 수 있습니다.

롤링 업데이트는 여러 개의 서버, 컨테이너 등으로 구성된 클러스터의 설정이나 데이터 등을 변경하기 위해 하나씩 재시작하는 것을 의미합니다. 롤링 업데이트를 사용하지 않고 모든 서버나 컨테이너를 한 번에 재시작하면 제공하는 서비스에 다운 시간(Down Time)이 생기지만 롤링 업데이트를 이용하면 하나를 업데이트해도 다른 서버나 컨테이너는 작동 중이기 때문에 지속적인 서비스가 가능합니다.

3.2.3.2 서비스 생성

서비스를 제어하는 도커 명령어는 전부 매니저 노드에서만 사용할 수 있습니다. 따라서 다음 예제는 모두 매니저 노드에서 입력한다는 전제하에 진행합니다.

첫 번째 서비스 생성해보기

서비스를 사용하기 위한 명령어는 docker service로 시작합니다. 서비스를 생성하려면 docker service create 명령어를 사용합니다. docker service create 명령어도 run 명령어와 비슷한 형식을 띱니다. 다음 예제는 ubuntu:24.04 이미지로 서비스 내의 컨테이너를 생성하며 컨테이너가 시작할 때 실행할 명령어로 'hello world'를 출력하는 셸 명령어를 설정합니다.

```
root@swarm-manager:~# docker service create \
ubuntu:24.04 \
/bin/sh -c "while true; do echo hello world; sleep 1; done"
```

서비스 내의 컨테이너는 detached 모드로, 즉 docker run 명령어의 -d 옵션을 사용해 동작할 수 있는 이미지를 사용해야 합니다. 위 예제는 우분투 컨테이너 내에서 계속 'hello world'를 출력하기 때문에 컨테이너가 서비스로서 정상적으로 동작합니다. 그러나 다음과 같이 서비스를 생성하면 컨테이너 내부를 차지하고 있는 프로세스가 없어 컨테이너가 정지될 것이고, 스웜 매니저는 서비스의 컨테이너에 장애가 생긴 것으로 판단해 컨테이너를 계속 반복해서 생성할 것입니다.[3]

```
# docker service create ubuntu:24.04
```

---

3 detached 모드에 대한 자세한 설명은 2.2.5절 "컨테이너 애플리케이션 구축"의 -d 옵션을 참고하기 바랍니다.

서비스를 생성했다면 서비스의 목록을 확인해 방금 생성한 서비스가 정상적으로 구동하고 있는지 확인합니다. 스웜 클러스터 내의 서비스 목록은 docker service ls 명령어로 확인할 수 있습니다. run 명령어를 사용했을 때처럼 서비스의 이름을 따로 정의하지 않았기 때문에 서비스의 이름이 peaceful_mclaren와 같이 무작위로 설정된 것을 알 수 있습니다.

```
root@swarm-manager:~# docker service ls
ID              NAME              MODE         REPLICAS   IMAGE          PORTS
i3rf6jcjb2vs    peaceful_mclaren  replicated   1/1        ubuntu:24.04
```

서비스의 자세한 정보를 확인하려면 docker service ps [서비스 이름]과 같이 입력합니다. 이 명령어로 서비스 내의 컨테이너의 목록, 상태, 컨테이너가 할당된 노드의 위치를 알 수 있습니다.

```
root@swarm-manager:~# docker service ps peaceful_mclaren
ID            NAME                IMAGE         NODE     DESIRED STATE ...
b0welxw5wkcg  peaceful_mclaren.1  ubuntu:24.04  node02   Running       ...
```

생성된 서비스를 삭제하려면 docker service rm 명령어를 입력합니다. docker rm 명령어는 컨테이너가 실행 중이면 삭제할 수 없던 것과 달리, docker service rm 명령어를 사용하면 서비스의 상태에 관계 없이 서비스의 컨테이너를 바로 삭제합니다.

```
root@swarm-manager:~# docker service rm peaceful_mclaren
```

서비스 생성을 위해 Private 저장소 또는 레지스트리에서 이미지를 받아올 경우, 매니저 노드에서 로그인한 뒤 docker service create 명령어에 --with-registry-auth를 추가해 사용하면 워커 노드에서 별도로 로그인을 하지 않아도 이미지를 받아올 수 있습니다.

```
# docker service create --with-registry-auth \
...
```

nginx 웹 서버 서비스 생성하기

앞에서는 우분투 컨테이너를 생성해 컨테이너 내부에서 단순히 'hello world'를 출력하도록 설정했으나, 서비스의 레플리카셋을 정의하지 않았으므로 1개의 컨테이너만 생성됐습니다. 이번에는 docker service create 명령어에 --replica 옵션을 추가하고 Nginx 웹 서버 이미지를 이용해 서비스를 외부에 노출해 보겠습니다. 다음 예제는 2개의 레플리카 컨테이너를 정의하고 서비스의 이름을 myweb으로 설정하며 컨테이너의 80번 포트를 각 노드의 80번 포트로 연결하는 서비스를 생성합니다. 생성된 서비스의 컨테이너는 docker service ps [서비스 이름]으로 확인할 수 있습니다.

```
root@swarm-manager:~# docker service create --name myweb \
--replicas 2 \
-p 80:80 \
nginx

root@swarm-manager:~# docker service ps myweb
ID              NAME      IMAGE   NODE            DESIRED STATE  CURRENT STATE         ERROR ...
d383jl79pix2b.. myweb.1   nginx   swarm-manager   Running        Running 9 minutes ago
6nk1t5mtt8jk... myweb.2   nginx   swarm-worker1   Running        Running 9 minutes ago
```

docker service create 명령어도 docker run과 마찬가지로 도커 데몬에 이미지가 없다면 자동으로 pull하므로 시간이 조금 걸릴 수 있습니다. 컨테이너가 정상적으로 생성되면 스웜 클러스터 내의 노드 중 하나를 선택해 80번 포트로 접근해 Nginx 웹 서버가 구동되고 있는 것을 확인할 수 있습니다.

위 예시에서 각 nginx 컨테이너는 swarm-manager와 swarm-worker1 노드에 생성됐습니다. 그렇다고 해서 꼭 두 노드의 IP 주소로 접근해야만 Nginx 웹 서버에 접근할 수 있는 것은 아닙니다. docker service create 명령어에서 -p 옵션에 80:80을 입력함으로써 스웜 클러스터 자체에 포트를 개방했다고 생각하면 쉽게 이해할 수 있습니다. 스웜 클러스터 내의 어떠한 노드로 접근해도 위 서비스의 웹 서버에 접근할 수 있습니다. 이를 직접 확인하기 위해 브라우저에서 swarm-worker2 노드의 IP 주소로 접근해 봅시다.

그림 3.5 nginx 컨테이너가 없는 swarm-worker2 노드에 접근

Nginx 컨테이너가 없는 swarm-worker2 노드로 접근해도 서비스에 접근할 수 있음을 확인할 수 있습니다. 물론 swarm-worker1, swarm-manager 노드의 IP 주소로 접근해도 동일하게 Nginx 서비스에 접근할 수 있습니다.

그렇다면 서비스 내의 Nginx 컨테이너를 4개로 늘리면 어떻게 될까요? docker service scale 명령어를 이용하면 레플리카셋의 수를 늘리거나 줄일 수 있습니다. 다음과 같이 입력해 컨테이너의 수를 늘린 뒤 서비스 내의 컨테이너 목록을 확인해 봅시다.

```
root@swarm-manager:~# docker service scale myweb=4
myweb scaled to 4

root@swarm-manager:~# docker service ps myweb
ID              NAME      IMAGE   NODE             DESIRED STATE   CURRENT STATE               ...
d383jl79pix2b9...   myweb.1   nginx   swarm-manager    Running         Running about an hour ago
6nk1t5mtt8j1k...    myweb.2   nginx   swarm-worker1    Running         Running about an hour ago
dw2wro4g1dz...      myweb.3   nginx   swarm-worker2    Running         Running 14 minutes ago
9lusgrhsssxe7j...   myweb.4   nginx   swarm-worker2    Running         Running 14 minutes ago
```

출력의 NODE 항목에서 swarm-worker2 노드에 2개의 컨테이너가 할당된 것을 알 수 있지만, 이는 전혀 문제가 문제가 되지 않습니다. 각 컨테이너들이 호스트의 80번 포트에 연결된 것이 아니고, 실제로는 각 노드의 80번 포트로 들어온 요청을 위 4개 컨테이너 중 1개로 리다이렉트하기 때문입니다. 따라서 각 호스트의 어느 노드로 접근하든 4개의 컨테이너 중 1개에 접근하게 됩니다.

스웜 모드는 라운드 로빈(round-robin) 방식으로 서비스 내에 접근할 컨테이너를 결정합니다. 각 노드의 트래픽이나 자원 사용량 등을 고려해 로드 밸런싱을 해야 한다면 이 방식은 적합하지 않을 수 있습니다.

global 서비스 생성하기

서비스의 모드는 두 가지가 있습니다. 하나는 위에서 생성한 Nginx 웹 서버 서비스와 같이 레플리카셋의 수를 정의해 그만큼의 같은 컨테이너를 생성하는 복제 모드(replicated)로서 실제 서비스를 제공하기 위해 일반적으로 쓰이는 모드입니다.

다른 하나는 글로벌(global) 모드입니다. 글로벌 서비스는 스웜 클러스터 내에서 사용할 수 있는 모든 노드에 컨테이너를 반드시 하나씩 생성합니다. 따라서 글로벌 모드로 생성한 서비스는 레플리카셋의 수를 별도로 지정하지 않습니다. 글로벌 서비스는 스웜 클러스터를 모니터링하기 위한 에이전트 컨테이너 등을 생성해야 할 때 유용합니다.

글로벌 서비스는 다음과 같이 docker service create 명령어에 --mode global을 추가해 생성할 수 있습니다. --mode 옵션의 값을 별도로 설정하지 않으면 기본적으로 복제 모드를 사용합니다.

```
root@swarm-manager:~# docker service create --name global_web \
--mode global \
nginx
```

docker service ls 명령어와 ps 명령어로 글로벌 서비스의 상태를 확인하면 레플리카의 값이 global로 설정돼 있으며, 각 노드에 컨테이너가 하나씩 생성됐음을 확인할 수 있습니다.

```
root@swarm-manager:~# docker service ls
ID                NAME         MODE         REPLICAS    IMAGE
gd6a5u2rqdxa      myweb        replicated   4/4         nginx:latest
swwfk2r2mamm      global_web   global       3/3         nginx:latest

root@swarm-manager:~# docker service ps global_web
ID           NAME              IMAGE          NODE             DESIRED STATE    CURRENT STATE  …
lzlyo2x…     global_web.1pl0…  nginx:latest   swarm-manager    Running          Running 3 minutes ago
082uh…       global_web.kcv3…  nginx:latest   swarm-worker1    Running          Running 3 minutes ago
lnuj2u…      global_web.j9by…  nginx:latest   swarm-worker2    Running          Running 3 minutes ago
```

3.2.3.3 스웜 모드의 서비스 장애 복구

앞에서 이야기한 것처럼 복제 모드로 설정된 서비스의 컨테이너가 정지하거나 특정 노드가 다운되면 스웜 매니저는 새로운 컨테이너를 생성해 자동으로 이를 복구합니다. 위에서 생성한 myweb 서비스 중 컨테이너 하나를 삭제해 봅시다.

```
root@swarm-manager:~#  docker ps
CONTAINER ID      IMAGE               …    STATUS         PORTS             NAMES
3dee1686cc81      nginx@sha256:4296....  … Up 3 minutes   80/tcp, 443/tcp   myweb.1.d383jl79pix2b9kcrqukzpwoj

root@swarm-manager:~# docker rm -f myweb.1.d383jl79pix2b9kcrqukzpwoj
myweb.1.d383jl79pix2b9kcrqukzpwoj
```

docker ps 같은 도커 클라이언트 명령어로도 스웜의 서비스로 생성된 컨테이너를 확인할 수 있으며, docker ps 명령어에 --filter is-task=true를 추가하면 스웜 모드의 서비스에서 생성된 컨테이너만 출력할 수 있습니다. 각 컨테이너의 이름은 서비스의 이름과 레플리카 번호, 자동으로 생성된 고유한 ID를 조합해서 설정됩니다.

```
# docker ps --filter is-task=true --format {{.Names}}
global_web.kcv3cudwkucpn5s8m6cq0styp.082uh1s5wcy9ko2m7m44jxxkp
myweb.3.9ypkp8recepqjs9m02z316fam
myweb.4.6rqffzp4wtzpd28wkaw9zwu43
```

docker service ps 명령어를 통해 컨테이너의 목록을 확인해 보면 새로운 컨테이너가 생성됐음을 확인할 수 있습니다.

```
root@swarm-manager:~# docker service ps myweb
ID                  NAME          IMAGE   NODE            DESIRED STATE   CURRENT STATE            ERROR
5zljlrqgh6875h...   myweb.1       nginx   swarm-manager   Running         Running 4 seconds        ago
d383jl79pix2b...    \_ myweb.1    nginx   swarm-manager   Shutdown        Failed 12 seconds        ago
"task: non-zero exit (137)"
...
```

특정 노드가 다운됐을 때도 위와 같은 방식으로 작동합니다. 3개의 노드 중 swarm-worker1 노드의 도커 데몬 프로세스를 종료해 임의로 노드 장애 상태를 만들어 봅시다.

```
root@swarm-worker1:~# service docker stop
docker stop/waiting
```

매니저 노드에서 docker node ls 명령어를 입력하면 swarm-worker1 노드의 상태가 Down으로 바뀐 것을 확인할 수 있습니다.

```
root@swarm-manager:~# docker node ls
ID                            HOSTNAME          STATUS   AVAILABILITY   MANAGER STATUS
0kxgfxrv4d8odf0een37f4386     swarm-worker1     Down     Active
2ztitg4kuxwoi5zygrfb0059z     swarm-worker2     Ready    Active
4kqji4lwyikhdj0py08nl9f7p *   swarm-manager     Ready    Active         Leader
```

docker service ps 명령어로 다시 컨테이너의 목록을 확인해 보면 swarm-worker1에서 구동 중이던 컨테이너가 종료(shutdown)됐으며, 이를 복구하기 위한 컨테이너가 swarm-manager 노드에 생성됐음을 확인할 수 있습니다.

```
root@swarm-manager:~# docker service ps myweb
ID                   NAME         IMAGE    NODE             DESIRED STATE   CURRENT STATE
ERROR
...
7yu6iw6fevpt60...    myweb.2      nginx    swarm-manager    Running         Running about a minute ago
6nk1t5mtt8j1k5...    \_ myweb.2   nginx    swarm-worker1    Shutdown        Running about an hour ago
...
```

다운됐던 노드를 다시 시작해 정상적인 상태를 회복해도 장애를 복구하기 위해 다른 노드로 옮겨진 컨테이너가 해당 노드에 자동으로 할당되지는 않습니다. 위 예에서 swarm-worker1 노드에서 도커 엔진을 다시 시작해 컨테이너를 실행할 수 있는 환경을 복구해도 myweb.2 컨테이너가 다시 swarm-worker1 노드로 돌아가는 재균형(rebalance) 작업이 일어나지는 않는다는 뜻입니다. 새로운 노드를 추가하거나 다운됐던 노드를 다시 복구했을 때 서비스의 컨테이너 할당의 균형을 맞추기 위해서는 scale 명령어를 이용해 컨테이너의 수를 줄이고 다시 늘려야 합니다.

```
root@swarm-manager:~# docker service scale myweb=1
root@swarm-manager:~# docker service scale myweb=4
```

3.2.3.4 서비스 롤링 업데이트

스웜 모드는 롤링 업데이트를 자체적으로 지원하며, 매우 간단하게 사용할 수 있습니다. 우선 롤링 업데이트를 테스트하기 위한 서비스를 생성합니다. 이 서비스는 앞에서 생성한 서비스와 유사하지만 이번에는 컨테이너 생성에 사용될 이미지를 nginx:1.10으로 설정했습니다.

```
root@swarm-manager:~# docker service create --name myweb2 \
--replicas 3 \
nginx:1.10
```

서비스가 정상적으로 생성되면 docker service update 명령어로 서비스의 이미지를 업데이트할 수 있습니다. docker service update 명령어를 사용하면 생성된 서비스의 각종 설정을 변경할 수 있습니다. 이미지를 업데이트하려면 update 명령어의 --image 옵션을 설정하면 됩니다. 다음 명령은 myweb2 서비스의 이미지를 nginx:1.11로 업데이트합니다.

```
root@swarm-manager:~# docker service update \
--image nginx:1.11 \
myweb2
```

서비스 내의 컨테이너 목록을 확인하면 각 컨테이너의 이미지가 변경된 것을 알 수 있습니다. nginx:1.11 이미지와 nginx:1.10은 이미지 레이어의 차이가 크지 않으므로 빠른 속도로 롤링 업데이트가 진행됩니다. 아래 명령어의 출력 결과 중 NAME 항목이 _ myweb2.1인 컨테이너가 롤링 업데이트의 대상이 되어 삭제된 컨테이너이며, _가 붙어있지 않은 컨테이너가 롤링 업데이트로 새롭게 생성된 컨테이너입니다.

```
root@swarm-manager:~# docker service ps myweb2
ID                    NAME            IMAGE         NODE             DESIRED STATE   CURRENT STATE
ERROR
12ffu0pwydzngdj....   myweb2.1        nginx:1.11    swarm-worker1    Running         Running 2 minutes
ago
1yhobtv8v8ko1nzf....  \_ myweb2.1     nginx:1.10    swarm-manager    Shutdown        Shutdown 2 minutes
ago
…
```

 docker service ps 명령어에서 NAME 항목에 _가 붙어있는 컨테이너는 어떠한 이유로든 동작을 멈춘 컨테이너로서, 서비스에서의 컨테이너 변경 기록을 나타냅니다.

서비스를 생성할 때 롤링 업데이트의 주기, 업데이트를 동시에 진행할 컨테이너의 개수, 업데이트에 실패했을 때 어떻게 할 것인지를 설정할 수 있습니다. 다음의 예는 각 컨테이너 레플리카를 10초 단위로 업데이트하며 업데이트 작업을 한 번에 2개의 컨테이너에 수행한다는 것을 의미합니다. 이를 설정하지 않으면 주기 없이 차례대로 컨테이너를 한 개씩 업데이트합니다.

```
root@swarm-manager:~# docker service create \
--replicas 4 \
--name myweb3 \
--update-delay 10s \
--update-parallelism 2 \
nginx:1.10
```

위와 같은 서비스의 롤링 업데이트 설정은 docker service inspect 또는 docker inspect --type service 명령어로 확인할 수 있습니다. 이 명령어는 롤링 업데이트 설정뿐 아니라 서비스 자체의 정보도 출력합니다.

```
root@swarm-manager:~# docker service inspect --pretty myweb3
ID:             6u2riq708y8j46gkqbxbspzvm
Name:           myweb3
Mode:           Replicated
```

```
  Replicas:      4
  Placement:
  UpdateConfig:
   Parallelism:  2
   Delay:        10s
   On failure:   pause
  ContainerSpec:
   Image:        nginx:1.10
  Resources:
```

위 출력 결과 중 On failure 항목이 pause로 설정돼 있는데, 이는 업데이트 도중 오류가 발생하면 롤링 업데이트를 중지하는 것을 의미합니다. 업데이트 실패에 대해 아무런 설정도 하지 않으면 On failure 항목은 pause로 설정되지만 서비스를 생성할 때 --update-failure-action 인자의 값을 continue로 지정해 업데이트 중 오류가 발생해도 계속 롤링 업데이트를 진행하게 할 수 있습니다.

```
root@swarm-manager:~# docker service create --name myweb4 \
--replicas 4 \
--update-failure-action continue \
nginx:1.10
```

이러한 롤링 업데이트 옵션은 기본적으로 서비스 자체에 설정돼 있지만, docker service update 명령어의 옵션 값을 다르게 설정함으로써 변경할 수 있습니다. 서비스 롤링 업데이트 후, 서비스를 롤링 업데이트 전으로 되돌리는 롤백(rollback) 또한 가능합니다.

```
root@swarm-manager:~# docker service rollback myweb3
myweb3
rollback: manually requested rollback
overall progress: rolling back update: 4 out of 4 tasks
1/4: running   [>                                                ]
2/4: running   [>                                                ]
3/4: running   [>                                                ]
4/4: running   [>                                                ]
verify: Service converged
```

3.2.3.5 서비스 컨테이너에 설정 정보 전달하기: config, secret

애플리케이션을 외부에 서비스하려면 여러분의 환경에 맞춘 설정 파일이나 값들이 컨테이너 내부에 미리 준비돼 있어야 할 것입니다. 설정값을 이미지 내부에 정적으로 저장한 뒤 컨테이너로서 실행하도록 배포할 수도 있겠지만, 이미지에 내장된 설정값을 쉽게 변경할 수 없기 때문에 확장성과 유연성이 떨어지게 될 것입니다. 지금까지 사용해 왔던 예제에서는 이를 해결하기 위해서 docker run 명령어의 -v 옵션을 통해 호스트에 위치한 설정 파일이나 값을 볼륨으로써 컨테이너에 공유했습니다. 예를 들어, '사설 레지스트리에 옵션 설정' 절에서 도커 레지스트리를 생성할 때는 아래와 같이 설정 파일을 전달했습니다.

```
# docker run -d --name yml_registry \
-p 5002:5000 \
--restart=always \
-v $(pwd)/config.yml:/etc/docker/registry/config.yml \
registry:2.6
```

또는 컨테이너 내부의 설정값을 유동적으로 설정하기 위해 -e 옵션을 통한 환경 변수도 사용했었습니다. '2.2.6.1 호스트 볼륨 공유' 절에서는 MySQL 데이터베이스를 생성할 때 비밀번호를 docker run의 -e 옵션으로 설정했습니다.

```
# docker run -d \
--name wordpressdb_hostvolume \
-e MYSQL_ROOT_PASSWORD=password \
-e MYSQL_DATABASE=wordpress \
-v /home/wordpress_db:/var/lib/mysql \
mysql:5.7
```

그러나 스웜 모드와 같은 서버 클러스터에서 파일 공유를 위해 설정 파일을 호스트마다 마련해두는 것은 매우 비효율적인 일입니다. 그뿐만 아니라 비밀번호와 같이 민감한 정보를 환경 변수로 설정하는 것은 보안상으로도 매우 바람직하지 않기 때문에 이러한 개발 습관은 지양하는 것이 좋습니다.

이를 위해 스웜 모드는 secret과 config라는 기능을 제공합니다. secret은 비밀번호나 SSH 키, 인증서 키와 같이 보안에 민감한 데이터를 전송하기 위해서, config는 nginx나 레지스트리 설정 파일과 같이 암호화할 필요가 없는 설정값들에 대해 쓰일 수 있습니다.

그러나 secret과 config는 스웜 모드에서만 사용될 수 있는 기능이며, docker run 명령어에서는 사용할 수 없습니다. MySQL과 같이 일반적으로 사용하는 컨테이너들은 스웜 모드에서도 동일하게 사용할 수 있기 때문에 secret, config 기능을 활용하고 싶다면 스웜 모드를 사용하는 것이 좋습니다.

secret 사용하기

secret을 생성하려면 아래와 같이 docker secret create 명령어를 입력합니다. 아래의 예시는 my_mysql_password라는 이름의 secret에 1q2w3e4r이라는 값을 저장합니다. 파일의 내용을 터미널에 출력해 이를 secret으로 가져올 수도 있지만, 지금은 echo 명령어를 통해 값을 입력했습니다.

```
root@swarm-manager:~# echo 1q2w3e4r | docker secret create my_mysql_password -
```

```
root@swarm-manager:~# docker secret ls
ID                  NAME                  DRIVER              CREATED             UPDATED
xfvol3bq9dq..       my_mysql_password                         About a minute ago  About a minute ago

root@swarm-manager:~# docker secret inspect my_mysql_password
[
    {
        "ID": "xfvol3bq9dq0slg1821tht5nx",
        "Version": {
            "Index": 2943
        },
        "CreatedAt": "2019-03-07T08:43:44.202117482Z",
        "UpdatedAt": "2019-03-07T08:43:44.202117482Z",
        "Spec": {
            "Name": "my_mysql_password",
            "Labels": {}
        }
    }
]
```

그러나 생성된 secret을 조회해도 실제 값을 확인할 수는 없습니다. secret 값은 매니저 노드 간에 암호화된 상태로 저장됩니다. 이러한 secret 파일은 컨테이너에 배포된 뒤에도 파일 시스템이 아닌 메모리에 저장되기 때문에 서비스 컨테이너가 삭제될 경우 secret도 함께 삭제되는, 일종의 휘발성을 띠게 됩니다.

생성한 secret을 통해 MySQL 컨테이너를 생성해 보겠습니다. 이전에 docker run 명령어로 생성했던 MySQL과 비슷하지만, --secret 옵션을 통해서 MySQL 사용자 비밀번호를 컨테이너 내부에 마운트했습니다. source에 secret의 이름을 입력하고, target에는 컨테이너 내부에서 보여질 secret의 이름을 입력합니다.

```
root@swarm-manager:~# docker service create \
  --name mysql \
```

```
--replicas 1 \
--secret source=my_mysql_password,target=mysql_root_password \
--secret source=my_mysql_password,target=mysql_password \
-e MYSQL_ROOT_PASSWORD_FILE="/run/secrets/mysql_root_password" \
-e MYSQL_PASSWORD_FILE="/run/secrets/mysql_password" \
-e MYSQL_DATABASE="wordpress" \
mysql:5.7
```

--secret 옵션을 통해 컨테이너로 공유된 값은 기본적으로 컨테이너 내부의 /run/secrets/ 디렉터리에 마운트됩니다. 위 예시에서는 target의 값이 각각 mysql_root_password, mysql_password로 설정됐기 때문에 /run/secrets 디렉터리에 해당 이름의 파일이 각각 존재할 것입니다.

```
root@swarm-manager:~# docker ps
CONTAINER ID        IMAGE             …       NAMES
19a8e4e66697        mysql:5.7         …       mysql.1.64gke7b51g5edvlddbqbm3cri

root@swarm-manager:~# docker exec mysql.1.64gke… ls /run/secrets
mysql_password
mysql_root_password
```

 target의 값에 절대 경로를 입력해 /run/secrets가 아닌 다른 경로에 secret 파일을 공유할 수도 있습니다.

```
root@swarm-manager:~# docker service create \
--secret source=my_mysql_password,target=/home/mysql_root_password  \
…
```

파일의 내용을 확인해보면 secret을 생성했을 때 입력한 값이 들어있는 것을 확인할 수 있습니다. 해당 비밀번호로 서비스 컨테이너의 MySQL에 접속할 수 있습니다.

```
root@swarm-manager:~# docker exec mysql.1.64gke… cat /run/secrets/mysql_password
1q2w3e4r
```

그러나 이러한 방식의 값 전달에는 한 가지 고려할 점이 있습니다. 바로 컨테이너 내부의 애플리케이션이 특정 경로의 파일 값을 참조할 수 있도록 설계해야 한다는 것입니다. 위의 예시에서는 MySQL 컨테이너가 -e MYSQL_PASSWORD_FILE="/run/secrets/mysql_password"와 같은 옵션을 통해서 특정 경로의 파일로부터 비밀번호를 로드할 수 있게 되어 있습니다. 이처럼 애플리케이션을 개발할 때 각종 설정 변수를 파일로부터 동적으로 읽어올 수 있도록 설계하면 secret, config의 장점을 활용할 수 있습니다.

config 사용하기

config를 사용하는 방법은 secret과 거의 동일합니다. 아래의 명령어는 '사설 레지스트리에 옵션 설정' 절에서 사용했던 레지스트리의 설정 파일을 registry-config라는 이름의 config로 저장합니다.

```
root@swarm-manager:~# docker config create registry-config config.yml
```

```
root@swarm-manager:~# docker config ls
ID                          NAME              CREATED         UPDATED
v67si2t3ilzj5kc5m2eau42br   registry-config   24 seconds ago  24 seconds ago
root@swarm-manager:~# docker config inspect registry-config
[
    {
        "ID": "v67si2t3ilzj5kc5m2eau42br",
        "Version": {
            "Index": 3081
        },
        "CreatedAt": "2019-03-07T10:47:10.988381796Z",
        "UpdatedAt": "2019-03-07T10:47:10.988381796Z",
        "Spec": {
            "Name": "registry-config",
            "Labels": {},
            "Data": "dmVyc2lvbjogMC4xCmxvZzoKICBsZXZlbDogaW5mbwpzdG9yYWdlOgogIGZpbGVzeXN0ZW06CiAgICByb290ZGlyZWN0b3J5OiAvcmVnaXN0cnlfZGF0YQogIGRlbGV0ZToKICAgIGVuYWJsZWQ6IHRydWUKcDoKICBhZGRyOiAwLjAuMC4wOjUwMDAK"
        }
    }
]
```

secret과 달리 이번에는 Data라는 항목이 존재하는 것을 알 수 있습니다. config는 입력된 값을 base64로 인코딩한 뒤 저장하며, base64 명령어를 통해 디코딩하면 원래의 값을 확인할 수 있습니다. config의 내용은 사설 레지스트리의 설정 내용을 변경했을 때 사용했던 파일입니다.

```
root@swarm-manager:~# echo dmVyc2lvbjog… | base64 -d
version: 0.1
log:
  level: info
storage:
  filesystem:
    rootdirectory: /registry_data
  delete:
    enabled: true
```

```
http:
  addr: 0.0.0.0:5000
```

위 config로 사설 레지스트리를 생성해 보겠습니다. docker service create 명령어에 --config 옵션을 추가하되, 사용법은 secret과 동일합니다.

```
root@swarm-manager:~# docker service create --name yml_registry -p 5000:5000 \
--config source=registry-config,target=/etc/docker/registry/config.yml \
registry:2.6
```

secret과 config의 값을 수정할 수는 없지만, 서비스 컨테이너가 새로운 값을 사용해야 한다면 docker service update 명령어의 --config-rm, --config-add, --secret-rm, --secret-add 옵션을 사용해 서비스가 사용하는 secret이나 config를 추가하고 삭제할 수 있습니다. 이를 잘 활용하면 이미지를 다시 빌드할 필요 없이도 여러 설정값의 애플리케이션을 쉽게 사용할 수 있습니다.

3.2.3.6 도커 스웜 네트워크

스웜 모드는 2.2.8절 '도커 네트워크 사용하기'에서 설명한 네트워크 구조와 조금 다른 방법을 사용합니다. 스웜 모드는 여러 개의 도커 엔진에 같은 컨테이너를 분산해서 할당하기 때문에 각 도커 데몬의 네트워크가 하나로 묶인, 이른바 네트워크 풀이 필요합니다. 이뿐만 아니라 서비스를 외부로 노출했을 때 어느 노드로 접근하더라도 해당 서비스의 컨테이너에 접근할 수 있게 라우팅 기능이 필요합니다. 이러한 네트워크 기능은 스웜 모드가 자체적으로 지원하는 네트워크 드라이버를 통해 사용할 수 있습니다.

우선 매니저 노드에서 docker network ls 명령어를 실행해 네트워크의 목록을 확인해 봅시다.

```
root@swarm-manager:~# docker network ls
NETWORK ID          NAME                DRIVER              SCOPE
42e4707180f3        bridge              bridge              local
2ea22c6278d4        docker_gwbridge     bridge              local
0ce0843b04f0        host                host                local
a6hdbsgcsg9z        ingress             overlay             swarm
86b4f0378e7d        none                null                local
```

이전에 설명했던 bridge, host, none 네트워크 외에도 docker_gwbridge와 ingress 네트워크가 생성된 것을 볼 수 있습니다. docker_gwbridge 네트워크는 스웜에서 오버레이(overlay) 네트워크를 사용할 때 사용되며, ingress 네트워크는 로드 밸런싱과 라우팅 메시(Routing Mesh)에 사용됩니다.

ingress 네트워크

ingress 네트워크는 스웜 클러스터를 생성하면 자동으로 등록되는 네트워크로서, 스웜 모드를 사용할 때만 유효합니다. 이는 docker network ls 명령어를 입력했을 때 확인할 수 있는 SCOPE 항목에서 swarm으로 설정된 것에서 알 수 있습니다. 매니저 노드뿐 아니라 스웜 클러스터에 등록된 노드라면 전부 ingress 네트워크가 생성됩니다.

```
root@swarm-manager:~# docker network ls | grep ingress
a6hdbsgcsg9z        ingress             overlay             swarm
```

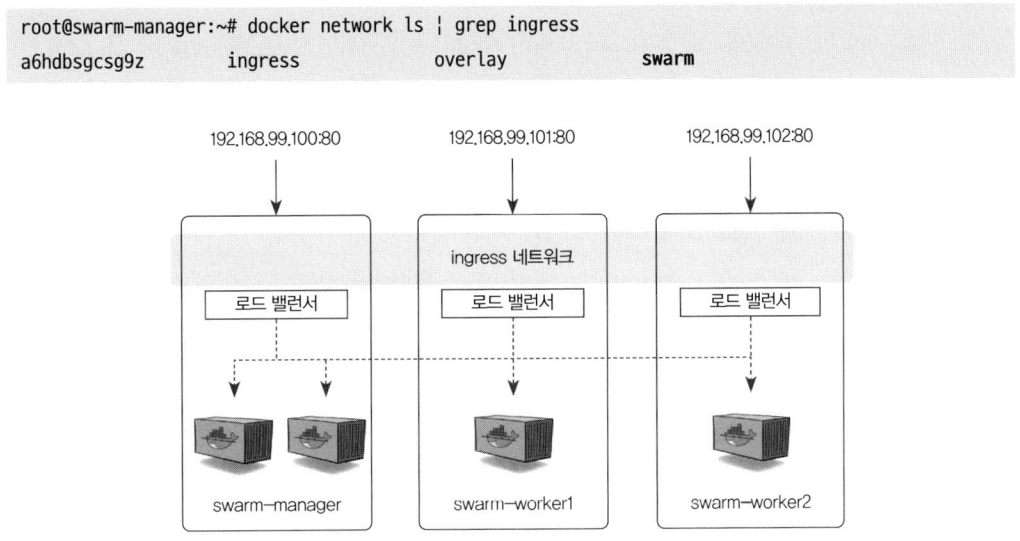

그림 3.6 ingress 네트워크 구조

ingress 네트워크를 사용하는 서비스의 구조는 위 그림과 같습니다. ingress 네트워크는 어떤 스웜 노드에 접근하더라도 서비스 내의 컨테이너에 접근할 수 있게 설정하는 라우팅 메시를 구성하고, 서비스 내의 컨테이너에 대한 접근을 라운드 로빈 방식으로 분산하는 로드 밸런싱을 담당합니다. 이는 3.3.3.2절 "서비스 생성하기"에서 Nginx 컨테이너를 여러 개 생성하고 이에 접근했을 때 Nginx 컨테이너가 어느 노드에 몇 개가 있느냐에 상관없이 어떠한 노드로도 접근 가능했던 것과 같습니다.

이번에는 조금 다른 이미지로 서비스를 생성해서 ingress 네트워크의 기능을 직접 확인해 봅시다. alicek106/book:hostname 이미지는 컨테이너의 호스트 이름, 즉 임의로 할당된 16진수를 출력하는 PHP 파일이 들어있는 웹 서버입니다.

```
root@swarm-manager:~# docker service create --name hostname \
-p 80:80 \
--replicas=4 \
alicek106/book:hostname
```

--replica를 4로 설정했으니 4개의 컨테이너가 생성될 것입니다. 실제로 생성된 컨테이너의 목록을 확인해 봅시다. 이번에는 각 노드에서 docker ps 명령어로 컨테이너의 ID를 확인합니다. 웹 페이지에서 출력될 내용은 각 컨테이너의 호스트 이름, 즉 컨테이너의 ID이기 때문입니다.

```
root@swarm-manager:~# docker ps --format "table {{.ID}}\t{{.Status}}\t{{.Image}}"
CONTAINER ID        STATUS              IMAGE
2901b471f20e        Up About a minute   alicek106/book@sha256:b3d3ac...

root@swarm-worker1:~# docker ps --format "table {{.ID}}\t{{.Status}}\t{{.Image}}"
CONTAINER ID        STATUS              IMAGE
377cf31978b8        Up About a minute   alicek106/book@sha256:b3d3ac....
821f9737490d        Up About a minute   alicek106/book@sha256:b3d3ac

root@swarm-worker2:~# docker ps --format "table {{.ID}}\t{{.Status}}\t{{.Image}}"
CONTAINER ID        STATUS              IMAGE
c1ec8c5d0f16        Up About a minute   alicek106/book@sha256:b3d3ac
```

각 컨테이너의 ID는 290… 377… 821… c1e…이고 swarm-manager에 1개, swarm-worker1에 2개, swarm-worker2에 1개씩 할당됐습니다. 이제 브라우저로 접근하면 위 컨테이너에 접근할 수 있습니다. 앞에서 설명한 바와 같이 어떤 노드의 IP 주소를 사용해도 컨테이너에 접근할 수 있습니다.

그림 3.7은 매니저 노드(192.168.0.100)로 접근했을 때 출력된 내용의 일부입니다. 출력된 내용은 컨테이너의 이름이며 매니저 노드에 존재하는 컨테이너가 아니더라도 접근할 수 있는 것을 알 수 있습니다. 아래는 2개의 컨테이너에 접근하는 예제만 보여주지만 계속 접근하다 보면 4개의 컨테이너의 호스트 이름을 확인할 수 있을 것입니다.

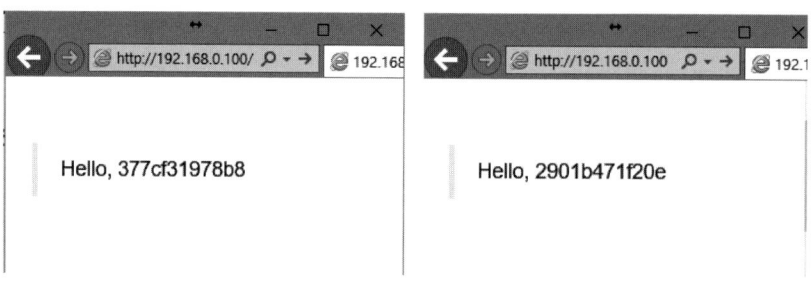

그림 3.7 웹 브라우저로 각각 다른 컨테이너에 접근

웹 브라우저에서 접근할 때 새로 고침을 누른다고 해서 무조건 다른 컨테이너에 접근하지는 않습니다. 새로운 브라우저 탭으로 접근하거나 브라우저의 Inprivate 모드 등을 이용하면 접근하는 컨테이너를 바로 변경할 수 있습니다.

그렇지만 스웜 모드로 생성된 모든 서비스의 컨테이너가 외부로 노출되기 위해 무조건 ingress 네트워크를 사용해야 하는 것은 아닙니다. docker run -p를 사용해 외부에 컨테이너를 노출했던 것처럼 호스트의 특정 포트를 사용하도록 설정할 수 있습니다. 다음은 ingress 네트워크를 사용하지 않고 호스트의 8080번 포트를 직접 컨테이너의 80번 포트에 연결하는 예입니다.

```
# docker service create \
--publish mode=host,target=80,published=8080,protocol=tcp \
--name web \
nginx
```

그러나 ingress 네트워크를 사용하지 않고 위와 같이 서비스를 외부로 노출할 경우 어느 호스트에서 컨테이너가 생성될지 알 수 없어 포트 및 서비스 관리가 어렵다는 단점이 있습니다. 따라서 가급적이면 ingress 네트워크를 사용해 외부로 서비스를 노출하는 것이 좋습니다.

오버레이 네트워크

그렇다면 스웜 클러스터 내의 컨테이너가 할당받는 IP 주소는 어떻게 설정돼 있을까요? 적당한 호스트를 골라 컨테이너 내부에서 ifconfig 명령어를 실행해 확인해 봅시다. 다음 명령어는 컨테이너 내부에서 ifconfig 명령어를 실행해 가상 네트워크 인터페이스를 출력합니다.

```
root@swarm-manager:~# docker ps --format "table {{.ID}}\t{{.Status}}\t{{.Image}}"
CONTAINER ID        STATUS              IMAGE
2901b471f20e        Up About a minute   alicek106/book@sha256:b3d3ac...

root@swarm-manager:~# docker exec 2901b471f20e ifconfig
eth0      Link encap:Ethernet  HWaddr 02:42:0a:ff:00:0a
          inet addr:10.255.0.9  Bcast:0.0.0.0  Mask:255.255.0.0
…

eth1      Link encap:Ethernet  HWaddr 02:42:ac:12:00:03
          inet addr:172.18.0.2  Bcast:0.0.0.0  Mask:255.255.0.0
…

lo        Link encap:Local Loopback
```

```
            inet addr:127.0.0.1  Mask:255.0.0.0
...

root@swarm-worker1:~# docker ps --format "table {{.ID}}\t{{.Status}}\t{{.Image}}"
CONTAINER ID        STATUS            IMAGE
377cf31978b8        Up About a minute alicek106/book@sha256:b3d3ac....

root@swarm-worker1:~# docker exec 377cf31978b8 ifconfig
eth0      Link encap:Ethernet  HWaddr 02:42:0a:ff:00:08
          inet addr:10.255.0.8  Bcast:0.0.0.0  Mask:255.255.0.0
...

eth1      Link encap:Ethernet  HWaddr 02:42:ac:12:00:02
          inet addr:172.18.0.2  Bcast:0.0.0.0  Mask:255.255.0.0
...

lo        Link encap:Local Loopback
          inet addr:127.0.0.1  Mask:255.0.0.0
...
```

컨테이너마다 eth0, eth1, lo가 할당됐고, eth0이 ingress 네트워크와 연결된 네트워크 카드입니다. 한 가지 주목할 점은 swarm-manager에서 생성된 컨테이너와 swarm-worker1에서 생성된 컨테이너는 IP 주소가 차례로 할당됐다는 것입니다.

그림 3.8 오버레이 네트워크의 IP 주소 할당

ingress 네트워크는 오버레이 네트워크 드라이버를 사용합니다. 오버레이 네트워크는 여러 개의 도커 데몬을 하나의 네트워크 풀로 만드는 네트워크 가상화 기술의 하나로서, 도커에 오버레이 네트워크를 적용하면 여러 도커 데몬에 존재하는 컨테이너가 서로 통신할 수 있습니다. 즉, 여러 개의 스웜 노드에 할당된 컨테이너는 오버레이 네트워크의 서브넷에 해당하는 IP 대역을 할당받고 이 IP를 통해 서로 통신할 수 있는 것입니다. 예를 들어, swarm-manager의 컨테이너는 별도의 포트 포워딩을 설정하지 않아도 swarm-worker1의 컨테이너의 핑(ping)을 전송할 수 있습니다.

```
root@swarm-manager:~# docker exec 2901b471f20e ping -c 1 10.255.0.7
PING 10.255.0.7 (10.255.0.7) 56(84) bytes of data.
64 bytes from 10.255.0.7: icmp_seq=1 ttl=64 time=0.797 ms

--- 10.255.0.7 ping statistics ---
1 packets transmitted, 1 received, 0% packet loss, time 0ms
rtt min/avg/max/mdev = 0.797/0.797/0.797/0.000 ms
```

2.2.7.2절 "도커 네트워크 기능"에서 살펴본 MacVLAN도 다른 호스트의 컨테이너 간 통신이 가능하다는 점에서 오버레이 네트워크와 기능상으로는 비슷하다고 볼 수 있습니다. 때문에 MacVLAN도 스웜 모드의 서비스의 컨테이너에 적용해 사용할 수 있습니다.

docker_gwbridge 네트워크

docker network ls 명령어의 출력 결과에서 ingress 말고도 새롭게 추가된 네트워크가 하나 더 있습니다. 바로 docker_gwbridge 네트워크입니다.

```
root@swarm-manager:~# docker network ls | grep docker
2ea22c6278d4        docker_gwbridge        bridge              local
```

오버레이 네트워크를 사용하지 않는 컨테이너는 기본적으로 존재하는 브리지(bridge) 네트워크를 사용해 외부와 연결합니다. 그러나 ingress를 포함한 모든 오버레이 네트워크는 이와 다른 브리지 네트워크인 docker_gwbridge 네트워크와 함께 사용됩니다. docker_gwbridge 네트워크는 외부로 나가는 통신 및 오버레이 네트워크의 트래픽 종단점(VTEP) 역할을 담당합니다.

docker_gwbridge 네트워크는 컨테이너 내부의 네트워크 인터페이스 카드 중 eth1과 연결됩니다.

사용자 정의 오버레이 네트워크

스웜 모드는 자체 키-값 저장소를 갖고 있으므로 별도의 구성 없이 사용자 정의 오버레이 네트워크(User Defined Overlay Network)를 생성하고 사용할 수 있습니다. 사용자 정의 오버레이 네트워크는 다음과 같은 명령어를 입력해 간단히 생성할 수 있습니다. 이전에 사용했던 docker network create 명령어와 다른 점은 -d 옵션을 명시함으로써 네트워크 드라이버를 overlay로, --subnet 옵션으로 오버레이 네트워크의 서브넷을 10.0.9.0으로 설정한 점입니다. 아래의 명령어로 새롭게 생성될 오버레이 네트워크의 이름은 myoverlay가 됩니다.

```
root@swarm-manager:~# docker network create \
--subnet 10.0.9.0/24 \
```

```
-d overlay \
myoverlay
```

 오버레이 네트워크를 생성하는 명령어는 모든 노드에서 일일이 입력할 필요가 없습니다. 클러스터 내에 속한 노드 하나에서만 실행해도 다른 노드에 자동으로 적용됩니다. 그러나 오버레이 네트워크는 생성한 즉시 모든 노드에 적용되는 것이 아니라 각 노드에 해당 오버레이 네트워크를 사용하는 서비스의 컨테이너가 할당될 때 적용됩니다.

docker network ls 명령어로 생성한 오버레이 네트워크를 확인합니다.

```
root@swarm-manager:~# docker network ls
NETWORK ID          NAME                DRIVER              SCOPE
42e4707180f3        bridge              bridge              local
2ea22c6278d4        docker_gwbridge     bridge              local
0ce0843b04f0        host                host                local
a6hdbsgcsg9z        ingress             overlay             swarm
a0rx096wirt3        myoverlay           overlay             swarm
86b4f0378e7d        none                null                local
```

새롭게 생성된 오버레이 네트워크의 SCOPE가 swarm으로 설정돼 있습니다. 이는 스웜 클러스터에서만 사용할 수 있는 네트워크라는 것을 의미하며, 매니저 노드에서 docker service create 명령어를 통해서만 이 네트워크를 사용하는 서비스를 생성할 수 있습니다. 즉, 일반적인 docker run 명령어로는 swarm의 SCOPE를 갖는 네트워크를 사용할 수 없습니다. docker run --net 명령어로 스웜 모드의 오버레이 네트워크를 사용하려면 네트워크를 생성할 때 --attachable을 추가해야 합니다.

```
# docker network create -d overlay \
--attachable \
myoverlay2

# root@swarm-master:/home/ubuntu# docker run -it \
--net myoverlay2 ubuntu:24.04

root@e9e5ca20a13d:/# ifconfig
eth0      Link encap:Ethernet  HWaddr 02:42:0a:00:01:02
          inet addr:10.0.1.2  Bcast:0.0.0.0  Mask:255.255.255.0
…

eth1      Link encap:Ethernet  HWaddr 02:42:ac:12:00:08
```

```
            inet addr:172.18.0.8  Bcast:0.0.0.0  Mask:255.255.0.0
...
```

docker service create 명령어에 --network 옵션을 이용하면 오버레이 네트워크를 서비스에 적용해 컨테이너를 생성할 수 있습니다.

```
root@swarm-manager:~# docker service create --name overlay_service \
--network myoverlay \
--replicas 2 \
alicek106/book:hostname
```

생성된 컨테이너의 내부에 추가된 네트워크 인터페이스를 확인해 보면 eth0에 오버레이 네트워크의 IP 주소가 할당된 것을 알 수 있습니다. 아래 예에서 swarm-manager 노드에 컨테이너가 생성됐고 컨테이너의 ID는 9eff40df0645…입니다.

```
root@swarm-manager:~# docker exec 9eff40df0645 ifconfig
eth0      Link encap:Ethernet  HWaddr 02:42:0a:00:09:04
          inet addr:10.0.9.4  Bcast:0.0.0.0  Mask:255.255.255.0
...

eth1      Link encap:Ethernet  HWaddr 02:42:ac:12:00:03
          inet addr:172.18.0.3  Bcast:0.0.0.0  Mask:255.255.0.0
...
```

docker service create 명령어에서 -p 옵션을 사용하지 않음으로써 서비스를 외부로 노출하지 않으면 컨테이너는 ingress 네트워크를 사용하도록 설정되지 않습니다. 위 예에서도 -p 옵션을 명시하지 않음으로써 서비스를 외부로 노출하지 않았으므로 ingress 네트워크의 IP 대역이 할당된 네트워크 인터페이스가 컨테이너에 존재하지 않습니다.

이와 마찬가지로 사용자 정의 오버레이 네트워크도, ingress 네트워크도 사용하지 않으면 docker_gwbridge 네트워크도 사용하지 않습니다. 이때는 기본으로 사용하는 브리지 네트워크를 사용합니다. 즉, 컨테이너 내부에 172.17.0.X 대역을 갖는 인터페이스 하나만 존재하게 됩니다.

3.2.3.7 서비스 디스커버리

같은 컨테이너를 여러 개 만들어 사용할 때 쟁점이 되는 부분 중 하나는 새로 생성된 컨테이너 생성의 발견(Service Discovery) 혹은 없어진 컨테이너의 감지입니다. 일반적으로 이 동작은 주키퍼, etcd 등의 분산 코디네이터를 외부에 두고 사용해서 해결하지만 스웜 모드는 서비스 발견 기능을 자체적으로 지원합니다. 예를 들어, 2개의 컨테이너 레플리카를 갖는 B 서비스가 있고, A 서비스는 이 B 서비스의 컨테이너를 사용한다고 가정해 봅시다.

그러다가 docker service scale 명령어로 서비스 B의 컨테이너를 3개로 늘렸습니다. 이때 서비스 A의 컨테이너는 어떻게 서비스 B의 새로운 컨테이너에 접근할 수 있을까요?

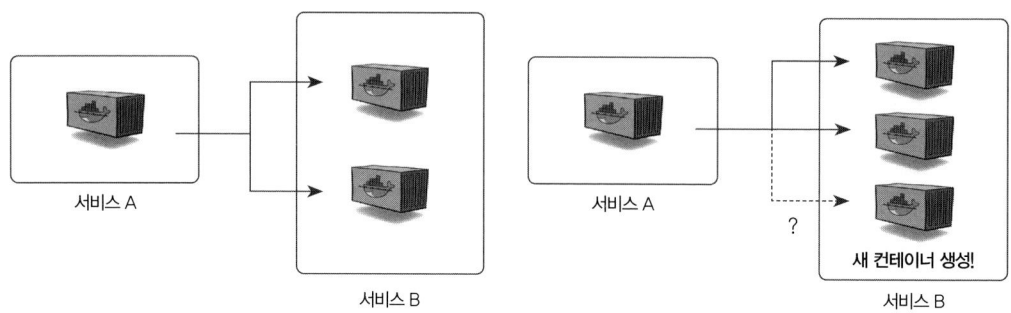

그림 3.9 B 서비스의 컨테이너가 늘어날 때

결론부터 말하면 스웜 모드에서는 'B'라는 이름으로 서비스 B의 컨테이너에 모두 접근할 수 있습니다. 즉, 서비스 A의 컨테이너 입장에서는 새롭게 생성된 서비스 B의 컨테이너 IP 주소를 알 필요도 없고 새롭게 생성된 사실도 알 필요가 없으며 'B'라는 서비스의 이름만 알면 됩니다.

간단한 예를 통해 서비스 발견을 살펴보겠습니다. 먼저 예제에 쓸 서비스들이 사용할 오버레이 네트워크를 생성합니다. 스웜 모드의 서비스 발견은 오버레이 네트워크를 사용하는 서비스에 대해 작동하기 때문입니다.

```
root@swarm-manager:~# docker network create -d overlay discovery
```

다음 명령어를 입력해 2개의 서비스를 생성합니다. server 서비스는 컨테이너의 호스트 이름을 출력하는 웹 서버 컨테이너 2개를 생성합니다. client 서비스는 server 서비스에 http 요청을 보낼 컨테이너를 생성합니다.

```
root@swarm-manager:~# docker service create --name server \
--replicas 2 \
--network discovery \
alicek106/book:hostname
```

```
root@swarm-manager:~# docker service create --name client \
--network discovery \
alicek106/book:curl \
ping docker.com
```

client 서비스 컨테이너의 내부에 들어가려면 해당 컨테이너가 어디에 있는지 알아야 합니다. docker service ps client를 입력해 어느 노드에 해당 컨테이너가 있는지 확인합니다. 이 예제의 경우에는 swarm-worker1에 생성됐습니다.

```
root@swarm-manager:~# docker service ps client
ID              NAME        IMAGE               NODE ...
7r2vqq5zr5pw    client.1    alicek106/book:curl swarm-worker1 ...
```

client 서비스 컨테이너가 생성된 노드에서 컨테이너 ID를 확인한 뒤 docker exec -it [컨테이너 ID] bash를 입력해 컨테이너 내부로 들어갑니다.

```
root@swarm-worker1:~# docker ps --format "table {{.ID}}\t{{.Command}}" | grep ping
d7416e5fb5e2    "ping docker.com"

root@swarm-worker1:~# docker exec -it d7416e5fb5e2 bash
root@d7416e5fb5e2:/#
```

컨테이너 내부에서 curl 명령어를 이용해 'server'에 접근합니다. 'server'는 위에서 생성한 서비스의 이름으로, 오버레이 네트워크에 속하도록 서비스를 생성했다면 도커 스웜의 DNS가 이를 자동으로 변환(resolve)합니다.

```
root@d7416e5fb5e2:/# curl -s server | grep Hello
        <p>Hello, c091c43da45b</p>       </blockquote>
root@d7416e5fb5e2:/# curl -s server | grep Hello
        <p>Hello, 3fe6da482d40</p>       </blockquote>
root@d7416e5fb5e2:/# curl -s server | grep Hello
        <p>Hello, c091c43da45b</p>       </blockquote>
root@d7416e5fb5e2:/# curl -s server | grep Hello
        <p>Hello, 3fe6da482d40</p>       </blockquote>
```

매번 curl 명령어를 보낼 때마다 다른 컨테이너에 접근하는 것을 확인할 수 있습니다. server라는 호스트 이름을 사용하면 이는 자동으로 server 서비스의 컨테이너 IP 중 하나로 변환되며, IP를 반환할 때는 라운드 로빈 방식을 따릅니다.

이번에는 swarm-manager 노드에서 다음 명령어를 입력해 server 서비스의 컨테이너 레플리카 수를 3개로 늘려봅시다. 새로운 컨테이너 하나가 추가될 것입니다.

```
root@swarm-manager:~# docker service scale server=3
server scaled to 3
```

다시 client 서비스의 컨테이너로 돌아와 curl 명령어를 다시 실행해 보면 새로 생성된 server 서비스의 컨테이너에 접근할 수 있음을 알 수 있습니다.

```
root@d7416e5fb5e2:/# curl -s server | grep Hello
        <p>Hello,  c091c43da45b</p>        </blockquote>
root@d7416e5fb5e2:/# curl -s server | grep Hello
        <p>Hello,  a8ad9d6edc9e</p>        </blockquote>
root@d7416e5fb5e2:/# curl -s server | grep Hello
        <p>Hello,  3fe6da482d40</p>        </blockquote>
```

그렇다면 server라는 서비스 이름은 어떻게 각 컨테이너의 IP로 변환된 것일까요? 사실 server라는 호스트 이름이 3개의 IP를 가지는 것이 아니라 서비스의 VIP(Virtual IP; 가상 IP)를 가지는 것입니다. server 서비스의 VIP는 다음 명령어로 확인할 수 있습니다. docker ps에서 사용했던 것과 유사하게 --format의 Go 템플릿을 사용하면 docker service inspect의 결과 중 VirtualIPs 항목만 출력하도록 포맷을 지정할 수 있습니다.

```
root@swarm-manager:~# docker service inspect --format {{.Endpoint.VirtualIPs}} server
[{74mgwebvciysddx3rns0pam9a 10.0.1.2/24}]
```

server 서비스의 VIP는 10.0.1.2입니다. 스웜 모드가 활성화된 도커 엔진의 내장 DNS 서버는 server라는 호스트 이름을 10.0.1.2라는 IP로 변환합니다. 즉, client 서비스의 컨테이너가 server라는 호스트 이름으로 접근하면 실제로는 10.0.1.2로 요청을 전송하게 됩니다. 그리고 이 IP는 컨테이너의 네트워크 네임스페이스 내부에서 실제 server 서비스의 컨테이너의 IP로 포워딩됩니다.

VIP 방식이 아닌 도커의 내장 DNS 서버를 기반으로 라운드 로빈을 사용할 수 있으며 이는 2.2.7.2절 "도커 네트워크 기능"에서 사용한 --net-alias 기능과 유사합니다. docker service create 옵션으로 --endpoint-mode dnsrr을 추가해 사용할 수 있습니다.

```
root@swarm-manager:~# docker service create --name server \
--replicas 2 --network discovery \
--endpoint-mode dnsrr \
alicek106/book:hostname
```

그런데 이 경우 애플리케이션에 따라 캐시 문제로 인해 서비스 발견이 정상적으로 작동하지 않을 때가 있으므로 가급적 VIP를 사용하는 것이 좋습니다.

3.2.3.8 스웜 모드 볼륨

도커 데몬 명령어 중 run 명령어에서 -v 옵션을 사용할 때 호스트와 디렉터리를 공유하는 경우와 볼륨을 사용하는 경우에 대한 구분은 딱히 없었습니다. 예를 들어, 다음 두 명령어는 -v 옵션을 동일하게 사용하고 있지만 사용하는 형식에 따라 도커 볼륨을 사용하느냐 호스트와 디렉터리를 공유하느냐를 결정합니다.

```
# 호스트와 디렉터리를 공유하는 경우
# docker run -i -t --name host_dir_case -v /root:/root ubuntu:24.04

# 도커 볼륨을 사용하는 경우
# docker run -i -t --name volume_case -v myvolume:/root ubuntu:24.04
```

이러한 run의 -v 옵션과 같은 기능을 스웜 모드에서도 사용할 수 있습니다. 그러나 스웜 모드에서는 도커 볼륨을 사용할지, 호스트 외 디렉터리를 공유할지를 좀 더 명확히 해 볼륨을 사용합니다. 즉, 서비스를 생성할 때 도커 볼륨을 사용할지 호스트와 디렉터리를 공유할지 명시해야 합니다.

volume 타입의 볼륨 생성

스웜 모드에서 도커 볼륨을 사용하는 서비스를 생성하려면 서비스를 생성할 때 --mount 옵션의 type 값에 volume을 지정합니다. 다음 명령어는 도커 볼륨을 사용하는 서비스를 생성하는 예제로, type=volume으로 이를 명시하고 있습니다. source는 사용할 볼륨이고 target은 컨테이너 내부에 마운트될 디렉터리의 위치입니다. 도커 데몬에 이미 source에 해당하는 이름의 볼륨이 있으면 해당 볼륨을 사용하지만, 없으면 새로 생성합니다.

```
root@swarm-manager:~# docker service create --name ubuntu \
--mount type=volume,source=myvol,target=/root \
ubuntu:24.04 \
ping docker.com
```

source 옵션을 명시하지 않으면 임의의 16진수로 구성된 익명의 이름을 가진 볼륨을 생성합니다. 다음 예제는 서비스의 컨테이너가 swarm-manager에 할당되고, 이에 따른 볼륨도 생성된 경우입니다.

```
root@swarm-manager:~# docker service create --name ubuntu \
--mount type=volume,target=/root \
ubuntu:24.04 \
ping docker.com
```

```
root@swarm-manager:~# docker volume ls
DRIVER              VOLUME NAME
local               5f7476818414fd5dff38e1657c85f73355398dc2924b820aa055ec9d71c34358
```

서비스의 컨테이너에서 볼륨에 공유할 컨테이너의 디렉터리에 파일이 이미 존재하면 이 파일들은 볼륨에 복사되고, 호스트에서 별도의 공간을 차지하게 됩니다. 그러나 서비스를 생성할 때 볼륨 옵션에 volume-nocopy를 추가하면 컨테이너의 파일들이 볼륨에 복사되지 않도록 설정할 수 있습니다.

예를 들어, 다음 명령어로 서비스를 생성하면 서비스를 위한 새로운 볼륨을 생성함과 동시에 컨테이너 내부의 /etc/vim 디렉터리에 있는 파일을 볼륨으로 복사합니다. 서비스의 컨테이너는 swarm-manager에 생성됐다고 가정합니다.

```
root@swarm-manager:~# docker service create --name ubuntu \
--mount type=volume,source=test,target=/etc/vim/ \
ubuntu:24.04 \
ping docker.com

...

root@swarm-manager:~# docker run -i -t --name test \
-v test:/root \
ubuntu:24.04

root@59f15f346587:/# ls root/
vimrc   vimrc.tiny
```

컨테이너 내부의 /etc/vim 디렉터리에 이미 파일이 존재하고, 이 디렉터리에 빈 볼륨을 마운트하면 볼륨으로 파일이 복사됩니다. 그러나 다음과 같이 서비스를 생성하면 볼륨으로 파일이 복사되는 것을 방지할 수 있습니다.

```
root@swarm-manager:~# docker service create --name ubuntu \
--mount type=volume,source=test,target=/etc/vim/,volume-nocopy \
ubuntu:24.04 \
ping docker.com

root@swarm-manager:~# docker run -i -t --name test2 \
-v test:/root \
ubuntu:24.04
```

```
root@8e2c618b71ac:/# ls -la root/
total 16
drwx------  2 root root 4096 Feb 23 14:50 .
drwxr-xr-x 34 root root 4096 Feb 23 14:52 ..
-rw-r--r--  1 root root 3106 Feb 20  2014 .bashrc
-rw-r--r--  1 root root  140 Feb 20  2014 .profile
```

bind 타입의 볼륨 생성

바인드 타입은 호스트와 디렉터리를 공유할 때 사용됩니다. 볼륨 타입과는 달리 공유될 호스트의 디렉터리를 설정해야 하므로 source 옵션을 반드시 명시해야 합니다. 바인드 타입은 type 옵션의 값을 bind로 설정해서 사용할 수 있습니다. 다음 명령은 호스트의 /root/host 디렉터리를 서비스 컨테이너의 /root/container 디렉터리에 마운트합니다.

```
root@swarm-manager:/home/ubuntu# docker service create --name ubuntu \
--mount type=bind,source=/root/host,target=/root/container \
ubuntu:24.04 \
ping docker.com
```

스웜 모드에서 볼륨의 한계점

스웜 클러스터에서 볼륨을 사용하기란 상당히 까다롭습니다. 서비스를 할당받을 수 있는 모든 노드가 볼륨 데이터를 가지고 있어야 하기 때문입니다. 스웜 매니저에 내장된 스케줄러가 컨테이너를 할당할 때 어느 노드에 할당해도 서비스에 정의된 볼륨을 사용할 수 있어야 합니다. 따라서 여러 개의 도커 데몬을 관리해야 하는 스웜 모드에서는 도커 볼륨, 또는 호스트와의 볼륨 사용이 적합하지 않은 기능일 수 있습니다.

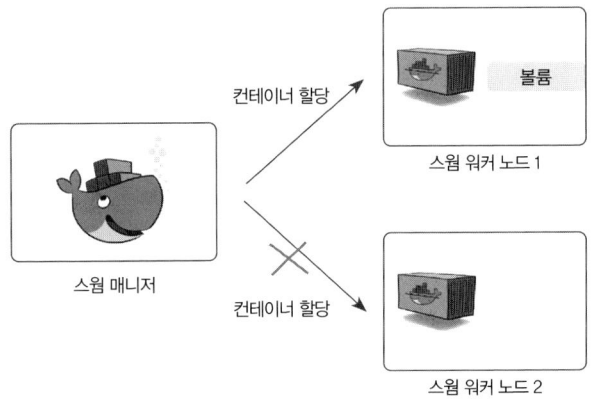

그림 3.10 로컬 볼륨이 존재하지 않는 노드에는 컨테이너가 할당될 수 없음

PaaS 같은 시스템을 구축하려고 한다면 이 문제는 더욱 큰 걸림돌이 됩니다. 어느 노드에 컨테이너를 할당해도 볼륨을 사용할 수 있는 방법은 모든 노드에 같은 데이터의 볼륨을 구성하는 것이지만, 이는 그다지 좋은 방법이 아닙니다. 이를 해결하기 위한 일반적인 방법은 어느 노드에서도 접근 가

능한 퍼시스턴트 스토리지(Persistent Storage)를 사용하는 것입니다. 퍼시스턴트 스토리지는 호스트와 컨테이너와 별개로 외부에 존재해 네트워크로 마운트할 수 있는 스토리지입니다.

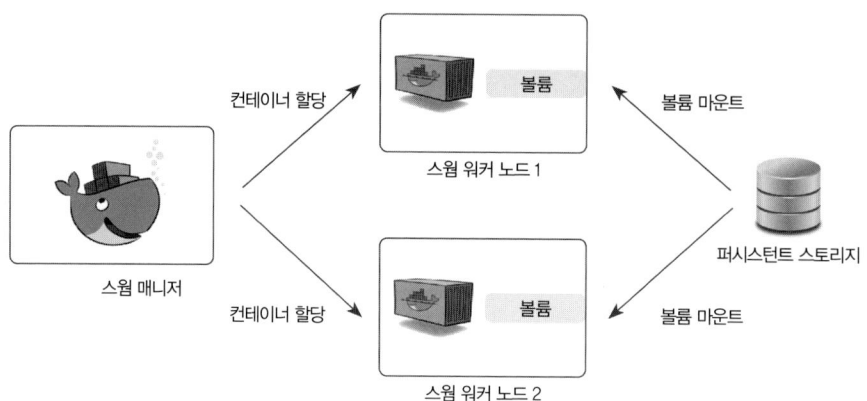

그림 3.11 로컬 볼륨 대신 퍼시스턴트 스토리지를 사용

서비스의 컨테이너가 각 노드에 할당될 때 퍼시스턴트 스토리지를 마운트해 사용하면 노드에 볼륨을 생성하지 않아도 되며, 컨테이너가 어느 노드에 할당되든 컨테이너에 필요한 파일을 읽고 쓸 수 있습니다. 그러나 이러한 퍼시스턴트 스토리지를 도커가 자체적으로 제공하지는 않으므로 서드파티 플러그인을 사용하거나 nfs, dfs 등을 별도로 구성해야 합니다. 이 책에서는 볼륨에 관련된 서드파티 플러그인을 전부 다루지는 않지만 볼륨 플러그인에 관심이 있다면 볼륨 플러그인을 정리한 페이지[4]에서 플러그인 목록을 확인해 보길 바랍니다.

또는 각 노드에 라벨(label)을 붙여 서비스에 제한(constraint)을 설정하는 방법도 있습니다. 노드에 라벨을 설정해 특정 서비스의 동작에 필요한 볼륨이 존재하는 노드에만 컨테이너를 할당할 수 있게 설정하는 것입니다. 이 방법이 근본적인 해결책이 될 수는 없겠지만 소규모 클러스터와 테스트 환경에서는 유용하게 활용될 수 있습니다. 이 방법에 대해서는 뒤에서 다시 설명합니다.

3.2.4 도커 스웜 모드 노드 다루기

앞에서 스웜 클러스터에 노드를 추가하고 삭제하는 방법을 다뤘습니다. 서비스를 좀 더 유연하게 할당하려면 새로운 노드를 추가하는 것뿐만 아니라 노드를 다루기 위한 전략도 필요합니다. 추후의 도커 엔진 릴리스에서 스케줄러가 업데이트될 수도 있겠지만, 현재는 스웜 모드의 스케줄러를 사용자

---

[4] https://docs.docker.com/engine/extend/legacy_plugins/#/volume-plugins

가 수정할 수 있게 자체적으로 제공하지 않기 때문에 별도의 스케줄링 전략을 세우는 것은 불가능합니다. 그러나 스웜 모드가 제공하는 기본 기능만으로도 어느 정도 목적에 부합한 전략을 세울 수 있습니다.

3.2.4.1 노드 AVAILABILITY 변경하기

구축한 스웜 클러스터의 노드를 확인하면 다음과 같은 출력 결과를 확인할 수 있습니다.

```
root@swarm-manager:/# docker node ls
ID                          HOSTNAME         STATUS   AVAILABILITY   MANAGER STATUS
18cnfhu3n45lg3bwmj2hsxui2   swarm-worker1    Ready    Active
2gn6tqrfqi74edbzm3uv83hlj   swarm-worker2    Ready    Active
7u6jgh6eup5y4mtgl1uqyay0y * swarm-manager    Ready    Active         Leader
```

3개의 노드 중 1개는 매니저, 2개는 워커 노드로서 정상적으로 동작하고 있으며, 모든 노드의 STATUS 항목이 Ready, AVAILABILITY 항목이 Active인 것을 알 수 있습니다. 그러나 일반적으로 매니저와 같은 마스터 노드는 최대한 부하를 받지 않도록 서비스를 할당받지 않게 하는 것이 좋습니다. 또는 특정 노드에 문제가 발생해 유지보수 작업을 수행할 때 해당 노드에 컨테이너를 할당하지 않게 하고 싶을 수도 있습니다. 이를 위해 특정 노드의 AVAILABILITY를 설정함으로써 컨테이너의 할당 가능 여부를 변경할 수 있습니다.

Active

Active 상태는 새로운 노드가 스웜 클러스터에 추가되면 기본적으로 설정되는 상태로서, 노드가 서비스의 컨테이너를 할당받을 수 있음을 의미합니다. Active 상태가 아닌 노드를 Active 상태로 변경하려면 다음과 같이 docker node update 명령어를 사용합니다. 다음 예제에서는 swarm-worker1 노드를 active 상태로 변경합니다.

```
root@swarm-manager:/# docker node update \
--availability active \
swarm-worker1
```

Drain

노드를 Drain 상태로 설정하면 스웜 매니저의 스케줄러는 컨테이너를 해당 노드에 할당하지 않습니다. Drain 상태는 일반적으로 매니저 노드에 설정하는 상태지만, 노드에 문제가 생겨 일시적으로 사용하지 않는 상태로 설정해야 할 때도 자주 사용됩니다. 노드를 Drain 상태로 변경하려면 다음과 같은 명령을 입력합니다.

```
root@swarm-manager:/# docker node update \
--availability drain \
swarm-worker1
```

위 명령을 실행하고 나서 노드의 목록을 다시 확인해 보면 해당 노드의 상태가 Drain으로 변경된 것을 확인할 수 있습니다.

```
root@swarm-manager:/# docker node ls
ID                          HOSTNAME         STATUS   AVAILABILITY   MANAGER STATUS
18cnfhu3n45lg3bwmj2hsxui2   swarm-worker1    Ready    Drain
2gn6tqrfqi74edbzm3uv83hlj   swarm-worker2    Ready    Active
7u6jgh6eup5y4mtgl1uqyay0y * swarm-manager    Ready    Active         Leader
```

노드를 Drain 상태로 변경하면 해당 노드에서 실행 중이던 서비스의 컨테이너는 전부 중지되고 Active 상태의 노드로 다시 할당됩니다. 그러나 이전에 언급한 것처럼 Drain 상태의 노드를 Active 상태로 다시 변경한다고 해서 서비스의 컨테이너가 다시 분산되어 할당되지는 않으므로 docker service scale 명령어를 사용해 컨테이너의 균형을 재조정해야 합니다.

Pause

Pause 상태는 서비스의 컨테이너를 더는 할당받지 않는다는 점에서는 Drain과 같지만 실행 중인 컨테이너가 중지되지는 않는다는 점에서 다릅니다. 노드의 상태를 Pause로 변경하려면 아래와 같이 입력합니다.

```
root@swarm-manager:/# docker node update \
--availability pause \
swarm-worker1
```

3.2.4.2 노드 라벨 추가

노드에 라벨을 추가하는 것은 노드를 분류하는 것과 비슷합니다. 라벨은 키-값 형태를 가지고 있으며, 키 값으로 노드를 구별할 수 있기 때문입니다. 특정 노드에 라벨을 추가하면 서비스를 할당할 때 컨테이너를 생성할 노드의 그룹을 선택하는 것이 가능합니다. 예를 들어, swarm-worker1은 SSD 스토리지를 사용하고 있어 storage=ssd라는 라벨을, swarm-worker2는 HDD 스토리지를 사용하고 있어 storage=hdd라는 라벨을 설정했다고 가정하겠습니다.

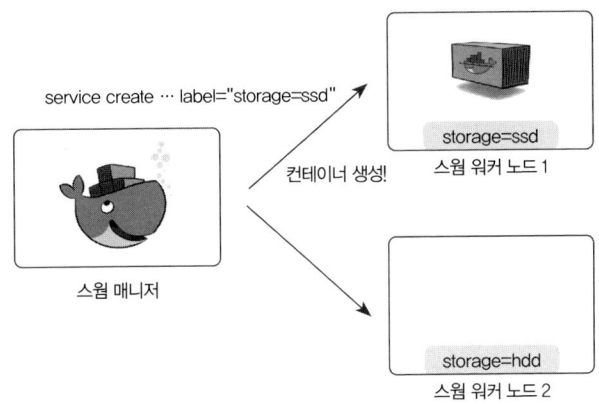

그림 3.12 라벨을 통한 서비스의 컨테이너 할당

서비스가 하드웨어에 종속적이기 때문에 SSD를 사용하는 노드에서 수행해야 한다면 서비스를 생성할 때 라벨을 storage=ssd로 설정해 swarm-worker1 노드에만 컨테이너를 할당할 수 있습니다.

이 예제는 라벨을 사용하는 단적인 시나리오 중 하나지만 볼륨 유무, 네트워크나 지역 및 하드웨어, 운영체제 등 여러 환경에 응용할 수 있습니다. 위에서 언급했던 것처럼 스웜 모드에서 도커 볼륨을 반드시 사용해야 한다면 라벨을 통한 컨테이너 할당도 한 가지 방법이 될 수 있습니다.

노드 라벨 추가하기

docker node update 명령에서 --label-add 옵션을 사용해 라벨을 설정할 수 있습니다. 다음 예제는 swarm-worker1 노드의 라벨을 storage=ssd로 설정해 storage라는 키에 ssd라는 값을 설정합니다.

```
root@swarm-manager:/# docker node update \
--label-add storage=ssd \
swarm-worker1
```

설정된 라벨은 docker node inspect 명령으로 확인할 수 있습니다.

```
root@swarm-manager:/# docker node inspect --pretty swarm-worker1

ID:                     18cnfhu3n45lg3bwmj2hsxui2
Labels:
 - storage = ssd
....
```

서비스 제약 설정

docker service create 명령어에 --constraint 옵션을 추가해 서비스의 컨테이너가 할당될 노드의 종류를 선택할 수 있습니다. 위에서 설명한 것처럼 노드 라벨을 추가함으로써 제약조건을 설정할 수도 있지만 노드의 ID나 호스트 이름, 도커 데몬의 라벨 등으로도 제약조건을 설정할 수 있습니다.

1) node.labels 제약조건

다음 명령어는 storage 키의 값이 ssd로 설정된 노드에 서비스의 컨테이너를 할당합니다. 노드의 라벨은 위의 "노드 라벨 추가하기" 항목에서 설명한 것처럼 docker node update 명령어로 설정할 수 있습니다.

```
root@swarm-manager:/# docker service create --name label_test \
--constraint 'node.labels.storage == ssd' \
--replicas=5 \
ubuntu:24.04 \
ping docker.com
```

 --constraint에서는 특정 조건을 찾기 위해 ==를, 특정 조건을 선택하지 않도록 !=를 사용할 수 있습니다

docker service ps 명령어를 입력해 생성된 컨테이너를 확인해 보면 storage 라벨이 ssd로 설정된 swarm-worker1 노드에만 컨테이너가 생성된 것을 알 수 있습니다. 여러 노드에 라벨이 설정돼 있다면 매니저 노드의 스케줄러는 해당 노드들을 대상으로 컨테이너를 할당하는 스케줄링을 진행합니다. 제한 조건에 해당하는 노드를 스웜 클러스터 내에서 찾지 못할 경우 서비스의 컨테이너는 생성되지 않습니다.

```
root@swarm-manager:/# docker service ps label_test
.. NAME           IMAGE         NODE           DESIRED STATE  CURRENT STATE
.. label_test.1   ubuntu:24.04  swarm-worker1  Running        Preparing 1 seconds ago
.. label_test.2   ubuntu:24.04  swarm-worker1  Running        Preparing 1 seconds ago
.. label_test.3   ubuntu:24.04  swarm-worker1  Running        Preparing 1 seconds ago
.. label_test.4   ubuntu:24.04  swarm-worker1  Running        Preparing 1 seconds ago
.. label_test.5   ubuntu:24.04  swarm-worker1  Running        Preparing 1 seconds ago
```

2) node.id 제약조건

다음 명령은 node.id 조건에 노드의 ID를 명시해 서비스의 컨테이너를 할당할 노드를 선택합니다. 그러나 다른 도커 명령어와 달리 앞의 일부분만 입력하면 도커가 인식하지 못하므로 다음 예제와 같이 docker node ls 명령어에 출력된 ID를 전부 입력해야 합니다.

```
root@swarm-manager:/# docker node ls | grep swarm-worker2
2gn6tqrfqi74edbzm3uv83hlj    swarm-worker2   Ready   Active

root@swarm-manager:/# docker service create --name label_test2 \
--constraint 'node.id == 2gn6tqrfqi74edbzm3uv83hlj' \
--replicas=5 \
ubuntu:24.04 \
ping docker.com
```

3) node.hostname과 node.role 제약조건

스웜 클러스터에 등록된 호스트 이름 및 역할로 제한 조건을 설정할 수도 있습니다. 다음은 각각 swarm-worker1 노드를 선택해 서비스의 컨테이너를 생성하는 명령어와 매니저 노드가 아닌 워커 노드에 컨테이너를 생성하는 명령어입니다.

```
root@swarm-manager:/# docker service create --name label_test3 \
--constraint 'node.hostname == swarm-worker1' \
ubuntu:24.04 \
ping docker.com
```

```
root@swarm-manager:/# docker service create --name label_test4 \
--constraint 'node.role != manager' \
--replicas 2 \
ubuntu:24.04 \
ping docker.com
```

4) engine.labels 제약조건

도커 엔진, 즉 도커 데몬 자체에 라벨을 설정해 제한 조건을 설정할 수 있지만 이를 사용하려면 도커 데몬의 실행 옵션을 변경해야 합니다. 부록 A를 참고해 다음과 같이 도커 데몬 실행 옵션을 변경합니다.

```
DOCKER_OPTS="… --label=mylabel=worker2 --label mylabel2=second_worker …"
```

서비스를 생성할 때 engine.labels를 접두어로 제한조건을 설정하면 도커 데몬의 라벨을 사용할 수 있습니다. 다음 명령은 도커 데몬의 라벨 중 mylabel이라는 키가 worker2라는 값으로 설정된 노드에 서비스의 컨테이너를 할당합니다.

```
root@swarm-manager:/# docker service create --name engine_label \
--constraint 'engine.labels.mylabel == worker2' \
--replicas=3 \
ubuntu:24.04 \
ping docker.com
```

도커 데몬에 설정된 라벨은 docker info 명령으로 확인할 수 있습니다.

```
# docker info
....
Labels:
 mylabel=worker2
 mylabel2=second_worker
....
```

제한 조건은 동시에 여러 개를 사용할 수도 있습니다. 다음 명령은 2개의 제한조건을 동시에 설정해 서비스의 컨테이너를 할당할 노드를 선택하는 예제입니다.

```
root@swarm-manager:/# docker service create --name engine_label2 \
--constraint 'engine.labels.mylabel == worker2' \
--constraint 'engine.labels.mylabel2 == second_worker' \
--replicas=3 \
ubuntu:24.04 \
ping docker.com
```

04
도커 컴포즈

4.1 도커 컴포즈를 사용하는 이유

여러 개의 컨테이너가 하나의 애플리케이션으로 동작할 때 이를 테스트하려면 각 컨테이너를 하나씩 생성해야 합니다. 예를 들어, 웹 애플리케이션을 테스트하려면 웹 서버 컨테이너와 데이터베이스 컨테이너를 생성해야 합니다. 다음과 같은 run 명령어를 생각해 봅시다.

```
# docker run --name mysql -d alicek106/composetest:mysql mysqld

# docker run -d -p 80:80 \
--link mysql:db --name web \
alicek106/composetest:web apachectl -DFOREGROUND
```

위 예제의 run 명령에 사용되는 이미지는 테스트용으로서 명령어를 실행하면 아파치 웹 서버 컨테이너와 mysql 컨테이너를 생성합니다. 이처럼 여러 개의 컨테이너로 구성된 애플리케이션을 구축하기 위해 run 명령어를 여러 번 사용할 수 있지만 각 컨테이너가 제대로 동작하는지 확인하는 테스트 단계에서는 이렇게 하기가 번거롭습니다. 매번 run 명령어에 옵션을 설정해 CLI(Command Line Interface)로 컨테이너를 생성하기보다는 여러 개의 컨테이너를 하나의 서비스로 정의해 컨테이너 묶음으로 관리할 수 있다면 좀 더 편리할 것입니다. 이를 위해 도커 컴포즈(Docker Compose)는 컨테이너를 이용한 서비스의 개발과 CI를 위해 여러 개의 컨테이너를 하나의 프로젝트로서 다룰 수 있는 작업 환경을 제공합니다.

도커 컴포즈는 여러 개의 컨테이너의 옵션과 환경을 정의한 파일을 읽어 컨테이너를 순차적으로 생성하는 방식으로 동작합니다. 도커 컴포즈의 설정 파일은 run 명령어의 옵션을 그대로 사용할 수 있으며, 각 컨테이너의 의존성, 네트워크, 볼륨 등을 함께 정의할 수 있습니다. 또한 스웜 모드의 서비스와 유사하게 설정 파일에 정의된 서비스의 컨테이너 수를 유동적으로 조절할 수 있으며 컨테이너의 서비스 디스커버리도 자동으로 이뤄집니다. 물론 이러한 기능이 필요하지 않은 소규모 컨테이너 개발 환경에서는 도커 엔진의 run 명령어로 컨테이너를 생성하는 것이 더 편리할 수도 있습니다. 그렇지만 컨테이너의 수가 많아지고 정의해야 할 옵션이 많아진다면 도커 컴포즈를 사용하는 것이 좋습니다.

4.2 도커 컴포즈 설치

리눅스에서 도커를 설치했다면 기본적으로 도커 컴포즈가 설치되어 있을 수 있습니다. 혹은 윈도우와 맥 OS X에서 Docker Desktop을 설치했다면 도커 컴포즈를 자동으로 사용할 수 있습니다.

도커 컴포즈가 설치되어 있는지 확인하기 위해 버전을 확인합니다. 이번 예제에서는 도커 컴포즈 2.33.1 버전을 기준으로 설명합니다.

```
# docker compose version
Docker Compose version v2.33.1
```

도커 컴포즈 명령어를 찾을 수 없다면 깃허브 저장소에서 직접 바이너리[1]를 내려받거나 공식 문서[2]를 참고해 설치할 수 있습니다.

4.3 도커 컴포즈 사용

4.3.1 도커 컴포즈 기본 사용법

도커 컴포즈는 컨테이너의 설정이 정의된 YAML 파일을 읽어 도커 엔진을 통해 컨테이너를 생성합니다. 따라서 도커 컴포즈를 사용하려면 가장 먼저 YAML 파일을 작성해야 합니다.

---

[1] https://github.com/docker/compose/releases
[2] https://docs.docker.com/compose/install/#scenario-two-install-the-docker-compose-plugin

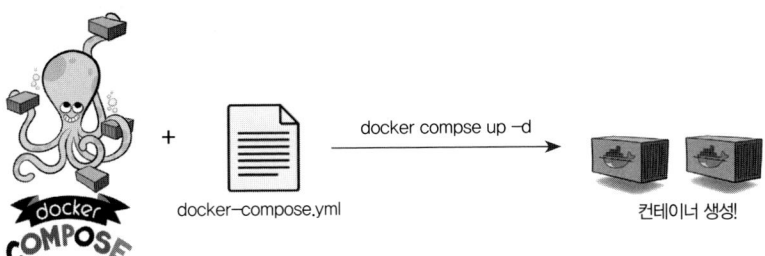

그림 4.1 도커 컴포즈의 사용 방식

4.3.1.1 docker-compose.yml 작성과 활용

도커 컴포즈의 사용법을 알아보기 위해 다음과 같은 run 명령어를 docker-compose.yml 파일로 변환해 컨테이너를 생성하고 실행해 봅시다.

```
# docker run -d --name mysql \
alicek106/composetest:mysql \
mysqld

# docker run -d -p 80:80 \
--link mysql:db --name web \
alicek106/composetest:web \
apachectl -DFOREGROUND
```

↓

예제 4.1 docker-compose.yml 파일 작성

```
services:
  web:
    image: alicek106/composetest:web
    ports:
      - "80:80"
    links:
      - mysql:db
    command: apachectl -DFOREGROUND
  mysql:
    image: alicek106/composetest:mysql
    command: mysqld
```

YAML 파일에서 들여쓰기할 때 탭(Tab)은 도커 컴포즈가 인식하지 못하므로 2개의 공백(Space)을 사용해 하위 항목을 구분해야 합니다.

어떠한 설정도 하지 않으면 도커 컴포즈는 현재 디렉터리의 docker-compose.yml 파일을 읽어 로컬의 도커 엔진에게 컨테이너 생성을 요청합니다. 예제 4.1을 docker-compose.yml 파일로 저장한 후 이 파일을 저장한 디렉터리에서 docker compse up -d 명령어로 컨테이너를 생성하면 다음과 같은 출력 결과를 확인할 수 있습니다. 이 예제에서는 /home/ubuntu 디렉터리에 docker-compose.yml 파일을 저장했습니다. 5.3.1.2절 "도커 컴포즈의 프로젝트, 서비스, 컨테이너"에서 자세히 설명하겠지만 프로젝트의 이름을 명시하지 않으면 컨테이너들은 현재 디렉터리의 이름으로 시작하는 이름을 갖게 됩니다.

```
# pwd
/home/ubuntu

# docker compose up -d
[+] Running 13/13
 ✓ mysql Pulled
   ✓ f18232174bc9 Already exists
 ...
 ✓ web Pulled
   ✓ d89e1bee20d9 Pull complete
 ...
[+] Running 3/3
 ✓ Network ubuntu_default      Created
 ✓ Container ubuntu-mysql-1    Started
 ✓ Container ubuntu-web-1      Started
```

사용된 docker-compose.yml 파일에 대한 설명은 다음과 같습니다.

```
 2  services:
 3    web:
 4      image: alicek106/composetest:web
        ....
10    mysql:
11      image: alicek106/composetest:mysql
....
```

(1) services: 생성될 컨테이너들을 묶어놓은 단위입니다. 서비스 항목 아래에는 각 컨테이너에 적용될 생성 옵션을 지정합니다.

(2) **web, mysql**: 생성될 서비스의 이름입니다. 이 항목 아래에 컨테이너가 생성될 때 필요한 옵션을 지정할 수 있습니다. 예제 4.1의 YAML 파일에서 docker run에서 사용하는 옵션과 동일하게 image, ports, links, command 등을 정의할 수 있습니다. 예제 4.1에서 설정한 항목에 대해서는 뒤에서 자세히 설명하겠습니다.

위 예제에서 쓰인 이미지는 도커 컴포즈 테스트용 이미지로, 서버의 /main.php 경로를 통해 간단한 로그인 페이지를 사용할 수 있습니다.[3] 생성된 컨테이너는 docker ps 명령어뿐 아니라 docker-compose ps 명령어로도 확인할 수 있습니다.

```
# docker ps --format "table {{.Names}}\t{{.Image}}\t{{.Ports}}"
NAMES            IMAGE                            PORTS
ubuntu-web-1     alicek106/composetest:web        0.0.0.0:80->80/tcp, [::]:80->80/tcp
ubuntu-mysql-1   alicek106/composetest:mysql      3306/tcp


# docker compose ps
NAME             IMAGE                            COMMAND                  SERVICE    …
ubuntu-mysql-1   alicek106/composetest:mysql      "mysqld"                 mysql      …
ubuntu-web-1     alicek106/composetest:web        "apachectl -DFOREGRO…"   web        …
```

4.3.1.2 도커 컴포즈의 프로젝트, 서비스, 컨테이너

예제 4.1의 YAML 파일에서 web 서비스와 mysql 서비스를 정의했고, 서비스별로 컨테이너가 1개씩 생성됐으며 각 컨테이너의 이름은 ubuntu-web-1, ubuntu-mysql-1이었습니다. 도커 컴포즈는 컨테이너를 프로젝트 및 서비스 단위로 구분하므로 컨테이너의 이름은 일반적으로 다음과 같은 형식으로 정해집니다.

[프로젝트 이름]-[서비스 이름]-[서비스 내에서 컨테이너 번호]

위 예제에서 생성한 프로젝트의 이름은 ubuntu이고, 각 서비스의 이름은 mysql, web입니다. 위에서 docker compose up -d를 실행했을 때 프로젝트의 이름을 별도로 입력하지 않았지만 도커 컴포즈는 기본적으로 docker-compose.yml 파일이 위치한 디렉터리의 이름을 프로젝트 이름으로 사용합니다. 프로젝트의 이름은 docker-compose.yml 파일이 저장된 디렉터리의 이름에 따라 다를 것입니다.

---

3 도커 허브 저장소(https://hub.docker.com/r/alicek106/composetest/)에서 이미지를 확인할 수 있습니다.

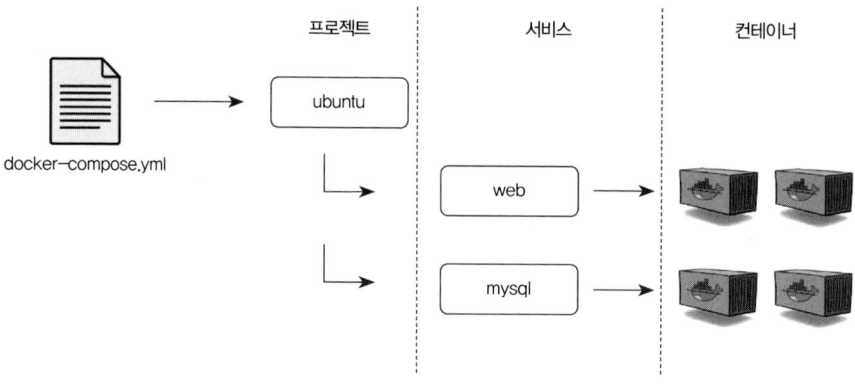

그림 4.2 도커 컴포즈의 구성 단위

그림 4.2와 같이 하나의 프로젝트는 여러 개의 서비스로 구성되고, 각 서비스는 여러 개의 컨테이너로 구성됩니다. 스웜 모드에서의 서비스와 마찬가지로, 하나의 서비스에는 여러 개의 컨테이너가 존재할 수 있으므로 차례대로 증가하는 컨테이너의 번호를 붙여 서비스 내의 컨테이너를 구별합니다. 위 예제에서는 ubuntu-mysql-1만 있지만 docker compose scale 명령어로 ubuntu-mysql-2, ubuntu-mysql-3을 생성할 수 있습니다.

```
# docker compose scale mysql=2
```

 docker compose up 명령어의 끝에 서비스의 이름을 입력해 docker-compose.yml 파일에 명시된 특정 서비스의 컨테이너만 생성할 수 있습니다. 다음 예제는 mysql 서비스의 컨테이너만 생성합니다.

```
# docker compose up -d mysql
```

docker compose run 명령어로 컨테이너를 생성할 수도 있습니다. 이때는 Interactive 셸을 사용할 수 있습니다.

```
# docker compose run web /bin/bash
```

docker compose scale 명령어를 사용한 뒤 docker compose ps 명령어로 컨테이너의 목록을 확인하면 mysql 서비스의 컨테이너가 늘어난 것을 알 수 있습니다. 이처럼 서비스의 컨테이너 수를 늘리거나 줄여서 같은 컨테이너의 수를 일정하게 유지할 수 있습니다.

```
# docker compose ps
NAME              IMAGE                          COMMAND                  SERVICE …
ubuntu-mysql-1    alicek106/composetest:mysql    "mysqld"                 mysql …
ubuntu-mysql-2    alicek106/composetest:mysql    "mysqld"                 mysql …
ubuntu-web-1      alicek106/composetest:web      "apachectl -DFOREGRO…"   web …
```

생성된 프로젝트는 docker compose down 명령어로 삭제할 수 있습니다. 프로젝트를 삭제하면 서비스의 컨테이너 또한 전부 정지된 뒤 삭제됩니다.

```
# docker compose down
[+] Running 4/4
 ✓ Container ubuntu-web-1      Removed
 ✓ Container ubuntu-mysql-1    Removed
 ✓ Container ubuntu-mysql-2    Removed
 ✓ Network ubuntu_default      Removed
```

도커 컴포즈는 기본적으로 현재 디렉터리의 이름으로 된 프로젝트를 제어합니다. 예를 들어, /home/ubuntu 디렉터리에 docker-compose.yml 파일이 있고, docker compose down 명령어를 사용하면 ubuntu라는 이름을 가진 프로젝트를 삭제합니다. 그러나 docker compose의 -p 옵션에 프로젝트의 이름을 사용해 제어할 프로젝트의 이름을 명시할 수 있습니다. 즉, -p 옵션을 사용하면 하나의 docker-compose.yml 파일로 서로 이름이 다른 여러 개의 프로젝트를 생성하고 제어할 수 있습니다.

```
# docker compose -p myproject up -d
[+] Running 3/3
 ✓ Network myproject_default       Created
 ✓ Container myproject-mysql-1     Started
 ✓ Container myproject-web-1       Started

# docker compose -p myproject ps
NAME                   IMAGE                          COMMAND ...
myproject-mysql-1      alicek106/composetest:mysql    "mysqld" ...
myproject-web-1        alicek106/composetest:web      "apachectl -DFOREGRO..." ...

# docker compose -p myproject down
[+] Running 3/3
 ✓ Container myproject-web-1       Removed
 ✓ Container myproject-mysql-1     Removed
 ✓ Network myproject_default       Removed
```

4.3.2 도커 컴포즈 활용

도커 컴포즈를 실제 개발 환경에서 사용하려면 이제까지보다 더 많은 옵션과 명령어가 필요합니다. 또한 YAML 파일을 작성하는 데 능숙해져야 기존 컨테이너의 설정을 손쉽게 도커 컴포즈 환경으로 옮기고 수정할 수 있습니다. 이번에는 도커 컴포즈를 다루는 자세한 방법과 YAML 파일에서 자주 쓰이는 항목들을 알아보겠습니다.

4.3.2.1 YAML 파일 작성

도커 컴포즈를 사용하려면 컨테이너 설정을 저장해 놓은 YAML 파일이 필요합니다. 그러므로 기존에 사용하던 run 명령어를 YAML 파일로 변환하는 것이 도커 컴포즈 사용법의 대부분입니다.

YAML 파일은 크게 서비스 정의, 볼륨 정의, 네트워크 정의의 3가지 항목으로 구성됩니다. 이 가운데 많이 사용하는 것은 서비스 정의이며, 볼륨 정의와 네트워크 정의는 서비스로 생성된 컨테이너에 선택적으로 사용됩니다. 각 항목의 하위 항목을 정의하려면 2개의 공백(스페이스)으로 들여쓰기해서 상위 항목과 구분합니다.

도커 컴포즈는 기본적으로 현재 디렉터리 또는 상위 디렉터리에서 docker-compose.yml이라는 이름의 YAML 파일을 찾아서 컨테이너를 생성합니다. 그러나 docker compose 명령어의 -f 옵션을 사용하면 yml 파일의 위치와 이름을 지정할 수 있습니다.

```
# docker compose \
-f /home/alicek106/my_compose_file.yml \
up -d
```

-f 옵션은 프로젝트의 이름을 지정하는 -p 옵션과 함께 사용할 수 있습니다. 특정 YAML 파일에서 생성된 여러 개의 프로젝트를 제어하려면 해당 YAML 파일이 현재 디렉터리에 존재하거나, -f 옵션으로 경로를 지정해야 합니다. 즉, 먼저 -f 옵션을 통해 YAML 파일을 먼저 지정해 파일을 읽은 뒤, -p 옵션으로 프로젝트의 이름을 명시하는 것입니다.

(1) 서비스 정의

서비스는 도커 컴포즈로 생성할 컨테이너 옵션을 정의합니다. 이 항목에 쓰인 각 서비스는 컨테이너로 구현되며, 하나의 프로젝트로서 도커 컴포즈에 의해 관리됩니다. 서비스의 이름은 services의 하위 항목으로 정의하고, 컨테이너의 옵션은 서비스 이름의 하위 항목에 정의합니다.

```
services:
  my_container_1:
    image: …
  my_container_2:
    image: …
```

이번 장에서는 서비스 항목이 가질 수 있는 주요 컨테이너 옵션만 설명합니다. 설명하지 않은 서비스 항목에 대해서는 공식 문서[4]를 참고하기 바랍니다.

- image: 서비스의 컨테이너를 생성할 때 쓰일 이미지의 이름을 설정합니다. 이미지 이름 포맷은 docker run과 같습니다. 만일 이미지가 도커에 존재하지 않으면 저장소에서 자동으로 내려받습니다.

```
services:
  my_container_1:
    image: alicek106/composetest:mysql
```

- links: docker run 명령어의 --link와 같으며, 다른 서비스에 서비스명만으로 접근할 수 있도록 설정합니다. [SERVICE:ALIAS]의 형식을 사용하면 서비스에 별칭으로도 접근할 수 있습니다.

```
services:
  web:
    links:
      - db
      - db:database
      - redis
```

- environment: docker run 명령어의 --env, -e 옵션과 동일합니다. 서비스의 컨테이너 내부에서 사용할 환경변수를 지정하며, 딕셔너리(Dictionary)나 배열 형태로 사용할 수 있습니다.

```
services:
  web:
    environment:
      - MYSQL_ROOT_PASSWORD=mypassword
      - MYSQL_DATABASE_NAME=mydb
      또는
    environment:
      MYSQL_ROOT_PASSWORD: mypassword
      MYSQL_DATABASE_NAME:mydb
```

- command: 컨테이너가 실행될 때 수행할 명령어를 설정하며, docker run 명령어의 마지막에 붙는 커맨드와 같습니다. Dockerfile의 RUN과 같은 배열 형태로도 사용할 수 있습니다.

```
services:
  web:
```

---

[4] https://docs.docker.com/reference/compose-file/

```
    image: alicek106/composetest:web
    command: apachectl -DFOREGROUND
        또는
web:
    image: alicek106/composetest:web
    command: [apachectl, -DFOREGROUND]
```

- **depends_on**: 특정 컨테이너에 대한 의존 관계를 나타내며, 이 항목에 명시된 컨테이너가 먼저 생성되고 실행됩니다. 다음 예제에서는 web 컨테이너보다 mysql 컨테이너가 먼저 생성됩니다

links도 depends_on과 같이 컨테이너의 생성 순서와 실행 순서를 정의하지만 depends_on은 서비스 이름으로만 접근할 수 있다는 점이 다릅니다.

```
services:
  web:
    image: alicek106/composetest:web
    depends_on
      - mysql

  mysql:
    image: alicek106/composetest:mysql
```

특정 서비스의 컨테이너만 생성하되 의존성이 없는 컨테이너를 생성하려면 --no-deps 옵션을 사용합니다.

```
# docker compose up --no-deps web
```

 links, depends_on 모두 실행 순서만 설정할 뿐 컨테이너 내부의 애플리케이션이 준비된 상태인지에 대해서는 확인하지 않습니다. 예를 들어, 데이터베이스 컨테이너와 웹 서버 컨테이너가 정해진 순서대로 실행됐더라도 데이터베이스가 초기화 중이라면 웹 서버 컨테이너가 정상적으로 동작하지 않을 수도 있습니다. 이를 해결하는 방법으로 컨테이너에 셸 스크립트를 entrypoint로 지정하는 방법이 있습니다. YAML 파일의 entrypoint에 다음과 같이 지정합니다.

```
services:
  web:
    …
    entrypoint: ./sync_script.sh mysql:3306
```

entrypoint에 지정된 sync_script.sh는 다음과 같은 형식을 가집니다. until 구문의 조건 안에 다른 컨테이너의 애플리케이션이 준비됐는지 확인하는 명령어를 입력합니다. 예를 들어, curl mysql:3306을 조건으로 넣는다면 mysql 데몬이 준비될 때까지 기다릴 것입니다.

```
until (상태를 확인할 수 있는 명령어); do
  echo "depend container is not available yet"
  sleep 1
done
echo "depends_on container is ready"
```

- **ports** : docker run 명령어의 -p와 같으며 서비스의 컨테이너를 개방할 포트를 설정합니다. 그러나 단일 호스트 환경에서 80:80과 같이 호스트의 특정 포트를 서비스의 컨테이너에 연결하면 docker compose scale 명령어로 서비스의 컨테이너의 수를 늘릴 수 없습니다.

```
services:
  web:
    image: alicek106/composetest:web
    ports:
      - "8080"
      - "8081-8085"
      - "80:80"
      ......
```

- **build** : build 항목에 정의된 Dockerfile에서 이미지를 빌드해 서비스의 컨테이너를 생성하도록 설정합니다. 다음 예제는 ./composetest 디렉터리에 저장된 Dockerfile로 이미지를 빌드해 컨테이너를 생성합니다. 새롭게 빌드될 이미지의 이름은 image 항목에 정의된 이름인 alicek106/composetest:web이 됩니다.

```
services:
  web:
    build: ./composetest
    image: alicek106/composetest:web
```

또한 build 항목에서는 Dockerfile에 사용될 컨텍스트나 Dockerfile의 이름, Dockerfile에서 사용될 인자 값을 설정할 수 있습니다. 다음과 같이 image 항목을 설정하지 않으면 이미지의 이름은 [프로젝트 이름]:[서비스 이름]이 됩니다.

```
services:
  web:
    build: ./composetest
    context: ./composetest
    dockerfile: myDockerfile
    args:
      HOST_NAME: web
      HOST_CONFIG: self_config
```

build 항목을 YAML 파일에 정의해 프로젝트를 생성하고 난 뒤 Dockerfile을 변경하고 다시 프로젝트를 생성해도 이미지를 새로 빌드하지 않습니다. docker compose up -d에 --build 옵션을 추가하거나 docker compose build 명령어를 사용해 Dockerfile이 변경돼도 컨테이너를 생성할 때마다 빌드하도록 설정할 수 있습니다.

```
# docker compose up -d --build
# docker compose build [yml 파일에서 빌드할 서비스 이름]
```

- extends: 다른 YAML 파일이나 현재 YAML 파일에서 서비스 속성을 상속받게 설정합니다. 다음과 같이 2개의 YAML 파일이 있다고 가정해 봅시다. docker-compose.yml의 web 서비스는 extend_compose.yml의 extend_web 서비스의 옵션을 그대로 갖게 됩니다. 즉, web 서비스의 컨테이너는 ubuntu:24.04 이미지의 80:80 포트로 설정됩니다. file 항목을 설정하지 않으면 현재 YAML 파일에서 extends할 서비스를 찾습니다.

예제 4.2 설정을 상속받을 docker-compose.yml 파일

```
services:
  web:
    extends:
      file: extend_compose.yml
      service: extend_web
```

예제 4.3 설정을 상속해줄 extend-compose.yml 파일

```
services:
  extend_web:
    image: ubuntu:24.04
    ports:
      - "80:80"
```

다음 예제에서는 web 서비스가 현재 YAML 파일의 extend_web 서비스의 옵션을 물려받습니다.

```
services:
  web:
    extends:
      service: extend-web
  extend_web:
    image: ubuntu:24.04
    ports:
      - "80:80"
```

그러나 depends_on, links, volumes_from 항목은 각 컨테이너 사이의 의존성을 내포하고 있으므로 extends로 상속받을 수 없습니다.

(3) 네트워크 정의

- **driver**: 도커 컴포즈는 생성된 컨테이너를 위해 기본적으로 브리지 타입의 네트워크를 생성합니다. 그러나 YAML 파일에서 driver 항목을 정의해 서비스의 컨테이너가 브리지 네트워크가 아닌 다른 네트워크를 사용하도록 설정할 수 있습니다. 특정 드라이버에 필요한 옵션은 하위 항목인 driver_ops로 전달할 수 있습니다.

    다음 예제는 docker compose up -d 명령어로 컨테이너를 생성할 때 mynetwork라는 overlay 타입의 네트워크도 함께 생성하고, myservice 서비스의 네트워크가 mynetwork 네트워크를 사용하도록 설정합니다. 단, overlay 타입의 네트워크는 스웜 모드를 사용하는 환경에서만 생성할 수 있습니다.

    ```
    services:
      myservice:
        image: nginx
        networks:
          - mynetwork
    networks:
      mynetwork:
        driver: overlay
    ```

- **ipam**: IPAM(IP Address Manager)를 위해 사용할 수 있는 옵션으로서 subnet, ip 범위 등을 설정할 수 있습니다. driver 항목에는 IPAM을 지원하는 드라이버의 이름을 입력합니다.

    ```
    services:
      ...
    
    networks:
      ipam:
        driver: mydriver
        config:
          subnet: 172.20.0.0/16
          ip_range: 172.20.5.0/24
          gateway: 172.20.5.1
    ```

- **external**: YAML 파일을 통해 프로젝트를 생성할 때마다 네트워크를 생성하는 것이 아닌, 기존의 네트워크를 사용하도록 설정합니다. 이를 설정하려면 사용하려는 외부 네트워크의 이름을 하위 항목으로 입력한 뒤 external의 값을 true로 설정합니다. external 옵션은 준비된 네트워크를 사용하므로 driver, driver_ops, ipam 옵션과 함께 사용할 수 없습니다.

    다음 예제는 서비스의 컨테이너가 기존의 alicek106_network라는 이름의 네트워크를 사용하도록 설정합니다.

    ```
    services:
      web:
        image: alicek106/composetest:web
        networks:
    ```

```
      - alicek106_network
networks:
  alicek106_network:
    external: true
```

(4) 볼륨 정의

- **driver**: 볼륨을 생성할 때 사용될 드라이버를 설정합니다. 어떠한 설정도 하지 않으면 local로 설정되며 사용하는 드라이버에 따라 변경해야 합니다. 드라이버를 사용하기 위한 추가 옵션은 하위 항목인 driver_opts를 통해 인자로 설정할 수 있습니다.

```
services:
  mysql:
    volumes:
      - my_test_data:/data
...

volumes:
  my_test_data:
    driver: local
```

- **external**: 도커 컴포즈는 YAML 파일에서 volume, volumes-from 옵션 등을 사용하면 프로젝트마다 볼륨을 생성합니다. 이때 external 옵션을 설정하면 볼륨을 프로젝트를 생성할 때마다 매번 생성하지 않고 기존 볼륨을 사용하도록 설정합니다. 다음 예제에서 myvolume이라는 이름의 외부 볼륨을 web 서비스의 컨테이너에 마운트합니다.

```
services:
  web:
    image: alicek106/composetest:web
    volumes:
      - myvolume:/var/www/html
volumes:
  myvolume:
    external: true
```

(5) YAML 파일 검증하기

YAML 파일을 작성할 때 오타 검사나 파일 포맷이 적절한지 등을 검사하려면 docker compose config 명령어를 사용합니다. 기본적으로 현재 디렉터리의 docker-compose.yml 파일을 검사하지만 docker-compose -f (yml 파일 경로) config와 같이 검사할 파일의 경로를 설정할 수 있습니다.

```
# docker-compose config
networks: {}
services:
  mysql:
    command: mysqld
    image: alicek106/composetest:mysql
  web:
    command: apachectl -DFOREGROUND
    image: alicek106/composetest:web
    links:
    - mysql:db
    ports:
    - 80:80
volumes: {}
```

4.3.2.2 도커 컴포즈 네트워크

YAML 파일에 네트워크 항목을 정의하지 않으면 도커 컴포즈는 프로젝트별로 브리지 타입의 네트워크를 생성합니다. 생성된 네트워크의 이름은 {프로젝트 이름}_default로 설정되며, docker-compose up 명령어로 생성되고 docker-compose down 명령어로 삭제됩니다.

```
# docker compose up -d
...
[+] Running 3/3
 ✓ Network ubuntu_default        Created
 ✓ Container ubuntu-mysql-1      Started
 ✓ Container ubuntu-web-1        Started
```

docker-compose up 명령어뿐 아니라 docker-compose scale 명령어로 생성되는 컨테이너 전부가 이 브리지 타입의 네트워크를 사용합니다. 서비스 내의 컨테이너는 --net-alias가 서비스의 이름을 갖도록 자동으로 설정되므로 이 네트워크에 속한 컨테이너는 서비스의 이름으로 서비스 내의 컨테이너에 접근할 수 있습니다.

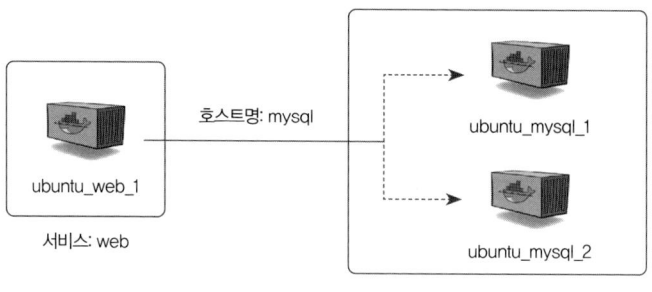

그림 4.3 서비스의 이름으로 컨테이너에 접근

예를 들어, web 서비스와 mysql 서비스가 각기 존재할 때 web 서비스의 컨테이너가 mysql이라는 호스트 이름으로 접근하면 mysql 서비스의 컨테이너 중 하나의 IP로 변환(resolve)되며, 컨테이너가 여러 개 존재할 경우 라운드 로빈으로 연결을 분산합니다.

따라서 docker-compose scale 명령어로 컨테이너의 수를 늘려도 해당 서비스의 이름으로 서비스의 모든 컨테이너에 접근할 수 있습니다. 서비스 이름으로 컨테이너에 접근하는 방식은 스웜 모드의 서비스와 유사하지만 작동 원리는 다릅니다.

 run 명령어의 --net-alias와 브리지 타입의 네트워크가 작동하는 방식에 대한 자세한 설명은 2.2.7.2절 "도커 네트워크 기능"의 --net-alias 사용법을 참고합니다.

4.3.2.3 도커 스웜 모드와 함께 사용하기

도커 컴포즈를 사용하기 위해 작성된 YAML 파일은 스택이라는 개념으로서 도커 스웜 모드에서도 사용할 수 있습니다. 스택은 YAML 파일에서 생성된 컨테이너의 묶음으로서 YAML 파일에 정의한 서비스가 스웜 모드의 클러스터에서 일괄적으로 생성됩니다. 즉, 도커 컴포즈의 서비스가 스웜 모드의 서비스로 변환된 것입니다.

단 스택은 도커 컴포즈 명령어인 docker-compose가 아닌 docker stack으로 제어해야 합니다. 정확히 말하자면 스택은 도커 컴포즈에 의해서 생성된 것이 아니라 스웜 모드 클러스터의 매니저에 의해 생성된 것이기 때문입니다.

스택을 생성하고 삭제하는 작업은 스웜 매니저에게서만 수행될 수 있으므로 이번 절의 예제는 매니저 노드에서 실행한다고 가정합니다.

스택 사용하기

아래의 내용으로 docker-compose.yml 파일을 작성한 뒤, 이를 스택으로 변환해보겠습니다. 이전에 사용해본 YAML 파일과 크게 다르지 않은 내용으로, MySQL과 웹 서버를 생성하는 간단한 예제입니다.

```
networks: {}
services:
  mysql:
    command: mysqld
    image: alicek106/composetest:mysql
  web:
    command: apachectl -DFOREGROUND
    image: alicek106/composetest:web
    links:
      - mysql:db
    ports:
      - 80:80
volumes: {}
```

docker stack deploy 명령어에 --config-file, 또는 -c 옵션으로 YAML 파일을 지정한 뒤 마지막에 스택의 이름을 입력합니다. 다음 예제는 docker-compose.yml 파일에서 mystack이라는 이름의 스택을 생성합니다.

```
root@swarm-master:/ # docker stack deploy -c docker-compose.yml mystack
Ignoring unsupported options: links

Creating network mystack_default
Creating service mystack_mysql
Creating service mystack_web
```

위 출력 결과의 Ignoring unsupported options: links에서 알 수 있듯이 links나 depends_on과 같이 컨테이너 간의 의존성을 정의하는 항목은 사용할 수 없습니다. 앞에서 언급한 도커 스웜에서 도커 컴포즈를 사용하는 제약사항에 links를 사용하려면 양 컨테이너가 같은 호스트에 생성돼야 하기 때문입니다.

생성된 스택은 docker stack ls 명령어로 확인할 수 있으며, docker stack ps 명령어로 특정 서비스에 존재하는 컨테이너를 확인할 수도 있습니다. 서비스의 이름은 [스택 이름]_[YAML 파일에 정의된 서비스의 이름]으로 구성됩니다.

```
root@swarm-master:/# docker stack ls
NAME      SERVICES
mystack   2


root@swarm-master:/# docker stack ps mystack
ID             NAME              IMAGE                          NODE            DESIRED STATE
CURRENT STATE        ...
k67xbo9oekrd   mystack_web.1     alicek106/composetest:web      swarm-worker1   Running
Running 11           minutes ago
ii4max6mxmt5   mystack_mysql.1   alicek106/composetest:mysql    swarm-worker2   Running
Running              10 minutes ago
```

스택에서 생성된 서비스는 스웜 모드에서 사용된 서비스와 같으므로 docker service 명령어로도 확인할 수 있습니다. 예를 들어, docker service ls와 docker stack services는 다음과 같이 동일한 정보를 출력합니다.

```
root@swarm-master:/# docker service ls
ID             NAME             MODE         REPLICAS   IMAGE
r6nfeu7j5363   mystack_mysql    replicated   1/1        alicek106/composetest:mysql
sfgnm0ilc3zz   mystack_web      replicated   1/1        alicek106/composetest:web

root@swarm-master:/# docker stack services mystack
ID             NAME             MODE         REPLICAS   IMAGE
r6nfeu7j5363   mystack_mysql    replicated   1/1        alicek106/composetest:mysql
sfgnm0ilc3zz   mystack_web      replicated   1/1        alicek106/composetest:web
```

스택은 도커 컴포즈가 아닌 스웜 킷에 의해 생성되므로 docker-compose scale 명령어가 아닌 docker service scale을 사용해 컨테이너의 수를 조절해야 합니다. 이는 스웜 모드에서 설명한 docker service scale 명령어와 같으므로 클러스터에 컨테이너가 적절히 분배됩니다.

```
# docker service scale mystack_web=2
mystack_web scaled to 2
```

스택을 삭제하려면 docker stack rm 명령어를 사용합니다. 또한 docker sevice rm으로도 스택의 서비스를 하나씩 삭제할 수 있습니다. 가능하면 docker stack 명령어로 생성된 서비스는 docker stack rm으로 삭제하는 것이 좋습니다.

```
root@swarm-master:/# docker stack rm mystack
Removing service mystack_web
Removing service mystack_mysql
Removing network mystack_default
```

스택 네트워크

도커 컴포즈에서 프로젝트를 생성했던 것과 같이 스택도 해당 스택을 위한 네트워크가 자동으로 생성됩니다. 스택을 생성할 때 다음과 같은 출력 결과를 확인했다면 이를 금방 알 수 있습니다.

```
Creating network mystack_default
```

그러나 도커 컴포즈의 네트워크와 다르게 스택의 네트워크는 기본적으로 오버레이 네트워크 속성을 가지며 스웜 클러스터에서 사용하도록 설정됩니다. docker network ls 명령어로 스택의 네트워크를 확인해 보면 SCOPE가 swarm으로 설정된 것을 알 수 있습니다. 이 네트워크는 --attachable 옵션이 설정되지 않기 때문에 일반 컨테이너는 이 네트워크를 사용할 수 없습니다.

```
root@swarm-master:/# docker network ls
NETWORK ID      NAME                DRIVER      SCOPE
ddb3915f71aa    bridge              bridge      local
7943124d2b90    docker_gwbridge     bridge      local
668160dfd29e    host                host        local
h3molv667p9a    ingress             overlay     swarm
k9ginm4b3qs8    mystack_default     overlay     swarm
90c4b385b656    none                null        local
```

4.4 도커 학습을 마치며: 도커와 컨테이너 생태계

지금까지는 단순히 도커와 관련된 사용법만 설명했지만 오픈소스 클라우드 생태계의 흐름을 이해하고 컨테이너에 관련된 기술을 깊게 이해하기 위해서는 단순한 도커 사용법을 넘어 컨테이너가 내부적으로 어떻게 구성돼 있는지, 컨테이너 생태계가 어떠한 방향으로 나아가고 있는지도 이해할 필요가 있습니다. 이번 절에서는 도커 학습을 일단락 짓기 위해 도커 내부의 구조와 컨테이너 생태계에 대해 간단히 알아보겠습니다.

2016년, 도커 사(社)는 컨테이너 기술이 특정 벤더 또는 회사에 의존적으로 개발되지 않도록 중립적인 입장에서 컨테이너 표준을 정의하는 OCI(Open Container Initiative)를 발표했습니다. OCI에서는 컨테이너를 구성하기 위해 공통적으로 구현돼야 하는 런타임 및 이미지 스펙의 표준을 정의하고 있으며, 2020년 현재는 도커 컨테이너를 포함한 여러 컨테이너 기술이 OCI를 준수하고 있습니다. OCI가 발표된 이후 Moby[5]라는 큰 프로젝트 안에서 도커 컨테이너 기술을 관리하기 시작했고, 도커는 runC,[6] containerd,[7] 그리고 도커 엔진으로 분리됐습니다.

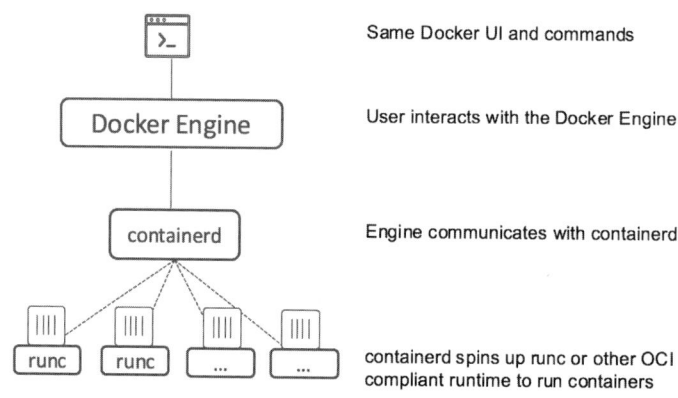

그림 4.4 도커 엔진, containerd, 그리고 runC의 관계[8]

도커의 핵심 프로세스라고 하면 보통 도커 데몬(dockerd)을 떠올리기 쉽지만 사실 **도커 데몬은 컨테이너가 아닙니다.** 실제로 컨테이너 프로세스라고 부를 수 있을 만한 것은 dockerd가 아닌 **runC**이며, 컨테이너에 1:1로 매칭되는 런타임 역할을 runC가 담당합니다. 그리고 여러 개의 runC 컨테이너 프로세스 및 이미지를 관리하는 주체가 바로 containerd(컨테이너-디)입니다. 우리가 알고 있는 도커 엔진(dockerd 프로세스)은 containerd와 통신해 runC를 사용할 수 있도록 하는 엔드 유저용 도구에 불과합니다.

---

5 https://github.com/moby
6 https://github.com/opencontainers/runc
7 https://github.com/containerd/containerd
8 그림 출처: https://www.docker.com/blog/docker-engine-1-11-runc/

runc, containerd 프로세스는 도커가 실행 중인 호스트에서도 바로 확인할 수 있습니다.

```
$ ps aux | grep containerd
root      2765  0.1  2.2 801336 45144 ?       Ssl  07:28   0:32 /usr/bin/containerd
root      2926  0.3  4.7 865820 95980 ?       Ssl  07:28   1:05 /usr/bin/dockerd -H fd://
--containerd=/run/containerd/containerd.sock
root     22932  0.0  0.2 109104  5312 ?       Sl   12:49   0:00 containerd-shim -namespace moby
-workdir /var/lib/containerd/io.container
.runtime.v1.linux/moby/... -address /run/containerd/containerd.sock -containerd-binary /usr/bin/
containerd -runtime-root /var/run/docker/runtime-runc
```

컨테이너를 생성하고 사용하기 위해 도커가 반드시 필요한 것은 아니며, runC와 containerd는 도커 엔진 없이도 독립적으로 사용할 수 있습니다. 따라서 우리가 흔히 "도커 컨테이너"라고 부르는 것은 정확히 말하자면 "도커"가 아니라는 점에 유의해야 합니다. 하지만 일반적으로 사용자의 편의, 또는 다른 컴포넌트와의 통합을 위해 도커 엔진과 runC, containerd를 함께 사용하는 경우가 대부분이기 때문에 이러한 것의 총칭을 "도커 컨테이너"라고 부르는 경우가 많습니다.

컨테이너 생태계에는 runC와 containerd 외에도 다양한 컨테이너들이 존재합니다. 호스트와의 격리 수준을 높이는 kata 컨테이너, AWS에서 개발하고 있는 firecracker, 쿠버네티스 생태계에서 containerd에 대응되는 cri-o(크라이-오) 및 도커 엔진에 대응되는 Podman 등 다양한 목적을 위해 수많은 컨테이너 런타임이 존재합니다. 그중에서 도커가 가장 성숙한 기술이기 때문에 가장 많이 사용되고 있을 뿐, 절대적으로 도커 컨테이너만을 사용해야 하는 것은 아닙니다.

갑자기 이렇게 복잡한 이야기를 접하면 조금 당황스러울 수도 있지만 이러한 컨테이너 구조나 생태계를 당장 이해해야 할 필요는 없습니다. 컨테이너 기반의 대규모 인프라를 구성하게 되면 이러한 컨테이너 생태계 이야기는 언젠가 한 번쯤 반드시 접하게 되기 때문입니다. 지금은 이러한 키워드들이 있다는 것만 알아두되 나중에 필요한 순간이 왔을 때 runC, containerd 등의 키워드를 생각해내고 스스로 익힐 수 있으면 그걸로 충분합니다.

memo

2부

쿠버네티스

5장 쿠버네티스 설치
6장 쿠버네티스 시작하기
7장 쿠버네티스 리소스의 관리와 설정

지금까지 도커와 관련된 몇 가지 프로젝트들을 살펴봤습니다. 가장 기초가 되는 도커 컨테이너를 다루기 위해 도커 엔진을 먼저 알아봤고, 여러 대의 도커 엔진을 효율적으로 관리하기 위해 도커 스웜의 개념과 사용 방법을 다뤘습니다. 그리고 여러 종류의 컨테이너를 YAML 파일로 선언적으로 정의해 생성할 수 있는 도커 컴포즈의 사용 방법 또한 알아봤습니다. 도커 컨테이너와 도커 스웜, 도커 컴포즈는 모두 훌륭한 도구들이지만, 이 프로젝트들의 개념을 한군데로 모아 사용할 수 있는 더욱 훌륭한 프로젝트가 있습니다. 바로 2부에서 살펴볼 쿠버네티스(Kubernetes) 입니다.

쿠버네티스 로고

그리스어로 조타수라는 뜻의 쿠버네티스는 오늘날 사실상 표준(de facto standard)으로 사용되고 있는 컨테이너 오케스트레이션 도구입니다. 구글에서 2014년에 오픈소스로 공개한 이후로, 오픈시프트(Openshift), 랜처(Rancher)와 같은 클라우드 플랫폼을 비롯한 많은 회사들이 쿠버네티스를 실제 서비스 운영에 도입해 사용하고 있습니다.

쿠버네티스는 도커 스웜 모드처럼 여러 대의 도커 호스트를 하나의 클러스터로 만들어 준다는 점은 같지만, 세부적인 기능을 더욱 폭넓게 제공하고 있기 때문에 실제 서비스 운영 단계에서는 쿠버네티스가 가장 많이 쓰이고 있습니다. 앞 장에서 살펴본 도커 스웜 모드로 컨테이너 오케스트레이션의 개념을 이해했고, 도커 컴포즈로 YAML 파일에서 컨테이너를 정의하는 방법을 익혔다면 다음 단계는 쿠버네티스로 상용 단계의 컨테이너 플랫폼을 구축할 차례입니다.

쿠버네티스는 다른 오픈소스 컨테이너 오케스트레이션 툴과 비교해 매우 많은 장점이 있습니다. 장점들을 간단하게 나열해보면 다음과 같습니다.

- 서버 자원 클러스터링, 마이크로서비스 구조의 컨테이너 배포, 서비스 장애 복구 등 컨테이너 기반의 서비스 운영에 필요한 대부분의 오케스트레이션 기능을 폭넓게 지원합니다.
- 구글, 레드햇을 비롯한 많은 오픈소스 진영에서 쿠버네티스의 소스코드에 기여하고 있기 때문에 성능과 안정성 면에서 신뢰받고 있습니다.

- 영속적 볼륨(Persistent Volume), 스케줄링, 장애 복구, 오토 스케일링, 서비스 디스커버리 및 인그레스(Ingress) 등 컨테이너 기반의 클라우드를 운영할 때 필요한 대부분의 기능과 컴포넌트를 사용자가 직접 커스터마이징 할 수 있습니다.
- CNCF(Cloud Native Computing Foundation) 및 다른 클라우드 운영 도구들과 쉽게 연동되므로 확장성이 높습니다.

 CNCF(Cloud Native Computing Foundation)는 마이크로서비스 및 컨테이너 기반의 클라우드와 관련된 오픈소스 프로젝트를 관리함으로써 생태계를 확장해 나가기 위한 리눅스 재단(Linux Foundation) 산하의 단체입니다. 쿠버네티스는 CNCF에 소속된 오픈소스이며, 도커 컨테이너의 핵심 중 하나인 containerd, 컨테이너의 데이터를 수집하기 위한 프로메테우스(Prometheus) 등이 함께 CNCF에 소속돼 있습니다.[1]

그러나 쿠버네티스는 다른 오케스트레이션 툴보다 훨씬 다양한 지식을 필요로 하며, 쿠버네티스 자체의 관리가 더욱 어려울 수도 있다는 단점도 있습니다. 쿠버네티스는 앞서 설명한 도커 스웜보다 구조가 훨씬 더 복잡하고 사용 방법이 다양하기 때문에 쿠버네티스를 배우는 학습 비용 또한 고려해 봐야 합니다. 일정 규모 이상의 서비스를 제공하는 회사에서는 쿠버네티스를 도입해 더욱 안정적이고 효율적인 서비스를 제공할 수도 있지만, 소규모 조직에서는 쿠버네티스의 기능을 배우고 관리하는 것 자체가 짐이 될 수 있는, 이른바 오버 엔지니어링이 될 수도 있습니다. 따라서 현재 운영 중이거나 계획하고 있는 서비스가 쿠버네티스에 적합한지, 또는 쿠버네티스를 운영하고 관리하기 위한 인력이나 비용을 감당할 수 있는지 등을 반드시 생각해 보는 것이 좋습니다.

---

1 CNCF에 대한 자세한 내용은 https://www.cncf.io/에서 확인할 수 있습니다.

05
쿠버네티스 설치

5.1 쿠버네티스 설치 환경의 종류

쿠버네티스를 사용하기 위해 가장 먼저 해야 할 일은 리눅스 서버와 같은 환경에서 쿠버네티스를 설치하는 것입니다. 그러나 도커 엔진과 달리 쿠버네티스는 사용 환경과 목적에 따라 설치하는 방법이 매우 다양하고 복잡합니다. 개발 용도로 로컬에서 사용하려면 별도의 어려움 없이 쉽게 설치할 수도 있지만, 실제 운영 단계의 쿠버네티스 클러스터를 구축하려면 AWS, GKE(Google Kubernetes Engine) 등의 클라우드 환경에서 수십 개의 서버에 동시에 쿠버네티스를 설치해야 할 수도 있습니다. 이러한 용도에 따른 쿠버네티스 설치 툴의 종류를 대략적으로 나눠보면 다음과 같이 구분할 수 있습니다.

개발 용도의 쿠버네티스 설치	Minikube
	Docker Desktop on Mac/Windows에 내장된 쿠버네티스
서비스 테스트 또는 운영 용도의 쿠버네티스 설치	kops
	kubespray
	kubeadm
	EKS, GKE 등의 매니지드(Managed) 서비스

Docker Desktop on Mac이나 Docker Desktop on Windows를 설치했다면 쿠버네티스를 함께 사용할 수 있으므로 별도의 설치 과정이 필요하지 않습니다. 또는 Minikube를 사용하면 버추얼박스 등의 가상화 환경에서 쿠버네티스를 손쉽게 설치할 수 있습니다. 그러나 이러한 개발 용도의 쿠

버네티스는 로컬 노드를 스탠드얼론(standalone) 모드로 사용하기 때문에 쿠버네티스의 기능들을 완벽하게 사용해보기에는 적합하지 않다는 단점이 있습니다. 여러 서버의 자원을 클러스터링해 컨테이너를 배치하는 것이 쿠버네티스의 핵심 기능인데, 1개의 노드로는 이러한 핵심 기능을 확인해볼 수가 없기 때문입니다. 따라서 Docker Desktop on Mac/Windows와 Minikube의 쿠버네티스는 간편하게 설치해 사용할 수 있는 대신, 기본 기능의 테스트 및 로컬 개발 용도로 제한된다는 한계점이 있습니다.

개발 용도가 아닌, 실제 서비스 테스트 또는 운영 용도로 쿠버네티스를 사용하려면 어떠한 환경에서 쿠버네티스를 설치할 것인지를 먼저 결정해야 합니다. 쿠버네티스의 사용 환경은 크게 두 가지 종류로 나뉩니다. 첫 번째는 AWS, GKE 등의 클라우드 플랫폼 환경이고, 두 번째는 자체적으로 보유한 온프레미스(on-premise) 서버 환경입니다.

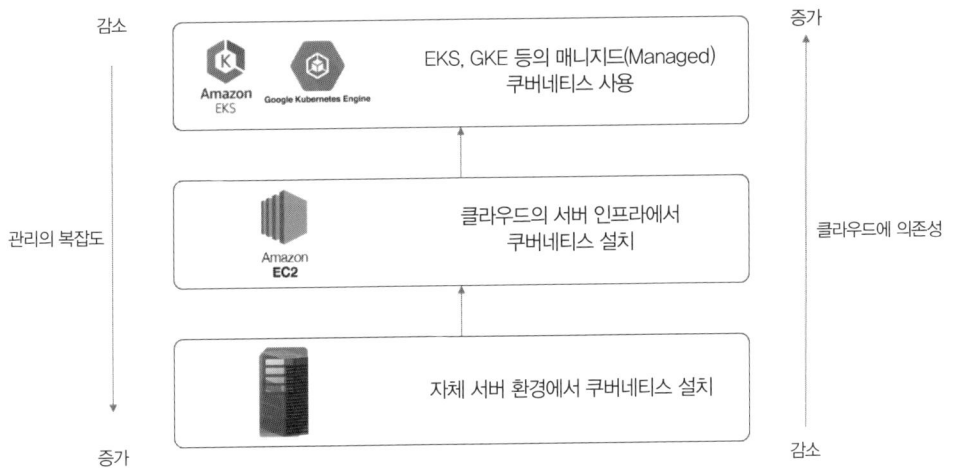

그림 5.1 쿠버네티스 사용 환경에 따른 특징 비교

- **자체 서버 환경에서 쿠버네티스 설치**

    자체 서버 환경(on-premise)에서 쿠버네티스를 설치해 사용하기로 결정했다면 쿠버네티스를 포함한 모든 인프라를 직접 관리해야 합니다. 쿠버네티스와 서버 인프라를 세밀한 부분까지 설정해 원하는 대로 구성할 수 있다는 것이 장점이지만, 모든 관리를 직접 도맡아 해야 하므로 운영 및 유지보수가 복잡해질 수도 있다는 것이 단점입니다. 자체 서버 환경에서는 kubespray, kubeadm 등의 도구를 이용해 쿠버네티스를 설치할 수 있습니다.

- **클라우드 플랫폼에서 쿠버네티스 설치**

    클라우드 플랫폼에서 쿠버네티스를 사용하기로 결정했다면 서버 인스턴스만을 사용해 쿠버네티스를 설치할지, 쿠버네티스 자체를 서비스로서 제공하는 매니지드 서비스를 사용할지 선택해야 합니다. 서버 인스턴스만을 사용해 쿠버네티스를 설치할 때는 서버, 네트워크 등 인프라에 대한 관리는 AWS, GCP와 같은 클라우드 제공자에게 맡기되, 쿠버네티스의 설치 및 관리를 직접 수행해야 합니다. 가장 쉽게 생각해 볼 수 있는 예시는 AWS의 EC2 인스턴스를 생성한 다음, 그 위에 직접 쿠버네티스를 설치하는 방법이 될 수 있습니다. 이때 사용할 수 있는 쿠버네티스 설치 도구는 kubespray, kubeadm, kops 등이 있습니다.[2]

- **쿠버네티스 자체를 클라우드 서비스로서 사용**

    AWS의 **EKS**(Elastic Kubernetes Service), GCP의 **GKE**(Google Kubernetes Engine) 등의 매니지드 서비스를 이용해 쿠버네티스를 사용하면 쿠버네티스의 설치 및 관리까지도 클라우드 제공자가 담당하므로 쿠버네티스 관리 및 유지보수의 비용이 줄어들게 됩니다. EKS, GKE와 같은 매니지드 서비스를 사용하면 별도로 쿠버네티스를 설치할 필요 없이 실제 서비스 환경을 구성할 수 있다는 장점이 있습니다. 그러나 쿠버네티스를 처음 시작하는 단계에 있다면 곧바로 매니지드 서비스를 이용하기보다는 직접 쿠버네티스를 설치해 전체적인 개념을 파악하는 것이 좋습니다.

위 내용을 간단하게 정리해보면 다음과 같습니다. 여러분의 환경과 목적에 맞는 설치 방법을 적절히 선택해야 합니다.

표 5-1 쿠버네티스 설치 도구 및 서비스와 특징 비교

사용 가능한 쿠버네티스 설치 도구 또는 서비스	특징
Docker Desktop on Mac/Windows Minikube	■ 1개의 노드에서 쿠버네티스 설치 및 사용 ■ 간편하게 로컬에서 쿠버네티스의 기본 기능 테스트 가능 ■ 쿠버네티스의 일부 기능이 제한될 수 있음
GKE, EKS 등의 완전 관리형 서비스	■ 설치가 필요 없기 때문에 가장 쉽게 사용 가능 ■ 클라우드 플랫폼에 종속적인 기능도 사용 가능[3] ■ 클라우드 사용 비용 및 의존성 증가 ■ 쿠버네티스의 자세한 구성을 학습하기에는 적합하지 않음
kubespray, kubeadm	■ 온프레미스 환경에서도 쿠버네티스 설치 가능 ■ 클라우드 인프라에서도 쿠버네티스 설치 가능 ■ 서버 인프라 및 쿠버네티스 관리가 다소 어려울 수 있음
kops	■ 특정 클라우드 플랫폼에서 쉽게 쿠버네티스 설치 가능 ■ 서버, 네트워크 등 각종 인프라도 자동으로 프로비저닝

---

2   kops는 클라우드 플랫폼에서 VM 인스턴스의 생성을 비롯한 네트워크 인프라 등을 함께 프로비저닝합니다. 자세한 내용은 5.4.2절 'kops로 AWS에서 쿠버네티스 설치'에서 다시 설명합니다.

3   로드 밸런싱, 오토 스케일링, 퍼시스턴트 스토리지(Persistent Storage) 등을 의미합니다.

쿠버네티스는 클라우드 플랫폼에서만 사용할 수 있는 기능이 일부 포함돼 있습니다. 따라서 로컬 개발 환경이나 온프레미스 서버에서 쿠버네티스를 설치해 사용할 경우 로드 밸런서(LoadBalancer) 또는 퍼시스턴트 볼륨(Persistent Volume) 등의 기능을 사용하지 못할 수도 있습니다. 이러한 기능들은 kops(AWS) 또는 GKE를 이용해 생성한 쿠버네티스를 기준으로 설명합니다.

이번 장에서는 개발 용도로 사용하기 위한 Docker Desktop on Mac/Windows의 쿠버네티스와 Minikube의 사용 방법을 먼저 다룹니다. 그다음 온프레미스 환경과 클라우드 인프라에서 쿠버네티스를 설치하는 방법을 설명합니다.

5.2 쿠버네티스 버전 선택

어떤 환경에서 쿠버네티스를 설치할 것인지 결정했다면 다음은 어떤 버전의 쿠버네티스를 설치할 것인지 생각해 볼 차례입니다. 어떠한 버전의 쿠버네티스를 설치해도 핵심 개념은 같기 때문에 사용 방법을 익히는 데에는 크게 문제가 없습니다. 그러나 쿠버네티스의 기능이 매우 빠르게 업데이트되기 때문에 사소한 버전 차이로 인해 쿠버네티스의 사용 방법이나 기능이 달라질 수도 있습니다. 따라서 운영 단계의 쿠버네티스를 고려하고 있다면 쿠버네티스 버전을 신중히 선택하는 것이 좋습니다.

그러나 지금 당장 쿠버네티스의 버전을 결정하기 위해 너무 신중할 필요는 없습니다. 쿠버네티스의 기능을 실제로 사용해본 뒤, 여러분의 요구 사항에 적합한 쿠버네티스의 버전을 적절히 선택하는 것이 더 좋은 선택일 수도 있기 때문입니다. 지금은 '쿠버네티스를 설치할 때는 너무 최신 버전이거나 너무 예전 버전을 사용하지 않는 것이 좋다'라는 것만 알고 넘어가면 됩니다. 2025년 4월을 기준으로 사용할 수 있는 최신 쿠버네티스 버전은 1.32이며, 이후 설명하는 기능들은 모두 쿠버네티스 버전 1.32를 기준으로 합니다.

지금부터 설명할 쿠버네티스 설치 도구들은 모두 기본적으로 설치하는 쿠버네티스 버전이 정해져 있습니다. 별도로 쿠버네티스 버전을 명시하지 않더라도 기본적으로 설정된 버전이 설치되지만, 이 책에서 설명하는 예시를 동일한 환경에서 완벽하게 따라 하고 싶다면 별도의 버전을 명시하는 것이 좋습니다.

5.3 개발 용도의 쿠버네티스 설치

5.3.1 Docker Desktop on Mac / Windows에서 쿠버네티스 사용

Docker Desktop on Mac이나 Docker Desktop on Windows로 도커를 설치했다면 쿠버네티스를 별도로 설치하지 않아도 됩니다. 도커 트레이 아이콘에서 쿠버네티스를 활성화하기만 하면 손쉽게 쿠버네티스를 사용할 수 있습니다.

Docker Desktop on Mac 또는 Windows를 사용하고 있다면 오른쪽 위의 톱니바퀴 모양 버튼을 클릭해 Settings에 진입한 뒤, [Kubernetes] 탭에서 Enable Kubernetes를 클릭하고 [Apply & Restart] 버튼을 클릭합니다.

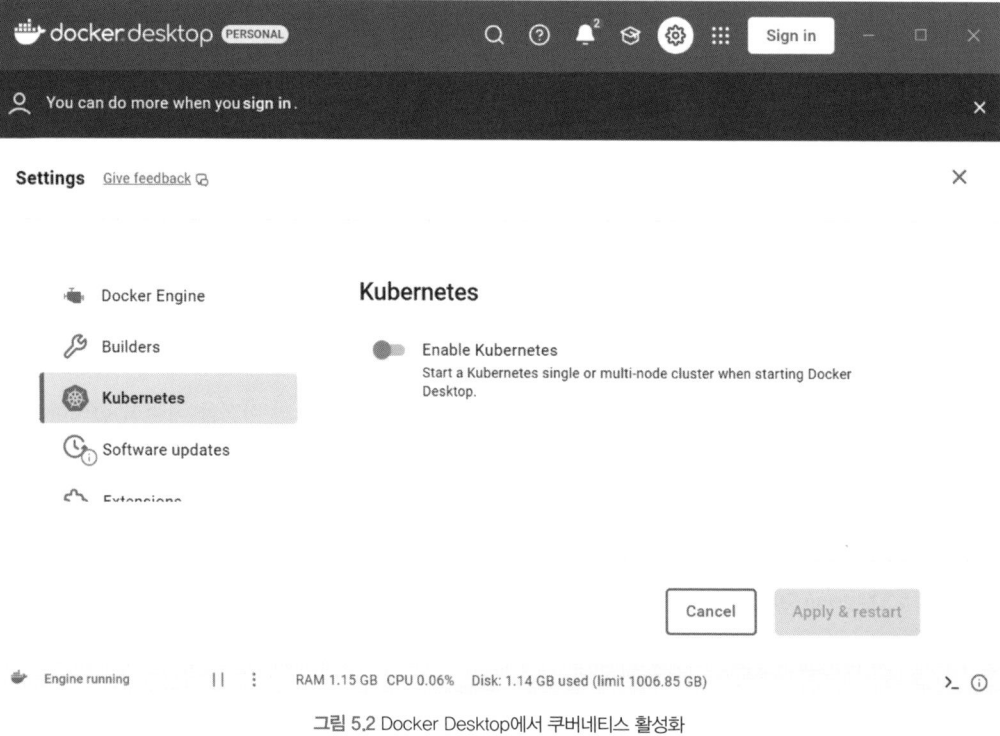

그림 5.2 Docker Desktop에서 쿠버네티스 활성화

설치 방법(Provisioning Method)에는 kubeadm과 kind라는 도구 중 하나를 선택해 사용할 수 있습니다. 어느 것을 선택해도 큰 문제는 없으나, kind를 선택하면 여러 개의 가상 노드를 띄워 쿠버네티스를 사용할 수 있다는 특징이 있습니다.

쿠버네티스를 활성화한 뒤에는 쿠버네티스와 관련된 이미지들을 내려받기 때문에 시간이 조금 소요될 수 있습니다. 설치가 완료된 후에는 터미널이나 파워셸(Powershell) 등에서 쿠버네티스가 정상적으로 설치됐는지 확인할 수 있습니다. kubectl version --short 명령어를 입력하면 쿠버네티스 클라이언트와 서버 버전이 출력됩니다.

```
(⬢|docker-desktop:default) > kubectl version
Client Version: v1.32.2
Kustomize Version: v5.5.0
Server Version: v1.32.2
```

그림 5.3 쿠버네티스 클라이언트와 서버 버전 출력

> kubectl은 쿠버네티스에 접근해 API를 사용하기 위한 명령어(CLI) 입니다. 도커에서 사용했던 docker 명령어와 비슷한 역할이라고 생각하면 됩니다.

단, 1.3.3절에서 언급했던 것과 동일하게 Docker Desktop on Windows/Mac에서는 일부 네트워크, 볼륨 기능이 제대로 동작하지 않을 수 있습니다. 따라서 Docker Desktop에서 제공하는 로컬 쿠버네티스는 테스트 용도로만 가볍게 사용하되, 앞으로 진행할 실습들은 완벽한 쿠버네티스 클러스터에서 진행하는 것을 권장합니다.

5.3.2 Minikube로 쿠버네티스 설치

Minikube는 로컬에서 가상 머신이나 도커 엔진을 통해 쿠버네티스를 사용할 수 있는 환경을 제공합니다. Docker Desktop on Mac/Windows에 내장된 쿠버네티스와 마찬가지로 쿠버네티스의 기능을 간단히 사용해볼 수 있다는 장점은 있지만, 실제 운영 환경에 적용하기에는 힘들뿐더러 일부 쿠버네티스 기능을 사용할 수 없다는 단점이 있습니다. 따라서 가능하다면 여러 대의 서버로 쿠버네티스 클러스터를 구성하는 것이 좋습니다.

Minikube는 사용자의 환경에 따라 쿠버네티스 설치에 사용할 다양한 드라이버(Driver)를 제공합니다.[4] VirtualBox나 Qemu 등을 이용해 자동으로 가상 머신을 생성한 후 쿠버네티스를 설치할 수도 있지만, 이번에는 가장 쉬운 설치 방법인 도커 기반의 Minikube 사용법을 설명합니다.

---

[4] https://minikube.sigs.k8s.io/docs/drivers/

다음 명령어로 minikube 바이너리를 내려받습니다. Minikube는 쿠버네티스가 지속적으로 개발됨에 따라 버전이 올라갈 수 있으며, 2025년 4월을 기준으로 minikube는 v1.35.0 버전을, kubectl은 1.32 버전을 사용할 수 있습니다.

1. minikube, kubectl 내려받기

맥 OS X에서는 다음 명령어의 linux 부분을 darwin으로 변경합니다. 또한 CPU 아키텍처에 따라 amd64를 arm으로 변경합니다.

```
# https://github.com/kubernetes/minikube/releases/download/v1.35.0/minikube-linux-amd64
# install minikube-linux-amd64 /usr/local/bin/minikube

# curl -LO https://dl.k8s.io/release/v1.32.0/bin/linux/amd64/kubectl
# chmod +x kubectl
# sudo mv kubectl /usr/local/bin
```

2. 도커 설치하기

이번 절에서 설명할 minikube 사용 방법은 도커를 사용하기 때문에 도커 엔진이 미리 설치되어 있어야 합니다. 도커가 설치되어 있지 않다면 1.3절을 참고해 도커를 먼저 설치한 후 진행합니다.

3. Minikube로 도커에 쿠버네티스 설치

아래 명령어를 실행해 Minikube로 쿠버네티스를 설치합니다.

```
# minikube start --driver=docker
```

 minikube는 root 유저로 쿠버네티스를 설치하는 것을 허용하지 않습니다. 따라서 반드시 non-root 유저로 위 명령어를 실행해야 합니다. 이를 위해 non-root 유저가 docker 명령어를 실행할 수 있도록 현재 유저를 docker 유저 그룹에 추가해야 합니다.

```
# sudo usermod -aG docker $USER && newgrp docker
```

non-root 유저로 도커를 사용하는 자세한 방법은 도커 공식 문서[5]를 참고합니다.

설치가 완료된 뒤에는 다음 명령어로 쿠버네티스가 정상적으로 설치됐는지 확인합니다.

---

[5] https://docs.docker.com/engine/install/linux-postinstall/#manage-docker-as-a-non-root-user

```
# kubectl version
Client Version: v1.32.0
Kustomize Version: v5.5.0
Server Version: v1.32.0
```

Minikube를 삭제하려면 minikube delete 명령어를 사용합니다.

```
# minikube delete
🔥  Deleting "minikube" in docker ...
...
```

5.4 여러 서버로 구성된 쿠버네티스 클러스터 설치

이번 절에서는 여러 개의 서버를 이용해 쿠버네티스 클러스터를 설치하는 방법인 kubeadm, kops, GKE에 대해서 알아봅니다. 사용할 서버의 개수는 각자의 환경에 맞게 준비하면 되지만, 쿠버네티스의 각종 기능을 제대로 사용하려면 최소한 3대 이상의 서버를 준비하는 것이 좋습니다. 따라서 이번 절에서는 1개의 마스터와 3개의 워커 노드로 구성된 테스트용 쿠버네티스 클러스터를 설치하는 방법을 설명합니다. 각 노드의 역할과 쿠버네티스 컴포넌트 구성에 대해서는 뒤에서 자세히 설명하겠습니다.

또한, 각 서버에서 아래의 항목들이 준비됐는지 확인한 후에 설치를 진행해야 합니다.

- 모든 서버의 시간이 ntp를 통해 동기화돼 있는지 확인합니다.
- 모든 서버의 맥(MAC) 주소가 다른지 확인합니다. 가상 머신을 복사해 사용할 경우, 같은 맥 주소를 가지는 서버가 존재할 수 있습니다.
- 모든 서버가 2GB 메모리, 2 CPU 이상의 충분한 자원을 가지고 있는지 확인합니다. 사용하는 설치 도구에 따라 요구하는 최소 자원의 크기가 조금씩 다를 수 있습니다.
- 다음 명령어를 사용해 모든 서버에서 메모리 스왑(Swap)을 비활성화합니다. 메모리 스왑이 활성화돼 있으면 컨테이너의 성능이 일관되지 않을 수 있기 때문에 대부분의 쿠버네티스 설치 도구는 메모리 스왑을 허용하지 않습니다.

```
# swapoff -a
```

kubeadm, kops, GKE는 모두 서비스 운영 환경에서 사용할 수 있는 좋은 방법이지만, 이번 장에서 설명하는 설치 및 클러스터 구성은 쿠버네티스의 기능을 테스트하기 위한 간소화된 방법이라는 점에 유의해야 합니다. 예를 들어 쿠버네티스를 실제 서비스 운영 단계에 적용하려면 마스터 노드의 다중화와 같은 추가적인 설정이 필요할 수도 있습니다. 그러나 이번 장에서 설명하는 간소화된 구성으로 쿠버네티스 클러스터를 설치해도 쿠버네티스의 핵심 기능을 사용하는 데에는 지장이 없기 때문에 지금은 크게 신경 쓰지 않아도 됩니다.

5.4.1 kubeadm으로 쿠버네티스 설치

쿠버네티스는 일반적인 서버 클러스터 환경에서도 쿠버네티스를 쉽게 설치할 수 있는 kubeadm이라는 관리 도구를 제공합니다. kubeadm은 쿠버네티스 커뮤니티에서 권장하는 설치 방법 중 하나이기 때문에 쿠버네티스를 처음 시작하는 사람도 쉽게 쿠버네티스 클러스터를 설치할 수 있다는 장점이 있습니다. 또한 Minikube 및 kubespray와 같은 설치 도구도 내부적으로는 kubeadm을 사용하고 있기 때문에 현재도 활발히 개발되고 있는 쿠버네티스 설치 도구입니다.

kubeadm은 온프레미스 환경, 클라우드 인프라 환경에 상관없이 일반적인 리눅스 서버라면 모두 사용할 수 있습니다. 이번 예제에서는 별도의 설정 없이 AWS에서 우분투 24.04의 EC2 서버를 4개 생성한 다음에 진행한다고 가정합니다. 그러나 가상 머신, 베어 메탈 서버 환경 등에서 동일하게 따라 해도 상관없습니다.

 AWS에서 kubeadm로 쿠버네티스를 설치해 로드 밸런서와 같은 클라우드 플랫폼의 기능을 사용하는 것이 불가능한 것은 아닙니다. kubeadm으로 클라우드 플랫폼과 쿠버네티스를 연동하고 싶다면 이 책에서 제공하는 별도의 강좌를 참고합니다.[6] 이 경우에는 클라우드 프로바이더(Cloud Provider) 및 인프라 프로비저닝을 직접 설정해줘야 하기 때문에 조금 더 까다로울 수 있습니다.

이번 예제에서 사용할 서버의 IP와 호스트명은 다음과 같습니다. 아래의 IP는 단지 예시일 뿐이며, 여러분이 사용하고 있는 서버의 IP로 적절히 변경해 사용하면 됩니다.

```
kube-master1 172.31.0.100
kube-worker1 172.31.0.101
kube-worker2 172.31.0.102
kube-worker3 172.31.0.103
```

1. 쿠버네티스 저장소 추가

쿠버네티스를 설치할 모든 노드에서 다음 명령어를 차례대로 입력해 쿠버네티스 저장소를 추가합니다. 이 명령어는 쿠버네티스 공식 문서에서 복사해 사용할 수도 있습니다.[7]

---

[6] 이 책의 깃허브 저장소 하단에서 [그 밖의 유용한 강좌 링크]에 있는 [AWS에서 kubeadm로 클라우드 프로바이더를 설정해 쿠버네티스 설치하기]를 참고합니다.

[7] https://kubernetes.io/docs/setup/production-environment/tools/kubeadm/install-kubeadm/#installing-kubeadm-kubelet-and-kubectl

```
# curl -fsSL https://pkgs.k8s.io/core:/stable:/v1.32/deb/Release.key \
  | sudo gpg --dearmor \
  -o /etc/apt/keyrings/kubernetes-apt-keyring.gpg

# echo 'deb [signed-by=/etc/apt/keyrings/kubernetes-apt-keyring.gpg] https://pkgs.k8s.io/core:/
stable:/v1.32/deb/ /' | sudo tee /etc/apt/sources.list.d/kubernetes.list
```

1.32가 아닌 다른 버전의 쿠버네티스를 설치하고 싶다면 위 명령어에서 1.32를 다른 버전으로 대체해 실행하면 됩니다.

2. containerd 및 kubeadm 설치

쿠버네티스는 컨테이너 런타임 인터페이스(CRI)를 지원하는 구현체를 통해 컨테이너를 사용합니다. containerd, cri-o(크라이-오) 등이 컨테이너 런타임 인터페이스를 통해 컨테이너를 제어할 수 있는 방법을 제공하며, 이 책에서는 containerd를 설치해 쿠버네티스와 연동하는 방법을 설명합니다. 도커를 설치하면 containerd가 함께 설치되므로 이번에는 도커에 포함된 containerd를 쿠버네티스와 연동해 사용해보겠습니다.

모든 노드에서 도커를 먼저 설치합니다.

```
# wget -qO- get.docker.com | sh
```

도커를 통해 설치된 containerd의 설정 파일은 기본적으로 컨테이너 런타임 인터페이스가 비활성화되어 있으므로 이를 containerd 기본 설정값으로 덮어쓴 후 containerd를 재시작합니다.

```
# containerd config default > /etc/containerd/config.toml
```

containerd 설정 파일(config.toml)에서 systemd 기반의 cgroup을 활성화하기 위해 SystemdCgroup 항목을 true로 변경합니다.

```
# vim /etc/containerd/config.toml
…
        [plugins."io.containerd.grpc.v1.cri".containerd.runtimes.runc.options]
…
          Root = ""
          ShimCgroup = ""
          SystemdCgroup = true
```

containerd를 재시작해 설정을 적용합니다.

```
# service containerd restart
```

컨테이너 런타임 인터페이스는 쿠버네티스가 컨테이너를 제어할 때 사용하는 일종의 프로토콜입니다. 간단히 생각해서 "컨테이너를 생성한다", "컨테이너를 삭제한다" 등을 인터페이스로서 정의한 표준화된 규격을 컨테이너 런타임 인터페이스라고 생각하면 됩니다. 따라서 이론적으로는 containerd가 아니더라도 컨테이너 런타임을 지원하는 도구라면 무엇이든지 쿠버네티스와 연동해 사용할 수 있습니다.

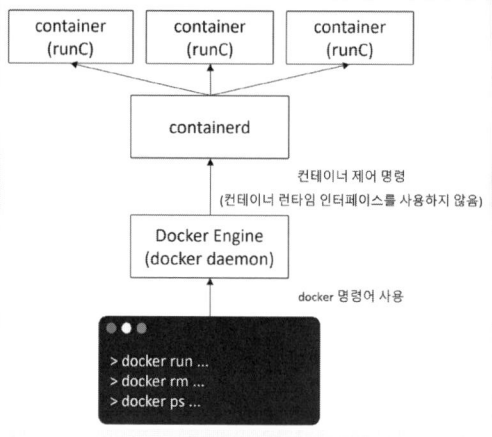

그림 5.4 docker 명령어를 사용할 때의 구조

지금까지 도커를 실습할 때는 containerd나 컨테이너 런타임 인터페이스에 대한 설명 없이 단순히 docker라는 명령어로 컨테이너를 사용했습니다. 앞서 설명한 것처럼 도커를 설치하면 자동으로 containerd를 사용하도록 설정되지만 docker 명령어를 사용할 때는 그림 5.5처럼 컨테이너 런타임 인터페이스를 사용하지는 않기 때문에 일부러 자세히 설명하지 않았습니다. 도커만 사용하는 사용자의 입장에서는 containerd 및 컨테이너 런타임 인터페이스의 존재를 몰라도 도커를 사용하는 데는 큰 지장이 없기 때문입니다.

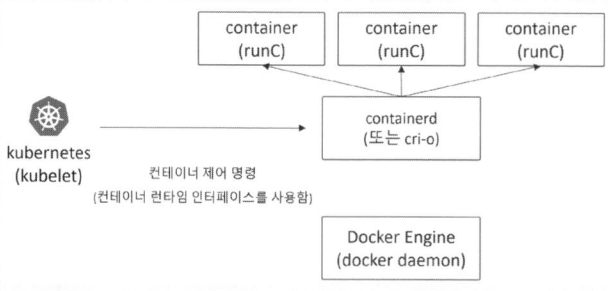

그림 5.5 쿠버네티스가 컨테이너를 제어하는 구조

하지만 쿠버네티스는 컨테이너 런타임 인터페이스를 사용하므로 containerd나 cri-o 같은 도구를 통해 컨테이너를 제어하도록 설정해야 합니다. 때문에 그림 5.6처럼 쿠버네티스는 도커 엔진을 사용하지 않으며, 도커 없이 containerd만 설치해도 문제 없이 쿠버네티스를 사용할 수 있습니다. 이처럼 컨테이너 런타임 인터페이스를 사용하는 경우에는 docker 대신 crictl이라는 명령어를 통해 컨테이너를 제어할 수 있습니다.

```
# crictl --runtime-endpoint unix:///run/containerd/containerd.sock ps
CONTAINER           IMAGE              CREATED           ...
e3917f1f5d214       fd1608dbbc197      About an hour ago  ...
10939d3a7d672       4c03754524064      2 hours ago        ...
40549a0299af9       25f8c7f3da61c      2 hours ago        ...
4d47f7fbd040b       8fa62c12256df      2 hours ago        ...
ea1d5f264de24       595f327f224a4      2 hours ago        ...
8fe0e76a2e32c       df7b72818ad2e      2 hours ago        ...
```

쿠버네티스의 기능들은 대부분 kubectl으로 사용할 수 있으므로 crictl을 사용하는 경우는 그다지 많지 않습니다. 지금은 "컨테이너 런타임 인터페이스를 사용할 경우 crictl 명령어를 사용할 수도 있다" 정도만 알고 넘어가면 충분합니다.

모든 노드에서 쿠버네티스에 필요한 패키지를 내려받습니다. 다음과 같이 별도의 버전을 명시하지 않으면 최신 버전의 쿠버네티스가 설치됩니다. 이번 예시에서는 별도의 버전을 명시하지 않고 최신 버전을 설치하겠습니다. 2025년 4월 기준으로 설치할 수 있는 최신 버전은 1.32이며, 앞으로는 이 버전을 기준으로 설명할 것입니다.

```
# apt-get install -y kubelet kubeadm kubectl kubernetes-cni
```

3. 쿠버네티스 클러스터 초기화

마스터 노드로 사용할 호스트에서 다음 명령어로 클러스터를 초기화합니다.

```
root@kube-master1:/# kubeadm init --apiserver-advertise-address 172.31.0.100 \
--pod-network-cidr=192.168.0.0/16 --cri-socket unix:///run/containerd/containerd.sock
```

- --apiserver-advertise-address 옵션의 인자에 다른 노드가 마스터에게 접근할 수 있는 IP 주소를 환경에 맞게 입력합니다. 위 예시는 kube-master01 호스트에 접근할 수 있는 IP 주소가 172.31.0.100인 경우입니다.

- --pod-network-cidr은 쿠버네티스에서 사용할 컨테이너의 네트워크 대역이며, 각 서버의 네트워크 대역과 중복되지 않게 적절히 선택합니다.

- 특정 버전의 쿠버네티스를 설치하려면 --kubernetes-version 1.32와 같이 kubeadm init 명령어에 버전 옵션을 추가해 사용할 수 있습니다.

- --cri-socket unix:///run/containerd/containerd.sock 옵션을 사용하면 쿠버네티스가 containerd의 컨테이너 런타임 인터페이스를 통해 컨테이너를 사용하도록 설정합니다. 앞서 설명한 것처럼 쿠버네티스가 컨테이너를 제어할 때 사용하는 중간 매개체는 containerd이며, 도커 엔진 자체가 사용되는 것은 아닙니다.

초기화가 완료되면 다음과 같은 출력 결과를 확인할 수 있습니다.

```
Your Kubernetes control-plane has initialized successfully!

To start using your cluster, you need to run the following as a regular user:

  mkdir -p $HOME/.kube
  sudo cp -i /etc/kubernetes/admin.conf $HOME/.kube/config
  sudo chown $(id -u):$(id -g) $HOME/.kube/config

Alternatively, if you are the root user, you can run:

  export KUBECONFIG=/etc/kubernetes/admin.conf

You should now deploy a pod network to the cluster.
Run "kubectl apply -f [podnetwork].yaml" with one of the options listed at:
  https://kubernetes.io/docs/concepts/cluster-administration/addons/

Then you can join any number of worker nodes by running the following on each as root:

kubeadm join 172.31.0.100:6443 --token e4h9oe.di73nsgsb16xoq4o \
    --discovery-token-ca-cert-hash sha256:782…
```

중간에 출력된 3줄의 명령어를 복사해 마스터 노드에서 실행합니다. 맨 마지막에 출력된 명령어인 kubeadm join …은 마스터를 제외한 노드인 워커 노드들(kube-worker1, kube-worker2..)에서 실행합니다. 단, 아래처럼 --cri-socket unix:///run/containerd/containerd.sock 옵션을 명령어 마지막에 추가해 실행합니다.

```
root@kube-worker1:/# kubeadm join 172.31.0.100:6443 --token lgjg8u.64ge20rb… \
--cri-socket unix:///run/containerd/containerd.sock
```

```
root@kube-worker2:/# kubeadm join 172.31.0.100:6443 --token lgjg8u.64ge20rb… \
--cri-socket unix:///run/containerd/containerd.sock

This node has joined the cluster:
* Certificate signing request was sent to apiserver and a response was received.
* The Kubelet was informed of the new secure connection details.
Run 'kubectl get nodes' on the control-plane to see this node join the cluster.
```

4. 컨테이너 네트워크 애드온 설치

쿠버네티스의 컨테이너 간 통신을 위해 cilium, multus 등 여러 오버레이 네트워크를 사용할 수 있지만, 이번 예제에서는 calico를 기준으로 설명합니다. 마스터 노드에서 다음 명령어로 calico 네트워크 플러그인을 설치합니다.

```
# kubectl create -f \
https://raw.githubusercontent.com/projectcalico/calico/v3.29.2/manifests/tigera-operator.yaml

# kubectl create -f \
https://raw.githubusercontent.com/projectcalico/calico/v3.29.2/manifests/custom-resources.yaml
```

 kubeadm init 명령어의 --pod-network-cidr에서 192.168.0.0/16이 아닌 별도의 IP 대역을 입력했다면 두 번째 명령어에서 사용하는 custom-resources.yaml 파일을 직접 내려받아 CIDR을 적절한 대역으로 변경해야 합니다. 아래의 예시는 kubeadm init 명령어의 --pod-network-cidr 옵션에 10.244.0.0/16을 입력한 경우입니다.

```
# wget \
https://raw.githubusercontent.com/projectcalico/calico/v3.29.2/manifests/custom-resources.yaml

# vim custom-resources.yaml
...
    ipPools:
    - name: default-ipv4-ippool
      blockSize: 26
      cidr: 10.244.0.16/16 # kubeadm init에서 설정한 IP 대역을 입력합니다.
...
```

calico는 설치 시 기본적으로 192.168.0.0/16을 IP 대역으로 사용하기 때문에 이를 변경해주는 작업입니다.

설치가 정상적으로 완료됐는지 확인하기 위해, 다음 명령어로 쿠버네티스 핵심 컴포넌트들의 실행 목록을 확인합니다. 모든 항목이 Running 상태로 출력된다면 정상적으로 설치가 완료된 것입니다.

```
# kubectl get pods --namespace kube-system
NAME                          READY   STATUS    RESTARTS   AGE
coredns-668d6bf9bc-7xrwg      1/1     Running   0          47m
coredns-668d6bf9bc-fbqj8      1/1     Running   0          47m
...
```

kubectl get nodes 명령어를 사용하면 쿠버네티스에 등록된 모든 노드를 확인할 수 있습니다.

```
# kubectl get nodes
NAME               STATUS    ROLES           AGE    VERSION
ip-172-31-0-100    Ready     control-plane   49m    v1.32.3
ip-172-31-0-101    Ready     <none>          40m    v1.32.3
ip-172-31-0-102    Ready     <none>          40m    v1.32.3
ip-172-31-0-103    Ready     <none>          39m    v1.32.3
```

kubeadm으로 설치된 쿠버네티스는 각 노드에서 다음 명령어를 사용해 삭제할 수 있습니다. 쿠버네티스 설치 도중 오류가 발생했거나 테스트용 쿠버네티스 클러스터를 삭제할 때 사용합니다.

```
# kubeadm reset
```

 이전에 설치했던 쿠버네티스의 파일들이 /etc/kubernetes 디렉터리에 남아있는 경우 kubeadm reset 명령어로 초기화한 뒤에도 설치에 실패할 수 있습니다. 따라서 kubeadm reset 명령어를 사용한 뒤에 설치 오류가 발생한다면 /etc/kubernetes 디렉터리를 다른 곳으로 옮기거나 삭제한 뒤 다시 설치를 시도하기 바랍니다.

5.4.2 kops로 AWS에서 쿠버네티스 설치

kops는 클라우드 플랫폼에서 쉽게 쿠버네티스를 설치할 수 있도록 도와주는 도구입니다. kubeadm은 쿠버네티스를 설치할 서버 인프라를 직접 마련해야 하지만, kops는 서버 인스턴스와 네트워크 리소스 등을 클라우드에서 자동으로 생성해 쿠버네티스를 설치합니다. 따라서 클라우드 플랫폼의 세부적인 리소스에 익숙하지 않더라도 쉽게 서버 인프라를 프로비저닝해 쿠버네티스를 설치할 수 있다는 것이 특징입니다.

kops는 AWS, GCP 등의 클라우드 플랫폼에서 설치를 지원하고 있습니다. 이번 절에서는 레퍼런스가 비교적 많은 AWS에서 kops를 사용하는 방법을 설명합니다.

1. kops 및 kubectl 실행 바이너리 내려받기

가장 먼저 kops를 실행하기 위한 바이너리 파일과 쿠버네티스 명령줄인 kubectl을 내려받습니다. 맥 OS X에서 kops를 사용하려면 다음 명령어 중 linux를 darwin으로 변경합니다.

```
# wget -O kops https://github.com/kubernetes/kops/releases/download/v1.31.0/kops-linux-amd64
# mv kops-linux-amd64 kops && chmod +x kops
# sudo mv kops /usr/local/bin
```

```
# curl -LO https://dl.k8s.io/release/v1.32.0/bin/linux/amd64/kubectl
# chmod +x kubectl
# sudo mv kubectl /usr/local/bin
```

2025년 4월 기준으로 kops는 1.31.0 버전을 안정화된 릴리스로 배포하고 있으므로 위 예시에서는 1.31.0 버전의 kops를 내려받았습니다. 그러나 추후 릴리스 버전이 추가될 수 있으므로 kops의 깃허브 릴리스 사이트[8]를 참고하여 적절한 버전을 사용하기 바랍니다.

2. AWS 사용자 생성, 정책 연결 및 AWS CLI 설정

다음은 EC2 서버 인스턴스, 네트워크(VPC) 등과 같은 AWS의 리소스를 프로비저닝하기 위한 aws CLI를 사용할 차례입니다. kops는 서버 인스턴스, 네트워크 리소스 등과 같은 인프라를 자동으로 생성하기 위해 aws CLI와 AWS 접근 정보를 사용합니다. 이를 위해 aws CLI를 설치한 다음 적절한 역할이 부여된 사용자의 비밀 키와 접근 키를 aws CLI에 설정해야 합니다.

그러나 AWS의 사용자와 역할 생성은 다소 번거로운 과정이 포함돼 있기 때문에 여기서는 설명하지 않으며, 별도의 링크를 참고해 설정하는 것을 권장합니다.[9]

3. S3 버킷에 쿠버네티스 클러스터의 설정 정보 저장

kops는 쿠버네티스의 설정 정보를 S3 버킷에 저장하기 때문에 kops가 사용할 S3 버킷을 미리 생성해 둬야 합니다. 아래의 첫 번째 명령어는 S3 버킷을 생성하고, 두 번째 명령어는 해당 S3 버킷의 버저닝(versioning)을 기록하도록 설정합니다.

```
# aws s3api create-bucket \
    --bucket alicek106-k8s-bucket \
    --create-bucket-configuration LocationConstraint=ap-northeast-2

# aws s3api put-bucket-versioning \
    --bucket alicek106-k8s-bucket \
    --versioning-configuration Status=Enabled
```

---

8 https://github.com/kubernetes/kops/releases
9 이 책의 깃허브 저장소 하단에서 [그 밖의 유용한 강좌 링크]에 있는 [kops 설치 시 IAM 역할 및 사용자 생성하기]를 참고해 AWS의 사용자와 역할을 생성합니다.

AWS의 S3는 파일을 저장한 뒤 꺼내올 수 있는 오브젝트 스토리지입니다. 위 예시에서는 S3 버킷의 이름을 alicek106-k8s-bucket으로 생성했지만, S3 버킷 이름은 모든 사용자에게 고유해야 하므로 여러분만의 고유한 S3 버킷 이름을 설정해야 합니다.

쿠버네티스의 클러스터 이름과 S3 버킷 이름을 셸(shell) 환경 변수로서 설정합니다. S3 버킷의 이름은 여러분이 위에서 별도로 설정했던 고유한 이름이어야 합니다.

```
# export NAME=mycluster.k8s.local
# export KOPS_STATE_STORE=s3://alicek106-k8s-bucket
```

다음 명령어를 실행해 쿠버네티스를 설치할 EC2 인스턴스에 배포될 SSH 키를 생성합니다. 셸의 현재 디렉터리에 비밀 키와 공개 키가 생성될 것입니다.

```
# ssh-keygen -t rsa -N "" -f ./id_rsa
```

다음 명령어를 입력해 클러스터의 설정 파일을 생성합니다. 네트워크 플러그인은 다른 것을 사용해도 크게 상관은 없지만, 여기에서는 calico를 사용해 설치합니다.[10]

```
# kops create cluster \
  --zones ap-northeast-2a \
  --networking calico \
  --ssh-public-key ./id_rsa.pub \
  $NAME
```

4. 쿠버네티스 클러스터 옵션 변경

다음은 쿠버네티스를 생성하기 위한 각종 옵션을 수정할 차례입니다. 마스터와 워커 노드의 인스턴스 타입이나 워커 노드의 개수 등을 조절할 수 있습니다. 먼저 다음 명령어를 입력해 워커 노드의 옵션을 수정해 보겠습니다.

```
# kops edit ig --name $NAME nodes-ap-northeast-2a
```

노드의 개수는 maxSize와 minSize를 수정해 변경할 수 있고, 워커의 CPU와 메모리 크기는 인스턴스 타입을 수정해 변경할 수 있습니다. 이번 예시에서는 3개의 워커 노드를 생성하도록 설정해 보겠습니다. 다음과 같이 maxSize와 minSize를 3으로 변경합니다.

---

[10] --networking 옵션을 반드시 명시해야 하는 것은 아니며, kops에서 사용 가능한 모든 네트워크 플러그인은 https://github.com/kubernetes/kops/blob/master/docs/networking.md을 참고합니다.

```
apiVersion: kops.k8s.io/v1alpha2
kind: InstanceGroup
metadata:
...
spec:
  image: …/ubuntu/images/hvm-ssd/ubuntu-jammy-22.04-amd64-server-20250305
  machineType: t3.medium
  maxSize: 3
  minSize: 3
…
```

위 설정을 변경했다면 변경 사항을 저장함으로써 편집기를 빠져나옵니다.

 maxSize와 minSize 항목은 kops가 자동으로 생성하는 AWS의 오토 스케일링 그룹에서 사용되는 숫자입니다. 두 개의 값을 동일하게 설정하면 고정된 개수의 인스턴스만이 생성됩니다.

다음으로 마스터 노드의 설정을 변경해 보겠습니다. 마스터 노드는 1개의 노드만을 사용하되, 인스턴스의 타입을 워커와 동일한 종류인 t3.medium으로 변경하겠습니다.

```
# kops edit ig --name $NAME control-plane-ap-northeast-2a
```

```
apiVersion: kops.k8s.io/v1alpha2
kind: InstanceGroup
metadata:
...
spec:
  image: …/ubuntu/images/hvm-ssd/ubuntu-jammy-22.04-amd64-server-20250305
  machineType: t3.medium
  maxSize: 1
…
```

5. 쿠버네티스 클러스터 생성

이로써 kops로 쿠버네티스를 생성하기 위한 준비가 완료됐습니다. 마지막으로 다음 명령어를 입력하면 kops가 자동으로 서버 인스턴스, 네트워크 리소스 등을 생성해 쿠버네티스를 설치합니다.

```
# kops update cluster --yes $NAME
```

쿠버네티스 클러스터를 준비하는 데는 약 5~10분 정도가 소요됩니다. 충분한 시간이 흐른 후, 다음 명령어를 입력해 쿠버네티스에 접근할 수 있는 설정 파일을 가져옵니다.

```
# kops export kubeconfig --admin

Using cluster from kubectl context: mycluster.k8s.local
kOps has set your kubectl context to mycluster.k8s.local
```

쿠버네티스 설치 진행 상황은 kops validate cluster 명령어를 사용해 확인할 수 있습니다.

```
# kops validate cluster
```

잠시 후, 다음 명령어로 노드의 목록과 쿠버네티스 버전을 출력해 설치가 정상적으로 완료됐는지 확인합니다.

```
# kubectl get node

(*|mycluster.k8s.local:default) > kubectl get no
NAME                    STATUS    ROLES           AGE       VERSION
i-08fc0eb40a530d1b6     Ready     control-plane   6m22s     v1.31.7
i-09b4d9ef1eaa77285     Ready     node            3m59s     v1.31.7
i-0aae085adf5b1858b     Ready     node            4m        v1.31.7
i-0d44a8ada8e162cd2     Ready     node            3m50s     v1.31.7

# kubectl version
Client Version: v1.32.2
Kustomize Version: v5.5.0
Server Version: v1.31.7
```

> kops는 쿠버네티스 클러스터를 AWS의 DNS 서비스인 Route53에 등록된 도메인, 서브 도메인과 연동함으로써 핵심 컴포넌트 간에 DNS로 접근할 수 있는 기능을 제공합니다. 기존에 구입한 도메인이 Route53의 AWS 네임 서버에 등록돼 있다면 클러스터 이름 환경 변수를 다음과 같이 설정한 뒤 설치를 진행함으로써 쿠버네티스 클러스터를 도메인에 등록할 수 있습니다.
>
> ```
> # export NAME=alicek106.com
> ```

kops로 생성한 쿠버네티스 클러스터를 삭제하려면 다음 명령어를 입력합니다. 단, S3에 저장된 쿠버네티스 클러스터의 설정 파일은 삭제되지 않습니다.

```
# kops delete cluster $NAME --yes
```

5.4.3 구글 클라우드 플랫폼의 GKE로 쿠버네티스 사용하기

kubeadm이나 kops로 쿠버네티스를 설치하는 것이 너무 어렵게 느껴진다면 쿠버네티스의 설치부터 관리까지 전부 클라우드 서비스로서 제공하는 EKS, GKE 등의 매니지드 서비스를 사용하는 것도 하나의 선택지가 될 수 있습니다. 이번 절에서 사용해 볼 GKE(Google Kubernetes Engine)는 구글 클라우드에서 제공하는 쿠버네티스 클라우드 서비스로, 클릭 몇 번으로 손쉽게 쿠버네티스를 설치하고 사용할 수 있습니다. 게다가 마스터 노드의 관리도 GKE에 위임되기 때문에 GKE를 사용하는 개발자는 애플리케이션을 어떻게 개발해서 배포할지에 대해서만 집중하면 됩니다. 그러나 GKE와 같은 매니지드 서비스는 편리하게 사용할 수 있는 대신 쿠버네티스의 세부 구조를 학습하기에는 적절하지 않을 수도 있다는 점을 알아 두어야 합니다.

 대부분의 클라우드 서비스는 최초 사용에 한해 무료 평가판을 제공합니다. 구글 컴퓨트 엔진도 12개월 동안 300달러를 사용할 수 있는 크레딧을 제공하고 있으므로 GKE의 결제가 부담스럽다면 무료 크레딧을 사용하는 것도 좋은 방법입니다.

1. 가상 머신 클러스터 생성

GKE의 사이트[11]에 접속해 구글 계정으로 로그인하면 다음과 같은 화면을 볼 수 있습니다. 상단의 [만들기] 버튼을 클릭해 새로운 클러스터를 생성하는 화면으로 이동합니다.

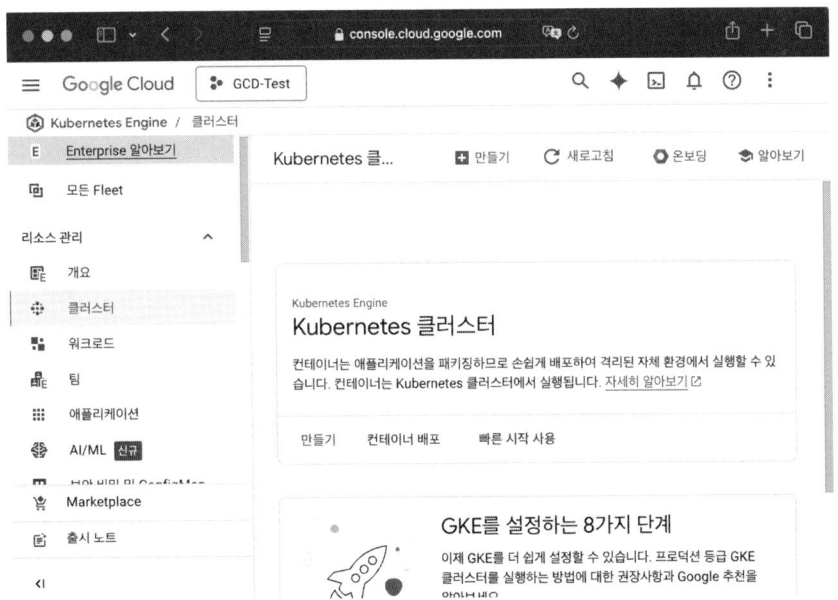

그림 5.6 쿠버네티스 클러스터 만들기

---

[11] https://console.cloud.google.com/kubernetes/

GKE 클러스터는 오토파일럿(Autopilot) 모드와 스탠다드(Standard) 모드 중 선택해 사용할 수 있습니다. 오토파일럿 모드는 노드의 설정 및 프로비저닝을 모두 자동으로 처리해준다는 장점이 있지만, 지금은 쿠버네티스 자체의 학습을 위해 일반적인 모드인 스탠다드를 선택합니다.

오른쪽 상단의 [Standard 클러스터로 전환] 버튼을 클릭합니다.

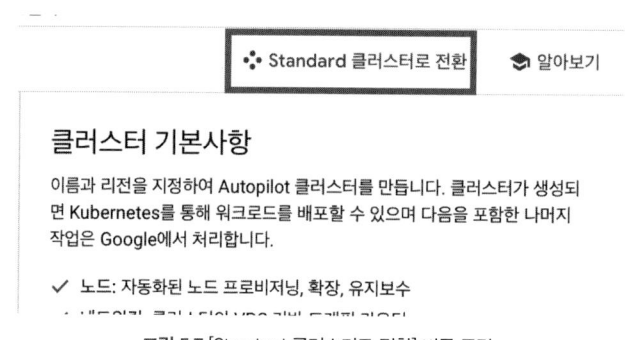

그림 5.7 [Standard 클러스터로 전환] 버튼 클릭

왼쪽의 메뉴에서 쿠버네티스 클러스터에 필요한 각종 리소스 옵션을 변경할 수 있습니다. 이 화면에서는 [위치 유형]을 [영역]으로 변경해 너무 많은 리소스를 사용하지 않도록 변경합니다.

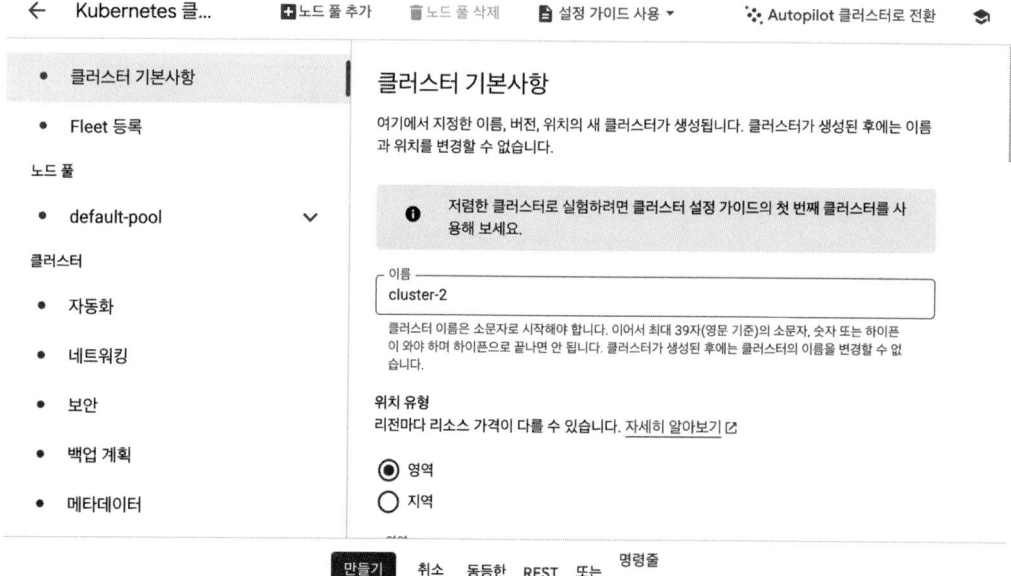

그림 5.8 쿠버네티스 클러스터 만들기 – 세부 설정

필요에 따라 좌측의 [노드 풀] 메뉴를 클릭하여 가상 머신에 할당할 CPU, 메모리, 디스크 등의 설정을 적절하게 변경해도 되지만, 여기서는 연습용 쿠버네티스 클러스터를 생성하기 위해 기본 노드 설정을 그대로 사용하겠습니다. 노드 설정을 변경하지 않은 채로 [만들기] 버튼을 클릭합니다.

쿠버네티스 클러스터의 준비는 약 5~10분 정도가 소요됩니다. 클러스터 상태가 다음과 같이 변경됐다면 쿠버네티스 클러스터 생성이 완료된 것입니다.

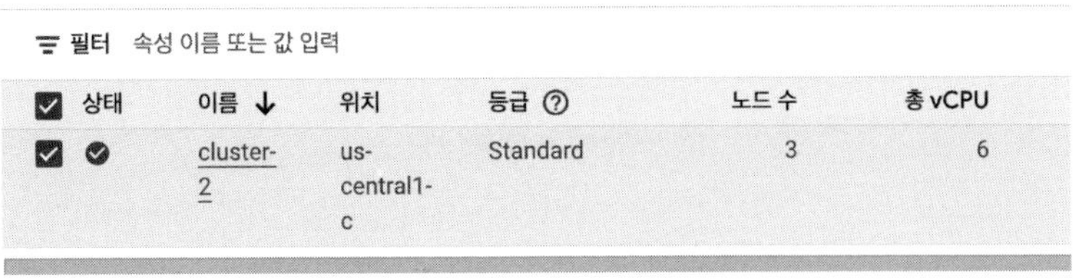

그림 5.9 쿠버네티스 클러스터 목록 확인

2. 쿠버네티스 클러스터에 연결

쿠버네티스 클러스터를 생성했다면 이번에는 쿠버네티스에 연결할 수 있는 명령줄(CLI)을 사용할 차례입니다. 이전에 도커를 제어할 때 docker 명령어를 사용했던 것처럼 쿠버네티스를 제어하려면 kubectl 명령어를 사용해야 합니다. kubectl 명령어는 GKE 웹 사이트에서 제공하는 터미널에서도 사용할 수 있으며, 여러분의 개인 터미널 환경에서도 직접 사용할 수 있습니다.

GKE 웹 사이트에서 kubectl 명령어 사용하기

생성된 쿠버네티스 클러스터 오른쪽에 위치한 버튼을 클릭하고 [연결] 버튼을 클릭합니다. 클러스터 연결 팝업에서 [Cloud Shell에서 실행] 버튼을 클릭하면 웹사이트에서 터미널을 사용할 수 있습니다. 터미널에는 gcloud 명령어가 자동으로 입력돼 있기 때문에 입력된 명령어가 즉시 실행됩니다.

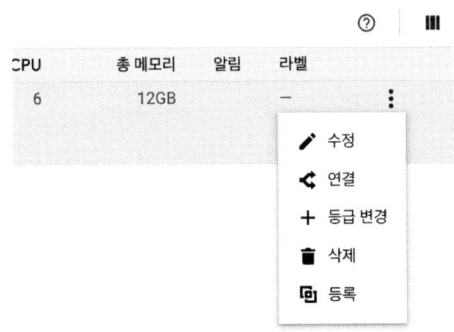

그림 5.10 클러스터에서 [연결] 버튼 클릭

클러스터에 연결

명령줄을 통하거나 대시보드를 사용하여 클러스터에 연결할 수 있습니다.

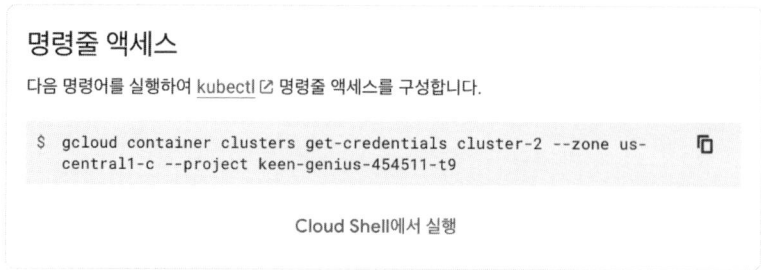

그림 5.11 클러스터 연결 팝업에서 [Cloud Shell에서 실행] 클릭

웹 터미널이 열리면 다음 명령어로 쿠버네티스의 버전과 노드 목록을 출력해 보겠습니다.

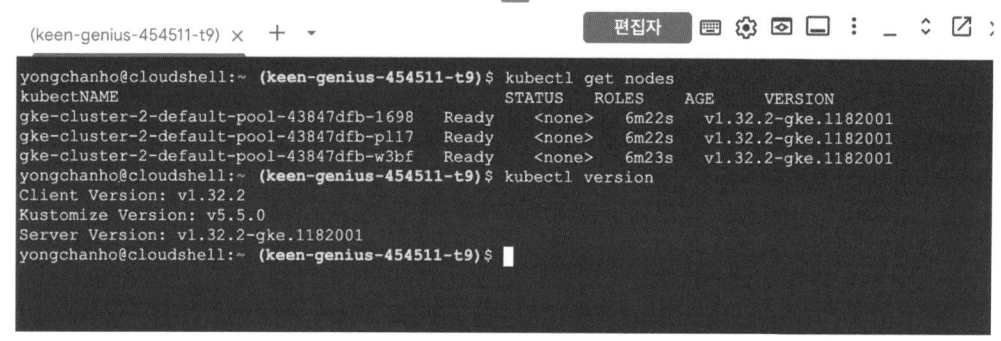

그림 5.12 웹 터미널에서 쿠버네티스 버전 확인

개인 터미널에서 kubectl 명령어 사용하기

GKE의 웹 터미널은 간단하게 사용할 수는 있지만, 앞으로 진행할 쿠버네티스 실습에서 계속 사용하기에는 불편할 수 있습니다. 개인 터미널에서도 kubectl을 사용할 수 있으나, 이를 위해서는 구글 클라우드 플랫폼의 명령어인 gcloud를 미리 설치하고 설정해야 합니다. gcloud 설치 및 설정 방법은 부록 B "gcloud 명령어 설치하기"를 참고하기 바랍니다.

gcloud의 설정이 완료되면 다음 명령어를 입력해 클러스터 접근 정보를 가져올 수 있습니다. 이 예시에서는 cluster-1이라는 이름으로 us-central1-c 리전에 클러스터가 생성되었다고 가정합니다.

```
$ # gcloud container clusters get-credentials (클러스터 이름) --zone (리전)
$ gcloud container clusters get-credentials cluster-1 --zone us-central1-c

Fetching cluster endpoint and auth data.
kubeconfig entry generated for cluster-1.
```

kubectl을 설치하지 않았다면 kubectl을 내려받습니다. 맥 OS X에서는 다음 명령어의 linux 부분을 darwin으로 변경해 사용합니다.

```
# curl -LO https://dl.k8s.io/release/v1.32.0/bin/linux/amd64/kubectl
# chmod +x kubectl
# sudo mv kubectl /usr/local/bin
```

쿠버네티스의 버전과 노드의 목록을 출력해 클러스터를 정상적으로 사용할 수 있는지 확인합니다.

```
# kubectl get nodes
NAME                                         STATUS   ROLES    AGE   VERSION
gke-cluster-2-default-pool-43847dfb-1698     Ready    <none>   14m   v1.32.2-gke.1182001
gke-cluster-2-default-pool-43847dfb-pl17     Ready    <none>   14m   v1.32.2-gke.1182001
gke-cluster-2-default-pool-43847dfb-w3bf     Ready    <none>   14m   v1.32.2-gke.1182001

# kubectl version
Client Version: v1.32.2
Kustomize Version: v5.5.0
Server Version: v1.32.2-gke.1182001
```

06

쿠버네티스 시작하기

6.1 쿠버네티스를 시작하기 전에

쿠버네티스 설치를 마쳤다면 드디어 쿠버네티스를 사용해 볼 차례입니다. 그렇지만 쿠버네티스를 사용하기에 앞서 몇 가지 짚고 넘어가야 할 사항이 있습니다. 앞 장에서 사용해 봤던 도커 스웜 모드와 비교해봤을 때, 쿠버네티스만이 가지는 고유한 특징이 있기 때문입니다.

모든 리소스는 오브젝트 형태로 관리됩니다.

쿠버네티스는 대부분의 리소스를 '오브젝트'라고 불리는 형태로 관리합니다. 오브젝트라는 단어가 조금 생소할지도 모르겠지만, 오브젝트는 우리가 알고 있는 추상화된 집합에서 크게 벗어나지 않는 개념입니다.

지난 장의 도커 스웜 모드에서 컨테이너의 묶음을 표현하기 위해 서비스(service)라는 것을 사용했던 기억을 되살려보겠습니다. 스웜 모드의 서비스도 컨테이너 리소스의 집합을 정의한 것이기 때문에 일종의 오브젝트라고 볼 수 있습니다. 그러나 쿠버네티스는 이러한 개념을 더욱 폭넓고 세밀한 단위로 사용합니다. 예를 들어 쿠버네티스에서는 컨테이너의 집합(Pods), 컨테이너의 집합을 관리하는 컨트롤러(Replica Set), 심지어 사용자(Service Account), 노드(Node)까지도 하나의 오브젝트로 사용할 수 있습니다.

그렇다면 쿠버네티스에서 사용할 수 있는 오브젝트에는 어떤 것이 있는지 kubectl api-resources 명령어를 사용해 확인해 보겠습니다. 꽤 많은 종류의 오브젝트를 사용할 수 있음을 알 수 있습니다.

```
$ kubectl api-resources
NAME                SHORTNAMES    APIVERSION    NAMESPACED    KIND
bindings                          v1            true          Binding
componentstatuses   cs            v1            false         ComponentStatus
configmaps          cm            v1            true          ConfigMap
endpoints           ep            v1            true          Endpoints
events              ev            v1            true          Event
...
```

그러나 이렇게 많은 종류의 오브젝트를 이 책에서 전부 다루지는 않으며, 모든 종류와 이름을 외우려고 노력하지 않아도 됩니다. 자주 사용하는 오브젝트들은 책의 내용을 따라 하면서 자연스럽게 이름과 기능을 외울 수 있기 때문입니다. 또한 쿠버네티스 공식 문서에서 대부분의 리소스 오브젝트의 사용 방법을 친절하게 설명하고 있기 때문에 처음 보는 오브젝트라도 당황하지 말고 필요에 따라 배우고 익히면 됩니다.

 특정 오브젝트의 간단한 설명을 보고 싶다면 kubectl explain 명령어를 사용합니다.

```
$ kubectl explain pod
KIND:     Pod
VERSION:  v1

DESCRIPTION:
     Pod is a collection of containers that can run on a host. This resource is
     created by clients and scheduled onto hosts.
...
```

쿠버네티스는 명령어로도 사용할 수 있지만, YAML 파일을 더 많이 사용합니다.

도커 스웜 모드에서는 docker service create…와 같은 명령어로 컨테이너 서비스를 생성하고 삭제했습니다. 쿠버네티스에서도 마찬가지로 **kubectl**이라고 하는 명령어로 쿠버네티스를 사용할 수 있으며, 대부분의 작업은 kubectl 명령어로 실행할 수 있습니다.

스웜 모드에서 스택(stack)을 생성하기 위해 YAML 파일을 사용했던 것처럼 쿠버네티스도 YAML 파일로 컨테이너 리소스를 생성하거나 삭제할 수 있습니다. 그러나 쿠버네티스에서 YAML 파일의 용도는 컨테이너뿐만 아니라 거의 모든 리소스 오브젝트들에 사용될 수 있다는 것이 가장 큰 특징입니다. 예를 들어 컨테이너 자체는 물론이고, 컨테이너의 설정값(ConfigMap), 비밀값(Secrets) 등도 모두 YAML 파일로 정의해 사용합니다. 그리고 쿠버네티스에서 실제로 서비스를 배포할 때에도

kubectl 명령어가 아닌 여러 개의 YAML 파일을 정의해 쿠버네티스에 적용시키는 방식으로 동작할 것입니다.

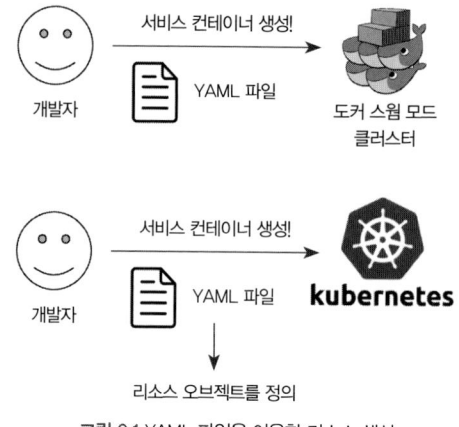

그림 6.1 YAML 파일을 이용한 리소스 생성

그렇기 때문에 쿠버네티스를 잘 사용하는 방법을 한마디로 표현하자면 'YAML 파일을 잘 작성하는 것'이라고 해도 과언이 아닐 정도입니다. 따라서 앞으로 설명할 모든 리소스 오브젝트는 기초적인 부분을 제외하면 대부분 YAML 파일로 작성할 것임을 알아두기 바랍니다.

쿠버네티스는 여러 개의 컴포넌트로 구성돼 있습니다.

쿠버네티스 노드의 역할은 크게 마스터와 워커로 나뉘어 있습니다. 마스터 노드는 쿠버네티스가 제대로 동작할 수 있게 클러스터를 관리하는 역할을 담당하며, 워커 노드에는 애플리케이션 컨테이너가 생성됩니다.

도커 스웜 모드를 사용할 때는 단일 도커 데몬만을 설치해 사용했지만, 쿠버네티스는 클러스터를 관리하기 위해 여러 종류의 컴포넌트들이 동시에 실행됩니다. 예를 들어, 마스터 노드에서는 **API 서버**(kube-apiserver), **컨트롤러 매니저**(kube-controller-manager), **스케줄러**(kube-scheduler), **DNS 서버**(coreDNS) 등이 실행되며, 모든 노드에서는 오버레이 네트워크 구성을 위해 **프락시**(kube-proxy)와 **네트워크 플러그인**(calico, flannel 등)이 실행됩니다.

이러한 컴포넌트들은 기본적으로 컨테이너로서 실행되고 있습니다. 마스터 노드에 SSH로 접속해 crictl 명령어를 실행해보면 매우 많은 컨테이너가 실행되고 있을 것입니다.

```
# crictl --runtime-endpoint unix:///run/containerd/containerd.sock ps
CONTAINER           IMAGE               CREATED             STATE               NAME
7de3e977f3195       a1a88662416be       2 hours ago         Running             calico-kube-controllers
```

```
2da963182dd6a      a4ca41631cc7a      2 hours ago      Running      coredns
9b7370e8415d0      a4ca41631cc7a      2 hours ago      Running      coredns
25fa61ab54721      fd1608dbbc197      2 hours ago      Running      calico-node
779a0d1f7e77f      4c03754524064      2 hours ago      Running      kube-proxy
...
```

 Docker Desktop on Windows/Mac에서는 Preferences에서 [Kubernetes] 탭을 선택한 다음 Show system containers 항목에 체크하면 docker ps의 출력에서 쿠버네티스의 컴포넌트 컨테이너를 확인할 수 있습니다. 단, 쿠버네티스에 대한 자세한 지식 없이는 핵심 컴포넌트를 건드리지 않는 것이 좋습니다.

그리고 쿠버네티스 클러스터 구성을 위해 **kubelet**이라는 에이전트가 모든 노드에서 실행됩니다. kubelet은 컨테이너의 생성, 삭제뿐만 아니라 마스터와 워커 노드 간의 통신 역할을 함께 담당하는 매우 중요한 에이전트입니다. 따라서 kubelet이 정상적으로 실행되지 않으면 해당 노드는 쿠버네티스와 제대로 연결되지 않을 수도 있습니다.

쿠버네티스의 입장에서 보면 컨테이너 런타임 인터페이스를 제공하는 containerd나 cri-o 또한 하나의 컴포넌트입니다. 도커 스웜모드와 달리 쿠버네티스는 도커에 내장된 기능이 아니며, 오히려 컨테이너를 사용하기 위해 쿠버네티스가 다른 컴포넌트를 이용하는 방식입니다. 따라서 쿠버네티스에서 반드시 containerd를 사용해야 할 필요는 없으며, OCI(Open Container Initiative)라는 컨테이너 런타임 표준을 구현한 컨테이너 런타임을 갖추고 있다면 어느 것을 써도 문제는 없습니다.

 5.4.1절 'kubeadm으로 쿠버네티스 설치'에서 설명했던 것처럼 컨테이너 런타임 인터페이스(Container Runtime Interface)는 kubelet이 컨테이너를 제어하기 위한 인터페이스를 의미합니다. 컨테이너 런타임 인터페이스의 개념에 대해 좀 더 알고 싶다면 쿠버네티스 공식 문서 및 블로그를 참고하기 바랍니다.[1,2]

하지만 이렇게 많고 복잡한 컴포넌트의 구조를 지금 당장 외우거나 이해하려고 하지 않아도 됩니다. 이러한 것들을 자세히 알지 못해도 쿠버네티스의 기능을 익히는 것에는 큰 문제가 없으며, 필요할 때마다 쿠버네티스의 기능과 컴포넌트를 함께 엮어서 설명할 것이기 때문입니다. 지금은 'kubelet이라는 에이전트가 모든 노드에서 기본적으로 실행되며, 마스터 노드에는 API 서버 등이 컨테이너로 실행된다' 정도만 알고 넘어가면 됩니다.

---

1 https://kubernetes.io/blog/2016/12/container-runtime-interface-cri-in-kubernetes/
2 https://kubernetes.io/ko/docs/concepts/architecture/cri/

6.2 파드(Pod): 컨테이너를 다루는 기본 단위

앞서 말했던 것처럼 쿠버네티스에는 셀 수도 없을 만큼 많은 리소스 종류와 컴포넌트가 존재합니다. 그중에서도 컨테이너 애플리케이션을 구동하기 위해 반드시 알아야 할 몇 가지 오브젝트가 있습니다. 바로 파드(Pod)[3], 레플리카셋(Replica Set), 서비스(Service), 디플로이먼트(Deployment)입니다. 그중에 가장 기초가 되는 파드를 먼저 배워보겠습니다.

6.2.1 파드 사용하기

쿠버네티스에서는 컨테이너 애플리케이션의 기본 단위를 파드(Pod)라고 부르며, 파드는 1개 이상의 컨테이너로 구성된 컨테이너의 집합입니다. 파드는 쿠버네티스에서 가장 기초적이고 중요한 개념이기 때문에 반드시 이해하고 넘어가는 것이 좋습니다.

도커 엔진에서는 기본 단위가 도커 컨테이너였고, 스웜 모드에서의 기본 단위는 여러 개의 컨테이너로 구성된 서비스(service)였습니다. 이와 비슷한 맥락으로 쿠버네티스에서는 컨테이너 애플리케이션을 배포하기 위한 기본 단위로 파드라는 개념을 사용합니다. 1개의 파드에는 1개의 컨테이너가 존재할 수도 있고, 여러 개의 컨테이너가 존재할 수도 있습니다.

간단한 예시를 들어 보겠습니다. Nginx 웹 서비스를 쿠버네티스에서 생성하려면 컨테이너와 파드를 어떻게 사용할 수 있을까요? 가장 쉬운 방법은 파드 1개에 Nginx 컨테이너 1개만을 포함해 생성하는 것입니다. 만약 동일한 Nginx 컨테이너를 여러 개 생성하고 싶다면 1개의 Nginx 컨테이너가 들어 있는 동일한 파드를 여러 개 생성하면 됩니다. 이처럼 파드는 컨테이너 애플리케이션을 나타내기 위한 기본 구성 요소가 됩니다.

그림 6.2 파드 1개에 컨테이너 1개만 포함해 생성

파드의 개념을 좀 더 정확히 이해하기 위해서 Nginx 컨테이너로 구성된 파드를 직접 생성해보겠습니다. 다음 내용을 nginx-pod.yaml로 작성합니다.

---

[3] Pod는 한국어로 "파드", "팟" 등으로 표기되지만, 여기서는 일반적으로 많이 쓰이는 표기인 "파드"를 사용합니다.

예제 6.1 chapter6/nginx-pod.yaml

```yaml
apiVersion: v1
kind: Pod
metadata:
  name: my-nginx-pod
spec:
  containers:
  - name: my-nginx-container
    image: nginx:latest
    ports:
    - containerPort: 80
      protocol: TCP
```

 YAML 파일은 직접 작성해 보는 것도 좋은 공부가 될 수 있지만, YAML 파일 작성에 어느 정도 익숙해졌다면 이 책의 깃허브 저장소에서 YAML 파일을 내려받아 적절히 복사해 사용할 수도 있습니다.[4] 예제에서 사용하는 YAML 파일은 모두 깃허브에서 제공하고 있습니다.

작성한 YAML 파일의 의미는 아래와 같습니다. 쿠버네티스의 YAML 파일은 일반적으로 apiVersion, kind, metadata, spec 네 가지 항목으로 구성됩니다.

- **apiVersion**: YAML 파일에서 정의한 오브젝트의 API 버전을 나타냅니다. 지금 당장은 크게 중요하지 않으며, 오브젝트의 종류 및 개발 성숙도에 따라 apiVersion의 설정값이 달라질 수 있다는 것만 알고 넘어가겠습니다.

- **kind**: 이 리소스의 종류를 나타냅니다. 위의 YAML 파일에서 생성하려고 하는 것이 파드이기 때문에 Pod를 입력했습니다. kind 항목에서 사용할 수 있는 리소스 오브젝트 종류는 kubectl api-resources 명령어의 KIND 항목에서 확인할 수 있습니다.

```
$ kubectl api-resources
NAME    SHORTNAMES   APIGROUP   NAMESPACED   KIND
…
pods    po                      true         Pod
…
```

- **metadata**: 라벨, 주석(Annotation), 이름 등과 같은 리소스의 부가 정보들을 입력합니다. 위 예시에서는 name 항목에서 파드의 고유한 이름을 my-nginx-pod로 설정했습니다.

- **spec**: 리소스를 생성하기 위한 자세한 정보를 입력합니다. 위 예시에서는 파드에서 실행될 컨테이너 정보를 정의하는 containers 항목을 작성한 뒤, 하위 항목인 image에서 사용할 도커 이미지를 지정했습니다. name 항목에서는 컨테이너의 이름을, ports 항목에서는 Nginx 컨테이너가 사용할 포트인 80을 입력했습니다.

---

[4] https://github.com/alicek106/start-docker-kubernetes-renewal

작성한 YAML 파일은 **kubectl apply -f** 명령어로 쿠버네티스에 생성할 수 있습니다. 다음 명령어를 사용해 새로운 파드를 생성합니다.

```
$ kubectl apply -f nginx-pod.yaml
pod/my-nginx-pod created
```

kubectl get 〈오브젝트 이름〉을 사용하면 특정 오브젝트의 목록을 확인할 수 있습니다. 예를 들어, kubectl get pods 명령어는 현재 쿠버네티스에 존재하는 파드의 목록을 출력합니다. 방금 생성한 파드 1개가 출력될 것입니다.

```
$ kubectl get pods
NAME            READY   STATUS    RESTARTS   AGE
my-nginx-pod    1/1     Running   0          96s
```

이 Nginx 파드를 생성할 때, YAML 파일에 사용할 포트(containerPort)를 정의하긴 했지만, 아직 외부에서 접근할 수 있도록 노출된 상태는 아닙니다. 따라서 파드의 Nginx 서버로 요청을 보내려면 파드 컨테이너의 내부 IP로 접근해야 합니다.

kubectl describe 명령어를 사용하면 생성된 리소스의 자세한 정보를 얻어올 수 있습니다. 예를 들어, 파드의 자세한 정보를 출력하고 싶다면 kubectl describe pods 〈파드 이름〉처럼 명령어를 사용합니다. 이 명령어로 파드의 IP를 확인해 보겠습니다.

```
$ kubectl describe po my-nginx-pod
Name:           my-nginx-pod
Namespace:      default
…
Start Time:     Sun, 23 Mar 2025 14:31:21 +0900
Labels:         <none>
…
Status:         Running
IP:             172.17.0.4
…
Containers:
  my-nginx-container:
```

위처럼 Nginx 파드에 대한 많은 정보가 출력될 것입니다. 그중 파드의 IP 항목도 포함돼 있으며, 출력 결과에서 알 수 있듯이 파드의 IP는 **172.17.0.4**입니다.[5] 그러나 앞서 말했던 것처럼 이 IP는 외부

---

[5] 이 IP는 예시이며, 쿠버네티스 설치 방법에 따라 IP 범위가 다를 수 있습니다.

에서 접근할 수 있는 IP가 아니기 때문에 클러스터 내부에서만 접근할 수 있습니다. docker run 명령어에서 -p 옵션 없이 컨테이너를 실행한 것과 비슷하다고 생각하면 이해가 쉬울 것입니다.

쿠버네티스 외부 또는 내부에서 파드에 접근하려면 서비스(service)라고 하는 쿠버네티스 오브젝트를 따로 생성해야 하지만, 지금은 서비스 오브젝트 없이 IP만으로 Nginx 파드에 접근해 보겠습니다. 클러스터의 노드 중 하나에 접속한 뒤 다음과 같이 Nginx 파드의 IP로 HTTP 요청을 전송합니다. 이로써 Nginx 파드가 정상적으로 실행 중인 것을 알 수 있습니다.

```
$ curl 172.17.0.4
<!DOCTYPE html>
<html>
<head>
<title>Welcome to nginx!</title>
...
```

클러스터의 노드로 접속하는 것이 여의치 않은 상황이라면 다음 명령어로 클러스터 내부에 테스트용 파드를 생성해 임시로 사용할 수도 있습니다. 일반적으로 클러스터 내부에서는 파드의 IP로 접근할 수 있습니다.

```
$ kubectl run -i --tty --rm debug \
    --image=alicek106/ubuntu:curl --restart=Never bash

If you don't see a command prompt, try pressing enter.

root@debug:/# curl 172.17.0.4
<!DOCTYPE html>
<html>
<head>
<title>Welcome to nginx!</title>
...

root@debug:/# exit # 테스트용 파드에서 빠져나오면 이 파드는 삭제됩니다.
```

그렇다면 이번에는 파드 컨테이너 내부로 직접 들어가 보겠습니다. docker exec 명령어와 비슷하게 쿠버네티스에서도 **kubectl exec** 명령으로 파드의 컨테이너에 명령어를 전달할 수 있습니다. 예를 들어 다음과 같이 my-nginx-pod에서 배시 셸을 실행하되, -it 옵션으로 셸을 유지할 수 있습니다.

```
$ kubectl exec -it my-nginx-pod -- bash
```

```
root@my-nginx-pod:/# ls /etc/nginx/
conf.d  fastcgi_params  koi-utf  koi-win  mime.types ...

root@my-nginx-pod:/# exit # 파드에서 빠져나옵니다
```

도커에서 docker logs 명령어를 사용했던 것처럼 쿠버네티스에서도 kubectl logs 명령어로 파드의 로그를 확인할 수 있습니다. 다음 명령어를 사용하면 Nginx 파드의 표준 출력 로그를 확인할 수 있습니다. Nginx 서버에 접근했던 기록이 출력될 것입니다.

```
$ kubectl logs my-nginx-pod

192.168.0.1 - - [13/May/2019:08:18:13 +0000] "GET / HTTP/1.1" 200 612 "-" "curl/7.47.0" "-"
192.168.3.1 - - [13/May/2019:08:18:25 +0000] "GET / HTTP/1.1" 200 612 "-" "curl/7.47.0" "-"
192.168.0.1 - - [13/May/2019:08:18:39 +0000] "GET / HTTP/1.1" 200 612 "-" "curl/7.47.0" "-"
```

쿠버네티스의 오브젝트는 kubectl delete -f 명령어로 쉽게 삭제할 수 있습니다. 다음 명령어는 nginx-pod.yaml에 정의된 Nginx 파드를 삭제합니다.

```
$ kubectl delete -f nginx-pod.yaml
pod "my-nginx-pod" deleted

$ # 또는 kubectl delete pod <파드 이름>을 사용해도 됩니다.
```

6.2.2 파드 vs. 도커 컨테이너

위의 기능들만 놓고 본다면 파드는 docker run으로 생성한 단일 nginx 컨테이너와 크게 다르지 않아 보이기도 합니다. 파드는 컨테이너 IP 주소를 가지고 있어 쿠버네티스 클러스터 내부에서 접근할 수 있고, kubectl exec 명령어로 파드 컨테이너 내부로 들어갈 수도 있으며, kubectl logs 명령어로 파드의 로그를 확인할 수도 있기 때문입니다. 그렇다면 쿠버네티스는 왜 '도커 컨테이너'가 아니라 굳이 '파드'라는 새로운 개념을 사용하는 것일까요?

쿠버네티스가 파드를 사용하는 이유는 컨테이너 런타임의 인터페이스 제공 등 여러 가지가 있지만, 그 이유 중 하나는 **여러 리눅스 네임스페이스(namespace)를 공유**하는 여러 컨테이너들을 추상화된 집합으로 사용하기 위해서입니다. 이 설명이 틀린 말은 아니지만, 파드의 개념을 이해하기에는 너무 어려운 것 같습니다. 좀 더 쉽게 이해할 수 있게 파드를 사용하는 예시를 하나 더 살펴보겠습니다.

kubectl get pods 명령어로 파드의 목록을 출력했을 때, READY 항목에서 1/1이라는 출력을 봤을 것입니다. Nginx 파드에는 1개의 컨테이너가 정의돼 있으며, 이 컨테이너는 정상적으로 준비됐다는 뜻입니다.

```
$ kubectl get pods
NAME            READY   STATUS    RESTARTS   AGE
my-nginx-pod    1/1     Running   0          18m
```

실제로 대부분 쿠버네티스의 컨테이너 애플리케이션은 이처럼 1개의 컨테이너로 파드를 구성해 사용합니다. 그러나 1/1이라는 항목에서 알 수 있듯이, 파드는 반드시 1개의 컨테이너로 구성해야 하는 것은 아닙니다. READY 항목은 파드의 컨테이너 개수에 따라 2/2도 될 수 있고, 3/3도 될 수 있습니다.

그렇다면 이번에는 Nginx 파드에 새로운 우분투 컨테이너를 추가해 보겠습니다. 이전에 사용한 YAML 파일을 확장해 아래 내용으로 새로운 YAML 파일을 작성합니다. curl이 미리 설치된 우분투 이미지인 alicek106/rr-test:curl을 사용했으며, 이 컨테이너는 종료되지 않기 위해 tail -f /dev/null이라는 단순한 동작만을 실행합니다.

예제 6.2 chapter6/nginx-pod-with-ubuntu.yaml

```yaml
apiVersion: v1
kind: Pod
metadata:
  name: my-nginx-pod
spec:
  containers:
  - name: my-nginx-container
    image: nginx:latest
    ports:
    - containerPort: 80
      protocol: TCP

  - name: ubuntu-sidecar-container
    image: alicek106/rr-test:curl
    command: ["tail"]
    args: ["-f", "/dev/null"]        # 컨테이너가 종료되지 않도록 유지합니다.
```

YAML에서 대시(-)를 사용하는 항목은 여러 개의 항목을 정의할 수 있음을 의미합니다. 예를 들어 위에서 사용한 spec.containers의 하위 항목은 "- name: my-nginx-container"와 같이 대시로 구분되며, 여러 개의 컨테이너를 정의할 수 있습니다. 따라서 이번에는 파드에 우분투 컨테이너 (ubuntu-sidecar-container)를 하나 더 추가해 봤습니다.

 파드의 YAML 파일에서 사용되는 command와 args는 컨테이너 내부에서 가장 먼저 실행될 프로세스를 지정합니다. YAML 파일에서의 command는 도커 컨테이너의 Entrypoint와 동일하고, 파드에서의 args는 도커 컨테이너의 Cmd(커맨드)와 동일하다고 이해하면 쉽습니다.

앞서 파드를 생성했던 것처럼 kubectl apply -f 명령을 사용해 YAML 파일을 쿠버네티스에 적용합니다. 시간이 조금 지나면 Nginx 파드에 2개의 컨테이너가 실행 중인 것을 확인할 수 있습니다.

```
$ kubectl apply -f nginx-pod-with-ubuntu.yaml
pod/my-nginx-pod created

# kubectl get pods
NAME            READY   STATUS    RESTARTS   AGE
my-nginx-pod    2/2     Running   0          44s
```

그렇다면 이번에는 kubectl exec 명령어를 이용해 새롭게 추가된 우분투 컨테이너의 내부로 들어가 보겠습니다. kubectl exec, logs 등과 같은 명령어를 사용할 때는 -c 옵션을 이용해 파드의 어떤 컨테이너에 대해 명령어를 수행할지 명시할 수 있습니다. 다음 명령어는 앞서 파드에 추가한 컨테이너인 ubuntu-sidecar-container에서 배시 셸을 실행합니다.

```
$ kubectl exec -it my-nginx-pod -c ubuntu-sidecar-container -- bash

root@my-nginx-pod:/#
```

ubuntu-sidecar-container 컨테이너 내부에서 로컬호스트로 HTTP 요청을 전송하면 Nginx 서버의 응답이 도착하는 것을 확인할 수 있습니다.

```
root@my-nginx-pod:/# curl localhost
<!DOCTYPE html>
<html>
<head>
<title>Welcome to nginx!</title>
```

이전 장에서 도커를 많이 사용해 봤다면 여기에서 뭔가 이상한 것을 눈치챘을 것입니다. 우분투 컨테이너가 Nginx 서버를 실행하고 있지 않은데도, 우분투 컨테이너의 로컬호스트에서 Nginx 서버로 접근이 가능하기 때문입니다. 이는 파드 내의 컨테이너들이 네트워크 네임스페이스 등과 같은 리눅스 네임스페이스를 공유해 사용하기 때문입니다.

네트워크 네임스페이스는 컨테이너의 고유한 네트워크 환경을 제공해주는 역할을 담당합니다. 예를 들어 docker run 명령어로 docker0 브리지에 연결된 컨테이너가 생성됐다면, 그 컨테이너는 자기 자신만의 고유한 네트워크 네임스페이스를 가지게 됩니다. 그렇기 때문에 호스트 및 다른 컨테이너와 다른 고유한 IP를 유지할 수 있는 것입니다.

2.2.7.2절의 "도커 네트워크 기능"에서 도커의 네트워크 구조를 설명했을 때, docker run --net container:(컨테이너 이름) 옵션을 사용하는 "컨테이너 네트워크" 종류에 대해서 배웠습니다. 간단하게 다시 복습해보면 컨테이너 네트워크 타입은 네트워크 네임스페이스를 컨테이너 간에 공유해 사용할 수 있도록 설정하기 때문에 여러 개의 컨테이너가 동일한 네트워크 환경을 가지게 됩니다. 쿠버네티스의 파드 또한 이러한 리눅스 네임스페이스의 공유 개념을 사용하고 있습니다.

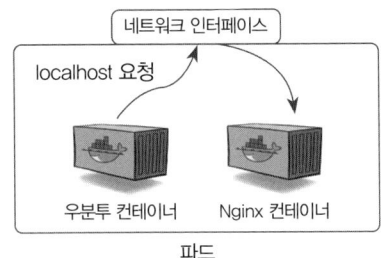

그림 6.3 같은 파드 내의 컨테이너는 네트워크 네임스페이스를 공유

그러나 파드가 공유하는 리눅스 네임스페이스에 네트워크 환경만 있는 것은 아닙니다. 1개의 파드에 포함된 컨테이너들은 여러 개의 리눅스 네임스페이스를 공유합니다. 그러나 지금 당장 이런 것들에 대해서 자세히 알 필요는 없으며, 지금은 "파드 내부의 컨테이너들은 네트워크와 같은 리눅스 네임스페이스를 공유한다"라는 것만 알고 넘어가면 됩니다.

이미 생성된 파드에서 문제가 발생해 디버깅이 필요한 경우, 해당 파드와 리눅스 네임스페이스를 공유하는 디버그(Debug) 컨테이너를 임시로 생성할 수 있습니다. 디버그 컨테이너는 기존 파드에 영향을 주지 않으면서 다양한 디버깅을 작업을 수행할 수 있는 유용한 방법입니다.

```
$ # kubectl debug <디버깅을 원하는 파드 이름> --image <디버깅 컨테이너 이미지> -it
$ kubectl debug hostname-deployment-96df6b9c4-45dbx --image alpine -it
```

디버그 컨테이너는 노드 단위로도 사용할 수 있습니다. 이 경우, 디버그 컨테이너는 노드와 동일한 실행 환경에서 동작하며, 디버그 컨테이너의 /host 디렉터리에 노드의 파일 시스템이 마운트됩니다.

```
$ # kubectl debug node/<노드 이름> -it --image=<디버깅 컨테이너 이미지>
$ kubectl debug node/i-0f914cd02d49bf8d7 -it --image=alpine
```

```
...
Creating debugging pod node-debugger-i-0f914cd02d49bf8d7-qcwxt with container debugger
on node i-0f914cd02d49bf8d7.
....
/ # ls /host
bin  dev  ...

/ # ip a    # AWS에 띄워진 노드의 네트워크 설정인 ens5가 출력됩니다.
...
2: ens5: <BROADCAST,MULTICAST,UP,LOWER_UP> mtu 9001 qdisc mq state UP qlen 1000
    link/ether 02:41:51:c3:d0:07 brd ff:ff:ff:ff:ff:ff
    inet 172.20.224.236/16 brd 172.20.255.255 scope global dynamic ens5
       valid_lft 2524sec preferred_lft 2524sec
    inet6 fe80::41:51ff:fec3:d007/64 scope link...
```

6.2.3 완전한 애플리케이션으로서의 파드

앞서 말했던 것처럼 실제 쿠버네티스 환경에서는 1개의 컨테이너로 구성된 파드를 사용하는 경우가 많으며, 앞으로 이 책에서 다룰 대부분의 예시 또한 그러할 것입니다. 그렇다면 왜 하나의 파드에 여러 개의 컨테이너가 함께 포함돼야 하는지에 대해 의문점이 생길 수도 있습니다. 여기서 한 가지 유의해야 할 점은 '하나의 파드는 하나의 완전한 애플리케이션'이라는 점입니다.

Nginx 컨테이너는 그 자체만으로도 완전한 애플리케이션이기 때문에 하나의 파드에 2개의 Nginx 컨테이너가 정의되는 것은 바람직하지 않습니다. 따라서 우리가 처음에 생성했던 파드에서는 1개의 Nginx 컨테이너만을 정의했습니다.

파드 Case 1 :
- Nginx 컨테이너

파드 Case 2 :
- 사이드카 컨테이너 + Nginx 컨테이너

그림 6.4 사이드카 컨테이너를 이용한 파드 컨테이너 구성

그러나 Nginx 컨테이너가 실행되기 위해 부가적인 기능을 필요로 한다면 어떨까요? 예를 들어, Nginx의 설정 파일의 변경사항을 갱신해주는 설정 리로더(reloader) 프로세스나 로그를 수집해주는 프로세스는 Nginx 컨테이너와 함께 실행돼야 할 수 있습니다. 이런 경우 파드의 주 컨테이너를

Nginx로 하되, 기능 확장을 위한 추가 컨테이너를 함께 파드에 포함시킬 수 있습니다. 이렇게 파드에 정의된 부가적인 컨테이너를 사이드카(sidecar) 컨테이너라고 부르며, 사이드카 컨테이너는 파드 내의 다른 컨테이너와 네트워크 환경 등을 공유하게 됩니다.[6] 때문에 파드에 포함된 컨테이너들은 모두 같은 워커 노드에서 함께 실행됩니다.

이러한 구조 및 원리에 따라 파드에 정의된 여러 개의 컨테이너는 하나의 완전한 애플리케이션으로서 동작하게 되는 것입니다. 이것이 도커 컨테이너와 쿠버네티스 파드의 차이점입니다.

파드의 네트워크 네임스페이스는 Pause라는 이름의 컨테이너로부터 네트워크를 공유받아 사용합니다. Pause 컨테이너는 네임스페이스를 공유하기 위해 파드별로 생성되는 컨테이너이며, Pause 컨테이너는 각 파드에 대해 자동으로 생성됩니다.

```
# ps aux | grep pause
...
65535      5078  0.0  0.0    972     4 ?        Ss   Apr30   0:00 /pause
...
```

containerd를 컨테이너 런타임으로 쓰고 있다면 ctr 명령어로 pause된 컨테이너를 직접 확인할 수 있습니다. ctr은 containerd를 제어하기 위한 CLI 명령줄입니다.

```
# ctr --namespace=k8s.io c ls
CONTAINER       IMAGE                                   RUNTIME
...             docker.io/calico/cni@sha256:...         io.containerd.runc.v2
...             registry.k8s.io/pause@sha256:...        io.containerd.runc.v2
```

6.3 레플리카셋(Replica Set) : 일정 개수의 파드를 유지하는 컨트롤러

6.3.1 레플리카셋을 사용하는 이유

쿠버네티스의 기본 단위인 파드는 여러 개의 컨테이너를 추상화해 하나의 애플리케이션으로 동작하도록 만드는 훌륭한 컨테이너 묶음입니다. 그러나 YAML에 파드만 정의해 생성하게 되면 이 파드의 생애 주기(Lifecycle)는 어떻게 될까요? 예를 들어 앞서 생성했던, 2개의 컨테이너가 담겨 있는 Nginx 파드는 다음의 두 가지 방법으로 삭제할 수 있습니다.

---

[6] 위에서 생성했던 파드의 우분투 컨테이너(ubuntu-sidecar-container)는 기능상 Nginx 컨테이너와 함께 실행할 필요가 없기 때문에 엄연히 말하자면 사이드카 컨테이너로 파드에 포함할 필요는 없습니다.

```
$ kubectl delete -f nginx-pod-with-ubuntu.yaml
```

```
$ kubectl get pods
NAME              READY      STATUS              RESTARTS    AGE
my-nginx-pod      0/2        ContainerCreating   0           3s
```

```
$ kubectl delete pods my-nginx-pod
```

kubectl delete 명령어로 파드를 삭제하면 그 파드의 컨테이너 또한 삭제된 뒤 쿠버네티스에서 영원히 사라지게 됩니다. 이처럼 YAML 파일에 파드만 정의해 생성할 경우 해당 파드는 오직 쿠버네티스 사용자에 의해 관리됩니다. 단순히 파드의 기능을 테스트하는 등의 간단한 용도로는 이렇게 파드를 사용할 수 있을지도 모릅니다. 그렇지만 실제로 외부 사용자의 요청을 처리해야 하는 마이크로서비스 구조의 파드라면 이러한 방식을 사용하기 어렵습니다. 스웜 모드에서 다뤘던 것처럼 마이크로서비스에서는 여러 개의 동일한 컨테이너를 생성한 뒤 외부 요청이 각 컨테이너에 적절히 분배될 수 있어야 합니다.

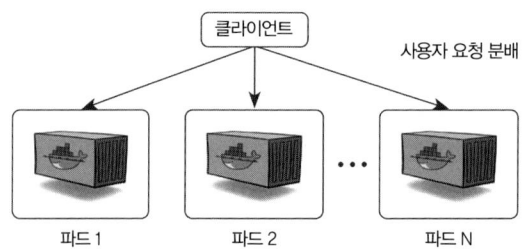

그림 6.5 여러 개의 파드로 사용자의 요청을 분배

쿠버네티스에서는 기본 단위가 파드이기 때문에 동일한 여러 개의 파드를 생성해 외부 요청을 각 파드에 분배하는 방식을 사용해야 할 것입니다. 그렇다면 동일한 여러 개의 파드를 어떻게 생성할 수 있을까요? 아마 가장 간단한 방법은 다른 이름을 가지는 여러 개의 파드를 직접 만드는 방식일 것입니다.

```
apiVersion: v1
kind: Pod
metadata:
  name: my-nginx-pod-a
spec:
  containers:
  - name: my-nginx-container
    image: nginx:latest
    ports:
```

```
      - containerPort: 80
        protocol: TCP
---
apiVersion: v1
kind: Pod
metadata:
  name: my-nginx-pod-b
spec:
  containers:
  - name: my-nginx-container
    image: nginx:latest
    ports:
    - containerPort: 80
      protocol: TCP
```

 YAML 파일은 ---를 구분자로 사용해 여러 개의 리소스를 정의할 수 있습니다.

그러나 여러 개의 파드를 직접 생성하는 방법은 여러 가지 이유로 적절하지 않습니다. 우선 동일한 파드의 개수가 많아질수록 이처럼 일일이 정의하는 것은 매우 비효율적인 작업입니다. 또한 파드가 어떠한 이유로든지 삭제되거나, 파드가 위치한 노드에 장애가 발생해 더 이상 파드에 접근하지 못하게 됐을 때, 여러분이 직접 파드를 삭제하고 다시 생성하지 않는 한 해당 파드는 다시 복구되지 않습니다.

아래의 예시에서는 kubectl get pods에 -o wide 옵션을 붙여 파드가 실행 중인 워커 노드를 확인한 뒤, 직접 워커 노드 서버를 종료해 봤습니다. 파드가 생성된 노드에 장애가 발생하더라도 파드는 다른 노드에서 다시 생성되지 않으며, 파드는 단지 종료된 상태로 남아있을 뿐입니다.

```
$ kubectl apply -f nginx-pod.yaml
pod/my-nginx-pod created

$ kubectl get pods -o wide
NAME           READY   STATUS    RESTARTS   AGE    IP             NODE
my-nginx-pod   1/1     Running   0          70s    192.168.1.27   ip-10-43-0-31..

# AWS의 웹 페이지에서 ip-10-43-0-31.. IP의 인스턴스를 직접 종료했습니다.
# 파드가 생성된 노드를 직접 정지하면 파드는 사용 불가능한 상태로 남아있습니다.
$ kubectl get pods
NAME           READY   STATUS        RESTARTS   AGE
my-nginx-pod   1/1     Terminating   0          15m
```

이처럼 파드만 YAML 파일에 정의해 사용하는 방식은 여러 가지 한계점이 있습니다. 따라서 쿠버네티스에서 파드만 정의해 사용하는 경우는 거의 없으며, 이러한 한계점을 해결해주는 **레플리카셋(replicaset)**이라는 쿠버네티스 오브젝트를 함께 사용하는 것이 일반적입니다. 레플리카셋이 수행하는 역할을 간단하게 설명하면 다음과 같습니다.

- 정해진 수의 동일한 파드가 항상 실행되도록 관리합니다.
- 노드 장애 등의 이유로 파드를 사용할 수 없다면 다른 노드에서 파드를 다시 생성합니다.

따라서 동일한 Nginx 파드를 안정적으로 여러 개 실행할 수도 있고, 워커 노드에 장애가 생기더라도 정해진 개수의 파드를 유지할 수도 있습니다. 이처럼 레플리카셋이 여러분 대신 파드를 관리하기 때문에 앞으로 파드를 여러분이 직접 관리할 일은 거의 없을 것입니다.

6.3.2 레플리카셋 사용하기

레플리카셋이 어떠한 역할을 하는지 대략적으로 이해했다면 이번에는 Nginx 파드를 생성하는 레플리카셋을 만들어 보겠습니다. 다음과 같은 내용으로 replicaset-nginx.yaml 파일을 작성합니다.

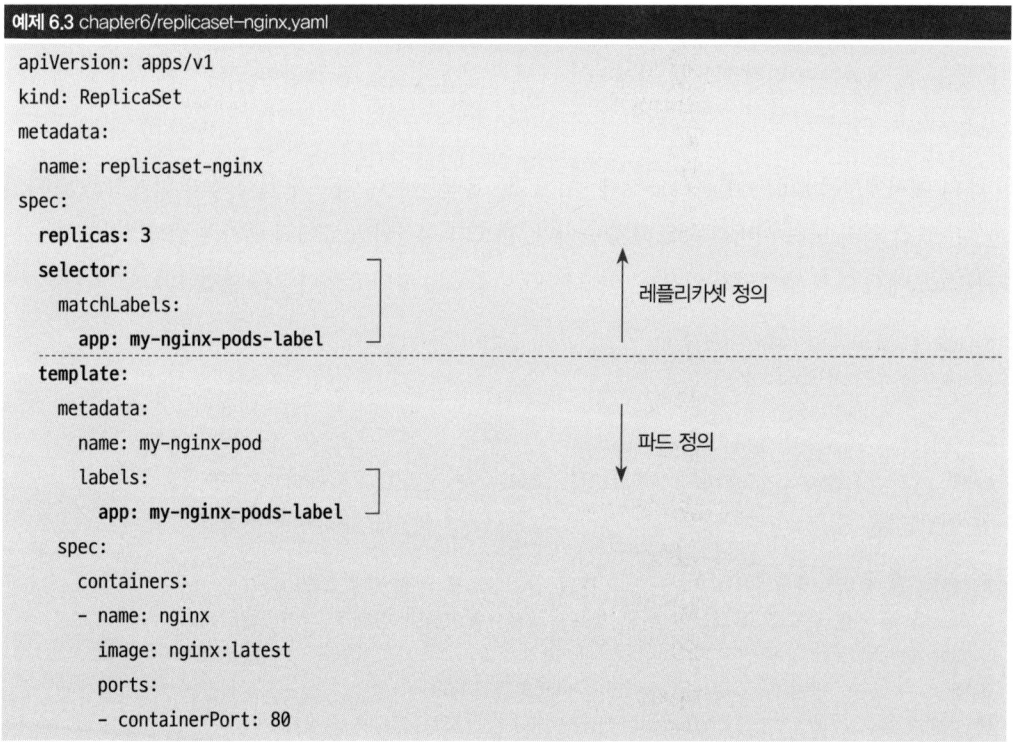

예제 6.3 chapter6/replicaset-nginx.yaml

```
apiVersion: apps/v1
kind: ReplicaSet
metadata:
  name: replicaset-nginx
spec:
  replicas: 3
  selector:
    matchLabels:
      app: my-nginx-pods-label
  template:
    metadata:
      name: my-nginx-pod
      labels:
        app: my-nginx-pods-label
    spec:
      containers:
      - name: nginx
        image: nginx:latest
        ports:
        - containerPort: 80
```

리소스의 고유한 이름은 파드뿐만 아니라 모든 쿠버네티스 오브젝트에서 설정할 수 있으며, 이 레플리카셋의 이름은 metadata의 name 항목에서 replicaset-nginx로 설정했습니다. 그런데 이전의 파드를 생성할 때 사용한 YAML 파일과 비교해보면 새로운 항목이 몇 가지 추가된 것을 알 수 있을 것입니다.

> 앞으로 YAML 파일에서 들여쓰기(indent) 된 항목의 이름을 표현하기 위해 상위 항목부터 이름을 표시하는 방법을 사용할 것입니다. 예를 들어, 다음 예시에서는 name 항목을 metadata.name이라고 표현할 수 있습니다. 즉, 'metadata.name의 값이 replicaset-nginx로 설정돼 있다'라고 말할 수 있습니다.
>
> ```
> ...
> metadata:
>   name: replicaset-nginx     ] metadata.name의 값은 replicaset-nginx입니다.
> ...
> ```

- **spec.replicas**: 동일한 파드를 몇 개 유지시킬 것인지 설정합니다. 위 예시에서는 파드의 개수를 3으로 설정했기 때문에 레플리카셋은 3개의 파드를 새롭게 생성할 것입니다.

- **spec.template 아래의 내용들**: 파드를 생성할 때 사용할 템플릿을 정의합니다. template 아래의 내용을 자세히 들여다보면 이전에 작성했던 nginx-pod.yaml 파일의 내용과 거의 다르지 않음을 알 수 있습니다. 즉, 파드를 사용했던 내용을 동일하게 레플리카셋에도 정의함으로써 어떠한 파드를 어떻게 생성할 것인지 명시하는 것입니다. 이를 보통 **파드 스펙**, 또는 **파드 템플릿**이라고 말합니다.

파일을 작성했다면 위 내용으로 레플리카셋을 직접 생성해 보겠습니다. 파드를 생성했던 방식과 동일하게 kubectl apply -f 명령어로 YAML 파일을 읽어와 생성합니다.

```
$ kubectl apply -f replicaset-nginx.yaml
replicaset.apps/replicaset-nginx created
```

kubectl get 명령어로 레플리카셋과 파드의 목록을 확인해보겠습니다.

```
$ kubectl get po
NAME                      READY   STATUS    RESTARTS   AGE
replicaset-nginx-gvgdv    1/1     Running   0          60s
replicaset-nginx-pl7s9    1/1     Running   0          60s
replicaset-nginx-sl4r9    1/1     Running   0          60s
$ kubectl get rs
NAME               DESIRED   CURRENT   READY   AGE
replicaset-nginx   3         3         3       65s
```

3개의 파드가 정상적으로 생성됐습니다. 이 3개의 파드는 위에서 생성한 레플리카셋에 의해 생성된 것입니다. 따라서 레플리카셋을 삭제하거나 수정하면 파드에 변경사항이 반영됩니다.

 kubectl 명령어를 사용할 때, 이름을 줄여 쓸 수 있는 몇 가지 쿠버네티스 오브젝트가 있습니다. 예를 들어 pods 대신 po를, replicasets 대신 rs를 사용할 수 있습니다. 물론 오브젝트 이름을 줄여서 사용해도 kubectl은 동일하게 동작합니다. 사용할 수 있는 줄임말의 목록은 kubectl api-resources 명령어의 SHORTNAMES 항목에서 확인할 수 있습니다.

이번에는 레플리카셋에 정의된 파드의 개수를 늘려 4개의 파드가 실행되게 해 보겠습니다. 그러나 레플리카셋의 파드 개수를 변경하기 위해서 이미 생성된 레플리카셋을 삭제하고 다시 생성할 필요는 없습니다. 쿠버네티스에서는 이미 생성된 리소스의 속성을 변경하는 기능을 제공하기 때문입니다. 이를 위해 kubectl edit, kubectl patch 등 여러 방법을 사용할 수 있지만, 지금은 간단히 YAML 파일에서 숫자만 바꿔 사용해 보겠습니다.

예제 6.4 chapter6/replicaset-nginx-4pods.yaml

```
...
  name: replicaset-nginx
spec:
  replicas: 4
  selector:
...
```

kubectl apply -f 명령어로 변경한 YAML 파일을 쿠버네티스에 적용합니다.

```
$ kubectl apply -f replicaset-nginx-4pods.yaml
replicaset.apps/replicaset-nginx configured
```

이번에는 created가 아닌 configured라는 문구가 출력됐습니다. 새로운 리소스를 생성한 것이 아닌 기존의 리소스를 수정한 것이기 때문입니다. 파드의 개수를 4개로 조정했으니 1개의 파드가 추가로 생성됐을 것입니다.

```
$ kubectl get pods
NAME                       READY   STATUS    RESTARTS   AGE
replicaset-nginx-2mzkr     1/1     Running   0          25s
replicaset-nginx-gvgdv     1/1     Running   0          19m
replicaset-nginx-pl7s9     1/1     Running   0          19m
replicaset-nginx-sl4r9     1/1     Running   0          19m
```

레플리카셋을 삭제하려면 마찬가지로 kubectl delete -f 명령어를 사용하거나, kubectl delete rs 명령어를 사용하면 됩니다. 레플리카셋에 의해 생성된 파드 또한 함께 삭제될 것입니다.

```
$ kubectl delete rs replicaset-nginx
replicaset.apps "replicaset-nginx" deleted


$ kubectl get po
No resources found.
```

6.3.3 레플리카셋의 동작 원리

앞서 살펴본 예시만 놓고 생각해 본다면 마치 레플리카셋은 파드와 연결된 것처럼 보입니다. 레플리카셋을 생성하면 파드가 생성되고, 레플리카셋을 삭제하면 파드 또한 삭제되기 때문입니다. 그러나 실제로는 레플리카셋은 파드와 연결돼 있지 않습니다. 오히려 느슨한 연결(loosely coupled)을 유지하고 있으며, 이러한 느슨한 연결은 파드와 레플리카셋의 정의 중 **라벨 셀렉터**(Label Selector)를 이용해 이뤄집니다.

라벨 셀렉터를 이해하기 위해 레플리카셋을 생성했을 때 사용한 YAML 파일 내용의 일부를 다시 살펴보겠습니다.

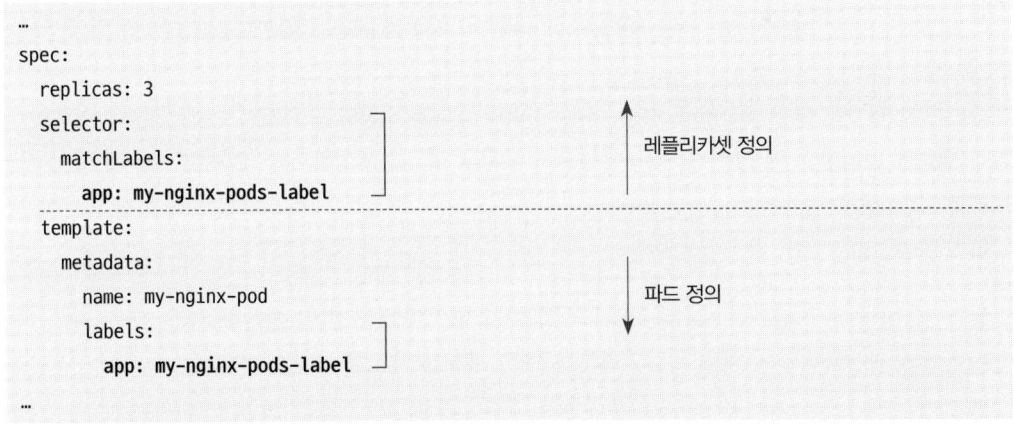

 앞서 설명한 것처럼 YAML의 항목을 나타내기 위해 상위 항목부터 차례대로 나열하는 방법을 사용합니다. 이 표시 방법을 위 예시에 적용해보면 spec.selector.matchLabels.app의 값은 my-nginx-pods-label 이 됩니다.

이전에 파드를 생성할 때, metadata 항목에서는 리소스의 부가적인 정보를 설정할 수 있다고 설명했었습니다. 그 부가 정보 중에는 리소스의 고유한 이름뿐만 아니라 주석(애노테이션 : Annotation), 라벨 등도 포함됩니다. 특히 라벨은 파드 등의 쿠버네티스 리소스를 분류할 때 유용하게 사용할 수 있는 메타데이터입니다.

라벨은 쿠버네티스 리소스의 부가적인 정보를 표현할 수 있을 뿐만 아니라, 서로 다른 오브젝트가 서로를 찾아야 할 때 사용되기도 합니다. 예를 들어 레플리카셋은 **spec.selector.matchLabel에 정의된 라벨**을 통해 생성해야 하는 파드를 찾습니다. 즉, app: my-nginx-pods-label 라벨을 가지는 파드의 개수가 replicas 항목에 정의된 숫자인 3개와 일치하지 않으면 파드를 정의하는 파드 템플릿(template) 항목의 내용으로 파드를 생성합니다.

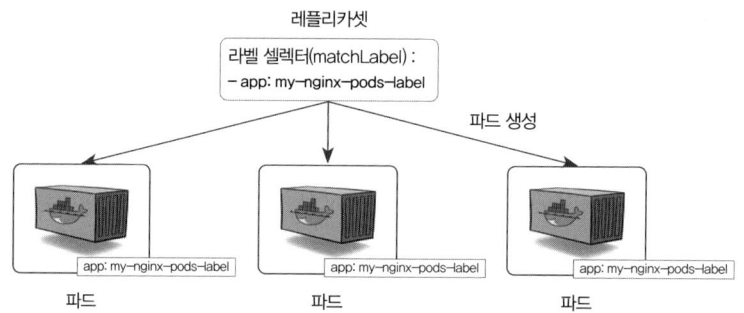

그림 6.6 레플리카셋은 라벨 셀렉터의 라벨을 가지는 파드를 replicas 개수만큼 생성

레플리카셋을 처음 생성했을 때는 app: my-nginx-pods-label 라벨을 가지는 파드가 존재하지 않기 때문에 template에 정의된 파드 설정으로 3개의 파드를 생성합니다. 그다음 새롭게 생성된 3개의 파드는 app: my-nginx-pods-label을 가지고 있기 때문에 레플리카셋은 더 이상 파드를 생성하지 않습니다.

그렇다면 app: my-nginx-pods-label 라벨을 가지는 파드를 미리 생성해 놓은 다음, 위의 레플리카셋을 생성하면 어떻게 될까요? 다음과 같이 라벨을 가지는 파드를 수동으로 생성해 보겠습니다.

예제 6.5 chapter6/nginx-pod-without-rs.yaml

```
apiVersion: v1
kind: Pod
metadata:
  name: my-nginx-pod
  labels:
```

```
    app: my-nginx-pods-label
spec:
  containers:
  - name: my-nginx-container
    image: nginx:latest
    ports:
    - containerPort: 80
```

```
$ kubectl apply -f nginx-pod-without-rs.yaml
pod/my-nginx-pod created
```

kubectl get pods 명령어에서 --show-labels를 사용하면 라벨을 함께 출력할 수 있습니다. 위의 YAML 파일에서 설정했던 라벨이 파드에 잘 설정된 것을 확인할 수 있습니다. 설정된 라벨은 다음과 같이 -l 옵션으로 원하는 리소스만을 출력하는 용도로 쓰일 수도 있습니다.

```
$ kubectl get pods --show-labels
NAME            READY   STATUS    RESTARTS   AGE   LABELS
my-nginx-pod    1/1     Running   0          36s   app=my-nginx-pods-label

$ kubectl get pods -l app
NAME            READY   STATUS    RESTARTS   AGE
my-nginx-pod    1/1     Running   0          40s

$ kubectl get pods -l app=my-nginx-pods-label
NAME            READY   STATUS    RESTARTS   AGE
my-nginx-pod    1/1     Running   0          44s
```

이 상태에서 레플리카셋을 생성해 보겠습니다.

```
$ kubectl apply -f replicaset-nginx.yaml
replicaset.apps/replicaset-nginx created

$ kubectl get pods
NAME                        READY   STATUS              RESTARTS   AGE
my-nginx-pod                1/1     Running             0          44s
replicaset-nginx-c8vf5      0/1     ContainerCreating   0          1s
replicaset-nginx-frnxl      0/1     ContainerCreating   0          1s
```

레플리카셋의 selector.matchLabel에 정의된 app: my-nginx-pods-label 라벨을 가지는 파드가 이미 1개 존재하기 때문에 template에 정의된 파드 설정을 통해 2개의 파드만이 생성됐습니다. 그렇다면 수동으로 생성한 파드를 삭제하면 어떻게 될까요?

```
$ kubectl delete pods my-nginx-pod
pod "my-nginx-pod" deleted

$ kubectl get pods
NAME                        READY   STATUS    RESTARTS   AGE
replicaset-nginx-2fhd7      1/1     Running   0          23s
replicaset-nginx-c8vf5      1/1     Running   0          15m
replicaset-nginx-frnxl      1/1     Running   0          15m
```

레플리카셋의 selector.matchLabel에 정의된 값인 app: my-nginx-pods-label 라벨을 가지는 파드의 개수가 2개로 줄어들었기 때문에 새로운 파드를 생성한 것을 알 수 있습니다. 이를 알기 쉽게 그림으로 나타내보면 다음과 같습니다.

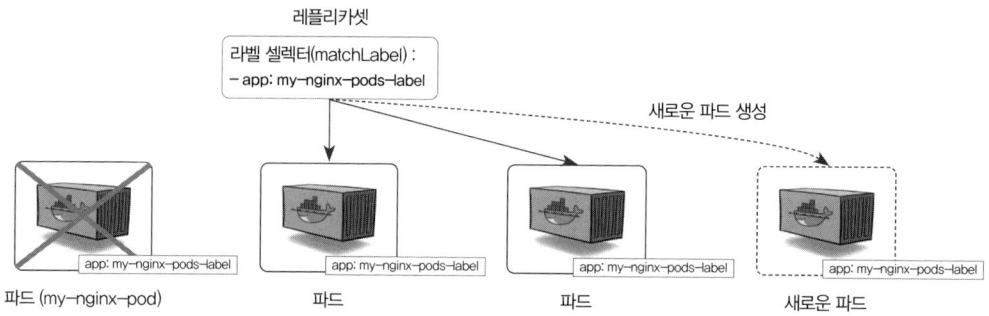

그림 6.7 라벨 셀렉터와 일치하는 파드가 줄어들었기 때문에 새로운 파드를 생성

 레플리카셋과 파드의 라벨은 고유한 키-값 쌍이어야만 합니다. 위의 예시는 이해를 돕기 위한 것일 뿐, 레플리카셋과 동일한 라벨을 가지는 파드를 직접 생성하는 것은 바람직하지 않습니다.

그렇다면 레플리카셋이 생성해 놓은 파드의 라벨을 삭제한다면 어떻게 될까요? 이번에는 kubectl edit 명령어로 파드 중 하나의 라벨을 삭제해 보겠습니다. kubectl edit 명령어는 리소스의 속성을 변경할 수 있도록 텍스트 편집기를 실행하며, 변경 사항을 적용하려면 파일을 저장한 뒤 빠져나오면 됩니다.

아래 내용 중에서 진하게 표시된 부분인 두 줄(labels와 app)을 삭제한 다음, 저장하고 빠져나옵니다.

```
$ # replicaset-nginx-2fhd7에는 파드 중 하나의 이름을 사용합니다.
$ kubectl edit pods replicaset-nginx-2fhd7
```

```
# Please edit the object below. Lines beginning with a '#' will be ignored,
...
  creationTimestamp: "2019-05-14T08:28:41Z"
  generateName: replicaset-nginx-
  labels:
    app: my-nginx-pods-label
  name: replicaset-nginx-2fhd7
  namespace: default
```

 kubectl edit 명령어는 파드뿐만 아니라 모든 종류의 쿠버네티스 오브젝트에 사용할 수 있으며, YAML에서 설정하지 않았던 상세한 리소스의 설정까지 확인할 수 있습니다. 예를 들어, 레플리카셋으로부터 생성된 파드는 레플리카셋의 이름을 ownerReferences라는 항목에 저장하고 있습니다.[7]

변경 사항을 적용했다면 파드의 목록을 다시 확인해 보겠습니다.

```
$ kubectl edit pods replicaset-nginx-2fhd7
pod/replicaset-nginx-2fhd7 edited

$ kubectl get pods --show-labels
NAME                        READY   STATUS    RESTARTS   AGE     LABELS
replicaset-nginx-2fhd7      1/1     Running   0          14m     <none>
replicaset-nginx-c8vf5      1/1     Running   0          29m     app=my-nginx-pods-label
replicaset-nginx-frnxl      1/1     Running   0          29m     app=my-nginx-pods-label
replicaset-nginx-qksdx      1/1     Running   0          13s     app=my-nginx-pods-label
```

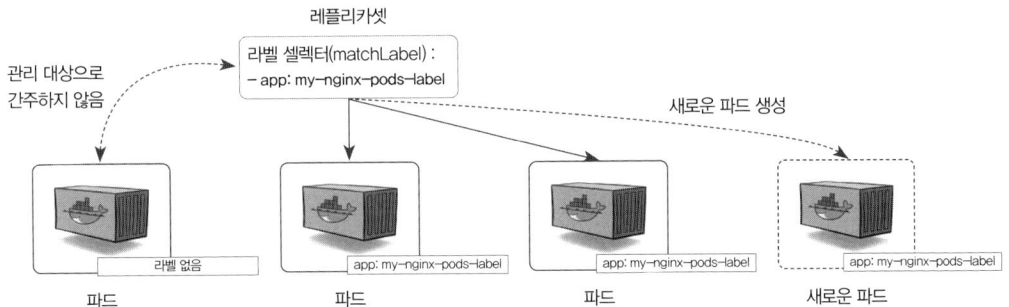

그림 6.8 레플리카셋은 라벨 셀렉터와 일치하는 파드만 관리 대상으로 간주

---

[7] 쿠버네티스는 ownerReference를 통해 리소스 간의 소유-종속 관계를 표현하며, owner 리소스가 삭제될 경우 ownerReference를 통해 종속된 리소스는 자동으로 삭제됩니다. 예를 들어, 파드는 ownerReference에 의해 레플리카셋에 종속되어 있기 때문에 레플리카셋은 파드의 owner라고 할 수 있습니다. 이에 대한 자세한 내용은 쿠버네티스 공식 문서(https://kubernetes.io/ko/docs/concepts/architecture/garbage-collection/#owners-dependents)에서 확인할 수 있습니다.

app: my-nginx-pods-label 라벨을 가지는 파드가 2개가 됐으므로, 레플리카셋은 새로운 파드를 새롭게 하나 더 생성합니다. 위 예시에서 라벨을 삭제한 파드는 레플리카셋의 selector. matchLabel 항목의 값과 더 이상 일치하지 않으므로 레플리카셋에 의해 관리되지 않으며, 직접 수동으로 생성한 파드와 동일한 상태가 됩니다. 따라서 레플리카셋을 삭제해도 이 파드는 삭제되지 않으며, 직접 수동으로 삭제해야 할 것입니다.

```
$ kubectl delete rs replicaset-nginx
replicaset.apps "replicaset-nginx" deleted

$ kubectl get pods # 라벨이 삭제된 파드는 레플리카셋에 의해 삭제되지 않음
NAME                      READY   STATUS    RESTARTS   AGE
replicaset-nginx-2fhd7    1/1     Running   0          24m

$ # 남아있는 파드를 직접 삭제해줘야 합니다.
$ kubectl delete pods replicaset-nginx-2fhd7
pod "replicaset-nginx-2fhd7" deleted
```

여기서 한 가지 오해하지 말아야 할 점은 레플리카셋의 목적이 '파드를 생성하는 것'이 아닌, '일정 개수의 파드를 유지하는 것'이라는 점입니다. 현재 파드의 개수가 replicas에 설정된 값보다 적으면 레플리카셋은 파드를 더 생성해 replicas와 동일한 개수를 유지하려 시도합니다. 그러나 파드가 너무 많으면 역으로 파드를 삭제해 replicas에 설정된 파드 개수에 맞추려고 할 것입니다. 따라서 레플리카셋의 목적은 replicas에 설정된 숫자만큼 동일한 파드를 유지해 바람직한 상태로 만드는 것임을 잊지 말아야 합니다.

레플리카셋의 selector.matchLabel 항목처럼 두 리소스 간의 라벨을 일치시킴으로써 쿠버네티스의 기능을 사용하는 경우가 앞으로 자주 등장할 것입니다. 따라서 라벨이라는 단어와 사용 방법에 대해서 친숙해지는 것이 좋습니다.

6.4 디플로이먼트(Deployment) : 레플리카셋, 파드의 배포를 관리

6.4.1 디플로이먼트 사용하기

레플리카셋만 사용해도 충분히 마이크로서비스 구조의 컨테이너를 구성할 수 있을 것 같지만, 실제 쿠버네티스 운영 환경에서 레플리카셋을 YAML 파일에서 사용하는 경우는 거의 없습니다. 대부

분은 레플리카셋과 파드의 정보를 정의하는 **디플로이먼트(Deployment)**라는 이름의 오브젝트를 YAML 파일에 정의해 사용하며, 디플로이먼트는 앞으로 여러분이 파드와 함께 가장 많이 보게 될 오브젝트이기도 합니다.

디플로이먼트는 레플리카셋의 상위 오브젝트이기 때문에 디플로이먼트를 생성하면 해당 디플로이먼트에 대응하는 레플리카셋도 함께 생성됩니다. 따라서 디플로이먼트를 사용하면 파드와 레플리카셋을 직접 생성할 필요가 없습니다. 간단한 예시를 통해 디플로이먼트를 직접 생성해 보겠습니다.

예제 6.6 chapter6/deployment-nginx.yaml

```yaml
apiVersion: apps/v1
kind: Deployment
metadata:
  name: my-nginx-deployment
spec:
  replicas: 3
  selector:
    matchLabels:
      app: my-nginx
  template:
    metadata:
      name: my-nginx-pod
      labels:
        app: my-nginx
    spec:
      containers:
      - name: nginx
        image: nginx:1.10
        ports:
        - containerPort: 80
```

위의 YAML 파일의 내용을 훑어보면 단지 kind 항목이 Deployment로 바뀌었을 뿐, 레플리카셋의 YAML 파일에서 변경된 부분은 거의 없어 보입니다. 위의 YAML 파일로 디플로이먼트를 생성해 보겠습니다.

```
$ kubectl apply -f deployment-nginx.yaml
deployment.apps/my-nginx-deployment created
```

생성된 디플로이먼트의 목록은 파드나 레플리카셋에서 목록을 출력했던 것과 동일하게 kubectl get deployment 명령어로 출력할 수 있습니다.

```
$ # kubectl get deploy # deploy라는 이름으로도 사용 가능
$ kubectl get deployment
NAME                   READY   UP-TO-DATE   AVAILABLE   AGE
my-nginx-deployment    3/3     3            3           62s
```

my-nginx-deployment 라는 이름의 디플로이먼트가 생성돼 있으며, READY 항목의 3/3이라는 출력을 통해 3개의 파드가 정상적으로 준비됐음을 알 수 있습니다. 그러나 이전에 설명했던 것처럼 일정 개수의 파드가 유지되도록 생성하는 것은 레플리카셋이기 때문에 실제로는 디플로이먼트와 함께 레플리카셋 또한 생성돼 있을 것입니다.

```
$ kubectl get replicasets
NAME                              DESIRED   CURRENT   READY   AGE
my-nginx-deployment-85d657c94d    3         3         3       5m31s

$ kubectl get pods
NAME                                     READY   STATUS    RESTARTS   AGE
my-nginx-deployment-85d657c94d-84trw     1/1     Running   0          4m49s
my-nginx-deployment-85d657c94d-l4qpz     1/1     Running   0          4m49s
my-nginx-deployment-85d657c94d-ttj74     1/1     Running   0          4m49s
```

 디플로이먼트로부터 생성된 레플리카셋과 파드는 85d657c94d라는 특이한 해시값을 포함한 이름으로 생성됐습니다. 이 해시값은 파드를 정의하는 템플릿으로부터 생성된 것으로, 이 해시값에 대해서는 뒤에서 다시 설명할 **'디플로이먼트를 사용하는 이유'**에서 다시 다룰 것이므로 기억해두기 바랍니다.

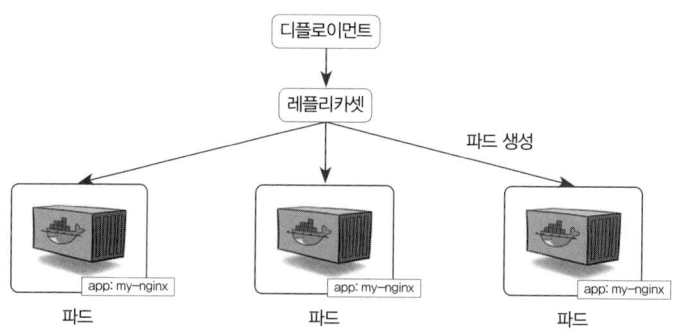

그림 6.9 디플로이먼트, 레플리카셋, 파드의 구조

즉, 디플로이먼트를 생성함으로써 레플리카셋이 생성됐고, 레플리카셋이 파드를 생성한 것입니다. 따라서 디플로이먼트를 삭제하면 레플리카셋과 파드 또한 함께 삭제됩니다.

```
$ kubectl delete deploy my-nginx-deployment
```

6.4.2 디플로이먼트를 사용하는 이유

그렇다면 쿠버네티스는 왜 레플리카셋을 그대로 사용하지 않고 굳이 상위 개념인 디플로이먼트를 다시 정의해 사용하는 것일까요? 레플리카셋만으로도 동일한 개수의 파드를 충분히 유지할 수 있는데도, 디플로이먼트를 사용해 간접적으로 레플리카셋을 생성해야 할 이유가 있는지 궁금할 것입니다.

디플로이먼트를 사용하는 핵심적인 이유 중 하나는 애플리케이션의 업데이트와 배포를 더욱 편하게 만들기 위해서입니다. 디플로이먼트(Deployment)라는 이름의 Deploy 단어의 뜻이 나타내는 것처럼 디플로이먼트는 컨테이너 애플리케이션을 배포하고 관리하는 역할을 담당합니다. 예를 들어 애플리케이션을 업데이트할 때 레플리카셋의 변경 사항을 저장하는 리비전(revision)을 남겨 롤백을 가능하게 해주고, 무중단 서비스를 위해 파드의 롤링 업데이트의 전략을 지정할 수도 있습니다.

좀 더 쉬운 이해를 위해 디플로이먼트를 이용해 애플리케이션의 버전을 업데이트해 배포하는 간단한 예시를 알아보겠습니다. 이전과 동일한 YAML 파일인 deployment-nginx.yaml 파일로 디플로이먼트를 생성하되, 이번에는 --record라고 하는 조금 특수한 옵션을 추가합니다.

```
$ kubectl apply -f deployment-nginx.yaml --record
deployment.apps/my-nginx-deployment created

$ kubectl get pods
NAME                                   READY   STATUS    RESTARTS   AGE
my-nginx-deployment-85d657c94d-27snb   1/1     Running   0          2m40s
my-nginx-deployment-85d657c94d-59spd   1/1     Running   0          2m40s
my-nginx-deployment-85d657c94d-zpdkh   1/1     Running   0          2m40s
```

 --record 옵션은 쿠버네티스 버전 1.32 기준으로 deprecated되었으며 추후 삭제될 수 있습니다.[8] 위 예시에서는 디플로이먼트의 개념을 이해하기 위해 --record 옵션을 사용했으나, 추후 쿠버네티스 릴리즈에서 --record 옵션이 삭제되어 에러가 발생한다면 이 옵션 없이 실습을 진행해도 괜찮습니다.

여러분의 컨테이너 애플리케이션의 버전이 업데이트되어 파드의 이미지를 변경해야 한다고 가정해 보겠습니다. 이때 디플로이먼트에서 생성된 파드의 이미지를 변경할 때는 kubectl set image 명령어를 사용할 수 있습니다. 예를 들어 파드의 이미지의 버전을 nginx:1.11로 변경하려면 다음과 같이 명령어를 입력하면 됩니다. nginx=nginx:1.11은 파드 템플릿에 정의된 containers 항목에서 nginx라는 이름을 가지는 컨테이너의 이미지를 nginx:1.11으로 변경합니다.

```
$ kubectl set image deployment my-nginx-deployment nginx=nginx:1.11 --record
```

 kubectl set image 명령어 대신 YAML 파일에서 직접 image 항목을 nginx:1.11으로 변경한 다음 kubectl apply -f 명령어로 적용해도 동일하게 변경됩니다. 또는 이전에 사용해 보았던 kubectl edit 명령어를 사용해도 됩니다.

다시 파드의 목록을 확인해 보면 방금 전에 이미지를 업데이트함으로써 새롭게 생성된 파드들이 존재할 것입니다.

```
$ kubectl get pods
NAME                                    READY   STATUS    RESTARTS   AGE
my-nginx-deployment-67fff69f59-b6tjd    1/1     Running   0          37s
my-nginx-deployment-67fff69f59-t92ff    1/1     Running   0          50s
my-nginx-deployment-67fff69f59-vp58l    1/1     Running   0          43s
```

그 뒤에 레플리카셋의 목록을 출력해보면 무엇이 출력될까요?

```
$ kubectl get replicasets
NAME                             DESIRED   CURRENT   READY   AGE
my-nginx-deployment-67fff69f59   3         3         3       62s
my-nginx-deployment-85d657c94d   0         0         0       4m8s
```

이상하게도 두 개의 레플리카셋이 있습니다. DESIRED, CURRENT 등의 항목이 3으로 표시된 my-nginx-deployment-67fff69f59 레플리카셋은 이미지를 업데이트함으로써 방금 새롭게 생성된 레플리카셋입니다. 다른 하나는 replicas의 값이 0으로 설정돼 파드를 생성하지는 않고 있지만, **85d657c94d**라는 해시값으로 미루어보아 첫 번째에 생성했던 레플리카셋임을 알 수 있습니다.

디플로이먼트는 파드의 정보를 업데이트함으로써 새로운 레플리카셋과 파드를 생성했음에도 불구하고 이전 버전의 레플리카셋을 삭제하지 않고 남겨두고 있습니다. 즉, 디플로이먼트는 파드의 정보가 변경되어 업데이트가 발생했을 때, 이전의 정보를 리비전으로서 보존합니다. 이러한 리비전 정보는 다음 명령어로 더욱 자세히 확인할 수 있습니다.

---

8   --record 옵션의 deprecated 여부는 https://github.com/kubernetes/kubernetes/issues/124259에서 논의되고 있습니다.

```
$ kubectl rollout history deployment my-nginx-deployment
deployment.apps/my-nginx-deployment
REVISION    CHANGE-CAUSE
1           kubectl apply --filename=deployment-nginx.yaml --record=true
2           kubectl set image deployment my-nginx-deployment nginx=nginx:1.11 --record=true
```

--record=true 옵션으로 디플로이먼트를 변경하면 변경 사항을 위와 같이 디플로이먼트에 기록함으로써 해당 버전의 레플리카셋을 보존합니다.[9] 만약 이전 버전의 레플리카셋으로 되돌리는 롤백을 하고 싶다면 다음 명령어를 사용할 수 있습니다. --to-revision에는 되돌리려는 리비전의 번호를 입력하면 됩니다.

```
$ kubectl rollout undo deployment my-nginx-deployment --to-revision=1
deployment.apps/my-nginx-deployment rolled back
```

위 명령어를 실행한 뒤 다시 레플리카셋의 목록을 확인해 보면 처음에 생성했던 레플리카셋이 다시 3개의 파드를 생성하고 있는 것을 알 수 있습니다. 물론 방금 새롭게 생성됐던 레플리카셋의 파드 수는 0으로 줄어들어 있습니다.

```
$ kubectl get replicasets
NAME                              DESIRED   CURRENT   READY   AGE
my-nginx-deployment-67fff69f59    0         0         0       2m21s
my-nginx-deployment-85d657c94d    3         3         3       5m27s
```

 파드 템플릿으로부터 계산된 해시값은 각 레플리카셋의 라벨 셀렉터(matchLabels)에서 pod-template-hash라는 이름의 라벨값으로서 자동으로 설정됩니다. 따라서 여러 개의 레플리카셋은 겹치지 않는 라벨을 통해 파드를 생성하게 됩니다.

```
# kubectl get replicasets --show-labels
NAME                              DESIRED   CURRENT   READY   AGE      LABELS
my-nginx-deployment-67fff69f59    0         0         0       2m50s    app=my-nginx,pod-
                                                                       template-hash=67fff69f59
my-nginx-deployment-85d657c94d    3         3         3       5m56s    app=my-nginx,pod-
                                                                       template-hash=85d657c94d
```

쿠버네티스 리소스의 자세한 정보를 출력하는 kubectl describe 명령어를 사용해 디플로이먼트의 정보를 출력해 보면 현재의 레플리카셋 리비전 정보와 활성화된 레플리카셋 이름을 확인할 수 있습니다.

---

9 --record 옵션을 사용하지 않아도 이전의 레플리카셋은 보존되지만, 어떤 명령어를 통해 변경됐는지 기록하는 CHANGE-CAUSE 항목에 〈NONE〉으로 표시됩니다. 따라서 가능하다면 --record를 사용하는 것이 좋습니다.

```
$ kubectl describe deploy my-nginx-deployment
Name:                   my-nginx-deployment
Namespace:              default
CreationTimestamp:      Sun, 23 Mar 2025 15:18:08 +0900
Labels:                 <none>
Annotations:            deployment.kubernetes.io/revision: 3
                        kubernetes.io/change-cause: kubectl apply --filename=deployment-nginx.yaml
--record=true
...
NewReplicaSet:    my-nginx-deployment-85d657c94d (3/3 replicas created)
```

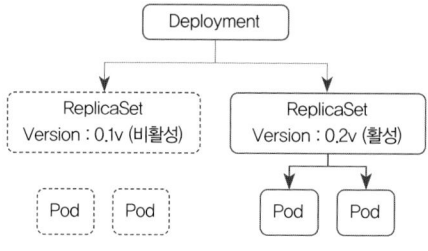

그림 6.10 디플로이먼트를 통한 레플리카셋의 버전 관리

이처럼 디플로이먼트는 여러 개의 레플리카셋을 관리하기 위한 상위 오브젝트입니다. 디플로이먼트를 사용하면 이러한 레플리카셋의 리비전 관리뿐만 아니라 다양한 파드의 롤링 업데이트 정책을 사용할 수도 있다는 장점이 있습니다. 따라서 쿠버네티스에서도 공식적으로 디플로이먼트를 사용할 것을 권장하고 있습니다.

그러나 지금 당장 레플리카셋의 리비전 및 롤링 업데이트와 관련된 명령어를 기억할 필요는 없습니다. 디플로이먼트의 기능을 이용한 롤링 업데이트 전략은 11.3절에서 다시 설명할 것입니다. 지금은 '디플로이먼트는 레플리카셋의 상위 수준의 오브젝트이며, 일반적으로 디플로이먼트를 통해 파드를 생성한다'라는 것만 알고 넘어가면 됩니다.

리소스 정리

이번 장의 실습에서 생성한 리소스가 남아있다면 이를 모두 삭제한 뒤 다음 장으로 넘어갑니다.

```
$ kubectl delete deployment,pod,rs --all
```

6.5 서비스(Service) : 파드를 연결하고 외부에 노출

지금까지 쿠버네티스에서 컨테이너를 구성하는 가장 중요한 요소인 파드, 레플리카셋, 그리고 디플로이먼트에 대해서 알아봤습니다. 그러나 디플로이먼트를 통해 생성된 파드에 어떻게 접근할 수 있을지에 대해서는 아직 알아보지 않았습니다. 이전 예제에서 kubectl describe 명령어로 파드의 내부 IP를 직접 확인한 뒤 파드로 직접 접근할 수는 있었지만, 이 방법은 로컬 개발 환경 또는 쿠버네티스 클러스터 내부에서만 사용할 수 있었습니다.

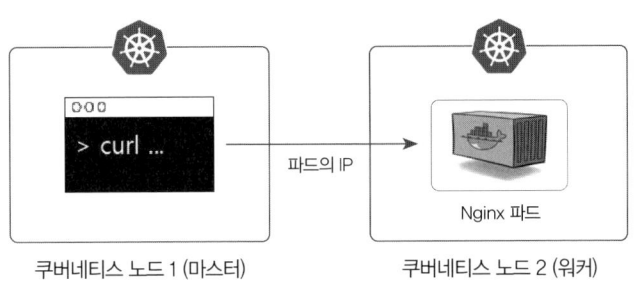

그림 6.11 쿠버네티스 클러스터 내부에서 파드의 IP로 직접 접근

게다가 도커 컨테이너와 마찬가지로 파드의 IP는 영속적이지 않아 항상 변할 수 있다는 점도 유의해야 합니다. 여러 개의 디플로이먼트를 하나의 완벽한 애플리케이션으로 연동하려면 파드 IP가 아닌, 서로를 발견(Discovery)할 수 있는 다른 방법이 필요합니다.

이전 장에서 다뤘던 도커 사용 방법을 되살펴보면 도커 컨테이너는 -p(publish) 옵션으로 손쉽게 컨테이너를 외부로 노출할 수 있었습니다. 즉, 컨테이너가 생성됨과 동시에 외부로 노출되는 방식이었습니다. 또한 오버레이 네트워크나 도커 사용자 정의 네트워크, docker run --link 옵션으로 컨테이너들이 서로를 이름으로 접근할 수도 있었습니다.

```
$ docker run -d --name myapp -p 80:80 nginx:latest
$ docker run -itd --name myapp2 --link myapp:nginx ubuntu:16.04

$ docker network create mynetwork
$ docker run mycontainer --network mynetwork --net-alias mycon ubuntu:16.04
```

그렇지만 쿠버네티스에서는 파드에 접근하도록 정의하는 방법이 도커와 약간 다릅니다. docker run -p 명령어와는 달리 쿠버네티스는 디플로이먼트를 생성할 때 파드를 외부로 노출하지 않으며, 디플로이먼트의 YAML 파일에는 단지 파드의 애플리케이션이 사용할 내부 포트만 정의합니다. 이전의 Nginx 디플로이먼트를 생성했을 때 사용됐던 YAML 파일 중에서 containerPort 항목이 바로 그것입니다. Nginx는 80 포트로 웹 서버를 제공하기 때문에 containerPort의 값을 80으로 설정했습니다.

예제 6.7 chapter6/deployment-nginx.yaml
```
...
  spec:
    containers:
    - name: nginx
      image: nginx:1.10
      ports:
      - containerPort: 80
```

그러나 YAML 파일에서 containerPort 항목을 정의했다고 해서 이 파드가 바로 외부로 노출되는 것은 아닙니다. 이 포트를 외부로 노출해 사용자들이 접근하거나, 다른 디플로이먼트의 파드들이 내부적으로 접근하려면 **서비스(service)**라고 부르는 별도의 쿠버네티스 오브젝트를 생성해야 합니다. 서비스는 파드에 접근하기 위한 규칙을 정의하기 때문에 쿠버네티스에서 애플리케이션을 배포하기 위해서는 반드시 알아야 할 오브젝트입니다. 서비스에는 다양한 기능이 있지만, 핵심 기능만 나열해보면 다음과 같습니다.

- 여러 개의 파드에 쉽게 접근할 수 있도록 고유한 도메인 이름을 부여합니다.
- 여러 개의 파드에 접근할 때, 요청을 분산하는 로드 밸런서 기능을 수행합니다.
- 클라우드 플랫폼의 로드 밸런서, 클러스터 노드의 포트 등을 통해 파드를 외부로 노출합니다.

쉽게 이해할 수 있게 자주 사용하는 기능만 나열했지만, 서비스의 기능은 다양한 용도로 사용될 수 있습니다. 그렇지만 지금은 애플리케이션을 구성하는 데 필수적인 위 3가지 기능들을 위주로 살펴볼 것입니다.

 쿠버네티스를 설치할 때 기본적으로 calico, flannel 등의 네트워크 플러그인을 사용하도록 설정되기 때문에 자동으로 오버레이 네트워크를 통해 각 파드끼리 통신할 수 있습니다. 단, 어떠한 네트워크 플러그인을 사용하느냐에 따라서 네트워킹 기능 및 성능에 차이가 있을 수 있습니다. 이 책에서는 calico를 기준으로 설명하지만, 다른 네트워크 플러그인을 사용해도 쿠버네티스의 핵심 기능을 사용하는 데에는 큰 문제가 없습니다.

6.5.1 서비스(Service)의 종류

서비스의 개념과 사용 방법을 익히기 위해 파드와 서비스를 연결해 보겠습니다. 서비스를 생성하기에 앞서 아래의 YAML 파일을 이용해 먼저 디플로이먼트를 생성합니다. 이번에는 컨테이너(파드)의 호스트 이름을 반환하는 간단한 웹 서버 이미지를 사용합니다.

예제 6.8 chapter6/deployment-hostname.yaml
```yaml
apiVersion: apps/v1
kind: Deployment
metadata:
  name: hostname-deployment
spec:
  replicas: 3
  selector:
    matchLabels:
      app: webserver
  template:
    metadata:
      name: my-webserver
      labels:
        app: webserver
    spec:
      containers:
      - name: my-webserver
        image: alicek106/rr-test:echo-hostname
        ports:
        - containerPort: 80
```

```
$ kubectl apply -f deployment-hostname.yaml
deployment.apps/hostname-deployment created
```

각 파드에서 실행 중인 웹 서버는 파드의 호스트 이름을 반환하는 단순한 동작을 수행합니다. kubectl get pods -o wide 명령어를 이용해 파드의 IP를 확인한 뒤, curl 등과 같은 도구로 HTTP 요청을 보내 파드의 이름을 확인할 수 있습니다.

```
$ kubectl get pods
NAME                                      READY   STATUS    RESTARTS   AGE
hostname-deployment-6965678d58-pdfkk      1/1     Running   0          3m24s
hostname-deployment-6965678d58-s2t4l      1/1     Running   0          3m24s
hostname-deployment-6965678d58-xmqsv      1/1     Running   0          3m24s
```

```
$ kubectl get pods -o wide
NAME                                        READY   STATUS    RESTARTS   AGE   IP
hostname-deployment-6965678d58-pdfkk        1/1     Running   0          28s   192.168.109.17
hostname-deployment-6965678d58-s2t4l        1/1     Running   0          28s   192.168.75.81
hostname-deployment-6965678d58-xmqsv        1/1     Running   0          28s   192.168.195.141

$ # 클러스터의 노드 중 하나에 접속해, 노드에서 curl을 통해 파드로 접근해도 됩니다.
$ kubectl run -i --tty --rm debug \
--image=alicek106/ubuntu:curl --restart=Never curl 192.168.109.17 | grep Hello

<p>Hello,  hostname-deployment-6965678d58-pdfkk</p>   </blockquote>
```

파드에 접근할 수 있는 규칙을 정의하는 서비스 리소스를 새롭게 생성해 보겠습니다. 한 가지 알아 둬야 할 점은 쿠버네티스의 서비스는 파드에 어떻게 접근할 것이냐에 따라 종류가 여러 개로 세분화돼 있다는 점입니다. **따라서 여러분의 목적에 맞는 적절한 서비스의 종류를 선택해야 합니다.**

서비스의 종류에 따라 파드에 접근할 수 있는 방법이 달라지기 때문에 서비스의 종류는 반드시 알아 둬야 합니다. 서비스는 여러 가지 종류가 있으나, 주로 사용하는 서비스 타입은 크게 3가지입니다.

- ClusterIP 타입 : 쿠버네티스 내부에서만 파드들에 접근할 때 사용합니다. 외부로 파드를 노출하지 않기 때문에 쿠버네티스 클러스터 내부에서만 사용되는 파드에 적합합니다.

- NodePort 타입 : 파드에 접근할 수 있는 포트를 클러스터의 모든 노드에 동일하게 개방합니다. 따라서 외부에서 파드에 접근할 수 있는 서비스 타입입니다. 접근할 수 있는 포트는 랜덤으로 정해지지만, 특정 포트로 접근하도록 설정할 수도 있습니다.

- LoadBalancer 타입 : 클라우드 플랫폼에서 제공하는 로드 밸런서를 동적으로 프로비저닝해 파드에 연결합니다. NodePort 타입과 마찬가지로 외부에서 파드에 접근할 수 있는 서비스 타입입니다. 그렇지만 일반적으로 AWS, GCP 등과 같은 클라우드 플랫폼 환경에서만 사용할 수 있습니다.

예를 들어, 앞서 생성했던 파드를 내부에서만 접근하고 싶다면 ClusterIP 타입의 서비스를 사용할 수 있을 것입니다. 그렇지만 외부에서도 파드에 접근하고 싶다면 NodePort 타입을, 실제 운영 환경에서는 LoadBalancer 타입을 사용하면 됩니다. 이처럼 파드에 접근하는 방식 및 환경에 따라서 적절한 종류를 선택해야 합니다.

6.5.2 ClusterIP 타입의 서비스 – 쿠버네티스 내부에서만 파드에 접근하기

그렇지만 지금 당장 모든 서비스의 종류와 특징을 세세하게 알 필요는 없습니다. 지금은 가장 간단하게 사용해 볼 수 있는 **ClusterIP 타입**의 서비스를 먼저 사용해 보겠습니다. 아래의 내용으로 hostname-svc-clusterip.yaml 파일을 작성합니다.

예제 6.9 chapter6/hostname-svc-clusterip.yaml
```yaml
apiVersion: v1
kind: Service
metadata:
  name: hostname-svc-clusterip
spec:
  ports:
    - name: web-port
      port: 8080
      targetPort: 80
  selector:
    app: webserver
  type: ClusterIP
```

서비스를 정의하는 YAML 파일의 항목을 간단히 살펴보면 다음과 같습니다.

- **spec.selector** : selector 항목은 이 서비스에서 어떠한 라벨을 가지는 파드에 접근할 수 있게 만들 것인지 결정합니다. 위 예시에서는 app: webserver라는 라벨을 가지는 파드들의 집합에 접근할 수 있는 서비스를 생성합니다. deployment-hostname.yaml 파일로 생성된 디플로이먼트의 파드는 이 라벨이 설정돼 있으므로 이 서비스에 의해 접근 가능한 대상으로 추가될 것입니다.

 레플리카셋이나 서비스의 selector처럼 두 리소스 간의 라벨이 동일할 때에만 쿠버네티스의 기능을 온전히 사용할 수 있는 경우가 앞으로 자주 등장할 것입니다. 쿠버네티스에서의 라벨은 단순히 리소스의 부가적인 정보를 표시하는 것 이상의 기능을 가질 수도 있다는 점을 알아두기 바랍니다.

- **spec.ports.port** : 생성된 서비스는 쿠버네티스 내부에서만 사용할 수 있는 고유한 IP(ClusterIP)를 할당받습니다. port 항목에는 서비스의 IP에 접근할 때 사용할 포트를 설정합니다. 이에 대해서는 뒤에서 다시 설명합니다.

- **spec.ports.targetPort** : selector 항목에서 정의한 라벨에 의해 접근 대상이 된 파드들이 내부적으로 사용하고 있는 포트를 입력합니다. deployment-hostname.yaml 파일의 containerPort 항목에서 파드가 사용할 포트를 80으로 선언했기 때문에 위의 ports.targetPort 항목을 80으로 설정했습니다. 즉, 파드 템플릿에 정의된 containerPort와 같은 값으로 설정해야 합니다.

- **spec.type** : 이 서비스가 어떤 타입인지 나타냅니다. 서비스의 종류에는 ClusterIP, NodePort, LoadBalancer 등을 설정할 수 있습니다. 지금은 서비스의 개념을 이해하기 위해 가장 간단한 서비스 종류인 ClusterIP를 사용하고 있습니다.

위 YAML 파일을 이용해 서비스를 생성해 보겠습니다. 이전에 리소스를 생성했던 방법과 동일하게 kubectl apply -f 명령어를 사용합니다.

```
$ kubectl apply -f hostname-svc-clusterip.yaml
service/hostname-svc-clusterip created
```

생성된 서비스의 목록을 확인해 보겠습니다.

```
$ kubectl get services
$ kubectl get svc # services 대신 svc라는 이름으로도 사용 가능
NAME                     TYPE        CLUSTER-IP      EXTERNAL-IP   PORT(S)    AGE
hostname-svc-clusterip   ClusterIP   10.101.98.33    <none>        8080/TCP   3s
kubernetes               ClusterIP   10.96.0.1       <none>        443/TCP    18d
```

 생성한 적이 없는데도 kubernetes라는 이름의 서비스가 미리 생성돼 있습니다. 이 서비스는 파드 내부에서 쿠버네티스의 API에 접근하기 위한 서비스로, 지금 당장 자세하게 알 필요는 없습니다. 이 서비스에 대한 자세한 내용은 10장에서 다시 다룹니다.

ClusterIP 타입의 hostname-svc-clusterip라는 이름의 서비스가 생성돼 있습니다. 이 서비스를 사용해 파드에 접근하는 방법은 매우 간단합니다. 위 출력 내용 중에서 CLUSTER-IP 항목의 IP와 PORT(S) 항목의 포트를 통해 요청을 보내면 됩니다. 이 IP는 쿠버네티스 클러스터에서만 사용할 수 있는 내부 IP로, 이 IP를 통해 서비스에 연결된 파드에 접근할 수 있습니다.

쿠버네티스 클러스터의 노드 중 하나에 접속해 위 IP로 요청을 보내도 되지만, 이번에는 kubectl run 명령어로 임시 파드를 만들어 요청을 전송해 보겠습니다.

```
$ kubectl run -i --tty --rm debug --image=alicek106/ubuntu:curl --restart=Never -- bash

If you don't see a command prompt, try pressing enter.
root@debug:/# curl 10.101.98.33:8080 --silent | grep Hello
    <p>Hello,  hostname-deployment-c648cf85f-cs8zt</p>        </blockquote>
root@debug:/# curl 10.101.98.33:8080 --silent | grep Hello
    <p>Hello,  hostname-deployment-c648cf85f-z8696</p>        </blockquote>
root@debug:/# curl 10.101.98.33:8080 --silent | grep Hello
    <p>Hello,  hostname-deployment-c648cf85f-nmqq6</p>        </blockquote>
```

서비스의 IP와 포트를 통해 파드에 접근할 수 있음을 알 수 있습니다. 게다가 서비스와 연결된 여러 개의 파드에 자동으로 요청이 분산되고 있습니다. 서비스를 생성할 때 별도의 설정을 하지 않아도 서비스는 연결된 파드에 대해 로드 밸런싱을 수행합니다.

서비스에는 IP뿐만 아니라 서비스 이름 그 자체로도 접근할 수 있습니다. 쿠버네티스는 애플리케이션이 서비스나 파드를 쉽게 찾을 수 있도록 내부 DNS를 구동하고 있으며, 파드들은 자동으로 이 DNS를 사용하도록 설정되기 때문입니다.

```
root@debug:/# curl hostname-svc-clusterip:8080 --silent | grep Hello
    <p>Hello, hostname-deployment-c648cf85f-nmqq6</p>    </blockquote>
```

실제로 여러 파드가 클러스터 내부에서 서로를 찾아 연결해야 할 때는 서비스의 이름과 같은 도메인 이름을 사용하는 것이 일반적입니다. 즉, 파드가 서로 상호작용해야 할 때는 파드의 IP를 알 필요가 없으며, 대신 파드와 연결된 서비스 이름을 사용함으로써 간단히 파드에 접근할 수 있습니다.

위처럼 ClusterIP 타입의 서비스를 생성해 파드에 접근하는 과정을 다시 정리해 보겠습니다.

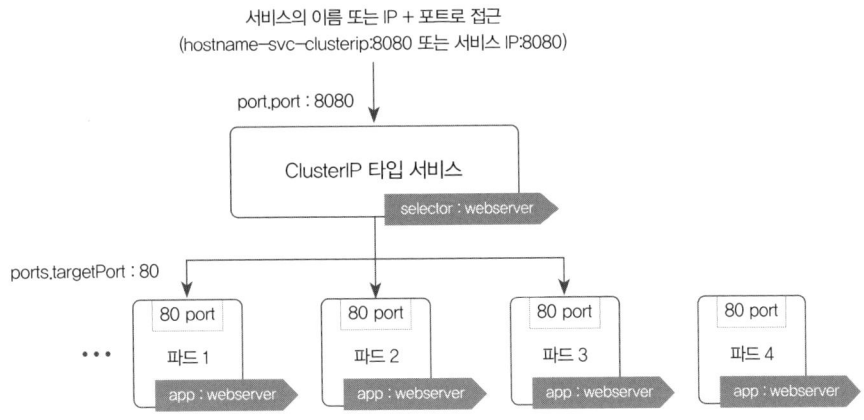

그림 6.12 ClusterIP 타입의 서비스를 통해 여러 파드에 접근

1. 특정 라벨을 가지는 파드를 서비스와 연결하기 위해 서비스의 YAML 파일에 selector 항목을 정의합니다.
2. 파드에 접근할 때 사용하는 포트(파드에 설정된 containerPort)를 YAML 파일의 targetPort 항목에 정의합니다.
3. 서비스를 생성할 때, YAML 파일의 port 항목에 8080을 명시해 서비스의 Cluster IP와 8080 포트로 접근할 수 있게 설정합니다.
4. kubectl apply -f 명령어로 ClusterIP 타입의 서비스가 생성되면 서비스는 쿠버네티스 클러스터 내부에서만 사용할 수 있는 고유한 내부 IP를 할당받습니다.
5. 쿠버네티스 클러스터에서 서비스의 내부 IP 또는 서비스 이름으로 파드에 접근할 수 있습니다.

단, 위에서 생성한 서비스는 ClusterIP 타입이기 때문에 외부에서는 접근할 수 없다는 점에 유의해야 합니다. 클러스터 내부에서만 사용하는 파드라면 상관없지만, 외부에 노출해야 한다면 뒤에서 설명할 NodePort나 LoadBalancer 타입의 서비스를 생성해야 합니다.

서비스의 라벨 셀렉터(selector)와 파드의 라벨이 매칭돼 연결되면 쿠버네티스는 자동으로 엔드포인트(endpoint)라고 부르는 오브젝트를 별도로 생성합니다. 예를 들어, 위에서 생성한 서비스와 관련된 엔드포인트는 서비스와 동일한 이름으로 존재하고 있습니다.

```
$ kubectl get endpoints
$ kubectl get ep  # 또는 ep라는 이름으로도 사용 가능
NAME                      ENDPOINTS                                        AGE
hostname-svc-clusterip    192.168.1.109:80,192.168.2.86:80,192.168.3.89:80 78m
kubernetes                10.43.0.20:6443                                  18d
```

엔드포인트라는 이름이 의미하는 것처럼 엔드포인트 오브젝트는 서비스가 가리키고 있는 도착점(endpoint)을 나타냅니다. 여러분이 서비스를 이용해 파드를 연결한다면 엔드포인트는 자동으로 생성되므로 엔드포인트를 자세하게 알 필요는 없습니다. 그렇지만 엔드포인트 자체도 독립된 쿠버네티스의 리소스이기 때문에 이론상으로는 서비스와 엔드포인트를 따로 만드는 것도 가능합니다.

단, 엔드포인트 리소스는 엔드포인트 슬라이스(endpointslices) 리소스로 대체되고 있으며, 쿠버네티스 버전 1.33부터는 deprecated 되었습니다. 따라서 추후 쿠버네티스 릴리즈에서 엔드포인트 리소스는 삭제될 가능성이 있습니다. kubectl ep 명령어가 동작하지 않는 경우 kubectl get endpointslices 명령어를 사용하면 됩니다.

서비스를 삭제하려면 kubectl delete 명령어를 사용합니다.

```
$ kubectl delete svc hostname-svc-clusterip
$ kubectl delete -f hostname-svc-clusterip.yaml
```

6.5.3 NodePort 타입의 서비스 – 서비스를 이용해 파드를 외부에 노출하기

ClusterIP 타입의 서비스는 내부에서만 접근 가능하지만, NodePort 타입의 서비스는 클러스터 외부에서도 접근할 수 있습니다. 단, NodePort라는 이름에서 알 수 있듯이 NodePort 타입의 서비스는 모든 노드(Node)의 특정 포트(Port)를 개방해 서비스에 접근하는 방식입니다. 스웜 모드에서 컨테이너를 외부로 노출하는 방식과 비슷하다고 생각하면 쉽습니다.

NodePort 타입의 서비스를 생성하기 위해 아래의 내용으로 YAML 파일을 작성합니다.

예제 6.10 chapter6/hostname-svc-nodeport.yaml

```
apiVersion: v1
kind: Service
metadata:
  name: hostname-svc-nodeport
```

```
spec:
  ports:
    - name: web-port
      port: 8080
      targetPort: 80
  selector:
    app: webserver
  type: NodePort
```

ClusterIP 타입의 서비스를 생성했을 때 사용한 YAML 파일과 비교했을 때, type 항목을 NodePort로 설정한 점을 제외하고는 모두 동일합니다. NodePort는 ClusterIP와 동작 방법이 다른 것일 뿐, 동일한 서비스 리소스이기 때문에 라벨 셀렉터, 포트 설정 등과 같은 기본 항목의 사용 방법은 모두 같습니다.

작성한 YAML 파일을 이용해 NodePort 타입의 서비스를 생성해 보겠습니다.

```
$ kubectl apply -f hostname-svc-nodeport.yaml
service/hostname-svc-nodeport created

$ kubectl get services
NAME                    TYPE        CLUSTER-IP     EXTERNAL-IP   PORT(S)          AGE
hostname-svc-nodeport   NodePort    10.110.9.251   <none>        8080:31514/TCP   7s
kubernetes              ClusterIP   10.96.0.1      <none>        443/TCP          18d
...
```

서비스의 목록을 확인해보면 NodePort 타입의 서비스가 생성됐음을 알 수 있습니다. PORT(S) 항목에 출력된 31514라는 숫자는 모든 노드에서 동일하게 접근할 수 있는 포트를 의미합니다. 즉, 클러스터의 모든 노드에 내부 IP 또는 외부 IP를 통해 31514 포트로 접근하면 동일한 서비스에 연결할 수 있습니다.[10]

```
# kubectl get nodes -o wide
NAME   STATUS   ROLES    AGE   VERSION   INTERNAL-IP   EXTERNAL-IP
...    Ready    master   18d   v1.23.6   10.43.0.20    13.125.211.65
...    Ready    <none>   18d   v1.23.6   10.43.0.30    13.124.16.65
...    Ready    <none>   18d   v1.23.6   10.43.0.31    13.124.165.116
...    Ready    <none>   18d   v1.23.6   10.43.0.32    54.180.162.88
```

---

10 아래의 예시처럼 내부 IP(Internal IP)로 접근하기 위해서는 클러스터 내부에 접속한 상태여야 합니다. 클러스터 내부에 접속하는 대신, 적절한 보안 그룹 또는 방화벽 규칙을 추가한 뒤 외부 IP(External IP)로 접속해 테스트할 수도 있습니다.

```
$ curl 10.43.0.30:31514 --silent | grep Hello
    <p>Hello, hostname-deployment-c648cf85f-cs8zt</p>    </blockquote>
$ curl 10.43.0.31:31514 --silent | grep Hello
    <p>Hello, hostname-deployment-c648cf85f-z8696</p>    </blockquote>
$ curl 10.43.0.32:31514 --silent | grep Hello
    <p>Hello, hostname-deployment-c648cf85f-nmqq6</p>    </blockquote>
```

단 GKE에서 쿠버네티스를 사용하고 있는 경우, 각 노드의 랜덤한 포트에 접근하기 위해 별도로 방화벽 설정을 추가해야 합니다. 또한, AWS에서도 마찬가지로 Security Group에 별도의 Inbound 규칙을 추가하지 않으면 NodePort로 통신이 실패할 수 있습니다.

```
$ gcloud compute firewall-rules create temp-nodeport-svc --allow=tcp:32765 # 규칙 추가
$ gcloud compute firewall-rules delete temp-nodeport-svc # 규칙 삭제
```

 각 노드에서 개방되는 포트는 기본적으로 30000~32768 포트 중에 랜덤으로 선택되지만, YAML 파일에 nodePort 항목을 정의하면 원하는 포트를 선택할 수도 있습니다.

```
$ cat chapter6/hostname-svc-nodeport-custom.yaml
…
spec:
  ports:
   - name: web-port
     port: 8080
     targetPort: 80
     nodePort: 31000
…
```

그런데 한 가지 이상한 점이 있습니다. NodePort 타입의 서비스인데도 kubectl get service 명령어의 출력에서 CLUSTER-IP 항목에 내부 IP가 할당됐기 때문입니다. ClusterIP 타입의 서비스에 접근했을 때와 마찬가지로 NodePort 타입 서비스의 내부 IP로 접근해 보겠습니다.

```
# kubectl run -i --tty --rm debug --image=alicek106/ubuntu:curl --restart=Never -- bash
If you don't see a command prompt, try pressing enter.

root@debug:/#
root@debug:/# curl 10.110.9.251:8080 --silent | grep Hello
    <p>Hello, hostname-deployment-c648cf85f-cs8zt</p>    </blockquote>
root@debug:/# curl hostname-svc-nodeport:8080 --silent | grep Hello
    <p>Hello, hostname-deployment-c648cf85f-z8696</p>    </blockquote>
```

이는 사실 NodePort 타입의 서비스가 ClusterIP의 기능을 포함하고 있기 때문입니다. NodePort 타입의 서비스를 생성하면 자동으로 ClusterIP의 기능을 사용할 수 있기 때문에 쿠버네티스 클러스터에서 서비스의 내부 IP와 DNS 이름을 사용해 접근할 수 있습니다. 즉, NodePort 타입의 서비스는 내부 네트워크와 외부 네트워크 양쪽에서 접근할 수 있습니다.

이를 다시 그림으로 정리해보면 다음과 같습니다.

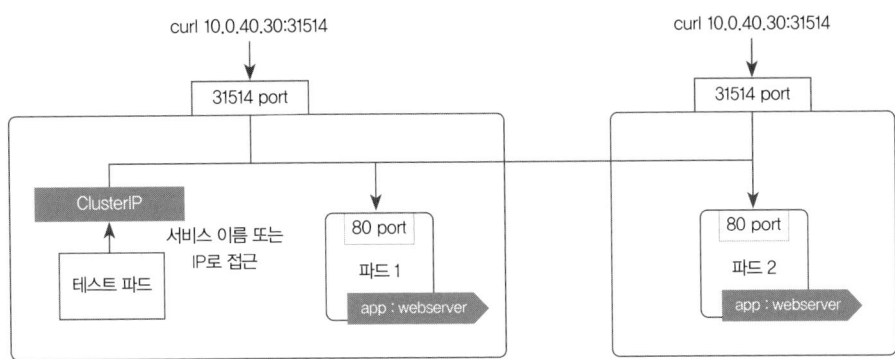

그림 6.13 NodePort 타입 서비스의 트래픽 흐름

1. 외부에서 파드에 접근하기 위해 각 노드에 개방된 포트로 요청을 전송합니다. 예를 들어, 위 그림에서 31514 포트로 들어온 요청은 서비스와 연결된 파드 중 하나로 라우팅됩니다.
2. 클러스터 내부에서는 ClusterIP 타입의 서비스와 동일하게 접근할 수 있습니다.

 기본적으로 NodePort가 사용할 수 있는 포트 범위는 30000~32768이지만, API 서버 컴포넌트의 실행 옵션을 변경하면 원하는 포트 범위를 설정할 수 있습니다. 포트 범위를 직접 지정하려면 API 서버의 옵션을 다음과 같이 추가하거나 수정합니다.[11]

```
--service-node-port-range=30000-35000
```

너무 낮은 포트 번호는 시스템에 의해 예약된 포트일 수 있기 때문에 가능하면 기본적으로 설정된 30000번 이상의 포트를 사용하는 것이 좋습니다.

그렇지만 실제 운영 환경에서 NodePort로 서비스를 외부에 제공하는 경우는 많지 않습니다. NodePort에서 포트 번호를 80 또는 443으로 설정하기에는 적절하지 않으며, SSL 인증서 적용, 라우팅 등과 같은 복잡한 설정을 서비스에 적용하기가 어렵기 때문입니다. 따라서 NodePort 서비스

---

11 각 설치 도구에 적합한 컴포넌트의 실행 옵션 변경 방법은 깃허브의 하단에서 [그 밖의 유용한 강좌 링크]에 있는 [쿠버네티스 컴포넌트의 실행 옵션 변경하기]를 참고합니다.

그 자체를 통해 서비스를 외부로 제공하기보다는 **인그레스(Ingress)**라고 부르는 쿠버네티스의 오브젝트에서 간접적으로 사용되는 경우가 많습니다. 인그레스 오브젝트에 대해서는 8장에서 자세히 설명하겠지만, 지금은 '외부 요청을 실제로 받아들이는 관문' 정도로 알고 넘어가면 됩니다. 아래에서 설명할 LoadBalancer와 NodePort를 합치면 인그레스 오브젝트를 사용할 수 있을 것입니다.

특정 클라이언트가 같은 파드로부터만 처리되게 하려면 서비스의 YAML 파일에서 sessionAffinity 항목을 ClientIP로 설정합니다.

예제 6.11 chapter6/hostname-svc-nodeport-affinity.yaml

```
...
spec:
  sessionAffinity: ClientIP
...
```

6.5.4 클라우드 플랫폼의 로드 밸런서와 연동하기 - LoadBalancer 타입의 서비스

LoadBalancer 타입의 서비스는 서비스 생성과 동시에 로드 밸런서를 새롭게 생성해 파드와 연결합니다. NodePort를 사용할 때는 각 노드의 IP를 알아야만 파드에 접근할 수 있었지만, 이번에 사용해 볼 LoadBalancer 타입의 서비스는 클라우드 플랫폼으로부터 도메인 이름과 IP를 할당받기 때문에 NodePort보다 더욱 쉽게 파드에 접근할 수 있습니다.

단, LoadBalancer 타입의 서비스는 로드 밸런서를 동적으로 생성하는 기능을 제공하는 환경에서만 사용할 수 있다는 점을 알아둬야 합니다. 일반적으로 AWS, GCP 등과 같은 클라우드 플랫폼 환경에서만 LoadBalancer 타입을 사용할 수 있으며, 가상 머신이나 온프레미스 환경에서는 사용하기 어려울 수 있습니다.[12]

따라서 이번 절에서는 AWS, GCP에서 쿠버네티스를 사용하는 환경을 가정하고 설명할 것입니다. AWS은 kops를 통해 설치한 쿠버네티스를, GCP는 GKE(Google Kubernetes Engine)에서 사용하는 쿠버네티스 환경을 기준으로 설명합니다. 또는 AWS에서 클라우드 프로바이더를 설정해 kubeadm으로 설치한 쿠버네티스를 사용해도 됩니다.

위에서 계속 사용해왔던 hostname-deployment라는 디플로이먼트가 미리 생성돼 있다고 가정하고, 디플로이먼트의 파드에 서비스를 연결해 보겠습니다. 아래의 내용으로 hostname-svc-lb.yaml 파일을 작성해 서비스를 생성합니다.

---

12 MetalLB, 오픈스택의 LBaaS 등과 같이 온프레미스 환경에서도 LoadBalancer 타입의 서비스를 사용할 수 있는 방법이 있습니다.

예제 6.12 chapter6/hostname-svc-lb.yaml

```yaml
apiVersion: v1
kind: Service
metadata:
  name: hostname-svc-lb
spec:
  ports:
    - name: web-port
      port: 80
      targetPort: 80
  selector:
    app: webserver
  type: LoadBalancer
```

이번에는 ports.port 항목을 80으로 변경했으며, type 항목을 LoadBalancer로 설정했습니다. ports.port 항목은 로드 밸런서에 접근하기 위한 포트를 의미하기 때문에, 이번에는 80으로 설정했습니다.

위 파일로 서비스를 생성한 뒤 목록을 확인해 보겠습니다.

```
$ kubectl apply -f hostname-svc-lb.yaml
service/hostname-svc-lb created

$ kubectl get svc
NAME              TYPE           CLUSTER-IP      EXTERNAL-IP             PORT(S)         AGE
hostname-svc-lb   LoadBalancer   10.101.63.47    a5f81..elb.amazonaws.com   80:32620/TCP    3s
```

LoadBalancer 타입 또한 NodePort나 ClusterIP와 동일하게 서비스의 IP(CLUSTER-IP)가 할당 됐으며, 파드에서는 서비스의 IP 또는 서비스 이름으로 서비스에 접근할 수 있습니다. 그러나 여기서 눈여겨봐야 할 것은 EXTERNAL-IP 항목입니다. 이 주소는 클라우드 플랫폼인 AWS로부터 자동으로 할당된 것이며, 이 주소와 80 포트(YAML 파일의 ports.port)를 통해 파드에 접근할 수 있습니다.[13]

```
# curl a5f81...ap-northeast-2.elb.amazonaws.com --silent | grep Hello
    <p>Hello,  hostname-deployment-c648cf85f-z8696</p> </blockquote>
# curl a5f81...ap-northeast-2.elb.amazonaws.com --silent | grep Hello
    <p>Hello,  hostname-deployment-c648cf85f-nmqq6</p> </blockquote>
```

---

13 GKE에서 쿠버네티스를 사용한다면 DNS 이름이 아닌 IP가 출력됩니다.

다른 서비스 타입과 마찬가지로 요청이 여러 개의 파드로 분산되는 로드 밸런싱 기능을 자동으로 사용할 수 있습니다.

그렇다면 PORT(S) 항목에서 32620은 무엇을 의미할까요? 사실 이 숫자는 각 노드에서 동일하게 접근할 수 있는 포트 번호를 의미합니다. 32620 포트를 통해 각 노드의 IP로 접근해보면 로드 밸런서와 똑같이 파드에 접근할 수 있을 것입니다.

```
$ curl 10.43.0.30:32620 --silent | grep Hello
    <p>Hello, hostname-deployment-c648cf85f-z8696</p>    </blockquote>
$ curl 10.43.0.31:32620 --silent | grep Hello
    <p>Hello, hostname-deployment-c648cf85f-nmqq6</p>    </blockquote>
$ curl 10.43.0.32:32620 --silent | grep Hello
    <p>Hello, hostname-deployment-c648cf85f-cs8zt</p>    </blockquote>
```

이렇게 각 노드의 포트로 접근하는 것은 마치 NodePort 타입의 서비스와 비슷해 보이기도 합니다. 그렇지만 우리는 분명히 LoadBalancer 타입의 서비스를 생성했는데, 32620 포트는 왜 개방된 것인지 궁금할 수도 있습니다. 그 이유는 LoadBalancer 타입의 서비스가 파드로 요청을 전송하는 원리에 있습니다.

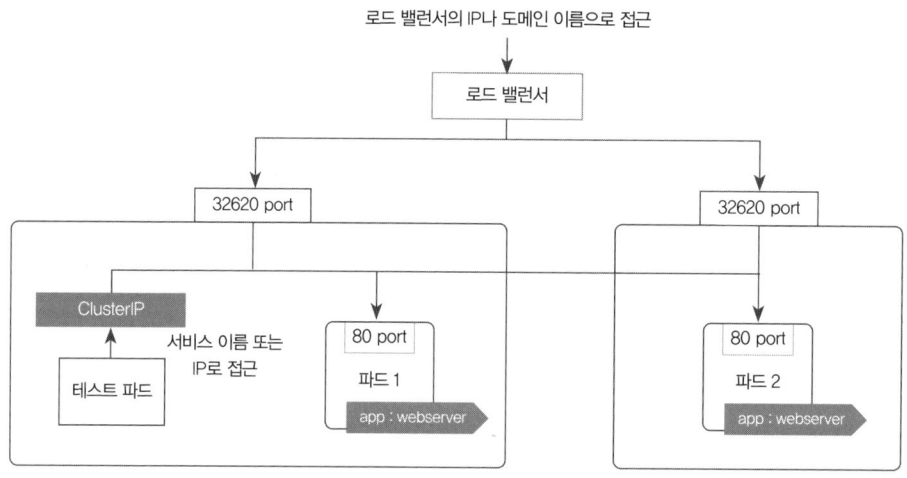

그림 6.14 LoadBalancer 타입 서비스의 트래픽 흐름

1. LoadBalancer 타입의 서비스가 생성됨과 동시에 모든 워커 노드는 파드에 접근할 수 있는 랜덤한 포트를 개방합니다. 위의 예시에서는 32620 포트가 개방됐습니다.
2. 클라우드 플랫폼에서 생성된 로드 밸런서로 요청이 들어오면 이 요청은 쿠버네티스의 워커 노드 중 하나로 전달되며, 이때 사용되는 포트는 1번에서 개방된 포트인 32620 포트입니다.
3. 워커 노드로 전달된 요청은 파드 중 하나로 전달되어 처리됩니다.

AWS를 사용하고 있는 경우, 관리 콘솔에서 로드 밸런서의 정보를 확인해 보면 모든 워커 노드가 로드 밸런서에 연결돼 있음을 알 수 있습니다. 로드 밸런서로 들어온 요청은 각 워커의 32620 포트로 전달되고 있습니다.

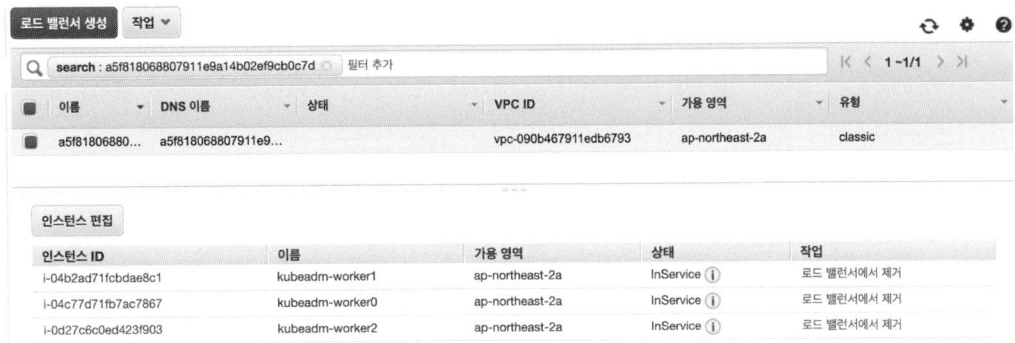

그림 6.15 로드 밸런서에서 각 노드로 요청 전달

즉, 위에서 분명 LoadBalancer 타입을 명시해 서비스를 생성했지만, NodePort의 간접적인 기능 또한 자동으로 사용할 수 있는 셈입니다.

위의 AWS 로드 밸런서 관리 페이지에서 유형을 확인해 보면 'classic'으로 되어 있는 것을 볼 수 있습니다. AWS 클라우드 컨트롤러 매니저는 서비스의 YAML 파일에서 아무런 설정을 하지 않으면 AWS의 클래식 로드 밸런서를 생성합니다. 따라서 위 예시에서는 클래식 로드 밸런서가 생성됐지만, 원한다면 NLB(네트워크 로드 밸런서)를 생성할 수도 있습니다. 예를 들어, YAML 파일에 metadata.annotation 항목을 다음과 같이 정의하면 NLB를 사용할 수 있습니다.

예제 6.13 chapter6/hostname-svc-nlb.yaml

```
apiVersion: v1
kind: Service
metadata:
  name: hostname-svc-nlb
  annotations:
    service.beta.kubernetes.io/aws-load-balancer-type: "nlb"
spec:
  ports:
    - name: web-port
      port: 80
      targetPort: 80
  selector:
```

```
    app: webserver
  type: LoadBalancer
```

위 예시에서는 kops를 통해 AWS에서 쿠버네티스를 설치했다고 가정했기 때문에 LoadBalancer 타입의 서비스를 손쉽게 생성했습니다. 하지만 사실 쿠버네티스 자체만으로는 특정 클라우드 플랫폼에 종속적인 로드밸런서를 생성하는 것은 불가능합니다. 이것이 가능하려면 클라우드 컨트롤러 매니저(Cloud Controller Manager: CCM)라는 컴포넌트가 쿠버네티스에 설치되어 있어야 하며, kops는 쿠버네티스를 설치할 때 CCM을 기본적으로 설치해주기 때문에 LoadBalancer 타입의 서비스를 쉽게 생성할 수 있던 것입니다.

```
# kubectl get po -n kube-system
NAME                                   READY  ...
aws-cloud-controller-manager-npvbh     1/1    ...
```

CCM의 역할과 사용 방법은 클라우드 벤더에 따라 달라질 수 있기 때문에 이 책에서는 자세히 설명하지 않습니다. 지금은 쿠버네티스의 핵심 사용 방법을 학습하는 것이 우선이므로, "ELB나 NLB처럼 특정 클라우드에 종속적인 외부 기능을 사용하려면 별도의 쿠버네티스 컴포넌트가 필요하다" 정도로만 이해하고 넘어가도 괜찮습니다.

쿠버네티스에서 주석(annotations)은 라벨처럼 해당 리소스의 추가적인 정보를 나타내기 위한 키-값 쌍으로 이뤄져 있습니다. 그렇지만 리소스의 종류에 따라 특정 용도로 사용할 수 있게 쿠버네티스에 미리 정의된 몇 가지 주석이 있습니다. 이 주석들은 리소스에 특별한 설정값을 부여하기 위해 사용됩니다. 위 예시에서는 service.beta.kubernetes.io/aws-load-balancer-type이라는 키의 값을 nlb로 설정함으로써 클래식 로드 밸런서가 아닌 네트워크 로드 밸런서를 생성하도록 설정합니다.[14] 미리 정의된 특별한 주석은 앞으로 가끔씩 등장할 것이기 때문에 라벨과 함께 익숙해지는 것이 좋습니다.

로드 밸런서의 사용을 마쳤다면 서비스를 삭제합니다. 서비스를 삭제하면 AWS에서 생성된 로드 밸런서 또한 함께 삭제됩니다.

```
$ kubectl delete -f hostname-svc-lb.yaml
service "hostname-svc-lb" deleted
```

온프레미스 환경에서 LoadBalancer 타입의 서비스 사용하기

LoadBalancer 타입의 서비스는 일반적으로 AWS와 같은 클라우드 플랫폼에서 사용되지만, 필요하다면 여러분이 직접 보유하고 있는 온프레미스 서버에서도 LoadBalancer 타입을 사용할 수 있습니

---

14 https://kubernetes.io/docs/concepts/cluster-administration/cloud-providers/#load-balancers에서 사용할 수 있는 다른 주석을 확인할 수 있습니다.

다. 단, 쿠버네티스가 이 기능을 직접 제공하는 것은 아니며, MetalLB나 오픈스택과 같은 특수한 환경을 직접 구축해야만 합니다. 그중에서도 **MetalLB**라는 이름의 오픈소스 프로젝트를 사용하면 쉽게 LoadBalancer 타입의 서비스를 사용할 수 있으나, MetalLB는 쿠버네티스의 공식 프로젝트가 아니며 유지보수가 지속적이지 않을 수 있다는 점에 유의해야 합니다. 따라서 여기서 자세한 내용을 다루지는 않지만, 관심이 있다면 MetalLB의 설치를 설명하는 공식 문서를 참고하기 바랍니다.[15]

6.5.5 트래픽의 분배를 결정하는 서비스 속성 : externalTrafficPolicy

LoadBalancer 타입의 서비스를 사용하면 외부로부터 들어온 요청은 각 노드 중 하나로 보내지며, 그 노드에서 다시 파드 중 하나로 전달됩니다. 마찬가지로 NodePort 타입을 사용했을 때도 각 노드로 들어오는 요청은 다시 파드 중 하나로 전달됩니다.

그렇지만 이러한 요청 전달 원리는 경우에 따라 효율적이지 않을 때도 있습니다. 아래 그림과 같은 상황을 가정해 보겠습니다.

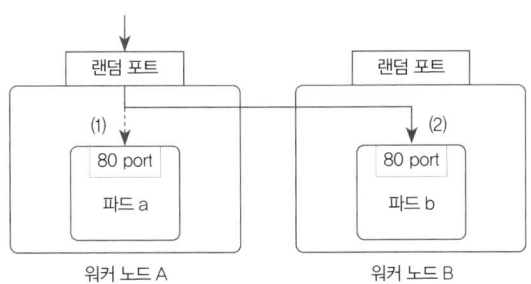

그림 6.16 워커 노드 A로 요청이 들어와도 파드 b에서 처리될 수 있음

LoadBalancer 또는 NodePort에 의해 모든 노드에서 31000번 포트가 개방되어 파드에 접근할 수 있으며, 워커 노드 A와 B에 파드가 각각 생성돼 있다고 가정해 보겠습니다. 이때 워커 노드 A로 들어오는 요청은 (1) A에 위치한 a 파드 또는 (2) B에 위치한 b 파드 중 하나로 전달될 것입니다.

우리가 주목해야 할 부분은 A 노드로 들어오는 요청은 굳이 B 노드로 전달되지 않고 A 노드 내부 (a 파드)에서 처리될 수 있다는 점입니다. 그런데도 A 노드로 들어온 요청이 b 파드로 전달되어 처리되면 불필요한 네트워크 홉(hop)이 한 단계 더 발생하게 됩니다. 게다가 노드 간의 리다이렉트가 발생하게 되어 트래픽의 출발지 주소가 바뀌는 SNAT가 발생하게 되고, 이로 인해 클라이언트의 IP 주소 또한 보존되지 않는다는 단점이 있습니다.

---

15 https://metallb.universe.tf/installation/

이러한 요청 전달 메커니즘은 서비스의 속성 중 externalTrafficPolicy 항목에 정의돼 있습니다. kubectl get -o yaml 명령어로 서비스의 모든 속성을 출력해 보면 externalTrafficPolicy가 Cluster로 설정된 것을 알 수 있습니다.

```
# kubectl get svc hostname-svc-nodeport -o yaml
apiVersion: v1
kind: Service
metadata:
  annotations:
…
  externalTrafficPolicy: Cluster
…
```

 kubectl get에서 -o 옵션을 이용해 리소스의 정보를 yaml, json 등의 형식으로 출력할 수 있습니다. -o 옵션으로 출력하면 쿠버네티스에 의해 자동으로 설정된 상세 항목들까지 모두 확인할 수 있습니다.

이처럼 externalTrafficPolicy에서 기본적으로 설정된 값인 Cluster는 클러스터의 모든 노드에 랜덤한 포트를 개방하는, 앞서 우리가 사용해봤던 NodePort와 LoadBalancer 타입의 서비스가 기본적으로 동작하는 방식입니다. 그러나 **externalTrafficPolicy를 Local**로 설정하면 파드가 생성된 노드에서만 파드로 접근할 수 있으며, 로컬 노드에 위치한 파드 중 하나로 요청이 전달됩니다. 즉, 추가적인 네트워크 홉이 발생하지 않으며, 전달되는 요청의 클라이언트 IP 또한 보존됩니다.

이번에는 externalTrafficPolicy가 Local인 로드 밸런서 서비스를 생성해 보겠습니다. 아래의 내용으로 hostname-svc-lb-local.yaml 파일을 작성해 서비스를 생성합니다.

예제 6.14 chapter6/hostname-svc-lb-local.yaml

```
apiVersion: v1
kind: Service
metadata:
  name: hostname-svc-lb-local
spec:
  externalTrafficPolicy: Local
  ports:
    - name: web-port
      port: 80
      targetPort: 80
  selector:
    app: webserver
  type: LoadBalancer
```

```
$ kubectl apply -f hostname-svc-lb-local.yaml
service/hostname-svc-lb-local created
```

위에서 생성했던 hostname-deployment를 계속 사용하고 있다면 3개의 파드를 1개로 줄여 한 개의 노드에서만 파드가 존재하도록 변경해 보겠습니다. kubectl scale 명령어를 사용하면 디플로이먼트의 파드 개수를 줄일 수 있습니다.

```
$ kubectl scale --replicas=1 deployment hostname-deployment
deployment.apps/hostname-deployment scaled

$ kubectl get deploy
NAME                   READY   UP-TO-DATE   AVAILABLE   AGE
hostname-deployment    1/1     1            1           2d4h

$ kubectl get pods -o wide
NAME                   READY   STATUS    RESTARTS   AGE   IP               NODE
hostname-deployment..  1/1     Running   0          28s   192.168.109.17   ip-10-43-0-31..
```

위 예시에서는 ip-10-43-0-31..이라는 워커 노드에만 1개의 파드가 존재하고 있습니다. 단, 서비스를 생성할 때 externalTrafficPolicy를 Local로 설정했기 때문에 ip-10-43-0-31.. 노드에서만 이 파드에 접근할 수 있을 것입니다. 개방된 포트 번호를 kubectl get services 명령어로 확인한 다음, 각 노드로 요청을 보내 보면 이를 알 수 있습니다.

```
$ kubectl get svc
NAME                    TYPE           CLUSTER-IP      EXTERNAL-IP   PORT(S)        AGE
hostname-svc-lb-local   LoadBalancer   10.97.252.185   aad...        80:30641/TCP   51m

$ curl 10.43.0.30:30641 --silent | grep Hello
^C # 응답 없음

$ curl 10.43.0.31:30641 --silent | grep Hello
    <p>Hello, hostname-deployment-6965678d58-s2t4l </p> </blockquote>

$ curl 10.43.0.32:30641 --silent | grep Hello
^C # 응답 없음
```

만약 AWS에서 쿠버네티스를 사용하고 있다면 로드 밸런서 페이지에서 단 하나의 노드만이 InService 상태로 되어 있으며 이 노드로만 트래픽이 전달되는 것을 확인할 수 있습니다. 즉, 로드 밸런서는 파드가 존재하지 않는 노드로는 요청을 전달하고 있지 않습니다.

인스턴스 편집				
인스턴스 ID	이름	가용 영역	상태	작업
i-04b2ad71fcbdae8c1	kubeadm-worker1	ap-northeast-2a	OutOfService ⓘ	로드 밸런서에서 제거
i-04c77d71fb7ac7867	kubeadm-worker0	ap-northeast-2a	InService ⓘ	로드 밸런서에서 제거
i-0d27c6c0ed423f903	kubeadm-worker2	ap-northeast-2a	OutOfService ⓘ	로드 밸런서에서 제거

그림 6.17 파드가 존재하는 노드로만 트래픽이 전달됨

externalTrafficPolicy의 값이 Local로 설정된 서비스의 트래픽 흐름을 다시 그림으로 살펴보겠습니다.

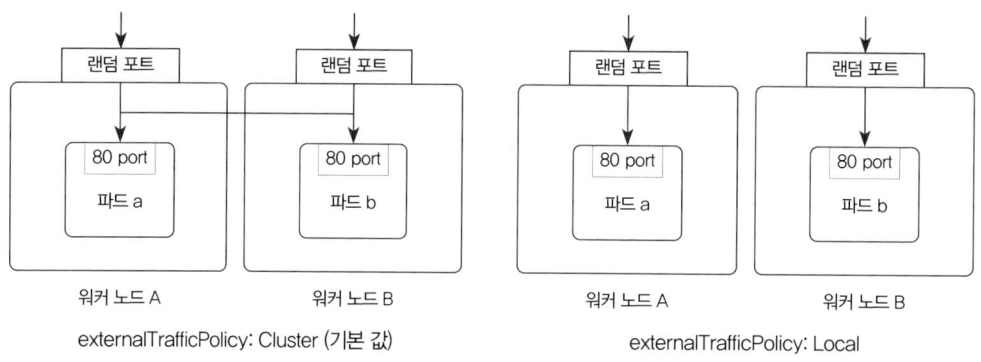

그림 6.18 externalTrafficPolicy의 값에 따른 트래픽 흐름

1. 서비스는 기본적으로 externalTrafficPolicy 속성이 Cluster로 설정됩니다. 이 경우 모든 워커 노드에서 동일한 랜덤 포트가 개방됩니다. 클라우드 플랫폼의 로드 밸런서는 노드 중 하나로 요청을 전달하고, 노드는 다시 파드 중 하나로 요청을 전달합니다. 단, 노드 간에 요청이 리다이렉트 되어 NAT가 발생하므로 클라이언트의 IP를 보존할 수 없습니다.

2. 서비스의 externalTrafficPolicy 속성을 Local로 설정해 생성하면 파드가 위치한 노드만 랜덤한 포트를 개방합니다. 로드 밸런서는 파드가 위치한 노드로만 요청을 전달하며, 해당 노드 내의 파드에서만 요청이 분산됩니다. 따라서 네트워크 홉이 한 단계 적으며, 클라이언트의 IP 또한 파드의 소스코드 내에서 정상적으로 확인할 수 있습니다.

그렇지만 externalTrafficPolicy를 Local로 설정하는 것이 무조건 좋은 것은 아닙니다. 각 노드에 파드가 고르지 않게 스케줄링됐을 때, 요청이 고르게 분산되지 않을 수도 있기 때문입니다. 만약 아래와 같은 상황이라면 어떨까요?

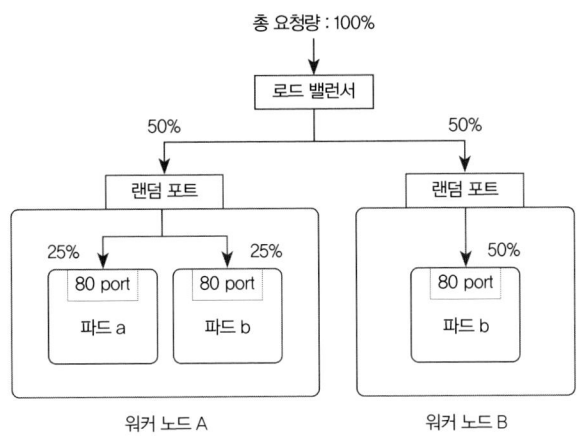

externalTrafficPolicy: Local

그림 6.19 externalTrafficPolicy: Local에서 불균형한 트래픽 분배

위 그림에서는 로드 밸런서가 두 개의 노드에 대해 트래픽을 절반씩 분배하지만 각 파드가 실제로 받는 부하의 양은 동일하지 않습니다. 즉, 특정 노드의 파드에 부하가 집중되거나 적어질 수도 있으며, 이는 곧 자원 활용률(utilization) 측면에서 바람직하지 않을 수도 있다는 것을 의미합니다.

 11.2절에서 다뤄볼 쿠버네티스 스케줄링 기능 중 PodAntiAffinity 등을 사용하면 파드를 최대한 클러스터 노드에 고르게 배포할 수 있으며, externalTrafficPolicy: Local의 단점을 어느 정도 해결할 수도 있습니다.

Cluster와 Local은 둘 다 장단점이 있기 때문에 뚜렷한 정답은 없습니다. 불필요한 네트워크 홉으로 인한 레이턴시나 클라이언트의 IP 보존이 중요하지 않다면 Cluster를 사용해도 됩니다. 그러나 그 반대라면 Local을 사용하는 것이 좋은 선택일 수도 있습니다.

 쿠버네티스에서는 내부 트래픽의 요청 전달 메커니즘을 정의하는 internalTrafficPolicy를 사용할 수도 있습니다. 이는 externalTrafficPolicy의 개념을 쿠버네티스 내부 트래픽에 적용한 것으로 이해하면 됩니다.

기본적으로 internalTrafficPolicy의 값은 Cluster로 설정되어 있으며, 이 경우 지금까지 설명했던 것과 동일하게 서비스에 연결된 모든 파드로 트래픽이 전달됩니다. 이미 생성된 리소스 중 하나의 YAML 스펙을 확인해보면, 아래와 같이 internalTrafficPolicy 값이 Cluster로 설정되어 있을 것입니다.

```
$ kubectl get svc hostname-svc-clusterip -oyaml
...
  name: hostname-svc-clusterip
  namespace: default
```

```
...
spec:
  clusterIPs:
  - 100.68.45.87
  internalTrafficPolicy: Cluster
...
```

반면, internalTrafficPolicy 값을 Local로 명시적으로 설정하면, 클라이언트와 동일한 노드에 위치한 파드에만 요청이 전달됩니다. 이 설정은 네트워크 요청이 같은 노드에서만 처리되므로 네트워크 요청 시간이 단축된다는 장점이 있습니다. 하지만 클라이언트가 위치한 노드에 파드가 존재하지 않을 경우, 다른 노드에 파드가 있더라도 서비스 요청은 실패하게 된다는 점에 주의해야 합니다.

6.5.6 요청을 외부로 리다이렉트하는 서비스 : ExternalName

여러분이 앞으로 서비스를 사용할 때는 앞서 언급한 ClusterIP, NodePort, LoadBalancer 세 가지만 알아도 충분하지만, 쿠버네티스를 외부 시스템과 연동해야 할 때는 ExternalName 타입의 서비스를 사용할 수도 있습니다.

ExternalName 타입을 사용해 서비스를 생성하면 서비스가 외부 도메인을 가리키도록 설정할 수 있습니다. 예를 들어 아래의 설정은 쿠버네티스 내부의 파드들이 externalname-svc라는 이름으로 요청을 보낼 경우, 쿠버네티스의 DNS는 my.database.com으로 접근할 수 있도록 CNAME 레코드를 반환합니다. 즉, externalname-svc로 요청을 보내면 my.database.com에 접근하게 됩니다. ExternalName 타입의 서비스는 쿠버네티스와 별개로 존재하는 레거시 시스템에 연동해야 하는 상황에서 유용하게 사용할 수 있습니다.

예제 6.15 chapter6/external-svc.yaml
```
apiVersion: v1
kind: Service
metadata:
  name: externalname-svc
spec:
  type: ExternalName
  externalName: my.database.com
```

DNS 레코드 종류 중 CNAME 레코드는 Canonical Name의 줄임말로, 도메인을 가리키는 다른 이름을 뜻합니다. 이와 비슷한 레코드로는 A 레코드가 있는데, A 레코드는 도메인 이름이 직접 IP로 변환(resolve)되는 경우를 의미합니다.

사용하는 도메인 이름	변환되는 주소
externalname-svc(CNAME 레코드)	my.database.com
hostname-svc-nodeport	10.110.9.251

리소스 정리

이번 장의 실습에서 생성한 리소스가 남아있다면 이를 모두 삭제한 뒤 다음 장으로 넘어갑니다. kubectl delete ... --all 명령어를 사용해도 되지만, 이 책에서 제공하는 깃허브 저장소를 미리 내려받아 뒀다면 실습에 사용한 YAML 파일이 위치한 디렉터리를 통해 리소스를 쉽게 삭제할 수 있습니다.

```
$ cd kubernetes/chapter6/
$ kubectl delete -f ./

deployment.apps "hostname-deployment" deleted
service "externalname-svc" deleted
....
```

07

쿠버네티스 리소스의
관리와 설정

지금까지 사용해 본 파드, 레플리카셋, 디플로이먼트, 서비스라는 총 4개의 오브젝트는 쿠버네티스에서 애플리케이션을 배포하기 위해 반드시 있어야 할 필수적인 요소입니다. 그렇지만 kubectl api-resources 명령어에서 봤듯이 쿠버네티스에서는 이 4가지 외에도 훨씬 더 많은 오브젝트를 사용할 수 있습니다. 그 종류는 아주 많고 사용 방법 또한 다양하기 때문에 책에서 전부 다루지는 않지만, 여러분의 환경에 필요한 것만을 선택적으로 익혀 사용할 수 있어야 합니다. 이번 장에서는 효율적으로 애플리케이션을 관리하기 위해 자주 사용되는 네임스페이스(Namespace), 컨피그맵(ConfigMap), 시크릿(Secret)의 사용 방법을 알아보겠습니다.

7.1 네임스페이스(Namespace) : 리소스를 논리적으로 구분하는 장벽

도커나 도커 스웜 모드를 사용할 때에는 컨테이너를 논리적으로 구분하는 방법이 없었습니다. docker run이나 docker-compose 명령어로 수백 개의 컨테이너를 생성했더라도 docker ps 명령어를 입력하면 모든 컨테이너의 목록을 확인할 수 있었습니다.

그렇지만 용도에 따라 컨테이너와 그에 관련된 리소스들을 구분 지어 관리할 수 있는, 일종의 논리적인 그룹이 있으면 좀 더 편할 것입니다. 쿠버네티스에서는 리소스를 논리적으로 구분하기 위해 네임스페이스(Namespace)라는 오브젝트를 제공합니다. 간단히 생각해 네임스페이스는 파드, 레플리카셋, 디플로이먼트, 서비스 등과 같은 쿠버네티스 리소스들이 묶여 있는 하나의 가상 공간 또는 그룹이라고 이해하면 됩니다.

예를 들어 모니터링을 위한 모든 리소스들은 monitoring이라는 이름의 네임스페이스에서 생성할 수 있고, 테스트를 위한 리소스들은 testbed라는 네임스페이스에서 생성할 수 있습니다. 또는 여러 개발 조직이 하나의 쿠버네티스 클러스터를 공유해 사용해야 한다면 조직별로 네임스페이스를 사용하도록 구성할 수도 있습니다. 이처럼 여러 개의 네임스페이스를 사용하면 마치 하나의 클러스터에서 여러 개의 가상 클러스터를 동시에 사용하는 것처럼 느껴질 것입니다.

네임스페이스 기본 개념 이해

네임스페이스를 빠르게 이해하기 위해 직접 네임스페이스를 사용해 보겠습니다. 네임스페이스는 namespace 또는 ns라는 이름으로 쿠버네티스에서 사용할 수 있으며, 네임스페이스의 목록은 kubectl get namespaces 명령어로 확인할 수 있습니다.

```
$ kubectl get namespaces
$ kubectl get ns # 또는 ns라는 줄임말로도 사용 가능
NAME              STATUS   AGE
default           Active   16m
kube-node-lease   Active   16m
kube-public       Active   16m
kube-system       Active   16m
```

여러분이 네임스페이스를 생성하지 않았더라도 기본적으로 4개의 네임스페이스가 존재합니다. 각 네임스페이스는 논리적인 리소스 공간이기 때문에 각 네임스페이스에는 파드, 레플리카셋, 서비스와 같은 리소스가 따로 존재합니다. 예를 들어 default라는 이름의 네임스페이스에 생성된 파드를 확인하려면 다음과 같이 kubectl 명령어에 --namespace 옵션을 사용하면 됩니다.

```
$ kubectl get pods --namespace default
NAME                                       READY   STATUS    RESTARTS   AGE
hostname-deployment-84889949f6-5klhf       1/1     Running   0          3m20s
hostname-deployment-84889949f6-mcxv7       1/1     Running   0          3m20s
hostname-deployment-84889949f6-p5rb7       1/1     Running   0          3m20s
```

default는 여러분이 쿠버네티스를 설치하면 자동으로 사용하도록 설정되는 네임스페이스로, kubectl 명령어로 쿠버네티스 리소스를 사용할 때는 기본적으로 default 네임스페이스를 사용합니다. 즉, --namespace 옵션을 명시하지 않으면 기본적으로 default 네임스페이스를 사용하며, 앞 장에서 디플로이먼트나 서비스를 생성하고 삭제했던 작업은 모두 default 네임스페이스에서 수행된 것입니다.

이번에는 kube-system이라는 네임스페이스의 파드를 확인해 보겠습니다.

```
$ kubectl get pods -n kube-system  # --namespace 대신 -n 옵션으로도 사용 가능
NAME                                READY   STATUS    RESTARTS   AGE
coredns-86c58d9df4-76qht             1/1     Running   0          29m
coredns-86c58d9df4-dmj2b             1/1     Running   0          29m
etcd-minikube                        1/1     Running   0          28m
kube-addon-manager-minikube          1/1     Running   0          28m
kube-apiserver-minikube              1/1     Running   0          28m
kube-controller-manager-minikube     1/1     Running   0          28m
kube-proxy-dmxls                     1/1     Running   0          29m
kube-scheduler-minikube              1/1     Running   0          28m
storage-provisioner                  1/1     Running   0          29m
```

여러분이 생성한 적 없는 파드가 여러 개 실행되고 있습니다. kube-system 네임스페이스는 쿠버네티스 클러스터 구성에 필수적인 컴포넌트들과 설정값 등이 존재하는 네임스페이스입니다. 여러분이 지금까지 사용해왔던 default 네임스페이스와는 논리적으로 구분돼 있기 때문에 지금까지 이렇게 많은 파드들을 본 적이 없는 것입니다.

kube-system 네임스페이스는 쿠버네티스에 대한 충분한 이해 없이는 건드리지 않는 것이 좋습니다. 예상치 못하게 쿠버네티스 클러스터가 동작하지 않을 수도 있기 때문입니다.

물론 서비스, 레플리카셋을 비롯한 여러 리소스들도 각 네임스페이스에 별도로 존재합니다. 예를 들어, kube-system 네임스페이스에는 쿠버네티스의 파드, 서비스 등을 이름으로 찾을 수 있도록 하는 DNS 서버의 서비스가 미리 생성돼 있습니다.

```
$ kubectl get service -n kube-system
NAME        TYPE        CLUSTER-IP   EXTERNAL-IP   PORT(S)                  AGE
kube-dns    ClusterIP   10.96.0.10   <none>        53/UDP,53/TCP,9153/TCP   44h
```

이처럼 네임스페이스는 쿠버네티스의 리소스를 논리적으로 묶을 수 있는 가상 클러스터처럼 사용할 수 있습니다. 쿠버네티스 클러스터를 여러 명이 동시에 사용해야 한다면 사용자마다 네임스페이스를 별도로 생성해 사용하도록 설정할 수도 있습니다. 또는 용도에 따라 네임스페이스를 여러 개 만듦으로써 특정 목적의 디플로이먼트, 서비스들은 특정 네임스페이스에서만 존재하도록 만들 수도 있습니다. 앞으로 여러분이 네임스페이스를 사용하는 경우는 대부분 모니터링, 로드 밸런싱 인그레스(Ingress) 등의 특정 목적을 위한 용도가 대부분일 것입니다.

그렇지만 각 네임스페이스의 리소스들은 논리적으로만 구분된 것일 뿐, 물리적으로 격리된 것이 아니라는 점을 알아 둬야 합니다. 예를 들어 서로 다른 네임스페이스에서 생성된 파드가 같은 노드에 존재할 수도 있습니다.

그렇다면 네임스페이스와 라벨의 차이점이 궁금할 수도 있습니다. 이전에 서비스와 파드를 매칭시키기 위해 사용했던 라벨 또한 리소스를 분류하고 구분하기 위한 방법 중 하나이기 때문입니다. 예를 들어 app=webserver라는 라벨을 가지는 파드만 출력하려면 다음과 같이 -l 옵션[1]을 사용할 수 있습니다.

```
$ kubectl get pods -l app=webserver
```

네임스페이스는 라벨보다 더욱 넓은 용도로 사용할 수 있습니다. 예를 들어 ResourceQuota라는 오브젝트를 이용해 특정 네임스페이스에서 생성되는 파드의 자원 사용량을 제한하거나, 애드미션 컨트롤러라는 기능을 이용해 특정 네임스페이스에 생성되는 파드에는 항상 사이드카 컨테이너를 붙이도록 설정할 수 있습니다.[2] 무엇보다도 쿠버네티스에서의 사용 목적에 따라 파드, 서비스 등의 리소스를 격리함으로써 편리하게 구분할 수 있다는 특징도 있습니다. 지금 당장은 네임스페이스의 장점을 이해하기 어려울 수도 있으나, 앞으로 네임스페이스를 계속 사용하다 보면 용도를 이해할 수 있을 것입니다.

 이전에 파드의 개념을 설명했을 때 사용했던 용어인 리눅스 네임스페이스(Namespace)와 헷갈리지 않아야 합니다. 리눅스 네임스페이스는 컨테이너의 격리된 공간을 생성하기 위해 리눅스 커널의 자체 기능을 활용하는 것이며, 일반적으로 네트워크나 마운트, 프로세스 네임스페이스 등을 의미합니다. 쿠버네티스에서의 네임스페이스 오브젝트는 리눅스 네임스페이스와는 완전히 다른 것입니다.

네임스페이스 사용하기

네임스페이스는 지금까지 사용했던 방식처럼 YAML 파일에 정의해 생성할 수 있습니다.

예제 7.1 chapter7/production-namespace.yaml

```
apiVersion: v1
kind: Namespace
metadata:
  name: production
```

---

1 알파벳 L의 소문자입니다.
2 이러한 기능에 대해서는 11.1절에서 다시 설명합니다.

```
$ kubectl apply -f production-namespace.yaml
namespace/production created
```

또는 kubectl create namespace 명령어로도 쉽게 생성할 수 있습니다.

```
$ kubectl create namespace production
namespace/mynamespace created
```

네임스페이스의 목록을 확인해보면 production이라는 이름의 네임스페이스가 새롭게 생성돼 있을 것입니다.

```
$ kubectl get ns | grep production
production      Active     62s
```

특정 네임스페이스에 리소스를 생성하는 방법은 매우 간단합니다. 예를 들어, production 네임스페이스에 디플로이먼트와 서비스를 생성하려면 YAML 파일에서 metadata.namespace 항목을 아래와 같이 설정하면 됩니다.

예제 7.2 chapter7/hostname-deploy-svc-ns.yaml

```
apiVersion: apps/v1
kind: Deployment
metadata:
  name: hostname-deployment-ns
  namespace: production
spec:
...
---
apiVersion: v1
kind: Service
metadata:
  name: hostname-svc-clusterip-ns
  namespace: production
spec:
...
```

 하나의 YAML 파일에 ---를 명시해 여러 개의 리소스를 정의할 수 있습니다. 위의 YAML 파일에서는 ---을 이용해 하나의 파일에 디플로이먼트와 서비스를 동시에 정의했으며, kubectl apply -f를 사용할 경우 디플로이먼트와 서비스가 동시에 생성됩니다.

위의 YAML 파일을 생성하면 production이라는 이름의 네임스페이스에 서비스와 디플로이먼트(레플리카셋, 파드)가 생성됩니다.

```
# kubectl apply -f hostname-deploy-svc-ns.yaml
deployment.apps/hostname-deployment-ns created
service/hostname-svc-clusterip-ns created

# kubectl get pods,services -n production
NAME                                              READY   STATUS    RESTARTS   AGE
pod/hostname-deployment-ns-6965678d58-t48r6       1/1     Running   0          3m58s

NAME                                 TYPE        CLUSTER-IP      EXTERNAL-IP   PORT(S)    AGE
service/hostname-svc-clusterip-ns    ClusterIP   10.96.108.196   <none>        8080/TCP   3m58s
```

kubectl get 명령어에 --all-namespaces 옵션을 사용하면 모든 네임스페이스의 리소스를 확인할 수도 있습니다.

```
$ kubectl get pods --all-namespaces
NAMESPACE     NAME                                      READY   STATUS    RESTARTS   AGE
default       hostname-deployment-84889949f6-5klhf      1/1     Running   0          127m
default       hostname-deployment-84889949f6-mcxv7      1/1     Running   0          127m
default       hostname-deployment-84889949f6-p5rb7      1/1     Running   0          127m
kube-system   coredns-86c58d9df4-76qht                  1/1     Running   0          151m
...
production    hostname-deployment-ns-84889949f6-wpftd   1/1     Running   0          4m59s
```

네임스페이스의 서비스에 접근하기

이전에 서비스 오브젝트를 설명할 때, 쿠버네티스 클러스터 내부에서는 서비스 이름을 통해 파드에 접근할 수 있다고 설명했습니다. 이는 정확히 말하자면 '같은 네임스페이스 내의 서비스'에 접근할 때에는 서비스 이름만으로 접근할 수 있다는 뜻입니다.

그렇지만 다른 네임스페이스에 존재하는 서비스에는 서비스 이름만으로 접근할 수 없습니다. 예를 들어 이전에 사용했던 테스트용 임시 파드는 default 네임스페이스에 생성됐기 때문에 production 네임스페이스의 서비스에 접근하지 못합니다.

```
$ kubectl run -i --tty --rm debug --image=alicek106/ubuntu:curl --restart=Never -- bash
If you don't see a command prompt, try pressing enter.

root@debug:/# curl hostname-svc-clusterip-ns:8080
curl: (6) Could not resolve host: hostname-svc-clusterip
```

하지만 `<서비스 이름>.<네임스페이스 이름>.svc`처럼 서비스 이름 뒤에 네임스페이스 이름을 붙이면 다른 네임스페이스의 서비스에도 접근할 수 있습니다. 예를 들어 production 네임스페이스에 있는 hostname-svc-clusterip-ns라는 이름의 서비스에는 다음과 같이 접근할 수 있습니다.

```
root@debug:/# curl hostname-svc-clusterip-ns.production.svc:8080 --silent | grep Hello
    <p>Hello,   hostname-deployment-ns-6965678d58-t48r6</p>    </blockquote>
```

서비스의 DNS 이름에 대한 FQDN(Fully Qualified Domain Name)은 일반적으로 다음과 같은 형식으로 구성돼 있습니다.

`<서비스 이름>.<네임스페이스 이름>.svc.cluster.local`

네임스페이스는 kubectl delete -f <YAML 파일명> 또는 kubectl delete namespace 명령어로 간단히 삭제할 수 있습니다. 단, 네임스페이스에 존재하는 모든 리소스 또한 함께 삭제되기 때문에 네임스페이스를 삭제하기 전에 다시 한번 리소스 목록을 확인해 보는 것이 좋습니다.

```
# kubectl delete namespace production
namespace "production" deleted
```

네임스페이스에 종속되는 쿠버네티스 오브젝트와 독립적인 오브젝트

네임스페이스를 사용하면 쿠버네티스 리소스를 사용 목적에 따라 논리적으로 격리할 수 있지만, 모든 리소스가 네임스페이스에 의해 구분되는 것은 아닙니다.

앞에서 살펴본 것과 같이 파드, 서비스, 레플리카셋, 디플로이먼트는 네임스페이스 단위로 구분할 수 있습니다. 예를 들어 A라는 네임스페이스에서 파드를 만들면 A 네임스페이스에서만 보이고, B 네임스페이스에서는 보이지 않을 것입니다. 이런 경우를 쿠버네티스에서는 '**오브젝트가 네임스페이스에 속한다(namespaced)**'라고 표현합니다. 네임스페이스에 속하는 오브젝트의 종류는 다음 명령어로 확인할 수 있습니다.

```
$ kubectl api-resources --namespaced=true
NAME                      SHORTNAMES   APIVERSION   NAMESPACED   KIND
bindings                               v1           true         Binding
configmaps                cm           v1           true         ConfigMap
endpoints                 ep           v1           true         Endpoints
events                    ev           v1           true         Event
limitranges               limits       v1           true         LimitRange
persistentvolumeclaims    pvc          v1           true         PersistentVolumeClaim
pods                      po           v1           true         Pod
podtemplates                           v1           true         PodTemplate...
```

이와 반대로 네임스페이스에 속하지 않는 쿠버네티스 오브젝트도 있습니다. 이전에 사용했던 명령어 중에서 클러스터의 노드들을 확인하기 위해 kubectl get nodes 명령어를 사용했던 것을 기억할 것입니다. 노드(nodes) 또한 쿠버네티스의 오브젝트 중 하나이지만, 네임스페이스에 속하지 않는 대표적인 오브젝트 중 하나이기도 합니다. 따라서 kubectl get nodes 명령어에 --namespace 옵션을 추가해도 의미가 없습니다. nodes는 쿠버네티스 클러스터에서 사용되는 저수준의 오브젝트이며, 네임스페이스에 의해 구분되지 않기 때문입니다.

노드처럼 네임스페이스에 속하지 않는 오브젝트들은 보통 네임스페이스에서 관리되지 않아야 하는, 클러스터 전반에 걸쳐 사용되는 경우가 많습니다. 네임스페이스에 속하지 않는 오브젝트의 종류는 다음 명령어로 확인할 수 있습니다.

```
$ kubectl api-resources --namespaced=false
NAME                SHORTNAMES    APIVERSION    NAMESPACED    KIND
componentstatuses   cs            v1            false         ComponentStatus
namespaces          ns            v1            false         Namespace
nodes               no            v1            false         Node
...
```

노드는 물론 네임스페이스(namespace) 자체도 네임스페이스에 종속되지 않는다는 것을 알 수 있습니다.

지금 당장 어떤 오브젝트가 네임스페이스에 속하고 그렇지 않은지를 전부 외울 필요는 없습니다. 앞으로 여러분이 다룰 오브젝트는 대부분 네임스페이스에 속해 구분될 것이기 때문입니다. 지금은 클러스터의 관리를 위한 저수준의 오브젝트들은 네임스페이스에 속하지 않을 수도 있다는 것만 알아두면 됩니다. 이에 대해서는 나중에 네임스페이스에 속하지 않는 오브젝트를 설명할 때 다시 언급하겠습니다.

기본적으로 사용하도록 설정되어 있는 네임스페이스는 default이지만, 이는 쿠버네티스의 설정을 담고 있는 kubeconfig라는 파일을 수정함으로써 변경할 수 있습니다. kubeconfig는 10.5절에서 다시 다룰것이기 때문에 지금 당장은 설명하지 않지만, 필요하다면 kubens라는 오픈 소스 스크립트를 이용해 kubectl의 기본 네임스페이스를 편리하게 변경할 수 있습니다(github.com/ahmetb/kubectx).

```
$ kubens kube-system
Context "mycluster.k8s.local" modified.
Active namespace is "kube-system".
$ # 기본적으로 사용하도록 설정된 네임스페이스가 kube-system으로 변경되었기 때문에,
  kubectl get pods 등의 명령어는 모두 kube-system 네임스페이스를 기준으로 실행됩니다.
```

7.2 컨피그맵(Configmap), 시크릿(Secret) : 설정값을 파드에 전달

여러분이 개발한 애플리케이션은 대부분 설정값을 가지고 있을 것입니다. 예를 들어 애플리케이션의 로깅 레벨을 정의하는 LOG_LEVEL=INFO와 같이 단순한 키-값 형태의 설정을 사용할 수도 있고, Nginx 웹 서버가 사용하는 nginx.conf처럼 완전한 하나의 파일을 사용해야 할 수도 있습니다.

이러한 설정값이나 설정 파일을 여러분의 애플리케이션에 전달하는 가장 확실한 방법은 도커 이미지 내부에 설정값 또는 설정 파일을 정적으로 저장해 놓는 것입니다. 하지만 도커 이미지는 일단 빌드되고 나면 불변의 상태를 가지기 때문에 이 방법은 상황에 따라 설정 옵션을 유연하게 변경할 수 없다는 단점이 있습니다.

이에 대한 대안으로 파드를 정의하는 YAML 파일에 환경 변수를 직접 적어 놓는 하드 코딩 방식을 사용할 수도 있습니다. 예를 들어 디플로이먼트의 YAML 파일 중 파드 템플릿에서 아래와 같은 방식으로 환경 변수를 직접 설정할 수도 있습니다. 아래의 예시는 파드의 LOG_LEVEL이라는 이름의 환경 변수를 INFO라는 값으로 설정합니다.

예제 7.3 chapter7/env-hard-coding-deployment.yaml

```
...
    spec:
      containers:
      - name: nginx
        env:
        - name: LOG_LEVEL
          value: INFO
        image: nginx:1.10
...
```

위처럼 환경 변수를 파드 템플릿에 직접 명시하는 방식도 나쁘지는 않지만, 상황에 따라서는 환경 변수의 값만 다른, 동일한 여러 개의 YAML이 존재할 수도 있습니다. 만약 운영 환경과 개발 환경에서 각각 디플로이먼트를 생성해야 한다면 환경 변수가 서로 다르게 설정된 두 가지 버전의 YAML 파일이 따로 존재해야 하기 때문입니다.

쿠버네티스는 YAML 파일과 설정값을 분리할 수 있는 **컨피그맵(Configmap)**과 **시크릿(secret)**이라는 오브젝트를 제공합니다. 컨피그맵에는 설정값을, 시크릿에는 노출되어서는 안 되는 비밀값을 저장할 수 있습니다. 컨피그맵이나 시크릿을 사용할 때와 그렇지 않을 때를 간단히 비교해보겠습니다.

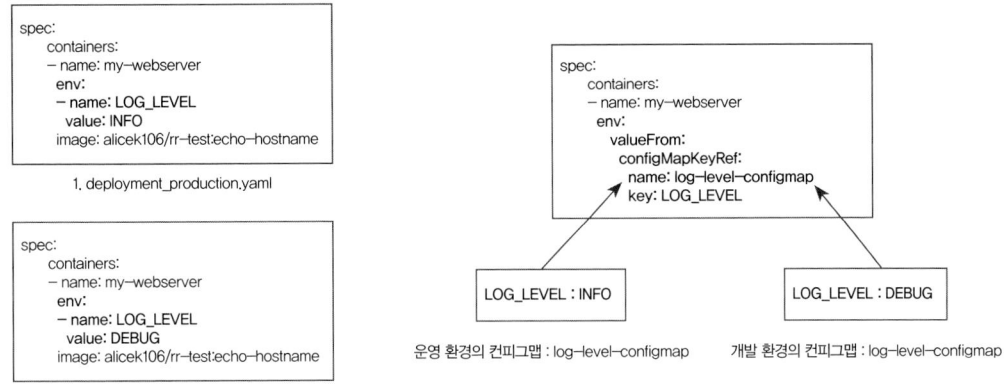

그림 7.1 컨피그맵을 사용할 때와 사용하지 않을 때의 차이점

왼쪽처럼 파드의 YAML 파일에 환경 변수를 각각 정의해 사용한다면 두 개의 파일이 존재하겠지만, 오른쪽처럼 컨피그맵을 사용하면 1개의 파드 YAML 파일만을 사용하되 환경에 따라 다른 컨피그맵을 생성해 사용하면 됩니다. 즉, 환경 변수나 설정값까지 쿠버네티스 오브젝트에서 관리할 수 있으며, 이러한 설정값 또한 YAML 파일로 파드와 함께 배포할 수도 있는 것입니다. 따라서 컨피그맵이나 시크릿을 사용하면 애플리케이션과 설정값을 별도로 분리해 관리할 수 있다는 장점이 있습니다.

 쿠버네티스의 컨피그맵과 시크릿은 이전 장에서 사용해봤던 도커 스웜 모드의 config, secret의 개념과 매우 비슷합니다. 이처럼 도커 스웜 모드와 쿠버네티스는 서로 비슷한 기능이 매우 많지만, 쿠버네티스가 세부 기능을 더 폭넓게 제공하고 있어 쿠버네티스가 더 많이 쓰이는 추세에 있습니다.

7.2.1 컨피그맵(Configmap)

컨피그맵 사용 방법 익히기

컨피그맵은 일반적인 설정값을 담아 저장할 수 있는 쿠버네티스 오브젝트이며, 네임스페이스에 속하기 때문에 네임스페이스별로 컨피그맵이 존재합니다.

컨피그맵을 생성하는 방법은 매우 간단합니다. YAML 파일을 사용해 컨피그맵을 생성해도 되지만, kubectl create configmap 명령어를 사용하면 쉽게 컨피그맵을 생성할 수 있습니다. 예를 들어 다음 명령어는 --from-literal이라는 옵션을 이용해 LOG_LEVEL 키의 값이 DEBUG인 컨피그맵을 생성하며, 컨피그맵의 이름은 log-level-configmap이 됩니다.

```
$ kubectl create configmap <컨피그맵 이름> <각종 설정값들>
$ kubectl create configmap log-level-configmap --from-literal LOG_LEVEL=DEBUG
```

또는 --from-literal 옵션을 여러 번 사용함으로써 여러 개의 키-값을 컨피그맵에서 사용하도록 설정할 수도 있습니다. 아래의 예시는 start-k8s라는 이름의 컨피그맵에 두 개의 키-값 쌍을 저장했습니다.

```
$ kubectl create configmap start-k8s --from-literal k8s=kubernetes \
  --from-literal container=docker
```

컨피그맵에 저장된 설정값은 kubectl describe configmap 명령어나 kubectl get configmap -o yaml 명령어로 확인할 수 있습니다.

```
$ kubectl get cm # cm이라는 이름으로도 사용 가능
$ kubectl get configmap
NAME                    DATA    AGE
log-level-configmap     1       2m3s
start-k8s               2       2m5s

$ kubectl describe configmap log-level-configmap
…
Data
====
LOG_LEVEL:
----
DEBUG
Events:  <none>

$ kubectl get configmap log-level-configmap -o yaml
apiVersion: v1
data:
  LOG_LEVEL: DEBUG
kind: ConfigMap
…
```

컨피그맵을 생성했다면 다음은 컨피그맵의 값을 파드로 가져와 볼 차례입니다. 생성된 컨피그맵을 파드에서 사용하려면 디플로이먼트 등의 YAML 파일에서 파드 템플릿 항목에 컨피그맵을 사용하도록 정의하면 됩니다.

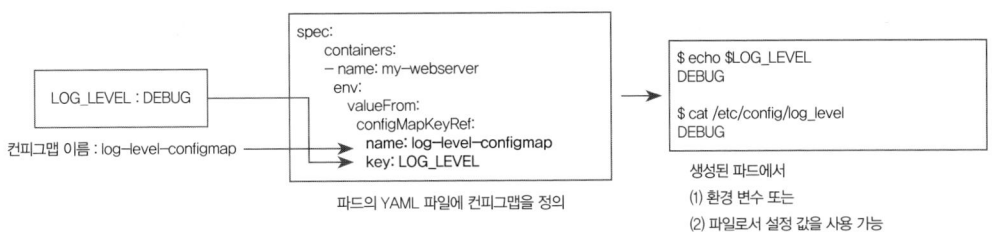

그림 7.2 컨피그맵을 YAML 파일에 정의해 사용 가능

그러나 컨피그맵을 사용하는 파드를 생성하기 전에, 컨피그맵을 파드에서 어떻게 사용하는지에 대해 먼저 살펴보겠습니다. 컨피그맵을 파드에서 사용하는 방법은 크게 두 가지가 있습니다. 여러분의 애플리케이션이 소스코드 내부에서 어떻게 설정값을 읽는지에 따라 적절한 방법을 선택해야 합니다.

컨피그맵의 값을 컨테이너의 환경 변수로 사용

컨피그맵의 값을 파드의 컨테이너 환경 변수로 가져옵니다. 컨피그맵에 저장된 키-값 데이터가 컨테이너의 환경 변수의 키-값으로서 그대로 사용되기 때문에 셸에서 echo $LOG_LEVEL과 같은 방식으로도 값을 확인할 수 있습니다. 여러분의 애플리케이션이 시스템 환경 변수로부터 설정값을 가져온다면 이 방법을 사용하는 것이 좋습니다.

컨피그맵의 값을 파드 내부의 파일로 마운트해 사용

컨피그맵의 값을 파드 컨테이너 내부의 특정 파일로 마운트합니다. 예를 들어 LOG_LEVEL=INFO 라는 값을 가지는 컨피그맵을 /etc/config/log_level이라는 파일로 마운트하면 log_level 파일에는 INFO라는 값이 저장됩니다. 이때 파일이 위치할 경로는 별도로 설정할 수 있습니다. 여러분의 애플리케이션이 nginx.conf 등의 파일을 통해 설정값을 읽어 들인다면 이 방법을 사용하는 것이 좋습니다.

컨피그맵의 데이터를 컨테이너의 환경 변수로 가져오기

먼저 첫 번째 방법인 컨피그맵의 값을 환경 변수로 사용하는 파드를 생성해 보겠습니다. 아래의 내용으로 YAML 파일을 작성합니다.

예제 7.4 chapter7/all-env-from-configmap.yaml

```yaml
apiVersion: v1
kind: Pod
metadata:
  name: container-env-example
spec:
  containers:
    - name: my-container
      image: busybox
      args: ['tail', '-f', '/dev/null']
      envFrom:
        - configMapRef:
            name: log-level-configmap     ◀── 키-값 쌍이 1개 존재하는 컨피그맵
        - configMapRef:
            name: start-k8s               ◀── 키-값 쌍이 2개 존재하는 컨피그맵
```

 실제 운영 환경에서는 대부분의 경우 디플로이먼트를 사용하지만, 앞으로 사용해 볼 쿠버네티스의 기능들은 대부분 파드를 정의하는 YAML 파일을 기준으로 설명할 것입니다. 이는 파드에서만 기능을 사용할 수 있다는 뜻이 아니라, 파드를 사용하는 쿠버네티스 오브젝트에 적용해 사용할 수 있다는 것을 의미합니다.

예를 들어 디플로이먼트는 파드로 구성돼 있기 때문에 파드의 YAML 파일에 정의된 설정을 그대로 사용할 수 있습니다. 아직 다루지는 않았지만, 스테이트풀셋, 데몬셋 등의 쿠버네티스 오브젝트 또한 파드를 기본 단위로 사용하기 때문에 파드의 YAML 설정을 똑같이 사용할 수 있습니다. 파드를 사용하는 다른 오브젝트의 사용 방법은 13장에서 자세히 설명합니다.

즉, 위와 같이 파드에서 컨피그맵을 사용하는 설정은 디플로이먼트를 비롯한 대부분의 오브젝트에서 동일하게 사용할 수 있음을 알아두기 바랍니다.

위의 YAML 파일 내용 중 중요한 부분은 envFrom과 configMapRef 항목입니다. 위에서 생성해 두었던 log-level-configmap, start-k8s 두 개의 컨피그맵으로부터 값을 가져와 환경 변수를 생성하도록 설정했습니다.

YAML 파일에서 **envFrom** 항목은 하나의 컨피그맵에 여러 개의 키-값 쌍이 존재하더라도 모두 환경 변수로 가져오도록 설정합니다. 따라서 start-k8s 컨피그맵에서 2개의 키-값 데이터가 한꺼번에 파드의 환경 변수로 등록될 것입니다. 즉, 위에서는 총 3개의 키-값 쌍을 파드로 넘긴 셈입니다.

파드를 생성한 뒤 파드 내부에서 환경 변수의 목록을 출력해 보겠습니다. env는 환경 변수를 출력하는 명령어입니다.

```
$ kubectl apply -f all-env-from-configmap.yaml
pod/container-env-example created

$ kubectl exec container-env-example -- env
..
LOG_LEVEL=DEBUG
container=docker
k8s=kubernetes
KUBERNETES_SERVICE_PORT=443
KUBERNETES_SERVICE_PORT_HTTPS=443
KUBERNETES_PORT=tcp://10.96.0.1:443
KUBERNETES_PORT_443_TCP=tcp://10.96.0.1:443
...
```

예상대로 총 3개의 환경 변수가 파드의 컨테이너에 설정된 것을 확인할 수 있습니다. 여러분의 애플리케이션에서 이 환경 변수를 읽어 동작하도록 구현하면 됩니다.

위 출력에서 KUBERNETES_SERVICE_PORT처럼 여러 개의 환경 변수가 미리 설정된 것을 볼 수 있는데, 이는 쿠버네티스가 자동으로 서비스에 대한 접근 정보를 컨테이너의 환경 변수로 설정하기 때문입니다. KUBERNETES_로 시작하는 환경 변수는 default 네임스페이스에 존재하는 kubernetes라는 서비스에 대한 것이며, 여러분이 이전에 생성해 뒀던 서비스 리소스가 있다면 해당 서비스의 클러스터 내부 IP 및 포트 또한 환경 변수에 등록돼 있을 것입니다.

그렇다면 이번에는 다른 방법으로 파드를 생성해 보겠습니다. 아래와 같이 **valueFrom**과 **configMapKeyRef**를 사용하면 여러 개의 키-값 쌍이 들어 있는 컨피그맵에서 특정 데이터만을 선택해 환경 변수로 가져올 수도 있습니다. env 항목을 제외한 부분은 위의 YAML 파일과 동일하므로 파일의 일부분을 생략했습니다.[3]

예제 7.5 chapter7/selective-env-from-configmap.yaml

```
...
    env:
    - name: ENV_KEYNAME_1      # (1.1) 컨테이너에 새롭게 등록될 환경 변수 이름
      valueFrom:
        configMapKeyRef:
          name: log-level-configmap
          key: LOG_LEVEL
```

---

3   전체 YAML 파일은 이 책에서 제공하는 깃허브 저장소에서 확인할 수 있습니다.

```
      - name: ENV_KEYNAME_2    # (1.2) 컨테이너에 새롭게 등록될 환경 변수 이름
        valueFrom:
          configMapKeyRef:
            name: start-k8s     # (2) 참조할 컨피그맵의 이름
            key: k8s            # (3) 가져올 데이터 값의 키
                                # 최종 결과 -> ENV_KEYNAME_2=$(k8s 키에 해당하는 값)
                                #              ENV_KEYNAME_2=kubernetes
```

```
$ kubectl apply -f selective-env-from-configmap.yaml
pod/container-selective-env-example created
```

이번에는 YAML 파일이 조금 복잡해졌지만, 컨피그맵의 이름과 키 이름을 별도로 명시한 것뿐입니다. YAML 파일에서 사용한 환경 변수 항목을 하나씩 설명해 보겠습니다.

(1) 파드의 컨테이너에서 새롭게 설정될 환경 변수의 이름입니다. 위 예시에서는 파드 컨테이너 내부에 ENV_KEYNAME_1과 ENV_KEYNAME_2라는 두 개의 환경 변수가 존재할 것입니다.

(2) 어떠한 컨피그맵으로부터 값을 가져올 것인지 입력합니다.

(3) 해당 컨피그맵의 키-값 데이터 중, 어떠한 키의 값을 가져올 것인지 명시합니다. 예를 들어 위와 같이 key: k8s처럼 명시하면 start-k8s 컨피그맵의 k8s 키의 값인 kubernetes가 ENV_KEYNAME_2 환경 변수에 들어가게 됩니다.

```
# kubectl exec container-selective-env-example -- env | grep ENV
ENV_KEYNAME_2=kubernetes
ENV_KEYNAME_1=DEBUG
```

위 YAML 파일에서 쓰인 옵션을 간단히 정리해보면 다음과 같습니다. 둘 중 어느 것을 사용해도 상관은 없으며, 상황에 따라 원하는 방법을 사용하면 됩니다.

- envFrom : 컨피그맵에 존재하는 모든 키-값 쌍을 가져옵니다.
- valueFrom과 configMapKeyRef : 컨피그맵에 존재하는 키-값 쌍 중에서 원하는 데이터만 선택적으로 가져옵니다.

컨피그맵의 내용을 파일로 파드 내부에 마운트하기

여러분의 애플리케이션이 nginx.conf, mysql.conf 등과 같은 특정 파일로부터 설정값을 읽어온다면 컨피그맵의 데이터를 파드 내부의 파일로 마운트해 사용할 수 있습니다. 예를 들어 아래의 YAML 파일은 start-k8s 컨피그맵에 존재하는 모든 키-값 쌍을 /etc/config 디렉터리에 위치시킵니다.

예제 7.6 chapter7/volume-mount-configmap.yaml

```yaml
apiVersion: v1
kind: Pod
metadata:
  name: configmap-volume-pod
spec:
  containers:
    - name: my-container
      image: busybox
      args: [ "tail", "-f", "/dev/null" ]
      volumeMounts:
        - name: configmap-volume        # volumes에서 정의한 컨피그맵 볼륨 이름
          mountPath: /etc/config         # 컨피그맵의 데이터가 위치할 경로

  volumes:
    - name: configmap-volume             # 컨피그맵 볼륨 이름
      configMap:
        name: start-k8s                  # 키-값 쌍을 가져올 컨피그맵 이름
```

이번에는 새로운 항목인 volumeMounts와 volumes를 사용했습니다. 쿠버네티스에서 볼륨을 어떻게 사용하는지에 대해서는 좀 더 뒤에서 자세히 설명하겠지만, 지금은 컨피그맵을 사용하기 위해 볼륨을 사용한다고 이해하면 됩니다.

위의 YAML 파일을 설명해보면 다음과 같습니다.

- **spec.volumes** : YAML 파일에서 사용할 볼륨의 목록을 정의합니다. 위 예시에서는 start-k8s라는 이름의 컨피그맵을 통해 configmap-volume 볼륨을 정의했습니다.[4] volumes 항목에서 정의한 볼륨은 spec.containers 항목에서 참조해 사용하고 있습니다.

- **spec.containers.volumeMounts** : volumes 항목에서 정의된 볼륨을 컨테이너 내부의 어떤 디렉터리에 마운트할 것인지 명시합니다. 위 예시에서는 /etc/config 디렉터리에 컨피그맵의 값이 담긴 파일이 마운트될 것입니다.

위의 YAML 파일로 파드를 생성한 뒤, 파드의 /etc/config 디렉터리를 조회해 보겠습니다.

```
$ kubectl apply -f volume-mount-configmap.yaml
pod/configmap-volume-pod created

$ kubectl exec configmap-volume-pod -- ls /etc/config
container
```

---

[4] 그러나 실제로 쿠버네티스 오브젝트로서 볼륨이 생성되는 것은 아니며, 파드를 정의하는 YAML 범위 안에서만 사용하는 볼륨 이름입니다.

```
k8s

$ kubectl exec configmap-volume-pod -- cat /etc/config/k8s
kubernetes
```

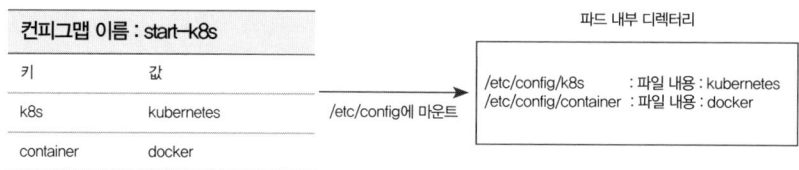

그림 7.3 컨피그맵을 파일로 마운트하면 키 이름으로 파일이 생성됨

컨피그맵에 저장돼 있던 두 개의 키-쌍 데이터, 즉 container와 k8s라는 키 이름이 파일로 존재하고 있습니다. 여기서 알아둬야 할 것은 컨피그맵의 모든 키-값 쌍 데이터가 마운트됐으며, 파일 이름은 키의 이름과 같다는 것입니다.

 위처럼 컨피그맵과 같은 쿠버네티스 리소스의 데이터를 파드 내부 디렉터리에 위치시키는 것을 쿠버네티스 공식 문서에서는 투사(Projection)한다고 표현합니다.

앞서 살펴본 예시처럼 모든 키-쌍 데이터를 파드에 마운트하는 것이 아닌, 원하는 키-쌍 데이터만 선택해서 파드에 파일로 가져올 수도 있습니다. 아래의 예시는 start-k8s 컨피그맵의 데이터 중 k8s라는 키의 데이터만 파드 내부의 파일로 마운트합니다. 이전에 사용했던 YAML 파일과 동일한 부분은 일부 생략했습니다.

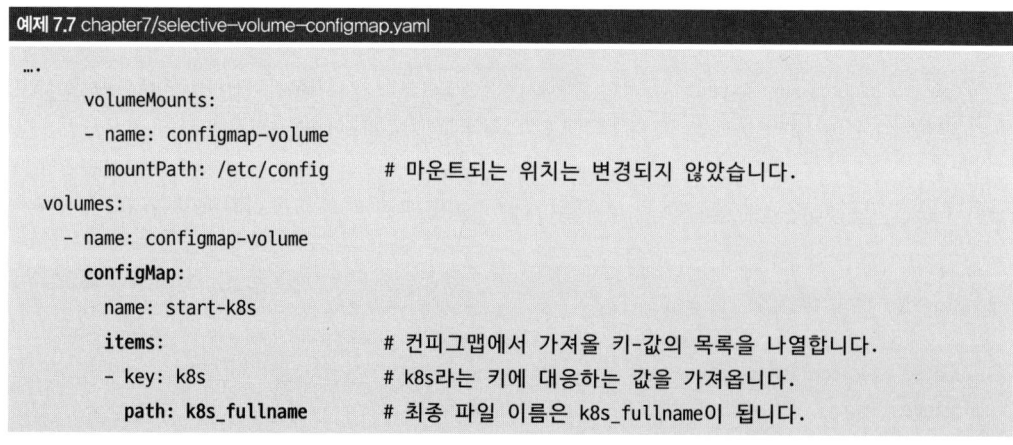
예제 7.7 chapter7/selective-volume-configmap.yaml

이전의 YAML 파일과 비교했을 때 volumes 항목이 약간 달라졌습니다.

- items 항목 : 컨피그맵에서 가져올 키-값의 목록을 의미하며, k8s라는 키만 가져오도록 명시했습니다.
- path 항목 : 최종적으로 디렉터리에 위치할 파일의 이름을 입력하는 항목으로, k8s_fullname이라는 값을 입력했습니다.

따라서 위 예시에서는 k8s라는 키에 해당하는 값이 k8s_fullname이라는 파일로 파드 내부에 존재할 것입니다. 마운트되는 위치는 변경하지 않았기 때문에 /etc/config/k8s_fullname 경로에 파일이 위치하게 됩니다.

위 YAML 파일로 파드를 생성한 뒤 내부 디렉터리를 살펴보면 해당 파일이 마운트된 것을 확인할 수 있습니다.

```
# kubectl apply -f selective-volume-configmap.yaml
pod/selective-cm-volume-pod created

$ kubectl exec selective-cm-volume-pod -- ls /etc/config
k8s_fullname

$ kubectl exec selective-cm-volume-pod -- cat /etc/config/k8s_fullname
kubernetes
```

지금까지 사용해 봤던 configMap, valueFrom, envFrom, configMapKeyRef와 같은 복잡한 YAML 항목을 전부 외워서 사용할 필요는 없습니다. 중요한 것은 어떤 방식으로 컨피그맵을 사용할 수 있는지 이해함으로써 필요할 때 적절히 사용하는 것이지, 세세한 항목을 외우는 것이 이 책의 목표가 아니기 때문입니다.

파일로부터 컨피그맵 생성하기

위와 같이 컨피그맵을 볼륨으로 파드에 제공할 때는 대부분 설정 파일 그 자체를 컨피그맵으로 사용하는 경우가 많습니다. 예를 들어 Nginx의 설정 파일인 nginx.conf 또는 MySQL의 설정 파일인 mysql.conf의 내용을 아예 통째로 컨피그맵에 저장한 뒤 이를 볼륨 파일로 파드 내부에 제공하면 좀 더 효율적인 설정 관리가 가능할 것입니다. 이러한 경우를 위해 쿠버네티스는 컨피그맵을 파일로부터 생성하는 기능 또한 제공합니다.

단순 문자열 값을 이용해 컨피그맵을 생성했을 때는 kubectl create configmap 명령어에 **--from-literal** 옵션을 사용했지만, 파일로부터 컨피그맵을 생성하려면 **--from-file** 옵션을 사용하면 됩니다. --from-file 옵션을 여러 번 사용해 여러 개의 파일을 컨피그맵에 저장할 수도 있습니다.

```
$ kubectl create configmap <컨피그맵 이름> --from-file <파일 이름> ...
```

예를 들어 다음과 같이 파일을 생성한 뒤 이를 컨피그맵으로 가져올 수도 있습니다.

```
$ echo Hello, world! >> index.html
$ kubectl create configmap index-file --from-file index.html
configmap/index-file created
```

--from-file 옵션에서 별도의 키를 지정하지 않으면 파일 이름이 키로, 파일의 내용이 값으로 저장됩니다. 위의 예시에서는 index.html이라는 파일로 컨피그맵을 생성했기 때문에 index.html이라는 키에 Hello, world!라는 값이 설정됐습니다.

```
$ kubectl describe configmap index-file
...
Data
====
index.html:
----
Hello, world!
```

 파일로부터 컨피그맵을 생성할 때 파일 내용에 해당하는 키의 이름을 직접 지정할 수도 있습니다. 예를 들어, 아래의 명령어는 index.html 파일 내용에 대응하는 키의 이름을 myindex로 지정합니다.

```
$ kubectl create configmap index-file-customkey --from-file myindex=index.html
```

또는 --from-env-file 옵션으로 여러 개의 키-값 형태의 내용으로 구성된 설정 파일을 한꺼번에 컨피그맵으로 가져올 수도 있습니다. 예를 들어 다음과 같이 여러 개의 키-값 쌍이 저장된 설정 파일이 있을 때, --from-env-file 옵션으로 각 키-값 쌍을 각각 컨피그맵으로 가져올 수 있습니다.

```
$ cat chapter7/multiple-keyvalue.env
mykey1=myvalue1
mykey2=myvalue2
mykey3=myvalue3

$ kubectl create configmap from-envfile --from-env-file multiple-keyvalue.env
configmap/from-envfile created

$ kubectl get cm from-envfile -o yaml
apiVersion: v1
data:
  mykey1: myvalue1
```

```
  mykey2: myvalue2
  mykey3: myvalue3
...
```

일단 컨피그맵으로 생성되고 나면, 컨피그맵의 내용이 파일이든지 문자열이든지 상관없이 사용 방법 자체는 같습니다. 이를 어떻게 활용할지는 여러분의 애플리케이션이 어떻게 설정값을 읽어오는지에 따라 다를 것입니다. 만약 index.html이나 nginx.conf와 같이 정적 파일을 파드에 제공하려면 --from-file 옵션을 쓰는 것이 편리할 수도 있고, 여러 개의 환경 변수를 파드로 가져와야 한다면 --from-env-file 옵션을 사용하는 것이 편리할 수도 있습니다.

YAML 파일로 컨피그맵 정의하기

컨피그맵은 반드시 명령어를 통해 생성해야 하는 것은 아닙니다. kubectl create 명령어에서 --dry-run과 -o yaml 옵션을 사용하면 컨피그맵을 생성하지 않은 채로 YAML 파일의 내용을 출력할 수 있습니다. 출력된 내용을 YAML 파일로 사용하면 컨피그맵 또한 YAML 파일로 배포해 사용할 수 있습니다.

```
$ kubectl create configmap my-configmap \
  --from-literal mykey=myvalue --dry-run=client -o yaml

apiVersion: v1
data:
  mykey: myvalue
kind: ConfigMap
metadata:
  creationTimestamp: null
  name: my-configmap
```

출력 내용을 YAML 파일로 저장한 뒤, kubectl apply 명령어로 컨피그맵을 생성하면 됩니다.

```
$ kubectl create configmap my-configmap \
  --from-literal mykey=myvalue --dry-run=client -o yaml > my-configmap.yaml

$ kubectl apply -f my-configmap.yaml
configmap/my-configmap created
```

일반적으로 dry run이란 특정 작업의 실행 가능 여부를 검토하는 명령어 또는 API를 의미합니다. 예를 들어 kubectl apply, create와 같은 명령어에 --dry-run 옵션을 추가하면 실행 가능 여부를 확인할 수 있으며, 실제로 쿠버네티스 리소스를 생성하지는 않습니다.

```
$ kubectl apply  f all-env-from-configmap.yaml --dry-run=client
pod/container-env-example configured (dry run)
```

--dry-run 옵션에는 client와 server 두 가지 값을 사용할 수 있습니다. --dry-run=client는 말 그대로 클라이언트(kubectl)를 통해 가상으로 실행해보는 것이며, --dry-run=server는 쿠버네티스 API 서버에서 실행 가능 여부를 검토하는 것입니다. 실제로 해당 명령어가 쿠버네티스 API에서 성공하는지 여부까지 알고 싶다면 --dry-run=server를 사용하는 것이 좋습니다.

그렇지만 컨피그맵의 키-값 데이터가 너무 많아지면 YAML 파일의 길이가 불필요하게 길어진다는 단점이 있습니다. 예를 들어 100줄의 nginx.conf 파일을 YAML로 배포하려면 YAML 파일에 100줄의 nginx.conf 파일 내용을 모두 포함시켜야 하므로 YAML 파일이 너무 길어지게 됩니다. 이럴 때 kubectl 명령어 1.14 버전부터 사용할 수 있는 **kustomize** 기능을 사용하면 더욱 편하게 컨피그맵을 생성할 수 있습니다. kustomize의 사용 방법은 시크릿을 설명하는 절에서 다룹니다.

7.2.2 시크릿(Secret)

시크릿 사용 방법 익히기

시크릿은 SSH 키, 비밀번호 등과 같이 민감한 정보를 저장하기 위한 용도로 사용되며, 네임스페이스에 종속되는 쿠버네티스 오브젝트입니다. 시크릿과 컨피그맵은 사용 방법이 매우 비슷합니다. 컨피그맵에 설정값을 저장했던 것처럼 시크릿 또한 문자열 값 등을 똑같이 저장할 수 있습니다. 그뿐만 아니라 시크릿에 저장된 값을 파드에 제공해 사용하는 것 또한 가능합니다.

그렇지만 시크릿은 민감한 정보를 저장하기 위해 컨피그맵보다 좀 더 세분화된 사용 방법을 제공합니다. 시크릿의 자세한 사용 방법을 다루기 전에, 쉬운 이해를 위해 간단한 시크릿을 먼저 생성해 보겠습니다.

다음 명령어는 my-password라는 이름의 시크릿을 생성하며, password=1q2w3e4r이라는 키-값 쌍을 저장합니다.

```
$ kubectl create secret generic \
  my-password --from-literal password=1q2w3e4r

secret/my-password created
```

또는 컨피그맵처럼 --from-literal 대신 --from-file이나 --from-env-file 옵션을 이용해 파일로부터 값을 읽어와 사용해도 됩니다.

```
$ echo mypassword > pw1 && echo yourpassword > pw2
$ kubectl create secret generic \
our-password --from-file pw1 --from-file pw2

secret/our-password created
```

다만 이번에는 조금 특수한 옵션인 **generic**이라는 것을 명시했습니다. 시크릿은 컨피그맵과 달리 데이터의 사용 목적에 따라 몇 가지 종류로 나뉘기 때문인데, 이러한 시크릿의 종류에 대해서는 뒤에서 다시 살펴보겠습니다. 지금은 위 명령어로 생성된 시크릿을 먼저 확인해 보겠습니다.

```
$ kubectl get secrets
NAME           TYPE        DATA   AGE
my-password    Opaque      1      9m53s
our-password   Opaque      2      2m40s
```

my-password와 our-password라는 시크릿이 잘 생성된 것을 볼 수 있습니다. 이번에는 kubectl describe 명령어와 kubectl get secrets -o yaml 명령어로 my-password 시크릿의 내용을 확인해 보겠습니다.

```
$ kubectl describe secret my-password
…
Type:  Opaque

Data
====
password:  8 bytes
```

```
$ kubectl get secret my-password -o yaml
apiVersion: v1
data:
  password: MXEydzNlNHI=
kind: Secret
…
type: Opaque
```

컨피그맵과 비슷한 형식으로 데이터가 저장돼 있지만, 키-값 쌍에서 값에 해당하는 부분이 이상한 값으로 변형돼 있습니다. 이는 시크릿에 값을 저장할 때, 쿠버네티스가 기본적으로 base64로 값을 인코딩하기 때문입니다. 즉, 위의 출력 내용 중 **MXEydzNlNHI=** 는 1q2w3e4r이라는 문자열을 base64로 인코딩한 값에 해당합니다.

```
$ echo MXEydzNlNHI= | base64 -d⁵
1q2w3e4r
```

따라서 YAML 파일로부터 시크릿을 생성할 때도 데이터의 값에 base64로 인코딩이 된 문자열을 사용해야 합니다. 시크릿을 정의하는 YAML 형식을 확인하기 위해 kubectl create 명령어에 --dry-run 옵션을 추가해 보면 YAML 파일 자체에 base64로 인코딩이 된 문자열이 포함된 것을 볼 수 있습니다.

```
$ kubectl create secret generic \
  my-password --from-literal password=1q2w3e4r \
  --dry-run=client -o yaml

apiVersion: v1
data:
  password: MXEydzNlNHI=
kind: Secret
..
```

이렇게 생성된 시크릿은 컨피그맵과 비슷하게 사용할 수 있습니다. 시크릿의 키-값 데이터를 파드의 환경 변수로 설정할 수도 있고, 특정 경로의 파일로 파드 내에 마운트할 수도 있습니다. 단, 사용되는 YAML 항목이 configmap이 아닌 secret이라는 점이 다릅니다.

예를 들어, 시크릿에 저장된 모든 키-값 쌍을 파드의 환경 변수로 가져오려면 YAML 파일에서 아래와 같이 정의합니다(secretRef). 또는 컨피그맵과 마찬가지로 시크릿의 키-값 쌍 중에서 특정 데이터만 선택해 원하는 이름의 환경 변수로 가져올 수도 있습니다(secretKeyRef).[6]

예제 7.8 chapter7/env-from-secret.yaml

```
apiVersion: v1
kind: Pod
metadata:
  name: secret-env-example
spec:
  containers:
```

---

[5] 맥 OS X에서는 base64 -D 옵션을 사용해 디코딩할 수 있습니다.
[6] YAML 파일에서 시크릿을 사용하는 항목을 제외한 부분들은 중복되는 부분이 많아 생략했습니다. 이 책에서 사용하는 모든 YAML 파일은 깃허브 저장소를 참고해 사용할 수 있습니다.

```
- name: my-container
  image: busybox
  args: ['tail', '-f', '/dev/null']
  envFrom:
  - secretRef:
      name: my-password
```

예제 7.9 chapter7/selective-env-from-secret.yaml

```
...
    env:
    - name: YOUR_PASSWORD
      valueFrom:
        secretKeyRef:
          name: our-password
          key: pw2
```

또는 시크릿의 키-값 데이터를 파일로 파드의 볼륨에 마운트할 수도 있으며, 여러 개의 키-값 쌍이 존재하는 시크릿에서 선택적으로 사용할 수도 있습니다.

예제 7.10 chapter7/volume-mount-secret.yaml

```
...
    volumeMounts:
    - name: secret-volume            # volumes에서 정의한 시크릿 볼륨 이름
      mountPath: /etc/secret         # 시크릿의 데이터가 위치할 경로
  volumes:
  - name: secret-volume              # 시크릿 볼륨 이름
    secret:
      secretName: our-password       # 키-값 쌍을 가져올 시크릿 이름
```

예제 7.11 chapter7/selective-mount-secret.yaml

```
...
    volumeMounts:
    - name: secret-volume
      mountPath: /etc/secret
  volumes:
  - name: secret-volume
    secret:
      secretName: our-password       # our-password라는 시크릿을 사용
      items:                          # 시크릿에서 가져올 키-값의 목록
      - key: pw1                      # pw1라는 키에 대응하는 값이 사용됨
        path: password1               # 최종 파일은 /etc/config/password1이 됨
```

단, 시크릿을 생성할 때 YAML 파일에 base64로 인코딩한 값을 입력했더라도 시크릿을 파드의 환경 변수나 볼륨 파일로서 가져오면 base64로 디코딩된 원래의 값을 사용하게 됩니다.

```
$ kubectl apply -f selective-mount-secret.yaml
pod/selective-volume-pod created

$ kubectl exec selective-volume-pod -- cat /etc/secret/password1
mypassword
```

이미지 레지스트리 접근을 위한 docker-registry 타입의 시크릿 사용하기

시크릿은 컨피그맵처럼 단순 문자열이나 설정 파일 등을 저장할 때 사용할 수도 있지만, 사용 목적에 따라 여러 종류의 시크릿을 사용할 수도 있습니다. kubectl get secrets 명령어로 시크릿의 목록을 확인했을 때 볼 수 있었던 Type 항목이 시크릿의 종류에 해당합니다.

```
$ kubectl get secrets
NAME              TYPE        DATA   AGE
my-password       Opaque      1      4h55m
our-password      Opaque      2      3h15m
```

여러분이 생성해봤던 시크릿은 모두 Opaque[7]로 설정돼 있습니다. Opaque 타입은 여러분이 별도로 시크릿의 종류를 명시하지 않으면 자동으로 설정되는 타입으로, 사용자가 정의하는 데이터를 저장할 수 있는 일반적인 목적의 시크릿입니다. kubectl create 명령어로 시크릿을 생성할 때 **generic**이라고 명시했던 것이 바로 Opaque 타입에 해당하는 종류입니다.

```
$ kubectl create secret generic \
my-password --from-literal password=1q2w3e4r
```

시크릿을 generic 타입으로 생성할 때는 컨피그맵과 큰 차이가 느껴지지 않을 수도 있습니다. 그러나 앞서 말했던 것처럼 시크릿은 컨피그맵과 달리 사용 용도에 따라 여러 종류를 설정할 수 있으며, 그중 하나가 지금 다뤄 볼 비공개 레지스트리(Private Registry)에 접근할 때 사용하는 인증 설정 시크릿입니다.

쿠버네티스의 디플로이먼트 등을 이용해 파드를 생성할 때, YAML 파일에 정의된 이미지가 로컬에 존재하지 않으면 쿠버네티스는 자동으로 이미지를 받아옵니다. 지금까지 작성해 본 YAML 파일들은 전부 도커 허브에 공개돼 있기 때문에 별도의 레지스트리 인증을 할 필요가 없었지만, 여러분의

---

[7] opaque는 "불투명한"이라는 뜻으로, 일반적으로 내부의 데이터를 들여다 볼 수 없는 데이터를 지칭합니다.

사설 레지스트리 또는 도커 허브, GCR(구글), ECR(AWS) 등의 클라우드 레지스트리를 사용하고 있다면 로그인 등과 같은 인증 절차가 필요합니다.

이전의 2.3.4절에서 배웠던 사설 레지스트리에 접근하는 방법을 기억하고 있을 것입니다. 단일 서버에서 도커 데몬을 사용할 때는 다음과 같이 docker login 명령어를 사용할 수 있었습니다.

```
$ docker login
Login with your Docker ID to push and pull images from Docker Hub. If you don't have a Docker ID, head over to https://hub.docker.com to create one.

Username: alicek106
Password:
```

쿠버네티스에서는 docker login 명령어 대신 레지스트리의 인증 정보를 저장하는 별도의 시크릿을 생성해 사용합니다. 레지스트리 인증을 위해 시크릿을 생성하는 방법은 두 가지가 있습니다. 첫 번째는 docker login 명령어로 로그인에 성공했을 때 도커 엔진이 자동으로 생성하는 ~/.docker/config.json 파일을 사용하는 것입니다.[8] config.json 파일에는 인증을 위한 정보가 담겨 있기 때문에 이를 그대로 시크릿으로 가져오면 됩니다.

```
$ kubectl create secret generic registry-auth \
  --from-file=.dockerconfigjson=/root/.docker/config.json \
  --type=kubernetes.io/dockerconfigjson
```

또는 시크릿을 생성하는 명령어에서 직접 로그인 인증 정보를 명시할 수도 있습니다. 각 옵션에 적절한 인자를 입력하면 되며, --docker-username과 --docker-password 옵션은 로그인 이름과 비밀번호를 입력하는 필수 옵션입니다.

```
$ kubectl create secret docker-registry registry-auth-by-cmd \
  --docker-username=alicek106 \
  --docker-password=1q2w3e4r
```

--docker-server는 필수 옵션이 아니며, 필요에 따라 사용하면 됩니다. --docker-server 옵션을 사용하지 않으면 기본적으로 도커 허브(docker.io)를 사용하도록 설정되지만, 다른 사설 레지스트리를 사용하려면 --docker-server 옵션에 해당 서버의 주소 또는 도메인 이름을 입력하면 됩니다.

---

[8] 정확히는 기본적으로 리눅스 사용자의 홈 디렉터리에 위치해 있습니다.

```
$ kubectl create secret docker-registry registry-auth-registry \
  --docker-username=alicek106 \
  --docker-password=alicek106 \
  --docker-server=alicek106.registry.com
```

위 명령어로 생성된 시크릿은 kubernetes.io/dockerconfigjson이라는 타입으로 설정됩니다.

```
$ kubectl get secrets
NAME                      TYPE                             DATA   AGE
...
registry-auth             kubernetes.io/dockerconfigjson   1      5d18h
registry-auth-by-cmd      kubernetes.io/dockerconfigjson   1      5d17h
registry-auth-registry    kubernetes.io/dockerconfigjson   1      103s
```

이 시크릿은 디플로이먼트 또는 파드 등에서 사설 레지스트리로부터 이미지를 받아올 때 사용할 수 있습니다. 예를 들어 도커 허브의 프라이빗 저장소(Private Repository)에 저장된 이미지를 통해 파드를 생성하려면 다음과 같이 YAML 파일에서 imagePullSecret 항목을 정의합니다.

예제 7.12 chapter7/deployment-from-private-repo.yaml

```
apiVersion: apps/v1
kind: Deployment
...
  spec:
    containers:
    - name: test-container
      image: <여러분의 이미지 이름을 입력합니다>
    imagePullSecrets:
    - name: registry-auth-registry
```

 기본적으로는 YAML 파일에 명시된 도커 이미지가 워커 서버에 존재하지 않을 때만 이미지를 받아 오도록 설정돼 있지만, imagePullPolicy 항목을 통해 이미지를 받아오는 설정을 변경할 수 있습니다. imagePullPolicy의 자세한 사용 방법은 쿠버네티스 공식 문서를 참고할 수 있습니다.[9]

TLS 키를 저장할 수 있는 tls 타입의 시크릿 사용하기

시크릿은 TLS 연결에 사용되는 공개키, 비밀키 등을 쿠버네티스에 자체적으로 저장할 수 있도록 tls 타입을 지원합니다. 따라서 파드 내부의 애플리케이션이 보안 연결을 위해 인증서나 비밀키 등을 가

---

[9] https://kubernetes.io/ko/docs/concepts/configuration/overview/#컨테이너-이미지

져와야 할 때 시크릿의 값을 파드에 제공하는 방식으로 사용할 수 있습니다. 여러분이 쿠버네티스에 조금씩 익숙해져 나중에 고급 기능을 사용하게 된다면 tls 타입의 시크릿을 사용하는 것이 더욱 편하다는 것을 알게 될 것입니다.

tls 타입의 시크릿을 사용하는 방법은 매우 간단합니다. 보안 연결에 사용되는 키 페어가 미리 준비돼 있다면 kubectl create secret tls 명령어로 쉽게 생성할 수 있습니다. 이전에 사용했던 명령어와 조금 다른 점은 시크릿의 종류로 generic이나 docker-registry 대신 tls를 사용하고, --cert와 --key 옵션을 사용해 인증서와 키를 직접 명시해 준다는 것입니다.

```
$ openssl req -new -newkey rsa:4096 -days 365 -nodes \
-x509 -subj "/CN=example.com" -keyout cert.key -out cert.crt # 테스트용 키 페어 생성
…

$ ls
cert.crt cert.key ..

$ kubectl create secret tls my-tls-secret \
--cert cert.crt --key cert.key

secret/my-tls-secret created
```

생성된 시크릿의 정보를 확인해보면 cert.crt와 cert.key 파일의 내용이 tls.crt와 tls.key라는 키로 저장돼 있음을 알 수 있습니다. 각 데이터는 모두 base64로 인코딩되어 저장됩니다.

```
$ kubectl get secrets my-tls-secret
NAME            TYPE                DATA   AGE
my-tls-secret   kubernetes.io/tls   2      77s

$ kubectl get secrets my-tls-secret -o yaml
apiVersion: v1
data:
  tls.crt: LS0tLS…
  tls.key: LS0tLS…
kind: Secret
…
```

좀 더 쉽게 컨피그맵과 시크릿 리소스 배포하기

앞서 살펴본 것처럼 인증서의 내용이나 설정 파일 등을 시크릿으로 생성하기 위해서 kubectl create secret 명령어를 사용해도 되지만, 이를 YAML 파일로 배포하려면 시크릿의 데이터를

YAML 파일에 함께 저장해 둬야 합니다. 예를 들어 tls 타입의 시크릿을 인증서와 함께 배포하려면 kubectl create의 --dry-run 명령어에서 출력되는 YAML 파일 내용을 저장해 사용할 수 있습니다.

```
$ kubectl create secret tls my-tls-secret --cert cert.crt --key cert.key --dry-run=client -o yaml
apiVersion: v1
data:
  tls.crt: LS0tLS1CRUdJTi….
…
```

그러나 시크릿의 데이터가 많아질수록 YAML 파일에 직접 시크릿의 데이터를 저장하는 것은 바람직한 방법이 아닙니다. 위 명령어에서도 tls.crt의 데이터가 매우 길어 가독성이 좋지 않을 뿐만 아니라, YAML 파일과 데이터가 분리되지 않아 데이터를 관리하기에도 불편하기 때문입니다.

이러한 단점을 해결하면서 시크릿이나 컨피그맵을 배포하기 위해 YAML 파일을 작성할 때, 데이터를 YAML 파일로부터 분리할 수 있는 **kustomize** 기능을 사용할 수 있습니다. kustomize는 kubectl 명령어 1.14 버전부터 사용할 수 있는 기능으로, 자주 사용되는 YAML 파일의 속성을 별도로 정의해 재사용하거나 여러 YAML 파일을 하나로 묶는 등 다양한 용도로 사용할 수 있는 기능입니다.[10] 그렇지만 지금은 시크릿과 컨피그맵을 좀 더 쉽게 쓰기 위한 용도로 kustomize를 간단히 사용해 보겠습니다.

아래의 내용으로 kustomization.yaml 파일을 작성합니다.

예제 7.13 chapter7/kustomization.yaml

```
secretGenerator:              # 시크릿을 생성하기 위한 지시문
- name: kustomize-secret
  type: kubernetes.io/tls     # tls 타입의 시크릿을 생성
  files:
  - tls.crt=cert.crt          # tls.crt라는 키에 cert.crt 파일의 내용을 저장
  - tls.key=cert.key          # tls.key라는 키에 cert.key 파일의 내용을 저장
```

지금까지 봐왔던 YAML 파일과 완전히 다른 형식이지만, 사실 위 내용은 시크릿을 생성하기 위해 사용했던 방법들과 크게 다르지 않습니다. 시크릿을 생성하기 전에 kustomize로부터 생성될 시크릿의 정보를 미리 확인하려면 kubectl kustomize 명령어를 사용합니다. 이는 kubectl create 명령어에서 --dry-run 옵션을 사용했던 것과 비슷합니다.

---

[10] https://kustomize.io/에서 더 많은 내용을 확인할 수 있습니다.

```
$ kubectl kustomize ./
apiVersion: v1
data:
  tls.crt: LS0tLS1CRUdJ...
  tls.key: LS0tLS1CRUd...
kind: Secret
metadata:
  name: kustomize-secret-gtc5562mc4
type: kubernetes.io/tls
```

앞서 작성한 kustomization.yaml 파일로부터 시크릿을 생성하려면 해당 파일이 위치한 디렉터리에서 kubectl apply -k ./ 명령어를 사용합니다. 지금까지 YAML 파일을 사용해왔던 것과 동일하게 kustomization.yaml 파일로부터 쿠버네티스 리소스를 생성하거나 삭제할 수 있습니다.

```
$ ls
cert.crt          cert.key          kustomization.yaml

$ kubectl apply -k ./
secret/kustomize-secret-gtc5562mc4 created

$ kubectl delete -k ./
secret "kustomize-secret-gtc5562mc4" deleted
```

만약 컨피그맵을 kustomize로부터 생성하고 싶다면 kustomization.yaml 파일에서 secretGenerator 대신 configmapGenerator를 사용하면 됩니다. 단, 이전에 설명했던 대로 컨피그맵은 시크릿과 달리 종류가 존재하지 않으므로 type 항목을 정의하지 않았습니다.

예제 7.14 chapter7/kustomization.yaml

```
configMapGenerator:
- name: kustomize-configmap
  files:
  - tls.crt=cert.crt
  - tls.key=cert.key
```

 kustomize로부터 생성된 컨피그맵이나 시크릿의 이름 뒤에는 컨피그맵, 시크릿에 저장된 데이터로부터 추출된 해시값이 자동으로 추가됩니다. kubectl 명령어를 사용할 때도 --append-hash 옵션을 이용해 리소스의 이름 뒤에 해시값을 추가할 수 있습니다.

```
$ kubectl create secret tls kustomize-secret --cert cert.crt --key cert.key --append-
hash
```

> --append-hash를 사용하면 데이터를 시크릿이나 컨피그맵의 이름에 명확히 나타낼 수 있다는 장점이 있기 때문에 설정값을 업데이트할 때 유용하게 사용할 수 있습니다.

컨피그맵이나 시크릿을 업데이트해 애플리케이션의 설정값 변경하기

애플리케이션의 설정값을 변경해야 한다면 컨피그맵이나 시크릿의 값을 kubectl edit 명령어로 수정해도 되고, YAML 파일을 변경한 뒤 다시 kubectl apply 명령어를 사용해도 됩니다. 지금까지 사용해본 적은 없지만 kubectl patch라는 명령어도 사용할 수 있습니다.

```
$ cat my-configmap.yaml
apiVersion: v1
kind: ConfigMap
metadata:
  name: my-configmap
data:
  mykey: myvalue

$ kubectl apply -f my-configmap.yaml
configmap/my-configmap created

$ sed -i -e 's/myvalue/yourvalue/g' my-configmap.yaml # 컨피그맵의 데이터를 변경
$ kubectl apply -f my-configmap.yaml
configmap/my-configmap configured
```

지금까지 컨피그맵이나 시크릿을 파드에 제공하는 방법으로 크게 두 가지 방법을 설명했습니다. 첫 번째는 환경 변수로 파드 내부에 설정값을 제공하는 방법이고, 두 번째는 볼륨 파일로 파드 내부에 마운트하는 방법이었습니다. 첫 번째 방법으로 설정된 값은 컨피그맵이나 시크릿의 값을 변경해도 자동으로 재설정되지 않으며, 디플로이먼트의 파드를 다시 생성해야만 합니다. 그러나 파일로 파드 내부에 마운트된 설정 파일은 컨피그맵이나 시크릿을 변경하면 파일의 내용 또한 자동으로 갱신됩니다.

단, 파드 내부에 마운트된 설정 파일이 변경됐다고 해서 파드에서 실행 중인 애플리케이션의 설정이 자동으로 변경되는 것은 아닙니다. 애플리케이션의 프로세스는 이미 이전의 설정 파일로 실행된 상태이며, 변경된 설정 파일을 자동으로 다시 로드하지는 않기 때문입니다. 업데이트된 설정값을 파드 내부의 프로세스가 다시 로드하려면 여러분이 별도의 로직을 직접 구현해야 합니다.

예를 들어 변경된 파일을 다시 읽어 들이도록 컨테이너의 프로세스에 별도의 시그널(SIGHUP)을 보내는 사이드카 컨테이너를 파드에 포함시킬 수도 있습니다. 또는 애플리케이션의 소스코드 레벨에서 쿠버네티스의 API를 통해 컨피그맵, 시크릿의 데이터 변경에 대한 알림(Watch)을 받은 뒤, 자동으로 리로드하는 로직을 생각해 볼 수도 있습니다. 이러한 방법에 뚜렷한 정답은 없지만, 이는 여러분이 쿠버네티스 애플리케이션을 설계할 때 반드시 알아둬야 할 부분 중 하나임을 잊지 말아야 합니다.

리소스 정리

이번 장의 실습에서 생성한 리소스가 남아있다면 이를 모두 삭제한 뒤 다음 장으로 넘어갑니다. 이번 장에서는 kubectl create 명령어로 직접 생성한 시크릿이나 컨피그맵이 많기 때문에 kubectl delete .. --all 명령어를 사용해야만 모든 리소스를 깔끔히 정리할 수 있습니다.

```
$ kubectl delete deployment --all
$ kubectl delete pod --all
$ kubectl delete configmap --all
$ kubectl delete secret --all
```

memo

3부

쿠버네티스 고급 기능 활용

8장 인그레스(Ingress)
9장 퍼시스턴트 볼륨(PV)과 퍼시스턴트 볼륨 클레임(PVC)
10장 보안을 위한 인증과 인가: ServiceAccount와 RBAC
11장 애플리케이션 배포를 위한 고급 설정
12장 커스텀 리소스와 컨트롤러
13장 파드를 사용하는 다른 오브젝트들

지금까지 쿠버네티스의 기초적인 오브젝트를 알아봤지만, 실제 운영 환경에서 쿠버네티스를 사용하려면 그보다 훨씬 많은 기능이 필요합니다. 예를 들어 네트워크 7계층에서 가상 호스트를 이용해 서비스 요청을 처리하거나, 애플리케이션의 영속적인 데이터를 보관하기 위한 외부 볼륨이 필요할 수도 있습니다. 또한 여러 명의 개발자 또는 애플리케이션이 함께 사용하는 쿠버네티스 클러스터에서는 보안을 위해 반드시 권한을 관리해야 하며, 특정 파드가 컴퓨팅 자원을 독차지하는 것을 막기 위해 메모리, CPU 사용량의 제한을 위한 체계적인 시스템도 필요할 것입니다.

다행히도 쿠버네티스는 이러한 고급 기능들을 자체적으로 제공하고 있으며, 다른 솔루션 또는 플랫폼과 쉽게 연동해 사용할 수 있습니다. 따라서 여러분은 이러한 쿠버네티스 고급 기능의 사용 방법을 숙지하고 쿠버네티스 클러스터에 적용하기만 하면 되므로 직접 고급 기능을 구현하는 수고를 덜 수 있습니다.

단, 쿠버네티스의 기능은 매우 넓고 방대하기 때문에 관리해야 할 포인트가 더 늘어나게 된다는 단점도 있습니다. 고급 기능의 사용 방법을 제대로 이해해야만 실제 환경에 적용할 수 있으며, 서드 파티 도구를 연동하려면 클라우드뿐만 아니라 네트워크, 스토리지 등의 다양한 지식이 필요하기 때문입니다. 이 책에서 쿠버네티스를 시작할 때 언급했던 '쿠버네티스 자체의 관리가 더 어려울 수 있다'라고 말했던 것이 바로 이런 뜻입니다.

그렇지만 쿠버네티스의 다양한 활용 방법을 이해하고 나면 여러분의 애플리케이션만이 요구하는 환경을 더욱 효율적으로, 세밀하게 구성할 수 있을 것입니다. 앞으로는 쿠버네티스를 좀 더 알차게 활용하기 위해 인그레스(Ingress), 영구 볼륨(Persistent Volume : PV), 권한 관리(Role Based Access Control : RBAC), 자원 사용량 제한 방법, 스케줄링, 파드의 라이프사이클, 애플리케이션 업데이트 방법 등에 대해서 알아봅니다.

08

인그레스(Ingress)

인그레스(Ingress)는 일반적으로 외부에서 내부로 향하는 것을 지칭하는 단어입니다. 예를 들어 인그레스 트래픽은 외부에서 서버로 유입되는 트래픽을 의미하며, 인그레스 네트워크는 인그레스 트래픽을 처리하기 위한 네트워크를 의미합니다.

이전에 사용해 봤던 서비스 오브젝트가 외부 요청을 받아들이기 위한 것이었다면 '**인그레스**'는 외부 요청을 어떻게 처리할 것인지 네트워크 7계층 레벨에서 정의하는 쿠버네티스 오브젝트입니다. 여기서 '처리한다'라는 문장에는 많은 기능이 내포돼 있는데, 인그레스 오브젝트가 담당할 수 있는 기본적인 기능만 간단히 나열해보면 다음과 같습니다.

- **외부 요청의 라우팅** : /apple, /apple/red 등과 같이 특정 경로로 들어온 요청을 어떠한 서비스로 전달할지 정의하는 라우팅 규칙을 설정할 수 있습니다.
- **가상 호스트 기반의 요청 처리** : 같은 IP에 대해 다른 도메인 이름으로 요청이 도착했을 때, 어떻게 처리할 것인지 정의할 수 있습니다.
- **SSL/TLS 보안 연결 처리** : 여러 개의 서비스로 요청을 라우팅할 때, 보안 연결을 위한 인증서를 쉽게 적용할 수 있습니다.

하지만 인그레스의 기능이 위 기능에만 제한되는 것은 아니며, 여러분이 인그레스를 어떻게 활용하느냐에 따라 다양한 기능을 사용할 수 있습니다. 뒤에서 조금 더 자세히 설명하겠지만, 인그레스 자체의 기능은 비교적 정해져 있더라도 인그레스의 요청을 처리할 서버로 무엇을 선택하느냐에 따라 기능이 조금씩 달라지기 때문입니다.

8.1 인그레스를 사용하는 이유

위에서 설명한 기능들만 봤을 때는 인그레스를 사용해야 할 필요를 느끼지 못할 수도 있습니다. 이전에 사용해봤던 NodePort, LoadBalancer 타입의 서비스를 사용해도 위 기능들을 구현하는 것이 불가능하지는 않기 때문입니다. 인그레스를 왜 사용해야 하는지 이해하기 위해 인그레스를 사용할 때와 그렇지 않을 때를 간단히 비교해 보겠습니다.

여러분의 애플리케이션이 3개의 디플로이먼트로 생성돼 있다고 가정해 보겠습니다. 지금까지 배웠던 방법을 이용해 각 디플로이먼트를 외부에 노출해야 한다면 NodePort 또는 LoadBalancer 타입의 서비스 3개를 생성하는 방법을 먼저 떠올릴 것입니다. 각 디플로이먼트에 대응하는 서비스를 하나씩 연결해 준 셈입니다.

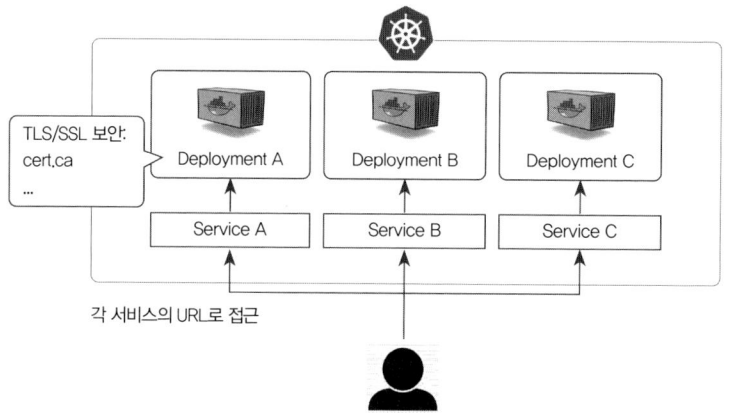

그림 8.1 디플로이먼트마다 서비스를 하나씩 생성

위 방식은 언뜻 보기에는 잘 동작하는 것 같지만, 서비스마다 세부적인 설정을 할 때 추가적인 복잡성이 발생하게 됩니다. SSL/TLS 보안 연결, 접근 도메인 및 클라이언트 상태에 기반한 라우팅 등을 구현하려면 각 서비스와 디플로이먼트에 대해 일일이 설정을 해야 하기 때문입니다.

물론 앞서 설명한 대로 이러한 것들이 NodePort나 LoadBalancer 타입의 서비스로 불가능한 것은 아니지만, 쿠버네티스가 제공하는 인그레스 오브젝트를 사용하면 URL 엔드포인트를 단 하나만 생성함으로써 이러한 번거로움을 쉽게 해결할 수 있습니다. 3개의 디플로이먼트를 외부로 노출하는 인그레스를 생성하면 다음 그림과 같이 요청이 처리됩니다.

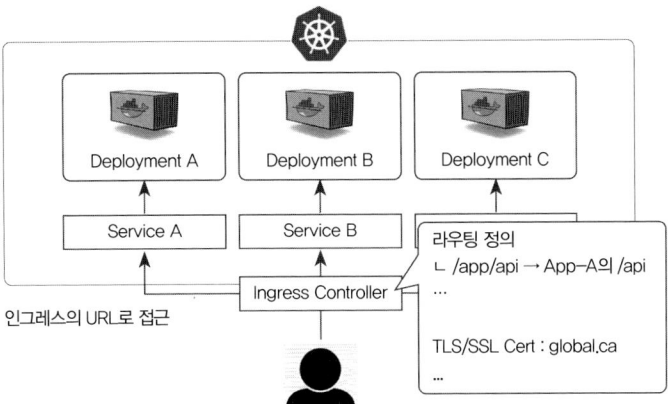

그림 8.2 인그레스를 통해 여러 개의 디플로이먼트로 접근

위 그림에서는 3개의 서비스에 대해 3개의 URL이 각각 존재하는 것이 아닌, 인그레스에 접근하기 위한 단 하나의 URL만 존재합니다. 따라서 클라이언트는 인그레스의 URL로만 접근하게 되며, 해당 요청은 인그레스에서 정의한 규칙에 따라 처리된 뒤 적절한 디플로이먼트의 파드로 전달됩니다.

이 과정에서 중요한 점은 라우팅 정의나 보안 연결 등과 같은 세부 설정은 서비스와 디플로이먼트가 아닌 인그레스에 의해 수행된다는 것입니다. 각 디플로이먼트에 대해 일일이 설정을 적용할 필요 없이 하나의 설정 지점에서 처리 규칙을 정의하기만 하면 됩니다. 즉, 외부 요청에 대한 처리 규칙을 쿠버네티스 자체의 기능으로 편리하게 관리할 수 있다는 것이 인그레스의 핵심입니다.

8.2 인그레스의 구조

인그레스는 쿠버네티스에서 ingress라는 이름으로 사용할 수 있으며, kubectl get ingress 명령어로 인그레스의 목록을 확인할 수 있습니다. 여러분이 인그레스를 처음 사용해 봤다면 아직 인그레스가 존재하지 않을 것입니다.

```
$ kubectl get ingress
$ kubectl get ing # ing라는 이름으로도 사용 가능
No resources found.
```

먼저 간단한 인그레스를 생성해 보겠습니다. 지금까지의 방법과 마찬가지로 YAML 파일로 인그레스를 정의해 생성합니다.[1]

예제 8.1 chapter8/ingress-example-k8s-latest.yaml
```yaml
apiVersion: networking.k8s.io/v1
kind: Ingress
metadata:
  name: ingress-example
  annotations:
    nginx.ingress.kubernetes.io/rewrite-target: /
spec:
  ingressClassName: nginx
  rules:
  - host: alicek106.example.com          # [1]
    http:
      paths:
      - path: /echo-hostname             # [2]
        pathType: Prefix
        backend:
          service:
            name: hostname-service       # [3]
            port:
              number: 80
```

인그레스를 정의하는 YAML 파일을 간단히 설명해보면 아래와 같습니다.

[1] host : 해당 도메인 이름으로 접근하는 요청에 대해서 처리 규칙을 적용합니다. 위 예시에서는 alicek106.example.com 이라는 도메인으로 접근하는 요청만 처리하지만, 여러 개의 host를 정의해 사용할 수도 있습니다.

[2] path : 해당 경로에 들어온 요청을 어느 서비스로 전달할 것인지 정의합니다. 위 예시에서는 /echo-hostname이라는 경로의 요청을 backend에 정의된 서비스로 전달합니다. 여러 개의 path를 정의해 경로를 처리할 수도 있습니다.

[3] name, port : path로 들어온 요청이 전달될 서비스와 포트입니다. 즉, 위 예시에서는 /echo-hostname이라는 경로로 들어온 요청을 hostname-service 서비스의 80 포트로 전달합니다.

인그레스를 정의하는 YAML 파일 중에서 annotation 항목을 통해 인그레스의 추가적인 기능을 사용할 수 있습니다. 이 기능에 대해서는 뒤에서 다시 설명할 것이기 때문에 지금은 인그레스 자체의 기능을 먼저 살펴보겠습니다.

---

1 쿠버네티스 1.14 버전 이전에는 인그레스의 apiVersion 항목을 extensions/v1beta1로 사용했지만, 쿠버네티스 1.20 버전부터는 반드시 networking.k8s.io/v1beta1을 사용하도록 강제될 예정입니다. apiVersion은 쿠버네티스 오브젝트나 API의 종류 및 성숙도를 나타내는 일종의 카테고리입니다.

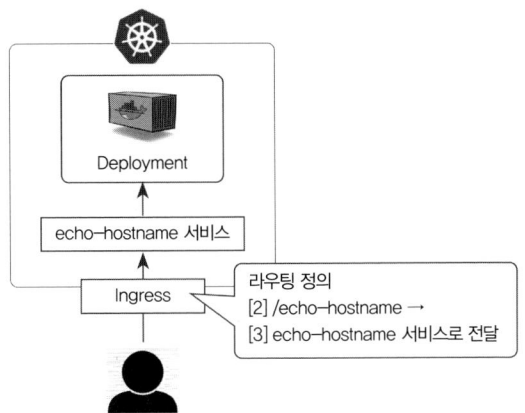

그림 8.3 인그레스를 통해 디플로이먼트에 접근

ingress-example.yaml 파일로 인그레스를 생성한 다음, 인그레스의 목록을 확인해 보겠습니다.[2]

```
$ kubectl apply -f ingress-example-k8s-latest.yaml
ingress.networking.k8s.io/ingress-example created

$ kubectl get ingress
NAME              CLASS    HOSTS                    ADDRESS    PORTS    AGE
ingress-example   nginx    alicek106.example.com               80       6s
```

ingress-example이라는 이름의 인그레스를 생성했지만, 이것만으로는 아무 일도 일어나지 않습니다. 인그레스는 단지 요청을 처리하는 규칙을 정의하는 선언적인 오브젝트일 뿐, 외부 요청을 받아들일 수 있는 실제 서버가 아니기 때문입니다. 인그레스는 **인그레스 컨트롤러(Ingress Controller)**라고 하는 특수한 서버에 적용해야만 그 규칙을 사용할 수 있습니다. 즉, 실제로 외부 요청을 받아들이는 것은 인그레스 컨트롤러 서버이며, 이 서버가 인그레스 규칙을 로드해 사용합니다.

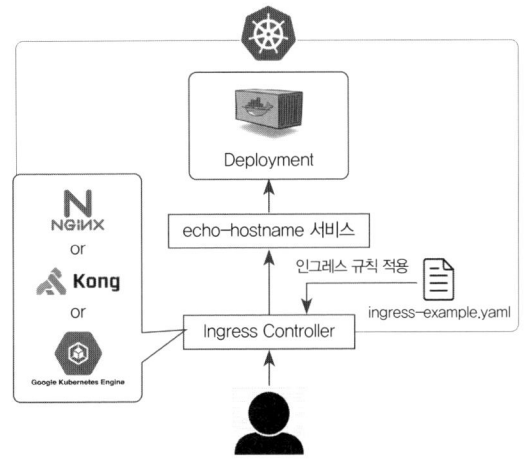

그림 8.4 인그레스와 인그레스 컨트롤러의 구조

---

2 사용 중인 클라우드 환경에 따라 Ingress 리소스 생성에 실패할 수 있습니다. 이 경우 뒤에서 설명할 Nginx 인그레스 컨트롤러를 설치 완료한 뒤 다시 Ingress 리소스를 생성합니다.

따라서 쿠버네티스의 인그레스는 반드시 인그레스 컨트롤러라는 서버와 함께 사용해야 합니다. 인그레스 컨트롤러 서버는 여러 종류가 있으며, 필요에 따라 하나를 골라서 사용하면 됩니다. 대표적으로는 쿠버네티스 커뮤니티에서 활발히 사용되고 있는 **Nginx 웹 서버 인그레스 컨트롤러**가 있습니다. 그 외에도 Kong이라는 API 게이트웨이나 GKE 등의 클라우드 플랫폼에서 제공되는 인그레스 컨트롤러가 있지만, 이번 장에서는 쉽고 간단하게 사용해 볼 수 있는 Nginx 인그레스 컨트롤러를 사용해 보겠습니다.

Nginx 인그레스 컨트롤러는 쿠버네티스에서 공식적으로 개발되고 있기 때문에 설치를 위한 YAML 파일을 공식 깃허브 저장소에서 직접 내려받을 수 있습니다.[3] 아래의 명령어를 실행하면 Nginx 인그레스 컨트롤러와 관련된 모든 리소스를 한 번에 설치할 수 있습니다.

```
$ kubectl apply -f https://raw.githubusercontent.com/kubernetes/ingress-nginx/controller-v1.12.1/deploy/static/provider/cloud/deploy.yaml


namespace/ingress-nginx created
serviceaccount/ingress-nginx created
serviceaccount/ingress-nginx-admission created
role.rbac.authorization.k8s.io/ingress-nginx created
```

명령어의 출력 결과에서 알 수 있듯이 Nginx 인그레스 컨트롤러를 설치하기 위해 다양한 쿠버네티스 리소스를 한 번에 생성합니다. 우선 ingress-nginx라는 네임스페이스에 Nginx 웹 서버 디플로이먼트를 생성하고, 그와 관련된 설정들을 컨피그맵으로 생성하는 것을 알 수 있습니다.

시간이 어느 정도 지난 뒤 ingress-nginx 네임스페이스의 디플로이먼트와 파드를 확인해보면 Nginx 웹 서버가 생성돼 있을 것입니다.

```
$ kubectl get pods,deployment -n ingress-nginx
NAME                                                 READY   STATUS      RESTARTS   AGE
pod/ingress-nginx-admission-create-kx22l             0/1     Completed   0          23m
pod/ingress-nginx-admission-patch-zn9l7              0/1     Completed   0          23m
pod/ingress-nginx-controller-665b599bc5-lc59c        1/1     Running     0          23m

NAME                                         READY   UP-TO-DATE   AVAILABLE   AGE
deployment.apps/ingress-nginx-controller     1/1     1            1           23m
```

---

[3] Nginx 인그레스 컨트롤러의 깃허브 주소는 https://github.com/kubernetes/ingress-nginx입니다. 만약 설치를 위한 YAML 파일이 깃허브에서 삭제되어 설치에 실패할 경우, 설치를 위한 공식 문서인 https://kubernetes.github.io/ingress-nginx/deploy/를 참고하기 바랍니다.

외부에서 Nginx 인그레스 컨트롤러에 접근하기 위한 서비스도 생성됐을 것입니다.

```
$ kubectl get svc
NAME                                 TYPE           CLUSTER-IP       EXTERNAL-IP             ...
ingress-nginx-controller             LoadBalancer   100.66.64.61     a20..2.elb.amazonaws.com  ...
ingress-nginx-controller-admission   ClusterIP      100.71.133.146   ...
```

Nginx 인그레스 컨트롤러를 설치하면 자동으로 생성되는 서비스는 LoadBalancer 타입이며, 위 예시는 AWS에서 생성된 예시입니다. 실제 운영 환경이라면 LoadBalancer 타입에 DNS 이름을 할 당함으로써 Nginx 인그레스 컨트롤러에 접근하는 것이 일반적이지만 일단 지금은 자동으로 부여된 DNS 이름(a20..2.elb.amazonaws.com)을 사용해 보겠습니다.

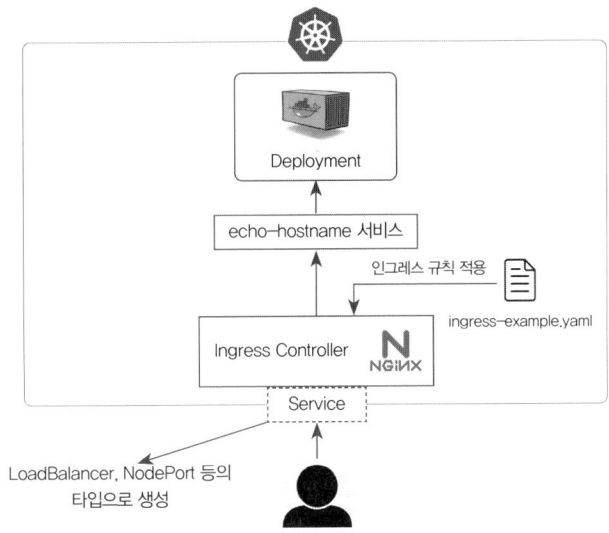

그림 8.5 인그레스 컨트롤러 파드에 접근하기 위한 서비스 생성

하지만 가상 머신처럼 클라우드가 아닌 환경에서 인그레스를 테스트하고 싶다면 LoadBalancer 대신 NodePort 타입의 서비스를 생성해 사용해도 됩니다. 이 경우에는 각 노드의 랜덤한 포트로 Nginx 인그레스 컨트롤러에 접근할 수 있습니다.

예제 8.2 chapter8/ingress-nginx-svc-nodeport.yaml

```
apiVersion: v1
kind: Service
metadata:
  name: ingress-nginx-controller-nodeport
  namespace: ingress-nginx
```

```
spec:
  ports:
  - name: http
    nodePort: 31000
    port: 80
    protocol: TCP
    targetPort: http
  - name: https
    nodePort: 32000
    port: 443
    protocol: TCP
    targetPort: https
  selector:
    app.kubernetes.io/component: controller
    app.kubernetes.io/instance: ingress-nginx
    app.kubernetes.io/name: ingress-nginx
  type: NodePort
```

혹은 온프레미스에서의 운영 단계를 계획하고 있다면 MetalLB[4]나 오픈스택의 로드 밸런서를 사용할 수도 있습니다.

이로써 인그레스, Nginx 인그레스 컨트롤러 및 Nginx 파드에 접근하기 위한 서비스의 준비가 완료됐습니다. 하지만 아직 인그레스의 종착점이 될 테스트용 디플로이먼트와 서비스를 생성하지 않았으므로(echo-hostname) 이를 생성해 최종적으로 인그레스의 동작 여부를 확인해 보겠습니다. Nginx 인그레스 컨트롤러로 들어오는 요청은 이 디플로이먼트의 파드들로 분산될 것입니다.[5]

```
$ kubectl apply -f hostname-deployment.yaml
deployment.apps/hostname-deployment created

$ kubectl apply -f hostname-service.yaml
service/hostname-service created
```

```
$ kubectl get pods,services
NAME                                              READY   STATUS    RESTARTS   AGE
pod/hostname-deployment-6965678d58-8qsng          1/1     Running   0          3m26s
pod/hostname-deployment-6965678d58-sbrxb          1/1     Running   0          3m26s
```

---

[4] 이 책에서 MetalLB를 설명하지는 않지만 관심이 있다면 https://metallb.universe.tf/를 참고하기 바랍니다.
[5] 인그레스의 종착점 역할을 하는 hostname-deployment.yaml 및 hostname-service.yaml 파일의 내용은 여기에 싣지 않았으나, 이 책의 깃허브 저장소에서 내용을 확인해 사용할 수 있습니다. (https://github.com/alicek106/start-docker-kubernetes-renewal/tree/master/chapter8)

```
pod/hostname-deployment-6965678d58-shrzz   1/1    Running    0          3m26s

NAME                              TYPE         CLUSTER-IP       EXTERNAL-IP    PORT(S)     AGE
service/hostname-service          ClusterIP    10.110.123.63    <none>         8080/TCP    3m21s
...
```

 인그레스 컨트롤러에 의해 요청이 최종적으로 도착할 디플로이먼트의 서비스는 어떤 타입이든지 상관은 없습니다. 다만 굳이 외부에 서비스를 노출할 필요가 없다면 ClusterIP 타입을 사용하는 것이 좋습니다. 위 예시에서 hostname-service라는 이름의 서비스는 ClusterIP 타입으로 생성했습니다.

Nginx 인그레스 컨트롤러의 /echo-hostname으로 요청을 전송해 보겠습니다. AWS를 사용하고 있다면 DNS 이름으로, GKE라면 IP 이름으로 접근합니다.

```
$ curl a20...2.elb.amazonaws.com/echo-hostname
<html>
<head><title>404 Not Found</title></head>
<body>
<center><h1>404 Not Found</h1></center>
<hr><center>openresty/1.15.8.1</center>
</body>
</html>
```

이상하게도 404 Not Found 에러가 반환됐습니다. 이는 이전에 인그레스를 생성할 때 Nginx 인그레스 컨트롤러에 alicek106.example.com으로 접근했을 때만 응답을 처리하도록 설정했기 때문입니다. 따라서 alicek106.example.com이 아닌 다른 도메인 이름으로 접근할 때는 Nginx 인그레스 컨트롤러가 해당 요청을 처리하지 않습니다.

```
...
spec:
  rules:
  - host: alicek106.example.com
    http:
...
```

Nginx에 접근하기 위한 LoadBalancer 타입의 서비스를 생성했을 때, GKE에서 부하 분산기의 IP만 할당받았다면 curl 명령어의 --resolve 옵션을 통해 임시로 도메인명을 설정할 수 있습니다.

```
$ curl --resolve alicek106.example.com:80:<부하 분산기 IP> alicek106.example.com/echo-hostname
$ # 사용 예시
$ curl --resolve alicek106.example.com:80:1.2.3.4 alicek106.example.com/echo-hostname
-----
You accessed to path "/"
Access Server URL : http://alicek106.example.com/
Container Hostname : hostname-deployment-6c97ccbc99-kcr5d
Container IP : 10.233.86.136
-----
```

 온프레미스 환경이나 GKE와 같이 IP만 할당받아 사용하고 있다면 /etc/hosts 파일에 IP와 도메인을 설정해 임시로 동작 여부를 테스트할 수 있습니다.

```
# Nginx 인그레스 컨트롤러에 접근할 수 있는 IP가 10.20.30.40인 경우의 /etc/hosts 파일
...
10.20.30.40 alicek106.example.com
```

NodePort 타입으로 서비스를 생성했다면 다음과 같은 명령어로 테스트할 수 있습니다. 아래 예시는 이 책에서 제공하는 예제를 사용해 31000 포트로 NodePort 서비스를 생성한 경우입니다.[6]

```
$ curl --resolve alicek106.example.com:31000:<노드 중 하나의 IP를 입력합니다> \
  alicek106.example.com:31000/echo-hostname
...
```

AWS에서 임의의 DNS를 LoadBalancer 타입의 서비스에 할당받았다면 이미 생성된 인그레스 리소스의 정보에서 host 항목을 직접 로드 밸런서의 DNS로 수정해 보겠습니다. kubectl edit 명령어를 실행한 뒤, host 항목에 서비스의 DNS 명을 입력해 저장합니다.

```
$ kubectl edit ingress ingress-example
...
spec:
  rules:
  - host: a206556....ap-northeast-2.elb.amazonaws.com
    http:
      paths:
      - backend:
...
```

---

[6] 단, 이 경우 보안 그룹이나 방화벽에서 노드로 향하는 31000번 포트가 개방되어 있어야 합니다.

인그레스의 host 항목을 변경했기 때문에 AWS 로드 밸런서의 DNS 이름으로 접근할 때도 Nginx 인그레스 컨트롤러가 해당 요청을 처리할 것입니다.

```
$ curl a2065564...ap-northeast-2.elb.amazonaws.com/echo-hostname
-----
You accessed to path "/"
Access Server URL : a2065564...ap-northeast-2.elb.amazonaws.com/
Container Hostname : hostname-deployment-6c5c6885c-wrj9n
Container IP : 192.168.2.153
-----
```

지금은 인그레스의 기능을 하나씩 사용해보기 위해 YAML 파일에 host, path 항목 등을 모두 명시했지만, 이는 반드시 정의해야 하는 것은 아닙니다. 인그레스를 최소한의 설정만으로 생성하려면 아래와 같이 서비스 이름만을 YAML 파일에 명시할 수도 있습니다. 예를 들어 아래의 YAML 파일은 Nginx에 접근하는 도메인 이름(host 항목)에 상관없이 hostname-service 서비스로 요청을 전달합니다.

예제 8.3 chapter8/minimal-ingress-k8s-latest.yaml

```yaml
apiVersion: networking.k8s.io/v1
kind: Ingress
metadata:
  name: minimal-ingress
spec:
  ingressClassName: nginx
  rules:
  - http:
      paths:
      - path: /
        pathType: Prefix
        backend:
          service:
            name: hostname-service
            port:
              number: 80
```

물론 여러분이 실제 운영 환경에서 인그레스를 활용할 때는 host, path 등의 항목을 사용해야 하는 상황이 대부분이기 때문에 각 항목을 필요에 따라 적절히 사용하면 됩니다.

인그레스 컨트롤러의 동작 원리 이해

지금까지 구성해본 전체 구조를 그림으로 나타내면 다음과 같습니다.[7]

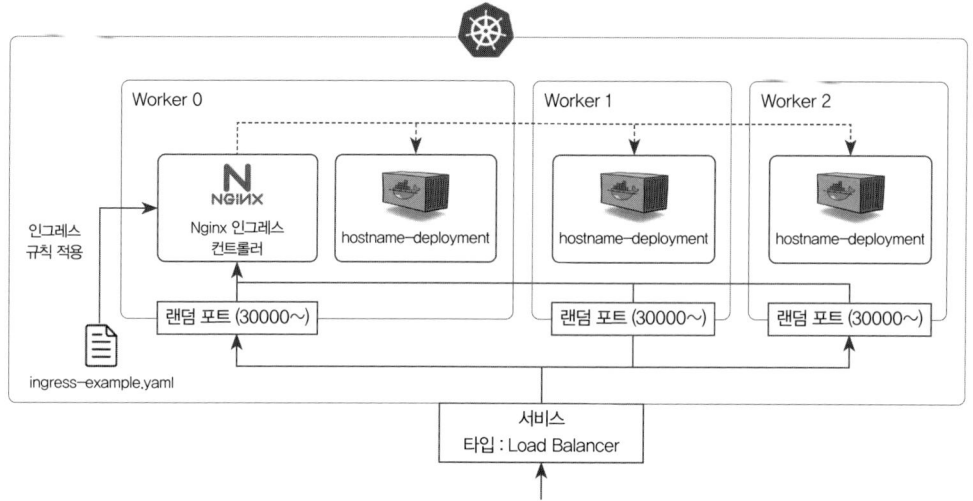

그림 8.6 인그레스 컨트롤러를 활용한 전체 구성도

인그레스를 사용하는 방법을 순서대로 정리해 보겠습니다.

1. 공식 깃허브에서 제공되는 YAML 파일로 Nginx 인그레스 컨트롤러를 생성합니다.
2. Nginx 인그레스 컨트롤러를 외부로 노출하기 위한 서비스를 생성합니다.
3. 요청 처리 규칙을 정의하는 인그레스 오브젝트를 생성합니다.
4. Nginx 인그레스 컨트롤러로 들어온 요청은 인그레스 규칙에 따라 적절한 서비스로 전달됩니다.

위 과정 중 3번에서 인그레스를 생성하면 인그레스 컨트롤러는 자동으로 인그레스를 로드해 Nginx 웹 서버에 적용합니다. 이를 위해 Nginx 인그레스 컨트롤러는 항상 인그레스 리소스의 상태를 지켜보고 있으며, 기본적으로 모든 네임스페이스의 인그레스 리소스를 읽어와 규칙을 적용합니다.

---

7 3개의 워커 노드로 구성돼 있다는 가정하에 각 파드의 위치를 임의로 배치했습니다.

쿠버네티스의 API에는 특정 오브젝트의 상태가 변화하는 것을 확인할 수 있는 Watch라는 API가 있으며, 인그레스 컨트롤러 또한 인그레스 리소스에 대해 Watch API를 사용합니다. Watch는 리소스에 생성, 삭제, 수정 등의 이벤트가 발생했을 때 이를 알려주는 기능으로, kubectl get 명령어에서도 -w 옵션을 붙여 사용할 수 있습니다.

```
$ kubectl get pods -w # 파드에 변화가 생기면 이를 콘솔에 표시합니다.
```

특정 경로와 호스트 이름으로 들어온 요청은 인그레스에 정의된 규칙에 따라 서비스로 전달됩니다. 이전에 생성했던 테스트용 인그레스에서는 /echo-hostname이라는 경로로 들어온 요청을 hostname-service라는 서비스의 80 포트로 전달했습니다.

```
...
    - path: /echo-hostname
      pathType: Prefix
      backend:
        service:
          name: hostname-service
          port:
            number: 80
...
```

하지만 요청이 실제로 hostname-service라는 서비스로 전달되는 것은 아니며, Nginx 인그레스 컨트롤러는 서비스에 의해 생성된 엔드포인트로 요청을 직접 전달합니다. 즉 서비스의 ClusterIP가 아닌 엔드포인트의 실제 종착 지점들로 요청이 전달되는 셈입니다. 이러한 동작을 쿠버네티스에서는 바이패스(bypass)라고 부릅니다. 서비스를 거치지 않고 파드로 직접 요청이 전달되기 때문입니다.

```
$ kubectl get endpoints # ENDPOINTS 항목에 출력된 지점으로 요청이 전달됩니다.
NAME                ENDPOINTS                                                   AGE
hostname-service    192.168.1.246:5000,192.168.2.156:5000,192.168.3.173:5000    20h
...
```

8.3 인그레스의 세부 기능 : annotation을 이용한 설정

이전에 인그레스를 생성할 때, 주석(annotation) 항목에서 몇 가지를 설정했던 것을 기억할 것입니다. 인그레스는 YAML 파일의 주석 항목을 정의함으로써 다양한 옵션을 사용할 수 있습니다. 이전에 사용해봤던 주석 항목을 다시 살펴보겠습니다.

```
apiVersion: networking.k8s.io/v1
kind: Ingress
metadata:
  name: ingress-example
  annotations:
    nginx.ingress.kubernetes.io/rewrite-target: /
spec:
...
```

주석 이름에서 알 수 있듯이 이 주석은 Nginx 인그레스 컨트롤러에서만 사용할 수 있는 기능입니다. 이 주석은 인그레스에 정의된 경로로 들어오는 요청을 rewrite-target에 설정된 경로로 전달합니다. 예를 들어, Nginx 인그레스 컨트롤러로 /echo-hostname으로 접근하면 hostname-service에는 / 경로로 전달됩니다.

```
...
    nginx.ingress.kubernetes.io/rewrite-target: /    # [2] hostname-service의 /로 전달됩니다.
...
    paths:
    - path: /echo-hostname                           # [1] /echo-hostname 경로로 들어온 요청은
...
```

단, rewrite-target은 /echo-hostname이라는 경로로 시작하는 모든 요청을 hostname-service 의 /로 전달합니다. 예를 들어 /echo-hostname/alice/bob이라는 경로로 요청을 보내도 똑같이 /로 전달됩니다.

```
$ curl http://a91008ce...ap-northeast-2.elb.amazonaws.com/echo-hostname/alice/bob
-----
You accessed to path "/"
Access Server URL : http://a91008ceb902b11e9b2a602ef9cb0c7d-1857093356.ap-northeast-2.elb.amazonaws.com/
Container Hostname : hostname-deployment-6c5c6885c-rn7n6
Container IP : 192.168.1.252
-----
```

사실 rewrite-target은 Nginx의 캡처 그룹(Captured groups)과 함께 사용할 때 유용한 기능입니다. 캡처 그룹이란 정규 표현식의 형태로 요청 경로 등의 값을 변수로서 사용할 수 있는 방법입니다. 이번에는 기존에 사용해 봤던 인그레스를 다음과 같이 조금 변경해 보겠습니다.

예제 8.4 chapter8/ingress-rewrite-target-k8s-latest.yaml

```yaml
apiVersion: networking.k8s.io/v1
kind: Ingress
metadata:
  name: ingress-example
  annotations:
    nginx.ingress.kubernetes.io/rewrite-target: /$2 # path의 (.*) 에서 획득한 경로로 전달합니다.
spec:
  ingressClassName: nginx
  rules:
  - host: <여러분이 Nginx 컨트롤러에 접근하기 위한 도메인 이름을 입력합니다>
  #- host: a2cbfefcfbcfd48f8b4c15039fbb6d0a-1976179327.ap-northeast-2.elb.amazonaws.com
    http:
      paths:
      - path: /echo-hostname(/|$)(.*)         # (.*) 을 통해 경로를 얻습니다.
        pathType: ImplementationSpecific
        backend:
          service:
            name: hostname-service
            port:
              number: 80
```

```
$ kubectl apply -f ingress-rewrite-target-k8s-latest.yaml
ingress.extensions/ingress-example configured
```

rewrite-target과 path를 조금 수정했지만, 아주 어려운 설정은 아닙니다. path 항목에서 (.*)이라는 Nginx의 정규 표현식을 통해 /echo-hostname/ 뒤에 오는 경로를 얻은 뒤, 이 값을 rewrite-target에서 사용한 것뿐입니다. 즉, /echo-hostname/으로 접근하면 이전과 동일하게 /로 전달되지만, /echo-hostname/color는 /color로, /echo-hostname/color/red는 /color/red로 전달됩니다. 즉, 요청 경로를 다시 쓰는(rewrite) 것이라고 이해하면 쉽습니다.[8]

---

[8] 요청을 최종적으로 처리하는 파드는 /, /color, /color/red, /color/blue 총 4가지의 경로를 받아들이도록 돼 있으며, 소스코드는 https://github.com/alicek106/nginx-ingress-annotation-text에서 확인할 수 있습니다.

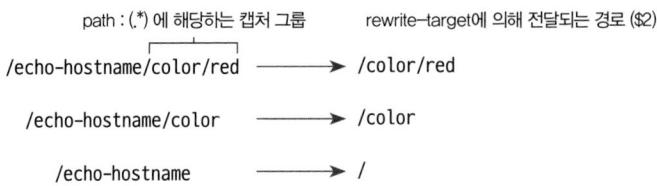

```
$ curl http://a91008ce...ap-northeast-2.elb.amazonaws.com/echo-hostname/
-----
You accessed to path "/"
...
$ curl http://a91008ce...ap-northeast-2.elb.amazonaws.com/echo-hostname/color
-----
You accessed to path "/color"
...
$ curl http://a91008ce...ap-northeast-2.elb.amazonaws.com/echo-hostname/color/red
-----
You accessed to path "/color/red"
...
```

그 외에도 루트 경로(/)로 접근했을 때 특정 path로 리다이렉트하는 app-root 주석이나 SSL 리다이렉트를 위한 ssl-redirect 주석 등을 사용할 수 있습니다. Nginx 인그레스 컨트롤러에서 사용할 수 있는 주석은 공식 사이트[9]에서 확인할 수 있으며, 여러분의 필요에 따라 적절히 선택해 사용하면 됩니다.

단, 이러한 주석들은 Nginx 인그레스 컨트롤러에서만 사용할 수 있으며, 다른 인그레스 컨트롤러 서버를 사용한다면 해당 인그레스 컨트롤러의 공식 문서를 참고해 적절한 방법으로 기능을 사용해야 합니다.

8.4 Nginx 인그레스 컨트롤러에 SSL/TLS 보안 연결 적용

인그레스의 장점 중 하나는 쿠버네티스의 뒤쪽에 있는 디플로이먼트와 서비스가 아닌, 앞쪽에 있는 인그레스 컨트롤러에서 편리하게 SSL/TLS 보안 연결을 설정할 수 있다는 것입니다. 즉, 인그레스 컨트롤러 지점에서 인증서를 적용해 두면 요청이 전달되는 애플리케이션에 대해 모두 인증서 처리를 할 수 있습니다. 따라서 인그레스 컨트롤러가 보안 연결을 수립하기 위한 일종의 관문(Gateway) 역할을 한다고도 볼 수 있습니다.

---

9 https://kubernetes.github.io/ingress-nginx/user-guide/nginx-configuration/annotations/

AWS와 같은 클라우드 환경에서 LoadBalancer 타입의 서비스를 사용할 계획이라면 클라우드 플랫폼 자체에서 관리해주는 인증서를 인그레스 컨트롤러에 적용할 수도 있습니다. 예를 들어 AWS의 ACM(AWS Certificate Manager)을 LoadBalancer 타입의 서비스에 제공하는 방법을 생각해 볼 수 있습니다. 그렇지만 이번 장에서는 직접 서명한 루트 인증서를 통해 Nginx 인그레스 컨트롤러에 적용하는 기초적인 방법을 알아봅니다.

Nginx 인그레스 컨트롤러 또한 인증서를 통한 보안 연결 기능을 제공하기 때문에 어렵지 않게 보안 연결을 설정할 수 있습니다. 가장 먼저 보안 연결에 사용할 인증서와 비밀키를 생성하겠습니다.

```
$ openssl req -x509 -nodes -days 365 -newkey rsa:2048 \
  -keyout tls.key -out tls.crt -subj "/CN=alicek106.example.com/O=alicek106"
```

 /CN에는 여러분이 Nginx 인그레스 컨트롤러에 접근하기 위한 Public DNS 이름을 입력해야 합니다. 위 예시에서는 Nginx 인그레스 컨트롤러와 연결된 서비스에 alicek106.example.com이라는 도메인으로 접근한다고 가정한 것이며, 인증서 생성 옵션은 여러분의 환경에 맞게 적절히 변경해 사용해야 합니다. 예를 들어, AWS에서 생성되어 동적인 도메인 이름을 할당받은 클래식 로드 밸런서라면 /CN=*.ap-northeast-2.elb.amazonaws.com처럼 사용하는 것도 가능합니다.

위 명령어로부터 tls.key라는 비밀키와 tls.crt라는 인증서가 생성됐습니다. 이 파일들을 통해 tls 타입의 시크릿을 생성합니다.

```
$ ls
tls.crt tls.key ….

$ kubectl create secret tls tls-secret --key tls.key --cert tls.crt
secret/tls-secret created
```

이전과 마찬가지로 미리 생성해 뒀던 ingress-example이라는 인그레스의 설정에 TLS 옵션을 추가해 적용해 보겠습니다. 아래의 내용으로 ingress-tls.yaml 파일을 작성합니다.

예제 8.5 chapter8/ingress-tls-k8s-latest.yaml

```
apiVersion: networking.k8s.io/v1
kind: Ingress
metadata:
  name: ingress-example
  annotations:
    nginx.ingress.kubernetes.io/rewrite-target: /
spec:
```

```
  ingressClassName: nginx
  tls:
  - hosts:
    - alicek106.example.com # 여러분의 도메인 이름을 입력해야 합니다.
    secretName: tls-secret
  rules:
  - host: alicek106.example.com # 여러분의 도메인 이름을 입력해야 합니다.
    http:
      paths:
      - path: /echo-hostname
        pathType: Prefix
        backend:
          service:
            name: hostname-service
            port:
              number: 80
```

이전과는 달리 tls 항목을 새롭게 정의했습니다. spec.tls.hosts 항목에서는 보안 연결을 적용할 도메인 이름을, spec.tls.secretName은 앞서 생성했던 tls 타입의 시크릿 이름을 입력했습니다. 이는 alicek106.example.com이라는 도메인 이름으로 접근하는 요청에 대해 tls-secret 시크릿의 인증서로 보안 연결을 수립하겠다는 뜻입니다.

인그레스를 생성한 뒤 Nginx 인그레스 컨트롤러로 요청을 보내 보겠습니다.

```
$ kubectl apply -f ingress-tls-k8s-latest.yaml
ingress.extensions/ingress-example configured

$ # curl의 -k 옵션은 신뢰할 수 없는 인증서로 보안 연결을 하기 위함입니다.
$ curl https://alicek106.example.com/echo-hostname -k
-----
You accessed to path "/"
Access Server URL : http://alicek106.example.com/
Container Hostname : hostname-deployment-6c5c6885c-bqhkd
Container IP : 192.168.1.10
-----
```

https로 접근했을 때에도 정상적으로 데이터를 반환하는 것을 확인할 수 있습니다. 단, 인증서를 통해 보안 연결을 설정했을 때는 http로 접근해도 자동으로 https로 리다이렉트됩니다. 이는 특정 인그레스에 SSL/TLS가 적용됐을 때, Nginx 인그레스 컨트롤러가 https로 리다이렉트하는 주석 (annotation) 기능인 ssl-redirect를 자동으로 true로 설정하기 때문입니다.

```
$ curl http://alicek106.example.com/echo-hostname -k
<html>
<head><title>308 Permanent Redirect</title></head>
<body>
<center><h1>308 Permanent Redirect</h1></center>
<hr><center>nginx/1.15.10</center>
</body>
</html>
```

8.5 여러 개의 인그레스 컨트롤러 사용하기

하나의 쿠버네티스 클러스터에서 반드시 하나의 인그레스 컨트롤러를 사용해야 하는 것은 아닙니다. 인그레스 클래스라는 개념을 통해 여러 개의 인그레스 컨트롤러를 사용할 수도 있으며, 이는 인그레스 리소스에서 설정할 수 있습니다. 지금까지는 인그레스 리소스를 생성할 때 ingressClassName 항목에 nginx라는 값을 설정했습니다.

```
apiVersion: networking.k8s.io/v1
kind: Ingress
metadata:
  name: ingress-example
...
spec:
  ingressClassName: nginx
...
```

nginx라는 이름의 인그레스 클래스는 Nginx 인그레스 컨트롤러를 생성할 때 자동으로 생성된 것입니다. 이를 직접 확인해보기 위해 이전에 Nginx 인그레스 컨트롤러를 생성할 때 사용된 YAML 파일을 조금 더 자세히 살펴보겠습니다.

```
$ wget \
https://raw.githubusercontent.com/kubernetes/ingress-nginx/controller-v1.12.1/deploy/static/provider/cloud/deploy.yaml

$ vim deploy.yaml
...
    - args:
      - /nginx-ingress-controller
      - --publish-service=$(POD_NAMESPACE)/ingress-nginx-controller
      - --election-id=ingress-nginx-leader
```

```
      - --controller-class=k8s.io/ingress-nginx
      - --ingress-class=nginx
      - --configmap=$(POD_NAMESPACE)/ingress-nginx-controller
---
apiVersion: networking.k8s.io/v1
kind: IngressClass
metadata:
…
  name: nginx
spec:
  controller: k8s.io/ingress-nginx
…
```

Nginx 인그레스 컨트롤러를 배포하는 디플로이먼트의 실행 인자에서 --ingress-class라는 옵션에 nginx라는 값이 설정되어 있고, nginx라는 이름의 IngressClass 리소스도 생성하고 있습니다.

 인그레스 클래스 또한 쿠버네티스 리소스이므로 kubectl get 명령어로 확인할 수 있습니다.

```
$ kubectl get ingressclass
NAME    CONTROLLER              PARAMETERS   AGE
nginx   k8s.io/ingress-nginx    <none>       79m
```

인그레스 클래스는 특정 인그레스 규칙을 어떤 인그레스 컨트롤러에 적용할 것인지를 의미합니다. Nginx 인그레스 컨트롤러는 배포 시에 --ingress-class 옵션을 통해 nginx라는 이름의 인그레스 클래스를 사용하도록 설정되어 있으므로, 지금까지 인그레스 YAML 파일에서 ingressClassName: nginx로 설정했을 때 문제 없이 잘 동작했던 것입니다.

이와 동일한 원리로, Kong과 같은 인그레스 컨트롤러의 클래스 이름을 ingressClassName에 명시하면 nginx가 아닌 해당 인그레스 컨트롤러에 인그레스 라우팅 룰이 적용될 것입니다. 이처럼 인그레스 클래스를 통해 어떤 인그레스 컨트롤러를 사용할 것인지를 유동적으로 명시할 수 있습니다.

리소스 정리

이번 장의 실습에서 생성한 리소스가 남아있다면 이를 모두 삭제한 뒤 다음 장으로 넘어갑니다. 이 책에서 제공하는 깃허브 저장소를 미리 내려받아 뒀다면 실습에 사용한 YAML 파일이 위치한 디렉터리를 통해 리소스를 쉽게 삭제할 수 있습니다.

```
$ cd chapter8/
$ kubectl delete -f ./

deployment.apps "hostname-deployment" deleted
service "hostname-service" deleted
ingress.networking.k8s.io "ingress-example" deleted
....
```

필요에 따라서는 Nginx 인그레스 컨트롤러를 직접 삭제합니다.

```
$ kubectl delete -f \
https://raw.githubusercontent.com/kubernetes/ingress-nginx/controller-v1.12.1/deploy/static/
provider/cloud/deploy.yaml
```

09

퍼시스턴트 볼륨(PV)과
퍼시스턴트 볼륨 클레임(PVC)

지금까지 사용해봤던 간단한 테스트용 디플로이먼트는 모두 상태가 없는(stateless) 애플리케이션이었습니다. 즉, 디플로이먼트의 각 파드는 별도의 데이터를 가지고 있지 않았으며, 단순히 요청에 대한 응답만을 반환했습니다. 그렇지만 데이터베이스처럼 파드 내부에서 특정 데이터를 보유해야 하는, 상태가 있는(stateful) 애플리케이션의 경우에는 데이터를 어떻게 관리할지 고민해야 합니다. 예를 들어 MySQL 디플로이먼트를 통해 파드를 생성했다고 하더라도 MySQL 파드 내부에 저장된 데이터는 절대 영속적이지 않습니다. 디플로이먼트를 삭제하면 파드도 함께 삭제되고, 그와 동시에 파드의 데이터 또한 함께 삭제되기 때문입니다.

이를 해결하기 위해서는 파드의 데이터를 영속적으로 저장하기 위한 방법이 필요합니다. 이전에 도커에서 볼륨을 다룰 때 사용해 봤던 docker run -v 옵션이나 docker volume 명령어를 기억할 것입니다. 이러한 옵션들은 단일 컨테이너의 디렉터리를 호스트와 공유함으로써 데이터를 보존했습니다.

```
$ docker volume create myvolume
$ docker run -it --name test -v myvolume:/mnt ubuntu:16.04
```

쿠버네티스에서도 호스트에 위치한 디렉터리를 각 파드와 공유함으로써 데이터를 보존하는 것이 가능합니다. 그렇지만 여러 개의 서버로 구성된 쿠버네티스와 같은 클러스터 환경에서는 이 방법이 적합하지 않을 수 있습니다. 쿠버네티스는 워커 노드 중 하나를 선택해 파드를 할당하는데, 특정 노드에서만 데이터를 보관해 저장하면 파드가 다른 노드로 옮겨갔을 때 해당 데이터를 사용할 수 없게 됩니다. 따라서 특정 노드에서만 파드를 실행해야 하는 상황이 생길 수도 있습니다.

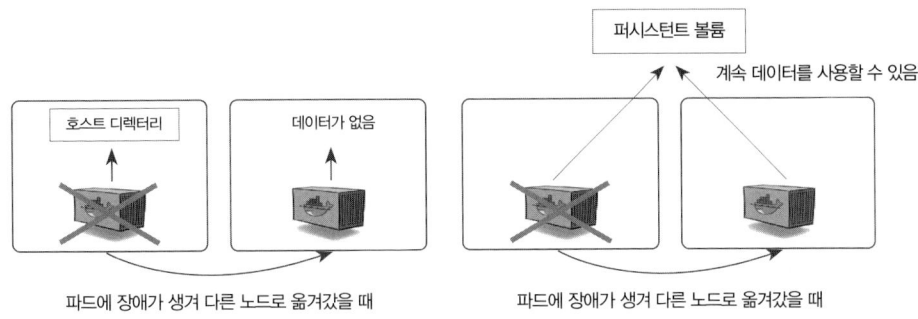

그림 9.1 호스트 디렉터리에 영속적인 데이터를 저장하는 방법의 한계

이를 해결할 수 있는 일반적인 방법은 어느 노드에서도 접근해 사용할 수 있는 퍼시스턴트 볼륨(Persistent Volume)을 사용하는 것입니다. 퍼시스턴트 볼륨은 워커 노드들이 네트워크상에서 스토리지를 마운트해 영속적으로 데이터를 저장할 수 있는 볼륨을 의미합니다. 따라서 파드에 장애가 생겨 다른 노드로 옮겨가더라도 해당 노드에서 퍼시스턴트 볼륨에 네트워크로 연결해 데이터를 계속해서 사용할 수 있습니다. 네트워크로 연결해 사용할 수 있는 퍼시스턴트 볼륨의 대표적인 예로는 NFS, AWS의 EBS(Elastic Block Store), Ceph, GlusterFS 등이 있습니다.

쿠버네티스는 퍼시스턴트 볼륨을 사용하기 위한 기능을 자체적으로 제공하고 있습니다. 이번 장에서는 상태를 가지는 파드의 데이터를 보존하기 위한 쿠버네티스의 오브젝트인 퍼시스턴트 볼륨(Persistent Volume : PV), 퍼시스턴트 볼륨 클레임(Persistent Volume Claim : PVC)에 대해서 알아봅니다.

9.1 로컬 볼륨 : hostPath, emptyDir

쿠버네티스가 어떻게 볼륨을 관리하는지 알아보기 전에, 볼륨을 간단히 사용해 볼 수 있는 hostPath와 emptyDir 두 가지 종류의 볼륨을 먼저 알아봅니다. hostPath는 호스트와 볼륨을 공유하기 위해서 사용하고, emptyDir은 파드의 컨테이너 간에 볼륨을 공유하기 위해서 사용합니다. 비록 이 두 가지는 자주 사용되는 볼륨 종류는 아니지만, YAML 파일에서 볼륨을 정의하고 사용하는 것에 익숙해진다는 생각으로 먼저 사용해 보겠습니다.

9.1.1 워커 노드의 로컬 디렉터리를 볼륨으로 사용 : hostPath

파드의 데이터를 보존할 수 있는 가장 간단한 방법은 호스트의 디렉터리를 파드와 공유해 데이터를 저장하는 것입니다. 호스트와 디렉터리를 공유하는 파드를 생성하기 위해 아래의 내용으로 YAML 파일을 작성해 보겠습니다.

예제 9.1 chapter9/hostpath-pod.yaml

```yaml
apiVersion: v1
kind: Pod
metadata:
  name: hostpath-pod
spec:
  containers:
    - name: my-container
      image: busybox
      args: [ "tail", "-f", "/dev/null" ]
      volumeMounts:
        - name: my-hostpath-volume
          mountPath: /etc/data
  volumes:
    - name: my-hostpath-volume
      hostPath:
        path: /tmp
```

이전에 컨피그맵을 파드의 볼륨으로 사용했던 것과 비슷한 형식입니다. volumes 항목에 볼륨을 정의한 뒤, 이를 파드를 정의하는 containers 항목에서 참조해 사용합니다. 위 예시에서는 볼륨에서 **hostPath** 항목을 정의함으로써 호스트의 /tmp를 파드의 /etc/data에 마운트했습니다.

파드를 생성한 뒤 파드의 컨테이너 내부로 들어가 /etc/data 디렉터리에 파일을 생성하면 호스트의 /tmp 디렉터리에 파일이 저장됩니다. 파드 컨테이너의 /etc/data와 호스트의 /tmp는 동일한 디렉터리로써 사용되는 것입니다.

```
$ kubectl apply -f hostpath-pod.yaml
pod/hostpath-pod created

$ kubectl exec -it hostpath-pod -- touch /etc/data/mydata
```

```
$ # 파드가 생성된 워커 노드로 접속한 뒤, /tmp 디렉터리를 확인합니다.[1]
$ ls /tmp/mydata
/tmp/mydata
```

그렇지만 이러한 방식의 데이터 보존은 바람직하지 않습니다. 디플로이먼트의 파드에 장애가 생겨 다른 노드로 파드가 옮겨갔을 경우, 이전 노드에 저장된 데이터를 사용할 수 없기 때문입니다. hostPath 방식의 볼륨을 반드시 사용해야 한다면 11.2절에서 설명하는 스케줄링을 이용해 특정 노드에만 파드를 배치하는 방법도 생각해 볼 수 있지만, 이 방법 또한 호스트 서버에 장애가 생기면 데이터를 잃게 된다는 단점이 있습니다.

그렇지만 hostPath 볼륨은 모든 노드에 배치해야 하는 특수한 파드의 경우에 유용하게 사용할 수 있습니다. 이전에 2.5.4.3절에서 사용해 봤던 모니터링 툴인 CAdvisor는 호스트의 디렉터리와 도커 소켓(/var/run/docker.sock) 등을 컨테이너 내부로 공유해 모니터링 데이터를 수집했습니다.

```
$ docker run \
--volume=/:/rootfs:ro \
--volume=/var/run:/var/run:rw \
--volume=/sys:/sys:ro \
--volume=/var/lib/docker/:/var/lib/docker:ro \
...
```

만약 CAdvisor와 같은 모니터링 툴을 쿠버네티스의 모든 워커 노드에 배포해야 한다면 hostPath를 사용하는 것이 옳은 선택일 것입니다.[2] 단, 이러한 특수한 경우를 제외한다면 hostPath를 사용하는 것은 보안 및 활용성 측면에서 그다지 바람직하지 않으므로 hostPath를 사용하는 것을 신중히 고려해 보는 것이 좋습니다.

9.1.2 파드 내의 컨테이너 간 임시 데이터 공유 : emptyDir

emptyDir 볼륨은 파드의 데이터를 영속적으로 보존하기 위해 외부 볼륨을 사용하는 것이 아닌, 파드가 실행되는 도중에만 필요한 휘발성 데이터를 각 컨테이너가 함께 사용할 수 있도록 임시 저장 공간을 생성합니다. emptyDir이라는 이름이 의미하는 것처럼 emptyDir 디렉터리는 비어있는 상태로 생성되며 파드가 삭제되면 emptyDir에 저장돼 있던 데이터도 함께 삭제됩니다.

---

1 kubectl get pods -o wide 명령어로 파드가 생성된 노드를 확인할 수 있습니다.
2 쿠버네티스는 모니터링을 위한 CAdvisor를 자체적으로 내장하고 있습니다.

emptyDir을 사용하는 간단한 예로서 아파치 웹 서버를 실행하는 파드를 생성해 보겠습니다. 아래의 YAML 파일은 아파치 웹 서버의 루트 디렉터리(htdocs)를 emptyDir에 마운트함과 동시에 이 디렉터리를 content-creator 컨테이너의 /data 디렉터리와 공유합니다.

예제 9.2 chapter9/emptydir-pod.yaml
```yaml
apiVersion: v1
kind: Pod
metadata:
  name: emptydir-pod
spec:
  containers:
  - name: content-creator
    image: alicek106/alpine-wget:latest
    args: ["tail", "-f", "/dev/null"]
    volumeMounts:
    - name: my-emptydir-volume
      mountPath: /data              # 1. 이 컨테이너가 /data에 파일을 생성하면

  - name: apache-webserver
    image: httpd:2
    volumeMounts:
    - name: my-emptydir-volume
      mountPath: /usr/local/apache2/htdocs/    # 2. 아파치 웹 서버에서 접근할 수 있습니다.

  volumes:
  - name: my-emptydir-volume
    emptyDir: {}                    # 파드 내에서 파일을 공유하는 emptyDir
```

emptyDir은 한 컨테이너가 파일을 관리하고 한 컨테이너가 그 파일을 사용하는 경우에 유용하게 사용할 수 있습니다. content-creator 컨테이너 내부로 들어가 /data 디렉터리에 웹 콘텐츠를 생성하면 아파치 웹 서버 컨테이너의 htdocs 디렉터리에도 동일하게 웹 콘텐츠 파일이 생성될 것이고, 이는 최종적으로 웹 서버에 의해 외부에 제공될 것입니다.[3]

```
$ kubectl apply -f emptydir-pod.yaml
pod/emptydir-pod created
```

```
$ kubectl exec -it emptydir-pod -c content-creator -- sh
/ # echo Hello, Kubernetes! >> /data/test.html
```

---

[3] 아파치 웹 서버는 기본적으로 /usr/local/apache2/htdocs/ 디렉터리를 웹 서버의 루트 디렉터리로 사용합니다.

```
/ # exit

$ kubectl describe pod emptydir-pod | grep IP
Annotations:         cni.projectcalico.org/podIP: 172.17.0.8
IP:                  172.17.0.8

$ kubectl run -i --tty --rm debug \
    --image=alicek106/ubuntu:curl --restart=Never -- curl 172.17.0.8/test.html
Hello, Kubernetes!
```

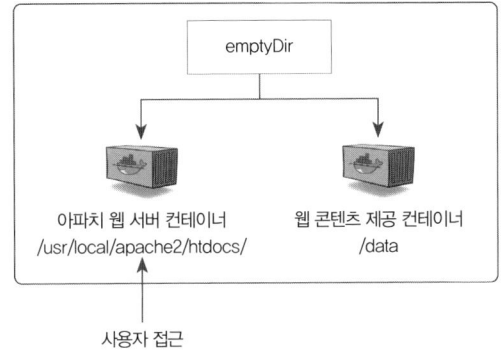

그림 9.2 emptyDir을 이용한 데이터 공유 시나리오

이러한 emptyDir의 사용 방법은 단적인 예시일 뿐이며, 여러분의 애플리케이션이 어떻게 구성돼 있느냐에 따라 다양한 방법으로 활용할 수 있습니다. 예를 들어 깃허브 소스코드를 받아와 emptyDir을 통해 애플리케이션 컨테이너에 공유해주는 사이드카 컨테이너를 생각해 볼 수도 있고, 설정 파일을 동적으로 갱신하는 컨테이너를 파드에 포함시킬 수도 있습니다.

9.2 네트워크 볼륨

쿠버네티스에서는 다양한 종류의 네트워크 볼륨을 파드에 마운트할 수 있습니다. 온프레미스 환경에서도 구축할 수 있는 NFS, iSCSI, GlusterFS, Ceph와 같은 네트워크 볼륨뿐만 아니라 AWS의 EBS(Elastic Block Store), GCP의 gcePersistentDisk와 같은 클라우드 플랫폼의 볼륨을 파드에 마운트할 수도 있습니다.[4]

---

[4] 사용 가능한 모든 스토리지의 종류는 쿠버네티스 공식 문서(https://kubernetes.io/docs/concepts/storage/volumes/#types-of-volumes)에서 확인할 수 있습니다.

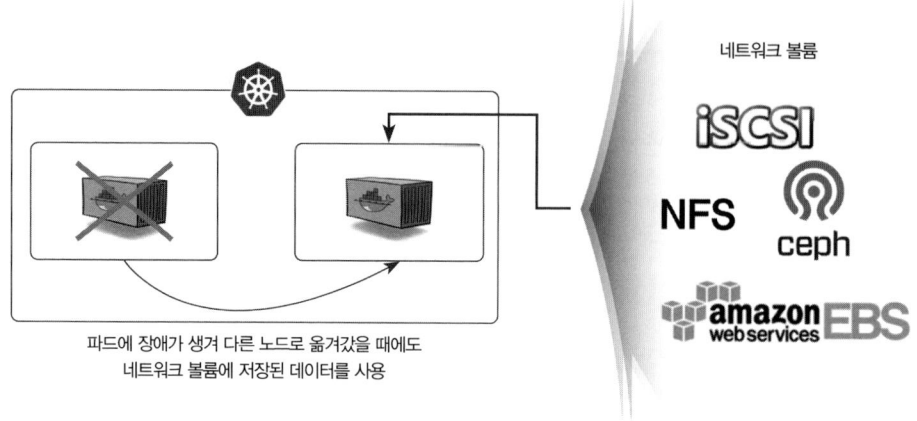

그림 9.3 쿠버네티스에서 사용할 수 있는 다양한 네트워크 볼륨들

네트워크 볼륨의 위치는 특별히 정해진 것이 없으며, 네트워크로 접근할 수만 있으면 쿠버네티스 클러스터 내부, 외부 어느 곳에 존재해도 크게 상관은 없습니다. 단, AWS의 EBS와 같은 클라우드에 종속적인 볼륨을 사용하려면 AWS에서 쿠버네티스 클러스터를 생성할 때 특정 클라우드를 위한 옵션이 별도로 설정돼 있어야 합니다.[5]

쿠버네티스에서 사용할 수 있는 네트워크 볼륨의 종류는 매우 많기 때문에 이번 절에서는 간단히 사용해 볼 수 있는 NFS 볼륨의 사용법만 설명합니다. GlusterFS, Ceph, Cinder와 같은 특정 스토리지 솔루션의 구축 방법과 마운트 방법을 이 책에서 설명하지는 않지만, 필요하다면 쿠버네티스의 공식 문서를 참고해 사용할 수 있습니다.[6]

 네트워크 볼륨의 종류는 매우 많기 때문에 어느 것을 선택해 사용해야 할지 고민이 될 수 있습니다. 네트워크 볼륨의 선택 기준은 볼륨을 사용하는 애플리케이션에 따라 달라질 수 있지만, 일반적으로 데이터의 읽기 및 쓰기 속도, 마운트 방식(1:1 또는 1:N), 네트워크 볼륨 솔루션 구축 비용 등을 고려할 수 있습니다. 네트워크 볼륨 솔루션에 뚜렷하게 정해진 답은 없기 때문에 여러분이 다양한 솔루션의 장단점을 직접 조사하거나 성능을 벤치마크 해 본 뒤 가장 적합한 솔루션을 사용하는 것이 좋습니다.

---

5 kops를 통해 AWS에서 설치했다면 자동으로 이 옵션이 설정됩니다(--cloud-provider).
6 https://kubernetes.io/docs/concepts/storage/volumes/

NFS를 네트워크 볼륨으로 사용하기

NFS(Network File System)는 대부분의 운영 체제에서 사용할 수 있는 네트워크 스토리지로, 여러 개의 클라이언트가 동시에 마운트해 사용할 수 있다는 특징이 있습니다. NFS는 여러 개의 스토리지를 클러스터링하는 다른 솔루션에 비해 안정성이 떨어질 수는 있으나, 하나의 서버만으로 간편하게 사용할 수 있으며, NFS를 마치 로컬 스토리지처럼 사용할 수 있다는 장점이 있습니다.

NFS를 사용하려면 NFS 서버와 NFS 클라이언트가 각각 필요합니다. NFS 서버는 영속적인 데이터가 실제로 저장되는 네트워크 스토리지 서버이고, NFS 클라이언트는 NFS 서버에 마운트해 스토리지에 파일을 읽고 쓰는 역할입니다. NFS 클라이언트는 워커 노드의 기능을 사용할 것이므로 따로 준비할 필요는 없으며, NFS 서버만 별도로 구축하면 됩니다.

여러분이 실제 운영 환경에서 NFS를 사용하려면 별도의 튜닝이 적용된 NFS 서버를 구축하는 것이 좋겠지만, 지금은 NFS의 기능을 간단히 사용해보기 위해 쿠버네티스 클러스터 내부에서 임시 NFS 서버를 하나 생성해 보겠습니다. 아래의 내용으로 nfs-deployment.yaml 파일과 nfs-service.yaml을 작성한 뒤 디플로이먼트를 생성합니다.

예제 9.3 chapter9/nfs-deployment.yaml

```yaml
apiVersion: apps/v1
kind: Deployment
metadata:
  name: nfs-server
spec:
  selector:
    matchLabels:
      role: nfs-server
  template:
    metadata:
      labels:
        role: nfs-server
    spec:
      containers:
      - name: nfs-server
        image: gcr.io/google_containers/volume-nfs:0.8
        ports:
          - name: nfs
            containerPort: 2049
          - name: mountd
            containerPort: 20048
```

```
      - name: rpcbind
        containerPort: 111
      securityContext:
        privileged: true
```

예제 9.4 chapter9/nfs-service.yaml
```
apiVersion: v1
kind: Service
metadata:
  name: nfs-service
spec:
  ports:
  - name: nfs
    port: 2049
  - name: mountd
    port: 20048
  - name: rpcbind
    port: 111
  selector:
    role: nfs-server
```

```
$ kubectl apply -f nfs-deployment.yaml
$ kubectl apply -f nfs-service.yaml
```

NFS 서버를 위한 디플로이먼트와 서비스를 생성했다면 다음 차례는 해당 NFS 서버의 볼륨을 파드에서 마운트해 데이터를 영속적으로 저장하는 것입니다. NFS 서버를 컨테이너에 마운트하는 파드를 새롭게 생성해 보겠습니다. 아래와 같이 파드를 생성하기 위한 YAML 파일을 작성합니다.

예제 9.5 chapter9/nfs-pod.yaml
```
apiVersion: v1
kind: Pod
metadata:
  name: nfs-pod
spec:
  containers:
    - name: nfs-mount-container
      image: busybox
      args: [ "tail", "-f", "/dev/null" ]
      volumeMounts:
      - name: nfs-volume
        mountPath: /mnt          # 파드 컨테이너 내부의 /mnt 디렉터리에 마운트합니다.
  volumes:
```

```
    - name : nfs-volume
      nfs:                            # NFS 서버의 볼륨을 파드의 컨테이너에 마운트합니다.
        path: /
        server: {NFS_SERVICE_IP}
```

mountPath를 /mnt로 설정했기 때문에 NFS 서버의 네트워크 볼륨은 파드 컨테이너의 /mnt 디렉터리에 마운트될 것입니다. 즉, 컨테이너 내부에서 /mnt 디렉터리에 파일을 저장하면 실제로는 NFS 서버에 데이터가 저장됩니다. 또한, volumes 항목에서 **nfs**라는 항목을 정의함으로써 NFS 서버의 볼륨을 사용한다고 명시했습니다.

위의 YAML 파일에서 유의해야 할 부분은 server 항목이 nfs-service라는 서비스의 DNS 이름이 아닌 {NFS_SERVICE_IP}로 설정돼 있다는 것입니다. NFS 볼륨의 마운트는 컨테이너 내부가 아닌 워커 노드에서 발생하므로 서비스의 DNS 이름으로 NFS 서버에 접근할 수 없습니다. 노드에서는 파드의 IP로 통신은 할 수 있지만, 쿠버네티스의 DNS를 사용하도록 설정돼 있지는 않기 때문입니다. 따라서 이번에는 예외적으로 NFS 서비스의 Cluster IP를 직접 얻은 뒤, YAML 파일에 사용하는 방식으로 파드를 생성해 보겠습니다.

```
$ # NFS 서버에 접근하기 위한 서비스의 Cluster IP를 얻습니다.
$ export NFS_CLUSTER_IP=$(kubectl get svc/nfs-service -o jsonpath='{.spec.clusterIP}')

$ # nfs-pod의 server 항목을 NFS_CLUSTER_IP로 교체해 생성합니다.
$ cat nfs-pod.yaml | sed "s/{NFS_SERVICE_IP}/$NFS_CLUSTER_IP/g" | kubectl apply -f -
```

kubectl get 명령어의 -o jsonpath는 리소스의 특정 정보만 가져올 수 있는 편리한 옵션입니다. 예를 들어 nfs-service 리소스의 내용을 json으로 출력해 보면 아래와 같을 것입니다.

```
$ kubectl get service nfs-service -o json
...
    "spec": {
        "clusterIP": "10.110.171.72",
        "ports": [
            {
```

-o jsonpath='{.spec.clusterIP}' 옵션은 해당 리소스의 JSON 내용 중에서 spec.clusterIP 항목만을 출력합니다. 이와 마찬가지로 위 항목 중에서 ports를 가져오고 싶다면 -o jsonpath='{.spec.ports}'와 같이 사용할 수 있습니다. jq와 같은 파싱 도구와 함께 사용하면 더욱 편하게 사용할 수 있습니다.

파드가 정상적으로 실행됐는지 확인한 뒤, 파드 내부로 들어가 저장 공간이나 마운트 목록을 출력해 보면 NFS 서버로부터 저장 공간을 마운트해 사용하고 있음을 알 수 있습니다.

```
$ kubectl get pod nfs-pod
NAME      READY   STATUS    RESTARTS   AGE
nfs-pod   1/1     Running   0          7s

$ kubectl exec -it nfs-pod -- sh
/ # df -h
Filesystem              Size    Used    Available   Use%    Mounted on
…
10.110.171.72:/         28.5G   21.0G   6.0G        78%     /mnt
```

> NFS 서버에 마운트하려면 워커 노드에서 별도의 NFS 패키지를 설치해야 할 수도 있습니다. 만약 파드가 ContainerCreating 상태에서 더 이상 진행되지 않는다면 kubectl describe pods 명령어로 무엇이 문제 인지 먼저 파악하고, 파드가 할당된 워커 노드에서 아래의 명령어로 NFS와 관련된 패키지를 설치합니다.
>
> ```
> $ apt-get install nfs-common
> ```

NFS 서버가 /mnt 디렉터리에 마운트됐으므로 파드의 컨테이너 내부의 /mnt 디렉터리에 저장된 파일은 파드가 다른 노드로 옮겨가거나 파드를 재시작해도 삭제되지 않습니다. 네트워크로 접근할 수 있는 볼륨인 NFS 서버에 파일이 영속적으로 저장되기 때문입니다.

단, 이번 절에서 살펴본 NFS 서버는 네트워크 볼륨 기능을 테스트하기 위한 용도임을 명심해야 합니다. 실제 운영 환경에서 NFS 서버를 도입하려면 백업 스토리지를 별도로 구축해 NFS의 데이터 손실에 대비하거나, NFS 서버의 설정 튜닝 및 NFS 서버에 접근하기 위한 DNS 이름을 준비해야 할 수도 있습니다. 이러한 설정들은 여러분의 환경에 맞게 적절히 구성해야 합니다.

9.3 PV, PVC를 이용한 볼륨 관리

9.3.1 퍼시스턴트 볼륨과 퍼시스턴트 볼륨 클레임을 사용하는 이유

쿠버네티스에서 지원하는 대부분의 볼륨 타입은 파드나 디플로이먼트의 YAML 파일에서 직접 정의해 사용할 수 있습니다. 지금까지 다뤘던 모든 예시는 파드의 YAML 파일에 볼륨의 정보를 직접 입력했습니다. 예를 들어 NFS는 아래와 같이 파드의 YAML 파일에 nfs라는 항목을 정의했고, NFS 서버의 엔드포인트도 함께 명시했습니다.

```
volumeMounts:
    - name: nfs-volume
```

```
        mountPath: /mnt
  volumes:
  - name : nfs-volume
    nfs:
      path: /
      server: {NFS_SERVICE_IP}        # 네트워크 볼륨의 엔드포인트를 직접 입력합니다.
```

볼륨을 간단하게 테스트하기 위한 용도라면 위와 같이 사용해도 크게 문제는 없습니다. 그렇지만 실제로 애플리케이션을 개발한 뒤 YAML 파일로 배포할 때는 이러한 방식이 바람직하지 않을 수 있습니다.

예를 들어 여러분이 MySQL 디플로이먼트를 배포하기 위한 YAML 파일을 작성한다고 가정해 보겠습니다. MySQL은 상태를 가지는 애플리케이션이기 때문에 반드시 영속적 스토리지를 마운트해 데이터를 보관해야 합니다. 따라서 쿠버네티스에서 사용할 수 있는 여러 네트워크 볼륨 종류 중 NFS를 사용하기로 했고, MySQL의 디플로이먼트를 정의하는 YAML 파일에 nfs 항목과 함께 NFS 서버의 정보를 기입했습니다.

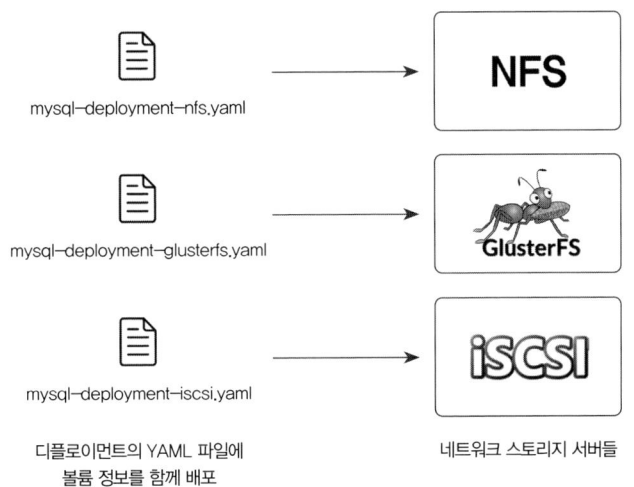

그림 9.4 애플리케이션을 배포하는 YAML 파일에 네트워크 스토리지 종류를 직접 명시하는 경우

여러분의 부서 내에서만 MySQL 디플로이먼트를 사용할 것이라면 문제 없겠지만, 이 YAML 파일을 다른 개발 부서에 배포하거나 웹상에 공개해야 한다면 조금 문제가 생깁니다. 여러분이 MySQL 디플로이먼트의 YAML 파일에 네트워크 볼륨으로서 NFS를 고정적으로 명시해뒀기 때문에 해당 YAML 파일로 MySQL을 생성하려면 반드시 NFS를 사용해야 합니다. 게다가 MySQL의 데이터를

보관하기 위해 iSCSI나 GlusterFS를 사용하고 싶다면 해당 네트워크 볼륨 타입을 명시하는 별도의 YAML 파일을 여러 개 만들어 배포해야 합니다. 즉, 볼륨과 애플리케이션의 정의가 서로 밀접하게 연관돼 있어 서로 분리할 수 없는 상황이 돼 버립니다.

이러한 불편함을 해결하기 위해 쿠버네티스에서는 퍼시스턴트 볼륨(Persistent Volume : PV)과 퍼시스턴트 볼륨 클레임(Persistent Volume Claim : PVC)이라는 오브젝트를 제공합니다. 이 두 개의 오브젝트는 파드가 볼륨의 세부적인 사항을 몰라도 볼륨을 사용할 수 있도록 추상화해주는 역할을 담당합니다. 즉, 파드를 생성하는 YAML 입장에서는 네트워크 볼륨이 NFS인지, AWS의 EBS인지 상관없이 볼륨을 사용할 수 있도록 하는 것이 핵심 아이디어입니다.

퍼시스턴트 볼륨과 퍼시스턴트 볼륨 클레임을 사용하는 흐름을 간단히 나타내면 다음과 같습니다.

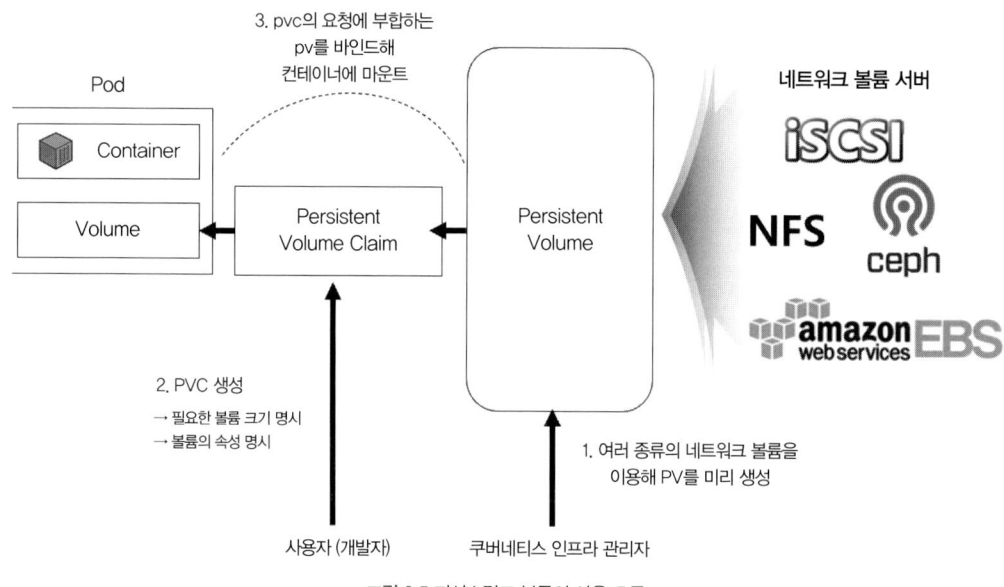

그림 9.5 퍼시스턴트 볼륨의 사용 흐름

우선 쿠버네티스 클러스터를 관리하는 **인프라 관리자**와 애플리케이션을 배포하려는 **사용자(개발자)**가 나뉘어 있다고 가정해 보겠습니다. 인프라 관리자는 NFS, Ceph와 같은 스토리지에 접근해 사용할 수 있으며, 이를 쿠버네티스로 가져오는 역할을 담당합니다. 이때, 사용자(개발자)가 디플로이먼트의 파드에 볼륨을 마운트해 사용하려면 다음과 같은 과정을 거치게 됩니다.

1. 인프라 관리자는 네트워크 볼륨의 정보를 이용해 퍼시스턴트 볼륨 리소스를 미리 생성해 둡니다. 네트워크 볼륨의 정보에는 NFS나 iSCSI와 같은 스토리지 서버에 마운트하기 위한 엔드포인트가 포함될 수 있습니다.

2. 사용자(개발자)는 파드를 정의하는 YAML 파일에 '이 파드는 데이터를 영속적으로 저장해야 하므로 마운트할 수 있는 외부 **볼륨이 필요하다**'라는 의미의 퍼시스턴트 볼륨 클레임을 명시하고, 해당 퍼시스턴트 볼륨 클레임을 생성합니다.

3. 쿠버네티스는 기존에 인프라 관리자가 생성해 뒀던 퍼시스턴트 볼륨의 속성과 사용자가 요청한 퍼시스턴트 볼륨 클레임의 요구 사항이 일치한다면 두 개의 리소스를 매칭시켜 바인드(bind)합니다. 파드가 이 퍼시스턴트 볼륨 클레임을 사용함으로써 파드의 컨테이너 내부에 볼륨이 마운트된 상태로 생성됩니다.

위 과정에서 중요한 점은 '**사용자는 디플로이먼트의 YAML 파일에 볼륨의 상세한 스펙을 정의하지 않아도 된다**'는 것입니다. 사용자는 YAML 파일에서 '이 디플로이먼트는 볼륨을 마운트할 수 있어야 한다'는 의미의 퍼시스턴트 볼륨 클레임을 명시할 뿐이며, 실제로 마운트되는 볼륨이 무엇인지 알 필요가 없습니다.

따라서 디플로이먼트를 정의하는 YAML 파일을 배포할 때에도 '이 디플로이먼트는 외부 볼륨을 필요로 한다'는 사실만을 포함해 배포할 뿐, 그 볼륨이 무엇인지는 정의하지 않습니다. 인프라 관리자가 미리 준비해 둔 퍼시스턴트 볼륨을 사용하기만 하면 되기 때문입니다. 이러한 방식을 사용하면 애플리케이션을 배포하는 YAML 파일을 좀 더 보편적인 방식으로 작성할 수 있습니다.

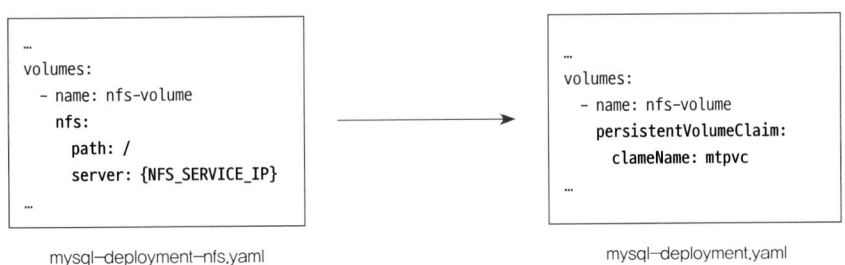

그림 9.6 퍼시스턴트 볼륨을 사용하지 않을 때와 사용할 때의 차이

위 그림은 퍼시스턴트 볼륨을 사용할 때와 그렇지 않을 때의 YAML 파일입니다. 디플로이먼트를 생성하는 YAML 파일에 nfs 항목을 정의하는 대신, persistentVolumeClaim 항목을 사용해 볼륨의 사용 여부만 나타냈습니다. 만약 인프라 관리자가 NFS, iSCSI, GlusterFS 등 볼륨의 종류에 상관없이 퍼시스턴트 볼륨을 생성해 뒀다면 쿠버네티스는 이를 매칭시켜 마운트할 것입니다.

 퍼시스턴트 볼륨 클레임을 통해 볼륨을 요청할 때, 볼륨의 크기, 1:N 또는 1:1 쓰기 가능 여부, 읽기 전용 등의 볼륨 요구 사항을 쿠버네티스에 전달할 수도 있습니다. 이때는 해당 조건에 만족하는 볼륨만을 매칭시켜 파드의 컨테이너에 마운트하게 됩니다. 이러한 옵션들에 대해서는 뒤에서 다시 설명합니다.

퍼시스턴트 볼륨 클레임을 YAML 파일로 작성하는 방법은 뒤에서 다시 다룰 것이므로 지금 당장은 완벽히 이해하지 못해도 괜찮습니다. 지금은 퍼시스턴트 볼륨과 퍼시스턴트 볼륨 클레임을 사용하는 이유와 그 개념에 대해서 이해하는 것만으로도 충분합니다.

9.3.2 퍼시스턴트 볼륨과 퍼시스턴트 볼륨 클레임 사용하기

퍼시스턴트 볼륨은 persistentvolume, 퍼시스턴트 볼륨 클레임은 persistentvolumeclaim이라는 이름으로 사용할 수 있습니다. 그렇지만 오브젝트의 이름이 너무 길어 오브젝트 이름을 전부 타이핑하는 것은 귀찮은 일이기에, 일반적으로 pv나 pvc라는 이름으로 더 많이 사용합니다. kubectl get pv,pvc 명령어로 리소스 목록을 출력해 보겠습니다.

```
$ kubectl get persistentvolume,persistentvolumeclaim
No resources found.

$ kubectl get pv,pvc
No resources found.
```

아직 어떠한 퍼시스턴트 볼륨도 생성하지 않았기 때문에 아무것도 출력되지 않습니다. 이전에 테스트용으로 쿠버네티스 내부에 생성해 두었던 NFS 서버를 퍼시스턴트 볼륨으로 등록해도 상관은 없지만, 이번에는 AWS에서 제공하는 클라우드 플랫폼의 볼륨을 사용해 보겠습니다. AWS에서 kops로 쿠버네티스를 설치했다면 퍼시스턴트 볼륨을 EBS(Elastic Block Store)와 연동해 사용할 수 있습니다.

 GKE에서 쿠버네티스를 사용하고 있다면 영구 디스크(Persistent Disk)라는 GCP의 볼륨을 사용할 수 있습니다. 어떤 환경에서 쿠버네티스를 사용하는지에 상관없이 퍼시스턴트 볼륨의 개념 자체는 동일하지만, 볼륨의 종류에 따라 퍼시스턴트 볼륨을 생성하는 방법이 조금씩 다릅니다. 여기서는 GKE에서 퍼시스턴트 볼륨을 사용하는 방법을 설명하지 않지만, 필요하다면 이 책에서 제공하고 있는 가이드를 참고해 따라 할 수 있습니다.[7]

지금부터 여러분이 인프라 관리자가 됐다고 생각하고 외부 네트워크 볼륨을 쿠버네티스에 등록한 뒤, 애플리케이션을 배포하려는 사용자(개발자)의 입장에서 퍼시스턴트 볼륨 클레임을 사용해 보겠습니다.

---

[7] 이 책의 깃허브 저장소 하단에서 [그 밖의 유용한 강좌 링크]에 있는 [GKE에서 Google Persistent Disk를 사용해 퍼시스턴트 볼륨 사용하기]를 참고합니다.

AWS에서 EBS를 퍼시스턴트 볼륨으로 사용하기

AWS에서 EBS를 쿠버네티스의 퍼시스턴트 볼륨으로 등록하려면 가장 먼저 EBS를 생성해야 합니다. AWS 웹사이트의 관리 콘솔에서 EBS를 생성해도 상관은 없지만, 지금은 awscli 명령어를 이용해 EBS를 새롭게 만들어 보겠습니다.[8] --size 옵션에는 볼륨의 크기를 기가바이트(GB) 단위로 입력합니다. 다음 명령어는 5기가의 EBS 볼륨을 생성하는 예시입니다.[9]

```
$ export VOLUME_ID=$(aws ec2 create-volume --size 5 \
--region ap-northeast-2 \
--availability-zone ap-northeast-2a \
--volume-type gp3 \
--tag-specifications \
'ResourceType=volume,Tags=[{Key=KubernetesCluster,Value=mycluster.k8s.local}]' \
| jq '.VolumeId' -r)

$ echo $VOLUME_ID
vol-02179d79...
```

EBS의 볼륨 ID를 $VOLUME_ID라는 셸 변수에 저장해 뒀습니다. 이 ID를 통해 퍼시스턴트 볼륨을 생성할 것입니다.

> EBS의 가용 영역과 리전은 반드시 쿠버네티스 워커 노드와 동일한 곳에 있어야 합니다. 위 명령어는 ap-northeast-2(서울) 리전의 ap-northeast-2a 가용 영역에 쿠버네티스 클러스터가 설치됐다고 가정하고 실행했습니다(--availability-zone ap-northeast-2a). 쿠버네티스 클러스터가 설치된 가용 영역은 EC2의 인스턴스 목록에서 확인할 수 있습니다.

	Name	인스턴스 ID	인스턴스 유형	가용 영역
	kubeadm-master	i-0f24c89be31ea8bc2	t2.medium	ap-northeast-2a
	kubeadm-worker0	i-04c77d71fb7ac7867	t2.medium	ap-northeast-2a
	kubeadm-worker1	i-04b2ad71fcbdae8c1	t2.medium	ap-northeast-2a
	kubeadm-worker2	i-0d27c6c0ed423f903	t2.medium	ap-northeast-2a

그림 9.7 워커 노드가 위치한 가용 영역 확인

---

[8] AWS CLI는 부록 D를 참고해 설치할 수 있습니다.

[9] kops로 설치한 쿠버네티스의 경우 EBS 볼륨을 퍼시스턴트 볼륨으로 사용하려면 해당 EBS 볼륨에 KubernetesCluster=⟨클러스터 이름⟩ 형식의 특수한 태그가 붙여져 있어야 하기 때문에 --tag-specifications로 별도의 태그를 달아주었습니다. 본문에서 사용하는 명령어는 이 책에서 가이드한대로 kops를 설치함으로써 클러스터 이름이 mycluster.k8s.local인 경우에 해당하는 예시입니다. 깃허브의 강좌 링크를 통해 kubeadm에서 클라우드 프로바이더를 설정해 설치한 경우 별도의 태그가 필요하지 않습니다.

방금 생성한 EBS 볼륨을 통해 쿠버네티스의 퍼시스턴트 볼륨을 생성해 보겠습니다. 아래의 내용으로 ebs-pv.yaml 파일을 작성합니다.

예제 9.6 chapter9/ebs-pv.yaml
```yaml
apiVersion: v1
kind: PersistentVolume
metadata:
  name: ebs-pv
spec:
  capacity:
    storage: 5Gi         # 이 볼륨의 크기는 5G입니다.
  accessModes:
    - ReadWriteOnce      # 하나의 포드 (또는 인스턴스)에 의해서만 마운트 될 수 있습니다.
  csi:
    driver: ebs.csi.aws.com
    fsType: ext4
    volumeHandle: <VOLUME_ID>
```

이전에 NFS 서버를 파드에 마운트하기 위해 nfs라는 항목을 YAML에 정의했던 것처럼 이번에는 AWS의 EBS를 마운트하기 위해 csi 항목을 정의했습니다. 볼륨의 타입에 따라 하위 항목에 정의하는 옵션이 달라질 수 있으며, 이번에는 nfs와 달리 EBS의 volumeID를 입력해야 한다는 점에 유의합니다.

AWS에서 EBS를 퍼시스턴트 볼륨으로 사용하기 위해서는 aws-ebs-csi-driver라는 도구를 쿠버네티스에 설치해야 합니다. 예전 쿠버네티스 버전에서는 AWS EBS 볼륨 마운트 로직이 쿠버네티스 소스코드에 포함된 인-트리(in-tree) 형태였기 때문에 별도의 설정 없이도 EBS를 각 워커 노드에 마운트 할 수 있었습니다. 하지만 최근 쿠버네티스 버전에서는 aws-ebs-csi-driver가 제공하는 컨테이너 스토리지 인터페이스(CSI)를 통해 EBS를 사용해야 합니다.[10]

2025년 4월 기준으로 사용 가능한 최신 aws-ebs-csi-driver 버전은 1.41이며, 다음 명령어로 손쉽게 설치할 수 있습니다. 단, aws-ebs-csi-driver를 사용하기 위해서는 모든 노드, 혹은 파드에 적절한 AWS IAM 권한이 설정되어 있어야 한다는 점에 유의합니다.[11]

---

10 컨테이너 스토리지 인터페이스(CSI)는 외부 볼륨을 파드에서 사용할 수 있도록 만드는 플러그인의 인터페이스를 의미합니다. 퍼시스턴트 볼륨을 사용하기 위해 반드시 알아야 하는 개념은 아니므로 이 책에서 자세히 설명하지는 않으나, 관심이 있다면 쿠버네티스 공식 블로그(https://kubernetes.io/blog/2019/01/15/container-storage-interface-ga/)를 참고하기 바랍니다.

11 각 노드에 부여되어야 하는 권한은 https://github.com/kubernetes-sigs/aws-ebs-csi-driver/blob/master/docs/example-iam-policy.json에서 자세히 확인할 수 있습니다.

```
$ kubectl apply -k \
  "github.com/kubernetes-sigs/aws-ebs-csi-driver/deploy/kubernetes/overlays/
  stable/?ref=release-1.41"
```

kops는 aws-ebs-csi-driver가 자동으로 설치되어 있으므로 별도의 작업이 필요하지 않습니다. GKE에서 gcePersistentDisk를 사용하고 있을 경우 기본적으로 설치되는 CSI 드라이버를 통해 마운트가 진행되므로 마찬가지로 별도의 작업이 필요하지 않습니다.

EBS를 생성할 때 셸 변수에 저장했던 VOLUME_ID 값을 이용해 퍼시스턴트 볼륨을 생성해 보겠습니다. volumeID에 〈VOLUME_ID〉 대신 EBS의 ID를 직접 입력한 뒤 kubectl apply -f 명령어로 퍼시스턴트 볼륨을 생성해도 상관이 없습니다.

```
$ cat ebs-pv.yaml | sed "s/<VOLUME_ID>/$VOLUME_ID/g" | kubectl apply -f -
```

퍼시스턴트 볼륨이 정상적으로 생성됐는지 확인하기 위해 볼륨의 목록을 출력합니다. 퍼시스턴트 볼륨은 네임스페이스에 속하지 않는 클러스터 단위의 오브젝트이므로 네임스페이스에 상관없이 모든 퍼시스턴트 볼륨이 출력됩니다.

```
$ kubectl get pv
NAME                       CAPACITY    ACCESS MODES    RECLAIM POLICY    STATUS...
persistentvolume/ebs-pv    5Gi         RWO             Retain            Available...
```

CAPACITY(볼륨 크기), ACCESS MODES(읽기 쓰기 모드) 등 퍼시스턴트 볼륨에 대한 다양한 정보를 확인할 수 있습니다. 그렇지만 아직 퍼시스턴트 볼륨 클레임을 생성하지는 않았기 때문에 STATUS 항목이 Available(사용 가능)인 것을 알 수 있습니다.

이번에는 애플리케이션을 배포하려는 사용자(개발자)의 입장이 되어 퍼시스턴트 볼륨 클레임과 파드를 함께 생성해 보겠습니다. 아래의 YAML 파일은 my-ebs-pvc라는 퍼시스턴트 볼륨 클레임을 먼저 생성한 뒤, 이를 파드의 volumes 항목에서 사용함으로써 파드 내부에 EBS 볼륨을 마운트합니다.

예제 9.7 chapter9/ebs-pod-pvc.yaml

```
apiVersion: v1
kind: PersistentVolumeClaim
metadata:
  name: my-ebs-pvc            # 1. my-ebs-pvc라는 이름의 pvc[12]를 생성합니다.
```

---

[12] 퍼시스턴트 볼륨 클레임을 의미합니다.

```
spec:
  storageClassName: ""
  accessModes:
    - ReadWriteOnce          # 2.1 속성이 ReadWriteOnce인 퍼시스턴트 볼륨과 연결합니다.
  resources:
    requests:
      storage: 5Gi           # 2.2 볼륨 크기가 최소 5Gi인 퍼시스턴트 볼륨과 연결합니다.
---
apiVersion: v1
kind: Pod
metadata:
  name: ebs-mount-container
spec:
  containers:
    - name: ebs-mount-container
      image: busybox
      args: [ "tail", "-f", "/dev/null" ]
      volumeMounts:
        - name: ebs-volume
          mountPath: /mnt
  volumes:
    - name : ebs-volume
      persistentVolumeClaim:
        claimName: my-ebs-pvc    # 3. my-ebs-pvc라는 이름의 pvc를 사용합니다.
```

퍼시스턴트 볼륨 클레임을 정의하는 YAML 파일의 accessModes와 resources 항목은 볼륨의 요구 사항으로, 해당 조건을 만족하는 퍼시스턴트 볼륨과 연결돼야 한다는 의미입니다. 이 조건들은 이전에 생성해 뒀던 EBS의 퍼시스턴트 볼륨과 일치하므로 문제없이 바인드 된 뒤 파드에 마운트될 것입니다.

 퍼시스턴트 볼륨 클레임의 요구 사항과 일치하는 퍼시스턴트 볼륨이 존재하지 않는다면 파드는 계속해서 Pending 상태로 남아있게 됩니다.

예를 들어 3Gi 크기의 EBS 볼륨을 생성해 퍼시스턴트 볼륨으로 등록했다면 위의 퍼시스턴트 볼륨 클레임이 요구하는 볼륨 크기인 5Gi를 만족하지 않으므로 바인드되지 않을 것입니다(YAML 파일의 2.2 부분). 쿠버네티스는 계속해서 주기적으로 조건이 일치하는 퍼시스턴트 볼륨을 체크해 연결하려고 시도하기 때문에 5Gi 이상의 퍼시스턴트 볼륨을 새롭게 생성한다면 자동으로 퍼시스턴트 볼륨 클레임과 연결될 것입니다.

위의 YAML 파일을 이용해 파드와 퍼시스턴트 볼륨 클레임을 생성해 보겠습니다.

```
$ kubectl apply -f ebs-pod-pvc.yaml
persistentvolumeclaim/my-ebs-pvc created
pod/ebs-mount-container created

$ kubectl get pv,pvc
NAME                        CAPACITY   ACCESS MODES   RECLAIM POLICY   STATUS   CLAIM...
persistentvolume/ebs-pv     5Gi        RWO            Retain           Bound    default/my-ebs-pvc...

NAME                                STATUS   VOLUME    CAPACITY   ACCESS MODES...
persistentvolumeclaim/my-ebs-pvc    Bound    ebs-pv    5Gi        RWO...

$ kubectl get pods
NAME                   READY   STATUS    RESTARTS   AGE
ebs-mount-container    1/1     Running   0          31s
```

퍼시스턴트 볼륨과 퍼시스턴트 볼륨 클레임의 상태(STATUS)가 bound로 설정됐다면 두 리소스가 성공적으로 연결된 것입니다. 파드가 정상적으로 생성되어 Running 상태라면 EBS 볼륨 또한 파드 내부에 정상적으로 마운트됐다는 뜻입니다. 파드 내부에는 5Gi 크기의 EBS 볼륨이 마운트되어 있습니다.

```
$ kubectl exec ebs-mount-container -- df -h | grep /mnt
/dev/xvdcl          4.8G      10.0M      4.8G    0% /mnt
```

 퍼시스턴트 볼륨은 네임스페이스에 속하지 않는 클러스터 단위의 오브젝트이지만, 퍼시스턴트 볼륨 클레임은 네임스페이스에 속하는 오브젝트입니다. 따라서 이 예시에서는 default 네임스페이스에서 파드와 퍼시스턴트 볼륨 클레임이 함께 생성됐습니다.

지금까지 사용해 본 퍼시스턴트 볼륨의 사용 방법을 정리해 보겠습니다.

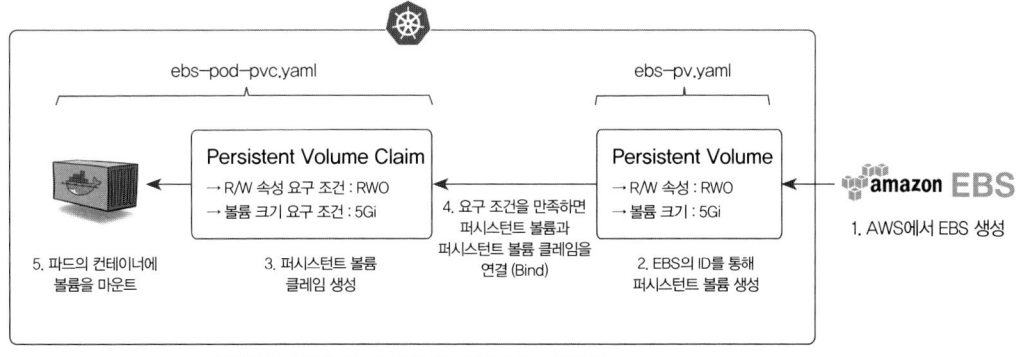

그림 9.8 퍼시스턴트 볼륨의 사용 방법

1. 파드의 데이터를 영속적으로 저장하기 위해 AWS에서 EBS 볼륨을 생성했습니다. awscli 또는 AWS 웹 페이지에서 직접 생성한 뒤, 볼륨의 ID를 기록해 뒀습니다.
2. ebs-pv.yaml 파일을 이용해 1번에서 생성한 EBS 볼륨을 쿠버네티스에서 퍼시스턴트 볼륨으로 등록했습니다. 이때 ebs-pv.yaml 파일에는 awsElasticBlockStore 항목에 EBS의 볼륨 ID를 명시했습니다. 또한 볼륨의 읽기 및 쓰기 속성 (accessModes), 볼륨의 크기를 별도로 설정했습니다.
3. ebs-pod-pvc.yaml 파일에서 퍼시스턴트 볼륨 클레임을 먼저 정의해 생성했습니다. 퍼시스턴트 볼륨 클레임에는 원하는 볼륨의 조건을 나열했습니다. 볼륨 크기는 5Gi여야 하며, 읽기 및 쓰기 속성은 RWO여야 한다고 명시했습니다.
4. 2번에서 생성한 퍼시스턴트 볼륨의 속성이 3번에서 생성한 퍼시스턴트 볼륨 클레임의 요구 조건과 일치하기 때문에 두 리소스가 연결됩니다. kubectl get pv,pvc의 출력 결과에서 리소스의 상태가 연결(Bound) 상태로 바뀐 것을 확인할 수 있었습니다.
5. ebs-pod-pvc.yaml 파일에 정의된 파드는 4번에서 생성한 퍼시스턴트 볼륨 클레임을 사용하도록 설정돼 있습니다 (YAML 파일의 volumes 항목). 최종적으로 EBS 볼륨이 컨테이너 내부에 마운트됩니다.

가장 처음에 사용했던 방식처럼 파드를 정의하는 YAML 파일에 nfs 항목을 직접 정의해 사용하는 것이 더욱 직관적이라는 생각이 들 수도 있습니다. 퍼시스턴트 볼륨을 사용하려면 위처럼 훨씬 더 복잡한 단계를 거쳐야 하므로 퍼시스턴트 볼륨을 굳이 사용하고 싶지 않을 수도 있습니다.

그렇지만 이전에 설명했던 것처럼 애플리케이션 배포를 수행할 때 실제로 인프라에 프로비저닝되어 있는 볼륨 타입이 무엇이든지 간에 상관없이 퍼시스턴트 볼륨 클레임의 조건만 일치하면 볼륨을 마운트해 사용할 수 있다는 점을 이해해야 합니다. 즉, 애플리케이션을 배포하는 입장에서는 볼륨의 세부 구현 및 스펙을 알 필요 없이 볼륨 사용에 대한 추상화된 인터페이스를 제공받을 수 있는 것입니다.

9.3.3 퍼시스턴트 볼륨을 선택하기 위한 조건 명시

퍼시스턴트 볼륨 클레임을 사용하면 실제로 볼륨이 어떠한 스펙을 가졌는지 알 필요가 없지만, 사용하려는 볼륨이 애플리케이션에 필요한 최소한의 조건을 맞출 필요는 있을 것입니다. 예를 들어 볼륨의 크기가 적어도 얼마나 돼야 하는지, 여러 개의 파드에 의해 마운트될 수 있는지, 읽기 전용으로만 사용할 수 있는지 등이 그러한 조건에 해당할 수 있습니다. 즉 실제 볼륨의 구현 스펙까지는 아니더라도, 적어도 특정 조건을 만족하는 볼륨만을 사용해야 한다는 것을 퍼시스턴트 볼륨 클레임을 통해 쿠버네티스에 알려줄 필요가 있습니다.

지금까지 퍼시스턴트 볼륨을 사용하며 간단히 설명했던 AccessMode나 볼륨의 크기 등이 바로 이러한 조건에 해당합니다. 퍼시스턴트 볼륨과 퍼시스턴트 볼륨 클레임의 accessMode 및 볼륨 크기 속성이 부합해야만 쿠버네티스는 두 리소스를 매칭해 바인드합니다.

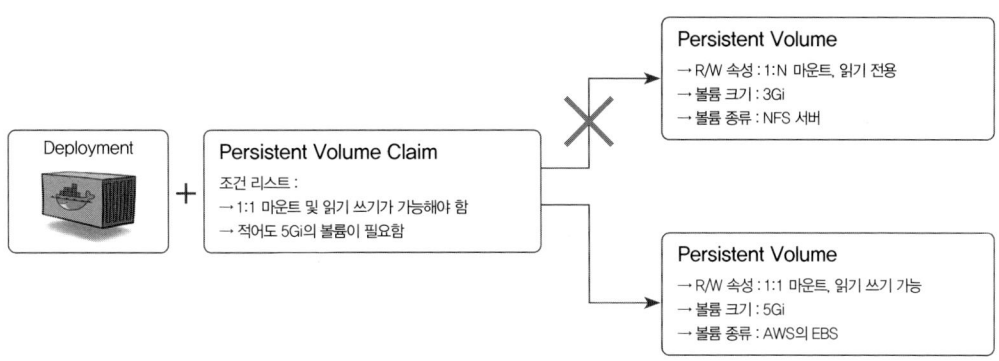

그림 9.9 퍼시스턴트 볼륨 클레임에서 볼륨 조건 명시

이전에 사용해 봤던 NFS는 여러 개의 인스턴스에 의해 마운트가 가능하지만(1:N 마운트), AWS의 EBS는 하나의 인스턴스에 의해서만 마운트될 수 있습니다(1:1 마운트). 또한 NFS 서버의 저장 공간 크기는 일반적으로 호스트의 스토리지 크기와 동일하지만, AWS의 EBS는 생성 당시에 설정했던 크기만큼만 데이터를 저장할 수 있습니다(5Gi). 이때 퍼시스턴트 볼륨 클레임의 설정에 '1:1 마운트가 가능해야 하며 5Gi의 볼륨이 필요하다'라고 명시하면 해당 조건을 만족하는 AWS의 EBS 볼륨과 바인드될 것입니다.

물론 앞에서 설명했던 대로 퍼시스턴트 볼륨 클레임 입장에서는 실제 볼륨의 종류가 무엇인지는 중요하지 않습니다. 애플리케이션에서 사용하기 위한 볼륨의 조건을 만족하는 것이 중요하기 때문입니다.

accessModes와 볼륨 크기, 스토리지클래스, 라벨 셀렉터를 이용한 퍼시스턴트 볼륨 선택

accessModes는 퍼시스턴트 볼륨과 퍼시스턴트 볼륨 클레임을 생성할 때 설정할 수 있는 속성으로, 볼륨에 대해 읽기 및 쓰기 작업이 가능한지, 여러 개의 인스턴스에 의해 마운트될 수 있는지 등을 의미합니다. 사용 가능한 accessModes의 종류는 다음과 같습니다.

accessModes 이름	kubectl get에서 출력되는 이름	속성 설명
ReadWriteOnce	RWO	1:1 마운트만 가능, 읽기 쓰기 가능
ReadOnlyMany	ROX	1:N 마운트 가능, 읽기 전용
ReadWriteMany	RWX	1:N 마운트 가능, 읽기 쓰기 가능
ReadWriteOncePod	RWOP	하나의 파드만 볼륨에 1:1로 마운트 가능

ReadWriteOnce의 설명에서 1:1 마운트가 가능하다는 것은 하나의 볼륨에 하나의 노드만 마운트할 수 있다는 의미이지, 하나의 파드만 볼륨에 마운트할 수 있다는 뜻은 아닙니다. 예를 들어 ReadWriteOnce를 사용하는 볼륨은 하나의 노드에만 마운트되어야 하지만, 해당 노드에서 생성된 여러 개의 파드에서 동일한 볼륨을 마운트하여 사용할 수도 있습니다.

ReadWriteOncePod는 여기에서 더 나아가 하나의 파드에만 마운트 할 수 있다는 것을 의미합니다. 클러스터 전체에서 단 하나의 파드만 마운트하는 것이 보장되어야 한다면 ReadWriteOncePod를 사용해야 합니다.

이전에 EBS를 퍼시스턴트 볼륨으로 생성했을 때 사용한 속성은 ReadWriteOnce입니다. 퍼시스턴트 볼륨 클레임 또한 accessModes 항목을 ReadWriteOnce로 설정했기 때문에 서로 매칭돼 바인드될 수 있었습니다.

```
...
  accessModes:
    - ReadWriteOnce
  awsElasticBlockStore:
...
```

```
...
  accessModes:
    - ReadWriteOnce
  resources:
...
```

```
$ kubectl get pv
NAME                      CAPACITY   ACCESS MODES   RECLAIM POLICY   STATUS...
persistentvolume/ebs-pv   5Gi        RWO            Retain           Available...
```

EBS 볼륨은 기본적으로 읽기, 쓰기가 모두 가능하며 1:1 관계의 마운트만 가능하기 때문에 ReadWriteOnce를 사용했습니다. 그렇지만 만약 1:N 마운트가 가능한 NFS 서버를 퍼시스턴트 볼륨으로 생성하려면 ReadWriteMany를 사용하는 것이 바람직할 것입니다.

자주 사용되는 다른 조건으로는 볼륨의 크기가 있습니다. 이전에 EBS를 마운트하기 위해 사용했던 퍼시스턴트 볼륨 클레임을 정의하는 YAML 파일에서 resources.requests.storage 항목을 5Gi로 설정했었습니다. 이 조건 또한 미리 생성해둔 퍼시스턴트 볼륨과 부합했기에 정상적으로 바인드될 수 있었습니다.

```
...
spec:
  capacity:
    storage: 5Gi
  accessModes:
...
```

```
...
    - ReadWriteOnce
  resources:
    requests:
      storage: 5Gi
...
```

단, accessModes나 볼륨의 크기는 해당 볼륨의 메타데이터일 뿐, 볼륨이 정말로 그러한 속성을 가지도록 강제하지는 않습니다. 예를 들어 AWS의 EBS를 통해 퍼시스턴트 볼륨을 생성하더라도 accessModes를 ReadWriteMany로 설정하는, 바람직하지 않은 설정을 만들 수도 있습니다. 그뿐만 아니라 로컬 볼륨(Local[13], hostPath 등) 또한 퍼시스턴트 볼륨으로 사용할 수 있는데, 그러한 경우에는 YAML 파일의 capacity.storage 항목에 크기를 지정한다고 해서 해당 크기의 새 디스크 파티션이 생성되는 것도 아닙니다. 따라서 이러한 설정들은 애플리케이션을 배포할 때 적절한 볼륨을 찾아주는 라벨과 같은 역할을 한다고 생각하면 됩니다.

그 외에도 스토리지 클래스나 라벨 셀렉터를 이용해 퍼시스턴트 볼륨의 선택을 좀 더 세분화할 수 있습니다. 스토리지 클래스는 볼륨의 대표 속성 등을 나타내는 것으로, 퍼시스턴트 볼륨을 생성할 때 클래스를 설정하면 해당 클래스를 요청하는 퍼시스턴트 볼륨 클레임과 연결해 바인드합니다.

> 스토리지 클래스는 퍼시스턴트 볼륨의 동적 생성(Dynamic Provisioning)을 위한 용도로도 사용되는데, 이에 대해서는 뒤에서 좀 더 자세히 살펴보겠습니다. 지금은 퍼시스턴트 볼륨과 퍼시스턴트 볼륨 클레임을 매칭하기 위한 용도라고 생각하고 넘어가도 됩니다.

예제 9.8 chapter9/ebs-pv-storageclass.yaml
```
...
  capacity:
    storage: 5Gi
  accessModes:
    - ReadWriteOnce
  storageClassName: my-ebs-volume
  awsElasticBlockStore:
...
```

예제 9.9 chapter9/ebs-pod-pvc-custom-sc.yaml
```
...
kind: PersistentVolumeClaim
metadata:
  name: my-ebs-pvc
spec:
  storageClassName: my-ebs-volume
  accessModes:
...
```

위의 두 개의 YAML에서는 각각 storageClassName이라는 항목에 my-ebs-volume이라는 값을 입력했습니다. 이러한 경우 스토리지 클래스의 이름이 일치하는 퍼시스턴트 볼륨과 퍼시스턴트 볼륨 클레임이 서로 연결됩니다. 단, storageClassName을 별도로 YAML 파일에 명시하지 않으면 클래스가 설정되지 않았다는 뜻인 ""(값이 없음)으로 설정되며, 똑같이 스토리지 클래스가 설정되지 않은 퍼시스턴트 볼륨 또는 퍼시스턴트 볼륨 클레임과 매칭됩니다.[14]

---

13 특정 노드에 로컬 볼륨을 생성하고, 해당 노드에만 파드를 생성하도록 하는 쿠버네티스의 볼륨 타입입니다. 이 책에서는 설명하지 않지만, 관심이 있다면 쿠버네티스 공식 문서를 참고할 수 있습니다. https://kubernetes.io/docs/concepts/storage/volumes/#local

14 퍼시스턴트 볼륨 클레임을 정의하는 YAML 파일에서 storageClassName 항목을 정의하지 않았을 때, 쿠버네티스에서 기본적으로 사용하도록 설정된 스토리지 클래스가 존재한다면 자동으로 해당 스토리지 클래스를 사용하도록 설정됩니다. 따라서 스토리지 클래스를 아예 사용하지 않을 것이라면 YAML 파일에서 storageClassName: ""과 같이 명시적으로 설정하는 것이 좋습니다. 이에 대해서는 뒤에서 설명할 동적 생성(Dynamic Provisioning) 항목에서 다시 자세히 설명하겠습니다.

또는 라벨 셀렉터를 사용할 수도 있습니다. 이전에 서비스와 디플로이먼트를 서로 연결할 때 라벨 셀렉터를 사용했던 것처럼 퍼시스턴트 볼륨 클레임에 라벨 셀렉터인 matchLabels 항목을 정의함으로써 특정 퍼시스턴트 볼륨과 바인드하는 것도 가능합니다.

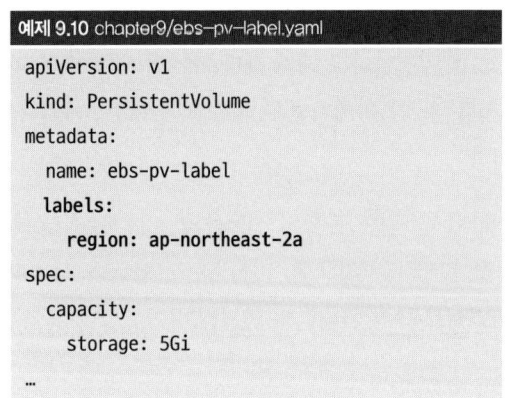

예제 9.10 chapter9/ebs-pv-label.yaml
```yaml
apiVersion: v1
kind: PersistentVolume
metadata:
  name: ebs-pv-label
  labels:
    region: ap-northeast-2a
spec:
  capacity:
    storage: 5Gi
...
```

예제 9.11 chapter9/ebs-pod-pvc-label-selector.yaml
```yaml
apiVersion: v1
kind: PersistentVolumeClaim
metadata:
  name: my-ebs-pvc-selector
spec:
  selector:
    matchLabels:
      region: ap-northeast-2a
  accessModes:
    - ReadWriteOnce
...
```

9.3.4 퍼시스턴트 볼륨의 라이프사이클과 Reclaim Policy

퍼시스턴트 볼륨을 생성한 뒤, kubectl get pv 명령어로 목록을 확인해 보면 STATUS라는 항목을 볼 수 있습니다. STATUS 항목은 퍼시스턴트 볼륨이 사용 가능한지, 퍼시스턴트 볼륨 클레임과 연결됐는지 등을 의미합니다. 예를 들어, 이전에 EBS를 퍼시스턴트 볼륨으로서 갓 생성했을 때는 Status 항목이 Available(사용 가능)으로 설정돼 있었습니다.

```
$ kubectl get pv,pvc
NAME                        CAPACITY    ACCESS MODES    RECLAIM POLICY    STATUS...
persistentvolume/ebs-pv     5Gi         RWO             Retain            Available...
```

퍼시스턴트 볼륨 클레임을 새로 생성해 바인드했을 때는 STATUS 항목이 Bound(연결됨)로 바뀌었습니다. 퍼시스턴트 볼륨이 이미 바인드됐기 때문에 다른 퍼시스턴트 볼륨 클레임과 연결할 수 없는 상태입니다.

```
$ kubectl get pv,pvc
NAME                        CAPACITY    ACCESS MODES    RECLAIM POLICY    STATUS...
persistentvolume/ebs-pv     5Gi         RWO             Retain            Bound...
```

그렇다면 퍼시스턴트 볼륨과 연결된 퍼시스턴트 볼륨 클레임을 삭제하면 어떻게 될까요? 직관적으로 생각해 보면 연결돼 있던 퍼시스턴트 볼륨 클레임이 없어졌으니 퍼시스턴트 볼륨을 다시 사용할 수 있을 것 같습니다. 이번에는 이전에 생성했던 파드, 퍼시스턴트 볼륨 클레임을 함께 삭제해 보겠습니다.

```
$ kubectl delete -f ebs-pod-pvc.yaml
persistentvolumeclaim "my-ebs-pvc" deleted
pod "ebs-mount-container" deleted

$ kubectl get pv
NAME     CAPACITY   ACCESS MODES   RECLAIM POLICY   STATUS     CLAIM...
ebs-pv   5Gi        RWO            Retain           Released   default/my-ebs-pvc...
```

파드와 퍼시스턴트 볼륨 클레임을 삭제했더니 퍼시스턴트 볼륨의 상태가 Available이 아닌 Released라는 상태로 변경됐습니다. Released는 해당 퍼시스턴트 볼륨의 사용이 끝났다는 것을 의미하며, Released 상태에 있는 퍼시스턴트 볼륨은 다시 사용할 수 없습니다. 그렇지만 실제 데이터는 볼륨 안에 고스란히 보존돼 있기 때문에 퍼시스턴트 볼륨을 삭제한 뒤 다시 생성하면 Available 상태의 볼륨을 다시 사용할 수 있습니다.

```
$ kubectl delete -f ebs-pv.yaml
persistentvolume "ebs-pv" deleted

$ cat ebs-pv.yaml | sed "s/<VOLUME_ID>/$VOLUME_ID/g" | kubectl apply -f -
persistentvolume/ebs-pv created

$ kubectl get pv
NAME     CAPACITY   ACCESS MODES   RECLAIM POLICY   STATUS...
ebs-pv   5Gi        RWO            Retain           Available...
```

하지만 퍼시스턴트 볼륨 클레임을 삭제했을 때, 퍼시스턴트 볼륨의 데이터를 어떻게 처리할 것인지 별도로 정의할 수도 있습니다. 퍼시스턴트 볼륨의 사용이 끝났을 때 해당 볼륨을 어떻게 초기화할 것인지 별도로 설정할 수 있는데, 쿠버네티스에서는 이를 **Reclaim Policy**라고 부릅니다. Reclaim Policy에는 크게 Retain, Delete, Recycle 방식이 있습니다.

보통 퍼시스턴트 볼륨의 용도는 데이터를 영구적으로 저장하기 위한 것이기 때문에 퍼시스턴트 볼륨의 사용이 끝난 뒤에도 원격 스토리지에 저장된 데이터를 계속해서 보존하고 싶을 것입니다. 여러분이 아무런 설정을 하지 않았더라도 쿠버네티스는 기본적으로 퍼시스턴트 볼륨의 데이터를 보존하는 방식인 Retain을 사용합니다. kubectl get pv 명령어에서 출력되는 RECLAIM POLICY 항목의 Retain이라는 설정값이 바로 이것을 의미합니다.

```
$ kubectl get pv
NAME     CAPACITY    ACCESS MODES    RECLAIM POLICY    STATUS...
ebs-pv   5Gi         RWO             Retain            Available...
```

퍼시스턴트 볼륨의 라이프사이클에 대한 아무런 설정을 하지 하지 않았다면, 즉 퍼시스턴트 볼륨의 Reclaim Policy가 기본값인 Retain으로 설정돼 있다면 퍼시스턴트 볼륨의 라이프사이클은 Available → Bound → Released가 됩니다.

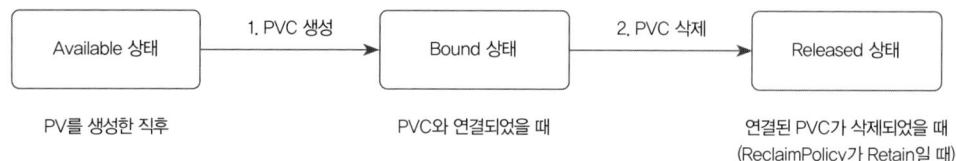

그림 9.10 ReclaimPolicy가 Retain일 때의 퍼시스턴트 볼륨의 라이프사이클

RECLAIM POLICY가 Retain으로 설정된 퍼시스턴트 볼륨은 연결된 퍼시스턴트 볼륨 클레임을 삭제한 뒤에 Released 상태로 전환되며, 스토리지에 저장된 실제 데이터는 그대로 보존됩니다.

 퍼시스턴트 볼륨과 퍼시스턴트 볼륨 클레임이 정상적으로 연결돼 있으며, 볼륨이 파드의 컨테이너 내부에 마운트된 상황에서는 Storage Object in Use Protection이라는 기능이 적용됩니다. 예를 들어 퍼시스턴트 볼륨과 퍼시스턴트 볼륨 클레임이 연결된 상황에서는 퍼시스턴트 볼륨을 삭제해도 실제로 삭제되지 않습니다. 이와 마찬가지로 퍼시스턴트 볼륨 클레임을 사용하고 있는 파드가 있다면 퍼시스턴트 볼륨 클레임을 삭제해도 실제로는 삭제되지 않습니다. 즉, 다른 오브젝트와 연결된 리소스는 그 연결성이 없어지기 전까지는 실제로 삭제되지 않도록 보호된다고 생각하면 됩니다.

Retain과 반대의 역할을 하는 Reclaim Policy로는 Delete, Recycle이 있습니다. 만약 퍼시스턴트 볼륨의 Reclaim Policy를 Delete로 설정해 생성했다면 퍼시스턴트 볼륨의 사용이 끝난 뒤에 자동으로 퍼시스턴트 볼륨이 삭제되며, 가능한 경우에 한해서는 연결된 외부 스토리지도 함께 삭제됩니다. 그렇다면 이번에는 퍼시스턴트 볼륨의 Reclaim Policy를 Delete로 바꾸어 생성해 보겠습니다.

아래의 내용으로 YAML 파일을 작성합니다. 이전과 마찬가지로 EBS를 외부 볼륨으로 사용하는 퍼시스턴트 볼륨을 정의하되, Reclaim Policy를 Delete로 설정했습니다.

예제 9.12 chapter9/ebs-pv-delete.yaml
```
apiVersion: v1
kind: PersistentVolume
metadata:
```

```
  name: ebs-pv-delete
spec:
  capacity:
    storage: 5Gi
  accessModes:
    - ReadWriteOnce
  awsElasticBlockStore:
    fsType: ext4
    volumeID: <VOLUME_ID>
  persistentVolumeReclaimPolicy: Delete
```

작성한 YAML 파일을 이용해 퍼시스턴트 볼륨을 새롭게 생성합니다.

```
$ cat ebs-pv-delete.yaml | sed "s/<VOLUME_ID>/$VOLUME_ID/g" | kubectl apply -f -
persistentvolume/ebs-pv-delete created


$ kubectl get pv[15]
NAME            CAPACITY    ACCESS MODES    RECLAIM POLICY    STATUS...
ebs-pv-delete   5Gi         RWO             Delete            Available...
```

Reclaim Policy가 Delete인 퍼시스턴트 볼륨을 파드 내부에 마운트한 뒤, 연결된 퍼시스턴트 볼륨 클레임을 삭제함으로써 사용을 종료해 보겠습니다.

```
$ kubectl apply -f ebs-pod-pvc.yaml # 1. 퍼시스턴트 볼륨 클레임과 파드를 생성합니다.
persistentvolumeclaim/my-ebs-pvc created
pod/ebs-mount-container created

$ kubectl get pods # 2. 파드가 정상적으로 실행됐습니다.
NAME                    READY    STATUS     RESTARTS    AGE
ebs-mount-container     1/1      Running    0           2m23s

$ kubectl get pv,pvc # 3. PV와 PVC가 정상적으로 바인드됐습니다.
NAME                              CAPACITY    ACCESS MODES    RECLAIM POLICY    STATUS...
persistentvolume/ebs-pv-delete    5Gi         RWO             Delete            Bound...

NAME                                 STATUS    VOLUME          CAPACITY    ACCESS MODES...
persistentvolumeclaim/my-ebs-pvc     Bound     ebs-pv-delete   5Gi         RWO...

$ kubectl delete -f ebs-pod-pvc.yaml # 4. 연결된 PVC를 삭제함으로써 PV의 사용을 종료합니다.
persistentvolumeclaim "my-ebs-pvc" deleted
```

---

15 이전에 생성해 뒀던 다른 퍼시스턴트 볼륨은 출력 결과에서 나타내지 않았습니다.

```
pod "ebs-mount-container" deleted

$ kubectl get pv,pvc  # 5. Reclaim Policy가 Delete로 설정된 PV도 함께 삭제됩니다.
No resources found.
```

Reclaim Policy가 Delete로 설정됐기 때문에 퍼시스턴트 볼륨 클레임이 삭제됨과 동시에 퍼시스턴트 볼륨도 함께 삭제됐습니다. 그뿐만 아니라 외부에 연결돼 있던 EBS 볼륨도 한꺼번에 삭제되기 때문에 볼륨에 저장돼 있던 파일들이 모두 유실된다는 점에 유의해야 합니다.

그 외에는 퍼시스턴트 볼륨 클레임이 삭제됐을 때 퍼시스턴트 볼륨의 데이터를 모두 삭제한 뒤 Available 상태로 만들어 주는 Recycle이라는 정책을 사용할 수도 있습니다. Delete와 마찬가지로 실제로 저장돼 있던 데이터를 모두 삭제한다는 점은 같지만, 퍼시스턴트 볼륨이나 외부 스토리지 자체를 삭제하지는 않는다는 점에서 다릅니다. 그렇지만 Recycle 정책은 쿠버네티스에서 더 이상 사용되지 않을(Deprecated) 기능이라는 점을 알아두기 바랍니다.

 Delete 정책이나 Recycle은 모든 스토리지 유형에 대해서 사용할 수 있는 것은 아닙니다. AWS의 EBS나 GCP의 영구 디스크에서는 동적으로 스토리지를 프로비저닝해 사용하기 때문에 Delete 정책을 사용할 수 있습니다. NFS와 같은 스토리지 타입에는 Delete를 적용할 수 없지만, Recycle을 사용하는 것은 가능합니다.[14]

지금까지 알아본 퍼시스턴트 볼륨의 Reclaim Policy의 동작 원리를 정리해 보면 다음과 같습니다.[16]

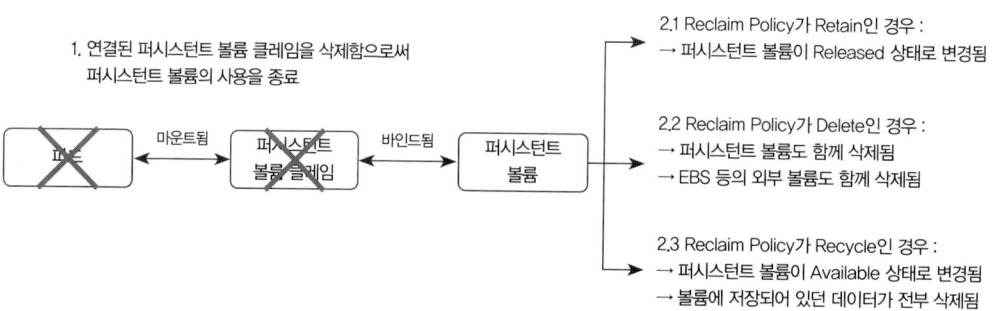

그림 9.11 퍼시스턴트 볼륨의 Reclaim Policy에 따른 동작 원리

---

16 https://kubernetes.io/docs/concepts/storage/persistent-volumes/#reclaim-policy

9.3.5 StorageClass와 Dynamic Provisioning

다이나믹 프로비저닝과 스토리지 클래스

지금까지 퍼시스턴트 볼륨을 사용하려면 미리 외부 스토리지를 준비해야만 했습니다. 예를 들어 AWS의 EBS를 퍼시스턴트 볼륨으로 사용하려면 EBS를 미리 생성한 뒤, 볼륨 ID를 YAML 파일에 직접 입력하는 방식을 사용했습니다. 하지만 매번 이렇게 볼륨 스토리지를 직접 수동으로 생성하고, 스토리지에 대한 접근 정보를 YAML 파일에 적는 것은 귀찮은 일입니다.

이를 위해 쿠버네티스는 다이나믹 프로비저닝(Dynamic Provisioning)이라는 기능을 제공합니다. 다이나믹 프로비저닝은 퍼시스턴트 볼륨 클레임이 요구하는 조건과 일치하는 퍼시스턴트 볼륨이 존재하지 않는다면 자동으로 퍼시스턴트 볼륨과 외부 스토리지를 함께 프로비저닝하는 기능입니다. 따라서 다이나믹 프로비저닝을 사용하면 EBS와 같은 외부 스토리지를 직접 미리 생성해 둘 필요가 없습니다. 퍼시스턴트 볼륨 클레임을 생성하면 외부 스토리지가 자동으로 생성되기 때문입니다.

앞서 특정 퍼시스턴트 볼륨을 선택하기 위해 스토리지 클래스(Storage Class)를 사용했던 것을 기억할 것입니다. 사실 스토리지 클래스는 다이나믹 프로비저닝에도 사용할 수 있는데, 다이나믹 프로비저닝은 스토리지 클래스의 정보를 참고해 외부 스토리지를 생성하기 때문입니다. 아래의 그림을 통해 다이나믹 프로비저닝의 예시를 단계별로 간단히 알아보겠습니다.

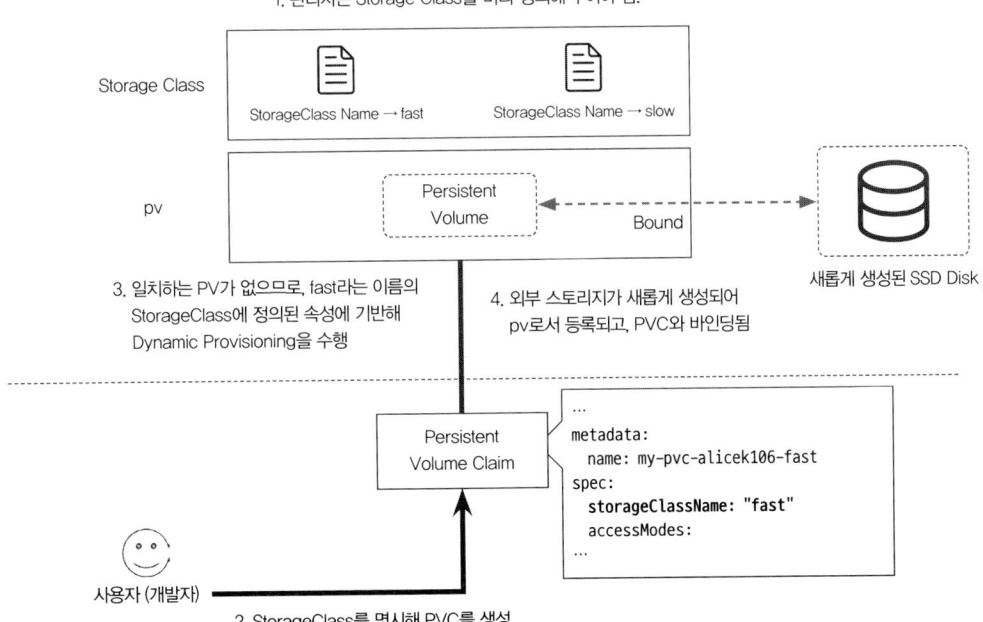

그림 9.12 퍼시스턴트 볼륨과 외부 스토리지의 다이나믹 프로비저닝 사용 흐름

1. 위 예시에서는 'fast'라는 이름의 스토리지 클래스에는 SSD를 생성하라는 설정을, 'slow'라는 스토리지 클래스에는 HDD를 생성하라는 설정을 미리 정의했다고 가정합니다.
2. 퍼시스턴트 볼륨 클레임에 특정 스토리지 클래스를 명시해 생성합니다. 하지만 퍼시스턴트 볼륨 클레임의 AccessMode나 Capacity 등의 조건과 일치하는 퍼시스턴트 볼륨이 존재하지 않는 상태입니다.
3. 조건에 일치하는 피시스턴트 볼륨을 새롭게 만들기 위해 스토리지 클래스에 정의된 속성에 따라서 외부 스토리지를 생성합니다. 만약 퍼시스턴트 볼륨 클레임에 storageClassName: fast와 같이 설정했고, fast라는 이름의 스토리지 클래스가 SSD에 대한 설정 정보를 담고 있다면 SSD 스토리지가 동적으로 생성됩니다.
4. 새롭게 생성된 외부 스토리지는 쿠버네티스의 퍼시스턴트 볼륨으로 등록되고, 퍼시스턴트 볼륨 클레임과 바인딩됩니다.

단, 다이나믹 프로비저닝을 모든 쿠버네티스 클러스터에서 범용적으로 사용할 수 있는 것은 아니며, 다이나믹 프로비저닝 기능이 지원되는 스토리지 프로비저너가 미리 활성화돼 있어야 합니다.[17] 여러분이 AWS에서 쿠버네티스를 사용하고 있다면 aws-ebs-csi-driver를, GKE에서는 GcePersistentDiskCsiDriver를 설치했다면 자동으로 다이나믹 프로비저닝을 사용할 수 있습니다. 이번 장에서는 AWS에서 kops로 설치한 쿠버네티스에서 EBS 볼륨을 이용해 테스트해 보겠습니다.

AWS에서 다이나믹 프로비저닝 사용하기

시작하기에 앞서 지금까지 생성했던 퍼시스턴트 볼륨이나 파드를 전부 삭제하고 진행하겠습니다.

```
$ kubectl delete pv,pvc,pods,deployment --all
```

가장 먼저 스토리지 클래스를 사용해 보겠습니다. 스토리지 클래스 또한 쿠버네티스 오브젝트의 한 종류이기 때문에 kubectl get 명령어로 목록을 확인할 수 있습니다. kops를 통해 쿠버네티스를 설치했다면 기본적으로 스토리지 클래스가 생성되어 있을 것입니다.

```
$ kubectl get storageclass
$ kubectl get sc
NAME                    PROVISIONER       RECLAIMPOLICY   ...
...
kops-csi-1-21 (default) ebs.csi.aws.com   Delete          ...
```

그렇다면 이번에는 새로운 스토리지 클래스를 생성하겠습니다. AWS의 EBS에는 여러 종류가 있지만, 이번에는 HDD(st1)과 범용 SSD(gp3) 두 가지에 대한 스토리지 클래스를 생성합니다. 아래의 내용으로 YAML 파일을 각각 작성합니다.

---

[17] 사용 가능한 프로비저너의 목록은 https://kubernetes.io/docs/concepts/storage/storage-classes/#provisioner를 참고하기 바랍니다.

예제 9.13 chapter9/storageclass-slow.yaml

```yaml
kind: StorageClass
apiVersion: storage.k8s.io/v1
metadata:
  name: slow
provisioner: ebs.csi.aws.com
parameters:
  type: st1
  fsType: ext4
allowedTopologies:
- matchLabelExpressions:
  - key: topology.kubernetes.io/zone
    values:
    - ap-northeast-2a # 여러분의 쿠버네티스 클러스터가 위치한 가용 영역을 입력합니다.
```

예제 9.14 chapter9/storageclass-fast.yaml

```yaml
kind: StorageClass
apiVersion: storage.k8s.io/v1
metadata:
  name: fast
provisioner: ebs.csi.aws.com
parameters:
  type: gp3
  fsType: ext4
allowedTopologies:
- matchLabelExpressions:
  - key: topology.kubernetes.io/zone
    values:
    - ap-northeast-2a # 여러분의 쿠버네티스 클러스터가 위치한 가용 영역을 입력합니다.
```

위의 YAML 파일에서 주목해야 할 부분은 provisioner와 type입니다. provisioner 항목에는 AWS의 쿠버네티스에 설치된 aws-ebs-csi-driver를 통해 사용할 수 있는 EBS 동적 프로비저너인 ebs.csi.aws.com를 설정합니다. type 항목은 EBS가 어떤 종류인지 나타내는 것으로, 앞에서 말했던 st1과 gp2, sc1, io1 등을 사용할 수 있습니다.[18] 위 예시에서는 st1 타입의 EBS를 slow라는 이름으로, gp3 타입의 EBS를 fast라는 이름으로 생성합니다.

작성한 YAML 파일을 이용해 스토리지 클래스를 생성합니다.

---

18 GCP에서는 pd-ssd, pd-standard 두 가지 종류의 타입을 사용할 수 있습니다.

```
$ kubectl apply -f storageclass-slow.yaml
storageclass.storage.k8s.io/slow created

$ kubectl apply -f storageclass-fast.yaml
storageclass.storage.k8s.io/fast created

$ kubectl get sc
NAME    PROVISIONER          RECLAIMPOLICY    ...
fast    ebs.csi.aws.com      Delete           ...
slow    ebs.csi.aws.com      Delete           ...
...
```

위 스토리지 클래스를 사용하는 퍼시스턴트 볼륨 클레임을 생성함으로써 다이나믹 프로비저닝을 발생시켜 보겠습니다. 아래의 내용으로 YAML 파일을 작성한 뒤 퍼시스턴트 볼륨 클레임을 생성합니다.

예제 9.15 chapter9/pvc-fast-sc.yaml
```
apiVersion: v1
kind: PersistentVolumeClaim
metadata:
  name: pvc-fast-sc
spec:
  storageClassName: fast
  accessModes:
    - ReadWriteOnce
  resources:
    requests:
      storage: 1Gi
```

```
$ kubectl apply -f pvc-fast-sc.yaml
persistentvolumeclaim/pvc-fast-sc created
```

퍼시스턴트 볼륨 클레임에 storageClassName 항목을 아예 정의하지 않았을 때, 쿠버네티스에서 기본적으로 사용하도록 설정된 스토리지 클래스가 있다면 해당 스토리지 클래스를 통해 다이나믹 프로비저닝이 수행됩니다. 따라서 다이나믹 프로비저닝을 아예 사용하지 않을 것이라면 storageClassName : ""와 같이 명시적으로 공백으로 설정하는 것이 좋습니다.

원래대로라면 퍼시스턴트 볼륨이 단 한 개도 존재하지 않기 때문에 퍼시스턴트 볼륨 클레임은 계속해서 Pending 상태로 남아있어야 합니다. 그렇지만 스토리지 클래스를 통해 다이나믹 프로비저닝을 사용하도록 설정했기 때문에 동적으로 SSD 타입의 EBS가 생성되고, 이로부터 퍼시스턴트 볼륨 또한 함께 생성될 것입니다.

```
$ kubectl get pv,pvc
NAME                    PACITY  ACCESS MODES  RECLAIM POLICY  STATUS  CLAIM                STORAGECLASS...
persistentvolume/...    1Gi     RWO           Delete          Bound   default/pvc-fast-sc  fast...

NAME                              STATUS  VOLUME      CAPACITY  ACCESS MODES  STORAGECLASS...
persistentvolumeclaim/pvc-fast-sc Bound   pvc-81dc1...  1Gi       RWO           fast...
```

SSD에 대한 설정 정보를 담고 있는 fast 스토리지 클래스를 통해 퍼시스턴트 볼륨을 생성했기 때문에 gp3 타입의 EBS가 생성됐음을 확인할 수 있습니다.

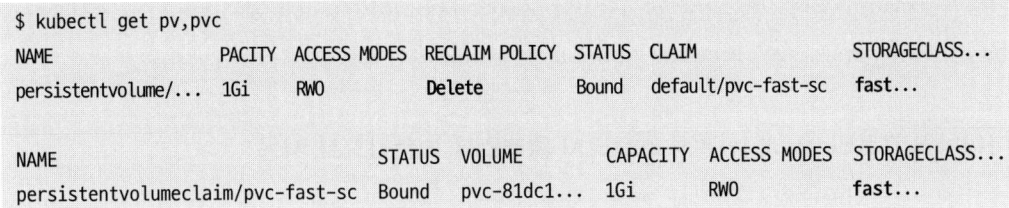

그림 9.13 다이나믹 프로비저닝으로 생성된 gp3 타입의 EBS

 퍼시스턴트 볼륨 클레임이 스토리지 클래스를 사용하도록 설정했더라도 기존에 미리 생성해 두었던 해당 스토리지 클래스의 퍼시스턴트 볼륨이 조건을 만족한다면 다이나믹 프로비저닝은 발생하지 않습니다. 이전에 설명했던 스토리지 클래스를 이용해 특정 퍼시스턴트 볼륨을 선택하는 예시를 생각해보면 이를 쉽게 이해할 수 있습니다.

다이나믹 프로비저닝을 사용할 때 주의해야 할 점은 퍼시스턴트 볼륨의 Reclaim Policy가 자동으로 Delete로 설정된다는 것입니다. 동적으로 생성되는 퍼시스턴트 볼륨의 Reclaim Policy 속성은 스토리지 클래스에 설정된 reclaimPolicy 항목을 상속받는데, 스토리지 클래스의 reclaimPolicy는 기본적으로 Delete로 설정되기 때문입니다.

```
$ kubectl get sc fast -o yaml
...
parameters:
  fsType: ext4
  type: gp3
provisioner: ebs.csi.aws.com
reclaimPolicy: Delete
volumeBindingMode: Immediate
```

따라서 퍼시스턴트 볼륨 클레임을 삭제하면 EBS 볼륨 또한 함께 삭제됩니다. 다이나믹 프로비저닝을 사용할 때 Delete가 아닌 Retain 정책을 사용하고 싶다면 스토리지 클래스를 정의하는 YAML 파일에 reclaimPolicy: Retain을 명시하거나, kubectl edit 또는 patch 등의 명령어로 퍼시스턴트 볼륨의 속성(persistentVolumeReclaimPolicy)을 직접 변경해도 됩니다.

다이나믹 프로비저닝에서 특정 스토리지 클래스를 기본값으로 사용

다이나믹 프로비저닝을 사용할 때, 기본적으로 사용할 스토리지 클래스를 별도로 설정할 수도 있습니다. 스토리지 클래스를 생성할 때, 아래처럼 주석(annotation)을 추가하면 이 스토리지 클래스를 기본적으로 사용합니다.

예제 9.16 chapter9/storageclass-default.yaml
```
...
metadata:
  name: generic
  annotations:
    storageclass.kubernetes.io/is-default-class: "true"...
```

```
$ kubectl apply -f storageclass-default.yaml
storageclass.storage.k8s.io/generic created

$ kubectl get sc
NAME                PROVISIONER      ...
fast                ebs.csi.aws.com  ...
generic (default)   ebs.csi.aws.com  ...
slow                ebs.csi.aws.com  ...
```

스토리지 클래스를 별도로 명시하지 않으면 자동으로 기본 스토리지 클래스를 통해 다이나믹 프로비저닝이 수행되지만, storageClassName의 값을 ""(공백)으로 설정하면 다이나믹 프로비저닝이 발생하지 않습니다.

리소스 정리

이번 장의 실습에서 생성한 리소스가 남아있다면 이를 모두 삭제한 뒤 다음 장으로 넘어갑니다. 이 책에서 제공하는 깃허브 저장소를 미리 내려받아 뒀다면 실습에 사용한 YAML 파일이 위치한 디렉터리를 통해 리소스를 쉽게 삭제할 수 있습니다.

```
$ cd chapter9/
$ kubectl delete -f ./

service "nfs-service" deleted
persistentvolumeclaim "pvc-slow-sc" deleted
storageclass.storage.k8s.io "generic" deleted
...
```

단, AWS나 GKE에서 직접 생성한 볼륨은 함께 삭제되지 않을 수 있으므로 별도로 삭제하는 작업이 필요할 수 있습니다.

10

보안을 위한 인증과 인가 : ServiceAccount와 RBAC

클라우드 플랫폼은 보통 수많은 사용자와 애플리케이션이 동시에 사용하는 것이 일반적입니다. 사내 개발 조직에 속해 있는 여러 명의 개발자가 동시에 클라우드를 사용할 수도 있고, 필요에 따라서는 수십 개의 애플리케이션이 클라우드상에서 동시에 실행될 수도 있습니다. 쿠버네티스 또한 예외는 아니며, 여러 명의 개발자가 쿠버네티스에 접근할 수도 있고, 각 개발자가 kubectl과 같은 명령어를 통해 애플리케이션을 동시에 배포하는 일도 빈번할 것입니다.

이처럼 여러 개발자와 애플리케이션이 쿠버네티스를 동시에 사용할 때 깊이 있게 고려해야 할 부분 중 하나는 바로 보안입니다. 쿠버네티스는 보안 측면에서도 다양한 기능을 제공하고 있는데, 그중에서 가장 자주 사용되는 것은 RBAC(Role Based Access Control)를 기반으로 하는 서비스 어카운트(Service Account)라는 기능입니다. 서비스 어카운트는 사용자 또는 애플리케이션 하나에 해당하며, RBAC라는 기능을 통해 특정 명령을 실행할 수 있는 권한을 서비스 어카운트에 부여합니다. 권한을 부여받은 서비스 어카운트는 해당 권한에 해당하는 기능만 사용할 수 있게 됩니다.

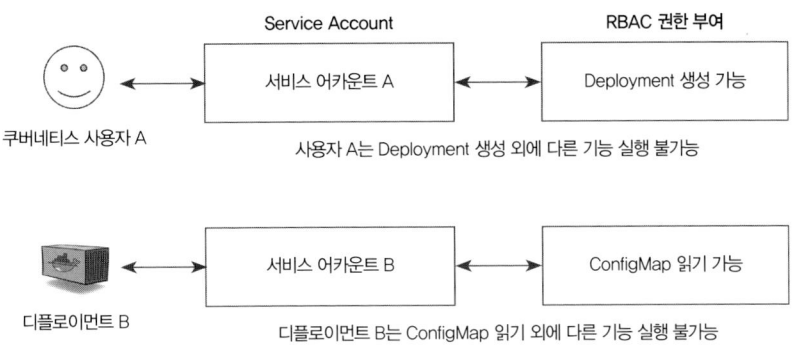

그림 10.1 서비스 어카운트와 RBAC의 권한 부여 예시

간단히 생각해서 리눅스에서 root 유저와 일반 유저를 나누는 기능을 쿠버네티스에서도 유사하게 사용할 수 있다고 생각하면 됩니다. root 유저는 최고 권한으로 모든 기능을 사용할 수 있지만, 보통 root 유저를 사용하는 것은 보안상의 이유로 권장되지 않습니다. 따라서 리눅스 일반 유저를 생성한 다음, 특정 명령어만 실행할 수 있도록 /etc/sudoer에서 설정해 사용하는 방법이 일반적입니다.

쿠버네티스도 리눅스와 매우 유사한 원리로 사용자 및 애플리케이션의 권한을 관리합니다. 뒤에서 조금 더 자세히 설명하겠지만, 지금까지 kubectl 명령어를 사용해왔던 권한은 사실 최상위에 해당하는, 마치 리눅스의 root 사용자와 같은 권한을 가지고 있습니다. 쿠버네티스를 학습하기 위한 용도라면 상관이 없지만, 쿠버네티스의 API에 접근하는 애플리케이션을 운영 환경에 배포하거나, 여러 명의 사용자가 동시에 쿠버네티스를 사용해야 한다면 최상위 권한을 사용하지 않는 것이 좋습니다. 사용자에게 필요한 권한만을 최소한으로 부여함으로써 실행할 수 있는 기능을 제한하는 것이 바람직할 것입니다.

이번 장에서는 서비스 어카운트(ServiceAccount) 및 RBAC를 사용하기 위한 롤(Role), 클러스터 롤(ClusterRole) 등을 먼저 사용해본 뒤, 사용자를 추상화한 유저(User) 및 그룹(Group), OIDC(Open ID Connect)에 대해서 알아보겠습니다.

10.1 쿠버네티스의 권한 인증 과정

쿠버네티스는 kube-apiserver, kube-controller, kube-scheduler, etcd 등과 같은 컴포넌트들로 구성돼 있습니다. 지금까지 살펴본 쿠버네티스의 기능을 익히는 데에는 이러한 컴포넌트들을 반드시 알 필요가 없기 때문에 자세히 설명하지는 않았습니다. 이러한 컴포넌트 중에서도 여러분이 가장 먼저 접하게 될, 그리고 자주 사용하게 될 컴포넌트가 있는데, 바로 쿠버네티스의 API 서버에 해당하는 kube-apiserver 컴포넌트입니다.

쿠버네티스 컴포넌트들은 kube-system 네임스페이스에서 실행되고 있으므로 직접 목록을 확인할 수도 있습니다.

```
$ kubectl get pods -n kube-system
NAME                          READY   STATUS    RESTARTS   AGE
...
etcd-ip...                    1/1     Running   49         64d
kube-apiserver-ip...          1/1     Running   15         7d17h
kube-controller-manager-ip... 1/1     Running   52         64d
...
```

여러분이 kubectl 명령어를 사용해 쿠버네티스의 기능을 실행하면 쿠버네티스 내부에서는 어떠한 일이 일어날까요? 사용자가 kubectl apply -f와 같은 간단한 명령어를 사용하더라도 쿠버네티스에서는 다음과 같은 복잡한 절차를 걸쳐 실제 기능을 실행합니다.

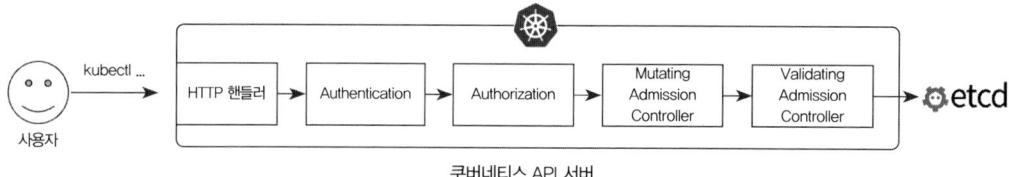

그림 10.2 kubectl 명령어를 사용할 때 내부적으로 처리되는 절차

가장 먼저 kubectl 명령어는 쿠버네티스 API 서버의 HTTP 핸들러에 요청을 전송합니다. API 서버는 해당 클라이언트가 쿠버네티스의 사용자가 맞는지(Authentication : 인증), 해당 기능을 실행할 권한이 있는지(Authorization : 인가) 확인합니다. 인증과 인가에는 서비스 어카운트 외에도 서드파티 인증(Open ID Connect: OAuth), 인증서 등과 같이 다양한 방법이 사용될 수 있습니다. 그 뒤에는 어드미션 컨트롤러(Admission Controller)라는 별도의 단계를 거친 뒤 비로소 요청받은 기능을 수행합니다.[1]

그렇지만 지금까지 kubectl 명령어를 사용할 때는 이러한 단계들을 전혀 신경 쓰지 않았다는 점이 의아할 수도 있습니다. 여러분은 인증을 위한 계정 같은 것을 쿠버네티스에서 생성한 적도 없고,

---

[1] 어드미션 컨트롤러에 대해서는 이번 장에서 다루지 않으며, 다음 장의 11.1절에서 간단히 설명합니다.

그러한 계정에 권한을 부여한 적도 없습니다. 사실 이는 설치 도구를 이용해 쿠버네티스를 설치할 때 설치 도구가 자동으로 kubectl이 관리자 권한을 갖도록 설정해 두기 때문인데, 그러한 설정은 ~/.kube/config라는 파일에서 확인할 수 있습니다.

```
# ~/.kube/config 파일의 예시
apiVersion: v1

clusters:
- cluster:
    certificate-authority-data: ...
    server: https://10.43.0.20:6443
  name: kubernetes

contexts:
- context:
    cluster: kubernetes
    user: kubernetes-admin
  name: kubernetes-admin@kubernetes
current-context: kubernetes-admin@kubernetes

users:
- name: kubernetes-admin
  user:
    client-certificate-data: ...
    client-key-data: ...

kind: Config
preferences: {}
```

kubectl을 사용할 때는 기본적으로 ~/.kube/config라는 파일에 저장된 설정을 읽어 들여 쿠버네티스 클러스터를 제어합니다. 이 파일에 저장된 내용 중에서 users라는 항목에는 인증을 위한 데이터가 설정돼 있습니다. client-certificate-data와 client-key-data에 설정된 데이터는 base64로 인코딩된 인증서(공개키와 비밀키)인데, 이 키 쌍은 쿠버네티스에서 최고 권한(cluster-admin)을 갖습니다. 그렇기 때문에 지금까지 여러분은 아무런 문제 없이 쿠버네티스의 모든 명령어를 사용할 수 있었던 것입니다.

 ~/.kube/config 파일 내용에 대해서는 지금 당장 이해하지 않아도 괜찮습니다. users 항목에는 인증을 위한 정보를, clusters 항목에는 클러스터에 접근하기 위한 정보를 저장한다는 정도만 알고 넘어가면 됩니다.

기본적으로 설정된 ~/.kube/config 파일에서는 인증서 키 쌍을 사용해 API 서버에 인증하지만, 이 인증 방법은 비교적 절차가 복잡하고 관리하기가 어렵기 때문에 자주 사용하는 방법은 아닙니다.[2] 쿠버네티스에서는 인증을 위해 인증서 키 쌍뿐만 아니라 여러 가지 방법을 사용할 수 있으며, 그중 하나가 이번 장에서 주로 다뤄볼 서비스 어카운트(ServiceAccount)입니다.

10.2 서비스 어카운트와 롤(Role), 클러스터 롤(Cluster Role)

서비스 어카운트는 체계적으로 권한을 관리하기 위한 쿠버네티스 오브젝트입니다. 서비스 어카운트는 한 명의 사용자나 애플리케이션에 해당한다고 생각하면 이해하기 쉽습니다. 서비스 어카운트는 네임스페이스에 속하는 오브젝트로, serviceaccount 또는 sa라는 이름으로 사용할 수 있습니다.

```
$ kubectl get sa # sa라는 이름으로도 사용 가능
$ kubectl get serviceaccount
NAME      SECRETS   AGE
default   1         64d
```

여러분이 서비스 어카운트를 생성하지 않았더라도 각 네임스페이스에는 기본적으로 default라는 이름의 서비스 어카운트가 존재합니다. kubectl create나 delete를 통해 간단하게 서비스 어카운트를 생성하거나 삭제할 수도 있습니다.

```
$ kubectl create sa alicek106
serviceaccount/alicek106 created
```

지금까지 여러분이 kubectl 명령어를 사용했을 때에는 ~/.kube/config 파일에 저장돼 있던 관리자 권한의 인증 정보를 사용했지만, 이번에는 방금 생성한 alicek106이라는 이름의 서비스 어카운트를 이용해 kubectl 명령어를 사용해 보겠습니다. --as 옵션을 사용하면 임시로 특정 서비스 어카운트를 사용할 수 있습니다.[3]

```
$ kubectl get services
NAME         TYPE        CLUSTER-IP   EXTERNAL-IP   PORT(S)   AGE
kubernetes   ClusterIP   10.96.0.1    <none>        443/TCP   64d

$ kubectl get services --as system:serviceaccount:default:alicek106
Error from server (Forbidden): services is forbidden: User "system:serviceaccount:default:alic
ek106" cannot list resource "services" in API group "" in the namespace "default"
```

---

[2] 인증서를 이용한 사용자 인증 방법은 이번 장의 뒷쪽에서 다시 다룹니다.
[3] 이처럼 특정 사용자로 가장해 API를 사용하는 것을 쿠버네티스 공식 문서에서는 Impersonate라고 표현합니다.

--as 옵션에 사용된 system:serviceaccount는 인증을 위해 서비스 어카운트를 사용한다는 것을 나타내며, default:alicek106은 default 네임스페이스의 alicek106 서비스 어카운트를 의미합니다. 뒤에서 다시 설명하겠지만, 쿠버네티스는 서비스 어카운트 외에도 다양한 인증 방법을 제공하기 때문에 이러한 형식의 이름을 사용합니다.

방금 생성한 alicek106 서비스 어카운트로 서비스의 목록을 조회했더니 API 서버로부터 에러가 반환됐습니다. 이 서비스 어카운트는 default 네임스페이스에서 서비스 목록을 조회할 수 있는 권한이 아직 부여되지 않았다는 뜻입니다. 따라서 서비스 어카운트에 적절한 권한을 부여해야만 쿠버네티스의 기능을 제대로 사용할 수 있습니다.

쿠버네티스에서 권한을 부여하는 방법은 크게 두 가지가 있습니다. 롤(Role)과 클러스터 롤(Cluster Role)을 이용해 권한을 설정하는 것입니다.

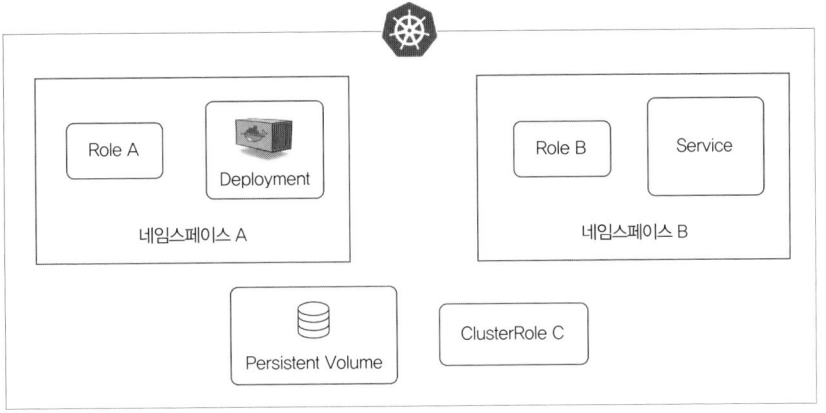

그림 10.3 롤은 네임스페이스에 속하며, 클러스터 롤은 네임스페이스에 속하지 않음

롤과 클러스터 롤은 부여할 권한이 무엇인지를 나타내는 쿠버네티스 오브젝트입니다. 예를 들어 '디플로이먼트를 생성할 수 있다'라는 것도 하나의 롤이 될 수 있고, '서비스의 목록을 조회한다'라는 것도 롤이 될 수 있습니다. 단, 롤은 네임스페이스에 속하는 오브젝트이므로 디플로이먼트나 서비스처럼 네임스페이스에 속하는 오브젝트들에 대한 권한을 정의할 때 쓰입니다.

롤와 비슷한 쿠버네티스 오브젝트로는 클러스터 롤이 있는데, 클러스터 롤은 말 그대로 클러스터 단위의 권한을 정의할 때 사용합니다. 예를 들어 '퍼시스턴트 볼륨의 목록을 조회할 수 있다'라는 권한은 클러스터 롤로 정의할 수 있습니다.[4] 또한 네임스페이스에 속하지 않는 오브젝트뿐만 아니라 클

---

4 이전에 설명했던 것처럼 퍼시스턴트 볼륨은 네임스페이스에 속하지 않는 클러스터 수준의 오브젝트입니다.

러스터 전반에 걸친 기능을 사용하기 위해서도 클러스터 롤을 정의할 수 있으며, 여러 네임스페이스에서 반복적으로 사용되는 권한을 클러스터 롤로 만들어 재사용하는 것도 가능합니다.

가장 먼저 롤과 클러스터 롤을 사용해 보겠습니다. 롤은 네임스페이스에 속하지만, 클러스터 롤은 네임스페이스에 속하지 않는 전역적인 쿠버네티스 오브젝트입니다. 따라서 kubectl get role 명령어는 현재 네임스페이스의 롤 목록만을 출력하지만, kubectl get clusterrole 명령어는 클러스터 자체에 존재하는 모든 클러스터 롤의 목록을 출력합니다.

```
$ kubectl get role
No resources found.

$ kubectl get clusterrole
NAME                                AGE
admin                               64d
calico-node                         64d
cluster-admin                       64d
edit                                64d
nginx-ingress-clusterrole           22d
...
```

클러스터 롤은 쿠버네티스 컴포넌트가 사용하는 권한도 포함하기 때문에 꽤 많은 수의 클러스터 롤이 미리 생성돼 있습니다. 그중에는 이전에 Nginx 인그레스 컨트롤러를 사용할 때 함께 생성됐던 nginx-ingress-clusterrole이나, 쿠버네티스에서 관리자 권한으로 모든 기능을 사용할 수 있는 cluster-admin이라는 클러스터 롤도 있습니다.

 ~/.kube/config 파일에 기본적으로 설정돼 있던 인증서에는 cluster-admin 클러스터 롤이 부여돼 있습니다. 이처럼 인증서에 권한을 부여하는 방법은 이번 장의 뒤쪽에서 다시 설명합니다.

지금은 롤을 먼저 사용해 보겠습니다. 아래의 내용으로 YAML 파일을 작성합니다.

예제 10.1 chapter10/service-reader-role.yaml
```
apiVersion: rbac.authorization.k8s.io/v1
kind: Role
metadata:
  namespace: default
  name: service-reader
rules:
- apiGroups: [""]             # 1. 대상이 될 오브젝트의 API 그룹
  resources: ["services"]     # 2. 대상이 될 오브젝트의 이름
  verbs: ["get", "list"]      # 3. 어떠한 동작을 허용할 것인지 명시
```

위 YAML 파일은 서비스의 목록을 읽을 수 있는 롤을 정의합니다. metadata 항목의 namespace는 롤이 생성될 네임스페이스를, name은 롤의 이름을 설정했습니다. 가장 중요한 부분인 rules 항목의 내용을 조금 자세히 살펴보겠습니다.

- **apiGroups** : 어떠한 API 그룹에 속하는 오브젝트에 대해 권한을 지정할지 설정합니다. API 그룹은 쿠버네티스의 오브젝트가 가지는 목적에 따라 분류되는 일종의 카테고리입니다. 이 예시에서는 ""로 설정했는데, 이는 파드, 서비스 등이 포함된 코어 API 그룹을 의미합니다. kubectl api-resources 명령어를 사용하면 특정 쿠버네티스 오브젝트가 어떤 API 그룹에 속하는지 확인할 수 있습니다.

```
$ kubectl api-resources
NAME              SHORTNAMES    APIGROUP    NAMESPACED    KIND
...
pods              po                        true          Pod
...
services          svc                       true          Service
...
deployments       deploy        apps        true          Deployment
```

파드나 서비스 등은 코어 API 그룹에 속하기 때문에 아무것도 표시되지 않습니다. 디플로이먼트나 레플리카셋 등은 apps라는 이름의 API 그룹에 속합니다.

- **resources** : 어떠한 쿠버네티스 오브젝트에 대해 권한을 정의할 것인지 입력합니다. 위 예시에서는 서비스(services)를 다룰 수 있는 권한을 정의할 것이기 때문에 ["services"]와 같이 설정했습니다. resources 항목 또한 kubectl api-resources에 출력되는 오브젝트의 이름을 적절히 사용하면 됩니다.

- **verbs** : 이 롤을 부여받은 대상이 resources에 지정된 오브젝트들에 대해 어떤 동작을 수행할 수 있는지 정의합니다. 위 예시에서는 get과 list 동작을 명시했으므로 kubectl get services 명령어로 개별 서비스의 정보를 가져오거나 모든 서비스 목록을 확인할 수 있도록 권한이 부여됩니다.

 YAML 파일에서 ["1", "2"...]와 같이 대괄호를 이용한 표현은 배열과 같은 기능을 합니다. verbs: ["get", "list"] 항목은 아래와 같이 표현할 수도 있습니다.

```
...
resources: ["services"]
  verbs:
  - get
    list
```

따라서 이 YAML 파일에 정의된 apiGroup과 resources, verbs를 종합하면 "코어 API 그룹("")에 속하는 서비스 리소스에 대해 get과 list를 실행할 수 있다"라고 해석할 수 있습니다. 이 YAML 파일을 이용해 롤을 생성해 보겠습니다.

```
$ kubectl apply -f service-reader-role.yaml
role.rbac.authorization.k8s.io/service-reader created

$ kubectl get roles
NAME                AGE
service-reader      105s
```

그렇지만 롤은 특정 기능에 대한 권한만을 정의하는 오브젝트이기 때문에 롤을 생성하는 것만으로는 서비스 어카운트나 사용자에게 권한이 부여되지 않습니다. 이 롤을 특정 대상에게 부여하려면 롤 바인딩(RoleBinding)이라는 오브젝트를 통해 특정 대상과 롤을 연결해야 합니다. 예를 들어 서비스 어카운트에 롤에 정의된 권한을 부여하려면 아래와 같은 롤 바인딩을 생성하면 됩니다.

예제 10.2 chapter10/rolebinding-service-reader.yaml

```yaml
apiVersion: rbac.authorization.k8s.io/v1
kind: RoleBinding
metadata:
  name: service-reader-rolebinding
  namespace: default
subjects:
- kind: ServiceAccount     # 권한을 부여할 대상이 ServiceAccount입니다.
  name: alicek106          # alicek106이라는 이름의 서비스 어카운트에 권한을 부여합니다.
  namespace: default
roleRef:
  kind: Role               # Role에 정의된 권한을 부여합니다.
  name: service-reader     # service-reader라는 이름의 Role을 대상(subjects)에 연결합니다.
  apiGroup: rbac.authorization.k8s.io
```

롤 바인딩에서는 어떠한 대상을 어떠한 롤에 연결할 것인지 정의합니다. 위 예시에서는 subjects 항목에 alicek106이라는 이름의 서비스 어카운트를, roleRef 항목에 service-reader 롤을 지정했습니다. 따라서 alicek106 서비스 어카운트는 service-reader 롤에 정의된 권한을 사용할 수 있게 됩니다.

롤 바인딩을 생성한 뒤 다시 alicek106 서비스 어카운트로 명령어를 실행해 보겠습니다.

```
$ kubectl apply -f rolebinding-service-reader.yaml
rolebinding.rbac.authorization.k8s.io/service-reader-rolebinding created
```

```
$ kubectl get services --as system:serviceaccount:default:alicek106
NAME         TYPE        CLUSTER-IP   EXTERNAL-IP   PORT(S)   AGE
kubernetes   ClusterIP   10.96.0.1    <none>        443/TCP   3d21h
```

서비스의 목록을 확인할 수 있는 권한을 부여받았기 때문에 정상적으로 kubectl get services 명령어를 사용할 수 있습니다. 그렇지만 서비스 어카운트에 부여되지 않은 다른 기능들은 여전히 사용할 수 없는 상태입니다.

```
$ kubectl get deployment --as system:serviceaccount:default:alicek106
Error from server (Forbidden): deployments.extensions is forbidden: User "system:serviceaccou
nt:default:alicek106" cannot list resource "deployments" in API group "apps" in the namespace
"default"
```

롤 바인딩과 롤, 서비스 어카운트는 모두 1:1 관계가 아니라는 점에 유의해야 합니다. 하나의 롤은 여러 개의 롤 바인딩에 의해 참조될 수도 있고, 하나의 서비스 어카운트는 여러 개의 롤 바인딩에 의해 권한을 부여받을 수도 있습니다. 즉, 롤은 권한을 부여하기 위한 일종의 템플릿과 같은 역할을, 롤 바인딩은 롤과 서비스 어카운트를 연결하기 위한 중간 다리 역할을 하는 셈입니다.

롤이나 클러스터 롤에서 사용되는 verbs 항목에는 get, list, watch, create, update, patch, delete 등에서 선택해 사용할 수 있지만, 와일드카드를 의미하는 *를 사용할 수도 있습니다.
단, 특정 리소스에 한정된 기능을 사용할 때는 서브 리소스(sub resource)를 명시해야 할 수도 있습니다. 예를 들어 kubectl exec 명령어로 파드 내부에 들어가기 위한 권한을 생성하려면 파드의 하위 리소스인 pod/exec을 resources 항목에 정의해야 합니다.[5]

```
...
- apiGroups: [""]
  resources: ["pods/exec"]
  verbs: ["create"]
...
```

롤 vs. 클러스터 롤

앞서 설명한 것처럼 롤과 롤 바인딩은 네임스페이스에 한정되는 오브젝트입니다. 따라서 롤은 파드, 서비스, 디플로이먼트 등과 같이 네임스페이스에 한정된 오브젝트에 대한 권한을 정의하기 위해 사용할 수 있습니다. 그렇지만 지금까지 다뤘던 오브젝트 중에는 노드(nodes), 퍼시스턴트 볼륨 등과 같이 네임스페이스에 종속되지 않는 오브젝트도 존재합니다.

---

[5] https://kubernetes.io/docs/reference/access-authn-authz/rbac/#referring-to-resources

물론 클러스터 수준의 오브젝트들에 대한 접근 권한은 서비스 어카운트에 기본적으로 설정돼 있지 않습니다. 이전에 생성해 뒀던 alicek106 서비스 어카운트로 노드의 목록을 출력해 보면 cluster scope의 리소스를 사용할 수 없다는 에러가 출력됩니다. 이와 유사하게 모든 네임스페이스의 리소스를 출력하는 명령어 또한 에러를 출력합니다.

```
$ kubectl get nodes --as system:serviceaccount:default:alicek106
Error from server (Forbidden): nodes is forbidden: User "system:serviceaccount:default:alic
ek106" cannot list resource "nodes" in API group "" at the cluster scope

$ kubectl get services --as system:serviceaccount:default:alicek106 --all-namespaces
Error from server (Forbidden): services is forbidden: User "system:serviceaccount:default:alic
ek106" cannot list resource "services" in API group "" at the cluster scope
```

이런 경우에는 롤 대신 클러스터 롤을 사용할 수 있습니다. 클러스터 롤이라는 이름이 나타내는 것처럼 클러스터 롤은 클러스터 단위의 리소스에 대한 권한을 정의하기 위해 사용합니다. 이번에는 노드의 목록을 출력하기 위한 클러스터 롤을 생성해 보겠습니다. 아래의 내용으로 YAML 파일을 작성합니다.

예제 10.3 chapter10/nodes-reader-clusterrole.yaml

```yaml
apiVersion: rbac.authorization.k8s.io/v1
kind: ClusterRole
metadata:
  namespace: default
  name: nodes-reader
rules:
- apiGroups: [""]
  resources: ["nodes"]
  verbs: ["get", "list"]
```

클러스터 롤의 YAML 파일은 이전에 생성했던 롤의 내용과 크게 다르지 않습니다. kind가 ClusterRole로 설정됐다는 점을 제외하면 다른 부분은 거의 같습니다. resources 항목에 nodes를, verbs 항목에 get과 list를 입력함으로써 노드의 목록을 출력할 수 있는 클러스터 롤을 정의했습니다. 위의 YAML 파일로 클러스터 롤을 생성해 보겠습니다.

```
$ kubectl apply -f nodes-reader-clusterrole.yaml
clusterrole.rbac.authorization.k8s.io/nodes-reader created

$ kubectl describe clusterrole nodes-reader
Name:         nodes-reader
```

```
Labels:        <none>
Annotations:   kubectl.kubernetes.io/last-applied-configuration:
                 {"apiVersion":"rbac.authorization.k8s.io/v1","kind":"ClusterRole","metadata":{"a
nnotations":{},"name":"nodes-reader"},"rules":[{"apiGroups...
PolicyRule:
  Resources  Non-Resource URLs  Resource Names  Verbs
  ---------  -----------------  --------------  -----
  nodes      []                 []              [get list]
```

롤을 사용할 때와 마찬가지로 클러스터 롤을 특정 대상에게 연결하려면 **클러스터 롤 바인딩**이라고 하는 쿠버네티스 오브젝트를 사용해야 합니다. 클러스터 롤 바인딩은 클러스터 롤과 특정 대상을 연결하는 중간 매개체 역할을 합니다. 롤 바인딩과 유사한 역할을 하지만, 클러스터 롤을 위해서 사용할 수 있다는 점이 다릅니다.

아래의 내용으로 YAML 파일을 작성한 다음, 클러스터 롤 바인딩을 생성해 보겠습니다.

예제 10.4 chapter10/clusterrolebinding-nodes-reader.yaml

```
apiVersion: rbac.authorization.k8s.io/v1
kind: ClusterRoleBinding
metadata:
  name: nodes-reader-clusterrolebinding
  namespace: default
subjects:
- kind: ServiceAccount
  name: alicek106
  namespace: default
roleRef:
  kind: ClusterRole
  name: nodes-reader
  apiGroup: rbac.authorization.k8s.io
```

```
$ kubectl apply -f clusterrolebinding-nodes-reader.yaml
clusterrolebinding.rbac.authorization.k8s.io/nodes-reader-clusterrolebinding created
```

nodes-reader라는 이름의 클러스터 롤이 서비스 어카운트와 연결됐으므로 이제 노드의 목록을 정상적으로 출력할 수 있습니다.

```
$ kubectl get nodes --as system:serviceaccount:default:alicek106
NAME          STATUS   ROLES    AGE     VERSION
ip-10-43-0-20 Ready    master   3d22h   v1.32.3
...
```

디플로이먼트, 서비스 등과 같이 네임스페이스에 종속되는 쿠버네티스 오브젝트에 대해 클러스터 롤을 생성하면 모든 네임스페이스의 리소스에 대한 권한이 부여됩니다. 예를 들어 클러스터 롤에 서비스 오브젝트를 정의해 사용하면 kubectl get services… --all-namespace와 같은 명령어를 사용할 수 있습니다.

여러 개의 클러스터 롤을 조합해서 사용하기

자주 사용되는 클러스터 롤이 있다면 다른 클러스터 롤에 포함시켜 재사용할 수 있는데, 이를 클러스터 롤 애그리게이션(aggregation)이라고 합니다. 이 기능을 사용해보기 위해 간단한 클러스터 롤을 정의해 보겠습니다.

예제 10.5. clusterrole-aggregation.yaml

```yaml
apiVersion: rbac.authorization.k8s.io/v1
kind: ClusterRole
metadata:
  name: parent-clusterrole
  labels:
    rbac.authorization.k8s.io/aggregate-to-child-clusterrole: "true"
rules:
- apiGroups: [""]
  resources: ["nodes"]
  verbs: ["get", "list"]
---
apiVersion: rbac.authorization.k8s.io/v1
kind: ClusterRole
metadata:
  name: child-clusterrole
aggregationRule:
  clusterRoleSelectors:
  - matchLabels:
      rbac.authorization.k8s.io/aggregate-to-child-clusterrole: "true"
rules: [] # 어떠한 권한도 정의하지 않았습니다.
…
```

이번에는 aggregationRule.clusterRoleSelectors라는 조금 특이한 항목을 사용했습니다. 클러스터 롤에 포함시키고자 하는 다른 클러스터 롤을 matchLabels의 라벨 셀렉터로 선택하면 하위 클러스터 롤에 포함돼 있는 권한을 그대로 부여받을 수 있습니다. 위 예시에서는 child-clusterrole에 아무런 권한도 부여하지 않았지만 parent-clusterrole의 권한을 그대로 물려받았으므로 child-clusterrole에서 nodes에 대한 get/list 권한을 갖게 됩니다.

```
$ kubectl apply -f clusterrole-aggregation.yaml
clusterrole.rbac.authorization.k8s.io/parent-clusterrole created
clusterrole.rbac.authorization.k8s.io/child-clusterrole created
serviceaccount/node-reader-test created
clusterrolebinding.rbac.authorization.k8s.io/parent-clusterrolebinding created

$ kubectl get no --as system:serviceaccount:default:node-reader-test
NAME                                        STATUS   ROLES    AGE   VERSION
ip-10-40-0-10.ap-northeast-2.compute.internal   Ready    master   56d   v1.32.3
...
```

클러스터 롤 애그리게이션을 사용하면 여러 개의 클러스터 롤 권한을 하나의 클러스터 롤에 합쳐서 사용할 수도 있으며, 여러 단계의 클러스터 롤 권한 상속 구조를 만들 수도 있습니다. 사실 기본적으로 존재하는 클러스터 롤에서도 클러스터 롤 애그리게이션 기능을 찾아볼 수 있는데, 자동으로 생성돼 있는 admin, edit, view라는 이름의 클러스터 롤의 내용을 확인해보면 view → edit → admin 순으로 권한이 전파되는 것을 알 수 있습니다.

```
$ kubectl get clusterrole view -o yaml | grep labels -F2
labels:
    kubernetes.io/bootstrapping: rbac-defaults
    rbac.authorization.k8s.io/aggregate-to-edit: "true"

$ kubectl get clusterrole edit -o yaml | grep -F3 aggregationRule
aggregationRule:
  clusterRoleSelectors:
  - matchLabels:
      rbac.authorization.k8s.io/aggregate-to-edit: "true"

$ kubectl get clusterrole edit -o yaml | grep -F2 labels
labels:
    kubernetes.io/bootstrapping: rbac-defaults
    rbac.authorization.k8s.io/aggregate-to-admin: "true"

$ kubectl get clusterrole admin -o yaml | grep -F4 aggregation
aggregationRule:
  clusterRoleSelectors:
  - matchLabels:
      rbac.authorization.k8s.io/aggregate-to-admin: "true"
```

이 경우에는 view 클러스터 롤에 권한을 부여하면 자동적으로 admin에도 권한이 적용됩니다.

10.3 쿠버네티스 API 서버에 접근

10.3.1 서비스 어카운트의 시크릿을 이용해 쿠버네티스 API 서버에 접근

쿠버네티스의 기능을 익히려면 kubectl을 사용하는 것이 가장 좋지만, 여러분의 애플리케이션이 쿠버네티스 API를 사용해야 한다면 일반적으로 kubectl이 아닌 다른 방법으로 API 서버에 접근할 것입니다. 이번에는 쿠버네티스의 API 서버에 접근하기 위한 다른 방법을 알아본 다음, API 서버에 접근할 때 어떻게 사용자를 인증할 수 있는지 알아보겠습니다.

도커 데몬의 실행 옵션에 -H 옵션을 추가함으로써 REST API를 사용했던 것처럼, 쿠버네티스의 API 서버도 HTTP 요청을 통해 쿠버네티스의 기능을 사용할 수 있도록 REST API를 제공하고 있습니다. 쿠버네티스의 REST API에 접근하기 위한 엔드포인트는 자동으로 개방되기 때문에 별도의 설정을 하지 않아도 API 서버에 접근할 수 있습니다.

kubeadm의 경우 쿠버네티스의 마스터 IP와 6443 포트로, GKE나 kops의 경우 443 포트로 접근하면 API 서버에 연결할 수 있습니다. 마스터 노드에 SSH로 직접 접속할 수 있다면 SSH로 접속한 뒤 localhost로 요청을 보내도 되지만, 원격에서 마스터 서버에 접근하고 싶다면 ~/.kube/config 파일에서 server 항목을 찾아 해당 주소로 요청을 보내도 됩니다. 단, 쿠버네티스 API 서버는 기본적으로 HTTPS 요청만 처리하도록 설정돼 있으며, 기본적으로 보안 연결을 위해 스스로 사인한 (self-signed) 인증서를 사용한다는 점에 유의합니다.

```
$ curl https://localhost:6443 -k
{
  "kind": "Status",
  "apiVersion": "v1",
  "metadata": {},
  "status": "Failure",
  "message": "forbidden: User \"system:anonymous\" cannot get path \"/\"",
  "reason": "Forbidden",
  "details": {},
  "code": 403
}
```

쿠버네티스의 API 서버로 요청이 전송됐지만 403 에러와 함께 API 요청이 실패했습니다. 위 경우에는 API 요청 시 어떠한 크리덴셜도 함께 첨부하지 않았으므로 자동으로 system:anonymous 사용자로 간주되었고, 이 사용자에게는 아직 어떠한 권한도 주어지지 않았기 때문에 권한 없음

(Unauthorized) 에러가 반환되었습니다.[6] 즉, 지금은 어떠한 인증 정보도 사용하지 않았기 때문에 API 서버로의 접근이 불가능합니다.

따라서 API 서버에 접근하려면 별도의 인증 정보를 HTTP 페이로드에 포함시켜 REST API 요청을 전송해야 합니다. 즉, '나는 서비스 어카운트 alicek106입니다'라는 것을 증명하기 위한 별도의 데이터가 필요한 셈입니다.

이를 위해 쿠버네티스에서는 서비스 어카운트의 신원을 인증하기 위한 JWT 토큰을 사용할 수 있습니다. 이 JWT 토큰을 통해 쿠버네티스 API를 호출하면 해당 서비스 어카운트에 부여된 권한으로 API를 호출할 수 있습니다. 이 JWT 토큰을 발급하는 가장 간단한 방법은 kubectl create token 명령어를 사용하는 것입니다.

```
$ # kubectl create token <서비스 어카운트 이름>
$ kubectl create token alicek106
eyJhbGciOiJSUzI1NiIsImtpZCI6ImZlOV...
```

명령어를 실행한 뒤 출력되는 문자열은 쿠버네티스 API 서버 인증에 사용되는 JWT 토큰입니다. 따라서 쿠버네티스 API 서버에 요청을 보낼 때 이 토큰 데이터를 함께 담아서 보내면 '나는 alicek106 서비스 어카운트입니다'라는 것을 인증할 수 있습니다.

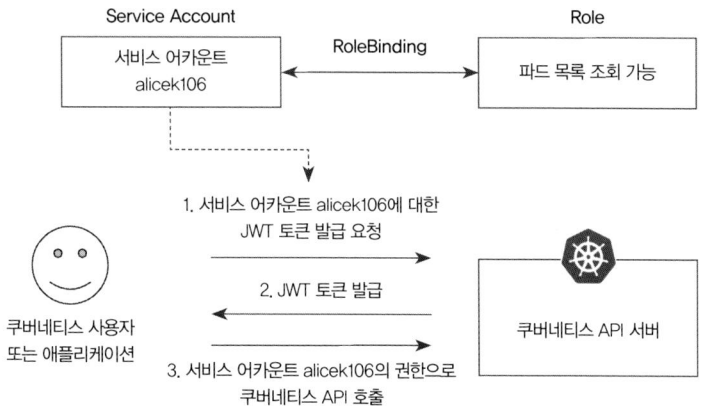

그림 10.4 쿠버네티스 API 사용 시 인증 과정의 흐름

---

6 쿠버네티스를 설치한 도구가 익명 유저(system:anonymous)의 사용을 기본적으로 비활성화 해두었다면 에러 메시지 내용이 조금 다를 수 있습니다. 익명 유저의 활성화 여부는 kube-apiserver 컴포넌트의 실행 옵션에서 --anonymous-auth 값을 통해 설정할 수 있으며, 기본 값은 true(익명 유저의 사용을 허가함)입니다.

쿠버네티스에서 JWT 토큰을 발급하는 API는 TokenRequest API라고 불리며, 이 API 또한 하나의 액션으로 간주됩니다. 따라서 클러스터 롤을 통해 TokenRequest API를 호출할 수 있는 권한을 정의하는 것이 가능합니다.

```yaml
apiVersion: rbac.authorization.k8s.io/v1
kind: ClusterRole
...
rules:
- apiGroups: [""]
  resources:
    - "serviceaccounts/token" # TokenRequest를 호출하기 위한 권한
    - "serviceaccounts"
  verbs:
    - "create"
    - "get"
```

이 토큰을 HTTP 페이로드의 Bearer 헤더에 담아서 다시 API 요청을 보내 보면 정상적으로 응답이 반환되는 것을 확인할 수 있습니다. 이렇게 kubectl create token을 통해 생성된 토큰의 유효기간은 기본적으로 1시간이며, 이는 --duration 옵션을 통해 조정할 수 있습니다.

```
$ export TOKEN=$(kubectl create token alicek106)
$ curl https://localhost:6443/apis --header "Authorization: Bearer $TOKEN" -k
{
  "kind": "APIGroupList",
  "apiVersion": "v1",
  "groups": [
    {
      "name": "apiregistration.k8s.io",
...
```

만약 유효 기간이 없는 JWT 토큰을 생성하고 싶다면 아래와 같이 시크릿을 생성할 수도 있습니다. kubernetes.io/service-account.name이라는 특별한 어노테이션 값에 서비스 어카운트 이름을 입력한 채로 시크릿을 생성하면 유효 기간이 없는 JWT 토큰을 생성할 수 있습니다.

```yaml
apiVersion: v1
kind: Secret
metadata:
  name: my-alicek106-secret
  annotations:
    # 어노테이션의 값에 서비스 어카운트 이름을 입력합니다.
```

```
      kubernetes.io/service-account.name: alicek106
type: kubernetes.io/service-account-token
```

예제 10.6. sa-secret-token.yaml

```
$ kubectl apply -f sa-secret-token.yaml
secret/my-alicek106-secret created

$ kubectl describe sa alicek106
Name:              alicek106
...
Tokens:            my-alicek106-secret

$ kubectl describe secret my-alicek106-secret
...
Data
====
namespace:  7 bytes
token:      eyJhbG...           # 이 토큰은 유효 기간이 존재하지 않습니다.
ca.crt:     1090 bytes
```

하지만 만료되지 않는 JWT 토큰은 유출되었을 때 보안적으로 취약할 수 있으므로 가급적이면 사용하지 않는 것이 좋습니다.

 kubectl proxy 명령어를 이용해 임시 프락시를 생성함으로써 API 서버에 별도의 인증 없이도 쉽게 접근할 수 있습니다. 단, 이 프락시는 기본적으로 로컬 호스트 요청만 처리할 수 있으므로 가능하면 테스트 용도로만 사용하는 것이 좋습니다.

```
$ kubectl proxy
Starting to serve on 127.0.0.1:8001

$ curl localhost:8001/       # /로 요청을 보내면 사용할 수 있는 모든 경로를 출력합니다.
{
  "paths": [
    "/api",
    "/api/v1",
    "/apis",
    ...
```

kubectl에서 사용할 수 있는 기능은 모두 REST API에서도 동일하게 사용할 수 있습니다. 예를 들어 /api/v1/namespaces/default/services 경로로 요청을 보내면 default 네임스페이스에 존재하는 서비스의 목록을 가져올 수 있습니다.[7] 따라서 이 API 경로는 kubectl get services -n default 명령어와 같은 기능을 하는 셈입니다.

```
$ curl https://localhost:6443/api/v1/namespaces/default/services \
-k --header "Authorization: Bearer $decoded_token"

{
  "kind": "ServiceList",
  "apiVersion": "v1",
...
```

그렇지만 API 서버로의 REST 요청 또한 롤 또는 클러스터 롤을 통해 서비스 어카운트에 권한을 부여하지 않으면 접근이 불가능합니다. 위의 예시에서는 alicek106 서비스 어카운트에 default 네임스페이스에서 서비스의 목록을 조회할 수 있는 롤 바인딩을 미리 생성해 뒀기 때문에 정상적으로 /api/v1/namespaces/default/services 경로에 접근할 수 있었던 것입니다.

API 서버의 몇몇 경로들은 기본적으로 서비스 어카운트가 접근할 수 없도록 제한돼 있습니다. 예를 들어 서비스 어카운트의 토큰을 이용해 /logs나 /metrics에 접근하면 권한이 없다는 오류가 반환될 것입니다. 이때 클러스터 롤을 사용하면 이러한 URL에도 접근할 수 있도록 권한을 부여할 수 있습니다. 예를 들어, 아래의 클러스터 롤은 /metrics와 /logs에 접근할 수 있는 권한을 정의합니다.

```
apiVersion: rbac.authorization.k8s.io/v1beta1
kind: ClusterRole
metadata:
  name: api-url-access
rules:
- nonResourceURLs: ["/metrics", "/logs"]
  verbs: ["get"]
…
```

10.3.2 클러스터 내부에서 kubernetes 서비스를 통해 API 서버에 접근

사용자가 쿠버네티스의 기능을 사용하려면 kubectl이나 REST API 등의 방법을 통해 API 서버에 접근할 수 있습니다. 그렇다면 쿠버네티스 클러스터 내부에서 실행되는 애플리케이션은 어떻게 API 서버에 접근하고 인증을 수행할 수 있을까요?

---

7 사용할 수 있는 모든 API 경로는 https://kubernetes.io/docs/reference/generated/kubernetes-api/v1.32/에서 확인할 수 있습니다. 예를 들어, 서비스의 목록을 확인할 수 있는 API 경로는 문서 왼쪽에 있는 'Service v1 core' – 'Read Operation' 항목을 클릭해 확인할 수 있습니다.

예를 들어, 이전 장에서 사용해 봤던 Nginx 인그레스 컨트롤러는 인그레스의 생성을 동적으로 감지해 Nginx의 라우팅 규칙을 업데이트했습니다. 이를 위해서 Nginx 인그레스 컨트롤러는 인그레스 규칙이 생성, 삭제될 때마다 알림을 받을 수 있도록 쿠버네티스의 API 서버에 Watch API를 걸어둬야 하며, 해당 API를 사용하기 위한 적절한 권한을 부여받아야 합니다. 즉, 파드 내부에서도 쿠버네티스 API 서버에 접근하기 위한 방법이 필요할 뿐만 아니라, 파드를 위한 권한 인증도 수행할 수 있어야 합니다.

이를 위해서 쿠버네티스는 클러스터 내부에서 API 서버에 접근할 수 있는 서비스 리소스를 미리 생성해 놓습니다. 지금까지 여러분이 서비스의 목록을 조회했을 때 기본적으로 존재하고 있던 kubernetes라는 이름의 서비스가 바로 그것입니다.

```
$ kubectl get svc
NAME         TYPE        CLUSTER-IP   EXTERNAL-IP   PORT(S)   AGE
kubernetes   ClusterIP   10.96.0.1    <none>        443/TCP   119d
```

쿠버네티스 클러스터 내부에서 실행 중인 파드는 default 네임스페이스의 kubernetes 서비스를 통해 API 서버에 접근할 수 있습니다. 따라서 파드는 kubernetes.default.svc라는 DNS 이름을 통해 쿠버네티스 API를 사용할 수 있습니다.

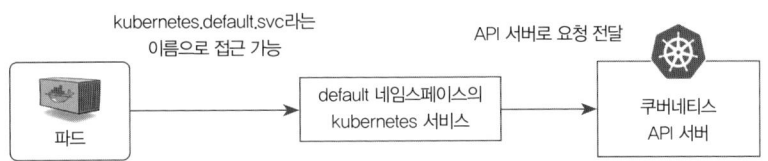

그림 10.5 kubernetes라는 이름의 서비스를 통해 API 사용

하지만 파드 내부에서 kubernetes라는 이름의 서비스에 접근한다고 해서 특별한 권한이 따로 주어지는 것은 아닙니다. 이전에 API 서버에 접근했던 방식과 동일하게 서비스 어카운트에 부여되는 시크릿의 토큰을 HTTP 요청에 담아 kubernetes 서비스에 전달해야만 인증과 인가를 진행할 수 있습니다.

```
$ kubectl run -i --tty --rm debug --image=alicek106/ubuntu:curl --restart=Never -- bash

root@debug:/# curl https://kubernetes -k
{
  "kind": "Status",
  "apiVersion": "v1",
```

```
    "metadata": {},
    "status": "Failure",
    "message": "forbidden: User \"system:anonymous\" cannot get path \"/\"",
    "reason": "Forbidden",
    "details": {},
    "code": 403
}
```

여기서 여러분은 '파드 내부에서 API 서버에 접근하려면 시크릿의 토큰을 배시 셸에서 복사한 뒤, 이 토큰을 컨피그맵과 같은 환경 변수로 파드 내부에 넘겨줘야 하나?'라는 생각을 할지도 모릅니다. 여기서 한 가지 알아둬야 할 점은, 쿠버네티스는 파드를 생성할 때 **자동으로 서비스 어카운트의 시크릿을 파드 내부에 마운트**한다는 것입니다. 따라서 파드 내부에서 API 서버에 접근하기 위해 시크릿의 데이터를 일부러 파드 내부로 가져올 필요는 없습니다.

지금까지 생성해 왔던 디플로이먼트나 파드도 모두 서비스 어카운트의 시크릿을 자동으로 내부에 마운트하고 있었습니다. 파드를 생성하기 위한 YAML 스펙에 아무런 설정을 하지 않으면 자동으로 default 서비스 어카운트의 시크릿을 파드 내부에 마운트합니다. 간단한 파드를 생성한 다음 kubectl describe 명령어로 자세한 내용을 확인해 보면 이를 알 수 있습니다.

```
$ # 이전에 사용했던 deployment-nginx.yaml 파일을 사용해 디플로이먼트를 생성합니다.
$ kubectl apply -f deployment-nginx.yaml
deployment.apps/my-nginx-deployment created

$ kubectl get pods
NAME                                      READY   STATUS    RESTARTS   AGE
my-nginx-deployment-85d657c94d-2cn2m      1/1     Running   0          1m
...

$ kubectl describe pods my-nginx-deployment-85d657c94d-2cn2m
...
    Mounts:
      /var/run/secrets/kubernetes.io/serviceaccount from kube-api-access-s2crr (ro)
...
```

시크릿의 데이터는 기본적으로 파드의 /var/run/secrets/kubernetes.io/serviceaccount 경로에 마운트됩니다. 해당 경로의 파일을 확인해보면 시크릿의 데이터가 각각 파일로 존재합니다. 만약 파드 내부에서 API 서버에 접근해야 한다면 token 파일에 저장된 내용을 읽어와 사용하면 됩니다.

```
$ kubectl exec my-nginx-deployment-85d657c94d-2cn2m \
    ls /var/run/secrets/kubernetes.io/serviceaccount

ca.crt
namespace
token
```

파드를 생성하는 YAML 파일에 아무런 설정을 하지 않으면 자동으로 default 서비스 어카운트의 시크릿을 마운트하지만, serviceAccountName 항목을 YAML 파일에서 별도로 지정하면 특정 서비스 어카운트의 시크릿을 마운트할 수도 있습니다.

예제 10.7 chapter10/sa-deploy-nginx.yaml

```
...
    labels:
      app: webserver
  spec:
    serviceAccountName: alicek106
    containers:
    - name: my-webserver
...
```

 파드를 생성할 수 있는 권한은 반드시 신뢰할 수 있는 사용자에게만 부여하는 것이 좋습니다. 파드를 생성할 때 serviceAccountName 항목에 특정 서비스 어카운트의 이름을 명시하면 파드 내부에서 해당 서비스 어카운트에 연결된 JWT 토큰을 사용할 수 있기 때문입니다. 이를 방지하려면 파드 또는 서비스 어카운트의 스펙에 automountServiceAccountToken: false를 설정해 JWT 토큰이 파드 내부로 자동으로 마운트 되는 것을 막을 수 있습니다.

10.3.3 쿠버네티스 SDK를 이용해 파드 내부에서 API 서버에 접근

API 서버에 접근하기 위해서 HTTP 요청으로 REST API를 사용해도 되지만, 파드 내부에서 실행되는 애플리케이션이라면 특정 언어로 바인딩된 쿠버네티스 SDK를 활용하는 프로그래밍 방식을 더 많이 사용할 것입니다. 이번에는 특정 서비스 어카운트를 사용하도록 설정된 파드 내부에서 쿠버네티스 SDK를 사용해 쿠버네티스 API 서버에 접근해 보겠습니다.

서비스 어카운트의 시크릿과 쿠버네티스 SDK를 이용해 API 서버에 접근하는 흐름을 그림으로 나타내보면 다음과 같습니다.

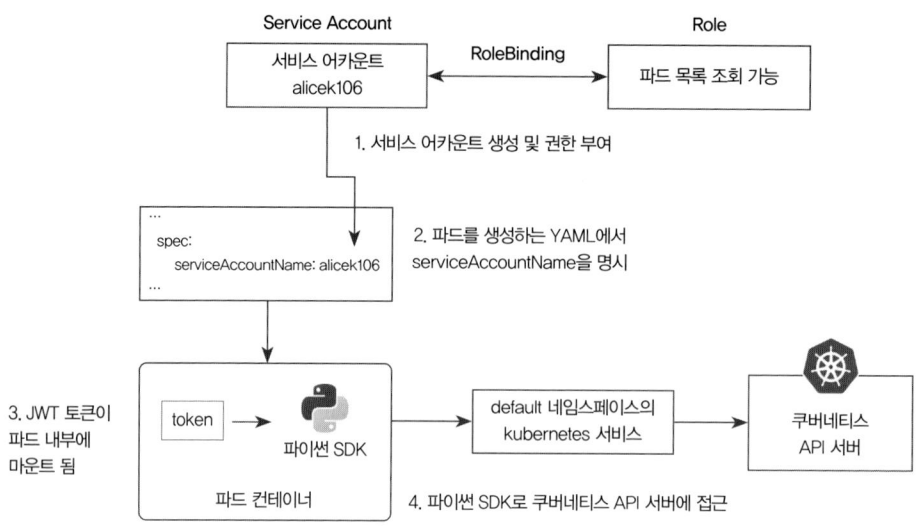

그림 10.6 쿠버네티스 SDK를 파드에서 사용할 때의 인증 흐름

1. 롤과 롤 바인딩을 통해 특정 서비스 어카운트에 권한이 부여돼 있어야 합니다. 이전에 사용했던 alicek106이라는 이름의 서비스 어카운트를 그대로 사용해도 상관은 없으나, 서비스 어카운트가 존재하지 않는다면 새롭게 생성합니다.

```
$ kubectl create sa alicek106
$ kubectl apply -f service-reader-role.yaml
$ kubectl apply -f rolebinding-service-reader.yaml
```

alicek106 서비스 어카운트에 default 네임스페이스의 서비스 목록 및 정보를 읽을 수 있는 권한이 부여됐다는 점에 유의합니다.

2. YAML 파일에 serviceAccountName 항목을 명시적으로 지정해 파드를 생성합니다. 아래의 YAML 파일은 alicek106 서비스 어카운트의 시크릿이 마운트된 파드를 생성할 것입니다.

예제 10.8 chapter10/sa-pod-python-sdk.yaml

```
apiVersion: v1
kind: Pod
metadata:
  name: k8s-python-sdk
spec:
  serviceAccountName: alicek106
  containers:
  - name: k8s-python-sdk
    image: alicek106/k8s-sdk-python:latest
```

```
$ kubectl apply -f sa-pod-python-sdk.yaml
pod/k8s-python-sdk created
```

> alicek106/k8s-sdk-python:latest 이미지에는 쿠버네티스를 사용하기 위한 파이썬 라이브러리가 미리 설치돼 있습니다. 그러나 추후 쿠버네티스가 업데이트됨에 따라 API 버전이 달라질 수 있으며, 이미지에 내장된 SDK 또한 사용이 불가능할 수도 있습니다. 이때는 책에서 제공하고 있는 깃허브 저장소에서 Dockerfile[8]을 참고해 직접 이미지를 빌드해 사용할 수 있습니다.

3. 파드 내부에 마운트된 alicek106의 시크릿을 확인합니다.

```
$ kubectl exec -it k8s-python-sdk -- bash
root@k8s-python-sdk:/# ls /var/run/secrets/kubernetes.io/serviceaccount/
ca.crt  namespace  token
```

4. 파드 내부에서 쿠버네티스의 API를 사용할 수 있는 간단한 파이썬 코드를 작성합니다. vim 편집기를 이용해 아래의 내용을 작성한 뒤 저장합니다.

예제 10.9 chapter10/list-service-and-pod.py

```python
root@k8s-python-sdk:/# vim list-service-and-pod.py
from kubernetes import client, config

config.load_incluster_config()    # [1]

try:
    print('Trying to list service..')
    result = client.CoreV1Api().list_namespaced_service(namespace='default')    # [2]
    for item in result.items:
        print('-> {}'.format(item.metadata.name))
except client.rest.ApiException as e:
    print(e)

print('----')

try:
    print('Trying to list pod..')
    result = client.CoreV1Api().list_namespaced_pod(namespace='default')    # [3]
    for item in result.items:
        print(item.metadata.name)
except client.rest.ApiException as e:
    print(e)
```

위 소스코드에서 중요한 몇 가지 부분을 굵게 강조해 놓았습니다.

---

[8] 깃허브의 chapter10/sa-pod-python-sdk-Dockerfile에서 확인할 수 있습니다.

[1] config.load_incluster_config() : 파드 내부에 마운트된 서비스 어카운트의 토큰과 인증서(ca.crt) 파일을 읽어 들여 인증 및 인가 작업을 수행합니다. 위 예시에서는 파드를 생성할 때 YAML 파일의 serviceAccountName 항목에 alicek106을 명시했기 때문에 alicek106 서비스 어카운트의 토큰을 로드할 것입니다.

[2] client.CoreV1Api().list_namespaced_service(namespace='default') : CoreV1 그룹의 API를 이용해 특정 네임스페이스의 서비스 목록을 출력합니다. 이전에 alicek106 서비스 어카운트에 서비스를 읽을 수 있는 권한을 미리 부여해 놓았기 때문에 문제없이 실행될 것입니다.

[3] client.CoreV1Api().list_namespaced_pod(namespace='default') : CoreV1 그룹의 API를 이용해 특정 네임스페이스의 파드 목록을 출력합니다. alicek106 서비스 어카운트에 파드를 읽을 수 있는 권한을 부여하지 않았기 때문에 403 에러가 반환될 것입니다.

API 그룹은 API의 용도와 종류에 따라 분류한 것으로, 이러한 분류는 kubectl api-resource 명령어로 확인할 수 있습니다. 파드나 서비스 등은 코어 API 그룹에 해당하는 client.CoreV1Api()를 통해 함수를 사용할 수 있으나, 디플로이먼트는 apps라는 이름의 API 그룹에 속하기 때문에 아래와 같이 함수를 사용해야 합니다.[9]

```
client.AppsV1Api.list_namespaced_deployment(namespace='default')
```

파이썬 소스코드를 실행하면 서비스의 목록은 정상적으로 출력되지만, 파드의 목록을 출력하는 함수는 에러를 반환합니다. 파드 내부에 마운트된 시크릿의 서비스 어카운트는 파드의 목록을 출력할 수 있는 권한을 롤이나 클러스터 롤을 통해 부여받지 않았기 때문입니다.

```
root@k8s-python-sdk:/# python3 list-service-and-pod.py
Trying to list service..
-> kubernetes
----
Trying to list pod..
(403)
Reason: Forbidden
...
```

서비스 어카운트의 JWT 토큰 구조를 보면 알 수 있듯이, 쿠버네티스 API 서버는 일종의 OIDC 서버 역할도 수행할 수 있습니다. 실제로 /.well-known/openid-configuration 및 /openid/v1/jwks와 같은 엔드포인트도 노출하고 있습니다. 다만, 쿠버네티스 API 서버의 OIDC 인터페이스는 OIDC 사양을 완벽하게 준수하지 않을 수 있으며, 서비스 어카운트의 JWT 토큰을 검증하는 데 필요한 최소한의 기능만을 제공하고 있다는 점에 유의합니다.

---

9 https://github.com/kubernetes-client/python/tree/master/kubernetes에서 더 많은 파이썬 SDK 예제를 찾을 수 있습니다.

```
$ kubectl get --raw /openid/v1/jwks
{"keys":[{"use":"sig","kty":"RSA", ...

$ kubectl get --raw /.well-known/openid-configuration
{"issuer":"https://api.internal.mycluster.k8s.local", ...
```

10.4 서비스 어카운트에 이미지 레지스트리 접근을 위한 시크릿 설정

이전의 7장에서 시크릿을 다뤘을 때 docker-registry 타입의 시크릿을 사용한 적이 있었습니다. docker-registry 타입의 시크릿은 도커 이미지 레지스트리에 접근하기 위해 사용하는 시크릿으로, 디플로이먼트 등과 같이 파드의 스펙을 정의하는 YAML 파일에서 imagePullSecrets 항목에 명시해 사용할 수 있었습니다.

서비스 어카운트를 이용하면 비공개 레지스트리 접근을 위한 시크릿을 서비스 어카운트 자체에 설정할 수 있습니다. 즉, 디플로이먼트나 파드의 YAML 파일마다 docker-registry 타입의 시크릿 이름을 정의하지 않아도 됩니다. 어떤 시크릿을 사용할지는 서비스 어카운트의 정보에 저장돼 있기 때문입니다.

예를 들어 registry-auth라는 이름의 시크릿이 존재한다면 아래와 같이 서비스 어카운트를 정의하는 YAML 파일을 작성합니다.

예제 10.10 chapter10/sa-reg-auth.yaml
```
apiVersion: v1
kind: ServiceAccount
metadata:
  name: reg-auth-alicek106
  namespace: default
imagePullSecrets:
- name: registry-auth
```

위의 YAML 파일로 서비스 어카운트를 생성하면 서비스 어카운트에 Image pull secrets 정보가 추가됩니다.

```
$ kubectl apply -f sa-reg-auth.yaml
serviceaccount/reg-auth-alicek106 created

$ kubectl describe sa reg-auth-alicek106 | grep Image
Image pull secrets:  registry-auth
```

앞으로 파드를 생성하는 YAML 파일에서 serviceAccountName 항목에 reg-auth-alicek106 서비스 어카운트를 지정해 생성하면 자동으로 imagePullSecrets 항목이 파드 스펙에 추가됩니다.

 YAML 파일에서 serviceAccountName 항목을 정의하지 않았을 때는 기본적으로 default 서비스 어카운트의 시크릿이 파드에 마운트됩니다. 따라서 default 서비스 어카운트에 imagePullSecrets 항목을 추가하면 아무런 설정을 하지 않았을 때에도 사설 레지스트리 인증을 기본적으로 수행하도록 설정할 수 있습니다.

10.5 kubeconfig 파일에 서비스 어카운트 인증 정보 설정

kubectl 명령어를 사용해 쿠버네티스 클러스터를 제어할 때는 kubeconfig라고 하는 특수한 설정 파일을 통해 인증을 진행한다고 이전에 설명한 적이 있었습니다. 여러분이 쿠버네티스를 설치하면 kubeconfig 파일에는 기본적으로 클러스터 관리자 권한을 가지는 인증서 정보가 저장되며, 아무런 제한 없이 쿠버네티스를 사용할 수 있습니다.

하지만 여러 명의 개발자가 kubectl 명령어를 사용해야 한다면 서비스 어카운트를 이용해 적절한 권한을 조절하는 것이 바람직할 것입니다. 이를 위해 권한이 제한된 서비스 어카운트를 통해 kubectl 명령어를 사용하도록 kubeconfig에서 설정할 수 있습니다. 즉, 서비스 어카운트와 연결된 시크릿의 token 데이터를 kubeconfig에 명시함으로써 kubectl 명령어의 권한을 제한할 수 있습니다.

서비스 어카운트의 정보를 kubeconfig 파일에 등록하기 전에 kubeconfig가 어떠한 구조로 이뤄져 있으며, 정확히 어떤 목적으로 사용되는지에 대해 먼저 간단히 알아보겠습니다.

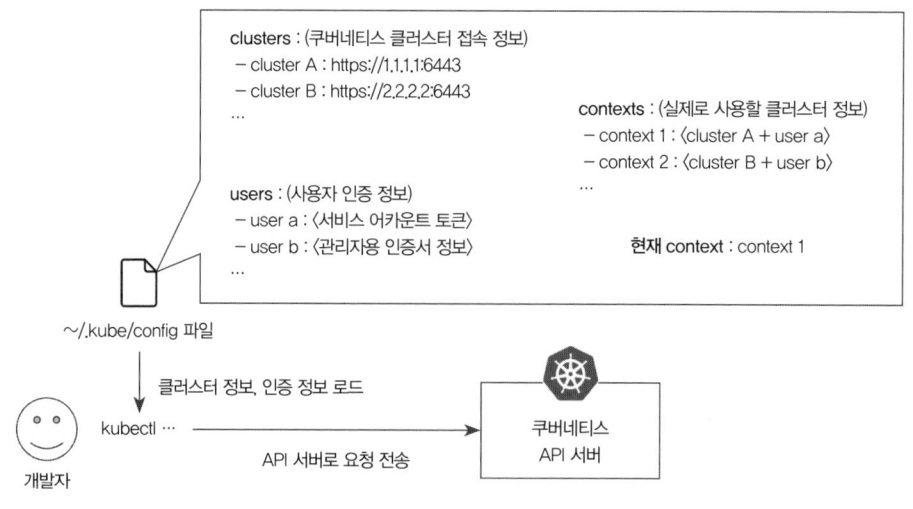

그림 10.7 kubeconfig 파일의 구조와 사용 방법

kubeconfig 파일은 일반적으로 ~/.kube/config 경로에 있으며, 필요에 따라 KUBECONFIG 셸 환경 변수로 경로를 직접 설정할 수 있습니다. kubectl 명령어로 쿠버네티스의 기능을 사용하면 kubectl은 기본적으로 kubeconfig의 설정 정보에서 API 서버의 주소와 사용자 인증 정보를 로드 합니다. kubeconfig는 크게 3가지 파트로 나누어져 있습니다.

- **clusters** : kubectl이 사용할 쿠버네티스 API 서버의 접속 정보 목록입니다. 기본적으로는 쿠버네티스 클러스터 스스로의 접속 정보 1개만 존재하지만, 필요하다면 원격의 쿠버네티스 API 서버의 주소를 추가해 사용할 수도 있습니다.

- **users** : 쿠버네티스의 API 서버에 접속하기 위한 사용자 인증 정보 목록입니다. users 항목에는 서비스 어카운트의 토큰을 입력할 수도 있고, 쿠버네티스 클러스터에서 사용되는 루트 인증서에서 발급한 하위 인증서의 데이터를 입력할 수도 있습니다. users에 정의된 인증 정보만으로는 아직 어떠한 클러스터에 대해 사용할 것인지 알 수 없습니다.

- **contexts** : clusters 항목과 users 항목에 정의된 값을 조합해 최종적으로 사용할 쿠버네티스 클러스터의 정보(컨텍스트)를 설정합니다. 예를 들어 clusters 항목에 클러스터 A, B가 정의돼 있고, users 항목에 사용자 a, b가 정의돼 있다면 cluster A + user a를 조합해 'cluster A에 user a로 인증해 쿠버네티스를 사용한다'라는 새로운 컨텍스트를 정의할 수 있습니다. 여러 개의 사용자 인증 정보와 클러스터를 조합해 여러 개의 컨텍스트를 정의할 수도 있습니다. kubectl을 사용하려면 여러 개의 컨텍스트 중 하나를 선택해야만 합니다.

실제로 사용되는 kubeconfig 파일의 내용을 보면서 이해해 보겠습니다. 인증에 사용되는 certificate-authority-data(클러스터 공개 인증서) 등의 데이터는 적절히 생략했습니다.

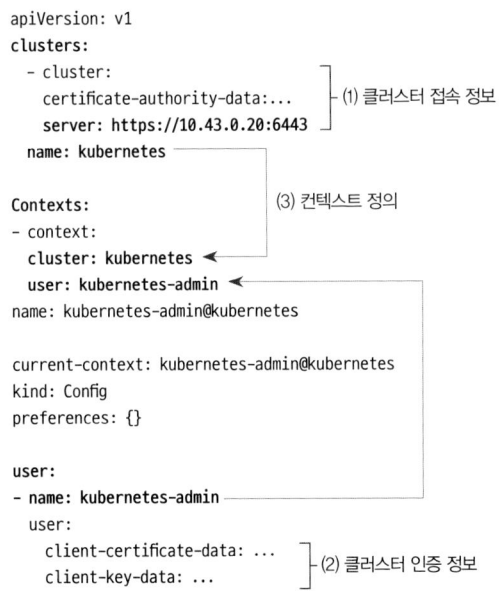

(1) clusters 항목에는 kubernetes라는 이름의 클러스터가, (2) users 항목에는 kubernetes-admin이라는 사용자가 정의돼 있습니다. 그리고 contexts 항목에서는 (1) kubernetes 클러스터와 (2) kubernetes-admins 사용자를 조합해 (3) kubernetes-admin@kubernetes라는 이름의 컨텍스트를 만들어 냈습니다. 여러 개의 클러스터 접속 정보와 사용자의 인증 정보를 clusters와 users 항목에 각각 정의한 다음, 이를 개별적으로 조합해 컨텍스트라는 개념으로 사용하는 것입니다.

이러한 원리를 이용하면 로컬 개발 환경의 쿠버네티스 컨텍스트, AWS 운영 환경의 쿠버네티스 컨텍스트 등 여러 개의 쿠버네티스 클러스터를 유동적으로 선택해 kubectl 명령어를 사용하는 것도 가능합니다. kubectl 명령어를 사용하는 개발자는 어떤 컨텍스트를 사용할 것인지 선택할 수 있으며, 현재 어떤 컨텍스트를 사용하고 있는지는 kubeconfig 파일의 current-context 항목에서 확인할 수 있습니다.

kubeconfig 파일에는 클러스터에 접근할 수 있는 각종 인증 정보가 담겨있습니다. 따라서 kubeconfig 파일이 유출되면 쿠버네티스 클러스터의 보안이 매우 취약해질 수 있습니다.

이번에는 users 항목에 서비스 어카운트의 JWT 토큰을 새롭게 등록함으로써, 해당 서비스 어카운트로 클러스터에 접근 및 인증하는 방법을 다뤄보겠습니다. 다음 명령어로 이전에 생성해 뒀던 alicek106 서비스 어카운트에 연결된 JWT 토큰을 생성합니다.

```
$ export TOKEN=$(kubectl create token alicek106)
```

kubeconfig 파일은 ~/.kube/config 파일을 vim 편집기 등으로 직접 수정해 사용해도 되지만, kubectl config 명령어를 사용하면 좀 더 쉽게 kubeconfig 파일을 수정할 수 있습니다. 예를 들어, kubectl config set-credentials 명령어를 사용하면 ~/.kube/config 파일의 users 항목에 새로운 사용자 항목을 추가할 수 있습니다.

다음 명령어를 사용하면 kubeconfig 파일의 users 항목에 alicek106-user라는 이름의 사용자가 새롭게 등록되며, $decoded_token 변수에 저장된 데이터가 인증 정보로써 사용됩니다.

```
$ kubectl config set-credentials alicek106-user --token=$TOKEN
```

실제 운영 환경에서는 서비스 어카운트의 토큰을 kubeconfig 파일에 직접 입력해 사용하기보다는, 쿠버네티스 인증에 OIDC 등을 연동해 유동적으로 사용자를 인증하는 것이 일반적입니다. 지금은 kubeconfig의 사용 방법을 학습하기 위해 서비스 어카운트 토큰을 사용하는 것이라고 이해하면 됩니다.

현재 kubeconfig 파일의 clusters 항목에 등록된 클러스터의 목록을 확인한 다음, 클러스터의 이름과 alicek106-user 사용자를 조합해 새로운 컨텍스트를 생성합니다. 아래의 명령어는 kubernetes 클러스터의 API 서버 접근 정보와 alicek106-user 사용자의 인증 정보를 이용해 my-new-context라는 이름의 컨텍스트를 새롭게 생성합니다. --cluster 옵션에는 kubectl config get-clusters에서 출력된 클러스터의 이름을 적절히 입력합니다.

```
$ kubectl config get-clusters
NAME
kubernetes

$ kubectl config set-context my-new-context --cluster=kubernetes --user=alicek106-user
Context "my-new-context" created.
```

새롭게 등록된 컨텍스트를 확인한 다음 kubectl이 사용할 컨텍스트를 해당 컨텍스트로 변경해 보겠습니다. 지금까지는 쿠버네티스 설치 이후에 기본적으로 사용하도록 설정된 kubernetes-admin@kubernetes라는 이름의 컨텍스트를 사용하고 있었습니다.[10]

```
$ kubectl config get-contexts
        CURRENT   NAME                          LUSTER       AUTHINFO           NAMESPACE
*                 kubernetes-admin@kubernetes   kubernetes   kubernetes-admin
                  my-new-context                kubernetes   alicek106-user

$ kubectl config use-context my-new-context
Switched to context "my-new-context".
```

my-new-context라는 이름의 컨텍스트는 [alicek106 서비스 어카운트의 인증 정보를 담고 있는 alicek106-user 사용자] + [kubernetes 클러스터의 API 서버 접근 정보]를 조합한 새로운 컨텍스트입니다. 따라서 my-new-context 컨텍스트를 사용하면 결과적으로 alicek106 서비스 어카운트로 쿠버네티스 API를 요청하는 것과 동일합니다.

컨텍스트가 바뀐 상태에서 각종 명령어를 사용해 보겠습니다.

```
$ kubectl get deployment
Error from server (Forbidden): deployments.apps is forbidden: User "system:serviceaccount:defaul
t:alicek106" cannot list resource "deployments" in API group "apps" in the namespace "default"

$ kubectl get pods
```

---

[10] 쿠버네티스 설치 툴에 따라 기본으로 설정된 컨텍스트, 사용자 및 클러스터의 이름이 조금씩 다를 수 있습니다.

```
Error from server (Forbidden): pods is forbidden: User "system:serviceaccount:default:alicek106"
cannot list resource "pods" in API group "" in the namespace "default"

$ kubectl get service
NAME         TYPE        CLUSTER-IP   EXTERNAL-IP   PORT(S)   AGE
kubernetes   ClusterIP   10.96.0.1    <none>        443/TCP   10d
```

이전에 alicek106 서비스 어카운트에는 서비스의 목록만을 읽을 수 있도록 롤을 부여했기 때문에 kubectl get service를 제외한 다른 명령어는 모두 실패하는 것을 볼 수 있습니다.

현재 설정된 컨텍스트의 서비스 어카운트는 서비스의 목록 권한만 가지고 있기 때문에 실습을 계속 진행하기에는 적합하지 않습니다. 따라서 이전에 사용하던 컨텍스트로 다시 되돌린 후 넘어갑니다.

```
$ kubectl config use-context kubernetes-admin@kubernetes
Switched to context "kubernetes-admin@kubernetes".
```

여기서는 kubeconfig를 활용하는 간단한 예시만 설명했지만, kubeconfig는 필요에 따라 다양한 용도로 활용할 수 있습니다. 기본적으로 사용할 네임스페이스의 이름을 설정할 수도 있고, 인증을 위해 쿠버네티스의 루트 인증서로부터 발급된 하위 인증서의 데이터를 입력할 수도 있습니다. 이 책에서 모든 활용 예시를 설명하지는 않지만, 관심이 있다면 kubeconfig에 관련된 쿠버네티스 공식 문서[11]를 읽어 보는 것을 추천합니다.

10.6 유저(User)와 그룹(Group)의 개념

쿠버네티스에서는 서비스 어카운트 외에도 유저(User)와 그룹(Group)이라는 개념이 있습니다. 유저는 실제 사용자를 뜻하며, 그룹은 여러 유저들을 모아 놓은 집합을 의미합니다. 따라서 롤 바인딩이나 클러스터 롤 바인딩을 정의하는 YAML 파일의 Kind 값에는 ServiceAccount 대신 User나 Group을 사용할 수도 있습니다.

```
...
subjects:
- kind: User
  name: alicek106
...
```

```
...
subjects:
- kind: Group
  name: devops-team
...
```

---

[11] https://kubernetes.io/ko/docs/tasks/access-application-cluster/configure-access-multiple-clusters

서비스 어카운트라는 오브젝트가 쿠버네티스에 이미 존재하는데 왜 굳이 유저(User)와 그룹(Group)이라는 개념이 별도로 존재하는지 의문이 들 수도 있습니다. 사실 쿠버네티스에서 유저는 '사용자'를 나타내는 개념이며, 서비스 어카운트 또한 개념상으로는 유저의 한 종류입니다. 그렇지만 '사람'이라는 객체는 유저라는 개념으로 추상화해 사용되기 때문에 쿠버네티스 내부에서 사용자는 최종적으로 '유저'라는 개념으로 취급됩니다. 여기서 한 가지 알아야 할 점은 쿠버네티스에는 유저나 그룹이라는 오브젝트가 없기 때문에 kubectl get user 또는 kubectl get group과 같은 명령어 또한 사용할 수 없다는 것입니다.

유저와 그룹의 개념을 좀 더 자세히 알아보기 위해 서비스 어카운트의 권한이 없을 때 출력되는 에러 내용을 다시 한 번 자세히 살펴보겠습니다.

```
$ kubectl get services --as system:serviceaccount:default:alicek106
Error from server (Forbidden): services is forbidden: User "system:serviceaccount:default:alic
ek106" cannot list resource "services" in API group "" in the namespace "default"
```

--as에 사용한 system:serviceaccount:default:alicek106은 사실 서비스 어카운트를 지칭하는 고유한 유저(User) 이름입니다. 그러므로 에러에서도 system:serviceaccount:default:alicek106이라는 유저(User)가 권한이 없다는 내용을 출력했습니다. 즉, 서비스 어카운트를 생성하면 system:serviceaccount:⟨네임스페이스 이름⟩:⟨서비스 어카운트 이름⟩이라는 유저 이름으로 서비스 어카운트를 지칭할 수 있습니다. 따라서 서비스 어카운트에 권한을 부여하는 롤 바인딩을 생성할 때 아래와 같이 YAML 파일을 작성해 생성해도 서비스 어카운트에 롤이 정상적으로 부여됩니다.

```
...
subjects:
- kind: User
  name: system:serviceaccount:default:alicek106
  namespace: default
roleRef:
kind: Role
...
```

그룹(Group)은 이러한 유저를 모아 놓은 집합입니다. 쿠버네티스에서 사용할 수 있는 대표적인 그룹은 서비스 어카운트의 집합인 system:serviceaccounts로 시작하는 그룹입니다. 이 그룹은 모든 네임스페이스에 속하는 모든 서비스 어카운트가 속해 있는 그룹입니다. 따라서 네임스페이스에 상관없이 모든 서비스 어카운트에 권한을 부여하려면 클러스터 롤 바인딩의 YAML 파일에서 kind: Group을 명시하되, 그룹 이름을 system:serviceaccounts로 입력한 다음 적용하면 됩니다.

예제 10.11 chapter10/service-read-role-all-sa.yaml

```
apiVersion: rbac.authorization.k8s.io/v1
kind: ClusterRoleBinding
metadata:
  name: service-reader-rolebinding
subjects:
- kind: Group
  name: system:serviceaccounts
roleRef:
  kind: ClusterRole   # 클러스터 롤 바인딩에서 연결할 권한은 클러스터 롤이어야 합니다.
  name: service-reader
  apiGroup: rbac.authorization.k8s.io
```

이와 비슷한 그룹으로는 특정 네임스페이스의 모든 서비스 어카운트를 의미하는 system: serviceaccounts:〈네임스페이스 이름〉이 있습니다. 예를 들어 system:serviceaccounts: default 라는 이름의 그룹에 권한을 부여하면 default 네임스페이스의 모든 서비스 어카운트에 권한이 부여됩니다. 이 외에도 API 서버의 인증에 성공한 그룹을 의미하는 system:authenticated, 인증에 실패한 그룹을 의미하는 system:unauthenticated 및 인증에 실패한 유저를 의미하는 system:anonymous 등이 있습니다. 이처럼 쿠버네티스에 의해 미리 정의된 유저나 그룹은 접두어로 system:을 사용합니다.

다양한 인증 방법에서의 User와 Group

앞서 설명한 것처럼 쿠버네티스의 인증 방법에는 서비스 어카운트의 시크릿 토큰만 존재하는 것은 아닙니다. 예를 들어 kubeconfig 파일에 기본적으로 설정돼 있던 인증 방법은 쿠버네티스에서 자체적으로 지원하는 인증 방법인 'x509 인증서'입니다. 그뿐만 아니라 별도의 인증 서버를 사용하면 깃허브 계정, 구글 계정, LDAP 데이터 등을 쿠버네티스 사용자 인증에 사용할 수도 있습니다.

 별도의 인증 서버는 쿠버네티스가 아닌 별도의 솔루션을 사용해 구축하는 것이 일반적입니다. 예를 들어 서드 파티에서 제공하는 OAuth의 OIDC(Open ID Connect)를 사용해 인증 시스템을 구축하려면 덱스(Dex) 를 사용할 수 있습니다. 이러한 솔루션을 이용하면 서드 파티로부터 인증 정보를 발급받아 쿠버네티스에서 사용할 수 있습니다.[12]

---

12 이러한 별도의 인증 도구는 쿠버네티스와는 독립된 오픈소스 프로젝트로서 개발되고 있기 때문에 이 책에서 다루지는 않습니다. 서드 파티를 통한 인증 시스템 구축 방법에 관심이 있다면 이 책이 제공하는 깃허브의 하단에서 [그 밖의 유용한 강좌 링크]에 있는 [Dex와 Guard를 이용한 쿠버네티스 사용자 인증 방법]을 참고합니다.

이처럼 별도의 인증 방법을 사용할 때는 유저(User)와 그룹(Group)의 개념을 더 특별하게 사용합니다. 예를 들어 깃허브의 조직(Organization)을 인증에 사용할 경우 조직의 팀 이름이 그룹으로, 깃허브 이메일이나 사용자 이름을 유저로 매칭해 사용할 수 있습니다. 다음 그림과 같이 인증 시스템이 구축된 상황을 가정해 보겠습니다.

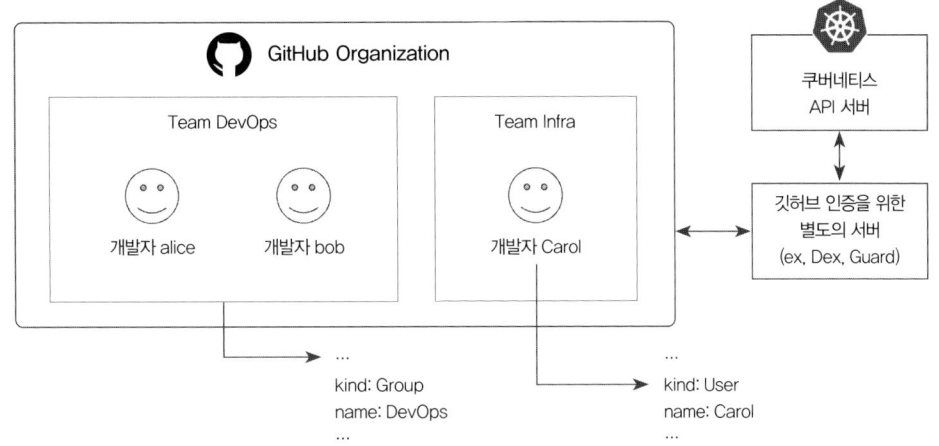

그림 10.8 깃허브의 Team과 Organization을 통한 쿠버네티스 API 인증

위 그림과 같은 상황에서 팀 DevOps의 개발자 전원에게 권한을 부여하는 경우와, 개발자 Carol에게 개인적으로 권한을 부여하는 경우에는 롤 바인딩을 각각 아래와 같이 정의할 수 있습니다.

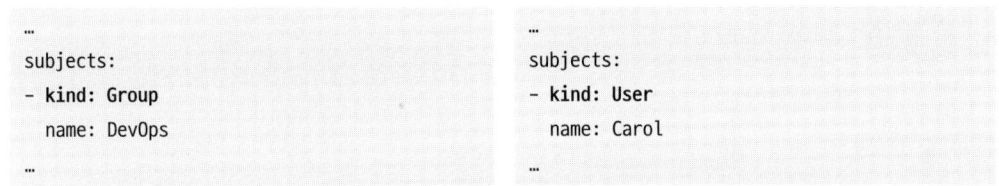

위 예시에서는 깃허브 조직의 팀을 그룹에, 깃허브 사용자 이름을 유저에 매칭했지만 이는 절대적인 규칙은 아닙니다. 어떤 데이터를 유저, 그룹으로 매칭해 사용할 것인지는 별도로 구축한 인증 서버나 API 서버에서 따로 설정할 수 있기 때문입니다. 예를 들어, 깃허브 사용자 이름이 아닌 깃허브 이메일 이름을 유저로 매칭해 쿠버네티스에서 사용하는 것도 가능합니다.

단, 이러한 데이터는 어떠한 서드 파티로부터 인증 정보를 발급받는지, 어떠한 도구를 별도의 인증 서버로 사용하는지에 따라 조금씩 다를 수 있습니다.

10.7 x509 인증서를 이용한 사용자 인증

쿠버네티스는 보안 연결을 위해 자체적으로 사인(self-signed)한 루트 인증서를 사용합니다. 이 루트 인증서는 쿠버네티스를 설치할 때 자동으로 생성되며, kubeadm의 경우 기본적으로 쿠버네티스 마스터의 /etc/kubernetes/pki 디렉터리에 저장돼 있습니다. kops를 사용하고 있다면 S3 버킷의 ${클러스터 이름}/pki/ 디렉터리에서 확인할 수 있습니다.

```
$ ls /etc/kubernetes/pki/
apiserver.crt              apiserver.key              ca.crt    front-proxy-ca.crt       front-proxy-client.key
apiserver-etcd-client.crt  apiserver-kubelet-client.crt  ca.key    front-proxy-ca.key       sa.key
apiserver-etcd-client.key  apiserver-kubelet-client.key  etcd      front-proxy-client.crt   sa.pub
```

이 파일 중 ca.crt가 바로 루트 인증서에 해당하며, ca.key는 이 인증서에 대응하는 비밀키입니다. 그 외의 apiserver.crt와 같은 인증서 파일들은 이 루트 인증서로부터 발급된 하위 인증서입니다. 이러한 하위 인증서들은 쿠버네티스 핵심 컴포넌트들이 서로 보안 연결을 수립하는 데 사용됩니다.

쿠버네티스의 루트 인증서로부터 발급된 하위 인증서를 사용하면 쿠버네티스 사용자를 인증할 수 있습니다. 쿠버네티스를 설치하면 기본적으로 설정되는 kubeconfig(~/.kube/config) 파일에 저장돼 있던 인증 정보 또한 x509 인증서를 이용한 인증 방법입니다.

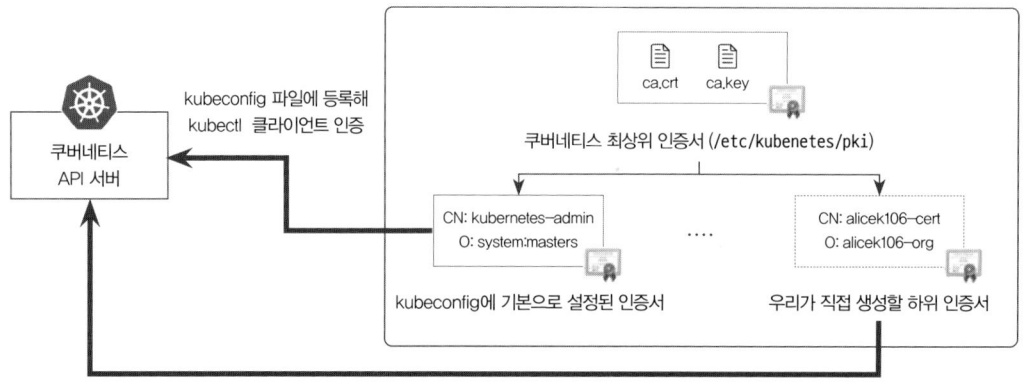

그림 10.9 인증서를 이용한 쿠버네티스 API의 인증 구조

이번에는 kubeconfig에 설정돼 있던 기본 인증서가 아닌, 루트 인증서로부터 하위 인증서를 직접 생성해 API 서버에 인증해 보겠습니다.

가장 먼저 하위 인증서를 위한 비밀키와 인증서 사인 요청 파일(.csr) 파일을 생성합니다.

```
$ openssl genrsa -out alicek106.key 2048
$ openssl req -new -key alicek106.key \
 -out alicek106.csr -subj "/O=alicek106-org/CN=alicek106-cert"
```

위 명령어에서 중요한 부분은 -subj 옵션의 값입니다. 하위 인증서를 사용자 인증에 사용할 때는 **인증서의 CN(Common Name)이 유저(User)로, O(Organization)가 그룹(Group)으로 취급** 됩니다. 따라서 위처럼 인증서를 생성하면 롤 바인딩 등에서 alicek106-cert라는 이름의 유저에게 권한을 부여해야 합니다.

 kubeconfig 파일에 기본적으로 설정된 인증서는 Organization이 system:masters로 설정돼 있습니다. 쿠버네티스를 설치하면 system:masters 그룹에 cluster-admin 클러스터 롤이 부여되기 때문에 지금까지 아무런 문제 없이 관리자 권한을 사용할 수 있었던 것입니다.

```
$ # kubernetes-admin.crt 파일은 kubeconfig에 기본적으로 설정된 관리자 사용자의
$ # 인증서(client-certificate-data)를 base64로 디코딩한 뒤 저장한 파일입니다.
$ openssl x509 -in kubernetes-admin.crt -noout -text
…
        Issuer: CN=kubernetes
        Validity
            Not Before: Jul 28 12:36:44 2019 GMT
            Not After : Jul 27 12:36:47 2020 GMT
        Subject: O=system:masters, CN=kubernetes-admin
```

system:masters 그룹에 clustet-admin 권한을 부여하는 클러스터 바인딩 롤은 cluster-admin에 설정돼 있습니다.

```
$ kubectl describe clusterrolebinding cluster-admin
…
Subjects:
  Kind   Name           Namespace
  ----   ----           ---------
  Group  system:masters
```

다음은 쿠버네티스의 비밀키로 alicek106.csr 파일에 서명할 차례인데, 이를 위해서 openssl 명령어를 직접 사용해도 됩니다. 하지만 openssl 명령어를 사용하려면 쿠버네티스의 비밀키에 직접 접근해야 하는데, 사실 이는 그다지 바람직한 습관은 아닙니다. 실수로 인증서의 비밀키가 유출되면 쿠버네티스 클러스터의 모든 컴포넌트가 보안에 취약해질 수 있기 때문입니다.

이러한 경우를 위해 쿠버네티스는 인증서 사인 요청(.csr) 파일에 간접적으로 서명하는 기능을 API로 제공합니다. 우선 아래의 내용으로 YAML 파일을 작성해 보겠습니다.

예제 10.12 chapter10/alicek106-csr-k8s-latest.yaml

```yaml
# 쿠버네티스 1.19 버전부터 새로운 CSR 리소스 형식이 도입되었습니다.
# 최신 버전(1.22 버전 이상)의 쿠버네티스를 사용하고 있다면 아래의 리소스를 사용해주세요.
apiVersion: certificates.k8s.io/v1
kind: CertificateSigningRequest
metadata:
  name: alicek106-csr
spec:
  signerName: kubernetes.io/kube-apiserver-client
  groups:
  - system:authenticated
  request: <CSR>
  usages:
  - digital signature
  - key encipherment
  - client auth
```

이번에는 **CertificateSigningRequest**라는 처음 보는 오브젝트를 정의했습니다. 이 오브젝트의 spec.request 항목에 .csr 파일의 내용을 base64로 인코딩해 넣은 뒤 CertificateSigningRequest 리소스를 생성하면 쿠버네티스에서 내부적으로 루트 인증서의 비밀키로 서명해 반환합니다. 즉, 간접적으로 쿠버네티스 루트 인증서의 비밀키를 사용할 수 있는 셈입니다.

아래의 명령어를 입력해 alicek106.csr 파일의 내용을 base64로 인코딩한 다음, alicek106-csr.yaml 파일의 〈CSR〉 부분으로 가져옵니다.

```
$ export CSR=$(cat alicek106.csr | base64 | tr -d '\n')
$ sed -i -e "s/<CSR>/$CSR/g" alicek106-csr-k8s-latest.yaml
```

작성한 YAML 파일을 이용해 CertificateSigningRequest 리소스를 생성해 보겠습니다.

```
$ kubectl apply -f alicek106-csr-k8s-latest.yaml
certificatesigningrequest.certificates.k8s.io/alicek106-csr created

$ kubectl get csr
NAME            AGE   SIGNERNAME                             REQUESTOR.          ..   CONDITION
alicek106-csr   4s    kubernetes.io/kube-apiserver-client    kubernetes-admin    ..   Pending
```

CertificateSigningRequest의 목록을 출력해 보면 CONDITION 항목이 Pending인 것을 확인할 수 있습니다. 지금은 '쿠버네티스 사용자'의 입장에서 CertificateSigningRequest를 생성함으로써 서명 요청을 제출했으니, 다음 단계는 '쿠버네티스 관리자'의 입장에서 해당 서명 요청을 승인할 차례입니다. kubectl certificate approve 명령어를 사용하면 해당 서명 요청을 승인할 수 있습니다.

```
$ kubectl certificate approve alicek106-csr
certificatesigningrequest.certificates.k8s.io/alicek106-csr approved

$ kubectl get csr
NAME              AGE     SIGNERNAME                              REQUESTOR.            ..    CONDITION
alicek106-csr     13s     kubernetes.io/kube-apiserver-client     kubernetes-admin      ..    Approved,Issued
```

인증서 서명 요청의 상태가 Approved,Issued로 변경됐으며, 정상적으로 하위 인증서가 발급됐습니다. 다음 명령어를 입력해 CertificateSigningRequest 리소스로부터 하위 인증서를 추출합니다.[13]

```
$ kubectl get csr alicek106-csr -o jsonpath='{.status.certificate}' | base64 -d > alicek106.crt
```

이제 x509 인증서로 쿠버네티스에 사용자를 인증하기 위한 준비가 끝났습니다. 새롭게 생성된 하위 인증서 파일인 alicek106.crt와 비밀키 파일인 alicek106.key로 kubeconfig에 새로운 사용자를 등록합니다.

```
$ kubectl config set-credentials alicek106-x509-user \
  --client-certificate=alicek106.crt --client-key=alicek106.key
User "alicek106-x509-user" set.
```

kubectl의 부가 명령어인 --client-certificate와 --client-key 옵션을 사용하면 kubeconfig에 하위 인증서와 비밀키를 등록하지 않아도 임시로 인증을 테스트할 수 있습니다.

```
$ kubectl get svc --client-certificate alicek106.crt --client-key alicek106.key
Error from server (Forbidden): services is forbidden: User "alicek106-cert" cannot list resource "services" in API group "" in the namespace "default"
```

새롭게 등록한 사용자를 통해 새 컨텍스트도 함께 생성합니다. --cluster 옵션에는 현재 사용하고 있는 클러스터의 이름을 적절히 입력합니다.

```
$ kubectl config get-clusters
```

---

13 맥 OS X에서는 base64 명령어에서 -D 옵션을 사용합니다.

```
NAME
kubernetes

$ kubectl config set-context alicek106-x509-context \
  --cluster kubernetes --user alicek106-x509-user
Context "alicek106-x509-context" created.
```

컨텍스트를 변경한 다음 kubectl로 API를 요청해보면 권한이 없다는 에러가 출력될 것입니다. 이는 인증이 정상적으로 이뤄졌으니 롤이나 클러스터 롤을 통해 권한을 부여하면 된다는 의미와 같습니다.[14]

```
$ kubectl config use-context alicek106-x509-context
Switched to context "alicek106-x509-context".

$ kubectl get svc
Error from server (Forbidden): services is forbidden: User "alicek106-cert" cannot list resource "services" in API group "" in the namespace "default"
```

지금까지 문제없이 잘 따라 했다면 에러 메시지에서 User "alicek106-cert"라고 출력된 이유를 눈치챌 수 있을 것입니다. 이전에 하위 인증서를 생성하기 위한 비밀키와 서명 요청 파일(alicek106.csr)을 생성할 때 CN(Common Name)을 alicek106-cert로, O(Organization)를 alicek106-org로 설정했다는 점을 되생각해 보겠습니다. 앞서 설명했던 것처럼 x509 인증서를 이용한 쿠버네티스 인증에서는 인증서의 CN이 유저(User)로, O가 그룹(Group)으로 매칭됩니다. 따라서 이 하위 인증서에 권한을 부여하려면 alicek106-cert라는 유저나 alicek106-org라는 그룹에 롤 및 클러스터 롤을 할당하면 됩니다.[15]

예제 10.13 chapter10/x509-cert-rolebinding-user.yaml

```
apiVersion: rbac.authorization.k8s.io/v1
kind: RoleBinding
metadata:
  name: service-reader-rolebinding-user
  namespace: default
subjects:
- kind: User
  name: alicek106-cert
roleRef:
```

---

14 error: You must be logged in to the server (Unauthorized) 에러가 출력됐다면 인증 자체가 실패했음을 뜻하므로 처음부터 다시 차근차근 시도해보는 것이 좋습니다.
15 이전에 사용했던 service-reader라는 이름의 롤이 이미 존재한다고 가정합니다.

```
  kind: Role
  name: service-reader
  apiGroup: rbac.authorization.k8s.io
```

위의 YAML 파일로 롤 바인딩을 생성함으로써 하위 인증서에 권한을 부여해 보겠습니다. 그러나 지금은 아무런 권한이 없는 사용자의 컨텍스트(alicek106-x509-context)로 스위칭된 상태이기 때문에 --context 옵션으로 이전에 사용하던 관리자 권한의 컨텍스트를 임시로 사용하겠습니다.

```
$ kubectl config get-contexts
CURRENT   NAME                          CLUSTER      AUTHINFO
*         alicek106-x509-context        kubernetes   alicek106-x509-user
          kubernetes-admin@kubernetes   kubernetes   kubernetes-admin

$ kubectl apply -f x509-cert-rolebinding-user.yaml --context kubernetes-admin@kubernetes
rolebinding.rbac.authorization.k8s.io/service-reader-rolebinding-user created
```

alicek106-cert라는 유저를 위한 롤 바인딩을 생성했기 때문에 alicek106-cert를 CN으로 갖는 하위 인증서로 서비스의 목록을 정상적으로 출력할 수 있습니다.

```
$ kubectl get svc
NAME         TYPE        CLUSTER-IP   EXTERNAL-IP   PORT(S)   AGE
kubernetes   ClusterIP   10.96.0.1    <none>        443/TCP   23h
```

하지만 x509 인증서를 이용한 인증 방법은 몇 가지 한계점이 있어서 실제 환경에서는 사용하기 어려울 수 있습니다. 쿠버네티스에서 인증서가 유출됐을 때 하위 인증서를 파기(revoke)하는 기능이 제공되고 있지 않을뿐더러, 파일로 인증 정보를 관리하는 것은 보안상 바람직하지 않기 때문입니다.

따라서 이러한 인증서 사용법은 개념적으로만 알고 넘어가되, 실제로 클러스터를 운영할 때는 덱스(Dex) 등의 솔루션을 이용해 깃허브, LDAP와 같은 서드 파티에서 인증 정보를 관리하는 것이 더욱 효율적일 수도 있다는 사실을 알아두기 바랍니다.

11

애플리케이션 배포를
위한 고급 설정

11.1 파드의 자원 사용량 제한

쿠버네티스와 같은 컨테이너 오케스트레이션 툴의 가장 큰 장점 중 하나는 여러 대의 서버를 묶어 리소스 풀로 사용할 수 있다는 것입니다. 클러스터의 CPU나 메모리 등의 자원이 부족할 때, 필요한 용량만큼의 서버를 동적으로 추가함으로써 수평적으로 확장할 수 있기 때문입니다. 하지만 서버를 수평적으로 늘리는 스케일 아웃(Scale-out)[1]만큼 중요한 작업이 또 한 가지 있습니다. 바로 클러스터 내부에서 컴퓨팅 자원 활용률(Utilization)을 늘리는 것입니다.

자원 활용률은 서버 클러스터에서 자원을 얼마나 효율적으로, 빠짐없이 사용하고 있는지를 의미합니다. 예를 들어 쿠버네티스에서 실행 중인 컨테이너의 CPU, 메모리의 사용률이 현저하게 낮거나, 유휴 상태의 컨테이너에 불필요하게 많은 자원을 할당했다면 이는 컴퓨팅 자원의 활용률이 낮다고 말할 수 있습니다. 이러한 상황을 방지하려면 각 컨테이너의 자원 사용량을 적절히 제한해야 하며, 남는 자원을 어떻게 사용의 수 있을지에 대한 전략을 세워야 합니다.

쿠버네티스는 컴퓨팅 자원을 컨테이너에 할당하기 위한 여러 기능을 제공합니다. 이번 장에서는 파드나 컨테이너에 CPU, 메모리 등의 자원을 할당하는 기본적인 방법을 먼저 알아보고, 쿠버네티스 클러스터 자원의 활용률을 높이기 위한 오버커밋(Overcommit) 방법을 설명합니다. 그 다음에는 ResourceQuota와 LimitRange라는 쿠버네티스 오브젝트의 사용 방법을 다룹니다.

---

[1] 서버를 클러스터에 추가해 리소스 풀의 크기를 늘리는 것을 스케일 아웃(Scale-out)이라고 하며, 이와 반대로 기존 서버에 CPU나 메모리 등을 추가로 꽂아 스펙을 높이는 것을 스케일 업(Scale-up)이라고 합니다.

11.1.1 컨테이너와 파드의 자원 사용량 제한 : Limits

쿠버네티스에서 자원을 할당하는 방법을 알아보기 전에 2.2.9절에서 도커 컨테이너의 자원을 제한했던 기억을 다시 되살려 보겠습니다.

컨테이너의 자원 사용량을 제한하는 방법은 여러 가지가 있지만, 2.2.9절에서 설명했던 방법은 크게 --memory, --cpus, --cpu-shares, --cpu-quota 및 --cpu-runtime 등이 있었습니다. --memory 옵션은 컨테이너가 사용 가능한 최대 메모리 사용량을 제한하며, 그 외의 옵션들은 CPU의 사용량을 제한합니다. 이 중에서 --cpu-shares는 정량적인 CPU 할당량이 아닌 비율 값을 사용한다는 점에서 조금 특별한 옵션이었습니다.

```
$ docker run -it --name memory_1gb --memory 1g ubuntu:16.04
$ docker run -it --name cpu_1_alloc --cpus 1 ubuntu:16.04
$ docker run -it --name cpu_shares_example --cpu-shares 1024 ubuntu:16.04
```

또는 다음과 같이 자원 제한 옵션을 설정하지 않고 도커 컨테이너를 생성하면 호스트의 모든 CPU, 메모리를 사용할 수 있었습니다.

```
$ docker run -it --name unlimited_blade ubuntu:16.04
```

쿠버네티스는 내부적으로 도커 컨테이너와 동일하게 cgroup이라는 리눅스 기술을 사용하므로 파드를 생성할 때 docker 명령어와 동일한 원리로 CPU, 메모리의 최대 사용량을 제한할 수 있습니다. 그렇지만 지금까지 파드나 디플로이먼트 등을 생성할 때 자원 할당량을 명시적으로 제한했던 적이 없다는 것을 눈치챘을 것입니다. 이처럼 자원 할당량을 설정하지 않으면 파드의 컨테이너가 노드의 물리 자원을 모두 사용할 수 있기 때문에 노드의 자원이 모두 고갈되는 상황이 발생할 수도 있습니다.

이를 예방할 수 있는 가장 간단한 방법은 파드 자체에 자원 사용량을 명시적으로 설정하는 것입니다. 파드의 CPU와 메모리 사용량을 제한하기 위해 아래 내용으로 YAML 파일을 작성해 보겠습니다.

예제 11.1 chapter11-1/resource-limit-pod.yaml

```
apiVersion: v1
kind: Pod
metadata:
  name: resource-limit-pod
  labels:
    name: resource-limit-pod
```

```
spec:
  containers:
  - name: nginx
    image: nginx:latest
    resources:
      limits:
        memory: "256Mi"
        cpu: "1000m"
```

파드를 정의하는 스펙에 새롭게 spec.containers.resources.limits 항목을 정의했습니다. memory 항목에는 256Mi를 입력했는데, 이 설정값은 도커 명령어에서 docker run --memory 256m과 같습니다. 즉 이 파드의 컨테이너 최대 메모리 사용량은 256Mi으로 제한됩니다.

cpu에는 1개의 CPU를 뜻하는 1000m(밀리코어)라는 값을 입력했으며, 이는 도커 명령어에서 docker run --cpus 1과 같습니다. 따라서 이 파드의 컨테이너는 최대 1개 CPU만큼의 사이클을 사용할 수 있습니다.

이전에 파드에는 여러 개의 컨테이너가 존재할 수 있다고 설명한 적이 있습니다. 따라서 하나의 파드에 여러 개의 컨테이너가 정의돼 있다면 각 컨테이너에 대해 자원을 각각 할당할 수도 있습니다.

위 내용으로 YAML 파일을 작성한 뒤 파드를 생성해 보겠습니다.

```
$ kubectl apply -f resource-limit-pod.yaml
pod/resource-limit-pod created
```

docker info 명령어로 도커 호스트의 가용 자원을 확인할 수 있던 것처럼 쿠버네티스에서도 kubectl describe node 명령어로 워커 노드의 가용 자원을 간단하게 확인할 수 있습니다. 이를 위해 방금 생성한 파드가 어느 노드에 생성돼 있는지 먼저 확인한 다음, kubectl describe 명령어로 해당 노드의 자세한 정보를 확인합니다.

```
$ kubectl get pods -o wide
NAME                    READY     STATUS      ...    NODE...
resource-limit-pod      1/1       Running     ...    ip-10-43-0-31.apnortheast...
$ kubectl describe node ip-10-43-0-31.ap-northeast-2.compute.internal
```

```
Non-terminated Pods:          (4 in total)
  Namespace                   Name                              CPU Requests  CPU Limits  Memory Requests  Memory Limits  AGE
  ---------                   ----                              ------------  ----------  ---------------  -------------  ---
  default                     resource-limit-pod                1 (50%)       1 (50%)     256Mi (6%)       256Mi (6%)     16m
  kube-system                 calico-node-4t2mj                 250m (12%)    0 (0%)      0 (0%)           0 (0%)         6d20h
  kube-system                 coredns-5c98db65d4-q78h4          100m (5%)     0 (0%)      70Mi (1%)        170Mi (4%)     48m
  kube-system                 kube-proxy-4jzlk                  0 (0%)        0 (0%)      0 (0%)           0 (0%)         6d20h
Allocated resources:
  (Total limits may be over 100 percent, i.e., overcommitted.)
  Resource                    Requests      Limits
  --------                    --------      ------
  cpu                         1350m (67%)   1 (50%)
  memory                      326Mi (8%)    426Mi (11%)
  ephemeral-storage           0 (0%)        0 (0%)
  attachable-volumes-aws-ebs  0
```

kubectl describe node 명령어의 출력 내용 중에서 중간 부분에 위치한 Non-terminated Pods 항목에서는 해당 노드에서 실행 중인 파드들의 자원 할당량을 확인할 수 있습니다. 방금 생성한 resource-limit-pod라는 이름의 파드 외에도 kube-system 네임스페이스의 파드가 미리 존재하고 있을 것입니다. 이 파드들은 쿠버네티스의 네트워크를 위한 핵심 컴포넌트로, 여러분이 따로 설정하지 않아도 기본적으로 CPU와 메모리가 할당됩니다.

그 아래에 있는 항목인 Allocated resources 항목에서는 해당 노드에서 실행 중인 파드들의 자원 할당량을 모두 더한 값이 출력됩니다. 즉, 방금 생성한 resource-limit-pod라는 이름의 파드 및 다른 시스템 컴포넌트의 자원 할당량의 합계를 확인할 수 있습니다.[2]

11.1.2 컨테이너와 파드의 자원 사용량 제한하기 : Requests

앞서 살펴본 출력 내용 중에서 Limits는 해당 파드의 컨테이너가 최대로 사용할 수 있는 자원의 상한선을 의미합니다. 방금 생성한 파드 또한 YAML 파일에서 Limits를 설정했고, 파드의 컨테이너는 Limits보다 더 많은 자원을 사용할 수 없다는 것을 쉽게 이해할 수 있을 것입니다. 그런데 출력 내용 중 지금까지 보지 못했던 Requests라는 단어가 등장했습니다.

```
...
  Resource                    Requests      Limits
  --------                    --------      ------
  cpu                         1350m (67%)   1 (50%)
  memory                      326Mi (8%)    426Mi (11%)
...
```

---

[2] 출력 내용 중 ephemeral-storage는 파드의 컨테이너 내부의 임시 저장 공간 크기를 의미하며, attachable-volumes-aws-ebs는 AWS의 인스턴스에서 최대로 마운트할 수 있는 EBS의 개수를 의미합니다. 이러한 항목 또한 쿠버네티스에서는 사용 가능한 자원으로서 취급됩니다.

쿠버네티스의 자원 관리에서 Requests는 **'적어도 이 만큼의 자원은 컨테이너에게 보장돼야 한다'**는 것을 의미합니다. Limits의 개념과 유사하기 때문에 헷갈리기 쉽지만, Requests는 쿠버네티스에서 자원의 오버커밋(Overcommit)을 가능하게 만드는 기능이기 때문에 정확한 개념을 알고 넘어가는 것이 좋습니다.

Requests가 정확히 어떤 기능을 하는지 설명하기 전에, 자원의 오버커밋이 무엇인지 이해해 보겠습니다. 오버커밋은 한정된 컴퓨팅 자원을 효율적으로 사용하기 위한 방법으로, 사용할 수 있는 자원보다 더 많은 양을 가상 머신이나 컨테이너에게 할당함으로써 전체 자원의 사용률(Utilization)을 높이는 방법입니다.

오버커밋을 좀 더 쉽게 이해하기 위해서 간단한 예시를 들어 설명해 보겠습니다. 1GB의 메모리를 탑재한 하나의 서버에서 아래와 같이 A와 B 두 개의 컨테이너를 생성했으며, 각 컨테이너에는 500MB 메모리를 할당했다고 가정하겠습니다.

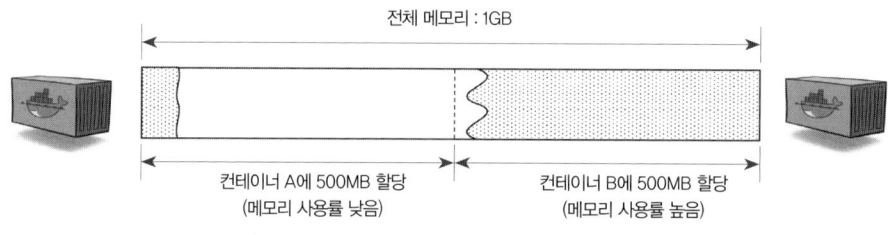

그림 11.1 컨테이너 A는 자원 할당량에 비해 적은 양만을 사용

이러한 정적 방식의 자원 제한은 한 가지 단점이 있습니다. 상황에 따라서는 메모리 사용률이 낮은 컨테이너에도 불필요하게 많은 메모리를 할당할 수도 있습니다.

예를 들어 A 컨테이너는 메모리를 거의 사용하고 있지 않지만, B 컨테이너는 상한선인 500MB에 가깝게 메모리를 사용하고 있다고 생각해 봅시다. 단순하게 생각해보면 A 컨테이너가 사용하고 있지 않은 유휴 자원을 B 컨테이너에 빌려주면 좋을 것 같지만, 컨테이너의 자원 제한을 정적으로 설정했기 때문에 B 컨테이너는 500MB보다 더 많은 메모리를 사용할 수 없습니다. 이처럼 유휴 자원을 제대로 활용하지 못하는 자원 할당 방식은 전체 자원의 사용률을 낮추는 요인이 됩니다.

이러한 문제를 해결하는 가장 좋은 방법은 애초에 컨테이너를 생성할 때 자원 할당량을 적절히 결정하는 것이겠지만, 컨테이너가 실제로 얼마나 자원을 사용할지 예측하기 어려운 경우도 빈번히 존재합니다. 이를 위해 쿠버네티스에서는 오버커밋을 통해 실제 물리 자원보다 더 많은 양의 자원을 할당하는 기능을 제공합니다. 서버의 메모리 용량이 1GB밖에 되지 않더라도 메모리 제한이 750MB인 파드를 두 개 생성할 수 있다고 이해하면 쉽습니다.

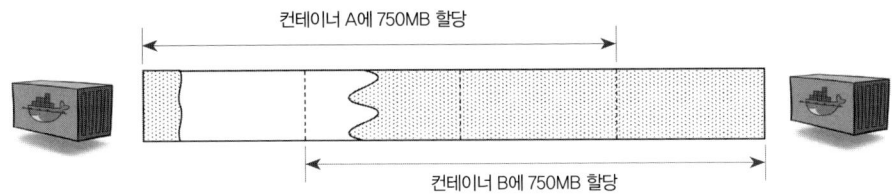

그림 11.2 전체 자원보다 더 많은 양을 할당하는 오버커밋의 예

위 예시에서는 실제로 물리 자원은 1GB로 한정돼 있기 때문에 750MB의 메모리를 할당한 컨테이너를 두 개 생성한다고 해서 실제로 1.5GB를 사용할 수 있는 것은 아닙니다. 하지만 위 그림과 같이 A 컨테이너의 메모리 사용률이 낮다면 컨테이너 B는 컨테이너 A로부터 남는 메모리 자원을 기회적으로 사용할 수 있게 됩니다. 쿠버네티스에서는 이러한 자원 제한 설정을 **Limits**라고 부릅니다. 여러분이 방금 생성했던 resource-limit-pod라는 파드에서 설정된 Limits 값 또한 이에 해당합니다.

예제 11.2 chapter11-1/resource-limit-pod.yaml

```
...
  resources:
    limits:
      memory: "256Mi"
      cpu: "1000m"
```

그렇다면 여기서 한 가지 문제가 생길 수 있는데, 컨테이너 A가 500MB를 사용하고 있을 때 컨테이너 B가 750MB를 사용하려 시도한다면 어떻게 될까요? 분명 메모리 충돌이 일어나 두 컨테이너의 프로세스는 비정상적인 에러를 출력하며 종료될지도 모릅니다. 이러한 상황을 방지하기 위해 이번에는 새로운 개념을 도입해 보겠습니다. 각 컨테이너가 **'사용을 보장받을 수 있는 경계선'**을 정하는 것입니다.

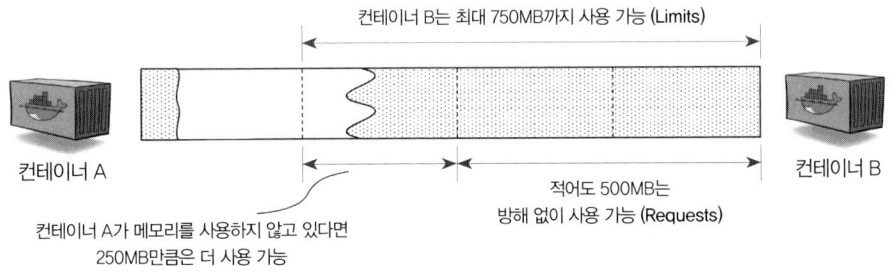

그림 11.3 Limits와 Requests의 활용 예

위 그림에서는 컨테이너 A와 컨테이너 B에 '**나는 적어도 500MB만큼은 사용할 수 있다**'라는 경계선을 정해 뒀지만, Limits 값은 두 컨테이너 모두 750MB로 동일한 상황입니다. 두 컨테이너 모두 메모리 사용을 보장받을 수 있는 경계선이 500MB이기 때문에 500MB 이내에서 메모리를 사용한다면 아무런 문제가 되지 않습니다.

그렇지만 컨테이너 A가 500MB를 사용하고 있을 때 컨테이너 B가 750MB를 사용하려 시도한다면 컨테이너 B의 메모리 사용은 실패하게 됩니다.[3] 컨테이너 A는 메모리 사용을 보장받을 수 있는 경계선 내에서 500MB를 이미 사용하고 있는데, 컨테이너 B는 그 경계선을 침범해 사용하려고 시도했기 때문입니다. 이러한 경계선을 쿠버네티스에서는 **Requests**라고 부릅니다. 즉, Requests는 컨테이너가 최소한으로 보장받아야 하는 자원의 양을 뜻합니다.

파드에 설정될 Requests 자원의 값은 Limits처럼 YAML 파일에서 정의할 수 있습니다. 아래의 YAML 파일에서 새롭게 정의된 spec.containers.resources.requests 항목을 눈여겨보겠습니다.

예제 11.3 chapter11-1/resource-limit-with-request-pod.yaml

```yaml
apiVersion: v1
kind: Pod
metadata:
  name: resource-limit-with-request-pod
  labels:
    name: resource-limit-with-request-pod
spec:
  containers:
  - name: nginx
    image: nginx:latest
    resources:
      limits:
        memory: "256Mi"
        cpu: "1000m"
      requests:
        memory: "128Mi"
        cpu: "500m"
```

먼저 이 YAML 파일에 정의된 파드 컨테이너의 메모리 할당량을 생각해 보겠습니다. requests에서 128Mi를, limits에서 256Mi를 설정했기 때문에 '**최소한 128Mi의 메모리 사용은 보장되지만, 유휴 메모리 자원이 있다면 최대 256Mi까지 사용할 수 있다**'라고 이해하면 됩니다.

---

3 메모리 사용의 실패는 OOM(Out of Memory)이라는 기능을 통해 이뤄집니다. CPU는 메모리와 다르게 동작하는데, 이는 조금 뒤에서 다시 설명하겠습니다.

CPU 또한 같은 원리로 해석하면 '최소한 0.5 CPU만큼은 사용할 수 있지만, 유휴 CPU 자원이 있다면 최대 1 CPU까지 사용할 수 있다'라고 말할 수 있습니다.

단, requests는 컨테이너가 보장받아야 하는 최소한의 자원을 뜻하기 때문에 노드의 총 자원의 크기보다 더 많은 양의 requests를 할당할 수는 없습니다. 따라서 쿠버네티스의 스케줄러는 파드의 requests만큼 여유가 있는 노드를 선택해 파드를 생성합니다. 즉, 파드를 할당할 때 사용되는 자원 할당 기준은 Limits가 아닌 requests입니다.

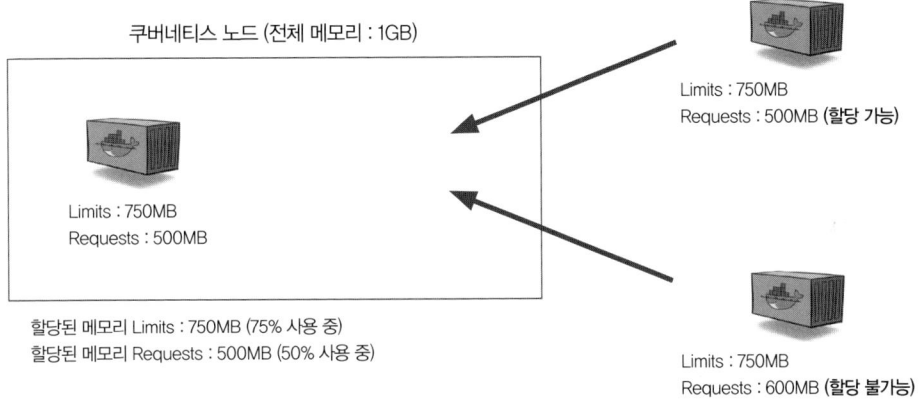

그림 11.4 Requests를 기준으로 노드의 가용 자원을 확인해 파드를 할당

Requests의 값을 낮게 설정해 파드를 생성하면 파드가 스케줄링 되어 노드에 할당될 확률은 높아지겠지만, 파드가 사용을 보장받을 수 있는 자원의 양은 적어질 것입니다.

 노드에 할당된 파드의 Limits 값의 합은 노드의 물리 자원의 크기를 초과할 수도 있습니다. 앞에서 들었던 예시처럼 1GB의 메모리를 갖는 노드에 오버커밋을 위해서 Limits가 750MB인 두 개의 파드가 할당될 수도 있습니다.

11.1.3 CPU 자원 사용량의 제한 원리

쿠버네티스에서의 CPU Requests와 Limits

앞서 설명한 것처럼 쿠버네티스에서는 CPU를 m(밀리코어) 단위로 제한하며, 1개의 CPU는 1000m에 해당합니다. 따라서 서버에 2개의 CPU가 존재한다면 최대 2000m만큼의 CPU Requests를 파드의 컨테이너에 할당할 수 있습니다.

기본적인 CPU 자원의 단위를 이해했다면 이번에는 파드의 CPU Requests와 Limits가 실제로 어떻게 동작하는지 알아보겠습니다. 이전에 사용했던 파드의 YAML 파일에는 CPU의 Limits와 Requests가 각각 설정돼 있었습니다.

예제 11.4 chapter11-1/resource-limit-with-request-pod.yaml

```
...
    resources:
      limits:
        memory: "256Mi"
        cpu: "1000m"        # 최대 1개의 CPU만큼을 사용할 수 있음
      requests:
        memory: "128Mi"
        cpu: "500m"         # 최소한 0.5개의 CPU만큼의 사용을 보장받을 수 있음
```

CPU의 Limits를 의미하는 resources.limits.cpu를 1000m로 설정하면 파드의 컨테이너는 최대 1개만큼의 CPU를 사용할 수 있습니다. 즉, 이는 아래의 도커 명령어와 같습니다. 이는 컨테이너가 사용 가능한 CPU의 최대한도를 나타내기 때문에 어렵지 않게 이해할 수 있을 것입니다.

```
$ docker run --cpus 1 ...
$ docker run --cpu-period 100000 --cpu-runtime 100000 ...
```

그렇다면 resources.requests.cpu를 설정해 CPU가 보장받아야 하는 최소한의 CPU 자원을 설정하면 컨테이너에서는 어떻게 설정될까요? 결론부터 말하자면 CPU의 Requests는 docker run의 --cpu-shares 옵션과 같습니다.

이전에 2.2.9절에서 설명했던 --cpu-shares 옵션이 어떠한 역할을 하는지 다시 기억을 되살려 보겠습니다. --cpu-shares는 서버에 CPU가 실제로 몇 개가 있는지에 상관없이 --cpu-shares의 할당 비율에 따라서 컨테이너가 사용할 수 있는 CPU 자원이 결정되는 옵션입니다. 2.2.9절에서 설명했던 내용을 되살펴보기 위해 간단한 예시를 들어보겠습니다.

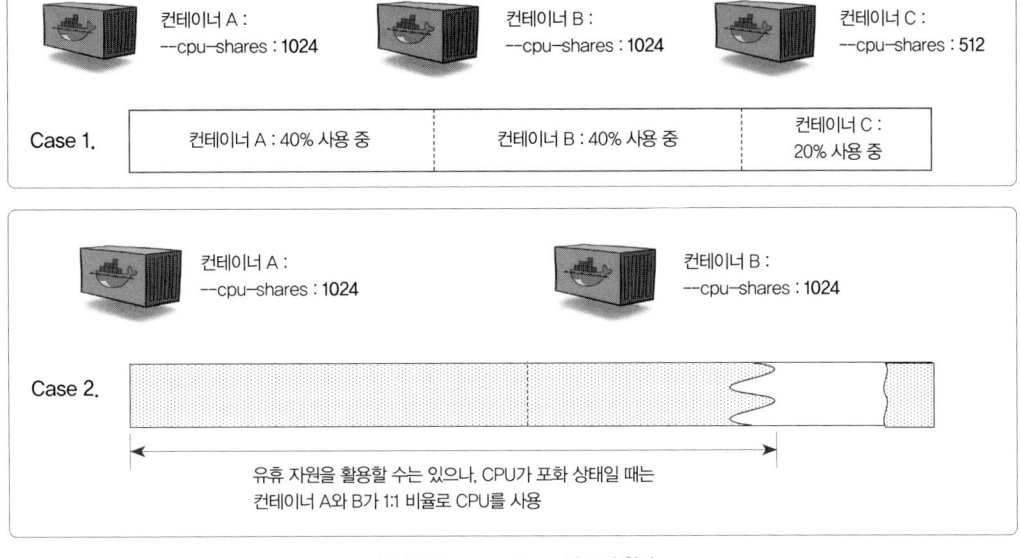

그림 11.5 --cpu-shares의 동작 원리

--cpu-shares가 설정된 여러 개의 컨테이너가 동시에 존재한다면 각 컨테이너의 --cpu-shares 비율에 따라 CPU를 사용할 수 있습니다. 예를 들어 위 그림의 Case 1처럼 3개의 컨테이너에서 --cpu-shares를 각각 1024, 1024, 512로 설정했다면 CPU의 사용률이 100%가 되는 포화 상태에서는 각 컨테이너가 2 : 2 : 1의 비율로 CPU를 사용할 수 있을 것입니다. 단, --cpu-shares을 얼마나 설정했는지와는 상관없이 시스템에 CPU의 유휴 자원이 존재할 때는 Case 2처럼 CPU를 전부 사용할 수도 있습니다.

도커 명령어를 공부할 때는 --cpu-shares 옵션이 쓸모없어 보였을 수도 있지만, 이 옵션을 --cpus(Limits)와 함께 사용하면 CPU 자원에 오버커밋을 적용할 수 있습니다. 다시 쿠버네티스로 돌아와서 이번에는 --cpu-shares(Requests)와 --cpus(Limits)가 함께 설정된 컨테이너를 생각해 봅시다.

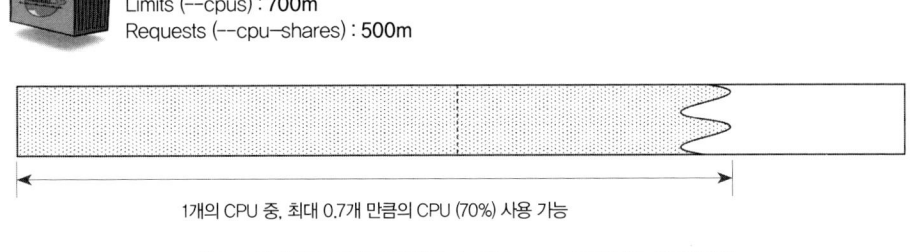

그림 11.6 쿠버네티스에서 CPU에 Limits와 Requests를 동시에 설정했을 때

> 쿠버네티스에서는 CPU 단위를 밀리코어(m) 단위로 나타내기 때문에 Requests(--cpu-shares)의 값 또한 m으로 나타냅니다.[4] 이 값이 실제로 CPU Share의 값으로 변환되는 식은 아래와 같습니다.
>
> ```
> (Requests에 설정된 CPU 밀리코어 값 * 1024) / 1000 = CPU Share의 값
> ```
>
> 예를 들어 Requests의 값이 500m라면 실제 CPU Share의 값은 다음과 같이 계산됩니다.
>
> ```
> (500m * 1024) / 1000 = 512 (실제로 컨테이너에 설정된 --cpu-shares의 값)
> ```
>
> 단 --cpu-shares (cpu.shares)는 cgroup v1을 사용하는 경우에만 해당하며, cgroup v2를 사용하도록 설정되어 있는 쿠버네티스라면 cpu.weight라는 cgroup 값을 사용합니다. cpu.shares와 cpu.weight는 이름과 상대적인 값은 다르지만, 동작 원리는 동일하므로 이번 장에서는 도커 컨테이너를 사용할 때 학습했던 cpu.shares를 기준으로 설명합니다. cgroup v1과 v2의 차이점은 이 책의 범위를 벗어나므로 자세히 설명하지 않지만, 이러한 cgroup의 기능들로 인해 쿠버네티스의 CPU Requests가 구현된다는 사실만 이해해도 충분합니다.

컨테이너가 하나만 존재하는 상황이라면 Requests(--cpu-shares)와 상관없이 CPU의 Limits의 값(700m)만큼 사용할 수 있을 것입니다. 그렇지만 아래와 같이 두 개의 컨테이너가 CPU 자원을 최대로 사용하는 상태라면 어떨까요?[4]

그림 11.7 Limits와 Requests가 동시에 설정된 두 개의 컨테이너(파드)가 존재하는 상황

위 그림에서 두 컨테이너의 Requests(--cpu-shares) 비율은 500m로 동일하기 때문에 CPU 자원이 포화 상태일 때는 각 컨테이너가 정확히 1:1만큼의 비율로 CPU를 나눠서 사용할 것입니다. 따라서 Requests의 값인 500m는 최종적으로 각 컨테이너에 보장돼야 하는 최소한의 CPU 자원을 나타낸다고 이해할 수 있습니다. 또한, 위 그림에서는 전체 CPU 자원인 1000m만큼의 Requests를 모두 소진했기 때문에 새로운 Requests(--cpu-shares)를 가지는 컨테이너를 새롭게 할당하는 것은 불가능합니다.

---

4 밀리코어 대신 0.5, 1.5 또는 2와 같은 단순 숫자도 사용할 수 있습니다. 예를 들어, 0.5라는 값은 500m와 같은 의미입니다.

이번에는 Requests보다 더 많은 CPU 자원을 사용하려 할 때, 즉 자원의 경합(Contention)이 발생하는 상황을 생각해 봅시다. 다른 컨테이너가 CPU를 사용하고 있지 않아 유휴 CPU 자원이 발생한다면 다른 컨테이너는 Limits에 설정된 CPU 값만큼 사용할 수 있을 것입니다.

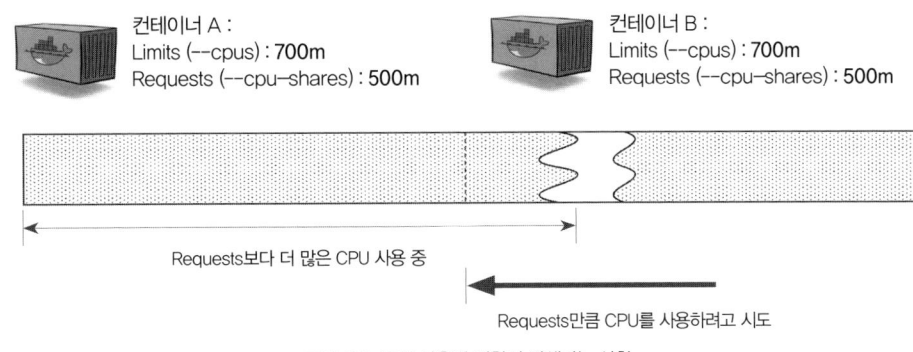

그림 11.8 CPU 사용에 경합이 발생하는 상황

컨테이너 A가 Requests보다 더 많은 CPU를 사용하고 있는데, 컨테이너 B가 Requests만큼 CPU를 사용하려고 시도하면 컨테이너 A에는 CPU 스로틀(throttle)이 발생합니다. 따라서 컨테이너 B는 Requests에 명시한 만큼의 CPU 비율을 사용할 수 있을 것입니다.

 쿠버네티스에서는 CPU를 압축 가능한(compressible) 리소스라고 부릅니다. 이는 Requests보다 더 많은 CPU를 사용해 CPU 경합이 발생하더라도 컨테이너의 CPU 사용량을 스로틀을 통해 억제할 수 있기 때문입니다. 이와 반대로 메모리나 스토리지는 압축 불가능한(incompressible) 리소스라고 부르는데, 컨테이너 간에 메모리 사용의 경합이 발생하면 우선순위가 낮은 컨테이너의 프로세스가 먼저 종료되기 때문입니다. 이는 뒤에서 다룰 'QoS 클래스'에서 다시 자세히 설명합니다.

아래와 같이 Requests에 할당되지 않은 여유 CPU 자원이 노드에 남아있는 경우도 생각해 볼 수 있습니다. 앞에서 설명했던 것처럼 Limits만큼의 CPU를 사용할 수 있는 상황이라면 컨테이너는 Limits까지 CPU를 사용할 수 있습니다.

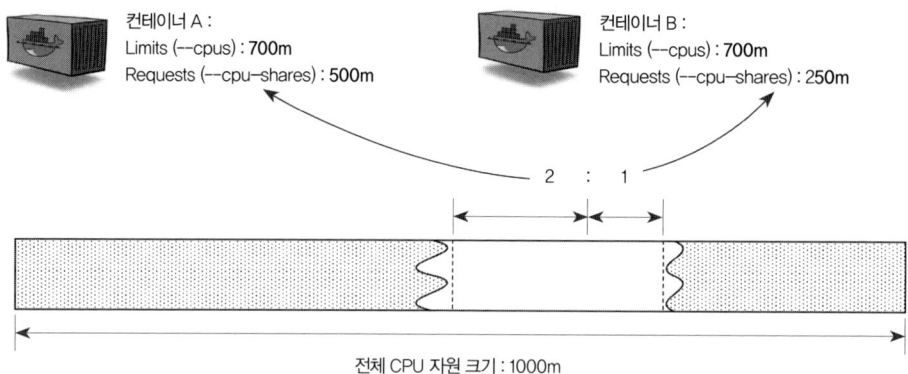

그림 11.9 할당되지 않은 CPU가 존재할 때 Requests 값의 비율만큼 나눠 사용

하지만 위 그림과 같이 두 컨테이너가 동시에 CPU를 최대한 사용하려고 시도한다면 남은 자원 또한 Requests(--cpu-shares)의 비율에 맞춰서 각 컨테이너가 나눠 사용합니다.

 1000m는 1개의 CPU 성능에 해당하기 때문에 '1000m == 1개의 고정된 CPU'라고 오해할 수도 있지만, 1000m를 파드의 컨테이너에 할당하면 CPU 1개에 해당하는 성능을 사용할 수 있을 뿐 1개의 CPU를 배타적으로 사용할 수 있는 것은 아닙니다. 따라서 여러 개의 CPU에 걸쳐 파드의 프로세스가 처리될 수도 있으며, CPU 성능을 최대한 활용해야 하는 상황에서는 컨텍스트 스위치(Context Switch) 및 캐시 미스로 인해 성능이 낮아질 수 있습니다. 쿠버네티스에서는 이러한 경우를 위해 파드의 컨테이너가 특정 CPU를 배타적으로 사용할 수 있도록 CPU Manager라는 기능을 지원합니다. CPU Manager는 kubelet의 실행 옵션을 변경해야 하므로 여기서는 설명하지 않지만, 관심이 있다면 이 책에서 제공하는 링크를 참고하기 바랍니다.[4]

11.1.4 QoS 클래스와 메모리 자원 사용량 제한 원리

지금까지 설명한 내용을 잠깐 정리해 보겠습니다. 파드의 컨테이너는 최대 Limits만큼의 자원을 사용할 수 있지만, 최소한 Requests만큼의 자원을 사용할 수 있도록 보장받습니다. 이때 Requests보다 더 많은 자원을 사용하는 것을 오버커밋이라고 부르며, Requests를 넘어서 자원을 사용하려 시도하다가 다른 컨테이너와 자원 사용이 충돌하게 되면 CPU 스로틀과 같은 원리에 의해 자원 사용이 실패할 수 있습니다. CPU의 사용량에 경합이 발생하면 일시적으로 컨테이너 내부의 프로세스에 CPU 스로틀이 걸릴 뿐, 컨테이너 자체에는 큰 문제가 발생하지 않습니다.

---

5 이 책의 깃허브 저장소 하단에서 [그 밖의 유용한 강좌 링크]에 있는 [CPU Affinity를 위해 CPU Manager 사용하기]를 참고합니다.

그렇지만 메모리의 사용량에 경합이 발생하면 문제가 심각해질 수 있습니다. 앞서 설명했던 것처럼 프로세스의 메모리는 이미 데이터가 메모리에 적재돼 있기 때문에 CPU와 달리 메모리는 압축 불가능한(Incompressible) 자원으로 취급됩니다. 따라서 하나의 노드에서 여러 개의 컨테이너가 Requests보다 더 많은 자원을 사용하려고 시도해도 이미 메모리에 적재된 데이터를 압축할 수는 없습니다. 이러한 상황에서 쿠버네티스는 가용 메모리를 확보하기 위해 **우선순위가 낮은 파드 또는 프로세스를 강제로 종료하도록 설계돼 있습니다.** 강제로 종료된 파드는 다른 노드로 옮겨가게 되는데, 쿠버네티스에서는 이를 퇴거(Eviction)라고 표현합니다.

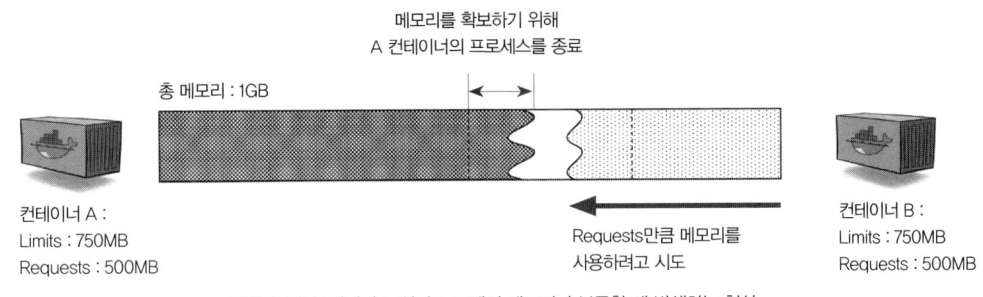

그림 11.10 쿠버네티스 워커 노드에서 메모리가 부족할 때 발생하는 현상

그렇다면 여기서 가장 중요한 부분은 '**노드에 메모리 자원이 부족해지면 어떤 파드나 프로세스가 먼저 종료돼야 하는가**'가 될 것입니다. 이를 위해 쿠버네티스는 파드의 컨테이너에 설정된 Limits와 Requests의 값에 따라 내부적으로 우선순위를 계산합니다. 그뿐만 아니라 쿠버네티스는 파드의 우선순위를 구분하기 위해 3가지 종류의 QoS(Quality Of Service) 클래스를 명시적으로 파드에 설정합니다.

이번 절에서는 쿠버네티스에서 메모리가 부족할 때 리눅스에서 어떤 일이 일어나는지에 대해 간단히 알아보고, 이와 관련해 QoS 클래스가 어떤 의미를 가지는지 설명하겠습니다.

쿠버네티스에서의 메모리 부족과 OOM(Out Of Memory)

쿠버네티스의 노드에는 각종 노드의 이상 상태 정보를 의미하는 Conditions라는 값이 존재합니다. 이 값은 kubectl describe nodes 명령어로도 확인할 수 있으며, 이상 상태의 종류에는 MemoryPressure, DiskPressure 등이 있습니다. 쿠버네티스 에이전트인 kubelet은 노드의 자원 상태를 주기적으로 확인하면서 Conditions의 MemoryPressure, DiskPressure 등의 값을 갱신합니다.

예를 들어, 평소에 메모리가 부족하지 않을 때는 MemoryPressure의 값이 다음과 같이 False로 설정돼 있습니다. 만약 노드의 가용 메모리가 부족해지면 MemoryPressure 상태의 값이 True로 바뀝니다.

```
$ kubectl describe nodes | grep -A9 Conditions
Conditions:
  Type                 Status  LastHeartbeatTime ...
  ----                 ------  ------------------
  NetworkUnavailable   False   Sun, 23 Mar 2025 11:44:02 +0900 this node ...
  MemoryPressure       False   Tue, 01 Apr 2025 19:58:08 +0900nt memory available ...
```

MemoryPressure는 기본적으로 노드의 가용 메모리가 100Mi 이하일 때 발생하도록 kubelet에 설정돼 있습니다. MemoryPressure가 발생하면 쿠버네티스는 해당 노드에서 실행 중이던 모든 파드에 대해 순위를 매긴 다음, 가장 우선순위가 낮은 파드를 다른 노드로 퇴거(Evict)시킵니다. 그뿐만 아니라 MemoryPressure의 값이 True인 노드에는 더 이상 파드를 할당하지 않습니다. 이때 파드의 우선순위는 뒤에서 설명할 QoS 클래스 및 메모리 사용량에 따라 정렬되어 매겨집니다.

 MemoryPressure와 같은 이상 상태를 감지하기 위한 임계치를 Hard Eviction Threshold라고 부르며, kubelet의 실행 옵션에서 설정값을 적절히 변경할 수도 있습니다. Hard Eviction Threshold의 다른 예시로 DiskPressure가 있으며, DiskPressure의 상태가 활성화(True)되면 쿠버네티스는 사용 중이지 않은 도커 이미지를 자동으로 삭제하기도 합니다. 자세한 내용은 쿠버네티스 공식 문서를 참고하기 바랍니다.[5]

만약 kubelet이 MemoryPressure 상태를 감지하기 전에 급작스럽게 메모리 사용량이 많아질 경우, 리눅스 시스템의 OOM(Out of Memory) Killer라는 기능이 우선순위 점수가 낮은 컨테이너의 프로세스를 강제로 종료해 사용 가능한 메모리를 확보할 수도 있습니다. OOM의 우선순위 점수에는 두 가지가 있는데, 첫 번째는 oom_score_adj이고, 두 번째는 oom_score입니다. OOM Killer는 oom_score의 값에 따라서 종료할 프로세스를 선정합니다.[7]

OOM Killer는 리눅스에 기본적으로 내장된 기능이기 때문에 여러분이 아무것도 설정하지 않아도 모든 프로세스에 자동으로 OOM 점수가 매겨집니다. OOM 점수가 높으면 높을수록 강제로 종료될 가능성이 커지기 때문에 절대로 종료되지 말아야 하는 핵심 프로세스는 일반적으로 매우 낮은 값을 부여받습니다.

---

6 https://kubernetes.io/docs/tasks/administer-cluster/out-of-resource
7 컨테이너 내부의 프로세스에 대한 OOM 점수는 docker run 명령어에서 --oom-score-adj 옵션으로 직접 설정할 수도 있습니다.

예를 들어, 쿠버네티스를 설치함으로써 실행되는 kubelet은 기본적으로 기본 OOM 점수가 -999로 설정되어 있습니다. 이 점수는 쿠버네티스의 노드 중 하나에 접속하면 아래와 같이 쉽게 확인할 수 있습니다. 이러한 프로세스는 메모리가 부족하더라도 강제로 종료되는 일이 거의 없을 것입니다.

```
$ ps aux | grep kubelet
root      140077  1.9  2.7 1864504 111764 ?        Ssl  02:42   6:38 /usr/bin/kubelet --bootstrap-kubeconfig=/etc/kubernetes/bootstrap-kubelet.conf …

$ ls /proc/140077/oom_score_adj
/proc/140077/oom_score_adj

$ cat /proc/140077/oom_score_adj
-999
```

프로세스가 메모리를 얼마나 더 많이 사용하고 있는지에 따라 프로세스의 최종 OOM 점수(oom_score)가 갱신되는데, OOM Killer는 이 점수를 기준으로 최종적으로 종료할 프로세스를 선정합니다. 리눅스 운영체제 레벨에서의 OOM Killer의 동작 원리는 이 책의 범위를 벗어나기 때문에 자세히 설명하지는 않지만, 지금은 OOM 점수가 대략 어떤 의미인지만 알고 넘어가면 됩니다.

QoS 클래스의 종류 - (1) Guaranteed 클래스

쿠버네티스에서는 파드의 Limits와 Requests 값에 따라서 'QoS 클래스'라는 것을 모든 파드에 대해서 설정합니다. QoS 클래스에는 BestEffort, Burstable, Guaranteed 총 3가지 종류가 있습니다. QoS 클래스는 여러분이 설정하지 않았더라도 자동으로 설정되므로 kubectl describe 명령어로 파드의 자세한 정보를 조회하면 QoS 클래스를 확인할 수 있습니다.

```
# kubectl describe pod resource-limit-pod | grep QoS
QoS Class:        Guaranteed
```

여러분이 이전에 생성해 봤던 resource-limit-pod라는 이름의 파드는 Guarateed라는 QoS 클래스로 설정됐습니다. Guaranteed 클래스는 파드의 컨테이너에 설정된 Limits와 Requests 값이 완전히 동일할 때 부여되는 클래스입니다. 이전에 위의 resource-limit-pod 파드를 생성할 때 사용했던 YAML 파일을 다시 살펴보겠습니다.

예제 11.5 chapter11-1/resource-limit-pod.yaml

```
...
containers:
  - name: nginx
```

```
    image: nginx:latest
    resources:
      limits:
        memory: "256Mi"
        cpu: "1000m"
```

이전에 파드를 생성할 때 limits만 명시했는데도 Guaranteed 파드로 분류됐습니다. 이는 Requests 없이 Limits만 정의하면 Requests의 값 또한 Limits로 동일하게 설정되기 때문입니다. 즉, 위 예시에서는 Requests의 값 또한 memory: "256Mi", cpu: "1000m"로 설정됩니다.

```
$ kubectl describe pod resource-limit-pod
...
Restart Count:  0
    Limits:
      cpu:      1
      memory:   256Mi
    Requests:
      cpu:      1
      memory:   256Mi
...
```

Guaranteed 클래스의 파드를 명시적으로 생성하고 싶다면 다음과 같이 YAML 파일에서 Limits와 Requests를 동일하게 설정한 뒤 사용해도 됩니다.

예제 11.6 chapter11-1/resource-limit-pod-guaranteed.yaml

```
...
    resources:
      limits:
        memory: "256Mi"
        cpu: "1000m"
      requests:
        memory: "256Mi"
        cpu: "1000m"
```

Guaranteed 클래스로 분류되는 파드는 Requests와 Limits의 값이 동일하기 때문에 할당받은 자원을 아무런 문제 없이 사용할 수 있습니다. 물론 Requests의 범위 내에서도 자유롭게 자원을 사용할 수 있으며, Requests의 값이 Limits와 동일하기 때문에 Requests보다 더 많은 자원을 사용하지도 않습니다. 즉, 자원의 오버커밋이 허용되지 않기 때문에 할당받은 자원의 사용을 안정적으로 보장(Guaranteed) 받을 수 있다고 생각하면 됩니다.

Guaranteed 클래스의 파드 내부에서 실행되는 프로세스들은 모두 기본 OOM 점수(oom_score_adj)가 –997로 설정됩니다. 도커 데몬이나 kubelet의 프로세스와 거의 동일한 레벨로 프로세스가 보호받기 때문에 노드에서 메모리가 고갈되더라도 시스템 컴포넌트가 요구하지 않는 한 Guaranteed 클래스의 파드나 프로세스가 강제로 종료되는 일은 없을 것입니다.

 파드 내에 컨테이너가 여러 개 존재한다면 모든 컨테이너의 Requests와 Limits의 값이 완전히 같아야만 파드가 Guaranteed 클래스로 분류됩니다.

QoS 클래스의 종류 – (2) BestEffort 클래스

BestEffort는 Requests와 Limits를 아예 설정하지 않은 파드에 설정되는 클래스입니다. 즉, 파드의 스펙을 정의하는 YAML 파일에서 resources 항목을 아예 사용하지 않으면 자동으로 BestEffort 클래스로 분류됩니다. 따라서 이번 장 이전에 생성했던 파드들은 모두 BestEffort 클래스에 속합니다.

예제 11.7 chapter11-1/nginx-besteffort-pod.yaml
```yaml
apiVersion: v1
kind: Pod
metadata:
  name: nginx-besteffort-pod
spec:
  containers:
  - name: nginx-besteffort-pod
    image: nginx:latest
```

BestEffort 클래스의 파드는 Limits 값을 설정하지 않았기 때문에 노드에 유휴 자원이 있다면 제한 없이 모든 자원을 사용할 수 있습니다. 그렇지만 Requests 또한 설정하지 않았기 때문에 BestEffort 클래스의 파드는 사용을 보장받을 수 있는 자원이 존재하지 않습니다. 따라서 때에 따라서는 노드에 존재하는 모든 자원을 사용할 수도 있지만, 자원을 전혀 사용하지 못할 수도 있습니다.

QoS 클래스의 종류 – (3) Burstable 클래스

Burstable 클래스는 Requests와 Limits가 설정돼 있지만, Limits의 값이 Requests보다 큰 파드를 의미합니다. 따라서 Burstable 클래스의 파드는 Requests에 지정된 자원만큼 사용을 보장받을 수 있지만, 상황에 따라서는 Limits까지 자원을 사용할 수도 있습니다. Burstable이라는 이름이 의미하는 것처럼 필요에 따라서 순간적으로 자원의 한계를 확장해 사용할 수 있는 파드라고 생각하면 됩니다.

Guaranteed나 BestEffort에 속하지 않는 모든 파드는 모두 Burstable 클래스로 분류된다고 생각하면 쉽게 클래스의 종류를 구분할 수 있습니다. 예를 들어, 다음과 같은 YAML 파일로 생성된 파드는 Burstable 클래스에 속합니다.

예제 11.8 chapter11-1/resource-limit-with-request-pod.yaml

```
...
    resources:
      limits:
        memory: "256Mi"
        cpu: "1000m"
      requests:
        memory: "128Mi"
        cpu: "500m"
```

Burstable 클래스의 파드는 주어진 Requests 내에서 자원을 사용하면 문제가 없지만, Requests를 넘어 Limits 범위 내에서 자원을 사용하려고 시도한다면 다른 파드와 자원 경합이 발생할 수도 있습니다. 그러한 상황에서는 Requests보다 더 많은 자원을 사용하고 있는 파드나 프로세스의 우선순위가 더 낮게 설정됩니다.

QoS 클래스와 메모리 부족

앞서 설명한 것처럼 kubelet이 메모리가 부족한 상황을 감지하면 우선순위가 가장 낮은 파드를 종료한 뒤 다른 노드로 내쫓아내는 퇴거(Evict)를 수행합니다. 만약 메모리 사용량이 갑작스럽게 높아지면 리눅스의 OOM Killer는 OOM 점수가 가장 높은 컨테이너의 프로세스를 강제로 종료할 수도 있습니다. 파드가 다른 노드로 퇴거(Evict)되면 단순히 다른 노드에서 파드가 다시 생성될 뿐이지만, OOM Killer에 의해 파드 컨테이너의 프로세스가 종료되면 해당 컨테이너는 파드의 재시작 정책(restartPolicy)에 의해 다시 시작됩니다.[8]

 OOM Killer는 메모리를 많이 사용하고 있는 프로세스를 강제로 종료하는 것이지, 컨테이너나 파드를 종료시키는 것은 아닙니다. 따라서 컨테이너 내부의 init 프로세스가 아닌 다른 프로세스가 메모리를 많이 사용하고 있다면 해당 프로세스만 종료될 수도 있습니다.[8]

---

[8] 파드의 생애 주기와 재시작 정책은 11.3절에서 다시 자세히 설명합니다.
[9] https://github.com/kubernetes/kubernetes/issues/50632

기본적으로 파드의 우선순위는 Guaranteed가 가장 높으며, 그 뒤로 Burstable과 BestEffort 순입니다. 따라서 노드에 메모리가 부족하면 가장 먼저 BestEffort 파드가 종료되고, 그다음에 Burstable 파드가 종료되는 것이 일반적입니다. Guaranteed 파드는 낮은 우선순위의 파드가 존재하지 않을 때 마지막으로 종료됩니다.

하지만 이러한 우선순위는 항상 절대적인 것은 아닙니다. 왜냐하면 Burstable과 BestEffort 클래스의 파드는 현재 메모리를 얼마나 사용하고 있는지에 따라서 우선순위가 역전될 수도 있기 때문입니다. 정확히 말하자면 **파드가 메모리를 많이 사용하면 사용할수록 우선순위가 낮아집니다.** 예를 들어, Guaranteed 파드 내부의 프로세스는 메모리 사용을 보장받아야 하기 때문에 우선순위가 가장 높지만, Burstable과 BestEffort 파드의 프로세스는 메모리를 많이 사용할수록 우선순위가 낮아집니다.

자원 오버커밋의 필요성

쿠버네티스에서 사용할 수 있는 자원 오버커밋의 원리는 때로는 매우 복잡하게 여겨질 수도 있습니다. 파드가 언제, 어떻게, 얼마나 자원을 사용하게 될지를 정확하게 예측하는 것은 쉽지 않으며, 오버커밋을 허용함으로 인해 예상치 못한 문제가 발생할 수도 있기 때문입니다.

오버커밋이 쿠버네티스의 기능이라고 해서 반드시 사용해야만 하는 것은 아닙니다. 이번 장에서 오버커밋을 자세히 설명한 이유는 '이러한 방법도 가능하다'는 것을 보여주기 위해서일 뿐, 오버커밋을 필수로 활용해야 한다는 것은 아니기 때문입니다. 애플리케이션이 반드시 안정적인 상태를 보장받아야 한다면 단순히 모든 파드의 Limits와 Requests를 동일하게 설정함으로써 Guaranteed 클래스로 생성하는 것도 해답이 될 수 있다는 점을 알아두기 바랍니다.

11.1.5 ResourceQuota와 LimitRange

여러 개발팀이 쿠버네티스에서 개발 및 테스트를 진행해야 한다면 어떻게 쿠버네티스 환경을 제공하는 것이 좋을까요? 가장 이상적인 방법은 개발팀마다 쿠버네티스 클러스터를 하나씩 제공하는 것이겠지만, 이 방법은 관리가 번거로울 뿐만 아니라 클러스터 프로비저닝을 위한 비용 또한 높아질 것입니다.

이를 위해 네임스페이스를 개발팀마다 생성한 뒤, 각 개발팀이 해당 네임스페이스에서만 쿠버네티스의 API를 사용할 수 있도록 롤, 롤 바인딩 등으로 적절한 RBAC(Role-based Access Control)를 설정하는 방식을 생각해 볼 수 있습니다. 그렇지만 특정 네임스페이스에서 파드에 자원을 과도하게 사용해 버리면 다른 네임스페이스에서는 자원이 부족한 상황이 발생할 수도 있습니다. 만약 쿠버네티스를 여러 사람 또는 개발팀이 함께 사용하고 있다면 각 네임스페이스에서 할당할 수 있는 자원의 최대 한도 또는 범위를 설정할 필요가 있을 것입니다.

이를 위해서 쿠버네티스에서는 ResourceQuota와 LimitRange라는 오브젝트를 이용해 자원 사용량을 관리할 수 있는 기능을 제공합니다. 이번 절에서는 ResourceQuota를 이용해 네임스페이스의 자원 사용량을 제한하고, LimitRange로 자원 할당의 기본값이나 범위를 설정하는 방법을 알아봅니다.

11.1.5.1 ResourceQuota로 자원 사용량 제한

ResourceQuota는 특정 네임스페이스에서 사용할 수 있는 자원 사용량의 합을 제한할 수 있는 쿠버네티스 오브젝트입니다. ResourceQuota의 기능을 간단히 설명해보면 다음과 같습니다.

- 네임스페이스에서 할당할 수 있는 자원(CPU, 메모리, 퍼시스턴트 볼륨 클레임의 크기, 컨테이너 내부의 임시 스토리지[10])의 총합을 제한할 수 있습니다.
- 네임스페이스에서 생성할 수 있는 리소스(서비스, 디플로이먼트 등)의 개수를 제한할 수 있습니다.

첫 번째 기능을 사용하는 이유는 앞서 설명했던 것처럼 네임스페이스별로 자원 사용량을 제한하기 위해서입니다. 두 번째 기능을 사용하는 이유는 살짝 의아할 수도 있는데, 이 또한 쿠버네티스 클러스터의 자원 고갈을 막기 위해서입니다.

예를 들어 관리자의 실수로 인해 쿠버네티스에서 리소스를 끝없이 생성한다고 가정해 봅시다. 생성할 수 있는 쿠버네티스 리소스의 개수에 제한이 없다면 메모리나 스토리지가 가득 찰 때까지 리소스가 계속 생성될 것이고, 결국 쿠버네티스 클러스터가 느려져 장애가 발생할 수 있습니다. ResourceQuota는 이러한 상황을 방지하기 위해 네임스페이스에서 생성할 수 있는 서비스, 디플로이먼트, 컨피그맵 등의 리소스의 개수를 제한하는 기능을 제공합니다.

ResourceQuota는 네임스페이스에 종속되는 오브젝트이기 때문에 네임스페이스별로 ResourceQuota 리소스를 생성해야 합니다. 기본적으로는 어떠한 ResourceQuota도 생성돼 있지 않습니다.

```
$ kubectl get quota # quota라는 이름으로도 사용 가능
$ kubectl get resourcequota
No resources found.
```

---

[10] 파일의 읽기 및 쓰기가 가능한 임시 컨테이너 레이어를 뜻하며, 쿠버네티스에서는 이를 ephemeral-storage라고 표현합니다.

ResourceQuota는 퍼시스턴트 볼륨 클레임이나 ephemeral-storage의 크기를 제한하기 위해서 사용할 수도 있으나, 이번 절에서는 default 네임스페이스의 CPU와 메모리의 Requests, Limits를 제한하는 간단한 ResourceQuota를 생성해 보겠습니다. 아래의 내용으로 resource-quota.yaml 파일을 작성합니다.

예제 11.9 chapter11-1/resource-quota.yaml

```yaml
apiVersion: v1
kind: ResourceQuota
metadata:
  name: resource-quota-example
  namespace: default
spec:
  hard:
    requests.cpu: "1000m"
    requests.memory: "500Mi"
    limits.cpu: "1500m"
    limits.memory: "1000Mi"
```

반드시 Requests와 Limits를 함께 제한할 필요는 없으며, CPU와 메모리를 하나의 ResourceQuota에서 제한할 필요도 없습니다. 따라서 필요에 따라 각 항목을 따로따로 제한해도 됩니다. 그렇지만 위의 ResourceQuota 예시에서는 쉬운 이해를 위해 메모리와 CPU의 사용량을 함께 제한했습니다.

위의 YAML 파일에서는 네임스페이스를 default로 지정했기 때문에 default 네임스페이스에서 사용할 수 있는 총 자원의 할당량을 제한할 것입니다. 단일 파드의 자원 할당량을 제한하는 것이 아닌, 네임스페이스에서 사용할 수 있는 자원 할당량의 합에 대한 제한이라는 점에 유의합니다.

ResourceQuota를 생성한 뒤 리소스의 자세한 정보를 출력해 보겠습니다.

```
$ kubectl apply -f resource-quota.yaml
resourcequota/resource-quota-example created

$ kubectl describe quota
Name:            resource-quota-example
Namespace:       default
Resource         Used    Hard
--------         ----    ----
limits.cpu       0       1500m
limits.memory    0       1000Mi
requests.cpu     0       1
requests.memory  0       500Mi
```

kubectl describe 명령어에서 리소스의 이름을 생략하면 모든 리소스의 자세한 정보를 한꺼번에 출력합니다.

ResourceQuota의 정보에는 현재 default 네임스페이스에 생성된 파드들의 자원 할당량 합이 출력됩니다. 새롭게 생성되는 파드가 한계치보다 더 많은 자원을 사용하려고 하면 파드를 생성하는 API 요청은 실패합니다. 예를 들어, 위 예시에서는 500m의 limits.cpu를 가지는 3개의 파드까지는 생성할 수 있지만(1500m), 그 뒤로는 limits.cpu를 가지는 파드를 더 이상 생성할 수 없습니다. 단, ResourceQuota를 생성하기 이전에 존재하고 있던 파드들이 이미 자원을 한계치보다 많이 사용하고 있다고 해서 기존의 파드가 종료되지는 않습니다.

간단한 예시로 메모리를 과도하게 사용하는 파드를 하나 생성해 보겠습니다.

```
$ cat memory-over-pod.yaml
apiVersion: v1
kind: Pod
...
    resources:
      requests:
        cpu: "200m"
        memory: "300Mi"
      limits:
        cpu: "200m"
        memory: "3000Mi"

$ kubectl apply -f memory-over-pod.yaml
Error from server (Forbidden): error when creating "chapter11-1/memory-over-pod.yaml": pods "memory-over-pod" is forbidden: exceeded quota: resource-quota-example, requested: limits.memory=3000Mi, used: limits.memory=0, limited: limits.memory=1000Mi
```

방금 생성한 ResourceQuota는 default 네임스페이스에서 최대 1000Mi의 메모리만 사용할 수 있도록 설정했지만, 파드가 3000Mi의 메모리를 요구했기 때문에 생성에 실패했습니다. 그렇다면 디플로이먼트를 통해 파드를 생성해 보면 어떨까요? 이번에는 아래와 같이 YAML 파일을 작성한 뒤 디플로이먼트를 생성해 보겠습니다. 파일의 중간 내용은 일부 생략했습니다.

예제 11.10 chapter11-1/deployment-over-memory.yaml

```
apiVersion: apps/v1
kind: Deployment
...
```

```
        resources:
          limits:
            memory: "3000Mi"
            cpu: "1000m"
          requests:
            memory: "128Mi"
            cpu: "500m"
```

```
$ kubectl apply -f deployment-over-memory.yaml
deployment.apps/deployment-over-memory created
```

이상하게도 디플로이먼트는 아무런 에러가 없이 정상적으로 생성됐습니다. 하지만 파드의 목록을 확인해 보면 해당 디플로이먼트로부터 생성된 파드가 존재하지 않을것입니다.

```
$ kubectl get pods | grep deployment-over-memory # 출력 결과 없음
```

여기서 한 가지 짚고 넘어가야 할 점은 '**파드를 생성하는 주체는 디플로이먼트가 아니라 레플리카셋**' 이라는 점입니다. 디플로이먼트는 파드를 생성하기 위한 레플리카셋의 메타데이터를 선언적으로 가지고 있을 뿐, 디플로이먼트 리소스가 직접 파드를 생성하지는 않기 때문입니다. 따라서 파드 생성 거부에 대한 에러 로그는 레플리카셋에 남아 있을 것입니다.

```
$ kubectl get replicasets
NAME                               DESIRED   CURRENT   READY   AGE
deployment-over-memory-58579d88d9  1         0         0       4m27s

$ kubectl describe rs deployment-over-memory-58579d88d9
...
Warning   FailedCreate   4m38s                    replicaset-controller   Error creating: pods
"deployment-over-memory-58579d88d9-sh948" is forbidden: exceeded quota: resource-quota-example,
requested: limits.memory=3000Mi, used: limits.memory=0, limited: limits.memory=1000Mi

  Warning   FailedCreate   115s (x7 over 4m37s)   replicaset-controller   (combined from similar
events): Error creating: pods "deployment-over-memory-58579d88d9-8tbzf" is forbidden: exceeded
quota: resource-quota-example, requested: limits.memory=3000Mi, used: limits.memory=0, limited:
limits.memory=1000Mi
```

레플리카셋은 지속해서 라벨 셀렉터에 해당하는 파드를 생성하려고 시도하기 때문에 Resource Quota의 정보가 업데이트되거나 가용 자원이 발생하면 파드를 정상적으로 생성할 것입니다.

레플리카셋이 파드의 생성에 실패했다고 해서 계속해서 빠른 속도로 파드를 생성하려 시도하지는 않습니다. 쿠버네티스에서 특정 상태를 유지시키려는 동작이 실패했을 때에는 일반적으로 지수 함수의 간격을 두고 동일한 동작을 다시 시도합니다. 예를 들어 레플리카셋은 파드의 생성 요청이 실패했다면 10초, 20초, 40초, 80초, 160초…와 같은 주기로 파드 생성을 다시 시도합니다.

ResourceQuota로 리소스 개수 제한하기

ResourceQuota는 자원의 사용량뿐만 아니라 디플로이먼트, 파드, 시크릿 등의 리소스 개수를 제한할 수도 있습니다. ResourceQuota는 아래의 쿠버네티스 오브젝트의 개수를 제한할 수 있습니다.

- 디플로이먼트, 파드, 서비스, 시크릿, 컨피그맵, 퍼시스턴트 볼륨 클레임 등의 개수
- NodePort 타입의 서비스 개수, LoadBalancer 타입의 서비스 개수
- QoS 클래스 중에서 BestEffot 클래스에 속하는 파드의 개수

파드나 서비스의 최대 개수를 제한하려면 YAML 파일에 count/pod와 같은 형식으로 정의합니다. 이전에 사용하던 ResourceQuota의 YAML 파일을 아래와 같이 조금 수정해 보겠습니다.

예제 11.11 chapter11-1/quota-limit-pod-svc.yaml

```
apiVersion: v1
kind: ResourceQuota
metadata:
  name: resource-quota-example
  namespace: default
spec:
  hard:
    requests.cpu: "1000m"
    requests.memory: "500Mi"
    limits.cpu: "1500m"
    limits.memory: "1000Mi"
    count/pods: 3
    count/services: 5
```

위의 YAML 파일을 적용하면 default 네임스페이스에서는 최대 파드 3개, 서비스 5개를 생성할 수 있습니다. 그 이상 리소스를 생성하려고 시도하면 마찬가지로 API 요청이 거절됩니다. 예를 들어, ResourceQuota에서 제한된 개수보다 더 많은 파드를 생성하려 시도하면 아래와 같이 에러 메시지가 출력됩니다.

```
$ kubectl apply -f quota-limit-pod-svc.yaml
resourcequota/resource-quota-example configured
...

$ cat denied-pod.yaml # 평범한 pod 1개를 정의합니다.
apiVersion: v1
kind: Pod
metadata:
  name: denied-pod
...

$ kubectl apply -f denied-pod.yaml
Error from server (Forbidden): error when creating "denied-pod.yaml": pods "denied-pod" is
forbidden: exceeded quota: resource-quota-example, requested: count/pods=1, used: count/pods=3,
limited: count/pods=3
```

제한 가능한 다른 쿠버네티스 오브젝트의 예시는 아래와 같습니다. 리소스의 개수를 제한할 때, 정의되는 쿠버네티스 오브젝트 이름은 count/<오브젝트 이름>.<API 그룹 이름>입니다. 예를 들어 pods나 secrets 등은 코어 API 그룹("")에 해당하기 때문에 별도로 API 그룹명을 명시하지 않지만, apps에 속하는 디플로이먼트의 개수를 제한하려면 count/deployments.apps: 0과 같이 사용하면 됩니다. 오브젝트가 어떤 API 그룹에 속하는지는 kubectl api-resources 명령어로 확인할 수 있습니다.

```
...
...
spec:
  hard:
    count/resourcequotas: 3
    count/secrets: 5
    count/configmaps: :5
    count/persistentvolumeclaims: 2
    count/services.nodeports: 3
    count/services.loadbalancers: 1
    count/deployments.apps: 0
```

ResourceQuota로 BestEffort 클래스의 파드 개수 제한하기

ResourceQuota를 사용하면 Requests와 Limits가 모두 설정돼 있지 않아서 노드의 자원을 제한 없이 사용할 수 있는 파드, 즉 BestEffort 클래스의 파드 개수를 제한할 수도 있습니다. 이번에는 아래와 같이 YAML 파일을 작성해 보겠습니다.

예제 11.12 chapter11-1/quota-limit-besteffort.yaml

```
apiVersion: v1
kind: ResourceQuota
metadata:
  name: besteffort-quota
  namespace: default
spec:
  hard:
    count/pods: 1
  scopes:
    - BestEffort
```

이번에는 이전과 달리 scopes라는 항목을 새롭게 정의했습니다. scopes는 필수 항목은 아니지만, BestEffort 및 Terminating, NotTerminating, NotBestEffort와 같은 파드의 상태를 값으로 입력할 수 있습니다. 위 예시에서는 BestEffort 클래스의 파드 개수를 제한하기 위해서 scopes에 BestEffort를 설정했습니다.

BestEffort 클래스의 파드는 아무런 자원 할당을 설정하지 않은 경우에 해당하기 때문에 hard 항목에서 limit.cpu나 limit.memory와 같은 자원 제한 설정과 연결되어 사용하지 않습니다. BestEffort 클래스의 파드 개수를 제한할 때는 위의 YAML 파일처럼 파드의 개수를 제한하는 항목 (count/pods)만 유효하게 작동합니다.

scope에서 NotBestEffort는 BestEffort 클래스가 아닌 다른 QoS의 클래스를 의미하며, Terminating은 파드의 종료 시간(activeDeadlineSeconds)이 명시적으로 설정된 경우를 의미합니다. 이는 보통 잡(Job)이라는 쿠버네티스 오브젝트에서 사용되기 때문에 여러분이 생성하는 대부분의 파드는 NotTerminating에 속한다고 생각하면 됩니다.[10] NotBestEffort, Terminating, NotTerminating을 scopes에 설정하는 경우에는 limit.cpu나 limit.memory와 같은 자원 제한 및 count/pods와 함께 연결해 사용할 수 있습니다.

현재 아무런 파드가 생성돼 있지 않다고 가정하고, 위의 ResourceQuota를 생성한 다음 BestEffort 클래스의 파드를 여러 개 생성해 보겠습니다. 제한을 넘어 파드를 생성하려고 시도하면 이 또한 요청이 거절될 것입니다.[12]

---

11 잡(Job) 오브젝트의 사용 방법은 13장에서 자세히 설명합니다.
12 만약 에러가 반환되지 않는다면 기본적으로 limitrange 리소스가 생성되어 있을 수 있습니다. 이 경우 kubectl get limitrange 명령어로 limitrange 리소스의 존재 여부를 확인합니다.

```
# 생성된 모든 파드와 ResourceQuota를 삭제했습니다.
$ kubectl delete quota --all && kubectl delete pod --all && kubectl delete deploy --all

$ kubectl apply -f quota-limit-besteffort.yaml
resourcequota/besteffort-quota created

$ kubectl run besteffort-1 --image=nginx
pod/besteffort-1 created

$ kubectl run besteffort-2 --image=nginx
Error from server (Forbidden): pods "besteffort-2" is forbidden: exceeded quota: besteffort-quota, requested: count/pods=1, used: count/pods=1, limited: count/pods=1
```

하지만 이렇게 명시적으로 BestEffort 파드의 개수를 허용하지 않은 채로 ResourceQuota에서 메모리나 CPU를 제한하면 BestEffort 파드의 생성은 실패합니다. CPU와 메모리를 제한하는 ResourceQuota만 생성해 둔 다음, 어떠한 자원도 할당하지 않은 BestEffort 클래스의 파드를 생성해 보겠습니다.

```
# 생성된 모든 파드와 ResourceQuota를 삭제했습니다.
$ kubectl delete quota --all && kubectl delete pod --all

$ # 이전에 사용했던 CPU, 메모리를 제한하는 ResourceQuota를 다시 생성했습니다.
$ kubectl apply -f resource-quota.yaml
resourcequota/resource-quota-example created

$ kubectl run besteffort-1 --image=nginx
Error from server (Forbidden): pods "besteffort-1" is forbidden: failed quota: resource-quota-example: must specify limits.cpu,limits.memory,requests.cpu,requests.memory
```

ResourceQuota에 limits.cpu나 limits.memory 등을 이용해 네임스페이스에서 사용 가능한 자원의 합을 설정했다면 파드를 생성할 때 반드시 해당 항목을 함께 정의해줘야 합니다. 그렇지 않으면 위와 같이 에러가 반환됩니다.

이를 위해 쿠버네티스에서는 파드의 자원 사용량을 기본적으로 제한할 수 있는 LimitRange라는 기능을 제공합니다.

11.1.5.2 LimitRange로 자원 사용량 제한

LimitRange는 특정 네임스페이스에서 할당되는 자원의 범위 또는 기본값을 지정할 수 있는 쿠버네티스 오브젝트입니다. LimitRange의 용도를 간단하게 설명해보면 아래와 같습니다.

- 파드의 컨테이너에 CPU나 메모리 할당량이 설정돼 있지 않은 경우, 컨테이너에 자동으로 기본 Requests 또는 Limits 값을 설정할 수 있습니다.
- 파드 또는 컨테이너의 CPU, 메모리, 퍼시스턴트 볼륨 클레임 스토리지 크기의 최솟값/최댓값을 설정할 수 있습니다.

LimitRange도 ResourceQuota와 마찬가지로 네임스페이스별로 적용할 수 있는 기능이므로 네임스페이스에 종속되는 오브젝트입니다. 기본적으로는 어떠한 LimitRange도 생성돼 있지 않습니다.

```
$ kubectl get limitranges
$ kubectl get limits # limits라는 이름으로도 사용 가능
No resources found.
```

LimitRange는 크게 어렵지 않은 기능이라서 YAML 파일을 보면서 사용 방법을 이해해 보겠습니다. 아래의 YAML 파일에서는 모든 항목을 한꺼번에 정의했지만, 상황에 따라 필요한 항목만을 선택해서 사용하면 됩니다.

예제 11.13 chapter11-1/limitrange-example.yaml

```yaml
apiVersion: v1
kind: LimitRange
metadata:
  name: mem-limit-range
spec:
  limits:
  - default:                # 1. 자동으로 설정될 기본 Limits 값
      memory: 256Mi
      cpu: 200m
    defaultRequest:         # 2. 자동으로 설정될 기본 Requests 값
      memory: 128Mi
      cpu: 100m
    max:                    # 3. 자원 할당량의 최댓값
      memory: 1Gi
      cpu: 1000m
    min:                    # 4. 자원 할당량의 최솟값
      memory: 16Mi
      cpu: 50m
    type: Container         # 5. 각 컨테이너에 대해서 적용
```

1. default : 파드의 컨테이너에 Limits 값이 설정돼 있지 않다면 자동으로 이 값을 Limits로 설정합니다.

2. defaultRequest : 파드의 컨테이너에 Requests 값이 설정돼 있지 않다면 자동으로 이 값을 Requests로 설정합니다.

3. **max** : 파드의 컨테이너에 설정될 수 있는 Limits 값의 최대치를 의미합니다. 만약 max에 설정된 값보다 더 많은 자원을 사용하려고 시도하면 파드의 생성은 실패합니다.

4. **min** : 파드의 컨테이너에 설정될 수 있는 Requests 값의 최소치를 의미합니다. 만약 min에 설정된 값보다 자원을 더 적게 사용하려고 시도하면 파드의 생성은 실패합니다.

5. 이러한 자원 할당에 대한 설정이 컨테이너 단위로 적용될 것임을 나타냅니다. 컨테이너 외에도 파드(Pod), 퍼시스턴트 볼륨 클레임(PersistentVolumeClaim)을 입력할 수 있습니다.

이 YAML 파일로 LimitRange를 생성한 뒤 BestEffort 클래스의 파드를 생성해 보면 자동으로 Requests와 Limits 값이 설정되는 것을 확인할 수 있습니다.

```
$ kubectl apply -f limitrange-example.yaml
limitrange/mem-limit-range created

$ kubectl run pod-limitrange-example --image=nginx
pod/pod-limitrange-example created

$ kubectl describe pod pod-limitrange-example
...
    Limits:
        cpu:     200m
        memory:  256Mi
    Requests:
        cpu:     100m
        memory:  128Mi
...
```

마찬가지로 min과 max의 범위를 벗어나는 파드의 컨테이너는 생성할 수 없습니다.

```
$ cat limitrange-over-memory.yaml
apiVersion: v1
kind: Pod
metadata:
  name: limitrange-over-memory-pod
...
      requests:
        cpu: "10m"
        memory: "16Mi"
      limits:
        cpu: "100m"
        memory: "500Mi"
```

```
$ kubectl apply -f limitrange-over-memory.yaml

Error from server (Forbidden): error when creating "limitrange-over-memory.yaml": pods
"limitrange-over-memory-pod" is forbidden: minimum cpu usage per Container is 50m, but request
is 10m
```

LimitRange에서 maxLimitRequestRatio 항목을 사용하면 파드의 컨테이너에서 오버커밋되는 자원에 대한 비율을 제한할 수도 있습니다. 예를 들어 아래와 같이 LimitRange를 생성했다고 가정해 보겠습니다.

예제 11.14 chapter11-1/limitrange-ratio.yaml

```
apiVersion: v1
kind: LimitRange
metadata:
  name: limitrange-ratio
spec:
  limits:
  - maxLimitRequestRatio:
      memory: 1.5
      cpu: 1
    type: Container
```

위 예시에서는 maxLimitRequestRatio.memory의 값을 1.5로 설정했으며, 이는 새롭게 생성되는 파드의 Limits, Requests의 비율은 1.5보다 반드시 작아야만 한다는 의미입니다.

간단한 예시로 메모리의 Limits가 200Mi이고 Requests가 100Mi로 설정된 파드의 컨테이너를 생성하려고 시도한다고 생각해 보겠습니다. 이 파드의 LimitRequestRatio 값은 200Mi / 100Mi = 2 이지만, LimitRange에는 Limits와 Requests의 비율을 최대 1.5까지만 허용하고 있기 때문에 이 파드의 생성은 거절될 것입니다.

```
$ cat limitrange-ratio-pod.yaml
apiVersion: v1
kind: Pod
metadata:
  name: limitrange-ratio-pod
...
    requests:
      cpu: "100m"
      memory: "100Mi"
    limits:
      cpu: "100m"
      memory: "200Mi"
```

```
$ kubectl apply -f limitrange-ratio-pod.yaml

Error from server (Forbidden): error when creating "limitrange-ratio-pod.yaml": pods
"limitrange-ratio-pod" is forbidden: memory max limit to request ratio per Container is 1500m,
but provided ratio is 2.000000
```

maxLimitRequestRatio는 오버커밋을 얼마나 허용할 수 있는지 제어할 수 있을 뿐만 아니라, 이 값을 1로 설정함으로써 반드시 Guaranteed 클래스의 파드만을 생성하도록 강제하는 용도로도 사용할 수도 있습니다.

만약 파드 단위로 자원 사용량의 범위를 제한하고 싶다면 아래의 YAML 파일처럼 정의해 사용할 수 있습니다. 이때 파드의 사용량은 파드에 존재하는 모든 컨테이너의 자원의 합이 됩니다. 예를 들어, 아래의 LimitRange는 파드의 컨테이너들에 할당된 메모리의 합이 최소 200Mi여야 하며, 최대 1Gi까지 허용된다는 것을 의미합니다.

예제 11.15 chapter11-1/limitrange-example-pod.yaml

```
apiVersion: v1
kind: LimitRange
metadata:
  name: pod-limit-range
spec:
  limits:
  - max:
      memory: 1Gi
    min:
      memory: 200Mi
    type: Pod
```

ResourceQuota에서 네임스페이스의 Limits, Requests를 설정하면 기본적으로 BestEffort 클래스의 파드 생성이 거부되지만, LimitRange를 사용하면 파드의 컨테이너에 일괄적으로 기본 자원 할당량을 설정할 수 있다는 점을 알아두기 바랍니다.

11.1.6 ResourceQuota, LimitRange의 원리 : Admission Controller

이전에 서비스 어카운트를 설명할 때 어드미션 컨트롤러(Admission Controller)에 대해서 잠깐 언급한 적이 있습니다. 사용자가 kubectl 등을 통해 쿠버네티스의 API 서버에 요청을 보낼 때, 인증과 인가 외에도 어드미션 컨트롤러라는 단계가 존재했습니다.

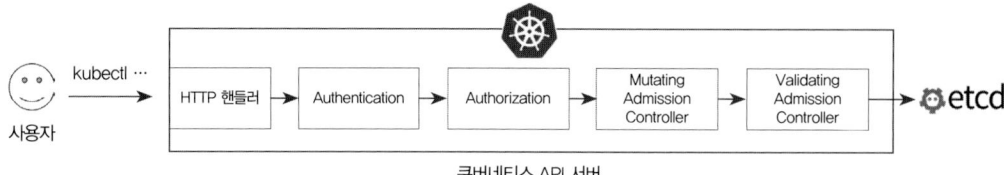

그림 11.11 API 서버에서 요청이 최종적으로 처리되기까지의 단계

어드미션 컨트롤러에 대해 간단하게 설명하자면 '**사용자의 API 요청이 적절한지 검증하고, 필요에 따라 API 요청을 변형하는 단계**'라고 말할 수 있습니다. 만약 kubectl 등으로부터 전송된 API가 부적절하다면 어드미션 컨트롤러 단계에서 해당 API 요청을 거절할 수도 있고, 필요하다면 API 요청에 포함된 파라미터를 변경할 수도 있습니다.

지금까지 여러분이 어드미션 컨트롤러에 대해 직접적으로 신경 쓴 적은 없었지만, 여러분 모르게 여러 가지의 어드미션 컨트롤러를 이미 사용하고 있었습니다. 대표적으로는 앞서 사용해 봤던 서비스 어카운트(ServiceAccount)가 바로 어드미션 컨트롤러의 한 종류였습니다. 그뿐만 아니라 방금 사용했던 ResourceQuota와 LimitRange 또한 어드미션 컨트롤러의 한 종류입니다.

이와 같은 동작 방식을 구현하기 위해서 쿠버네티스에는 총 두 단계의 어드미션 컨트롤러가 있습니다. API 요청을 검사하는 것을 **검증(Validating) 단계**라고 부르며, API 요청을 적절히 수정하는 것을 **변형(Mutating) 단계**라고 부릅니다. 이 두 가지 단계가 있다는 사실에 유의하면서 파드를 생성하는 API 요청이 ResourceQuota와 LimitRange 어드미션 컨트롤러에 의해 어떻게 조작되는지 다시 생각해 보겠습니다.

1. 사용자가 kubectl apply -f pod.yaml와 같은 명령어로 API 서버에 요청을 전송했습니다.
2. x509 인증서, 서비스 어카운트 등을 통해 인증 단계를 거칩니다.
3. 롤, 클러스터 롤 등을 통해 인가 단계를 거칩니다.
4. 어드미션 컨트롤러인 ResourceQuota는 해당 파드의 자원 할당 요청이 적절한지 **검증(Validating)**합니다. 만약 해당 파드로 인해 ResourceQuota에 설정된 네임스페이스의 최대 자원 할당량을 초과한다면 **해당 API 요청은 거절됩니다**.
5. 해당 API 요청에 포함된 파드 데이터에 자원 할당이 설정되지 않은 경우, 어드미션 컨트롤러인 LimitRange는 파드 데이터에 CPU 및 메모리 할당의 기본값을 추가함으로써 **원래의 파드 생성 API의 데이터를 변형합니다**.[13]

---

13 실제로 ResourceQuota와 LimitRange는 검증과 변형을 복합적으로 수행하지만, 쉬운 이해를 위해 4번과 5번 단계를 각각 검증과 변형으로 나누어 설명했습니다.

위 단계 중 4번과 5번이 바로 어드미션 컨트롤러가 동작하는 단계입니다. 위 예시에서는 Resource Quota와 LimitRange를 통해 단적인 예시만을 설명했지만, 여러분이 kubectl 명령어를 사용할 때 실제로 동작하는 어드미션 컨트롤러는 더 많을 수 있습니다.

이러한 기본적인 어드미션 컨트롤러는 대부분 기본적으로 활성화돼 있기 때문에 별도로 신경 쓸 필요는 없지만, 필요하다면 여러분만의 어드미션 컨트롤러를 직접 구현해 쿠버네티스에 등록하는 것 또한 가능합니다. 예를 들어 Nginx 파드를 생성하는 API 요청이 제출됐지만, 개발자의 실수로 인해 Nginx 컨테이너가 80 포트가 아닌 다른 포트를 사용하도록 YAML 파일에 정의돼 있다면 이를 자동으로 수정해주는 어드미션 컨트롤러를 여러분이 직접 구현할 수도 있습니다.

그뿐만 아니라 파드의 어노테이션에 따라서 별도의 사이드카 컨테이너를 자동으로 추가하는 주입(Injection) 패턴을 어드미션 컨트롤러를 통해 구현할 수도 있습니다. 유명한 서비스 메쉬(Service Mesh) 솔루션인 Istio(이스티오) 또한 어드미션 컨트롤러를 통해 파드에 프록시 사이드카 컨테이너를 주입하는 방법을 사용합니다.

어드미션 컨트롤러를 직접 구현하고 사용하는 방법은 이 책에서는 자세하게 설명하지 않지만, 관심이 있다면 어드미션 컨트롤러를 구현하는 방법을 설명한 강좌를 참고하기 바랍니다.[14]

어드미션 컨트롤러를 직접 개발하는 것이 부담스럽다면 쿠버네티스 1.30 버전부터 도입된 Validating Admission Policy를 활용해 보는 것도 좋은 방법입니다. Validating Admission Policy는 CEL(Common Expression Language)을 사용하여 쿠버네티스 리소스의 생성, 삭제 등의 API 요청을 검증하는 기능입니다. 예를 들어, "디플로이먼트의 레플리카 수는 반드시 5개 이하여야 한다"는 규칙은 다음과 같이 정의할 수 있습니다.[15]

```
apiVersion: admissionregistration.k8s.io/v1
kind: ValidatingAdmissionPolicyBinding
metadata:
  name: "my-test-policy-binding"
spec:
  policyName: "my-test-policy"
  validationActions: [Deny]
---
```

---

14 이 책의 깃허브 저장소 하단에서 [그 밖의 유용한 강좌 링크]에 있는 [어드미션 컨트롤러를 직접 구현해보기]를 참고합니다

15 Validating Admission Policy에 대한 자세한 내용은 쿠버네티스 공식 문서 (https://kubernetes.io/blog/2024/04/24/validating-admission-policy-ga/) 를 참고합니다.

```
apiVersion: admissionregistration.k8s.io/v1
kind: ValidatingAdmissionPolicy
metadata:
  name: "my-test-policy"
spec:
  failurePolicy: Fail
  matchConstraints:
    resourceRules:
    - apiGroups:   ["apps"]
      apiVersions: ["v1"]
      operations:  ["CREATE", "UPDATE"]
      resources:   ["deployments"]
  validations:
    - expression: "object.spec.replicas <= 5"
```

위 규칙을 벗어나는 디플로이먼트를 생성하면 쿠버네티스 API 서버는 이를 거부(Deny)할 것입니다.

```
$ kubectl apply -f deployment-hostname-replicas-6.yaml --dry-run=server
The deployments "hostname-deployment" is invalid: : ValidatingAdmissionPolicy 'my-
test-policy' with binding 'my-test-policy-binding' denied request: failed expression:
object.spec.replicas <= 5
```

리소스 정리

이번 장의 실습에서 생성한 리소스가 남아있다면 이를 모두 삭제한 뒤 다음 장으로 넘어갑니다. 이 책에서 제공하는 깃허브 저장소를 미리 내려받아 뒀다면 실습에 사용한 YAML 파일이 위치한 디렉터리를 통해 리소스를 쉽게 삭제할 수 있습니다.

```
$ kubectl delete pods --all

$ cd chapter11-1/
$ kubectl delete -f ./

limitrange "pod-limit-range" deleted
....
```

11.2 쿠버네티스 스케줄링

클라우드에서 자원 제한 기능과 함께 고려해야 할 중요한 기능은 바로 스케줄링입니다. 여기서 말하는 스케줄링이란 컨테이너나 가상 머신과 같은 인스턴스를 새롭게 생성할 때, 그 인스턴스를 어느 서버에 생성할 것일지 결정하는 일을 뜻합니다.

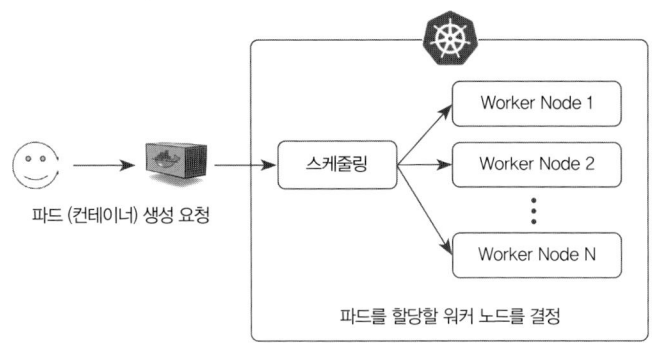

그림 11.12 간단한 스케줄링 예시

쿠버네티스와 같은 클라우드 시스템에서 스케줄링이 중요한 이유는 상황에 따라서 매우 다양합니다. 간단한 예로 특정 컨테이너가 빠른 파일 입출력을 위해 SSD를 사용해야 한다면 SSD를 가지고 있는 서버에 컨테이너를 할당할 수도 있습니다. 또는 컨테이너를 모든 서버에 최대한 고르게 배포함으로써 서버에 장애가 발생해도 애플리케이션의 무중단, 즉 고가용성(HA : High Availability)을 확보해야 할 수도 있습니다. 이처럼 컨테이너를 생성하기 전에 특정 목적에 최대한 부합하는 워커 노드를 선택하는 작업이 스케줄링에 해당합니다.

쿠버네티스에서는 파드를 생성할 워커 노드를 선택할 수 있도록 다양한 스케줄링 방법을 제공하고 있습니다. 위와 같이 간단한 예시를 위한 스케줄링 전략 외에도, 좀 더 복잡한 스케줄링 전략을 여러분이 직접 구현해 사용할 수도 있습니다. 이어지는 절에서는 파드를 할당할 워커 노드를 결정하는 스케줄링 과정을 먼저 간략하게 설명하고, 파드를 생성하기 위한 YAML 파일에서 사용할 수 있는 여러 스케줄링 설정값에 대해 알아보겠습니다.

11.2.1 파드가 실제로 노드에 생성되기까지의 과정

파드를 스케줄링할 수 있는 옵션들을 알아보기 전에, 먼저 쿠버네티스에서 스케줄링이 어떻게 수행되는지 알아보겠습니다. 사용자가 kubectl이나 API 서버로 파드 생성 요청을 전송하면 어떠한 일이 일어나는지 지금까지 배운 내용을 기반으로 간단히 정리해 봤습니다.

1. ServiceAccount, RoleBinding 등의 기능을 이용해 파드 생성을 요청한 사용자의 인증 및 인가 작업을 수행합니다.
2. ResourceQuota, LimitRange와 같은 어드미션 컨트롤러가 해당 파드 요청을 적절히 변형(Mutate)하거나 검증(Validate)합니다.
3. 어드미션 컨트롤러의 검증을 통과해 최종적으로 파드 생성이 승인됐다면 쿠버네티스는 해당 파드를 워커 노드 중 한 곳에 생성합니다.

파드의 스케줄링은 위 단계 중에서 3번에서 수행됩니다. 이전 단계들은 모두 성공적으로 통과했다고 가정하고, 위의 3번 단계에서 어떤 일이 발생하는지 조금 더 자세히 살펴보겠습니다.

쿠버네티스에는 여러 가지 핵심 컴포넌트들이 기본적으로 실행되고 있으며, 이 컴포넌트들은 kube-system 네임스페이스에서 실행되고 있다고 설명한 적이 있습니다. kube-system 네임스페이스에는 여러분이 kubectl로 상호 통신할 수 있는 API 서버(kube-apiserver) 컴포넌트 외에도 다양한 핵심 컴포넌트가 있습니다. 그중에서 스케줄링에 관여하는 컴포넌트는 **kube-scheduler**와 **etcd**입니다. kube-scheduler는 쿠버네티스 스케줄러에 해당하며, etcd는 쿠버네티스 클러스터의 전반적인 상태 데이터를 저장하는 일종의 데이터베이스 역할을 담당합니다.

kube-scheduler와 etcd 또한 파드로써 실행되기 때문에 kubectl get pods 명령어로 쉽게 확인할 수 있습니다.

```
# kubectl get pods -n kube-system
NAME                                                      READY   STATUS    RESTARTS   AGE
...
etcd-ip-10-43-0-20.ap-northeast-2.compute.internal        1/1     Running   27         21d
kube-apiserver-ip-10-43-0-20.ap-northeast-2.compute.internal   1/1     Running   3     17h
kube-scheduler-ip-10-43-0-20.ap-northeast-2.compute.internal   1/1     Running   27    21d
...
```

etcd는 분산 코디네이터(Distributed Coordinator)라고 불리는 도구의 일종으로, 클라우드 플랫폼 등의 환경에서 여러 컴포넌트가 정상적으로 상호 작용할 수 있도록 데이터를 조정하는 역할을 담당합니다.[16] 쿠버네티스 또한 클러스터 운용에 필요한 정보를 분산 코디네이터인 etcd에 저장하는데, 현재 생성된 디플로이먼트나 파드의 목록과 정보, 클러스터 자체의 정보 등과 같은 대부분의 데이터가 etcd에 저장돼 있습니다.

---

16 분산 코디네이터는 etcd 외에도 주키퍼(Zookeeper), Consul 등이 있습니다. 쿠버네티스를 설치하면 기본적으로 etcd를 분산 코디네이터로 사용하도록 설정돼 있습니다.

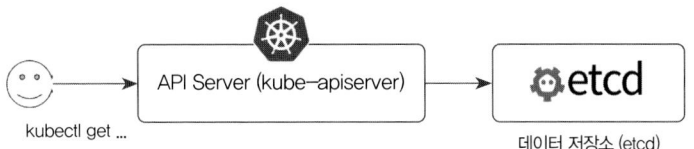

그림 11.13 etcd의 데이터는 API 서버를 통해서 접근 가능

etcd에 저장된 데이터는 무조건 API 서버(kube-apiserver)를 통해서만 접근할 수 있습니다. 예를 들어, 여러분이 kubectl get pods와 같은 명령어를 실행하면 API 서버에 요청이 전달되고, API 서버는 etcd의 데이터를 읽어와 kubectl 사용자에게 반환한다고 생각하면 됩니다.

etcd에 저장된 파드의 데이터에는 해당 파드가 어느 워커 노드에서 실행되는지를 나타내는 nodeName 항목이 존재합니다. nodeName 항목은 다음과 같이 kubectl get 명령어로도 쉽게 확인할 수 있습니다.

```
$ kubectl get pods mypod -o yaml | grep -F3 nodeName
      readOnly: true
  dnsPolicy: ClusterFirst
  enableServiceLinks: true
  nodeName: ip-10-43-0-30.ap-northeast-2.compute.internal
  priority: 0
  restartPolicy: Always
  schedulerName: default-scheduler
```

인증, 인가, 어드미션 컨트롤러 등의 단계를 모두 거쳐 파드 생성 요청이 최종적으로 승인됐다면 API 서버는 etcd에 파드의 데이터를 저장합니다. 하지만 API 서버는 파드의 데이터 중에서 **nodeName 항목을 설정하지 않은 상태**로 etcd에 저장합니다. 아직은 스케줄링이 수행되지 않았기 때문에 파드가 실제로 생성되지 않은, 단순히 데이터로만 저장된 상태이기 때문입니다.

쿠버네티스 스케줄러 컴포넌트에 해당하는 kube-scheduler는 API 서버의 Watch를 통해 nodeName이 비어 있는 파드 데이터가 저장됐다는 사실을 전달받습니다. 즉, 사용자의 파드 생성 요청에 의해 파드의 데이터가 etcd에 저장되긴 했지만, 아직 특정 노드에 스케줄링되지 않은 파드를 감지하는 것입니다. 스케줄러(kube-scheduler)는 nodeName이 설정되지 않은 해당 파드를 스케줄링 대상으로 판단하고, 파드를 할당할 적절한 노드를 선택한 다음 API 서버에게 해당 노드와 파드를 바인딩할 것을 요청합니다. 그리고 나면 **파드의 nodeName 항목의 값에는 선택된 노드의 이름이 설정됩니다**.

클러스터의 각 노드에서 실행 중인 kubelet은 API 서버에 걸어 둔 Watch를 통해 파드의 데이터에서 nodeName이 설정됐다는 소식을 전달받습니다. 그리고 나서야 비로소 해당 nodeName에 해당하는 노드의 kubelet이 컨테이너 런타임을 통해 파드를 생성합니다. 여기까지가 쿠버네티스의 파드가 최종적으로 생성되기까지의 대략적인 과정입니다.

11.2.2 파드가 생성될 노드를 선택하는 스케줄링 과정

위 과정에서 가장 중요한 과정은 '스케줄러가 적절한 노드를 어떻게 선택하느냐'일 것입니다. 스케줄러는 크게 노드 필터링, 노드 스코어링 단계를 거쳐 최종적으로 노드를 선택합니다.

- 노드 필터링 : 파드를 할당할 수 있는 노드와 그렇지 않은 노드를 분리해 걸러내는(Filtering) 단계입니다. 예를 들어 파드에 설정된 CPU나 메모리의 Requests만큼의 가용 자원이 존재하지 않는 노드는 노드 필터링 단계에서 제외될 것입니다. 그 외에도 기본적으로 마스터 노드는 파드를 할당할 수 없는 노드로 취급되며, 장애가 발생해 kubectl get nodes에서 STATUS가 Ready가 아닌 워커 노드 또한 제외됩니다. 노드 필터링 단계에서 선정된 노드의 목록은 노드 스코어링 단계로 전달됩니다.

- 노드 스코어링 : 노드 스코어링 단계에서는 쿠버네티스의 소스코드에 미리 정의된 알고리즘의 가중치에 따라서 노드의 점수를 계산합니다. 예를 들어, 파드가 사용하는 도커 이미지가 이미 노드에 존재할 때는 빠르게 파드를 생성할 수 있기 때문에 해당 노드의 점수가 증가합니다(Image Locality). 또는 노드의 가용 자원이 많으면 많을수록 노드의 점수가 높게 평가될 수도 있습니다(Least Requested). 이러한 알고리즘들의 값을 합산함으로써 후보 노드들의 점수를 계산한 다음, 가장 점수가 높은 노드를 최종적으로 선택합니다.

노드 스코어링은 쿠버네티스에 내장된 로직에 의해 계산되기 때문에 여러분이 직접 점수를 매기는 알고리즘을 수정하는 경우는 많지 않습니다. 대부분은 여러분이 스케줄링 조건을 파드의 YAML 파일에 설정함으로써 노드 필터링 단계에 적용할 수 있도록 구성하는 것이 일반적입니다. 따라서 이번 장에서는 노드 필터링 단계에서 사용할 수 있는 방법을 위주로 설명합니다.

11.2.3 NodeSelector와 Node Affinity, Pod Affinity

nodeName과 nodeSelector를 사용한 스케줄링 방법

특정 워커 노드에 파드를 할당하는 가장 확실한 방법은 파드의 YAML 파일에 노드의 이름(nodeName)을 직접 명시하는 것입니다. kubectl get nodes 명령어에서 출력된 노드의 이름을 다음과 같이 nodeName 항목에 명시한 다음 파드를 생성하면 해당 노드에 파드가 할당됩니다.

```
$ kubectl get nodes
NAME             STATUS   ROLES           AGE     VERSION
ip-172-16-0-10   Ready    control-plane   21m     v1.32.3
ip-172-16-0-30   Ready    node            9m3s    v1.32.3
ip-172-16-0-31   Ready    node            9m15s   v1.32.3
ip-172-16-0-32   Ready    node            9m16s   v1.32.3
```

 이번 장의 예제들은 별도의 언급이 없는 한 1개의 마스터와 3개의 워커 노드로 구성된 클러스터를 기준으로 설명합니다.

예제 11.16 chapter11-2/nodename-nginx.yaml

```
apiVersion: v1
kind: Pod
metadata:
  name: nginx
spec:
  nodeName: ip-10-43-0-30.ap-northeast-2.compute.internal
  containers:
  - name: nginx
    image: nginx:latest
```

파드를 생성한 다음, 해당 파드의 위치를 확인해 보면 nodeName에 설정한 노드에 할당됐음을 알 수 있습니다.

```
$ kubectl apply -f nodename-nginx.yaml
pod/nginx created


$ kubectl get pods -o wide
NAME    READY   STATUS    RESTARTS   AGE   IP             NODE
...
nginx   1/1     Running   0          61s   192.168.1.55   ip-10-43-0-30...
```

하지만 이러한 방식의 파드 스케줄링은 그다지 바람직하지 않습니다. 우선 노드의 이름을 고정으로 설정했기 때문에 다른 환경에서 이 YAML 파일을 보편적으로 사용하기가 어렵습니다. 또한 노드에 장애가 발생했을 때도 유연하게 대처할 수 없을 것입니다.

nodeName 대신에 사용할 수 있는 여러 가지 다른 방법이 있지만, 그중에서 가장 쉽게 사용할 수 있는 방법은 노드의 라벨(Label)을 사용하는 것입니다. 라벨을 이용하면 특정 라벨이 존재하는 노드에만 파드를 할당할 수 있습니다. 노드의 라벨은 쿠버네티스가 자동으로 설정해 놓은 것도 있지만, 필요에 따라 여러분이 직접 라벨을 추가할 수도 있습니다.

kubectl get nodes --show-labels 명령어를 실행해 보면 쿠버네티스가 기본적으로 설정해 놓은 노드의 라벨을 확인할 수 있습니다. 미리 설정된 라벨들은 대부분 kubernetes.io라는 접두어로 시작하는데, 이는 쿠버네티스에 의해 미리 예약돼 사용된다는 것을 의미합니다.

```
$ kubectl get nodes --show-labels
NAME                           STATUS  ..  AGE    VERSION   LABELS
ip-172-43-0-20.ap-northeast-2... Ready  ..  6h3m   v1.32.3
beta.kubernetes.io/arch=amd64,
beta.kubernetes.io/instance-type=t2.medium,
beta.kubernetes.io/os=linux,…
```

지금까지 사용해 온 라벨과 동일하게 라벨은 〈키=값〉 형태로 설정됩니다. 기본적으로 설정되는 라벨에는 해당 노드의 OS(Linux), CPU 아키텍처(amd64), 호스트 이름 등이 있습니다. 이 라벨을 사용해도 큰 문제는 없지만, 이번에는 3개의 워커 노드 중에서 1개의 노드는 mylabel/disk=ssd 라벨을, 2개의 노드는 mylabel/disk=hdd 라벨을 추가해 보겠습니다.

노드에 라벨을 추가하려면 kubectl label nodes 〈노드 이름〉 〈추가할 라벨〉과 같이 명령어를 사용하면 됩니다.

```
$ kubectl label nodes ip-10-43-0-30.ap-northeast-2.compute.internal mylabel/disk=ssd
node/ip-10-43-0-30.ap-northeast-2.compute.internal labeled
```

나머지 두 개의 노드에 대해서도 라벨을 추가하되, mylabel/disk=hdd라는 라벨을 설정합니다.

```
$ kubectl label nodes ip-10-43-0-31.ap-northeast-2.compute.internal mylabel/disk=hdd
node/ip-10-43-0-31.ap-northeast-2.compute.internal labeled
$ kubectl label nodes ip-10-43-0-32.ap-northeast-2.compute.internal mylabel/disk=hdd
node/ip-10-43-0-32.ap-northeast-2.compute.internal labeled
```

 노드에 설정된 라벨을 삭제하려면 라벨 키의 이름에 -(대시)를 추가하면 됩니다. 예를 들어, mylabel/disk 라벨을 삭제하려면 다음과 같이 명령어를 사용합니다.

```
$ kubectl label nodes ip-10-43-0-32.ap-northeast-2.compute.internal mylabel/disk-
```

이때 mylabel/disk 키의 값이 hdd인 노드에 파드를 할당하려면 파드의 YAML 파일에 아래와 같이 nodeSelector를 정의합니다.

예제 11.17 chapter11-2/nodeselector-nginx.yaml

```yaml
apiVersion: v1
kind: Pod
metadata:
  name: nginx-nodeselector
spec:
  nodeSelector:
    mylabel/disk: hdd
  containers:
  - name: nginx
    image: nginx:latest
```

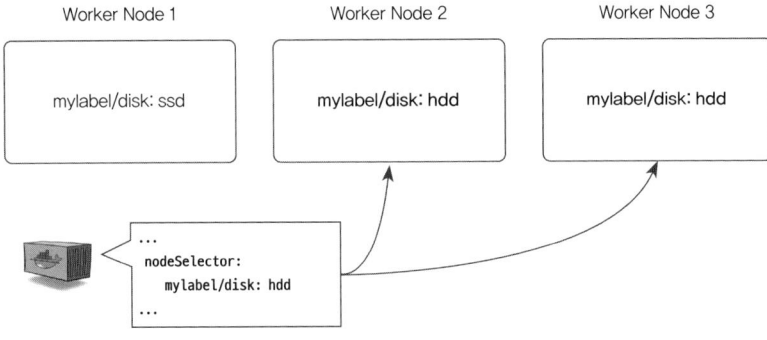

그림 11.14 라벨 셀렉터를 이용한 스케줄링

mylabel/disk: hdd라는 라벨을 갖는 노드가 2개 이상이라면 해당 노드 중 하나가 선택됩니다. 즉, nodeSelector는 해당 라벨이 존재하는 노드 중 하나를 선택하기 때문에 적어도 노드의 이름에 종속적이지 않게 YAML 파일을 작성할 수 있습니다.

단, 이러한 파드 스케줄링 방법은 각 단일 파드에 대해 수행된다는 점을 헷갈리지 말아야 합니다. 예를 들어 내부적으로 파드를 생성하는 디플로이먼트나 레플리카셋을 생각해 보겠습니다. 여러 개의 파드를 생성하도록 설정된 디플로이먼트의 파드들은 한꺼번에 동일하게 스케줄링되는 것이 아닌, 각 파드가 하나씩 독립적으로 스케줄링됩니다. 즉, 아래처럼 디플로이먼트에서 라벨을 통해 nodeSelector 항목을 정의했더라도 디플로이먼트의 모든 파드가 동일한 하나의 노드에 할당되는 것은 아니라는 뜻입니다.

예제 11.18 chapter11-2/deployment-nginx-node-selector.yaml

```yaml
...
  replicas: 3
  selector:
```

```
      matchLabels:
        app: deployment-nginx
  template:
    metadata:
      name: deployment-nginx
      labels:
        app: deployment-nginx
    spec:
      nodeSelector:
        mylabel/disk: hdd
...
```

Node Affinity를 이용한 스케줄링 방법

nodeSelector도 나쁘지 않은 방법이지만, 단순히 라벨의 키-값이 같은지만 비교해 노드를 선택하기 때문에 활용 방법이 다양하지는 않습니다. 이를 보완하기 위해 쿠버네티스는 Node Affinity라는 스케줄링 방법을 제공합니다. Node Affinity는 nodeSelector에서 좀 더 확장된 라벨 선택 기능을 제공하며, 반드시 충족해야 하는 조건(Hard)과 선호하는 조건(Soft)을 별도로 정의할 수도 있습니다.

Node Affinity에는 2가지 종류의 옵션이 있습니다.

- **required**DuringSchedulingIgnoredDuringExecution
- **preferred**DuringSchedulingIgnoredDuringExecution

옵션의 이름이 너무 길어서 한눈에 알아보기 쉽지 않을 수도 있지만, 두 옵션은 엄연히 다른 기능을 수행합니다. 두 옵션이 어떤 차이가 있는지 설명하기 전에, 간단한 예시를 통해 첫 번째 옵션인 requiredDuringSchedulingIgnoredDuringExecution을 먼저 사용해 보겠습니다.

예제 11.19 chapter11-2/nodeaffinity-required.yaml

```
apiVersion: v1
kind: Pod
metadata:
  name: nginx-nodeaffinity-required
spec:
  affinity:
    nodeAffinity:
      requiredDuringSchedulingIgnoredDuringExecution:
        nodeSelectorTerms:
```

```
      - matchExpressions:
        - key: mylabel/disk
          operator: In          # values의 값 중 하나만 만족하면 됩니다.
          values:
          - ssd
          - hdd
  containers:
  - name: nginx
    image: nginx:latest
```

갑자기 많은 항목들을 정의해 조금 혼란스러울 수 있지만, 점선으로 표시된 부분의 내용만 이해하면 됩니다. 위 YAML 파일에서 "operator: In" 항목은 key의 라벨이 values의 값 중 하나를 만족하는 노드에 파드를 스케줄링한다는 뜻입니다. 따라서 노드에 설정된 라벨이 mylabel/disk=ssd 또는 mylabel/disk=hdd라면 해당 노드에 파드가 할당될 것입니다.

이처럼 Node Affinity는 여러 개의 키-값을 정의한 뒤 operator를 통해 별도의 연산자를 사용할 수 있습니다. 이때 operator에는 In 외에도 NotIn, Exists, DoesNotExist, Gt(값이 큼), Lt(값이 작음)를 사용할 수 있어서 nodeSelector보다 더욱 다양하게 활용할 수 있다는 것이 특징입니다.

단, 위의 YAML 파일에서는 **required**DuringSchedulingIgnoredDuringExecution 옵션을 사용했다는 점에 유의해야 합니다. **required..** 라는 이름이 나타내는 것처럼 이 옵션은 "반드시 만족해야만 하는 제약 조건"을 정의할 때 쓰입니다. 따라서 nodeSelector의 기능을 확장했다고 생각하면 쉽습니다.

하지만 **preferred**DuringSchedulingIgnoredDuringExecution 옵션은 required..와 조금 다르게 동작합니다. **preferred..** 라는 이름이 나타내는 것처럼 이 옵션은 "선호하는 제약조건"을 의미합니다. 따라서 preferredDuringSchedulingIgnoredDuringExecution 아래에서 정의한 라벨의 키-값 조건은 반드시 만족해야 할 필요는 없으며, 만약 해당 조건을 만족하는 노드가 있다면 그 노드를 좀 더 선호하겠다는 뜻입니다. 예를 들어, 다음과 같이 스케줄링 옵션을 파드에 정의했다고 가정해 보겠습니다.

예제 11.20 chapter11-2/nodeaffinity-preferred.yaml

```
apiVersion: v1
kind: Pod
metadata:
  name: nginx-nodeaffinity-preferred
spec:
  affinity:
```

```
          nodeAffinity:
            preferredDuringSchedulingIgnoredDuringExecution:
            - weight: 80                    # 조건을 만족하는 노드에 1~100까지의 가중치를 부여
              preference:
                matchExpressions:
                - key: mylabel/disk
                  operator: In
                  values:
                  - ssd
      containers:
      - name: nginx
        image: nginx:latest
```

이번에는 required.. 대신 preferredDuringSchedulingIgnoredDuringExecution을 사용했습니다. 그런데 이전과는 다르게 weight라는 값을 추가했는데, 이 값은 조건에 해당하는 노드를 얼마나 선호할지를 나타내는 가중치입니다. 즉, 때에 따라서는 matchExpressions의 조건을 만족하는 노드를 반드시 선택하지 않을 수도 있지만, 가급적이면 해당 노드를 선택하도록 가산점을 부여한다고 생각하면 됩니다. weight 값은 1에서 100까지의 값을 사용할 수 있으며, 이 가중치는 할당 가능한 모든 노드를 필터링한 뒤 수행하는 노드 스코어링 단계에서 적용됩니다.

위의 YAML을 생성하면 mylabel/disk=ssd 라벨을 갖고 있지 않은 노드에도 파드가 할당될 수 있지만, mylabel/disk=ssd 라벨을 설정한 노드에 할당될 확률이 상대적으로 높아지기 때문에 일반적으로 이를 소프트(Soft) 제약 조건이라고 말합니다.

```
$ kubectl apply -f nodeaffinity-preferred.yaml
pod/nginx-nodeaffinity-preferred created

$ # ip-10-43-0-30.. 노드는 mylabel/disk=ssd 라벨이 설정된 노드입니다.
$ kubectl get pods -o wide
NAME                              READY   STATUS    ...   NODE
nginx-nodeaffinity-preferred      1/1     Running   0     ...   ip-10-43-0-30.ap-northeast-2...
```

단, 이러한 스케줄링 조건은 파드를 할당할 당시에만 유효합니다. 따라서 일단 파드가 할당된 뒤에 노드의 라벨이 변경되더라도 다른 노드로 파드가 옮겨가는 퇴거(Eviction)가 발생하지는 않습니다. requiredDuringScheduling**IgnoredDuringExecution**라는 이름에서 이 동작 원리를 유추할 수 있는데, "스케줄링 과정에서는 유효하지만(required During Scheduling), 일단 실행이 된 다음에는 무시된다(Ignored During Execution)"는 의미로 해석할 수 있습니다.

Pod Affinity를 이용한 스케줄링 방법

Node Affinity가 특정 조건을 만족하는 노드를 선택하는 방법이라면, Pod Affinity는 특정 조건을 만족하는 파드와 함께 실행되도록 스케줄링합니다. 사용 방법은 Node Affinity와 거의 같기 때문에 이전에 사용했던 requiredDuringSchedulingIgnoredDuringExecution과 같은 옵션을 똑같이 사용할 수 있습니다.

이번에는 조금 더 큰 규모의 예시를 들어보기 위해, 파드를 직접 생성하기보다는 YAML 파일의 내용을 통해 설명해 보겠습니다.

예제 11.21 chapter11-2/podaffinity-required.yaml

```yaml
apiVersion: v1
kind: Pod
metadata:
  name: nginx-podaffinity
spec:
  affinity:
    podAffinity:
      requiredDuringSchedulingIgnoredDuringExecution:
      - labelSelector:
          matchExpressions:
          - key: mylabel/database
            operator: In
            values:
            - mysql
        topologyKey: failure-domain.beta.kubernetes.io/zone
  containers:
  - name: nginx
    image: nginx:latest
```

대부분의 항목은 Node Affinity를 사용했을 때와 같지만, nodeAffinity 대신 podAffinity 항목을 사용했다는 점이 다릅니다. 또한 이번에는 topologyKey라는 새로운 항목을 정의했습니다.

위의 YAML 파일은 "mylabel/database=mysql"이라는 라벨을 가지는 파드와 함께 위치하도록 스케줄링을 하라는 뜻입니다. 이는 requiredDuringSchedulingIgnoredDuringExecution 항목을 통해 이전과 비슷한 의미로(required..) 사용되고 있지만, 이 라벨을 가지는 파드와 무조건 같은 노드에 할당하라는 뜻이 아닙니다. topologyKey 항목은 해당 라벨을 가지는 토폴로지 범위의 노드를 선택한다는 것을 의미합니다. 좀 더 이해하기 쉽도록 그림을 통해 살펴보겠습니다.

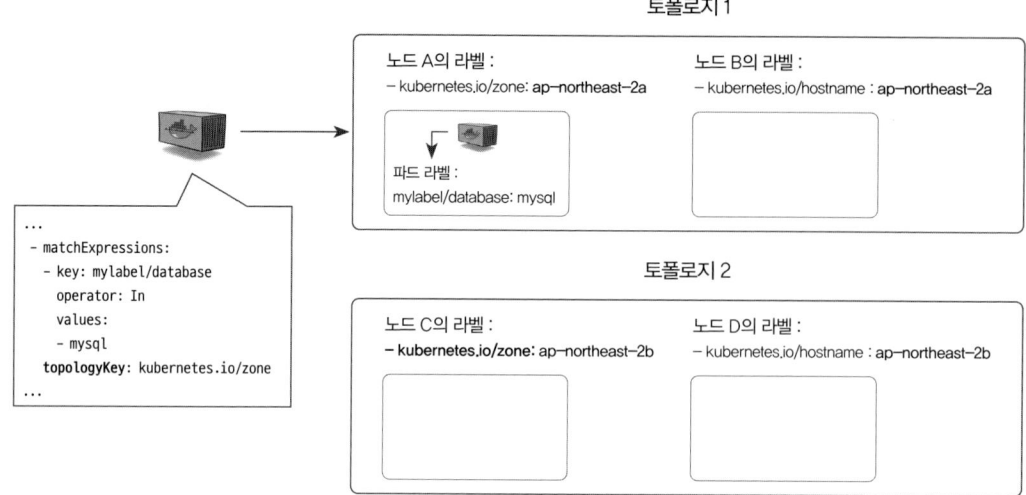

그림 11.15 kubernetes.io/zone의 값에 따라 나누어진 그룹(토폴로지)

가장 먼저, 쿠버네티스의 노드들이 topologyKey에 설정된 라벨의 키-값에 따라 여러 개의 그룹(토폴로지)으로 분류된다고 생각해 보겠습니다. 위 그림에서는 kubernetes.io/zone이라는 키의 값이 ap-northeast-2a인 그룹과 ap-northeast-2b인 그룹으로 분류돼 있습니다. 이때 matchExpression의 라벨 조건을 만족하는 파드가 위치한 그룹의 노드 중 하나에 파드를 할당합니다. 따라서 조건을 만족하는 파드와 동일한 노드에 할당될 수도 있지만, 해당 노드와 동일한 그룹(토폴로지)에 속하는 다른 노드에 파드가 할당될 수도 있습니다. 따라서 위 그림에서는 노드 A, B에 파드가 스케줄링될 수 있습니다.

이러한 Pod Affinity 스케줄링 전략은 다양한 용도로 활용할 수 있지만, 대표적인 활용 예로는 응답 시간을 최대한 줄여야 하는 두 개의 파드를 동일한 가용 영역(AZ : Available Zone) 또는 리전(Region)의 노드에 할당하는 경우를 생각해 볼 수 있을 것입니다.

그렇다면 이번에는 조금 다른 예시를 들어보겠습니다. 만약 토폴로지 키를 호스트 이름으로 지정하면 어떻게 될까요?

예제 11.22 chapter11-2/podaffinity-hostname-topology.yaml

```
...
    - matchExpressions:
      - key: mylabel/database
        operator: In
        values:
        - mysql
```

```
    topologyKey: kubernetes.io/hostname
...
```

 kubernetes.io/hostname 라벨은 쿠버네티스를 설치하면 기본적으로 모든 노드에 설정되는 라벨입니다. 이 라벨의 값은 각 노드의 호스트 이름으로 설정됩니다.

기본적으로 모든 노드의 호스트 이름은 고유하기 때문에 하나의 토폴로지에 두 개 이상의 노드가 존재할 수 없습니다. 이는 곧 하나의 노드가 하나의 토폴로지에 대응된다는 것을 의미합니다. 따라서 위의 YAML 파일을 적용하면 스케줄러는 반드시 matchExpression을 만족하는 파드가 위치한 노드를 선택할 것입니다.

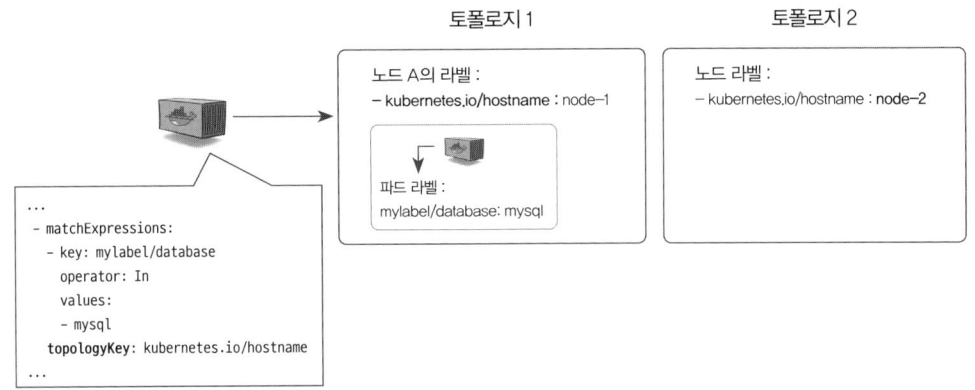

그림 11.16 topologyKey의 값이 호스트인 경우, 모든 토폴로지는 반드시 하나의 노드로만 구성

Pod Anti-affinity를 이용한 스케줄링 방법

Pod Anti-affinity는 Pod Affinity와 반대로 동작합니다. Pod Affinity가 특정 파드와 동일한 토폴로지에 존재하는 노드를 선택한다면, Pod Anti-affinity는 특정 파드와 같은 토폴로지의 노드를 선택하지 않는 방법입니다. 이 원리를 잘 이용하면 고가용성을 보장하기 위해 파드를 여러 가용 영역 또는 리전에 멀리 퍼뜨리는 전략을 세울 수도 있습니다.

Pod Anti-affinity를 사용하는 방법은 간단합니다. 이전에 사용했던 YAML 파일에서 podAffinity를 podAntiAffinity로 바꿔주기만 하면 됩니다.

예제 11.23 chapter11-2/pod-antiaffinity-required.yaml
```
apiVersion: v1
kind: Pod
```

```
metadata:
  name: nginx-pod-antiaffinity
spec:
  affinity:
    podAntiAffinity:
      requiredDuringSchedulingIgnoredDuringExecution:
      - labelSelector:
          matchExpressions:
          - key: mylabel/database
            operator: In
            values:
            - mysql
        topologyKey: failure-domain.beta.kubernetes.io/zone
  containers:
  - name: nginx
    image: nginx:latest
```

podAntiAffinity를 사용하면 matchExpressions 조건을 만족하는 파드가 위치한 노드와 다른 토폴로지의 노드에 파드가 할당됩니다. 예를 들어 mylabel/database=mysql 라벨이 설정된 파드가 kubernetes.io/zone=ap-northeast-2a 라벨을 갖는 노드에서 실행 중이라면 ap-northeast-2a 라벨이 설정되지 않은 다른 토폴로지 또는 노드에 파드가 스케줄링됩니다.

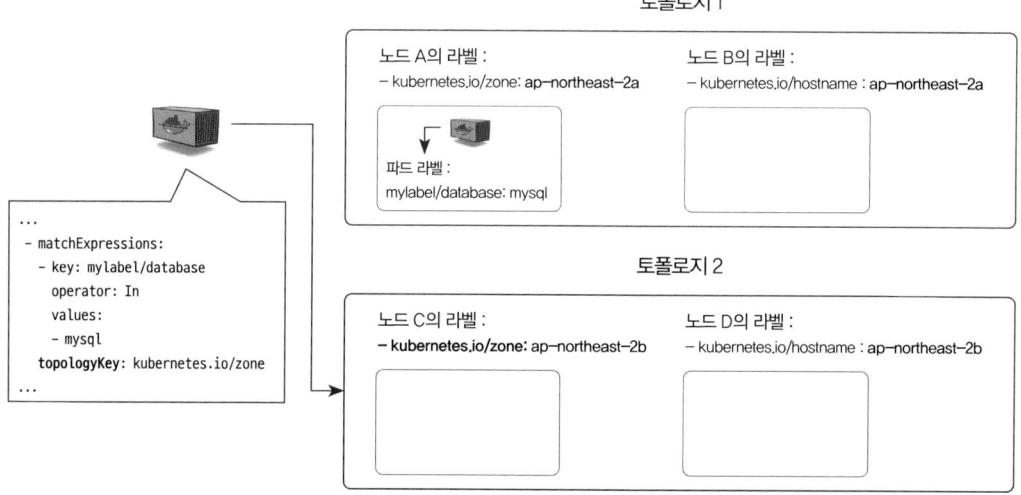

그림 11.17 podAntiAffinity를 사용해 특정 파드가 위치하지 않은 토폴로지의 노드에 스케줄링

Pod Affinity와 Anti-affinity는 Node Affinity와 동일하게 소프트(Soft) 제한을 사용할 수 있습니다. requiredDuringSchedulingIgnoredDuringExecution을 사용하면 토폴로지마다 반드시 하나의 파드만 할당하게 되지만, preferredDuringSchedulingIgnoredDuringExecution을 사용하면 각 토폴로지의 노드에 파드를 여러 개 할당할 수도 있습니다.

예제 11.24 chapter11-2/pod-antiaffinity-preferred.yaml

```yaml
...
spec:
  affinity:
    podAntiAffinity:
      preferredDuringSchedulingIgnoredDuringExecution:
      - podAffinityTerm:
          labelSelector:
            matchExpressions:
            - key: mylabel/database
              operator: In
              values:
              - mysql
          topologyKey: failure-domain.beta.kubernetes.io/zone
        weight: 80
...
```

이러한 원리를 조금만 더 활용해보면 모든 노드에 파드를 하나씩 할당하는, 마치 데몬셋(DaemonSet)과 비슷한 디플로이먼트를 생성할 수도 있습니다.[17] 디플로이먼트를 생성할 때, 파드 템플릿에서 Pod Anti-affinity를 위한 topologyKey를 kubernetes.io/hostname으로 설정하면 어떻게 될까요?

예제 11.25 chapter11-2/deployment-exclusive.yaml

```yaml
apiVersion: apps/v1
kind: Deployment
...
  metadata:
    name: deployment-nginx
    labels:
      app: deployment-nginx
  spec:
    affinity:
```

---

[17] 데몬셋은 모든 노드에 동일한 파드를 하나씩 생성하는 쿠버네티스 오브젝트로, 13장에서 자세히 설명합니다.

```
      podAntiAffinity:
        requiredDuringSchedulingIgnoredDuringExecution:
        - labelSelector:
            matchExpressions:
              - key: app
                operator: In
                values:
                  - deployment-nginx
            topologyKey: "kubernetes.io/hostname"
  containers:
  - name: deployment-nginx
    image: nginx:latest
```

앞서 설명한 것처럼 모든 노드의 호스트 이름은 고유하기 때문에 하나의 노드는 하나의 토폴로지로 간주됩니다. 위 예시에서는 디플로이먼트의 각 파드에 설정된 라벨을 podAntiAffinity의 matchExpression 조건에 다시 사용함으로써 디플로이먼트의 각 파드가 서로 다른 호스트 이름을 가지는 노드에 할당되도록 구성했습니다. 따라서 하나의 노드에 두 개의 파드가 스케줄링되는 일이 발생하지 않을 것입니다.

 podAffinity 및 podAntiAffinity는 기본적으로 동일한 네임스페이스의 파드만을 대상으로 동작합니다. 하지만 namespaceSelector를 추가로 명시하면 다른 네임스페이스에 있는 파드들도 고려 대상으로 포함시킬 수 있습니다. 예를 들어, namespaceSelector: {}처럼 빈 값으로 설정하면 모든 네임스페이스의 파드를 고려하게 됩니다.

```
...
spec:
  affinity:
    podAffinity:
      requiredDuringSchedulingIgnoredDuringExecution:
      - labelSelector:
          matchExpressions:
          - key: mylabel/database
            operator: In
            values:
            - mysql
        topologyKey: failure-domain.beta.kubernetes.io/zone
        namespaceSelector: {}
...
```

11.2.4 Taints와 Tolerations 사용하기

Taints와 Tolerations를 이용한 파드 스케줄링

쿠버네티스에서는 라벨 외에도 Taints라는 방법을 이용해 파드를 할당할 노드를 선택할 수 있습니다. Taints라는 이름이 의미하는 것처럼 특정 노드에 얼룩(Taint)을 지정함으로써 해당 노드에 파드가 할당되는 것을 막는 기능이라고 생각하면 쉽게 이해할 수 있습니다. 하지만 해당 Taints에 대응하는 Tolerations를 파드에 설정하면 Taints가 설정된 노드에도 파드를 할당할 수 있습니다. 말하자면 노드에 얼룩(Taints)이 졌지만, 이를 용인(Tolerations)할 수 있는 파드만 해당 노드에 할당할 수 있는 것입니다.

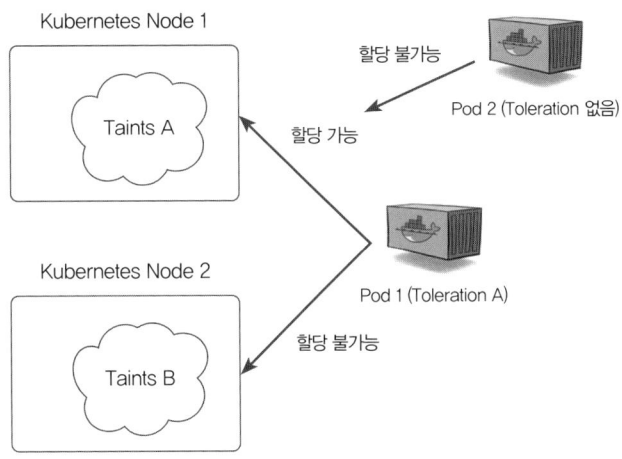

그림 11.18 Taint와 Toleration 사용 예시

Taints의 종류는 매우 다양합니다. 여러분이 Taints를 노드에 별도로 설정할 수도 있고, 특정 이벤트로 인해 쿠버네티스가 자동으로 노드에 Taints를 설정하기도 합니다. 이러한 Taints는 여러분이 kubectl 명령어로 직접 노드에 설정하거나 해제할 수 있습니다. Taints는 라벨과 비슷하게 키=값 형태로 사용합니다.

```
$ # 예시 :  kubectl taint nodes nodename key=value:effect
$ kubectl taint node ip-10-43-0-30.ap-northeast-2.compute.internal \
   alicek106/my-taint=dirty:NoSchedule

node/ip-10-43-0-30.ap-northeast-2.compute.internal tainted

$ # 노드의 Taints를 삭제할 때는 라벨과 마찬가지로 -(대시)를 뒤에 붙이면 됩니다.
$ # kubectl taint nodes nodename key:effect-
```

하지만 라벨과는 한 가지 다른 점이 있는데, key=value 뒤에 effect(Taint 효과)를 추가로 명시한 다는 점입니다. Taint 효과는 Taint가 노드에 설정됐을 때 어떠한 효과를 낼 것인지 결정합니다. Taints 효과에는 NoSchedule(파드를 스케줄링하지 않음), NoExecute(파드의 실행 자체를 허용하지 않음), PreferNoSchedule(가능하면 스케줄링하지 않음) 총 3가지가 있습니다.[18]

위 예시에서는 alicek106/my-taint=dirty라는 Taint 키-값으로 NoSchedule을 설정했기 때문에 일반적인 파드는 해당 노드에 스케줄링되지 않습니다. 앞서 설명했던 것처럼 Taint가 설정된 노드에 파드를 할당하려면 해당 Taint를 용인할 수 있도록 Toleration을 YAML 파일에 별도로 정의해야 합니다. 예를 들어, alicek106/my-taint=dirty:NoSchedule이라는 Taint가 설정된 노드에도 파드를 할당하려면 다음과 같이 YAML 파일을 작성하면 됩니다.

예제 11.26 chapter11-2/toleration-test.yaml

```
apiVersion: v1
kind: Pod
metadata:
  name: nginx-toleration-test
spec:
  tolerations:
  - key: alicek106/my-taint
    value: dirty
    operator: Equal         # alicek106/my-taint 키의 값이 dirty이며(Equal)
    effect: NoSchedule      # Taint 효과가 NoSchedule인 경우 해당 Taint를 용인합니다.
  containers:
  - name: nginx
    image: nginx:latest
```

 위의 YAML 파일은 alicek106/my-taint=dirty:NoSchedule이라는 Taint를 용인할 수 있을 뿐, 해당 Taint 가 설정된 노드에 반드시 파드를 할당한다는 의미는 아닙니다. 테스트를 위해 Taint가 설정된 노드에 파드를 할당하려면 nodeSelector 등을 함께 사용하면 됩니다.

이처럼 여러분이 직접 Taint를 노드에 설정해도 되지만, 쿠버네티스는 기본적으로 다양한 Taint를 노드에 설정합니다. 대표적인 예로 마스터 노드에 기본적으로 설정된 Taint를 들 수 있습니다. 지금까지 파드를 생성하면 기본적으로 마스터 노드가 아닌 워커 노드에 할당됐는데, 이는 쿠버네티스가 기본적으로 마스터 노드에 Taints를 설정함으로써 파드가 할당되는 것을 방지하기 때문입니다.

---

18 PreferNoSchedule은 NoSchedule의 소프트(Soft) 제한 버전입니다.

kubectl describe node 명령어로 마스터 노드의 정보를 자세히 출력해 보면 이를 확인할 수 있습니다.

```
$ kubectl describe nodes ip-10-43-0-20.ap-northeast-2.compute.internal # 마스터 노드 조회
...
CreationTimestamp:  Sun, 23 Mar 2025 11:42:31 +0900
Taints:             node-role.kubernetes.io/control-plane:NoSchedule
Unschedulable:      false
```

마스터 노드에는 node-role.kubernetes.io/control-plane:NoSchedule이라는 이름의 Taints가 자동으로 설정돼 있습니다. 또한, Unschedulable의 값이 false로 설정돼 있는데, 이는 스케줄링의 대상이 되는 노드라는 것을 의미합니다.[19] 따라서 마스터 노드 또한 워커 노드와 마찬가지로 파드가 할당될 수 있는 노드이지만, Taints가 설정돼 있기 때문에 일반적인 파드들은 지금까지 할당되지 않았던 것입니다.

 마스터 노드에 설정된 Taint는 키-값의 형태가 아니라는 사실을 눈치챘을 것입니다. Taint는 기본적으로 키-값의 형태를 가지지만, 값을 생략해 사용할 수도 있습니다. 값이 생략된 경우에는 ""(빈 문자열)의 값을 가지는 것으로 간주합니다.

마스터 노드에 설정된 Taint 또한 Toleration을 이용해 용인할 수 있습니다. 따라서 마스터 노드를 스케줄링 대상으로 간주하려면 다음과 같이 파드의 YAML 파일에 마스터 노드의 Toleration을 정의하면 됩니다. 단, 마스터 노드에는 일반적으로 API 서버와 같은 핵심 컴포넌트만 실행하는 것이 바람직하다는 사실을 항상 유념하기 바랍니다.

예제 11.27 chapter11-2/toleration-master.yaml

```
apiVersion: v1
kind: Pod
metadata:
  name: nginx-master-toleration
spec:
  tolerations:
  - key: node-role.kubernetes.io/control-plane
    effect: NoSchedule
    operator: Equal
    value: ""
```

---

19 Unschedulable이 false라는 뜻은 Schedulable을 의미하기 때문에 쿠버네티스 스케줄러가 스케줄링 시 해당 노드를 포함해 고려한다는 것을 의미합니다.

```
    nodeSelector:
        node-role.kubernetes.io/control-plane: ""    # 마스터 노드에서도 파드가 생성되도록 지정합니다.
    containers:
    - name: nginx
      image: nginx:latest
```

그렇다면 마스터 노드에서 실행 중인 파드에는 어떤 Toleration이 설정돼 있을까요? API 서버가 실행 중인 파드의 정보를 자세히 조회해 보겠습니다.

```
$ kubectl get pods -n kube-system | grep api
kube-apiserver-ip-10-43-0-20...          1/1      Running    7        8d

$ # kube-apiserver-ip-10-43-0-20... 은 API 서버 파드의 이름입니다.
$ kubectl describe pod kube-apiserver-ip-10-43-0-20... -n kube-system
...
QoS Class:          Burstable
Node-Selectors:     <none>
Tolerations:        :NoExecute
Events:             <none>
```

API 서버 파드에는 :NoExecute라는 Toleration이 설정돼 있습니다. 이 Toleration은 Taint의 키와 값이 무엇이든지 상관없이 모든 :NoExecute 종류의 Taint를 용인할 수 있음을 의미합니다. API 서버 파드의 정보를 YAML 포맷으로 출력해보면 YAML 파일에서 실제로 어떻게 설정돼 있는지 알 수 있습니다.

```
$ kubectl get pod kube-apiserver-ip-10-43-0-20... -n kube-system -o yaml | grep -F2 toleration
    securityContext: {}
    terminationGracePeriodSeconds: 30
    tolerations:
    - effect: NoExecute
      operator: Exists
```

Toleration에서 operator의 값은 Equal 외에도 Exists를 사용할 수 있습니다. 위처럼 Toleration의 operator 항목이 Exists로 설정된 경우에는 Taint에 대한 와일드카드로서 동작합니다. 즉, key, value 및 effect 항목을 명시하지 않았다면 해당 항목의 값에 상관없이 모두 용인할 수 있습니다. 위 경우에는 key와 value를 명시하지 않았기 때문에 모든 NoExecute 종류의 Taint에 대해 적용됩니다.

operator의 값이 Exists로 설정된 경우에는 다양한 방법으로 Toleration을 정의할 수 있습니다. 다음은 operator: Exists를 사용하는 예시입니다.

...
  tolerations:
  - operator: Exists
...
	...
	  tolerations:
	  - key: my-key
	    operator: Exists
	...
		...
		  tolerations:
		  - key: my-key
		    effect: NoExecute
		    operator: "Exists"
		...

모든 종류의 Taint를 용인	키의 이름이 my-key인 모든 Taint에 대해 값에 상관없이 용인	키의 이름이 my-key이고, Taint 효과가 NoExecute인 Taint에 대해 값에 상관없이 용인

NoExecute와 tolerationSeconds

Taint의 효과는 NoSchedule 외에도 PreferNoSchedule과 NoExecute가 있습니다. 이 중에서 NoExecute는 파드를 해당 노드에 스케줄링하지 않을 뿐만 아니라 해당 노드에서 아예 파드를 실행할 수 없도록 설정합니다. NoSchedule과 NoExecute의 차이점이 모호하게 느껴질 수도 있는데, NoSchedule은 노드에 설정하더라도 기존에 실행 중이던 파드는 정상적으로 동작하는 반면 NoExecute는 해당 노드에서 실행 중인 파드를 종료시킵니다. 물론 파드에 NoExecute에 대한 Toleration이 설정돼 있다면 해당 파드는 종료되지 않습니다.

```
$ # 노드에 NoExecute 효과를 갖는 Taint를 설정하는 예시입니다.
$ kubectl taint node ip-10-43-0-30.ap-northeast-2.compute.internal \
  alicek106/your-taint=your-taint-value:NoExecute
```

단, 파드가 디플로이먼트나 레플리카셋 등과 같은 리소스로부터 생성됐다면 NoExecute에 의해 파드가 종료됐더라도 파드는 다른 노드로 옮겨가는, 이른바 파드의 퇴거(Eviction)가 발생합니다. NoExecute에 의해 파드가 종료되면 레플리카셋은 라벨 셀렉터가 일치하는 파드의 개수가 replicas에 지정된 값보다 적다는 것을 감지할 것이고, 다른 노드에 새롭게 파드를 생성할 것이기 때문입니다.

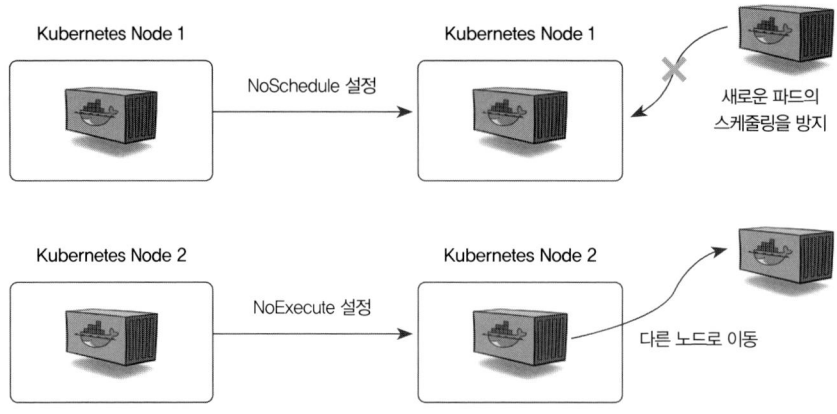

그림 11.19 NoSchedule과 NoExecute의 차이점

여러분이 파드를 생성하면 쿠버네티스는 자동으로 NoExecute에 대한 Toleration을 추가합니다. 지금까지 생성했던 파드 중에서 아무 파드나 골라서 자세한 정보를 출력해보면 Toleration 항목을 쉽게 확인할 수 있습니다.

```
$ kubectl describe pod <파드 이름>
...
Tolerations:    node.kubernetes.io/not-ready:NoExecute for 300s
                node.kubernetes.io/unreachable:NoExecute for 300s
...
```

node.kubernetes.io/not-ready와 unreachable이라는 Taint에 대해 Toleration이 설정돼 있습니다. 이는 노드가 준비되지 않았거나 네트워크 통신이 불가능한 상황일 때를 위한 Toleration입니다.

쿠버네티스는 특정 문제가 발생한 노드에 대해서는 자동으로 Taint를 추가합니다. 대표적인 예로 아직 노드가 준비되지 않은 상태(NotReady), 네트워크가 불안정한 상태(Unreachable), 또는 메모리 부족(memory-pressure)이나 디스크 공간 부족(disk-pressure)에 대한 Taint 등이 있습니다. 특히나 NotReady 또는 Unreachable은 노드 자체에 장애가 생긴 경우일 수 있기 때문에 쿠버네티스는 노드에 아래의 Taint를 추가합니다.[20]

- node.kubernetes.io/not-ready:NoExecute
- node.kubernetes.io/unreachable:NoExecute

---

20 상황에 따라 자동으로 추가되는 Taint는 https://kubernetes.io/docs/concepts/configuration/taint-and-toleration/#taint-based-evictions에서 확인할 수 있습니다.

예를 들어, kubectl get nodes에서 STATUS가 NotReady로 표시되는 경우에도 노드에 자동으로 Taint가 추가됩니다.

```
$ kubectl get nodes
NAME                                          STATUS     ROLES    AGE   VERSION
ip-10-43-0-31.ap-northeast-2.compute.internal NotReady   <none>   29d   v1.32.3
...
```

모든 파드에 자동으로 추가된 node.kubernetes.io/not-ready:NoExecute **for 300s**와 같은 Toleration은 바로 이러한 상황을 위한 것입니다. 이 Toleration은 노드에 장애가 발생해 not-ready나 unreachable 상태의 Taint가 발생하더라도 **300초 동안은 해당 Taint를 용인**하겠다는 뜻입니다. 300초 이내에 노드가 정상 상태로 돌아와 Taint가 삭제되지 않으면 파드는 다른 노드로 옮겨가게 됩니다. 즉, 노드에 장애가 생겨도 해당 노드에서 실행 중이던 파드가 즉시 다른 노드로 옮겨가는 것은 아니며, 기본적으로는 300초 후에 옮겨가게 됩니다.

이러한 옵션을 tolerationSeconds라고 부르며, 파드가 실행 중인 노드에 Taint가 추가됐을 때 해당 Taint를 용인할 수 있는 최대 시간을 의미합니다. tolerationSeconds에 설정된 시간보다 더 많은 시간이 흘렀다면 해당 파드 또한 다른 노드로 옮겨갈 것입니다. tolerationSeconds는 다음과 같은 형식으로 사용할 수 있습니다.

```
$ kubectl get pod <파드 이름> -o yaml | grep -F4 tolerationSeconds
...
  - effect: NoExecute
    key: node.kubernetes.io/not-ready
    operator: Exists
    tolerationSeconds: 300
...
```

node.kubernetes.io/not-ready:NoExecute 및 node.kubernetes.io/unreachable:NoExecute에 대한 Toleration은 DefaultTolerationSeconds라는 이름의 어드미션 컨트롤러(Admission Controller)에 의해서 파드에 추가됩니다. 필요하다면 두 Toleration의 값을 파드의 YAML 파일에서 별도로 재정의할 수도 있습니다.

11.2.5 Cordon, Drain 및 PodDistributionBudget

cordon을 이용한 스케줄링 비활성화

Taint와 Toleration을 이용해 노드에 파드가 스케줄링되는 것을 막을 수도 있지만, 쿠버네티스에서 제공하는 좀 더 명시적인 방법을 사용할 수도 있습니다. 아래와 같이 kubectl cordon 명령어를 사용하면 해당 노드에 더 이상 파드가 스케줄링되지 않습니다.

```
$ # kubectl cordon <노드 이름>
$ kubectl cordon ip-10-43-0-30.ap-northeast-2.compute.internal
node/ip-10-43-0-30.ap-northeast-2.compute.internal cordoned

$ # cordon을 해제하려면 uncordon 명령어를 사용합니다.
$ kubectl uncordon ip-10-43-0-30.ap-northeast-2.compute.internal
node/ip-10-43-0-30.ap-northeast-2.compute.internal uncordoned
```

cordon 명령어로 지정된 노드는 새로운 파드가 할당되지 않습니다. kubectl get nodes 명령어로 노드의 상태를 확인해 보면 STATUS 항목에 SchedulingDisabled가 추가된 것을 확인할 수 있습니다.

```
$ kubectl get nodes
NAME                                             STATUS                     ROLES           AGE   VERSION
ip-10-43-0-20.ap-northeast-2.compute.internal    Ready                      control-plane   30d   v1.32.3
ip-10-43-0-30.ap-northeast-2.compute.internal    Ready,SchedulingDisabled   node            30d   v1.32.3
...
```

kubectl describe 명령어로 해당 노드에 어떠한 설정이 추가됐는지 확인해 보겠습니다. node.kubernetes.io/unschedulable:NoSchedule라는 이름의 Taint가 추가됐을 뿐만 아니라 Unschedulable 항목 또한 true로 설정돼 있습니다.

```
$ kubectl describe node ip-10-43-0-30.ap-northeast-2.compute.internal
...
Taints:            node.kubernetes.io/unschedulable:NoSchedule
Unschedulable:     true
...
```

단, 노드에 cordon 명령어를 사용하더라도 해당 노드에서 이미 실행 중인 파드가 종료되지는 않습니다. cordon 명령어는 NoExecute가 아닌 NoSchedule 효과가 있는 Taint를 노드에 추가하기 때문입니다.

drain 명령어로 노드 비활성화하기

drain은 cordon처럼 해당 노드에 스케줄링을 금지한다는 것은 같지만, 노드에서 기존에 실행 중이던 파드를 다른 노드로 옮겨가도록 퇴거(Eviction)를 수행한다는 점이 다릅니다. drain 명령어를 사용하면 해당 노드에는 파드가 실행되지 않기 때문에 커널 버전 업그레이드, 유지 보수 등의 이유로 인해 잠시 노드를 중지해야 할 때 유용하게 사용할 수 있는 명령어입니다.

kubectl drain 명령어를 사용하면 노드를 drain 상태로 만들 수 있습니다.

```
$ # kubectl drain <노드 이름>
$ kubectl drain ip-10-43-0-30.ap-northeast-2.compute.internal
node/ip-10-43-0-30.ap-northeast-2.compute.internal cordoned
error: unable to drain node "ip-10-43-0-30.ap-northeast-2.compute.internal", aborting command...

There are pending nodes to be drained:
 ip-10-43-0-30.ap-northeast-2.compute.internal
error: cannot delete DaemonSet-managed Pods (use --ignore-daemonsets to ignore): kube-system/calico-node-ptlhv, kube-system/kube-proxy-fqplz

$ kubectl get nodes
NAME                                              STATUS                     ROLES   AGE   VERSION
ip-10-43-0-30.ap-northeast-2.compute.internal     Ready,SchedulingDisabled   node    32d   v1.32.3
...
```

파드가 스케줄링되지 않게 cordon은 설정됐지만, 해당 노드에서 실행 중이던 데몬셋 파드가 존재하기 때문에 drain을 할 수 없다는 에러가 출력됐습니다. 데몬셋을 무시하고 노드를 drain하려면 --ignore-daemonsets 옵션을 함께 사용하면 됩니다.

```
$ kubectl drain ip-10-43-0-30.ap-northeast-2.compute.internal --ignore-daemonsets

node/ip-10-43-0-30.ap-northeast-2.compute.internal already cordoned
WARNING: ignoring DaemonSet-managed Pods: kube-system/calico-node-ptlhv, kube-system/kube-proxy-fqplz
evicting pod "hostname-deployment-6cd58767b4-8hvqz"
...
```

디플로이먼트나 레플리카셋, 잡, 스테이트풀셋 등에 의해 생성되지 않은 파드, 즉 단일 파드가 노드에 존재할 때도 drain 명령어는 실패합니다.[21] 이는 YAML 파일에서 type: Pod처럼 정의해 생성한 단일 파드는 어떠한 이유로 종료되더라도 다른 노드로 옮겨가 다시 생성되지 않기 때문입니다. 만약 단일 파드를 무시하고 노드를 drain하려면 --force 옵션을 함께 사용합니다.

PodDisruptionBudget으로 파드 개수 유지하기

drain은 노드에서 실행 중이던 파드를 모두 종료시키는 퇴거(Eviction) 기능을 포함하고 있습니다. 퇴거 작업은 일반적으로 파드를 종료시키는 것만을 의미하지만, 특정 개수의 파드 개수를 유지하려는 디플로이먼트나 레플리카셋 등에 의해 생성된 파드라면 파드가 퇴거되더라도 다른 노드에서 다시 생성되는 것이 일반적입니다.

그런데 drain과 같이 파드 퇴거 작업이 수행될 때는 한 가지 문제점이 있습니다. 만약 drain된 노드에서 실행 중인 파드가 종료되어 해당 파드가 다른 노드로 옮겨가는 사이에는 애플리케이션이 중단될 수 있기 때문입니다. 간단한 예로 다음 그림과 같은 상황을 생각해 보겠습니다.

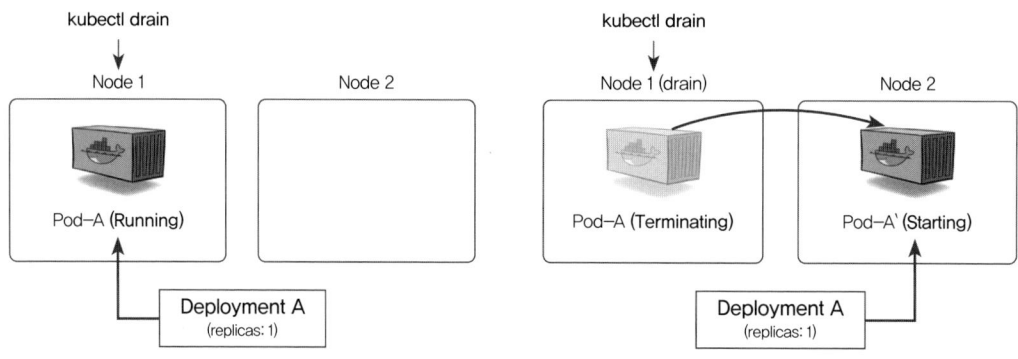

그림 11.20 kubectl drain을 사용했을 때, 새로운 파드가 다른 노드에서 다시 생성됨

디플로이먼트에 의해 파드가 생성된 노드에 drain을 설정했다고 가정해 보겠습니다. 실행 중이던 파드는 drain에 의해 종료(Evict)됐기 때문에 더 이상 사용자 요청을 처리할 수 없는 상태가 됩니다. 디플로이먼트의 레플리카셋은 실행 중인 파드의 개수가 replicas의 개수와 일치하지 않는다는 것을 감지하고 다른 노드에 파드를 새롭게 생성합니다.

---

21 잡(Job), 스테이트풀셋(StatefulSet)은 디플로이먼트처럼 파드를 사용하는 쿠버네티스 오브젝트입니다. 파드를 사용하는 다른 오브젝트에 대해서는 13장에서 자세히 설명합니다.

이때 다른 노드에서 파드가 새롭게 생성되어 준비되기 전까지는 파드가 사용자 요청을 처리할 수 없습니다. 물론, 디플로이먼트에서 파드의 개수(replicas)를 여러 개로 설정함으로써 일정 개수의 파드가 중지되더라도 애플리케이션에 장애가 발생하지 않도록 구성할 수도 있습니다. 그렇지만 drain 명령어를 사용한 노드에서 여러 개의 파드가 실행되고 있었다면 어쨌든 그 파드 개수만큼은 사용자 요청을 처리할 수 없는 상태가 되고, 처리할 수 있는 요청의 총량은 일시적으로 감소할 것입니다.

쿠버네티스에서는 이러한 상황에 대처하기 위해 PodDisruptionBudget이라는 기능을 제공합니다. PodDisruptionBudget은 kubectl drain 명령어 등으로 인해 파드에 퇴거(Eviction)가 발생할 때, 특정 개수 또는 비율만큼의 파드는 반드시 정상적인 상태를 유지하기 위해서 사용됩니다. 이 기능 또한 쿠버네티스의 오브젝트이기 때문에 kubectl 명령어로 확인할 수 있습니다.

```
$ kubectl get poddisruptionbudgets
No resources found.

$ kubectl get pdb  # 이름이 너무 길기 때문에 일반적으로 PDB라고 부릅니다.
No resources found.
```

간단한 PodDisruptionBudget을 YAML 파일로 정의해 보겠습니다.

예제 11.28 chapter11-2/simple-pdb-example.yaml

```
apiVersion: policy/v1beta1
kind: PodDisruptionBudget
metadata:
  name: simple-pdb-example
spec:
  maxUnavailable: 1          # 비활성화될 수 있는 파드의 최대 개수 또는 비율(%)
  # minAvailable: 2
  selector:                  # PDB의 대상이 될 파드를 선택하는 라벨 셀렉터
    matchLabels:
      app: webserver
```

PodDisruptionBudget에는 maxUnavailable과 minAvailable 두 가지 중 하나를 사용할 수 있습니다. maxUnavailable은 kubectl drain 등에 의해 노드의 파드가 종료될 때, 최대 몇 개까지 동시에 종료될 수 있는지를 뜻합니다. 위 예시처럼 maxUnavailable 값으로 1을 설정하면 kubectl drain 명령어를 사용한 노드의 파드가 하나씩 종료되어 다른 노드에서 다시 생성될 것입니다. 이 값은 숫자로 나타낼 수도 있지만, 30%나 50%처럼 전체 파드의 비율(%)로 설정할 수도 있습니다.

minAvailable 또한 비슷한 의미로 사용됩니다. minAvailable은 파드의 퇴거가 발생할 때, 최소 몇 개의 파드가 정상 상태를 유지해야 하는지를 의미합니다. 이 값 또한 숫자 또는 비율로서 설정할 수 있습니다. 단, maxUnavailable과 minAvailable은 의미만 다를 뿐 맥락상으로는 같은 기능이므로 PodDisruptionBudget에는 둘 중 하나만을 정의해야 합니다.

selector에서는 PodDisruptionBudget이 적용될 파드의 라벨을 입력합니다. 이때 주의해야 할 점은 디플로이먼트와 같은 컨트롤러[22]의 라벨이 아닌, 파드의 라벨을 입력해야 한다는 것입니다. 따라서 위처럼 라벨 셀렉터가 app: webserver로 설정된 PodDisruptionBudget을 디플로이먼트에 적용하려면 파드 스펙을 다음과 같이 정의할 수 있습니다.

예제 11.29 chapter11-2/deployment-pdb-test.yaml
```
..
  metadata:
    name: my-webserver
    labels:
      app: webserver
  spec:
    containers:
    - name: my-webserver
...
```

PodDisruptionBudget이 생성된 상태에서 PodDisruptionBudget의 라벨 셀렉터에 일치하는 파드가 kubectl drain 등에 의해 퇴거돼야 한다면 PodDisruptionBudget에 정의된 값에 따라 정상 상태의 파드 개수가 일정하게 유지됩니다.

단, maxUnavailable을 0 또는 0%으로 설정하거나 minAvailable을 100%로 설정하면 노드의 drain이 진행되지 않을 수 있으므로 반드시 적절한 값을 입력하도록 주의합니다.

> 파드를 삭제하는 것(Delete)과 퇴거시키는 것(Eviction)은 결과론적으로 파드를 삭제한다는 점에서는 같지만, 두 기능은 완전히 다른 개념입니다. 삭제는 말 그대로 파드를 삭제하는 kubectl delete pod 명령어와 같기 때문에 PodDisruptionBudget과 상관없이 파드를 삭제하게 됩니다. 그렇지만 지금까지 언급해왔던 퇴거(Eviction)는 쿠버네티스 내부에서 Evict라는 별도의 API로 구현돼 있으며, 위 예시에서는 PodDisruptionBudget의 영향을 받아 파드를 삭제하게 됩니다.

---

[22] 디플로이먼트나 스테이트풀셋 등과 같이 파드를 간접적으로 생성하는 오브젝트는 쿠버네티스 내부에서 컨트롤러라는 개념으로 구현돼 있습니다. 이에 대한 자세한 설명은 뒤의 12장에서 다시 다룹니다.

11.2.6 커스텀 스케줄러 및 스케줄러 확장

커스텀 스케줄러 구현

지금까지 설명한 쿠버네티스의 스케줄링 기능들도 충분히 유용하게 사용할 수 있지만, 때로는 여러분만의 스케줄링 전략을 직접 구현해야 할 때도 있을 것입니다. 쿠버네티스는 kube-system 네임스페이스에 존재하는 기본 스케줄러(kube-scheduler) 외에도 여러 개의 스케줄러를 동시에 사용할 수 있도록 지원합니다. 이때 별도의 스케줄러는 여러분이 직접 구현하거나 설정해야 합니다.

앞서 설명했던 것처럼 파드를 생성하면 기본적으로 기본 스케줄러(kube-scheduler)를 사용하게 되며, 노드 필터링과 노드 스코어링 단계를 거쳐 스케줄링 작업을 수행합니다. 파드를 생성한 뒤에 자동으로 추가되는 schedulerName 항목에서 기본 스케줄러의 이름을 확인할 수 있습니다.

```
$ kubectl get pod <파드 이름> -o yaml | grep scheduler
  schedulerName: default-scheduler
```

파드를 생성할 때 schedulerName 항목을 정의하지 않으면 쿠버네티스는 기본적으로 default-scheduler라는 값을 설정하는데, 이는 기본 스케줄러(kube-scheduler 파드)를 의미합니다. 기본 스케줄러는 파드의 schedulerName 값이 default-scheduler일 때만 해당 파드를 스케줄링합니다. 따라서 기본 스케줄러가 아닌 여러분만의 스케줄러로 파드를 스케줄링하고 싶다면 파드를 생성할 때 schedulerName의 값을 별도로 명시하면 됩니다.

예제 11.30 chapter11-2/custom-scheduled-pod.yaml

```yaml
apiVersion: v1
kind: Pod
metadata:
  name: custom-scheduled-pod
spec:
  schedulerName: my-custom-scheduler
  containers:
  - name: nginx-container
    image: nginx
```

다음으로 해야 할 일은 위 파드를 스케줄링할 수 있는 커스텀 스케줄러를 여러분이 직접 구현하는 것입니다. 커스텀 스케줄러를 구현한다고 하면 어려운 일처럼 느껴질 수 있으나, 이번 장의 초반부에서 설명했던 스케줄링 단계를 함께 생각해보면 크게 어렵지 않습니다. 아래의 단계를 차례대로 소스코드로 구현하면 됩니다.

1. API 서버의 Watch API를 통해 새롭게 생성된 파드의 데이터를 받아옵니다.
2. 파드의 데이터 중에서 nodeName이 설정돼 있지 않으며 schedulerName이 스케줄러의 정해진 이름과 일치하는지 검사합니다. 일반적으로 schedulerName은 스케줄러의 이름을 나타내는 고유한 값을 사용합니다.
3. 필요에 따라 적절한 스케줄링 알고리즘을 수행한 뒤, 바인딩 API 요청을 통해 스케줄링 된 노드의 이름을 파드의 nodeName에 설정합니다.

쿠버네티스 SDK를 통해 위 단계를 구현할 수만 있다면 어떠한 언어를 사용해도 큰 상관은 없습니다. 쿠버네티스를 구현한 언어인 Go를 사용해도 되지만, 파이썬과 같은 쉬운 언어를 사용해도 스케줄러를 충분히 구현할 수 있습니다. 여기서는 스케줄러 구현을 위한 자세한 소스코드를 설명하지는 않지만, 관심이 있다면 이 책에서 제공하는 별도의 파이썬 스케줄러 소스코드 예시를 참고할 수 있습니다.[23] 단, 노드 필터링이나 노드 스코어링과 같이 기본 스케줄러에 내장된 알고리즘 없이 순수하게 여러분만의 알고리즘을 구현해야 하므로 커스텀 스케줄러가 꼭 필요한 경우가 아니라면 기본 스케줄러를 사용하는 것이 오히려 바람직할 수도 있습니다.

스케줄러를 구현하려면 API 서버와 통신해야 하기 때문에 스케줄러는 kube-scheduler 파드처럼 쿠버네티스 클러스터 내부에서 파드로 실행시키는 것이 일반적입니다. 그러나 스케줄러의 원리를 간단히 테스트하기 위한 용도라면 마스터 노드에서 간단한 셸 스크립트를 사용해 볼 수도 있습니다.[24]

쿠버네티스 스케줄러 확장하기

직접 커스텀 스케줄러를 구현하기보다는, 쿠버네티스 소스코드를 내려받아 스케줄러 부분만을 수정해 직접 빌드하는 것도 하나의 방법이 될 수 있습니다. 또는 쿠버네티스 스케줄링 프레임워크[25]를 사용해 스케줄러를 개발함으로써 기본 스케줄러에 추가적인 로직을 덧붙이는 것도 가능합니다.

그렇지만 커스텀 스케줄러를 비롯한 여러 스케줄러 확장 방법은 상황에 따라 신중히 도입하는 것이 좋습니다. 커스텀 스케줄러나 Extender 서버 자체에 장애가 생겼을 때는 어떻게 대처할 것인지, 기본 스케줄러로 해결할 수 있는 기능을 불필요하게 다시 정의하고 있지는 않은지, 확장된 기능의 한계점은 무엇인지 등을 꼼꼼히 고려해야 하기 때문입니다.

---

23 깃허브의 chapter11-2/custom-scheduler-python 디렉터리를 참고합니다.
24 쿠버네티스 공식 블로그인 https://kubernetes.io/blog/2017/03/advanced-scheduling-in-kubernetes/에서 스케줄러의 기능을 흉내낸 셸 스크립트를 확인할 수 있습니다.
25 https://kubernetes.io/docs/concepts/configuration/scheduling-framework/

리소스 정리

이번 장의 실습을 위해 생성한 리소스가 남아있다면, 이를 모두 삭제한 뒤 다음 장으로 넘어갑니다. 이 책에서 제공하는 깃허브 저장소를 미리 내려받아 두었다면 실습에 사용한 YAML 파일이 위치한 디렉터리를 통해 리소스를 쉽게 삭제할 수 있습니다.

```
$ cd chapter11-2/
$ kubectl delete -f ./

deployment.apps "deployment-nginx" deleted
pod "nginx-nodeaffinity-required" deleted
....
```

11.3 쿠버네티스 애플리케이션 상태와 배포

쿠버네티스에서 애플리케이션을 배포하려면 어떤 방법을 사용할 수 있을까요? 가장 쉬운 방법으로는 지금까지 해왔던 것처럼 kubectl apply -f 명령어로 디플로이먼트를 생성함으로써 여러 개의 파드를 배포하는 방식을 생각해 볼 수 있습니다. 간단히 사용하기에는 kubectl apply -f 명령어도 나쁜 방법은 아니지만, 좀 더 고도화된 배포 방식을 원한다면 Spinnaker, Helm, Kustomize 또는 ArgoCD나 Jenkins와 같은 지속적 배포 도구(Continuous Delivery)를 사용할 수도 있습니다.

 쿠버네티스에 애플리케이션을 배포하기 위한 방법에는 정해진 정답이 없습니다. 애플리케이션의 배포 패러 다임은 빠르게 변화하고 있기 때문에 이 책에서는 Spinnaker, ArgoCD, Jenkins와 같은 서드 파티 도구의 사용 방법을 다루지는 않습니다. 이러한 서드 파티 도구들에 관심이 있다면 각 도구의 장단점을 파악한 뒤 여러분의 환경에 적합한 도구를 선택하는 것을 추천합니다.

단순히 애플리케이션을 생성하기 위한 목적이라면 배포 도구나 방법에 상관없이 새로운 버전의 도커 이미지를 사용하는 디플로이먼트의 YAML 파일을 kubectl apply -f 명령어로 적용하기만 하면 됩니다. 6.4절에서 간단히 설명했던 것처럼 디플로이먼트에서는 애플리케이션의 버전별로 레플리카셋을 관리하기 때문입니다.

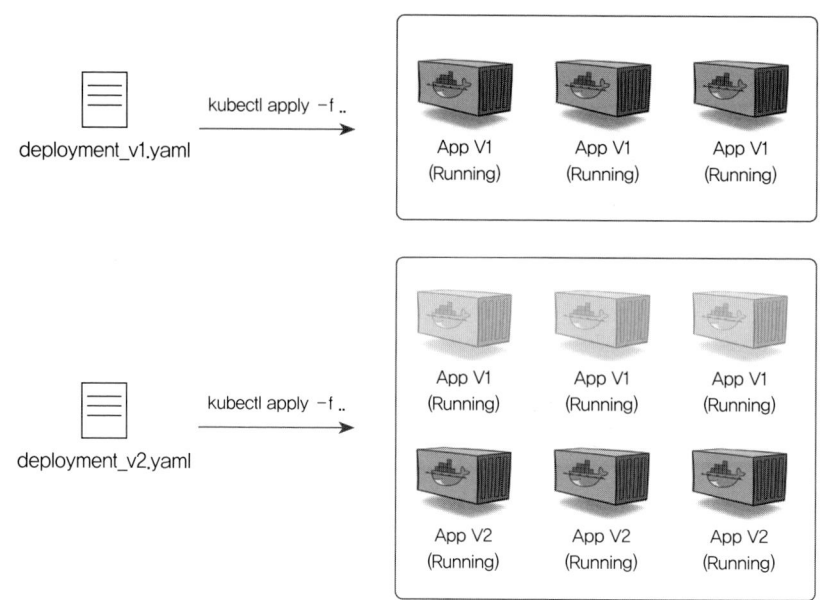

그림 11.21 kubectl apply -f 명령어를 이용한 디플로이먼트의 방법 예시

하지만 애플리케이션을 안정적으로 배포하려면 더 많은 부분을 신경 써야 합니다. 예를 들어 기존에 생성된 애플리케이션을 삭제한 다음 새로운 버전의 애플리케이션을 배포해야 할 수도 있고, 이전 버전의 애플리케이션으로 롤백해야 할 수도 있기 때문입니다.

애플리케이션이 잠시 중단돼도 상관없다면 단순히 기존의 디플로이먼트를 삭제한 다음 새로운 디플로이먼트를 생성하는 작업만으로도 충분할 것입니다. 그렇지만 애플리케이션이 반드시 무중단 상태를 유지해야 한다면 이러한 방식은 바람직하지 않습니다. 기존 디플로이먼트를 삭제한 뒤 새롭게 생성하는 사이에 애플리케이션의 다운 타임(Down Time)이 발생할 수도 있고, 삭제되는 파드가 처리 중이던 사용자 요청이 정상적으로 완료되지 않은 상태로 종료될 수도 있기 때문입니다.

쿠버네티스는 애플리케이션을 안정적으로 배포할 수 있도록 몇 가지 기능을 제공하고 있습니다. 대표적으로는 새로운 버전의 애플리케이션이 점진적으로 배포될 수 있도록 디플로이먼트에서 롤링 업데이트 기능을 사용할 수 있으며, 배포된 애플리케이션의 버전을 내부적으로 저장함으로써 언제든지 원하는 버전의 디플로이먼트로 되돌릴 수도 있습니다. 그뿐만 아니라 새롭게 배포되는 파드의 애플리케이션이 사용자의 요청을 처리할 준비가 됐는지 확인할 수도 있고, 삭제될 파드가 애플리케이션을 우아하게 종료할 수 있도록[26] 별도의 설정을 추가할 수도 있습니다.

---

[26] 우아하게 애플리케이션을 종료하는 것을 일반적으로 Graceful Termination이라고 말합니다.

이번 장에서는 먼저 디플로이먼트의 롤링 업데이트를 사용하는 방법을 알아보고, 파드가 생성되어 실행되고 종료되기까지의 생애 주기(Lifecycle)를 설명합니다.

 쿠버네티스는 애플리케이션의 장애 상황을 시뮬레이션하기 위한 카오스 테스트 등의 기능을 직접적으로 제공하지는 않습니다. 이러한 고급 배포 전략에 관심이 있다면 이스티오(Istio)와 같은 서비스 메쉬(Service Mesh) 솔루션을 고려해 볼 수 있습니다.

11.3.1 디플로이먼트를 통해 롤링 업데이트

디플로이먼트를 이용한 레플리카셋의 버전 관리

테스트 또는 개발 환경이 아닌 한 파드를 직접 생성하는 경우는 거의 없습니다. 대부분은 디플로이먼트를 생성하고, 디플로이먼트에 속하는 레플리카셋이 파드를 생성하는 것이 일반적입니다. 파드를 생성할 때 레플리카셋 대신 디플로이먼트를 사용하는 이유는 6.2절에서 간단히 설명한 적이 있었습니다. 그 이유를 요약하자면 레플리카셋의 변경 사항을 저장하는 리비전(revision)을 디플로이먼트에서 관리함으로써 애플리케이션의 배포를 쉽게 하는 것이 그 목적이었습니다.

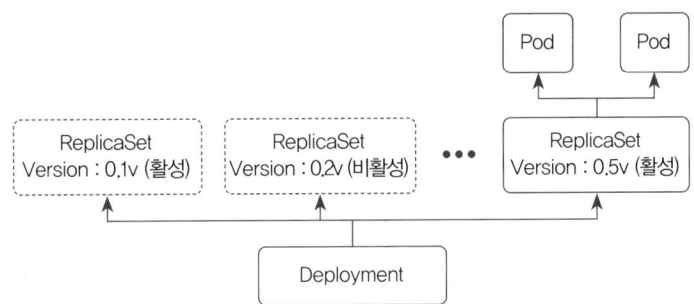

그림 11.22 디플로이먼트에서 관리되는 여러 개의 레플리카셋

디플로이먼트에서 변경 사항이 생기면 새로운 레플리카셋이 생성되고, 그에 따라 새로운 버전의 애플리케이션이 배포됩니다. 이때 --record 옵션을 추가해 디플로이먼트의 변경 사항을 적용하면 이전에 사용하던 레플리카셋의 정보는 디플로이먼트의 히스토리에 기록됩니다. 그리고 이러한 리비전을 이용해 언제든지 원하는 버전의 애플리케이션(레플리카셋)으로 롤백할 수 있습니다.[27]

---

[27] 아래의 예시에서 사용한 디플로이먼트의 YAML 파일은 너무 길어 이 책에 싣지는 않았지만, 필요하다면 이 책과 함께 제공되는 깃허브 저장소에서 참고해 사용할 수 있습니다.

```
$ kubectl apply -f deployment-v1.yaml --record
deployment.apps/nginx-deployment created

$ kubectl get pods
NAME                                   READY   STATUS    RESTARTS   AGE
nginx-deployment-5f9fdfb85d-92bn7      1/1     Running   0          8s
nginx-deployment-5f9fdfb85d-dbhbw      1/1     Running   0          8s
nginx-deployment-5f9fdfb85d-gskjp      1/1     Running   0          8s

$ kubectl apply -f deployment-v2.yaml --record
deployment.apps/nginx-deployment configured

$ kubectl rollout history deployment nginx-deployment
deployment.extensions/nginx-deployment
REVISION    CHANGE-CAUSE
1           kubectl apply --filename=deployment-v1.yaml --record=true
2           kubectl apply --filename=deployment-v2.yaml --record=true
```

기본적으로는 레플리카셋의 리비전은 10개까지만 히스토리에 저장되지만, 필요하다면 디플로이먼트를 생성할 때 revisionHistoryLimit이라는 항목을 직접 설정함으로써 리비전의 최대 개수를 지정할 수 있습니다.

예제 11.31 chapter11-3/deployment-history-limit.yaml

```
kind: Deployment
metadata:
  name: deployment-history-limit
spec:
  revisionHistoryLimit: 3
...
```

디플로이먼트를 통한 롤링 업데이트 설정

디플로이먼트를 통해 새로운 버전의 파드를 생성하는 작업 그 자체는 매우 단순한 일입니다. 하지만 배포 중에 애플리케이션이 중단돼도 괜찮은지에 따라 어떠한 배포 방법을 사용할 것인지 생각해 볼 필요가 있습니다. 일시적으로 사용자의 요청을 처리하지 못해도 괜찮은 애플리케이션이라면 쿠버네티스에서 제공하는 Recreate 방법을 사용할 수 있습니다. 이 방법은 기존 버전의 파드를 모두 삭제한 뒤, 새로운 버전의 파드를 생성하는 방식입니다.

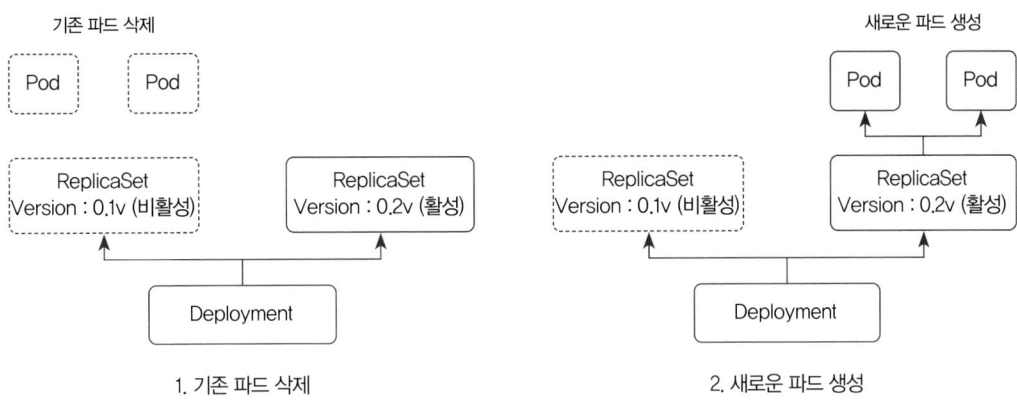

그림 11.23 ReCreate 방식은 기존 버전의 파드를 삭제한 다음, 새로운 버전의 파드를 생성

이러한 배포 전략은 디플로이먼트의 YAML 파일에 있는 strategy의 type 항목에서 설정할 수 있습니다.

예제 11.32 chapter11-3/deployment-recreate-v1.yaml

```
apiVersion: apps/v1
kind: Deployment
metadata:
  name: deployment-recreate
spec:
  replicas: 3
  strategy:
    type: Recreate
...
```

```
$ kubectl apply -f deployment-recreate-v1.yaml
deployment.apps/deployment-recreate created

$ kubectl get pods
NAME                                    READY   STATUS    RESTARTS   AGE
deployment-recreate-5f9fdfb85d-7kmjb    1/1     Running   0          26s
deployment-recreate-5f9fdfb85d-rxs5h    1/1     Running   0          26s
deployment-recreate-5f9fdfb85d-z2w4m    1/1     Running   0          26s

$ kubectl apply -f deployment-recreate-v2.yaml[28]
deployment.apps/deployment-recreate configured
```

---

[28] deployment-recreate-v1.yaml과 deployment-recreate-v2.yaml 파일의 전체 내용은 이 책의 깃허브 저장소에서 확인할 수 있습니다.

```
$ kubectl get pods
NAME                                        READY   STATUS        RESTARTS   AGE
deployment-recreate-5f9fdfb85d-7kmjb        0/1     Terminating   0          54s
deployment-recreate-5f9fdfb85d-rxs5h        0/1     Terminating   0          54s
deployment-recreate-5f9fdfb85d-z2w4m        0/1     Terminating   0          54s
```

하지만 파드를 삭제하고 새롭게 생성하는 사이에는 사용자의 요청을 처리할 수 없기 때문에 애플리케이션의 중단이 허용되지 않을 때는 Recreate 방식이 적절하지 않을 수 있습니다. 이를 위해 쿠버네티스에서는 파드를 조금씩 삭제하고 생성하는 롤링 업데이트 기능을 제공합니다. 롤링 업데이트를 사용하면 디플로이먼트를 업데이트하는 도중에도 사용자의 요청을 처리할 수 있는 파드가 계속 존재하기 때문에 애플리케이션의 중단이 발생하지 않습니다.

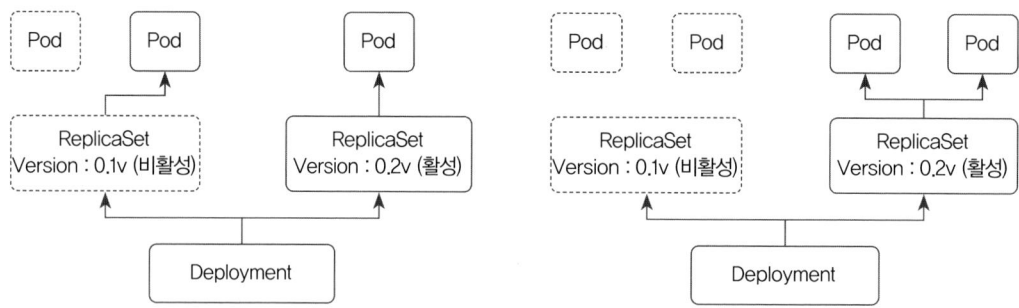

그림 11.24 롤링 업데이트를 이용한 새로운 버전의 파드 배포

여러분이 YAML 파일에서 별도의 설정을 하지 않아도 디플로이먼트의 버전을 업데이트할 때는 기본적으로 롤링 업데이트를 사용하도록 설정돼 있습니다. 이때 롤링 업데이트 도중에 기존 버전의 파드를 몇 개씩 삭제할 것인지, 새로운 버전의 파드는 몇 개씩 생성할 것인지는 여러분이 직접 설정할 수 있습니다. 이러한 세부 옵션을 설정하려면 디플로이먼트를 정의하는 YAML 파일에서 명시적으로 strategy의 type 항목을 RollingUpdate로 설정해야 합니다.

예제 11.33 chapter11-3/deployment-rolling-update.yaml

```
...
spec:
  replicas: 3
  strategy:
    type: RollingUpdate
    rollingUpdate:
      maxSurge: 2
      maxUnavailable: 2
...
```

롤링 업데이트의 세부 옵션에는 maxSurce, maxUnavailable 두 가지가 있으며, 이 옵션을 적절히 섞어 사용하면 롤링 업데이트의 속도를 조절할 수 있습니다. 옵션의 값은 숫자나 비율(%)을 값으로 사용할 수 있으며, 비율을 사용하면 전체 파드의 개수(디플로이먼트에 정의된 replicas 값)를 기준으로 값이 결정됩니다. 퍼센트를 사용할 때 maxSurge의 소수점 값은 반올림되고, maxUnavailable의 소수점 값은 버려집니다. 또한, 두 옵션 모두 기본값은 25%입니다.

- **maxUnavailable** : 롤링 업데이트 도중 사용 불가능한 상태가 되는 파드의 최대 개수를 설정합니다. 즉, 롤링 업데이트 도중에도 사용자의 요청이 처리될 수 있도록 실행 중인 파드의 개수가 일정 값 이하로 내려가지 않도록 유지합니다. 예를 들어 maxUnavailable의 기본값인 25%를 그대로 사용한다면 롤링 업데이트 도중 적어도 75%만큼의 파드는 사용자의 요청을 처리할 수 있는 상태로 유지됩니다.

- **maxSurge** : 롤링 업데이트 도중 전체 파드의 개수가 디플로이먼트의 replicas 값보다 얼마나 더 많이 존재할 수 있는지 설정합니다. 이는 곧 새로운 버전의 파드가 얼마나 많이 생성될 수 있는지를 의미합니다. 예를 들어 maxSurge의 기본값인 25%를 그대로 사용한다면 〈이전 버전의 파드 + 새로운 버전의 파드〉의 개수는 replicas 값 대비 최대 125%까지 늘어날 수 있습니다.

두 옵션의 사용 방법을 정확히 이해하기 위해 좀 더 구체적인 예시를 들어보겠습니다.

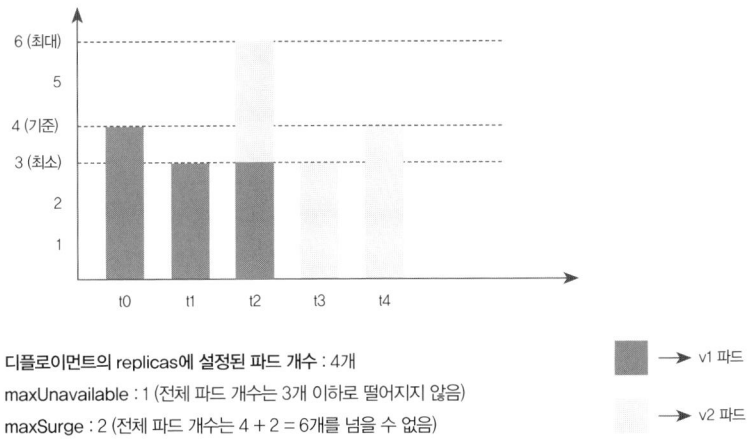

디플로이먼트의 replicas에 설정된 파드 개수 : 4개
maxUnavailable : 1 (전체 파드 개수는 3개 이하로 떨어지지 않음)
maxSurge : 2 (전체 파드 개수는 4 + 2 = 6개를 넘을 수 없음)

- t0 : 롤링 업데이트 전, v1 4개의 파드가 있습니다.

- t1 : maxUnavailable의 값이 1이기 때문에 최대 1개의 파드까지는 사용 불가능한 상태가 허용됩니다. 따라서 적어도 4 − 1 = 3개의 파드는 실행 중이어야 하며, 이에 따라 1개의 v1 파드가 삭제됩니다.

- t2 : maxSurge의 값이 2이기 때문에 전체 파드의 개수는 최대 4 + 2 = 6개까지 존재할 수 있습니다. 따라서 t1에서 v1 파드가 삭제됨과 동시에, v2 버전의 파드가 전체 파드 개수의 상한선까지 생성됩니다. 이때, v1 파드가 아직 3개 존재하기 때문에 새롭게 생성될 수 있는 파드의 개수는 6 − 3 = 3개이며, 이에 따라 v2 파드는 3개만 생성됩니다.

- t3 : 전체 파드의 최소 개수인 3개를 벗어나지 않는 선에서 v1 파드를 삭제합니다. 남아 있는 v1 파드 3개를 모두 삭제해도 최소 개수를 벗어나지 않기 때문에, v1 파드를 모두 삭제합니다.
- t4 : 원래 replicas에 설정된 파드 개수만큼 v2 파드를 생성해 롤링 업데이트를 마무리합니다.

위 예시는 이 책의 깃허브에서 제공하는 rolling-update-example-v1.yaml 및 rolling-update-example-v2.yaml 파일을 이용해 직접 따라해 볼 수 있습니다. 단, 상황에 따라 파드가 준비되는 시간이 다를 수 있기 때문에 위 예시와 동일하게 진행되지 않을 수도 있습니다.

```
$ kubectl apply -f rolling-update-example-v1.yaml
deployment.apps/deployment-rolling-update created

NAME                                          READY   STATUS    RESTARTS   AGE
deployment-rolling-update-5f9fdfb85d-6qp2h    1/1     Running   0          5s
deployment-rolling-update-5f9fdfb85d-6x5kw    1/1     Running   0          5s
deployment-rolling-update-5f9fdfb85d-cpsvn    1/1     Running   0          5s
deployment-rolling-update-5f9fdfb85d-qtrrh    1/1     Running   0          5s

$ kubectl apply -f rolling-update-example-v2.yaml
deployment.apps/deployment-rolling-update configured

$ kubectl get pods
NAME                                          READY   STATUS             RESTARTS   AGE
deployment-rolling-update-5f9fdfb85d-6qp2h    1/1     Running            0          11s
deployment-rolling-update-5f9fdfb85d-6x5kw    1/1     Running            0          11s
deployment-rolling-update-5f9fdfb85d-cpsvn    1/1     Terminating        0          11s
deployment-rolling-update-5f9fdfb85d-qtrrh    1/1     Running            0          11s
deployment-rolling-update-854bb4969c-fwx2r    0/1     ContainerCreating  0          1s
deployment-rolling-update-854bb4969c-xp7km    0/1     ContainerCreating  0          1s
deployment-rolling-update-854bb4969c-xtgfb    0/1     ContainerCreating  0          2s
```

만약 maxUnavailable의 값을 0으로 설정하면 롤링 업데이트 도중 전체 파드 개수는 적어도 replicas의 개수 만큼을 유지하게 됩니다. 이때 maxSurge의 값도 0으로 함께 설정해 버리면 전체 파드 개수의 상한선이 하한선과 같아져 버리기 때문에 새로운 버전의 파드가 생성될 수 없으며, 롤링 업데이트가 진행되지 않습니다. 따라서 maxUnavailable과 maxSurge 값을 모두 0으로 설정하는 것은 허용되지 않습니다.

롤링 업데이트를 사용하면 특정 순간에는 기존 버전과 새로운 버전의 애플리케이션이 공존할 수 있습니다. 따라서 애플리케이션과 통신하는 다른 컴포넌트들은 기존 버전과 새로운 버전 중 어떠한 버전과 통신해도 전체 시스템에 문제가 발생하지 않아야 합니다.

블루 그린 배포 사용하기

블루 그린 배포는 기존 버전의 파드를 그대로 놔둔 상태에서 새로운 버전의 파드를 미리 생성해 둔 뒤 서비스의 라우팅만 변경하는 배포 방식을 의미합니다. 블루 그린 배포는 롤링 업데이트와 달리 특정 순간에 두 버전의 애플리케이션이 공존하지 않으며, Recreate 전략처럼 중단 시간이 발생하지도 않는다는 장점이 있습니다.

블루 그린 배포 기능을 쿠버네티스가 자체적으로 지원하는 것은 아니지만, 여러분이 지금까지 배운 기능을 활용하면 간단히 블루 그린 배포를 사용할 수 있습니다.

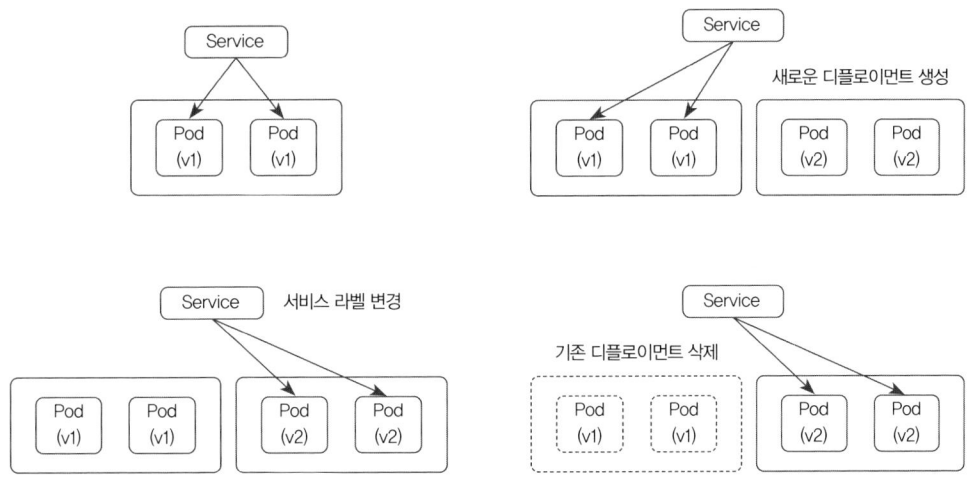

그림 11.25 블루 그린 배포의 진행 순서

1. 기존 버전(v1)의 디플로이먼트가 생성돼 있으며, 서비스는 사용자 요청을 v1 파드로 전달하고 있습니다.

2. 새로운 버전(v2)의 디플로이먼트를 생성합니다.

3. 서비스의 라벨을 변경함으로써 서비스를 통한 요청이 새로운 버전의 디플로이먼트로 전달되도록 수정합니다.

4. 새로운 버전의 디플로이먼트가 잘 동작하는 것을 확인했다면 기존 버전의 디플로이먼트를 삭제합니다. 만약 이전 버전으로의 롤백이 필요하다면 서비스의 라벨을 다시 이전 상태로 되돌립니다.

하지만 블루 그린 배포를 사용하면 특정 순간에는 디플로이먼트에 설정된 replicas 개수의 두 배에 해당하는 파드가 실행되기 때문에 일시적으로 전체 자원을 많이 소모할 수 있습니다.

11.3.2 파드의 생애 주기(Lifecycle)

디플로이먼트를 이용해 새로운 버전의 애플리케이션으로 롤링 업데이트를 진행할 때는 기존 파드가 정상적으로 종료됐는지, 새로운 파드가 사용자의 요청을 처리할 수 있도록 준비됐는지 확인하는 것이 좋습니다. 새로운 파드가 생성되어 Running 상태가 됐더라도 애플리케이션의 초기화 작업 등으로 인해 사용자의 요청을 아직 처리할 준비가 되지 않은 상태일 수도 있습니다. 그뿐만 아니라 기존의 파드를 종료할 때는 애플리케이션이 처리 중인 요청을 전부 제대로 완료한 뒤에 파드를 종료시켜야 합니다.

이러한 부분을 신경 쓰지 않으면 디플로이먼트를 통해 업데이트를 진행할 때 사용자의 요청이 제대로 처리되지 않은 채로 파드가 종료되는 상황이 발생할 수 있습니다. 이를 위해 쿠버네티스는 파드가 시작할 때 애플리케이션이 준비됐는지 확인하거나, 파드가 종료될 때 애플리케이션이 우아하게 종료될 수 있도록 별도의 기능을 지원합니다.

이번에는 새로운 버전의 애플리케이션을 배포할 때 알아야 할 파드의 라이프사이클에 대해 설명한 다음, 애플리케이션의 상태 검사를 위한 livenessProbe와 readinessProbe, startupProbe에 대해 설명합니다.

11.3.2.1 파드의 상태와 생애 주기

파드의 생애 주기라는 단어가 어렵게 느껴질 수도 있지만, 지금까지 여러분이 파드를 생성한 뒤에 kubectl get pods로 출력한 STATUS 항목에서 봐 왔던 것에 대한 설명이라고 생각하면 쉽게 이해할 수 있습니다. 여러분이 흔히 볼 수 있는 파드의 상태는 아래와 같습니다.

- **Pending** : 파드를 생성하는 요청이 API 서버에 의해 승인됐지만, 어떠한 이유로 인해 아직 실제로 생성되지 않은 상태입니다. 예를 들어, 파드가 아직 노드에 스케줄링 되지 않았을 때는 파드의 상태가 Pending으로 출력됩니다.
- **Running** : 파드에 포함된 컨테이너들이 모두 생성돼 파드가 정상적으로 실행된 상태입니다. 일반적으로 쿠버네티스에서 바람직한 상태(Desired)로 간주하는 파드의 상태에 해당합니다.
- **Completed** : 파드가 정상적으로 실행돼 종료됐음을 의미합니다. 파드 컨테이너의 init 프로세스가 종료 코드로서 0을 반환한 경우에 해당합니다.

- **Error** : 파드가 정상적으로 실행되지 않은 상태로 종료됐음을 의미합니다. 파드 컨테이너의 init 프로세스가 0이 아닌 종료 코드를 반환했을 때에 해당합니다.

- **Terminating** : 파드가 삭제 또는 퇴거(Eviction)되기 위해 삭제 상태에 머물러 있는 경우에 해당합니다.

애플리케이션을 배포할 때 중요한 상태는 Running과 Terminating 두 가지입니다. 사용자의 요청은 Running 상태의 파드에 전달돼야 하며, Terminating 상태의 파드에 전달되서는 안 되기 때문입니다. 하지만 Completed나 Error 또한 파드가 어떻게 종료됐는지를 나타내는 중요한 증거이기 때문에 어떠한 상황에서 Completed, Error가 되는지 간단히 알아두는 것이 좋습니다.

Completed, Error와 restartPolicy

함수가 종료되면 특정 값을 반환(return)하듯이 리눅스의 프로세스 또한 종료될 때 종료 코드를 반환합니다. 컨테이너 내부의 프로세스 또한 종료될 때 종료 코드를 반환하는데, 컨테이너의 init 프로세스가 어떠한 값을 반환하느냐에 따라 파드의 상태가 Completed 또는 Error로 설정됩니다.

init 프로세스는 리눅스 시스템이 구동될 때 가장 먼저 실행되는 프로세스로, 일반적으로 프로세스 번호(PID)가 1번인 프로세스를 의미합니다. 컨테이너에서는 Dockerfile 등에 의해 설정된 커맨드(CMD)와 Entrypoint의 조합이 init 프로세스가 됩니다. 예를 들어, 우분투 이미지의 init 프로세스는 /bin/bash로 설정돼 있으며, Nginx 이미지의 init 프로세스는 nginx 바이너리를 통해 실행된 nginx 웹 서버 프로세스가 됩니다. init 프로세스가 종료되면 컨테이너 또한 종료됩니다.

Completed 상태가 되는 간단한 파드를 하나 생성해 보겠습니다. 아래의 내용으로 YAML 파일을 작성합니다.

예제 11.34 chapter11-3/completed-pod.yaml

```
apiVersion: v1
kind: Pod
metadata:
  name: completed-pod-example
spec:
  containers:
  - name: completed-pod-example
    image: busybox
    command: ["sh"]
    args: ["-c", "sleep 10 && exit 0"]
```

위의 YAML 파일에서 생성된 파드는 10초 동안 대기한 뒤 종료 코드로 0을 반환하고 종료합니다. 이 파드를 생성한 뒤, 파드의 상태가 어떻게 변화하는지 살펴보겠습니다.

```
$ kubectl apply -f completed-pod.yaml
pod/completed-pod-example created

$ kubectl get pod --watch
NAME                     READY   STATUS      RESTARTS   AGE
completed-pod-example    1/1     Running     0          7s
completed-pod-example    0/1     Completed   0          17s
completed-pod-example    1/1     Running     1          23s
completed-pod-example    0/1     Completed   1          32s
...
```

처음에는 정상적으로 Running 상태가 되고, 0을 종료 코드로 반환한 뒤에는 Completed 상태로 전환됐습니다. 하지만 파드가 Completed 상태가 된 뒤에도 계속해서 다시 실행됨과 동시에 RESTARTS 횟수 또한 증가하는데, 이는 기본적으로 파드의 재시작 정책을 설정하는 restartPolicy 속성이 Always로 설정돼 있기 때문입니다. restartPolicy를 Always로 설정하면 파드의 컨테이너가 종료됐을 때 자동으로 다시 재시작됩니다.

```
$ kubectl get pod completed-pod-example -o yaml | grep restartPolicy
  restartPolicy: Always
```

restartPolicy의 값에는 Always 외에도 Never 또는 OnFailure를 사용할 수 있습니다. Never는 파드가 종료되어도 절대로 다시 시작하지 않도록 설정하지만, OnFailure는 파드의 컨테이너가 실패했을 때, 즉 0이 아닌 종료 코드를 반환했을 때만 파드를 다시 재시작합니다. 그렇다면 이번에는 위 파드를 삭제한 뒤, restartPolicy 항목을 새롭게 추가한 파드를 생성해 보겠습니다.

예제 11.35 chapter11-3/completed-pod-restart-never.yaml

```
apiVersion: v1
kind: Pod
metadata:
  name: completed-pod-restart-never
spec:
  restartPolicy: Never
  containers:
...
```

```
$ kubectl delete pod completed-pod-example
pod "completed-pod-example" deleted
```

```
$ kubectl apply -f completed-pod-restart-never.yaml
pod/completed-pod-example created
```

```
$ kubectl get pods --watch
NAME                            READY   STATUS              RESTARTS   AGE
completed-pod-restart-never     0/1     ContainerCreating   0          6s
completed-pod-restart-never     1/1     Running             0          7s
completed-pod-restart-never     0/1     Completed           0          17s
```

파드가 종료된 뒤에도 다시 재시작하지 않고 계속해서 Completed 상태에 머물러 있는 것을 확인할 수 있습니다. 파드가 종료된 뒤 다시 시작되지 않도록 restartPolicy를 Never나 OnFailure로 설정하는 것은 쿠버네티스의 잡(Job)이나 크론잡(CronJob) 오브젝트로부터 생성된 파드의 작업이 완료되어 다시 실행될 필요가 없을 때 유용하게 사용할 수 있습니다.

그렇다면 파드의 컨테이너가 0이 아닌 종료 코드를 반환하면 어떻게 될까요? 방금 사용했던 YAML 파일에서 args를 exit 0이 아닌 exit 1로 바꾸어 생성해 보겠습니다.

예제 11.36 chapter11-3/error-pod-restart-never.yaml

```yaml
apiVersion: v1
kind: Pod
metadata:
  name: error-pod-restart-never
spec:
  restartPolicy: Never
  containers:
  - name: error-pod-restart-never
    image: busybox
    command: ["sh"]
    args: ["-c", "sleep 10 && exit 1"]
```

```
$ kubectl apply -f error-pod-restart-never.yaml
pod/error-pod-restart-never created

$ kubectl get pods --watch
NAME                        READY   STATUS    RESTARTS   AGE
error-pod-restart-never     1/1     Running   0          6s
error-pod-restart-never     0/1     Error     0          15s
```

종료 코드로 1이 반환됐기 때문에 파드의 상태가 Error로 출력됐습니다. 이때 파드의 YAML 파일에서 restartPolicy를 Never로 설정했다는 점에 유의해야 합니다. 만약 restartPolicy를 별도로 명시하지 않았다면 자동으로 Always로 설정됐을 것이고, Error 상태 뒤에도 계속해서 파드는 재시작될 것입니다.

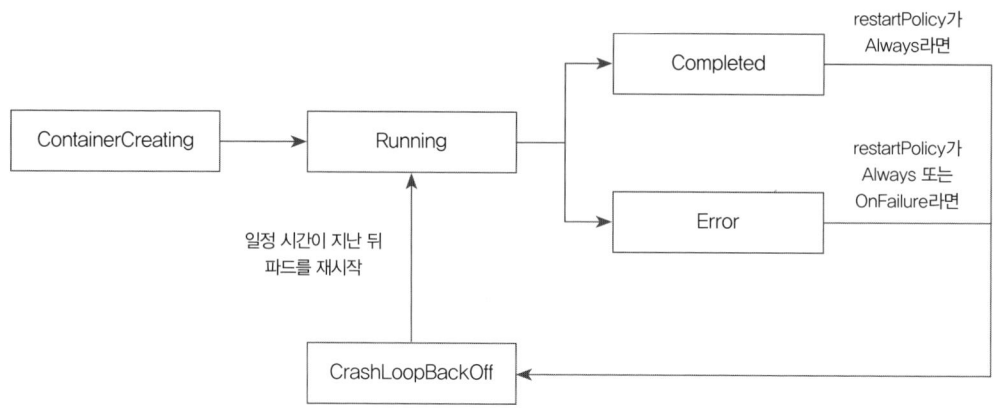

그림 11.26 restartPolicy에 따른 파드의 컨테이너 상태 변화

하지만 파드가 종료될 때마다 즉시 재시작되는 것은 아닙니다. 파드가 다시 재시작되는 과정을 유심히 지켜봤다면 CrashLoopBackOff라는 상태를 봤을 것입니다. 쿠버네티스에서는 어떠한 작업이 잘못돼 실패했을 때, 일정 간격을 두고 해당 작업을 다시 시도합니다. 그리고 실패하는 횟수가 늘어날수록 재시도하는 간격이 지수 형태로 늘어나게 되는데, 그 중간 상태가 바로 CrashLoopBackOff 입니다. 따라서 실패를 반복할수록 재시도하는 간격, 즉 CrashLoopBackOff 상태에 머무르는 시간이 더 길어집니다.

```
...
completed-pod-example    0/1    CrashLoopBackOff    1    44s
completed-pod-example    1/1    Running             2    49s
completed-pod-example    0/1    Completed           2    59s
completed-pod-example    0/1    CrashLoopBackOff    2    74s
completed-pod-example    1/1    Running             3    94s
completed-pod-example    0/1    Completed           3    104s
completed-pod-example    0/1    CrashLoopBackOff    3    118s
completed-pod-example    1/1    Running             4    2m31s
completed-pod-example    0/1    Completed           4    2m41s
completed-pod-example    0/1    CrashLoopBackOff    4    2m52s
completed-pod-example    1/1    Running             5    4m16s...
```

11.3.2.2 Running 상태가 되기 위한 조건

쿠버네티스에서 애플리케이션을 배포할 때 파드의 Running 상태는 매우 중요한 의미를 갖습니다. 쿠버네티스에서는 대부분의 경우 파드가 Running 상태일 때를 바람직한 상태로 간주하며, 이는 곧 파드의 컨테이너들이 정상적으로 생성됐다는 것을 의미하기 때문입니다.

하지만 파드를 생성했다고 해서 무조건 Running 상태가 되는 것은 아닐뿐더러, 파드가 Running 상태에 머물러 있다고 해서 컨테이너 내부의 애플리케이션이 제대로 동작하고 있을 것이라는 보장은 없습니다. 이를 위해 쿠버네티스는 다음과 같은 기능을 제공하고 있습니다.

- Init Container
- postStart
- livenessProbe, readinessProbe

파드를 생성하기 위해 위 기능들을 반드시 사용해야 하는 것은 아니지만 여러분의 애플리케이션이 많고 복잡해질수록 이러한 기능들을 어떻게 활용할 수 있을지 고민하는 것이 좋습니다.

Running 상태가 되기 위한 조건 – Init 컨테이너

Init 컨테이너는 파드의 컨테이너 내부에서 애플리케이션이 실행되기 전에 초기화를 수행하는 컨테이너입니다. Init 컨테이너는 파드의 애플리케이션 컨테이너와 거의 동일하게 사용할 수 있지만, 파드의 애플리케이션 컨테이너보다 먼저 실행된다는 점이 다릅니다. 따라서 파드의 애플리케이션 컨테이너가 실행되기 전에 특정 작업을 미리 수행하는 용도로 사용할 수 있습니다.

Init 컨테이너는 아래의 YAML 파일처럼 initContainers라는 별도의 항목에 정의해 사용할 수 있습니다. 1개 이상의 Init 컨테이너를 정의한 경우에는 각 Init 컨테이너가 순서대로 실행됩니다.

예제 11.37 chapter11-3/init-container-example.yaml

```
apiVersion: v1
kind: Pod
metadata:
  name: init-container-example
spec:
  initContainers: # 초기화 컨테이너를 이 항목에 정의합니다.
  - name: my-init-container
    image: busybox
    command: ["sh", "-c", "echo Hello World!"]
```

```
    containers:  # 애플리케이션 컨테이너를 이 항목에 정의합니다.
    - name: nginx
      image: nginx
```

위의 YAML 파일로 파드를 생성하면 initContainers 항목에 정의한 컨테이너가 먼저 실행된 뒤, containers 항목에 정의한 컨테이너가 생성됩니다.

```
$ kubectl apply -f init-container-example.yaml
pod/init-container-example created

$ kubectl get pods -w
NAME                     READY   STATUS          RESTARTS   AGE
init-container-example   0/1     Init:0/1        0          3s
init-container-example   0/1     PodInitializing 0          6s
init-container-example   1/1     Running         0          12s
```

이때 Init 컨테이너가 하나라도 실패하게 된다면 파드의 애플리케이션 컨테이너는 실행되지 않으며, 파드의 restartPolicy에 따라서 Init 컨테이너가 다시 재시작됩니다. 따라서 파드가 최종적으로 Running 상태가 되려면 Init 컨테이너가 무사히 실행을 마쳐야만 합니다. 이러한 성질을 이용해 Init 컨테이너 내부에서 dig나 nslookup 명령어 등을 이용해 다른 디플로이먼트가 생성되기를 기다리거나, 애플리케이션 컨테이너가 사용할 설정 파일 등을 미리 준비해 둘 수도 있습니다.

아래의 YAML 파일은 다른 서비스 또는 디플로이먼트가 생성될 때까지 Init 컨테이너에서 대기하는 예시입니다. 쿠버네티스에서는 여러 리소스를 한 번에 생성할 때 각 리소스의 의존성을 정의하는 기능을 별도로 제공하지는 않지만, Init 컨테이너를 사용하면 아래와 같이 간접적으로 의존성을 정의할 수 있습니다.

예제 11.38 chapter11-3/init-container-usecase.yaml
```
apiVersion: v1
kind: Pod
metadata:
  name: init-container-usecase
spec:
  containers:
  - name: nginx
    image: nginx
  initContainers:
  - name: wait-other-service
    image: busybox
    command: ['sh', '-c', 'until nslookup myservice; do echo waiting..; sleep 1; done;']
```

Init 컨테이너 또한 파드에 포함된 컨테이너이기 때문에 파드의 환경을 공유해 사용합니다. 따라서 Init 컨테이너에서 emptyDir 볼륨을 사용하거나 파드의 네트워크 정보 등을 가져올 수도 있습니다.

init 컨테이너는 쿠버네티스에서 사이드카(Sidecar) 컨테이너를 구현하는 용도로도 사용됩니다. init 컨테이너에 restartPolicy를 Always로 명시적으로 설정할 경우, 해당 컨테이너는 사이드카 컨테이너로 취급됩니다. 쿠버네티스에서는 이를 쿠버네티스 네이티브 사이드카(native sidecar)라고 부릅니다. 네이티브 사이드카는 애플리케이션 컨테이너보다 먼저 실행되며, 종료되지 않고 계속해서 실행되는 것을 목적으로 합니다.

예제 11.39 chapter11-3/native-init-container.yaml

```
apiVersion: v1
kind: Pod
metadata:
  name: native-sidecar-example
spec:
  containers:
  - name: nginx
    image: nginx
  initContainers:
  - name: my-native-sidecar-container
    image: busybox
    command: ['sh', '-c', 'tail -f /dev/null']
    restartPolicy: Always
```

네이티브 사이드카는 파드가 삭제될 때, 애플리케이션 컨테이너가 중지될 때까지 종료가 유예된다는 특징을 가지고 있습니다. 즉, 사이드카 컨테이너의 라이프사이클을 쿠버네티스 레벨에서 보장해준다는 장점이 있습니다.

Running 상태가 되기 위한 조건 – postStart

파드의 컨테이너가 실행되거나 삭제될 때, 특정 작업을 수행하도록 라이프사이클 훅(Hook)을 YAML 파일에서 정의할 수 있습니다. 이 훅에는 두 가지 종류가 있는데, 컨테이너가 시작될 때 실행되는 postStart와 컨테이너가 종료될 때 실행되는 preStop입니다. preStop은 파드의 Terminating 상태를 다룰 때 다시 설명할 것이므로, postStart를 먼저 설명하겠습니다.

postStart는 두 가지 방식으로 사용할 수 있습니다.

- HTTP : 컨테이너가 시작한 직후, 특정 주소로 HTTP 요청을 전송합니다.
- Exec : 컨테이너가 시작한 직후, 컨테이너 내부에서 특정 명령어를 실행합니다.

두 방식 중 어느 것을 사용해도 크게 상관은 없지만, 이번에는 보편적으로 사용할 수 있는 Exec 방식으로 postStart 훅을 사용해 보겠습니다.

예제 11.40 chapter11-3/poststart-hook.yaml

```yaml
apiVersion: v1
kind: Pod
metadata:
  name: poststart-hook
spec:
  containers:
  - name: poststart-hook
    image: nginx
    lifecycle:
      postStart:
        exec:
          command: ["sh", "-c", "touch /myfile"]
```

이번에는 lifecycle.postStart라는 항목을 새롭게 정의했고, 컨테이너가 시작될 때 실행할 명령어를 함께 설정했습니다. postStart의 명령어를 ["sh", "-c", "touch /myfile"]로 설정했기 때문에 컨테이너가 실행됨과 동시에 /myfile 파일이 생성될 것입니다. 단, postStart는 컨테이너의 Entrypoint와는 비동기적으로 실행되며, 어떠한 것이 먼저 실행된다는 보장은 없습니다.

```
$ kubectl apply -f poststart-hook.yaml
pod/poststart-hook created

$ kubectl exec poststart-hook -- ls /myfile
/myfile
```

이때 postStart의 명령어나 HTTP 요청이 제대로 실행되지 않으면 컨테이너는 Running 상태로 전환되지 않으며, Init 컨테이너와 마찬가지로 restartPolicy에 의해 해당 컨테이너가 재시작됩니다. 그뿐만 아니라 postStart 단계에서 시간이 오래 걸리면 그만큼 Running 상태까지 도달하는 시간이 길어질 수 있습니다.

 Init 컨테이너의 로그는 kubectl logs 〈파드 이름〉 -c 〈컨테이너 이름〉으로 확인할 수 있지만, postStart에 의한 실행 로그는 에러가 발생하지 않는 한 별도로 확인할 수 없습니다.

11.3.2.3 애플리케이션의 상태 검사 – livenessProbe, readinessProbe, startupProbe

Init 컨테이너가 차례대로 실행되고, 컨테이너 내부에서 postStart 훅이 실행된 뒤에야 비로소 파드가 Running 상태로 바뀌게 됩니다. 하지만 Init 컨테이너나 postStart 훅이 정상적으로 실행됐다고 해서 애플리케이션이 제대로 동작하고 있다는 보장은 없습니다. 애플리케이션이 실행됐더라도 여타 이유로 인해 사용자의 요청을 처리할 수 없는 상태일 수도 있기 때문입니다.

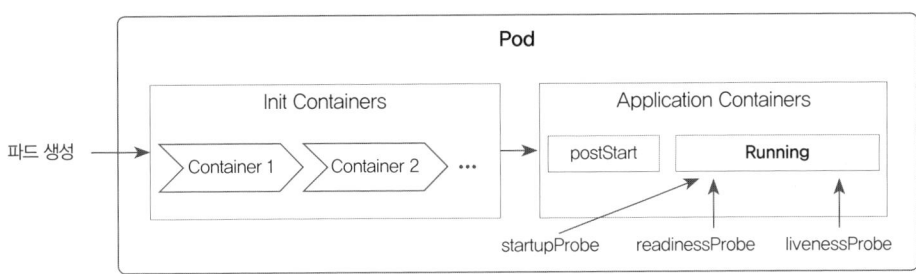

그림 11.27 파드가 시작되고 난 뒤 컨테이너 내부에서의 동작 순서

쿠버네티스는 애플리케이션이 사용자의 요청을 처리할 수 있는 상태인지를 판별하기 위해 livenessProbe와 readinessProbe, startupProbe라는 세 가지 방법을 제공합니다. 이 세 가지 방법은 파드가 Running 상태가 되기 위한 필수 조건은 아니지만 파드 내부의 애플리케이션이 실제로 사용자의 요청을 처리할 수 있는 상태인지 확인하기 위해 사용할 수 있습니다.

- livenessProbe: 컨테이너 내부의 애플리케이션이 살아있는지(liveness) 검사합니다. 검사에 실패할 경우 해당 컨테이너는 restartPolicy에 따라서 재시작됩니다.
- readinessProbe : 컨테이너 내부의 애플리케이션이 사용자 요청을 처리할 준비가 됐는지(readiness) 검사합니다. 검사에 실패할 경우 컨테이너는 서비스의 라우팅 대상에서 제외됩니다.
- startupProbe: 애플리케이션이 시작될 때(startup) 수행되는 초기화 작업 등이 완료되었는지 확인합니다. startupProbe 검사에 성공해야 livenessProbe, readinessProbe가 시작되며, startupProbe 검사에 실패할 경우 해당 컨테이너는 restartPolicy에 따라서 재시작됩니다.

livenessProbe와 readinessProbe는 언뜻 보기에는 비슷해 보일 수 있지만, 각 기능이 의도하는 목적은 명확하게 다르다는 것을 알아야 합니다. livenessProbe는 애플리케이션이 정상 상태를 유지하고 있는지 지속해서 검사하는 것이고, readinessProbe는 애플리케이션이 시작된 뒤 초기화 작업이 마무리되어 준비가 됐는지(readiness) 검사하는 것이 목적입니다.

livenessProbe 검사에 실패했다는 것은 애플리케이션 내부에서 뭔가 문제가 생겼다는 것이기 때문에 정상 상태로 되돌리기 위해 컨테이너를 재시작하지만 readinessProbe는 그렇지 않습니다. readinessProbe가 실패했다는 것은 애플리케이션에 문제가 생겨 잠시 동안만 요청을 처리할 수 없다는 뜻일 수도 있고, 개발자가 의도적으로 잠시 요청을 받지 않도록 만들었을 수도 있습니다. 어떠한 이유로든 readinessProbe가 실패할 경우 사용자의 요청이 파드로 전달되지 않도록 서비스의 라우팅 대상에서 파드의 IP가 제외되며, 엔드포인트(endpoint) 리소스에서도 파드가 제외됩니다. 어느 정도 시간이 지나 애플리케이션의 준비가 완료되면 그제야 readinessProbe 검사에 성공할 것이고, 사용자의 요청이 파드로 전달될 수 있게 서비스의 라우팅 대상에 파드의 IP가 추가될 것입니다.

startupProbe는 위 두 개의 probe와 약간 다른 특성을 갖고 있습니다. startupProbe는 컨테이너가 시작될 때 초기화 작업 등이 완료되었는지를 검사하기 위한 기능으로 컨테이너가 시작될 때 많은 양의 데이터를 로드하거나, 초기화를 위한 마이그레이션 작업 등에 수분 이상 소요된다면 startupProbe를 사용해 초기화 작업이 완료되었는지 검사할 수 있습니다. startupProbe를 사용할 경우 startupProbe 검사에 성공해야만 livenessProbe, readinessProbe 검사가 수행됩니다.

livenessProbe로 애플리케이션의 상태 검사

livenessProbe 기능을 테스트해보기 위해 간단한 파드를 생성해 보겠습니다. 아래의 내용으로 YAML 파일을 작성합니다.

예제 11.41 chapter11-3/livenessprobe-pod.yaml
```
apiVersion: v1
kind: Pod
metadata:
  name: livenessprobe-pod
spec:
  containers:
  - name: livenessprobe-pod
    image: nginx
    livenessProbe:      # 이 컨테이너에 대해 livenessProbe를 정의합니다.
      httpGet:          # HTTP 요청을 통해 애플리케이션의 상태를 검사합니다.
        port: 80        # <파드의 IP>:80/ 경로를 통해 헬스 체크 요청을 보냅니다.
        path: /
```

컨테이너의 내부 항목에 livenessProbe를 정의했으며, httpGet에 경로와 포트를 지정했습니다. livenessProbe와 readinessProbe는 다음 3가지 방식 중 하나를 선택해 애플리케이션의 상태를 검사할 수 있습니다. 위의 예시에서는 Nginx 서버 컨테이너에 HTTP 요청을 전송함으로써 상태를 검사하는 httpGet을 사용했습니다.

- **httpGet** : HTTP 요청을 전송해 상태를 검사합니다. HTTP 요청의 종료 코드가 200 또는 300번 계열이 아닌 경우 애플리케이션의 상태 검사가 실패한 것으로 간주합니다. 요청을 보낼 포트와 경로, 헤더, HTTPS 사용 여부 등을 추가로 지정할 수 있습니다.

- **exec** : 컨테이너 내부에서 명령어를 실행해 상태를 검사합니다. 명령어의 종료 코드가 0이 아닌 경우에 애플리케이션의 상태 검사가 실패한 것으로 간주합니다.

- **tcpSocket** : TCP 연결이 수립될 수 있는지 체크함으로써 상태를 검사합니다. TCP 연결이 생성될 수 없는 경우에 애플리케이션의 상태 검사가 실패한 것으로 간주합니다.

이 파드를 생성하면 주기적으로 파드의 IP로 HTTP 요청을 전송함으로써 상태 검사를 수행할 것입니다.

```
$ kubectl apply -f livenessprobe-pod.yaml
pod/livenessprobe-pod created

$ kubectl get pods
NAME                READY   STATUS    RESTARTS   AGE
livenessprobe-pod   1/1     Running   0          8s
```

Nginx 서버는 기본적으로 80 포트의 / 경로에서 웹 페이지(index.html)를 제공하기 때문에 상태 검사가 문제없이 통과됐을 것입니다. 그렇다면 이번에는 일부러 index.html 파일을 삭제해 livenessProbe가 실패하도록 만들어 보겠습니다.

```
$ kubectl exec livenessprobe-pod -- rm /usr/share/nginx/html/index.html
$ kubectl get pods -w
NAME                READY   STATUS    RESTARTS   AGE
livenessprobe-pod   1/1     Running   0          6m
livenessprobe-pod   1/1     Running   1          6m25s
```

시간이 어느 정도 지난 뒤, 파드의 RESTARTS 횟수가 증가했습니다. 주기적으로 실행되고 있는 livenessProbe의 상태 검사가 실패해 컨테이너가 재시작됐기 때문입니다. 컨테이너가 재시작함으로써 Nginx 서버의 index.html 파일 또한 원래대로 돌아왔기 때문에 livenessProbe는 다시 성공하게 됩니다. kubectl describe 명령어로 파드의 정보를 자세히 확인해보면 이를 좀 더 명확히 알 수 있습니다.

```
$ kubectl describe po livenessprobe-pod
Events:
  Type      Reason     Age                   From                    Message
  ----      ------     ----                  ----                    -------
  Normal    Scheduled  7m11s                 default-scheduler       Successfully assigned
default/livenessprobe-pod to docker-desktop
  Normal    Pulling    52s (x2 over 7m10s)   kubelet, docker-desktop  Pulling image "nginx"
  Warning   Unhealthy  52s (x3 over 72s)     kubelet, docker-desktop  Liveness probe failed: HTTP
probe failed with statuscode: 403
  Normal    Killing    52s                   kubelet, docker-desktop  Container livenessprobe-pod
failed liveness probe, will be restarted
...
```

 Events는 kubectl get events 명령어로도 확인할 수 있습니다.

```
$ kubectl get events --sort-by=.metadata.creationTimestamp
```

readinessProbe로 애플리케이션의 상태 검사하기

앞서 설명한 것처럼 readinessProbe는 아직 준비되지 않은 파드의 애플리케이션이 사용자의 요청을 받아들이지 않도록 하는 기능입니다. readinessProbe 상태 검사에 실패했더라도 시간이 지남에 따라 초기화 작업 등이 완료되어 준비 상태가 될 수 있기 때문에 일시적으로 파드를 서비스의 라우팅 대상에서 제외하는 작업만을 수행합니다.

readinessProbe를 테스트하기 위해 간단한 파드와 서비스를 생성하는 YAML 파일을 작성합니다. 이 YAML 파일로 생성되는 파드는 서비스 리소스를 통해 접근할 수 있습니다.

예제 11.42 chapter11-3/readinessprobe-pod-svc.yaml

```
apiVersion: v1
kind: Pod
metadata:
  name: readinessprobe-pod
  labels:
    my-readinessprobe: test
spec:
  containers:
  - name: readinessprobe-pod
    image: nginx            # Nginx 서버 컨테이너를 생성합니다.
    readinessProbe:         # <파드의 IP>:80/로 상태 검사 요청을 전송합니다.
      httpGet:
```

```yaml
        port: 80
        path: /
---
apiVersion: v1
kind: Service
metadata:
  name: readinessprobe-svc
spec:
  ports:
    - name: nginx
      port: 80
      targetPort: 80
  selector:
    my-readinessprobe: test
  type: ClusterIP
```

readinessProbe의 세부 옵션은 livenessProbe와 동일하게 사용할 수 있기 때문에 이전과 마찬가지로 readinessProbe에서 httpGet을 통해 〈파드의 IP〉:80/에서 상태 검사를 수행하도록 설정했습니다. 하지만 Nginx 서버는 매우 빠른 속도로 준비되기 때문에 readinessProbe가 실패하는 일 없이 곧바로 서비스를 통해 파드에 접근할 수 있을 것입니다.

```
$ kubectl apply -f readinessprobe-pod-svc.yaml
pod/readinessprobe-pod created
service/readinessprobe-svc created

$ kubectl get pods -w
NAME                   READY   STATUS              RESTARTS   AGE
readinessprobe-pod     0/1     ContainerCreating   0          4s
readinessprobe-pod     0/1     Running             0          5s
readinessprobe-pod     1/1     Running             0          13s

$ kubectl run -i --tty --rm debug --image=alicek106/ubuntu:curl \
--restart=Never -- curl readinessprobe-svc

<!DOCTYPE html>
...
```

엔드포인트(Endpoint) 리소스의 목록을 확인해 보면 서비스로 접근하는 요청이 파드의 IP로 라우팅되고 있음을 알 수 있습니다.

```
$ kubectl get endpoints
NAME                 ENDPOINTS              AGE
kubernetes           10.43.0.20:6443        5d17h
readinessprobe-svc   192.168.75.111:80      40s

# readinessprobe-svc ┌ 192.168.75.111:80으로 라우팅되고 있음
```

그렇다면 readinessProbe가 실패하면 어떻게 될까요? 이번에도 마찬가지로 Nginx의 index.html 파일을 삭제해 readinessProbe를 의도적으로 실패시켜 보겠습니다.

```
$ kubectl exec readinessprobe-pod -- rm /usr/share/nginx/html/index.html
$ kubectl get pods -w
NAME                  READY   STATUS    RESTARTS   AGE
readinessprobe-pod    1/1     Running   0          39s
readinessprobe-pod    0/1     Running   0          58s
```

livenessProbe와 달리 RESTARTS 횟수가 증가하지 않았으며, 단순히 READY 상태인 컨테이너가 하나 줄어들었을 뿐입니다. Nginx 서버로의 readinessProbe에 실패했기 때문에 컨테이너가 준비되지 않았다고 간주하는 것입니다. 따라서 서비스 리소스는 사용자 요청을 이 파드로 전달하지 않습니다.

```
$ kubectl run -i --tty --rm debug --image=alicek106/ubuntu:curl \
  --restart=Never -- curl --connect-timeout 5 readinessprobe-svc
If you don't see a command prompt, try pressing enter.
curl: (28) Connection timed out after 5000 milliseconds
```

서비스에 의해 생성된 엔드포인트(Endpoint) 리소스의 목록을 확인해 보면 라우팅 대상에서 파드의 IP가 제거돼 있을 것입니다.

```
$ kubectl get endpoints
NAME                 ENDPOINTS              AGE
kubernetes           10.43.0.20:6443        5d17h
readinessprobe-svc                          55s
```

애플리케이션에 readinessProbe를 적용하기 어렵거나, 초기화 시간이 어느 정도 필요한 경우에는 디플로이먼트에서 minReadySeconds를 사용할 수 있습니다. minReadySeconds는 디플로이먼트의 업데이트 시 컨테이너가 준비되기 위한 최소 대기 시간을 의미하며, 새로운 파드가 생성된 뒤 minReadySeconds의 시간이 지난 뒤에야 파드의 삭제 및 생성이 계속됩니다.

예제 11.43 chapter11-3/minreadyseconds-v1.yaml

```
...
spec:
  replicas: 1
  minReadySeconds: 30
  strategy:
    type: RollingUpdate
...
```

livenessProbe와 readinessProbe의 세부 옵션

필요하다면 livenessProbe와 readinessProbe의 상태 검사 주기, 타임아웃 시간 등의 세부 옵션을 명시적으로 설정할 수 있습니다. 앞서 livenessProbe와 readinessProbe를 사용했던 것처럼 세부 옵션을 설정하지 않았다면 기본값이 적용됩니다.

- periodSeconds : 상태 검사를 진행할 주기를 설정합니다. 기본값은 10초입니다.
- initialDelaySeconds : 파드가 생성된 뒤 상태 검사를 시작할 때까지의 대기 시간을 설정합니다. 기본적으로는 설정돼 있지 않습니다.
- timeoutSeconds : 요청에 대한 타임아웃 시간을 설정합니다. 기본값은 1초입니다.
- successThreshold: 상태 검사에 성공했다고 간주할 검사 성공 횟수를 설정합니다. 기본값은 1입니다.
- failureThreshold: 상태 검사가 실패했다고 간주할 검사 실패 횟수를 설정합니다. 기본값은 3입니다.

예제 11.44 chapter11-3/probe-options.yaml

```
...
    readinessProbe:
      httpGet:
        port: 80
        path: /
      periodSeconds: 5
      initialDelaySeconds: 10
      timeoutSeconds: 1
      successThreshold: 1
      failureThreshold: 3
```

11.3.2.4 Terminating 상태와 애플리케이션의 종료

새로운 버전의 애플리케이션을 배포할 때, 새로운 파드가 준비됐는지 확인하는 것만큼 중요한 작업은 '기존 버전의 파드를 무사히 종료시키는 것'입니다. 예를 들어, 사용자 요청을 처리하던 도중에 파드가 삭제되어 애플리케이션이 비정상적으로 종료될 경우 사용자들은 Empty Reply처럼 잘못된 응답을 수신할 수도 있습니다. 따라서 새로운 애플리케이션으로 업데이트하는 것뿐만 아니라, 기존에 실행 중이던 애플리케이션을 어떻게 우아하게 종료할 수 있을지에 대해서도 고민해 볼 필요가 있습니다.

우아하게 파드 내부의 애플리케이션을 종료하는 가장 좋은 방법은 애플리케이션의 소스코드 레벨에서 종료 처리 로직을 구현하는 것입니다. 이러한 종료 처리 로직의 예시로는 이미 도착해있던 사용자 요청을 마저 끝내는 것일 수도 있고, DB 커넥션 등과 같은 리소스를 정리하는 것일 수도 있습니다. 하지만 이러한 로직이 언제 실행될지를 파악하려면 파드가 삭제될 때 어떠한 일들이 발생하는지 알 필요가 있습니다.

여러분이 kubectl delete와 같은 명령어로 파드를 삭제하면 어떠한 일이 발생하는지 아래에 간단히 정리했습니다.

1. 리소스가 삭제될 예정이라는 의미의 deletionTimestamp 값이 파드의 데이터에 추가되고, 파드는 Terminating 상태로 바뀝니다.

2. 아래 3가지 작업이 동시에 실행됩니다.

    2.1 파드에 preStop 라이프사이클 훅이 설정돼 있다면 preStop이 실행됩니다.

    2.2 파드가 레플리카셋으로부터 생성된 경우 해당 파드는 레플리카셋의 관리 영역에서 벗어나며, 레플리카셋은 새로운 파드를 생성하려고 시도합니다.

    2.3 파드가 서비스 리소스의 라우팅 대상에서 제외됩니다.

3. preStop 훅이 완료되면 리눅스 시그널 중 SIGTERM이 파드의 컨테이너에 전달됩니다. 컨테이너의 Init 프로세스는 SIGTERM을 수신한 뒤 종료돼야 합니다.

4. 특정 유예 기간이 지나도 컨테이너 내부의 프로세스가 여전히 종료되지 않으면 프로세스로 SIGKILL 시그널이 전달됩니다. 이 유예 기간은 기본적으로 30초로 설정돼 있으며, 파드의 terminationGracePeriodSeconds라는 항목을 통해 설정할 수 있습니다.

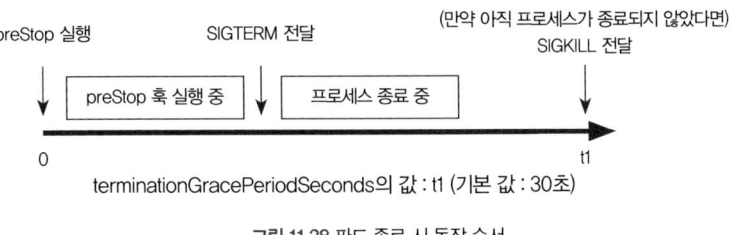

그림 11.28 파드 종료 시 동작 순서

위 단계 중에서 애플리케이션이 우아하게 종료될 수 있도록 여러분이 별도의 장치를 마련할 수 있는 부분은 2.1번의 preStop 라이프사이클 훅과 3번의 SIGTERM 시그널 전달 단계입니다.

preStop 라이프사이클 훅은 파드의 컨테이너가 종료되기 전에 실행되는 작업으로, 앞서 사용해 봤던 postStart처럼 exec나 HTTP 요청을 통해 사용할 수 있습니다. 예를 들어, 아래의 YAML 파일처럼 프로세스를 종료하는 명령어를 사용할 수도 있고, 서버 종료를 실행하는 /abort와 같은 경로로 HTTP 요청을 보낼 수도 있습니다.

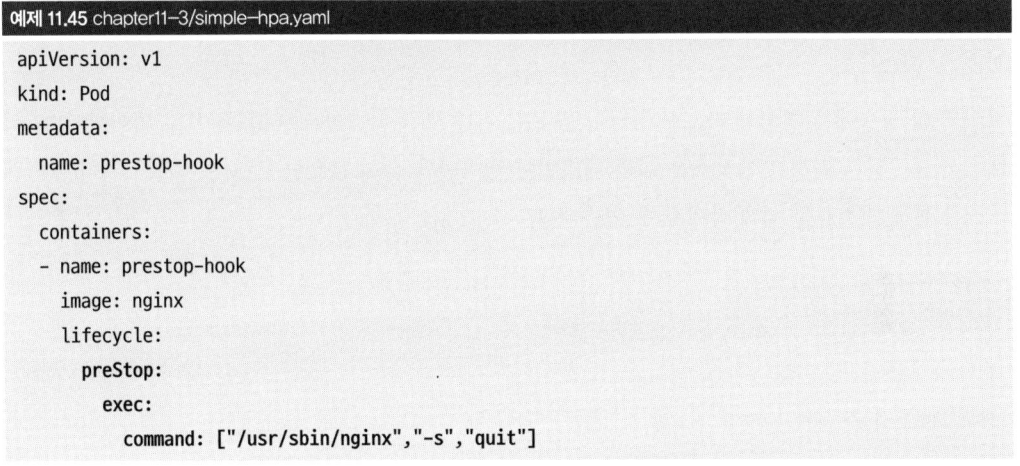

preStop 훅이 실행되고 나면 파드의 컨테이너들에 SIGTERM 시그널을 보냄으로써 파드가 곧 종료될 것이라고 알립니다. 이때 애플리케이션의 소스코드에서는 SIGTERM 시그널을 수신했을 때 어떠한 행동을 취할 것인지 별도로 구현해 놓아야 합니다. 만약 SIGTERM 시그널을 처리하는 별도의 로직을 구현하지 않은 상태로 파드가 종료된다면 클라이언트는 해당 파드로부터 응답을 제대로 수신하지 못할 수도 있습니다.

만약 파드 내부의 애플리케이션이 SIGTERM을 수신했는데도 특정 유예 시간 이내에 종료되지 않으면 쿠버네티스는 SIGKILL 시그널을 전송해 강제로 프로세스를 종료하게 됩니다. 이 유예 기간은 기본적으로 30초로 설정돼 있지만, 파드의 terminationGracePeriodSeconds 값을 명시함으로써 별도로 설정할 수 있으며, kubectl delete 명령어에서 --grace-period=10처럼 사용해 설정할 수도 있습니다.

예제 11.46 chapter11-3/termination-grace-period-seconds.yaml
```
...
metadata:
  name: termination-grace-period-seconds
spec:
  terminationGracePeriodSeconds: 10
  containers:
...
```

 terminationGracePeriodSeconds 값이 0으로 설정된다는 것은 파드의 컨테이너를 강제로 종료한다는 것을 의미합니다.

리소스 정리

이번 장의 실습에서 생성한 리소스가 남아있다면, 이를 모두 삭제한 뒤 다음 장으로 넘어갑니다. 이 책에서 제공하는 깃허브 저장소를 미리 내려받아 뒀다면 실습에 사용한 YAML 파일이 위치한 디렉터리를 통해 리소스를 쉽게 삭제할 수 있습니다.

```
$ cd chapter11-3/
$ kubectl delete -f ./

pod "completed-pod-restart-never" deleted
deployment.apps "deployment-recreate" deleted
....
```

11.3.3 HPA를 활용한 오토스케일링

실제 사용자의 요청을 처리하는 서버를 배포할 때, 서버의 개수를 고정시켜 놓는 것은 상당히 비효율적입니다. 부하가 적을 경우에는 리소스를 낭비하는 셈이 될 테고, 부하가 많을 때는 각 서버가 감당할 수 있는 처리량보다 더 많은 요청을 처리해야 할 수도 있기 때문입니다. 이러한 경우에 대비해 쿠버네티스에서는 리소스 사용량에 따라 디플로이먼트의 파드 개수를 자동으로 조절하는 HPA(Horizontal Pod Autoscaler)라는 기능을 제공합니다.

HPA는 쿠버네티스에 내장돼 있는 기능이긴 하지만 14.3.1절에서 설명할 metrics-server라고 하는 별도의 리소스 메트릭 수집 도구를 설치해야만 오토스케일링 기능을 정상적으로 사용할 수 있습니다. 오토스케일링을 수행하기 위해서는 CPU나 메모리 사용량 정보를 어디선가 제공받아야 하는데, 쿠버네티스가 자체적으로 메트릭을 수집하는 기능을 제공하지는 않기 때문입니다. 따라서 이번 절에서 설명하는 내용은 metrics-server를 설치해서 kubectl top 명령어를 정상적으로 사용할 수 있다는 가정하에 진행합니다.

14장에서 다루는 모니터링 내용은 12, 13장에서 설명할 데몬셋, 커스텀 리소스 등의 개념을 알고 있어야만 이해할 수 있습니다. HPA를 사용해보기 위해 지금 바로 14.3.1절을 읽어봐도 큰 문제는 없지만 가능하다면 12장과 13장을 읽어본 뒤 14장에서 metrics-server를 사용해볼 때 HPA도 같이 써볼 것을 권장합니다.

오토스케일링 기능을 사용해보기 위해 간단한 HPA와 디플로이먼트를 생성해 보겠습니다. 다음과 같이 YAML 파일을 작성합니다.

예제 11.47 chapter11-3/simple-hpa.yaml
```
apiVersion: autoscaling/v2
kind: HorizontalPodAutoscaler
metadata:
  name: simple-hpa
spec:
  scaleTargetRef:
    apiVersion: apps/v1
    kind: Deployment
    name: simple-deployment # deployment의 자원 사용량을 체크합니다.
  metrics:
  - resource:
      name: cpu # CPU 사용량을 체크합니다.
      target:
        averageUtilization: 50 # 평균 활용률이 50% 이상인 경우
        type: Utilization
    type: Resource
  maxReplicas: 5 # deployment의 파드 갯수는 5개까지 늘어날 수 있습니다.
  minReplicas: 1
```

YAML에서 사용하는 항목들은 그다지 어렵지 않으므로 바로 이해할 수 있을 것입니다. 단, 위 내용에서 단순히 CPU 사용량이 아닌 **averageUtilization**이라고 표현한 점에 유의합니다. HPA는 파드의 절대적인 리소스 사용량이 아닌, 파드에 할당된 request 대비 얼마나 리소스를 사용하고 있는지

를 기준으로 삼습니다. 예를 들어, 만약 파드의 CPU request 값이 1000m이라면 파드의 CPU 사용률이 50%가 되는 지점, 즉 500m를 기준으로 오토스케일링을 진행합니다. 이를 그림으로 나타내 좀 더 자세히 알아보겠습니다.

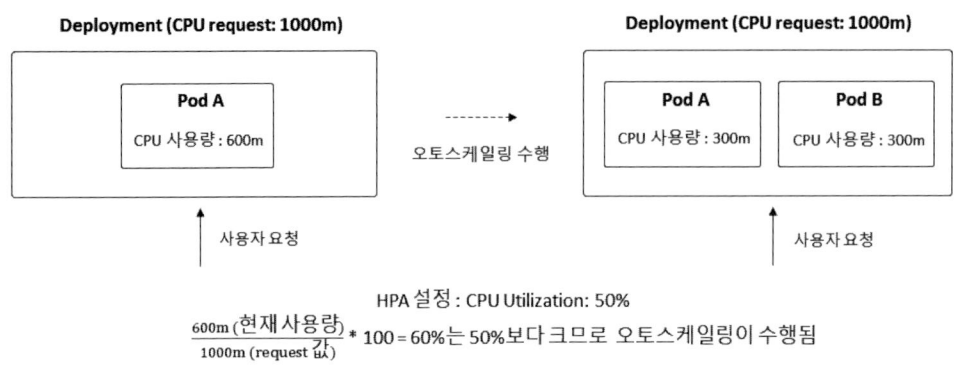

그림 11.29 단일 파드의 CPU 사용률을 기준으로 스케일 아웃(scale-out)되는 경우

만약 현재 처리해야 하는 요청량이 동일하게 정해져 있다면 파드 개수를 늘릴 경우 자연스럽게 부하가 분산될 것입니다. HPA는 전체 리소스 사용률의 평균이 타깃 값보다 아래가 될 때까지 오토스케일링을 진행하기 때문에 그림 11.29에서는 예시에서는 파드가 2개가 된 시점이 최종적으로 안정화된 상태에 해당합니다.

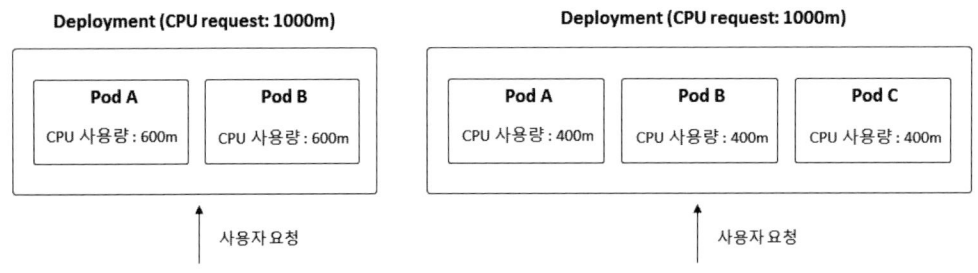

그림 11.30 여러 파드의 CPU 사용률을 기준으로 스케일 아웃(scale-out)되는 경우

여러 개의 파드가 존재하는 경우에는 모든 파드의 리소스 사용량의 평균값을 계산해 사용합니다. 예를 들어, 위 그림처럼 두 개의 파드가 존재하는 상황이라면 파드의 리소스 사용률 값의 평균값을 낸 다음, 리소스 타깃 값보다 낮아질 수 있을 만큼의 파드를 더 생성합니다.

HPA가 의도한대로 동작하는지 확인해보기 위해 HPA와 디플로이먼트를 함께 생성해 보겠습니다. 디플로이먼트는 CPU request를 설정한 것 외에는 특별한 것이 없어 YAML 파일 내용을 여기에 싣지는 않았지만 필요하다면 깃허브 저장소에서 내용을 확인할 수 있습니다.

```
$ kubectl apply -f simple-hpa.yaml
horizontalpodautoscaler.autoscaling/simple-hpa created

$ kubectl apply -f simple-deployment-svc.yaml
deployment.apps/hostname-deployment created
service/hostname-svc-clusterip created
```

HPA의 목록을 확인해보면 디플로이먼트에 속한 파드의 CPU 평균 사용률을 확인할 수 있습니다. 다음과 같이 TARGETS에 0%가 출력됐다면 HPA가 정상적으로 metrics-server로부터 메트릭을 얻어오고 있는 것입니다.

```
$ kubectl get hpa
NAME         REFERENCE                     TARGETS     MINPODS   MAXPODS   REPLICAS   AGE
simple-hpa   Deployment/simple-deployment  cpu: 0%/50% 1         5         1          21m
```

생성된 파드로 요청을 보내 CPU 사용률을 늘려보겠습니다. 굉장히 많은 요청을 동시에 보내보기 위해 이번에는 ab(apache benchmark)라는 도구를 사용해 보겠습니다. 아래 명령어로 임시 파드를 생성한 뒤 ab를 설치합니다.

```
$ kubectl run -i --tty --rm debug \
  --image=alpine sh

/ # apk add apache2-utils
fetch http://dl-cdn.alpinelinux.org/alpine/v3.12/main/x86_64/APKINDEX.tar.gz
…
OK: 6 MiB in 19 packages
```

 ab 명령어는 순간적으로 많은 HTTP 요청을 전송할 수 있는 벤치마크 도구입니다.

ab 명령어를 사용해 파드로 요청을 계속해서 전송해 보겠습니다.

```
/ # for i in $(seq 1 5); do ab -c 5 -n 100000 http://simple-deployment-svc:8080/; done;
…
Completed 10000 requests
…
```

터미널을 하나 더 연 다음 HPA의 상태 및 파드의 목록을 확인해보면 파드 개수가 늘어나 있는 것을 확인할 수 있습니다. ab 명령어를 반복해서 실행하므로 계속해서 부하가 가해지지만 최대 파드 개수를 5개로 설정했기 때문에 그 이상으로 파드가 늘어나지는 않습니다.

```
$ kubectl get hpa
NAME         REFERENCE                      TARGETS      MINPODS   MAXPODS   REPLICAS   AGE
simple-hpa   Deployment/simple-deployment   cpu: 73%/50%   1         5         4          32m

$ kubectl get po
NAME                                   READY   STATUS    RESTARTS   AGE
simple-deployment-5d9db5c5d4-bpqdj     1/1     Running   0          19m
simple-deployment-5d9db5c5d4-mt87n     1/1     Running   0          5m
simple-deployment-5d9db5c5d4-mwvnj     1/1     Running   0          117s
simple-deployment-5d9db5c5d4-w5npv     1/1     Running   0          117s
```

HPA는 metrics-server가 제공하는 API로부터 메트릭 정보를 받아오는데, 이 주기는 쿠버네티스 컨트롤러에서 --horizontal-pod-autoscaler-sync-period 옵션을 통해 조정할 수 있으며, 기본값은 15초로 설정돼 있습니다.[27] 하지만 애초에 metrics-server가 kubelet의 CAdvisor로부터 메트릭을 가져오는 주기가 크게 설정돼 있다면 HPA가 반응하는 속도가 늦어질 수 있습니다. metrics-server의 --metric-resolution 옵션 값을 조절하면 메트릭을 수집하는 주기도 조절할 수 있으며, 이 값은 기본적으로 60초로 설정돼 있습니다.[28]

하지만 이런 오토스케일링 방법이 모든 상황에서 무조건 좋은 것은 아닙니다. 예를 들어, 애플리케이션을 초기화할 때 잠시만 CPU를 과도하게 소모하는 JVM 기반 애플리케이션을 생각해 보겠습니다. HPA는 기본적으로 파드의 생성 시간이 아닌 CPU 사용률을 기준으로 오토스케일링을 진행하기 때문에 불필요하게 파드가 계속해서 스케일 아웃(scale-out)될 것이고, 이는 계속해서 파드가 증식하는 연쇄 작용을 불러 일으킬 수도 있습니다. 이와 비슷하게 CPU 사용률이 갑작스럽게 낮아지면 여러 개의 파드를 한꺼번에 스케일 인(scale-in)하면서 애플리케이션의 안정성에 영향을 줄 수도 있습니다.

이런 경우를 대비해 쿠버네티스는 HPA의 세밀한 동작을 제어할 수 있도록 다양한 기능을 제공합니다. HPA의 스케일링 전략을 설정하기 위해 간단한 YAML 파일 하나를 더 작성해 보겠습니다.

---

29 GKE, EKS 등에서는 이 옵션을 변경하는 것이 불가능합니다.
30 kubelet의 CAdvisor는 기본적으로 15초마다 메트릭을 수집하므로 metrics-server에서 --metric-resolution의 값을 15초 이하로 설정하는 것은 큰 의미가 없을 수도 있습니다.

예제 11.48 scaling-policy-hpa.yaml

```yaml
apiVersion: autoscaling/v2
kind: HorizontalPodAutoscaler
metadata:
  name: scaling-policy-hpa
spec:
...
  behavior:
    scaleDown:                              # 1. 파드가 줄어드는 경우의 전략을 지정
      stabilizationWindowSeconds: 180       # 2. 스케일링 윈도우를 설정
      policies:                             # 3. 한 번에 몇 개의 파드를 생성/삭제하는지 설정
      - type: Pods
        value: 4
        periodSeconds: 60
      - type: Percent
        value: 10
        periodSeconds: 60
      selectPolicy: Max                     # 4. 위 policies 중 어떤 값을 사용하는지 설정
    # scaleUp:
    # ... scaleUp 항목에서도 동일한 스펙을 정의할 수 있습니다.
```

이전에 사용했던 HPA의 스펙에서 behavior라는 항목이 새롭게 추가되었습니다. 상당히 많은 항목이 추가되어 헷갈릴 수 있지만, 각 항목들 모두가 스케일링 전략에 영향을 주는 중요한 옵션들이므로 하나씩 차근차근 설명해 보겠습니다.

- 1. scaleDown : 파드가 늘어날 때의 전략인지(scaleUp), 줄어들 때의 전략인지(scaleDown)를 설정합니다. 위 예제에서는 scaleDown만 정의했지만, 파드가 늘어나는 전략을 정의하기 위해 scaleUp을 지정할 수도 있습니다.

- 2. stabilizationWindowSeconds : HPA가 CPU 등의 메트릭을 기반으로 파드의 증감 개수를 계산할 때, 이 값으로 설정된 윈도우 내에서 계속 스케일링 조건이 만족되어야만 스케일링을 진행합니다. 위 예제에서는 180초로 설정되었으므로, 과거 180초 동안 계속해서 스케일링 조건을 만족하면서 CPU 사용률이 낮게 유지되어야 파드 개수를 감소시킵니다. 반대로, 과거 180초 동안 계산된 CPU 사용률 중 하나라도 스케일링 조건을 만족하지 않으면 HPA는 파드 개수를 감소시키지 않습니다. 즉, CPU 사용률이 스케일링 기준점 근처에서 반복적으로 변동될 때 파드가 불필요하게 자주 늘어나고 줄어드는 현상을 방지하기 위한 옵션이라고 이해하면 됩니다.

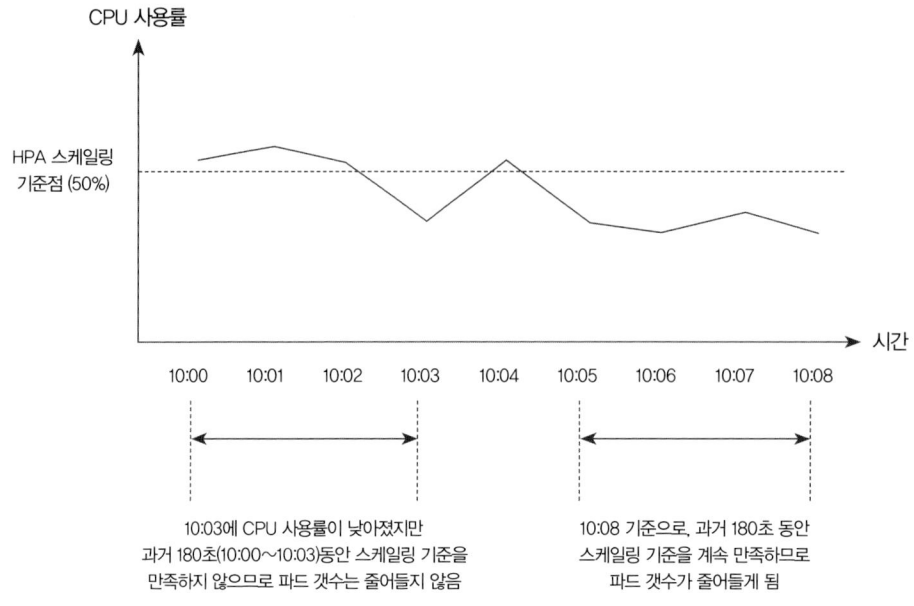

그림 11.31 stabilizationWindowSeconds가 180초로 설정된 경우의 스케일링 예시

예를 들어, 위 그림에서 stabilizationWindowSeconds 값이 180초라고 가정해 보겠습니다. 10:00~10:02 구간에서 CPU 사용률이 기준점을 초과했으므로, 10:03에 CPU 사용률이 일시적으로 줄어들었다 해도 HPA는 곧바로 파드 개수를 감소시키지 않습니다. 하지만 10:08이 되었을 때는 과거 180초 동안 계속해서 CPU 사용률이 계속 낮았으며, 180초 동안 파드 개수를 감소시키는 결정이 유지되었으므로 비로소 파드 개수를 감소시키는 스케일링을 진행하게 됩니다.

- 3. policies : 스케일링에 대한 세부 전략을 정의합니다. 위 예시에서는 한 번의 스케일링으로 최대 4개까지 파드를 줄이거나, 전체 파드 개수의 최대 10%까지 줄일 수 있도록 설정했습니다. 스케일링을 진행할 때 두 값 중 어떤 것을 선택할지는 selectPolicy 항목에 의해 결정됩니다. 또한, 스케일링이 한 번 이루어지고 나면 periodSeconds에 설정된 기간 동안 추가 스케일링이 발생하지 않습니다.

- 4. selectPolicy : policies에 설정된 전략 중 어떤 값을 선택할지 지정합니다. 위 예시에서는 이 항목을 Max로 설정했으므로, HPA가 파드를 한 번에 많이 줄여야 할 때 4개와 전체 파드 갯수의 10% 중 더 큰 값을 선택해 스케일링을 진행할 것입니다. 예를 들어, HPA가 파드 갯수를 80개에서 10개로 줄여야 한다면 처음에는 전체 파드 개수의 10%인 8개를 한 번에 감소시키지만, 전체 파드 개수가 일정 수준 이하로 내려가면 4개씩 감소시키게 됩니다.

하지만 이와 같은 세부 항목을 HPA에서 모두 반드시 설정해야 하는 것은 아닙니다. 예를 들어 stabilizationWindowSeconds 항목이나 selectPolicy 값을 명시하지 않으면 쿠버네티스에서 제공하는 기본 값을 사용하게 됩니다. spec.behavior를 설정하지 않았을 때의 기본 값은 아래와 같습니다.

```
behavior:
  scaleDown:
    stabilizationWindowSeconds: 300
    policies:
    - type: Percent
      value: 100
      periodSeconds: 15
  scaleUp:
    stabilizationWindowSeconds: 0
    policies:
    - type: Percent
      value: 100
      periodSeconds: 15
    - type: Pods
      value: 4
      periodSeconds: 15
    selectPolicy: Max
```

 HPA는 기본적으로 파드에 정의된 모든 컨테이너의 리소스 합계를 기준으로 스케일링을 진행합니다. 하지만 필요에 따라서는 특정 컨테이너의 리소스 사용량과 requests 값을 기준으로 스케일링하도록 설정할 수도 있습니다. 아래 예시는 파드의 postfix라는 이름의 컨테이너 리소스 사용량을 기준으로 스케일링을 진행하는 예시입니다.

```
...
spec:
  scaleTargetRef:
    apiVersion: apps/v1
    kind: Deployment
    name: simple-deployment
  metrics:
  - type: ContainerResource
    containerResource:
      container: postfix
      name: cpu
      target:
        type: Utilization
        averageUtilization: 60
...
```

12

커스텀 리소스와
컨트롤러

쿠버네티스에서 자주 사용하는 파드, 디플로이먼트, 서비스 등은 모두 쿠버네티스에서 자체적으로 제공하는 리소스 종류입니다. 이러한 리소스들은 쿠버네티스의 필수적인 요소이기 때문에 여러분이 쿠버네티스를 설치하기만 하면 기본적으로 사용할 수 있습니다. 그런데 쿠버네티스에서는 파드와 같이 기본적인 리소스 외에도 여러분이 직접 리소스의 종류를 정의해 사용할 수도 있는데, 이를 커스텀 리소스(Custom Resource)라고 부릅니다.

커스텀 리소스에 대한 개념 자체는 어렵지 않지만, 커스텀 리소스를 제대로 사용하려면 컨트롤러라고 하는 별도의 컴포넌트를 이해하고 구현할 수 있어야 합니다. 쿠버네티스의 컨트롤러는 클라우드 네이티브 인프라스트럭처(Cloud Native Infrastructure) 생태계에서 자주 쓰이는 개념을 내포하고 있기 때문에 쿠버네티스를 깊게 이해하려면 컨트롤러에 관련된 개념을 이해하고 넘어가는 것이 좋습니다.

12.1 쿠버네티스 컨트롤러의 개념과 동작 방식

명령형(Imperative) vs. 선언적(Declarative)

이 책을 처음부터 지금까지 읽어왔다면 쿠버네티스와 도커에서 어떠한 리소스를 생성하는 방법이 꽤 다르다는 것을 느꼈을 것입니다. 예를 들어, 도커에서 컨테이너를 생성할 때는 단순히 docker run 명령어를 사용해 컨테이너를 생성했지만, 쿠버네티스에서는 kubectl apply -f 명령어로 디플로이먼트를 생성하면 레플리카셋이 파드를 생성하곤 했습니다.

docker run처럼 특정 명령을 처리하는 주체와 통신해 그 작업을 수행하고 그 결괏값을 돌려받는 방식을 쿠버네티스에서는 명령형(Imperative)이라고 말합니다. 그뿐만 아니라 지금까지 파드를 생성할 때 가끔 kubectl run 명령어를 사용하곤 했는데, 이 또한 명령형 방식에 속합니다. 간단히 생각해서 여러분이 도커 데몬을 익히기 위해 사용했던 대부분의 명령어가 명령형 방식이라고 생각하면 됩니다.

쿠버네티스는 이와 반대되는 선언형(Declarative) 방식을 지향합니다. 선언형 방식은 최종적으로 도달해야 하는 바람직한 상태(Desired State)를 여러분이 정의한 뒤, 현재 상태(Current State)가 바람직한 상태와 다를 경우 이를 일치하도록 만드는 방법입니다. 지금까지 사용해 왔던 kubectl apply 명령어가 바로 선언형 방식의 대표적인 예시입니다. kubectl apply -f 뒤에 따라오는 YAML 파일은 '최종적으로 도달해야 하는 상태'를 의미하며, 쿠버네티스는 현재 상태가 해당 YAML 파일과 일치하도록 특정 동작을 수행합니다.

예를 들어, kubectl 명령어로 A라는 리소스를 생성하도록 쿠버네티스에게 명령해야 한다고 가정해 보겠습니다. 쿠버네티스는 내부적으로 선언형 방식을 지향하지만, 사용자가 선택해 사용할 수 있도록 명령형과 선언형 방식을 모두 제공합니다. 두 방식을 사용할 때 각각 어떻게 다르게 동작하는지 간단히 살펴보겠습니다.

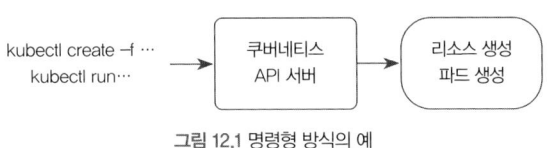

그림 12.1 명령형 방식의 예

지금까지 사용해 본 적은 없지만, 명령형 방식의 대표적인 예로 kubectl create -f 명령어가 있습니다. 이 명령어는 '새로운 리소스를 생성해라'라는 구체적인 동작을 의미하며, 쿠버네티스가 해당 동작을 수행하도록 명령합니다. kubectl run 명령어도 이와 비슷한 맥락으로 '파드를 생성해라'라는 구체적인 동작을 내포하고 있습니다. 만약 kubectl create나 run 명령어를 다시 사용하면 '이미 리소스가 존재합니다. 따라서 새롭게 생성할 수 없습니다'라는 오류를 반환할 것입니다.

```
$ kubectl create -f completed-pod.yaml
pod/completed-pod-example created

$ kubectl create -f completed-pod.yaml
Error from server (AlreadyExists): error when creating "completed-pod.yaml": pods "completed-pod-example" already exists
```

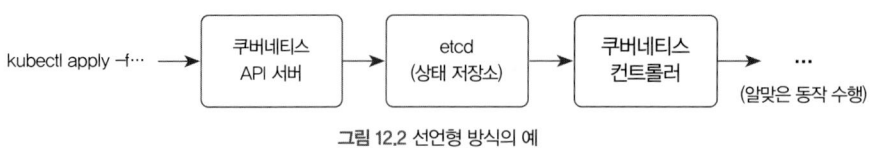

그림 12.2 선언형 방식의 예

하지만 선언형 방식은 이와 다르게 동작합니다. kubectl apply -f 명령어는 특정 YAML 파일이 최종적으로 완성돼야 하는 상태라는 것을 쿠버네티스에게 알려줄 뿐, 실제로 어떠한 동작을 취해야 하는지는 명시하지 않습니다. **최종적으로 완성돼야 하는 상태가 되기 위해 어떠한 동작을 취할지는 쿠버네티스에서 컨트롤러라고 불리는 개체가 내부적으로 결정합니다.** 즉, 여러분이 kubectl apply -f 명령어로 '바람직한 상태'를 정의하면 컨트롤러는 현재 상태가 바람직한 상태가 되도록 만들 것입니다.

 앞서 설명했던 것처럼 쿠버네티스의 대부분의 상태는 etcd와 같은 분산 코디네이터에 저장돼 있습니다. 따라서 여러분이 정의하는 바람직한 상태 또한 etcd에 저장돼 있으며, 컨트롤러는 쿠버네티스 API 서버의 Watch API를 통해 etcd에 저장된 상태 데이터를 받아와 동작을 수행합니다.

이러한 이유로 쿠버네티스에서는 유독 '바람직한 상태(Desired State)'라는 단어가 자주 등장합니다. 예를 들어 디플로이먼트를 생성한 뒤 레플리카셋의 상태를 확인해 보면 Desired라는 항목이 존재합니다. 레플리카셋의 입장에서 바람직한 상태는 '특정 개수의 파드가 생성되어 실행 중인 상태'입니다. 만약 사용자가 의도적으로 파드 중 하나를 삭제하면 레플리카셋은 바람직한 상태를 유지하기 위해 새로운 파드를 생성할 것입니다. 레플리카셋이 라벨 셀렉터가 일치하는 파드를 생성할 때에도 선언형 방식의 일종을 사용하고 있는 셈입니다.

```
$ kubectl get rs
NAME                            DESIRED   CURRENT   READY   AGE
minreadyseconds-v1-75b966db7c   1         1         1       4h57m
...
```

대부분의 쿠버네티스 오브젝트는 이러한 원리에 따라 제어됩니다. 이론적으로 쿠버네티스의 컨트롤러는 모두 개별적으로 존재할 수도 있으나, 쿠버네티스는 전체 구성의 복잡성을 줄이기 위해 컨트롤러 로직을 **쿠버네티스 컨트롤러 매니저**라는 하나의 컴포넌트에서 구현해 놓았습니다. 컨트롤러 매니저 또한 쿠버네티스의 핵심 컴포넌트이기 때문에 kube-system 네임스페이스에서 파드로 실행되고 있습니다.

```
$ kubectl get pods -n kube-system
NAME                          READY   STATUS    RESTARTS   AGE
...
kube-controller-manager-..    1/1     Running   40         46d
```

컨트롤러 매니저에는 디플로이먼트 컨트롤러, 노드 컨트롤러 등 다양한 컨트롤러가 동시에 실행됩니다. 이러한 컨트롤러들은 쿠버네티스 리소스의 상태 변화를 감지하고 적절한 작업을 수행하도록 구현돼 있습니다.

12.2 커스텀 리소스에 대한 개념

명령형과 선언적 방식의 미묘한 차이를 이해했다면 다음 단계는 선언적 방식의 컨트롤러를 통해 어떻게 커스텀 리소스를 구현할 수 있을지에 대해 알아볼 차례입니다. 하지만 그 전에 쿠버네티스에서 말하는 '커스텀 리소스'가 무엇을 의미하는지, 그리고 어떻게 사용할 수 있는지에 대해 먼저 알고 넘어갈 필요가 있습니다.

커스텀 리소스는 말 그대로 여러분이 직접 정의해 사용할 수 있는 사용자 정의 리소스입니다. 예를 들어, 여러분이 레디스(Redis)를 커스텀 리소스로 만들었다고 생각해 보겠습니다. 그렇다면 지금까지 사용해 봤던 여러 리소스 제어 방법을 redis라는 리소스에 대해서도 똑같이 사용할 수 있습니다. 즉, 커스텀 리소스 또한 파드, 디플로이먼트, 서비스 등과 동일한 리소스의 한 종류로 간주됩니다.

```
$ kubectl get redis
$ kubectl describe redis
```

```
apiVersion: redis.example.com/v1alpha1
kind: Redis
...
```

커스텀 리소스를 사용하는 방법에는 여러 가지가 있습니다. 디플로이먼트, 서비스 등의 오브젝트의 묶음을 커스텀 리소스로 추상화함으로써 쿠버네티스 리소스를 묶어 놓은 패키지처럼 사용할 수도 있고, 쿠버네티스와 전혀 상관이 없는 로직을 커스텀 리소스와 연동할 수도 있습니다.

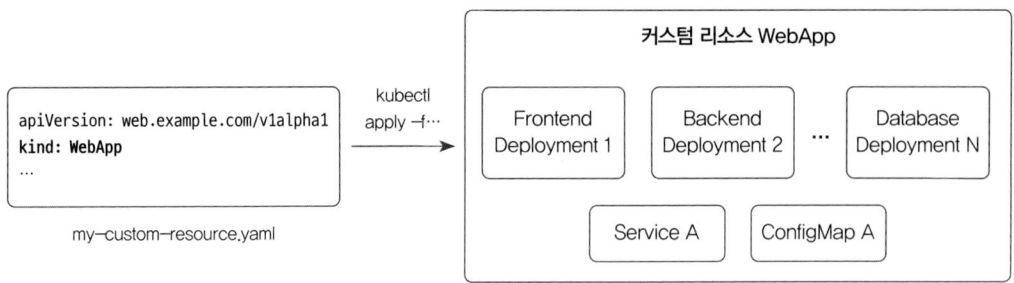

그림 12.3 커스텀 리소스의 사용 예시

예를 들어, 웹 애플리케이션을 WebApp이라는 이름의 커스텀 리소스로 만들었다면 이 커스텀 리소스에는 프런트엔드 서버, 백엔드 서버, 데이터베이스 디플로이먼트, 그리고 각 파드가 서로 통신하기 위한 여러 서비스 리소스가 포함될 수 있습니다. 이때 WebApp 커스텀 리소스를 하나 생성하는 것만으로도 이러한 리소스를 한꺼번에 생성할 수 있으며, 각 리소스의 생애 주기를 쉽게 관리할 수 있습니다. 커스텀 리소스를 사용함으로써 복잡하고 많은 리소스에 대한 관리의 복잡성을 줄일 수 있으며, 쿠버네티스의 오브젝트를 원하는 대로 확장해 사용할 수 있습니다.

커스텀 리소스를 사용하기 위한 단계

커스텀 리소스는 이전에 없던 쿠버네티스 리소스의 종류를 새롭게 생성하는 것이기 때문에 쿠버네티스에 자체적으로 내장된 리소스를 사용하는 것보다는 조금 더 복잡한 단계를 거쳐야 합니다. 커스텀 리소스를 사용하기 위한 단계를 간단히 설명해 보자면 다음과 같습니다.

1. 현재 상태를 커스텀 리소스에 대한 바람직한 상태로 변화시킬 수 있는 컨트롤러를 구현하고, 컨트롤러를 실행합니다.
2. 커스텀 리소스의 상세 정보를 정의하는 CRD(Custom Resource Definition) 리소스를 생성합니다.
3. CRD에 정의된 데이터에 맞춰 커스텀 리소스를 생성합니다.
4. 1번에서 실행한 컨트롤러는 커스텀 리소스의 생성을 감지하고, 커스텀 리소스가 원하는 바람직한 상태가 되도록 적절한 작업을 수행합니다.

지금 당장 이러한 단계들을 완벽하게 이해할 필요는 없습니다. 각 단계에서 어떠한 일을 해야 하는지는 지금부터 하나씩 설명할 것이며, 각 단계에 대한 설명을 읽고 나면 커스텀 리소스를 사용하기 위해서는 무엇을 해야 하는지 전체적인 맥락을 파악할 수 있을 것입니다.

12.3 커스텀 리소스를 정의하기 위한 CRD(Custom Resource Definition)

쿠버네티스에서 커스텀 리소스는 customresourcedefinition이라는 오브젝트를 통해 정의할 수 있습니다. 하지만 오브젝트 이름이 너무 길기 때문에 crd(CRD : Custom Resource Definition)라는 이름으로 줄여서 부르는 것이 일반적이며, 다음과 같이 kubectl get crd 명령어를 통해 그 목록을 확인할 수 있습니다. kubeadm이나 kops로 설치한 쿠버네티스라면 네트워크 플러그인을 위한 커스텀 리소스가 기본적으로 존재할 것입니다.

```
$ kubectl get crd
NAME                                        CREATED AT
adminnetworkpolicies.policy.networking.k8s.io    2025-03-23T02:42:37Z
...
```

CRD(Custom Resource Definition)라는 이름이 의미하는 것처럼 CRD는 '**커스텀 리소스를 정의**'하는 리소스입니다. 즉, 커스텀 리소스를 어떻게 사용할 것인지 쿠버네티스에 등록하는 선언적인 리소스일 뿐, CRD 자체가 커스텀 리소스를 의미하는 것이 아닙니다. CRD를 생성한 다음 해당 CRD의 규격에 맞는 커스텀 리소스를 생성해야만 비로소 의미를 갖습니다. 프로그래밍에서 클래스와 인스턴스의 관계처럼, CRD와 커스텀 리소스는 명확히 다르다는 사실에 유의해야 합니다.

CRD 또한 쿠버네티스 오브젝트이기 때문에, 아래처럼 YAML 파일에 정의해 생성할 수 있습니다. CRD에서는 더 많은 항목을 설정할 수 있지만, 여기서는 간단한 몇 가지 예시만을 표시했습니다.

예제 12.1 chapter12/my-crd-example-k8s-latest.yaml

```yaml
apiVersion: apiextensions.k8s.io/v1
kind: CustomResourceDefinition
metadata:
  name: alices.k106.com       # 1. CRD의 이름
spec:
  group: k106.com             # 2. 커스텀 리소스의 API 그룹
  scope: Namespaced           #    커스텀 리소스가 네임스페이스에 속하는지 여부
  names:
    plural: alices            # 3. 커스텀 리소스의 이름 (복수형)
    singular: alice           #    커스텀 리소스의 이름 (단수형)
    kind: Alice               #    YAML 파일 등에서 사용될 커스텀 리소스의 Kind
    shortNames: ["ac"]        #    커스텀 리소스 이름의 줄임말
  versions:
  - name: v1alpha1            #    커스텀 리소스의 API 버전
    served: true
    storage: true
```

```
    schema:
      openAPIV3Schema:        # 4. 커스텀 리소스의 데이터를 정의
        type: object
        required: ["spec"]    # 커스텀 리소스에는 반드시 "spec"이 존재해야 함
        properties:           # 커스텀 리소스에 저장될 데이터 형식을 정의
          spec:
            required: ["myvalue"]
            type: object
            properties:
              myvalue:
                type: "string"
                minimum: 1
```

상당히 복잡해 보이는 YAML 파일이지만, 각 항목을 하나씩 차근차근 이해해 보겠습니다.

1. metadata.name :

```
metadata:
  name: alices.k106.com  # 1. CRD의 이름
```

CRD의 이름을 지정합니다. CRD의 이름은 반드시 spec.names.plural + "." + spec.group 형태여야 합니다. 위 예시에서는 alice + "." + k106.com = alice.k106.com으로 설정했습니다.

2. spec.group, versions :

```
spec:
  group: k106.com        # 2. 커스텀 리소스의 API 그룹
  scope: Namespaced      #    커스텀 리소스가 네임스페이스에 속하는지 여부
  ...
  versions:
  - name: v1alpha1       #    커스텀 리소스의 API 버전
```

이 CRD를 통해 생성될 커스텀 리소스가 속할 API 그룹과 버전을 설정합니다. 일반적으로 리소스의 버전은 〈API 그룹/버전〉 형태로 사용되기 때문에 이 CRD로부터 커스텀 리소스를 생성하려면 다음과 같이 YAML 파일을 작성해야 할 것입니다.

```
apiVersion: k106.com/v1alpha1
kind: Alice
...
```

3. spec.names :

```
names:
  plural: alices         # 3. 커스텀 리소스의 이름(복수형)
  singular: alice        #    커스텀 리소스의 이름(단수형)
  kind: Alice            #    YAML 파일 등에서 사용될 커스텀 리소스의 Kind
  shortNames: ["ac"]     #    커스텀 리소스 이름의 줄임말
```

커스텀 리소스를 지칭할 이름을 설정합니다. plural은 커스텀 리소스의 복수형을, singular는 단수형을 의미합니다. kind는 YAML 파일 등에서 Kind 항목에서 커스텀 리소스를 나타낼 때 사용할 이름을, shortNames는 커스텀 리소스를 줄여서 부를 이름을 설정합니다. 이해를 돕기 위해 파드에서의 사용 예시와 비교해보면 다음과 같습니다.

	파드의 사용 예시	위 CRD의 사용 예시
복수형	kubectl get pods	kubectl get alices
단수형	kubectl get pod	kubectl get alice
줄여서 부르는 이름	kubectl get po	kubectl get ac
YAML 파일에서의 예시	kind: Pod	kind: Alice

4. spec.validation

```
schema:
  openAPIV3Schema:           # 4. 커스텀 리소스의 데이터를 정의
    type: object
    required: ["spec"]       # 커스텀 리소스에는 반드시 "spec"이 존재해야 함
    properties:              # 커스텀 리소스에 저장될 데이터 형식을 정의
      spec:
        required: ["myvalue"]
        type: object
        properties:
          myvalue:
            type: "string"
            minimum: 1
```

이 항목에서는 실제로 커스텀 리소스에 어떠한 데이터가 저장돼야 하며, 어떠한 항목이 반드시 설정돼야 하는지 정의합니다. 위 예시에서는 required: ["spec"]을 통해 '커스텀 리소스에는 반드시 spec이라는 항목이 있어야 한다'는 것을 명시하고 있습니다. 또한 spec의 하위에 반드시 myvalue라는 항목이 있어야 하며, 이 값은 문자열(string)이어야 합니다.

이러한 CRD의 설정값들을 모두 만족하는 커스텀 리소스의 YAML 파일은 최종적으로 다음과 같이 완성할 수 있습니다.

예제 12.2 chapter12/my-cr-example.yaml

```yaml
apiVersion: k106.com/v1alpha1
kind: Alice
metadata:
  name: my-custom-resource
spec:
  myvalue: "This is my value"
```

우선 CRD를 정의하는 YAML 파일을 통해 새로운 CRD를 생성해 보겠습니다.

```
$ kubectl apply -f my-crd-example-k8s-latest.yaml
customresourcedefinition.apiextensions.k8s.io/alices.k106.com created

$ kubectl get crds | rg alice
alices.k106.com                              2025-04-05T09:47:19Z
...
```

CRD를 통해 Alice라는 커스텀 리소스를 사용할 것이라고 쿠버네티스에 등록했기 때문에 이제서야 커스텀 리소스를 생성할 수 있는 상태가 됐습니다. 앞서 작성했던 my-cr-example.yaml 파일로 커스텀 리소스를 생성해 보겠습니다.

```
$ kubectl apply -f my-cr-example.yaml
alice.k106.com/my-custom-resource created
```

드디어 커스텀 리소스를 생성했습니다. 이전에 설명했던 것처럼 커스텀 리소스에 대해서도 kubectl get이나 describe 등의 명령어를 똑같이 사용할 수 있습니다.

```
$ kubectl get alices
$ kubectl get ac
NAME                  AGE
my-custom-resource    8m8s

$ kubectl describe ac my-custom-resource
...
Spec:
  Myvalue:  This is my value
```

12.4 커스텀 리소스와 컨트롤러

CRD로부터 커스텀 리소스를 생성했다고 하더라도 이것만으로는 큰 의미를 갖지 않습니다. 커스텀 리소스 그 자체는 etcd에 저장된 단순한 데이터일 뿐, 실제로 동작하고 있는 파드나 서비스는 아니기 때문입니다. 커스텀 리소스를 생성했을 때 특정 동작을 수행하도록 정의하는 컨트롤러를 별도로 구현해야만 커스텀 리소스가 비로소 의미를 갖게 됩니다.

예를 들어, 레플리카셋의 목적은 '라벨 셀렉터가 일치하는 일정 개수의 파드를 생성하는 것'이었고, 이를 위한 동작은 컨트롤러 매니저라는 컴포넌트 내부에서 수행됩니다. 이처럼 커스텀 리소스가 어떠한 목적을 위해 생성되는지 비즈니스 로직으로 구현해 놓은 별도의 컨트롤러가 필요합니다. 이 비즈니스 로직은 커스텀 리소스가 원하는 바람직한 상태를 계속해서 유지하도록 만드는 소스코드로 구현되어야 합니다.

커스텀 리소스를 위한 컨트롤러가 어떻게 동작하는지 간단하게 나타내보면 다음과 같습니다.

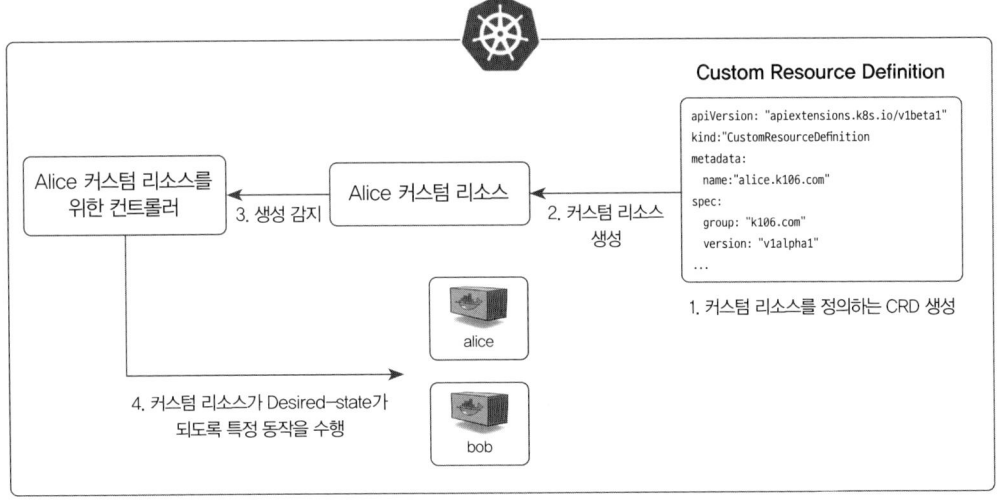

그림 12.4 커스텀 리소스의 동작 순서

여러분이 직접 구현한 컨트롤러는 API 서버의 Watch를 통해 새로운 커스텀 리소스가 생성됐다는 것을 감지하고, 커스텀 리소스가 원하는 바람직한 상태가 되도록 특정 동작을 수행합니다. 이때 바람직한 상태는 여러분이 커스텀 리소스의 역할을 어떻게 정의하느냐에 달려 있습니다. 바람직한 상태가 alice와 bob이라는 두 개의 파드가 존재하는 것일 수도 있고, 웹 서버 구축을 위한 여러 개의 서버 파드와 서비스가 존재하는 것일 수도 있으며, AWS에서 EC2 인스턴스를 새롭게 하나 생성하는 것일 수도 있습니다. 이처럼 현재 상태가 바람직한 상태가 되도록 특정 동작을 수행하는 것을 쿠버네티스에서는 **Reconcile**이라고 부릅니다. 레플리카셋으로부터 생성된 파드를 일부러 하나 삭제하면 즉시 그 자리에 새로운 파드를 새롭게 생성해 바람직한 상태를 유지하는 것도 Reconcile의 일종으로 볼 수 있습니다.

그리고 이러한 일련의 동작을 통해 CRD를 사용할 수 있도록 컨트롤러를 구현하는 방법을 오퍼레이터(Operator) 패턴이라고 부르며, 쿠버네티스의 기능을 확장할 때 매우 중요하게 여겨지는 원리 중 하나입니다. 대부분의 유명한 오픈소스들은 리소스 관리의 복잡성을 줄이기 위해 오퍼레이터 패턴과 커스텀 리소스를 통해 사용할 수 있도록 제공되고 있습니다.[1]

하지만 이러한 컨트롤러의 동작 원리를 여러분이 처음부터 직접 구현하는 것은 매우 어려운 일입니다. 위와 같이 컨트롤러의 기본적인 동작만을 구현하려 해도 쿠버네티스의 API를 제대로 알고 소스 코드로 구현해야 하는데, 쿠버네티스를 많이 다뤄보지 않은 초심자에게는 이마저도 벅찬 일이기 때문입니다. 다행히도 컨트롤러를 쉽게 개발할 수 있도록 도와주는 Operator SDK나 KubeBuilder 와 같은 다양한 프레임워크가 제공되고 있기 때문에, Reconcile에서 어떠한 동작을 수행할 것인지만을 구현함으로써 쉽게 컨트롤러를 개발할 수 있습니다.

이 책에서는 소개하지 않았지만, 커스텀 리소스를 사용하기 위해서 반드시 CRD나 오퍼레이터를 사용해야만 하는 것은 아닙니다. 커스텀 리소스의 세부 내용에 관심이 있다면 쿠버네티스 공식 문서를 참고하기 바랍니다.[2]

오퍼레이터를 개발하는 프레임워크는 빠르게 업데이트되고 있으며, 이를 소스코드 레벨에서 분석하는 것은 매우 긴 내용이 되기 때문에 이 책에서 개발 방법을 다루지는 않습니다. 오퍼레이터를 직접 구현해 커스텀 리소스를 사용하는 것에 관심이 있다면 이 책에서 제공하는 강좌를 참고해 따라할 수 있습니다.[3]

---

1 https://operatorhub.io/에서 공개된 오퍼레이터를 찾아 사용할 수 있습니다.
2 https://kubernetes.io/docs/concepts/extend-kubernetes/api-extension/custom-resources/
3 이 책의 깃허브 저장소 하단에서 [그 밖의 유용한 강좌 링크]에 있는 [커스텀 리소스의 제어를 위한 Operator 직접 구현해보기]를 참고합니다.

13 파드를 사용하는 다른 오브젝트들

파드를 사용하는 다른 상위 오브젝트에서는 파드의 기능을 그대로 사용할 수 있기 때문에 지금까지 쿠버네티스의 기능을 사용할 때는 대부분 파드를 기준으로 설명했습니다. 오브젝트 내에서 파드를 사용할 경우 YAML 파일 등에서 파드 템플릿을 이용해 파드의 기능을 정의할 수 있기 때문입니다. 대표적인 예시로 디플로이먼트에서 파드를 사용했던 것을 떠올려 보겠습니다. 디플로이먼트에서는 spec.template 항목을 통해 사용할 파드의 기능을 정의했었습니다.

```
...
    matchLabels:
      app: webserver
  template:
    metadata:
      name: my-webserver
      labels:
        app: webserver
    spec:
      containers:
      - name: my-webserver
        image: alicek106/rr-test:echo-hostname
        ports:
        - containerPort: 80
```

디플로이먼트에서 파드를 정의하는 템플릿

이처럼 파드를 사용하는 상위 오브젝트에는 디플로이먼트 외에도 몇 가지가 더 있습니다. 이번 장에서는 디플로이먼트만큼 자주 쓰이지는 않지만, 상황에 따라서 필요할 수 있는 몇 가지 상위 오브젝트에 대해 알아보겠습니다.

13.1 잡(Jobs)

잡(Job)은 특정 동작을 수행하고 종료해야 하는 작업을 위한 오브젝트입니다. 파드를 생성해 원하는 동작을 수행한다는 점에서는 디플로이먼트와 같지만, 잡에서 원하는 최종 상태는 '특정 개수의 파드가 실행 중인 것'이 아닌 **'파드가 실행되어 정상적으로 종료되는 것'**이라는 점에서 차이가 있습니다. 따라서 잡에서는 파드의 컨테이너가 종료 코드로서 0을 반환해 Completed 상태가 되는 것을 목표로 합니다.

예를 들어, 파드에서 Hello, World만을 출력하고 종료되는 간단한 잡을 하나 생성해 보겠습니다.

예제 13.1 chapter13/job-hello-world.yaml
```yaml
apiVersion: batch/v1
kind: Job
metadata:
  name: job-hello-world
spec:
  template:
    spec:
      restartPolicy: Never
      containers:
      - image: busybox
        args: ["sh", "-c", "echo Hello, World && exit 0"]
        name: job-hello-world
```

kind가 Job으로 설정됐다는 점을 제외하면 위의 YAML 파일은 단일 파드를 정의하는 YAML 파일과 다른 점은 거의 없어 보입니다. 단, 앞서 설명한 것처럼 잡의 파드가 최종적으로 도달해야 하는 상태는 Running이 아니라 Completed이기 때문에 파드의 restartPolicy를 명시적으로 Never 또는 OnFailure로 지정해 주어야 합니다.

위 YAML 파일로 잡을 생성한 뒤, 잡과 파드의 목록을 확인해 보겠습니다.

```
$ kubectl apply -f job-hello-world.yaml
job.batch/job-hello-world created

$ kubectl get pods
NAME                     READY    STATUS       RESTARTS    AGE
job-hello-world-x5ggp    0/1      Completed    0           8s

$ kubectl get jobs
NAME               COMPLETIONS    DURATION    AGE
job-hello-world    1/1            6s          12s
```

생성된 파드는 Hello, World만을 출력하고 빠르게 종료되기 때문에 곧바로 Completed 상태가 됐으며, 잡의 COMPLETIONS 항목에서는 1/1이라는 문구를 통해 1개의 파드가 정상적으로 수행됐음을 나타내고 있습니다.

잡에서 생성된 파드는 항상 실행 중인 것을 목표로 하지 않기 때문에, 잡 오브젝트를 어디에 사용해야 할지 의문이 들 수 있습니다. 사용자의 요청을 처리하는 서버와 같은 애플리케이션의 관점이 아닌, 한 번 수행하고 종료되는 배치(Batch) 작업을 위한 관점에서 생각해보면 잡의 쓰임새를 쉽게 이해할 수 있습니다. 프레임을 렌더링하거나 파일을 인코딩하는 작업처럼 데이터를 가공해야 하는 배치 워크로드를 쿠버네티스에서 수행해야 한다고 생각해 보겠습니다. 이러한 배치 워크로드의 애플리케이션은 항상 실행 중일 필요가 없으며, 원하는 동작을 수행한 뒤 종료되기만 하면 그것만으로 충분합니다. 이러한 상황에서는 디플로이먼트보다는 잡을 사용하면 배치 워크로드를 좀 더 명확히 정의해 사용할 수 있습니다.

단, 잡은 동시성을 엄격하게 보장해야 하는 병렬 처리를 위해 사용하는 것이 아니라는 점을 알아둬야 합니다. 또한 잡의 파드가 실패하면 파드가 restartPolicy에 따라 재시작될 수도 있어서 잡이 처리하는 작업은 멱등성을 가지는 것이 좋습니다.

 쿠버네티스의 공식 문서에서는 YAML 템플릿을 이용해 동일한 잡을 여러 개 생성하거나, Message Queue 나 Redis에 작업 큐를 저장해 둔 뒤 잡이 작업 큐를 꺼내와 처리하도록 하는 패턴 등을 설명하고 있습니다.[1] 이러한 고급 활용 방법에 대해 관심이 있다면 쿠버네티스 공식 문서를 참고하기 바랍니다.

---

1 https://kubernetes.io/docs/concepts/workloads/controllers/jobs-run-to-completion/#job-patterns

잡의 세부 옵션

위 예시에서는 잡에서 파드를 하나만 생성했으며, 파드가 한 번 만에 성공했기 때문에 별도의 옵션을 설정할 필요가 없었습니다. 하지만 실제로 배치 워크로드에서 잡을 사용하려면 다양한 옵션을 함께 사용해야만 효율적으로 작업을 끝마칠 수 있습니다. 잡에서 자주 사용되는 세부 옵션은 다음과 같습니다.

- **spec.completions** : 잡이 성공했다고 여겨지려면 몇 개의 파드가 성공해야 하는지(정상적으로 종료돼야 하는지) 설정합니다. 기본값은 1입니다.

- **spec.parallelism** : 동시에 생성될 파드의 개수를 설정합니다. 기본값은 1입니다.

spec.completions는 해당 잡이 성공했다고 여겨지려면 파드가 총 몇 개가 성공해야 하는지를 의미합니다. 기본적으로는 1로 설정돼 있어서 1개의 파드가 정상적으로 종료되면 잡 또한 성공했다고 간주합니다. 그렇다면 만약 이 값을 3으로 설정하면 어떻게 될까요?

예제 13.2 chapter13/job-completions.yaml

```
...
  name: job-completions
spec:
  completions: 3
  template:
...
```

```
$ kubectl apply -f job-completions.yaml
job.batch/job-completions created


$ kubectl get pods -w
NAME                      READY   STATUS              RESTARTS   AGE
job-completions-7fs99     0/1     ContainerCreating   0          3s
job-completions-7fs99     0/1     Completed           0          12s
job-completions-mv9d7     0/1     Pending             0          0s
job-completions-mv9d7     0/1     Pending             0          0s
job-completions-mv9d7     0/1     ContainerCreating   0          0s
job-completions-mv9d7     0/1     Completed           0          9s
job-completions-lx2sh     0/1     Pending             0          0s
job-completions-lx2sh     0/1     Pending             0          0s
job-completions-lx2sh     0/1     ContainerCreating   0          0s
job-completions-lx2sh     0/1     Completed           0          7s
```

파드가 순차적으로 하나씩 생성됐고, 파드가 Completed 상태가 되자마자 바로 다음 파드가 실행됐습니다. job-completion이라는 잡의 입장에서는 3개의 파드가 정상적으로 종료돼야만 잡이 성공적으로 수행된 것으로 간주하기 때문에 파드를 한 개씩 3번 생성한 것입니다. 그리고 결국 3개의 파드가 하나씩 정상적으로 종료되어 completions의 횟수를 채웠기 때문에 잡은 최종적으로 성공한 것으로 여겨집니다.

```
$ kubectl get job job-completions -o yaml | grep type
    type: Complete

$ kubectl get jobs
NAME                COMPLETIONS     DURATION    AGE
job-completions     3/3             28s         6m14s
```

 만약 잡의 파드가 실패한다면 restartPolicy에 따라 파드가 다시 재시작되거나(OnFailure), 새로운 파드를 다시 생성해 똑같은 작업을 다시 시도합니다(Never). 파드가 실패하면 기본적으로는 최대 6번을 다시 시도 하지만, 최대 재시도 횟수는 spec.backoffLimit 값에 별도로 설정할 수 있습니다.

이때 3개의 파드를 한꺼번에 생성하지 않고 왜 파드를 하나씩 순차적으로 생성하는지 의아할 수도 있습니다. 이는 잡이 한 번에 실행할 파드의 개수를 지정하는 spec.parallelism의 값이 기본적으로 1로 설정돼 있기 때문입니다. 잡에서 한 번에 파드를 여러 개 생성해 실행하고 싶다면 parallelism 의 값을 적절히 높여 설정하면 됩니다.

그렇다면 이번에는 completions를 설정하지 않은 상태로, parallelism 값만 3으로 설정해 잡을 실행해 보겠습니다.

예제 13.3 chapter13/job-parallelism.yaml
```
...
  name: job-parallelism
spec:
  parallelism: 3
...
```

```
$ kubectl apply -f job-parallelism.yaml
job.batch/job-parallelism created

$ kubectl get pods
NAME                        READY   STATUS              RESTARTS    AGE
job-parallelism-gk5jr       0/1     ContainerCreating   0           3s
```

```
job-parallelism-nrp4g    0/1    ContainerCreating    0    3s
job-parallelism-vrbj6    0/1    ContainerCreating    0    3s
```

이번에는 한 번에 3개의 파드가 동시에 생성되고 있음을 확인할 수 있습니다.

spec.completion과 spec.parallelism을 함께 사용하면 잡의 수행 속도를 적절히 조절할 수 있습니다. 예를 들어, 다음과 같이 completion을 8로, parallelism을 2로 설정했다고 가정해 보겠습니다.

예제 13.4 chapter13/job-comple-parallel.yaml

```
...
  name: job-comple-parallel
spec:
  completions: 8
  parallelism: 2
...
```

이때 전체적으로는 8개의 파드가 정상적으로 수행돼야만 잡이 성공했다고 여겨지지만, 특정 순간에 동시에 실행될 수 있는 파드의 개수는 2개로 제한돼 있습니다. 따라서 파드가 계속해서 생성되어 2개씩 실행될 것이고, 8번째 파드가 정상적으로 종료되는 순간 잡이 성공했다고 간주하기 때문에 파드를 더 이상 생성하지 않을 것입니다.

 잡의 특정 파드에서 작업이 진행되지 않고 막혀 있는 경우, 잡은 성공이나 실패도 아닌 상태로 오랜 시간 동안 머물러 있을 것입니다. 이러한 상황을 방지하기 위해 파드가 실행될 수 있는 최대 시간을 spec.activeDeadlineSeconds 옵션으로 제한할 수 있습니다. 파드가 이 옵션에 설정된 값보다 더 오래 실행될 경우 파드는 강제로 종료되며, 잡은 실패한 상태로 여겨집니다.

크론잡(CronJobs)으로 잡을 주기적으로 실행하기[2]

크론잡(CronJob)은 잡을 주기적으로 실행하는 쿠버네티스 오브젝트입니다. 크론잡을 사용하면 특정 시간 간격으로 잡을 반복적으로 실행할 수 있기 때문에 데이터 백업이나 이메일 전송 등의 용도로 사용하기에 적합합니다.

크론잡은 리눅스에서 흔히 쓰이는 크론(Cron)의 스케줄 방법을 그대로 사용하기 때문에 크론의 사용 방법을 알고 있다면 어렵지 않게 사용할 수 있습니다. 1분마다 잡을 실행하는 간단한 크론잡을 생성하기 위해 아래의 내용으로 YAML 파일을 작성해 보겠습니다.

---

2 https://kubernetes.io/docs/tasks/job/automated-tasks-with-cron-jobs/에서 크론잡에서 사용할 수 있는 옵션들을 확인할 수 있습니다.

예제 13.5 chapter13/cronjob-example-k8s-latest.yaml

```yaml
apiVersion: batch/v1
kind: CronJob
metadata:
  name: cronjob-example
spec:
  schedule: "*/1 * * * *"        # Job의 실행 주기
  jobTemplate:                   # 실행될 Job의 설정 내용(spec)
    spec:
      template:
        spec:
          restartPolicy: Never
          containers:
          - name: cronjob-example
            image: busybox
            args: ["sh", "-c", "date"]
```

먼저 schedule에서는 1분에 한 번씩 실행하라는 의미의 타임 스케줄을 설정했습니다. jobTemplate에서는 이전에 잡을 정의할 때 사용했던 것과 동일하게 잡의 spec을 그대로 입력하면 됩니다. 이는 schedule에 설정된 주기마다 jobTemplate의 설정값을 갖는 잡을 실행한다는 의미입니다. 따라서 이 YAML 파일로 크론잡을 생성하면 1분마다 잡이 생성될 것입니다.

```
$ kubectl apply -f cronjob-example-k8s-latest.yaml
cronjob.batch/cronjob-example created

$ kubectl get jobs
NAME                         COMPLETIONS   DURATION   AGE
cronjob-example-1568468400   1/1           9s         2m32s
cronjob-example-1568468460   1/1           7s         91s
cronjob-example-1568468520   1/1           8s         31s
```

 기본적으로 성공한 잡의 기록은 최대 3개까지, 실패한 잡의 기록은 최대 1개까지만 기록하도록 설정돼 있습니다. 이 값은 YAML 파일에서 각각 spec.successfulJobsHistoryLimit 및 spec.failedJobsHistoryLimit 값을 설정함으로써 변경할 수 있습니다.

13.2 데몬셋(DaemonSets)

데몬셋(DaemonSets)은 쿠버네티스의 모든 노드에 동일한 파드를 하나씩 생성하는 오브젝트입니다. 데몬셋은 로깅, 모니터링, 네트워킹 등을 위한 에이전트를 각 노드에 생성해야 할 때 유용하게 사용할 수 있습니다.

예를 들어, 쿠버네티스 네트워킹을 위한 kube-proxy 컴포넌트나 calico 등의 네트워크 플러그인은 kube-system 네임스페이스에서 데몬셋으로 실행되고 있습니다. calico나 kube-proxy 파드는 쿠버네티스의 오버레이 네트워크를 구성할 때 필수적인 요소이기 때문에 기본적으로 모든 노드에서 에이전트처럼 실행됩니다.

```
$ kubectl get daemonsets -n kube-system
NAME           DESIRED   CURRENT   READY   UP-TO-DATE   AVAILABLE   ...
calico-node    4         4         2       4            2           ...
kube-proxy     4         4         2       4            2           ...
```

데몬셋은 다른 오브젝트들보다 비교적 간단하기 때문에 어렵지 않게 사용할 수 있습니다. 모든 노드에 동일한 파드를 하나씩 배치하는 간단한 데몬셋을 생성해 보겠습니다.

예제 13.6 chapter13/daemonset-example.yaml

```
apiVersion: apps/v1
kind: DaemonSet                              # [1]
metadata:
  name: daemonset-example
spec:
  selector:
    matchLabels:
      name: my-daemonset-example             # [2.1] 파드를 생성하기 위한 셀렉터 설정
  template:
    metadata:                                # [2.2] 파드 라벨 설정
      labels:
        name: my-daemonset-example
    spec:
      tolerations:                           # [3] 마스터 노드에도 파드를 생성
      - key: node-role.kubernetes.io/master
        effect: NoSchedule
      containers:
      - name: daemonset-example
        image: busybox                       # 테스트를 위해 busybox 이미지 사용
        args: ["tail", "-f", "/dev/null"]
        resources:                           # [4] 자원 할당량을 제한
```

```
        limits:
            cpu: 100m
            memory: 200Mi
```

- **[1]** : 가장 먼저, kind: DaemonSet이라고 명시함으로써 데몬셋을 사용할 것임을 선언했습니다.
- **[2]** : 데몬셋은 디플로이먼트처럼 라벨 셀렉터를 통해 파드를 생성합니다. 따라서 라벨 셀렉터가 일치하는 파드를 같은 YAML 내에서 정의했습니다.
- **[3]** : 데몬셋도 다른 오브젝트처럼 파드를 기본 단위로 사용하기 때문에, 마스터 노드에 설정되어 있는 Taint를 인식한 상태로 파드가 할당됩니다. 따라서 마스터 노드에도 파드를 생성하기 위해 간단한 Toleration을 하나 설정했습니다. 이는 필수적인 것은 아닙니다.
- **[4]** : 데몬셋은 일반적으로 노드에 대한 에이전트 역할을 하기 때문에 자원 부족 등으로 인해 데몬셋의 파드가 중지되는 것은 바람직하지 않습니다. 따라서 데몬셋을 생성할 때는 Guaranteed 클래스로 설정하는 것이 좋습니다. 이 또한 필수적인 것은 아닙니다.

위의 YAML 파일로 데몬셋을 생성하면 쿠버네티스의 모든 노드에 파드가 생성될 것입니다.

```
$ kubectl apply -f daemonset-example.yaml
daemonset.apps/daemonset-example created

$ kubectl get pods
NAME                         READY   STATUS    RESTARTS   AGE
daemonset-example-2w9zl      1/1     Running   0          116s
daemonset-example-96fc4      1/1     Running   0          116s
daemonset-example-btv9p      1/1     Running   0          116s
daemonset-example-j6cpd      1/1     Running   0          116s

$ # kubectl get ds라는 명령어로도 사용 가능합니다.
$ kubectl get daemonsets
NAME                DESIRED  CURRENT  READY  UP-TO-DATE  AVAILABLE  NODE SELECTOR  AGE
daemonset-example   4        4        4      4           4          <none>         2m
```

만약 특정 노드에만 데몬셋의 파드를 생성하고 싶다면 11.2절에서 사용해봤던 노드 셀렉터 (nodeSelector)나 Node Affinity를 파드에 적용할 수도 있습니다.

 데몬셋의 목적은 노드마다 파드를 하나씩 생성하는 것이기 때문에 노드에 장애가 발생했을 때에도 파드가 다른 노드로 퇴거(Evict)되지 않아야 합니다. 이를 위해 데몬셋의 파드에는 다양한 Toleration이 기본적으로 설정돼 있습니다.[3]

---

3 https://kubernetes.io/docs/concepts/workloads/controllers/daemonset/#taints-and-tolerations

13.3 스테이트풀셋(StatefulSets)

스테이트풀셋 사용하기

쿠버네티스에서 마이크로서비스 구조로 동작하는 애플리케이션은 대부분 상태를 갖지 않는 (Stateless) 경우가 많습니다. 그러한 경우에는 디플로이먼트를 통해 쉽게 애플리케이션을 배포할 수 있지만, 데이터베이스처럼 상태를 갖는(Stateful) 애플리케이션을 쿠버네티스에서 실행하는 것은 매우 복잡한 일입니다. 파드 내부의 데이터를 어떻게 관리해야 할지, 상태를 갖는 파드에는 어떻게 접근할 수 있을지 등을 꼼꼼히 고려해야 하기 때문입니다.

쿠버네티스가 이에 대한 해결책을 완벽하게 제공하는 것은 아니지만, 스테이트풀셋(StatefulSets)이라는 쿠버네티스 오브젝트를 통해 어느 정도는 해결할 수 있도록 제공하고 있습니다. 이름에서 알 수 있듯이 스테이트풀셋은 상태를 갖는(Stateful) 파드를 관리하기 위한 오브젝트입니다. 스테이트풀셋을 사용해보기에 앞서, 쿠버네티스에서는 상태를 갖는 파드와 그렇지 않은 파드를 어떻게 여기는지 간단히 짚고 넘어가겠습니다.

쿠버네티스에서 상태가 없는 파드를 지칭할 때는 흔히 '가축'에 비유합니다. 목장에서 풀어놓고 키우는 가축에는 이름을 지어주지 않으며, 한 동물과 다른 동물을 특정 이름으로 구분하지도 않습니다. 사람의 입장에서 가축은 언제든 대체될 수 있는 모두 동일해 보이는 개체에 불과하기 때문입니다. 때문에 쿠버네티스에서는 상태가 없는 애플리케이션, 즉 디플로이먼트 등을 통해 배포되는 파드를 보통 가축에 비유합니다. 각 파드를 특별하게 여기지 않으며, 언제든지 생성되고 사라질 수 있기 때문입니다.

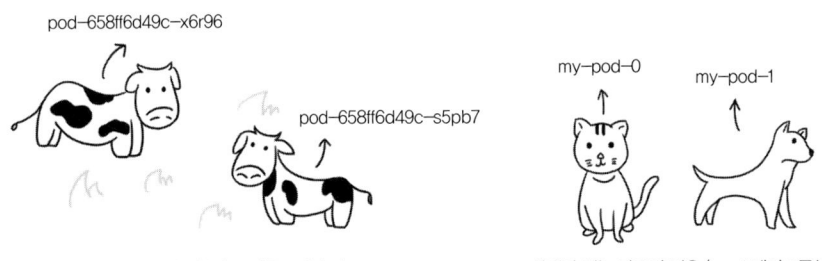

상태가 없는 파드의 경우 (ex. 디플로이먼트)   상태가 있는 파드의 경우 (ex. 스테이트풀셋)

이와 반대로 쿠버네티스에서 상태가 존재하는 파드를 지칭할 때는 '애완동물'에 비유합니다. 애완동물에는 특별한 이름을 붙여주기 때문에 다른 애완동물과 명확히 구분됩니다. 따라서 사람의 입장에서 애완동물은 대체 불가능한 개체로서, 항상 고유한 식별자를 갖는 것으로 여겨집니다. 이와 같은 이유로 쿠버네티스에서는 상태를 갖는 애플리케이션, 즉 스테이트풀셋을 통해 생성되는 파드를 보통 애완동물에 비유합니다. 상태를 갖는 각 파드는 모두 고유하며, 쉽게 대체될 수 없기 때문입니다.

쿠버네티스에서는 예전에 스테이트풀셋을 펫셋(PetSet)이라고 불렀습니다. 쿠버네티스 1.5 버전부터는 펫셋이 스테이트풀셋으로 이름이 변경됐습니다.

지금 당장 가축과 애완동물의 개념을 잘 이해하지 못했더라도, 스테이트풀셋을 사용해 보면 이러한 개념이 무슨 의미인지 금방 이해할 수 있을 것입니다. 간단한 스테이트풀셋을 생성해 보기 위해 아래의 내용으로 YAML 파일을 작성합니다.

예제 13.7 chapter13/statefulset-example.yaml

```yaml
apiVersion: apps/v1
kind: StatefulSet
metadata:
  name: statefulset-example
spec:
  serviceName: statefulset-service
  selector:
    matchLabels:
      name: statefulset-example
  replicas: 3
  template:
    metadata:
      labels:
        name: statefulset-example
    spec:
      containers:
      - name: statefulset-example
        image: alicek106/rr-test:echo-hostname
        ports:
        - containerPort: 80
          name: web
---
apiVersion: v1
kind: Service
metadata:
  name: statefulset-service
spec:
  ports:
    - port: 80
      name: web
  clusterIP: None
  selector:
    name: statefulset-example
```

이 YAML 파일이 어떠한 의미가 있는지 설명하기에 앞서, 이 YAML 파일로 리소스를 생성해 보겠습니다. 1개의 스테이트풀셋(3개의 파드) 그리고 1개의 서비스가 생성될 것입니다.

```
$ kubectl apply -f statefulset-example.yaml
statefulset.apps/statefulset-example created
service/statefulset-service created

$ # kubectl get sts라는 명령어로도 사용할 수 있습니다.
$ kubectl get statefulset
NAME                  READY   AGE
statefulset-example   3/3     10s


$ kubectl get pods
NAME                    READY   STATUS    RESTARTS   AGE
statefulset-example-0   1/1     Running   0          13s
statefulset-example-1   1/1     Running   0          10s
statefulset-example-2   1/1     Running   0          8s
```

디플로이먼트에서 생성된 파드는 랜덤한 이름이 붙여지지만, 스테이트풀셋으로부터 생성된 파드들의 이름에는 0, 1, 2.. 처럼 숫자가 붙어 있다는 사실에 주목합니다. 스테이트풀셋에서는 이처럼 파드 이름에 붙여지는 숫자를 통해 각 파드를 고유하게 식별합니다.

> 스테이트풀셋에서 replicas의 값을 여러 개로 설정해 생성할 경우 기본적으로는 0번 파드부터 차례대로 생성되며, 이전 번호의 파드가 완전히 준비돼야만 다음 번호의 파드가 생성됩니다. 이 설정은 YAML 파일의 spec.podManagementPolicy 항목에서 변경할 수 있습니다.

방금 사용해 봤던 YAML 파일로 돌아와 스테이트풀셋의 내용을 다시 살펴보겠습니다.

```
...
spec:
  serviceName: statefulset-service
  selector:
    matchLabels:
...
```

이 YAML의 스테이트풀셋은 라벨 셀렉터, replicas, 파드 템플릿 등을 정의하고 있으며, 이것만 봤을 때는 데몬셋이나 디플로이먼트와 크게 다르지 않아 보입니다. 하지만 지금까지 보지 못했던 **spec.serviceName**이라는 특이한 항목을 정의하고 있으며, 이 항목에는 스테이트풀셋의 파드에 접근할 수 있는 서비스 이름을 입력해야 합니다. 그렇다면 왜 군이 스테이트풀셋만 이렇게 특이한 항목이 있는지 궁금할 수 있습니다.

앞서 설명했던 것처럼 스테이트풀셋은 가축이 아닌 애완동물처럼 여겨집니다. 따라서 스테이트풀셋에서 생성되는 파드는 모두 고유하며, 각자가 다른 개체로 취급돼야 합니다. 만약 이러한 상황에서 디플로이먼트에서 사용했던 일반적인 서비스를 스테이트풀셋에 사용하면 어떻게 될까요? 서비스는 기본적으로 라벨 셀렉터가 일치하는 랜덤한 파드를 선택해 트래픽을 전달하기 때문에 스테이트풀셋의 랜덤한 파드들에게 요청이 분산될 것입니다. 하지만 이것은 스테이트풀셋이 원하는 동작이 아닙니다. 스테이트풀셋의 각 파드는 고유하게 식별돼야 하며, 파드에 접근할 때에도 '랜덤한 파드'가 아닌, '개별 파드'에 접근해야 합니다.

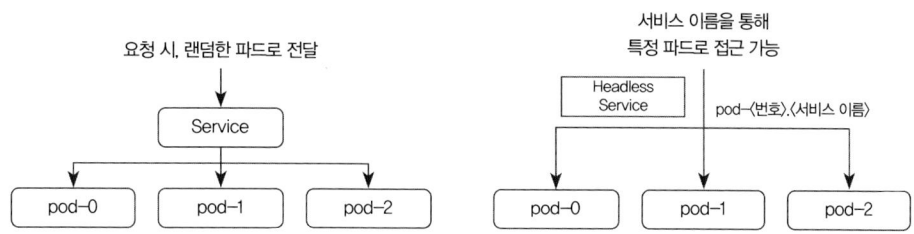

그림 13.1 스테이트풀셋과 헤드리스 서비스의 사용 예

이러한 경우에는 일반적인 서비스가 아닌 헤드리스 서비스(Headless Service)를 사용할 수 있습니다. 헤드리스 서비스는 서비스의 이름으로 파드의 접근 위치를 알아내기 위해서 사용되며, 서비스의 이름과 파드의 이름을 통해서 파드에 직접 접근할 수 있습니다. 방금 사용했던 YAML 파일의 아래쪽을 다시 살펴보면 clusterIP 항목의 값이 None으로 돼 있는데, 이것이 헤드리스 서비스라는 것을 의미합니다.

```
...
  clusterIP: None
  selector:
    name: statefulset-example
...
```

clusterIP가 None이기 때문에 서비스의 목록에서도 Cluster IP는 출력되지 않습니다.

```
$ kubectl get svc
NAME                  TYPE        CLUSTER-IP   EXTERNAL-IP   PORT(S)   AGE
statefulset-service   ClusterIP   None         <none>        80/TCP    15s
```

헤드리스 서비스의 이름은 SRV 레코드로 쓰이기 때문에 헤드리스 서비스의 이름을 통해 파드에 접근할 수 있는 IP를 반환할 수 있습니다. 예를 들어, 다음과 같이 nslookup 명령어에 헤드리스 서비스의 이름을 입력하면 접근 가능한 파드의 IP가 출력됩니다.

```
# kubectl run -i --tty --image busybox:1.28 debug --restart=Never --rm \
    nslookup statefulset-service

Server:    10.96.0.10
Address 1: 10.96.0.10 kube-dns.kube-system.svc.cluster.local

Name:      statefulset-service
Address 1: 192.168.2.98 statefulset-example-0.statefulset-service.default.svc.cluster.local
Address 2: 192.168.3.16 statefulset-example-1.statefulset-service.default.svc.cluster.local
Address 3: 192.168.1.153 statefulset-example-2.statefulset-service.default.svc.cluster.local
```

nslookup의 출력 결과에서 알 수 있듯이 〈파드의 이름〉.〈서비스 이름〉을 통해서도 파드에 접근할 수 있습니다. 스테이트풀셋에서 파드의 이름에는 0부터 시작하는 숫자가 붙기 때문에 쿠버네티스 클러스터 내부에서는 아래 그림처럼 고유한 파드 이름으로 접근할 수 있습니다.

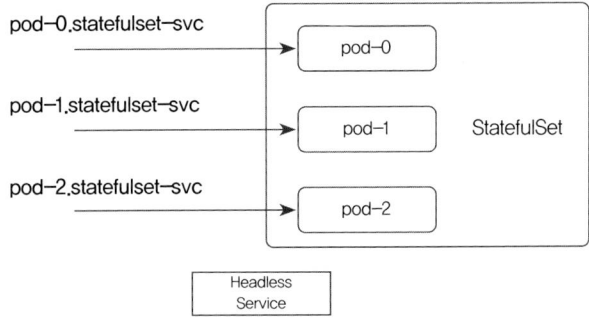

그림 13.2 파드의 이름과 헤드리스 서비스를 통한 스테이트풀셋 파드로의 접근

디플로이먼트에서 생성했던 파드에 접근할 때는 이처럼 헤드리스 서비스를 사용하지 않았던 것을 떠올려 보면 가축과 애완동물의 차이점을 이해할 수 있을 것입니다. 이러한 개념은 쿠버네티스뿐만 아니라 데브옵스(DevOps)에서도 자주 등장하기 때문에 스테이트풀셋이 의도하는 바를 정확히 알고 넘어가는 것이 좋습니다.

스테이트풀셋과 퍼시스턴트 볼륨

앞서 사용해 봤던 스테이트풀셋 예제는 단순히 파드 컨테이너의 호스트 이름을 반환하는 단순한 웹 서버를 생성했습니다.[4] 하지만 실제로 스테이트풀셋을 사용할 때는 파드 내부에 데이터가 저장되는,

---

[4] 도커 이미지 alicek106/rr-test:echo-hostname은 호스트 이름을 반환하는 웹 서버 컨테이너를 생성합니다.

상태가 존재하는(Stateful) 애플리케이션을 배포하는 경우가 대부분일 것입니다. 9장에서도 설명했듯이 파드의 데이터는 일반적으로 휘발성이기 때문에 파드 내부에 퍼시스턴트 볼륨을 마운트해 데이터를 보존하는 것이 일반적입니다.

스테이트풀셋도 마찬가지로 퍼시스턴트 볼륨을 파드에 마운트해 데이터를 보관하는 것이 바람직합니다. 하지만 스테이트풀셋의 파드가 여러 개라면 파드마다 퍼시스턴트 볼륨 클레임을 생성해줘야 하는 번거로움이 있습니다. 다행히도 쿠버네티스는 스테이트풀셋을 생성할 때 파드마다 퍼시스턴트 볼륨 클레임을 자동으로 생성함으로써 다이나믹 프로비저닝 기능을 사용할 수 있도록 지원합니다.

이 기능은 아래의 YAML 파일처럼 스테이트풀셋에서 spec.volumeClaimTemplates 항목을 정의함으로써 사용할 수 있습니다.

 아래의 YAML 파일은 AWS에서 kops로 쿠버네티스를 설치한 환경에서 generic이라는 이름의 스토리지 클래스를 미리 설정해 둔 뒤 테스트했습니다. generic 스토리지 클래스는 AWS의 EBS를 동적으로 프로비저닝하도록 설정돼 있습니다.

예제 13.8 chapter13/statefulset-volume.yaml

```
...
      name: web
    volumeMounts:
    - name: webserver-files
      mountPath: /var/www/html/
  volumeClaimTemplates:
  - metadata:
      name: webserver-files
    spec:
      accessModes: ["ReadWriteOnce"]
      storageClassName: generic
      resources:
        requests:
          storage: 1Gi
...
```

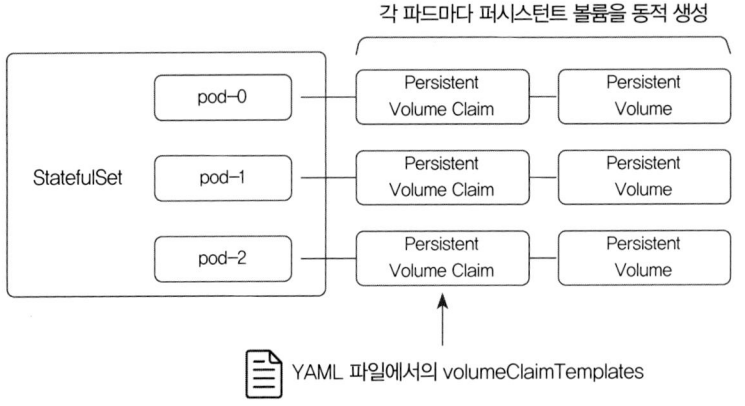

그림 13.3 volumeCalimTemplates를 통한 퍼시스턴트 볼륨 클레임의 생성

volumeClaimTemplates를 사용하면 스테이트풀셋의 각 파드에 대해 퍼시스턴트 볼륨 클레임이 생성됩니다. volumeClaim**Templates**라는 단어가 의미하는 것처럼 파드가 사용할 퍼시스턴트 볼륨 클레임의 템플릿을 정의하는 것이라고 생각하면 이해하기 쉽습니다. volumeClaimTemplates에 정의된 설정대로 퍼시스턴트 볼륨이 동적으로 생성될 것이고, 이는 각 파드에 마운트됩니다.

```
$ kubectl apply -f statefulset-volume.yaml
statefulset.apps/statefulset-volume created
service/statefulset-volume-service created

$ kubectl get pv,pvc
NAME                                                        CAPACITY
persistentvolume/pvc-8902da0a-d818-453c-91eb-360b811c8bd8   1Gi    ...
persistentvolume/pvc-b10a730b-51c2-4981-857f-de8e35959d23   1Gi    ...
persistentvolume/pvc-cdee27b9-0212-4c4d-8341-64294758d264   1Gi    ...

NAME                                                        STATUS
persistentvolumeclaim/webserver-files-statefulset-volume-0  Bound  ...
persistentvolumeclaim/webserver-files-statefulset-volume-1  Bound  ...
persistentvolumeclaim/webserver-files-statefulset-volume-2  Bound  ...
```

단, 스테이트풀셋을 삭제한다고 해서 volumeClaimTemplates로 인해 생성된 볼륨이 함께 삭제되지는 않습니다. 여타 이유로 인해 스테이트풀셋이 재생성되거나 파드의 수가 줄어들더라도 기존의 데이터를 안전하게 보존할 수 있어야 하기 때문입니다. 따라서 volumeClaimTemplates로 생성된 퍼시스턴트 볼륨과 클레임은 직접 삭제해야 합니다.

리소스 정리

이번 장의 실습에서 생성한 리소스가 남아있다면 이를 모두 삭제합니다. 이 책에서 제공하는 깃허브 저장소를 미리 내려받아 뒀다면 실습에 사용한 YAML 파일이 위치한 디렉터리를 통해 리소스를 쉽게 삭제할 수 있습니다.

```
$ cd chapter13/
$ kubectl delete -f ./

cronjob.batch "cronjob-example" deleted
daemonset.apps "daemonset-example" deleted
job.batch "job-comple-parallel" deleted
....
```

단, volumeClaimTemplates로 생성한 외부 볼륨이 존재한다면 직접 삭제해줘야 합니다.

14

쿠버네티스 모니터링

지금까지는 쿠버네티스의 기능을 어떻게 사용하는지에 대해서만 다뤘기 때문에 모니터링 시스템과 같은 부가적인 요소에 대해 필요성을 느끼지 못했을 수도 있습니다. 하지만 실제 운영 단계의 쿠버네티스 클러스터를 계획하고 있다면 모니터링 시스템은 반드시 구축해야 하며, 어떠한 상황에서 어떠한 모니터링 데이터를 확인해야 하는지를 알고 있어야 합니다. 예를 들어, 다음과 같은 상황에서는 CPU나 메모리 같은 기초적인 모니터링 데이터를 확인하는 것부터 트러블슈팅을 시작할 수 있을 것입니다.

- 사용자 요청이 갑작스럽게 몰려서 부하가 발생할 때
- 인프라 또는 애플리케이션에 장애가 발생했을 때
- 애플리케이션의 일반적인 리소스 사용 패턴을 파악해야 할 때
- 그 외의 다양한 상황들

물론 실제로 위와 같은 상황에서는 CPU나 메모리 외에도 굉장히 많은 종류의 메트릭을 확인해야 할 수도 있습니다. 그러한 메트릭에는 디스크 사용량, 네트워크 I/O, 초당 요청 수, 심지어 애플리케이션 자체에 의존적인 메트릭[1]도 존재할 수 있습니다. 하지만 쿠버네티스가 이러한 메트릭을 수집할 수 있도록 자체적으로 모니터링 기능을 제공하지는 않습니다. 모니터링 시스템은 여러 오픈소스

---

1 애플리케이션 로직(예: 현재 서버에 접속 중인 사용자 수) 또는 언어에 종속적인 메트릭을 의미합니다. 호스트 또는 컨테이너 레벨이 아닌, 애플리케이션에서 정의해 사용할 수 있는 메트릭이라고 이해하면 됩니다.

도구를 조합해서 구축하거나 클라우드 플랫폼 또는 상용 솔루션을 구입해서 사용하는 것이 일반적입니다.

그림 14.1 오픈소스 모니터링 도구인 프로메테우스와 그라파나

쿠버네티스에서 가장 많이 사용되는 오픈소스 모니터링 데이터베이스는 아마 프로메테우스(Prometheus)일 것입니다. 프로메테우스는 성능, 사용성 및 다른 도구와의 호환성 등 여러 측면에서 우수하다고 평가되는 시계열 데이터베이스입니다. 그리고 데이터베이스에 수집된 데이터를 그라파나(Grafana)라는 도구를 통해 시각화하거나, AlertManager라고 불리는 도구를 통해 슬랙 알람을 보내는 등 여러 방법으로 확장해 사용할 수 있습니다. 프로메테우스를 활용해 메트릭을 수집하는 방법에 대해서는 뒤에서 좀 더 자세히 다룹니다.

하지만 프로메테우스와 같은 오픈소스를 사용해 모니터링 시스템을 구축할 경우 모든 관리를 직접 해야 한다는 단점이 있습니다. 장기간의(Long-term) 모니터링 데이터를 어떻게 관리할 것인지, 데이터베이스의 장애 관리는 어떻게 해야 하는지 등을 모두 직접 해결해야 한다는 뜻입니다. 이에 반해, 유료 모니터링 솔루션들은 모니터링 자체를 서비스로서 제공하기 때문에 오픈소스보다 편하고 쉽게 모니터링 시스템을 구축할 수 있다는 장점이 있습니다. 유료로 사용할 수 있는 모니터링 시스템에는 데이터독(Datadog), 뉴렐릭(NewRelic), AWS의 CloudWatch 등이 있습니다.

대부분의 경우 비용 등의 이유로 인해 유료 솔루션보다는 오픈소스 모니터링 도구를 사용하고 싶을 것입니다. 하지만 모든 상황에 통용되는 모니터링 솔루션은 존재하지 않는다는 것을 명심해야 합니다. 조직 내의 인력이 부족한 경우 데이터독을 사용하는 것이 더 효율적일 수도 있고, 커스터마이징이 필요하거나 쿠버네티스와 높은 호환성을 유지하는 모니터링 시스템을 구축하고 싶다면 프로메테우스를 사용하는 것이 정답일 수도 있습니다. 따라서 가장 먼저 해야 할 일은 각자의 환경에서 가장 적합한 모니터링 솔루션을 찾는 것이라고 할 수 있습니다.

14.1 모니터링 기본 구조

클라우드에서의 모니터링 스택을 처음 접한다면 모니터링 메트릭이 어떻게 데이터베이스로 수집되는지 전체적인 흐름을 먼저 익히는 것이 좋습니다. 이를 쉽게 이해할 수 있도록 이전에 2.5.4.3절에서 설명했던 CAdvisor를 다시 예로 들어보겠습니다.

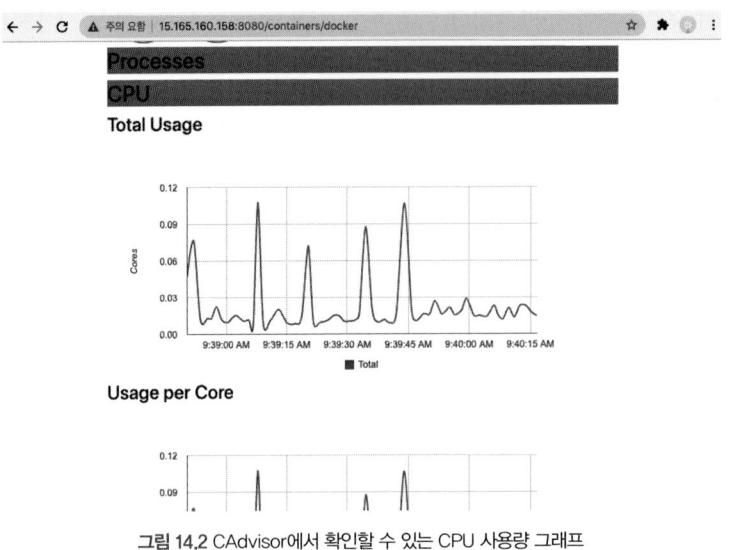

그림 14.2 CAdvisor에서 확인할 수 있는 CPU 사용량 그래프

CAdvisor는 컨테이너에 관련된 모니터링 데이터를 확인할 수 있는 모니터링 도구입니다. 하지만 CAdvisor가 제공하는 웹 UI에서는 단기간의 메트릭만 제공할 뿐, 체계적으로 데이터를 저장하고 분석하는 것 같지는 않아 보입니다. 그렇다면 이 CAdvisor를 통해 어떻게 모니터링 데이터를 데이터베이스에 수집하고 시각화할 수 있을까요?

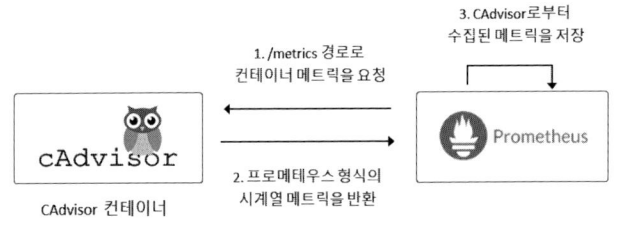

그림 14.3 프로메테우스의 메트릭 수집 형태

CAdvisor 같은 모니터링 에이전트 부류의 도구들은 /metrics라고 하는 경로를 외부에 노출시켜 제공합니다. 이 /metrics 경로로 요청을 보내면 CAdvisor는 키-값 쌍으로 구성된 메트릭 데이터의 목록을 반환하는데, 이 메트릭 데이터를 프로메테우스 같은 시계열 데이터베이스에 저장하면 됩니다. 프로메테우스는 CAdvisor의 엔드포인트를 미리 지정해주면 CAdvisor의 /metrics에 접근해 자동으로 데이터를 수집하므로 여러분이 CAdvisor의 데이터를 직접 프로메테우스에 저장할 필요가 없습니다. 단, 이를 위해서는 프로메테우스가 CAdvisor에 접근해 메트릭을 가져갈 수 있도록 CAdvisor의 엔드포인트 정보(서비스 디스커버리 정보)를 프로메테우스에 미리 지정해둬야 합니다.

이러한 모니터링 시스템을 실제로 어떻게 구축하고 사용하는지는 뒤에서 좀 더 자세히 다룹니다.

쿠버네티스 생태계에서 사용하는 키-값 형태의 시계열 데이터는 일반적인 RDBMS(관계형 데이터베이스)의 데이터 포맷과 완전히 다릅니다. 프로메테우스나 InfluxDB, CAdvisor 등에서 사용하는 데이터 포맷은 일반적으로 다음과 같은 형식을 띕니다.

```
# <메트릭 이름> <메트릭 값> 형식이라고 생각하면 쉽습니다.
process_open_fds 12
go_gc_duration_seconds{quantile="0"} 1.0947e-05
...
go_gc_duration_seconds_sum 0.006515866
go_gc_duration_seconds_count 134
```

이러한 데이터 포맷에 좀 더 관심이 있다면 프로메테우스 공식 문서[2]를 참고하거나 오픈메트릭(OpenMetric)이라고 하는 CNCF 샌드박스 프로젝트를 찾아보는 것도 좋습니다.

이처럼 /metrics 경로를 외부에 노출시켜 데이터를 수집할 수 있도록 인터페이스를 제공하는 서버를 일반적으로 exporter라고 부릅니다. exporter에는 다양한 종류가 존재할 수 있습니다. 예를 들어, 애플리케이션 내부의 데이터를 프로메테우스로 수집하고 싶다면 파이썬이나 Golang 등에서 제공하는 exporter 라이브러리를 통해 커스텀 exporter를 만들 수도 있습니다. 혹은 필요에 맞는 적절한 오픈소스 exporter를 가져다 쓸 수도 있으며, CAdvisor는 그러한 오픈소스 중 하나라고 생각하면 됩니다.

대부분의 오픈소스에서는 메트릭을 반환하기 위한 엔드포인트 경로로 /metrics를 기준으로 삼습니다. 쿠버네티스도 예외는 아니며, kubelet이나 kube-apiserver 등에도 /metrics 경로가 존재합니다.[3] 단, kubelet의 /metrics에서 데이터를 가져오려면 해당 경로로 접근할 수 있도록 적절한 클러스터 롤 바인딩을 설정해야 합니다. 예제 파일 중 chapter14/prometheus-clusterRole.yaml 파일에서 /metrics에 권한을 설정하는 방법을 확인할 수 있습니다.

2　https://prometheus.io/docs/concepts/data_model/
3　정확히 말하자면 kubelet에서는 /metrics와 /metrics/cadvisor가 나뉘어서 존재합니다. /metrics는 kubelet 자체에 대한 애플리케이션 수준의 메트릭을, /metrics/cadvisor는 CAdvisor에서 반환하는 컨테이너 수준의 메트릭을 반환합니다.

14.2 모니터링 메트릭의 분류

모니터링 스택을 구축하기에 앞서 모니터링 메트릭의 종류에는 어떤 것이 있는지 간단히 짚고 넘어 가겠습니다. 모니터링 메트릭은 크게 3단계로 분류할 수 있습니다.[4]

- **인프라 수준의 메트릭**: 호스트 레벨에서의 메트릭을 의미합니다. 예를 들어 호스트에서 사용 중인 파일 디스크립터의 개수, 호스트에 마운트돼 있는 디스크 사용량, 호스트 NIC의 패킷 전송량 등이 될 수 있습니다. 뒤에서 설명할 node-exporter라 는 도구가 제공하는 메트릭은 인프라 수준에 해당합니다.

- **컨테이너 수준의 메트릭**: 컨테이너 레벨에서의 메트릭을 의미합니다. 예를 들어, 컨테이너별 CPU와 메모리 사용량, 컨테이 너 프로세스의 상태, 컨테이너에 할당된 리소스 할당량, 쿠버네티스 파드의 상태 등이 포함될 수 있습니다. CAdvisor가 제 공하는 메트릭은 컨테이너 수준에 해당합니다.

- **애플리케이션 수준의 메트릭**: 인프라와 컨테이너를 제외한, 애플리케이션 레벨에서 정의하는 모든 메트릭을 의미합니다. 마 이크로서비스에서 발생하는 트레이싱(tracing) 데이터일 수도 있고, 애플리케이션 로직에 종속적인 데이터일 수도 있으며, 서버 프레임워크에서 제공하는 모니터링 데이터일 수도 있습니다.

앞으로 여러분이 모니터링 시스템을 구축한 뒤 다루게 될 데이터는 대부분 인프라 또는 컨테이너 수 준의 모니터링 데이터입니다. 예를 들어, CAdvisor는 컨테이너 수준의 모니터링에 속하지만 인프 라 수준의 모니터링 데이터도 일부 제공합니다. 그렇다면 실제로 CAdvisor가 제공하는 컨테이너 수준의 메트릭에는 어떠한 것이 있는지 간단히 살펴보겠습니다.

```
$ # 다음 명령어는 CAdvisor 컨테이너를 생성해 둔 리눅스 호스트에서 실행했다고 가정합니다.
CAdvisor 컨테이너를 생성하는 방법은 2.5.4.3절을 참고합니다.
$ curl localhost:8080/metrics
...
container_cpu_system_seconds_total{...name=""} 0.01 1600693225593
...
container_memory_rss{..name="k8s_POD_kube-proxy-..."} 20480 1600693238719
...
machine_cpu_cores 2 # 이 메트릭은 호스트에 존재하는 CPU 코어 수를 의미합니다.
```

container_cpu_xxx... 또는 container_memory_xxx... 등의 이름이 붙은 메트릭이 존재하는 것 으로 봐서 대부분이 컨테이너에 관련된 메트릭이라는 것을 알 수 있습니다. 이러한 메트릭을 시계 열 데이터베이스에 수집하고, 원하는 형태로 가공하면 컨테이너 수준의 모니터링을 할 수 있는 셈 입니다.

---

[4] 여기서 설명하는 분류 기준은 절대적인 것이 아니며, 여러분들이 쉽게 이해할 수 있도록 대략적으로만 구분한 것입니다.

이와 유사하게 인프라 수준에서의 메트릭을 제공하는 node-exporter라는 도구도 있으며, 애플리케이션 수준에서의 메트릭을 제공하는 프레임워크 또는 exporter 라이브러리도 있습니다. 이러한 것 중 어느 것을 써야 할지는 답으로 정해져 있지 않지만 호스트, 컨테이너, 애플리케이션 수준의 메트릭을 적절히 수집할 수 있도록 모니터링 시스템을 구축하는 것을 목표로 한다고 생각하면 됩니다.

14.3 쿠버네티스 모니터링 기초

이번 장에서는 데이터독이나 CloudWatch 같은 유료 솔루션이 아닌, 무료로 사용할 수 있는 프로메테우스 중심의 모니터링 시스템을 설명합니다. 만약 여러분의 조직에서 유료 솔루션을 사용하기로 결정했다고 하더라도 한 번쯤은 직접 모니터링 시스템을 구축하고 이를 활용해보는 것 또한 좋은 공부가 될 수 있을 것입니다.

14.3.1 metrics-server

앞에서 언급했던 것처럼 쿠버네티스에서 자체적으로 모니터링 기능을 제공하지는 않지만 쿠버네티스 메트릭을 수집해 사용할 수 있도록 몇 가지 애드온(add-on)[5]을 제공합니다. 그중 가장 기초적인 것은 컨테이너와 인프라 레벨에서의 메트릭을 수집하는 metrics-server라는 도구입니다. metrics-server를 설치하면 파드의 오토스케일링, 사용 중인 리소스 확인 등 여러 기능을 추가적으로 사용할 수 있으므로 가능하다면 반드시 설치할 것을 권장합니다.

먼저, 각 파드의 리소스 사용량을 확인하는 명령어를 사용해 보겠습니다. 이전의 2.5.4.2절에서 설명했던 docker stats 명령어를 기억할 것입니다. docker stats는 호스트 머신에 존재하는 도커 컨테이너의 리소스 사용량을 보여주는 명령어였습니다.

쿠버네티스에도 이와 비슷한 명령어로 kubectl top이라는 명령어가 있습니다. kubectl top 명령어를 사용하면 파드 또는 노드의 리소스 사용량을 확인할 수 있습니다. 하지만 이 명령어는 기본적으로 다음과 같은 에러를 출력할 것입니다.

```
$ kubectl top no
error: Metrics API not available

$ kubectl top po
error: Metrics API not available
```

---

[5] 쿠버네티스에서 자체적으로 제공하는 것은 아니지만 필요에 따라 쿠버네티스 내부에 설치해 추가적으로 기능을 활용할 수 있도록 제공하는 도구를 의미합니다.

단일 도커 호스트와는 달리 쿠버네티스는 여러 개의 노드로 구성돼 있기 때문에 docker stats처럼 쉽게 메트릭을 확인할 수는 없습니다. 즉, kubectl top 명령어를 사용하려면 클러스터 내부의 메트릭을 모아서 제공하는 별도의 무엇인가가 필요한 셈인데, metrics-server가 바로 그 역할을 담당합니다.

이를 위해 metrics-server를 가장 먼저 설치해 사용해보겠습니다. metrics-server는 설치에 필요한 YAML 파일을 공식 깃허브 저장소[6]에서 제공하므로 이 YAML 파일을 로컬로 내려받겠습니다.

```
$ wget \
https://github.com/kubernetes-sigs/metrics-server/releases/download/v0.7.2/components.yaml
```

해당 YAML 파일을 열어 metric-server의 디플로이먼트 부분에서 실행 옵션(args)에 다음과 같이 --kubelet-insecure-tls 옵션을 추가합니다.

```
$ vim components.yaml
...
    containers:
    - name: metrics-server
      image: k8s.gcr.io/metrics-server/metrics-server:v0.7.2
      imagePullPolicy: IfNotPresent
      args:
        - --cert-dir=/tmp
        - --secure-port=4443
        - --kubelet-insecure-tls
...
```

수정한 YAML 파일을 통해 metrics-server를 설치합니다. 다음과 같이 여러 리소스가 함께 생성될 것입니다.

```
$ kubectl apply -f components.yaml
clusterrole.rbac.authorization.k8s.io/system:aggregated-metrics-reader created
clusterrolebinding.rbac.authorization.k8s.io/metrics-server:system:auth-delegator created
rolebinding.rbac.authorization.k8s.io/metrics-server-auth-reader created
apiservice.apiregistration.k8s.io/v1beta1.metrics.k8s.io created
serviceaccount/metrics-server created
deployment.apps/metrics-server created
service/metrics-server created
clusterrole.rbac.authorization.k8s.io/system:metrics-server created
clusterrolebinding.rbac.authorization.k8s.io/system:metrics-server created
```

---

6 https://github.com/kubernetes-sigs/metrics-server

쿠버네티스에 관련된 여러 애드온들은 매우 빠르게 개발되고 업데이트되고 있습니다. 따라서 이 책을 읽고 있는 시점에는 애드온을 설치하거나 사용하는 방법이 달라져 위의 명령어가 더 이상 동작하지 않을 수 있습니다. 이러한 경우에는 이 책의 깃허브 저장소에서 설치 방법을 추가적으로 설명할 것이므로 실습 도중 잘 안 되는 부분이 있다면 부담 없이 이슈 또는 코멘트를 남겨주시기 바랍니다.

metrics-server의 리소스에는 지금까지 실습했던 여러 쿠버네티스 기능이 복합적으로 들어있습니다. 그렇지만 metrics-server가 어떠한 원리로 동작하는지는 잠시 후에 좀 더 알아보기로 하고, 일단은 metrics-server가 정상적으로 실행 중인지 확인해보겠습니다. metrics-server는 기본적으로 kube-system 네임스페이스에 생성돼 있습니다.

```
$ kubectl get po -n kube-system | grep metrics-server
metrics-server-7949d47784-7gfjl          1/1     Running   0          2m56s
```

metrics-server가 정상적으로 생성됐다면 이제 kubectl top 명령어를 사용할 수 있을 것입니다.

```
$ kubectl top po -n kube-system
NAME                                       CPU(cores)   MEMORY(bytes)
calico-kube-controllers-75d555c48-4nffh    1m           8Mi
calico-node-7chq8                          18m          62Mi
...

$ kubectl top no
NAME                CPU(cores)   CPU%   MEMORY(bytes)   MEMORY%
ip-10-40-0-10.ap-..  134m        6%     1161Mi          30%
ip-10-40-0-30.ap-..  76m         3%     805Mi           21%
...
```

14.3.2 metrics-server 동작 원리: APIService 리소스

이번 절에서 설명하는 metrics-server의 동작 원리는 모니터링 시스템 구축과 직접적인 연관은 없습니다. 하지만 metrics-server의 동작 원리는 APIService를 통한 쿠버네티스 API의 확장 및 인증 등 여러 기능과 엮여 있으므로 간단히라도 이해하고 넘어가는 것을 권장합니다.

metrics-server를 설치하고 나니 kubectl top 명령어로 파드와 노드의 리소스 사용량을 간단하게 확인할 수 있게 됐습니다. 그렇다면 metrics-server는 어떠한 방식으로 메트릭을 모아서 사용자에게 보여줄 수 있는 것일까요?

앞에서 몇 번 언급했던 것처럼 쿠버네티스의 노드 에이전트인 kubelet은 CAdvisor를 자체적으로 내장하고 있으며, 파드와 노드 메트릭을 반환하는 /metrics/resource라는 엔드포인트를 제공합니다. kubelet은 기본적으로 노드의 10250 포트로 연결돼 있으므로 이 엔드포인트의 /metrics/resource로 직접 접근해보겠습니다.

```
$ kubectl get no
NAME                    STATUS    ROLES           AGE     VERSION
ip-10-40-0-10.ap-...    Ready     control-plane   8h      v1.32.3

$ # 노드에 직접 SSH로 접근할 수 있다면 노드에서 직접 요청을 보내도 됩니다.
$ kubectl run -i --tty --rm debug --image=alicek106/ubuntu:curl bash
If you don't see a command prompt, try pressing enter.
root@debug:/# curl https://10.40.0.10:10250/metrics/resource -k[7]
Unauthorized
```

curl의 -k 옵션은 HTTPS 통신 시 신뢰할 수 없는 인증서의 사용을 허가하기 위해 사용하는 옵션입니다. kubelet 같은 쿠버네티스 내부 컴포넌트는 기본적으로 스스로 사인한(self-signed) 인증서를 통해 HTTPS 보안 연결을 사용하기 때문에 curl에서 -k 옵션을 사용했습니다. 이와 비슷한 맥락으로 metrics-server를 설치할 때도 --kubelet-insecure-tls 옵션을 지정했습니다. 즉, --kubelet-insecure-tls 옵션은 metrics-server가 kubelet의 /metrics/resource에 접근해 메트릭을 가져올 때 kubelet의 인증서의 신뢰 여부와 상관없이 통신하기 위한 것입니다.

이상하게도 kubelet으로부터 Unauthorized 응답이 되돌아왔는데, 이는 /metrics/resource에 접근하기 위한 권한 정보를 curl에 넣어주지 않았기 때문입니다.[8] 즉, kubelet으로부터 메트릭을 가져오기 위한 권한을 클러스터롤(ClusterRole)로 정의해서 서비스 어카운트에 연결한 뒤, 서비스 어카운트의 토큰을 curl의 헤더에 포함시켜 요청해야 정상적인 메트릭을 확인할 수 있습니다.

사실 방금 생성했던 metrics-server의 YAML 파일에서는 metrics-server 서비스 어카운트가 nodes/metrics 리소스에 접근할 수 있도록 이미 권한이 부여되어 있습니다.

```
$ cat components.yaml | grep -B10 -F10 nodes/metrics
apiVersion: rbac.authorization.k8s.io/v1
kind: ClusterRole
...
```

---

[7] 10.40.0.10은 예시 노드 IP이며, 여러분의 노드 IP로 적절히 변경해 사용해야 합니다.
[8] 10.3.1절에서 본 403과 비슷한 응답 형태라고 이해하면 됩니다.

```
rules:
- apiGroups:
  - ""
  resources:
  - nodes/metrics
```

따라서 이미 존재하는 metrics-server 서비스 어카운트의 토큰을 복사해 /metrics/resource 경로로 curl 요청을 다시 전송해 보겠습니다. 터미널을 하나 더 열어 토큰을 생성하여 복사한 뒤, 해당 토큰을 curl에 담아 kubelet으로 요청해 보면 다음과 같이 정상적으로 메트릭이 반환될 것입니다.

```
$ # 다음 명령어의 출력 결과를 복사합니다.
$ kubectl create token metrics-server -n kube-system
eyJhbGciOiJS...

$ kubectl run -i --tty --rm debug \
--image=alicek106/ubuntu:curl bash

root@debug:/# curl https://10.40.0.10:10250/metrics/resource -k -H "Authorization: Bearer (복사
한 토큰을 여기에 붙여넣습니다)"

root@debug:/# # 사용 예시) curl https://10.40.0.10:10250/metrics/resource -k \
-H "Authorization: Bearer eyJhbGci..."
container_cpu_usage_seconds_total{container="autoscaler",namespace="kube-system",pod="coredns-
autoscaler-5f67cf4649-bk4n9"} 149.841308 1743864750185
container_cpu_usage_seconds_total{container="calico-node",namespace="kube-system",pod="calico-
node-bpjmq"} 22994.20092 1743864763223
...
```

위와 같은 방식을 통해 metrics-server는 kubelet으로부터 주기적으로 노드, 파드 메트릭을 수집합니다. 그러고 나서 metrics-server는 수집한 데이터를 한 번 더 정제해 외부에 제공하며, kubectl top 명령어는 metrics-server가 제공하는 메트릭을 통해 결과를 보여줍니다. 이를 간단히 그림으로 나타내 보면 다음과 같습니다.

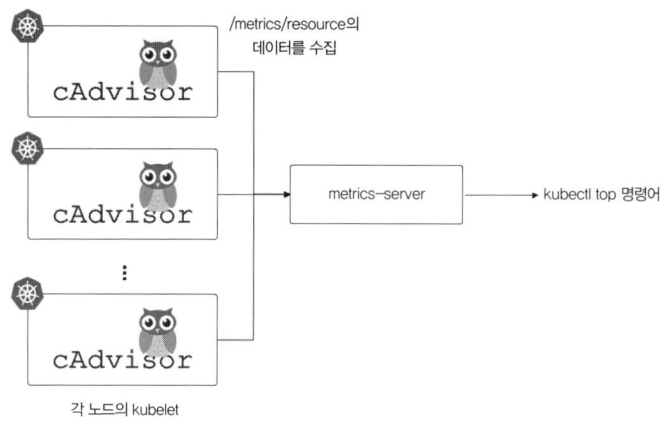

그림 14.4 metrics-server의 메트릭 수집 구조

그렇다면 metrics-server가 반환하는 메트릭은 어떠한 형태인지 확인해볼 수 있을까요? 이번에는 metrics-server라는 이름의 서비스에 직접 접근해 보겠습니다.

```
root@debug:/ kube-system 네임스페이스에 존재하는 파드 내부에서 실행했다고 가정합니다.
root@debug:/# curl https://metrics-server:443 -k
{
  "kind": "Status",
..
  "status": "Failure",
  "message": "forbidden: User \"system:anonymous\" cannot get path \"/\"",
  "reason": "Forbidden",
..
  "code": 403
}
```

metrics-server는 우리가 원하는 메트릭 대신 403(권한이 없음)을 반환했습니다. 눈치가 빠른 독자라면 metrics-server가 반환한 응답 형식이 어디선가 많이 봤던 익숙한 형식인 것을 알아챘을 것입니다. 우리는 분명 metrics-server에 요청을 보냈는데, 마치 API 서버가 응답한 것처럼 "system:anonymous가 /에 접근할 수 없다"라는 응답 메시지가 반환됐습니다. 사실 이것은 metrics-server가 일종의 확장된 API 서버 역할을 하기 때문입니다.

지금까지 설명했던 API 서버의 개념을 충분히 이해한 상태라면 "확장된 API 서버"라는 개념이 혼란스러울지도 모릅니다. 간단히 설명하자면 API 서버의 스펙을 준수하는 별도의 서버를 구축한 뒤, 이를 쿠버네티스에 등록하면 마치 확장된 API 서버처럼 사용할 수 있다고 생각하면 됩니다. 지금 예시에서는 metrics-server가 쿠버네티스에 확장된 API 서버로서 등록돼 있으며, API 서버의 역할을 일부 담당하고 있습니다. metrics-server에 의해 확장된 API는 APIService라고 하는 리소스를 사용해 쿠버네티스에 등록할 수 있는데, 이 APIService 리소스는 이전에 metrics-server를 배포할 때 함께 생성됐습니다.

```
$ kubectl apply -f components.yaml
...
apiservice.apiregistration.k8s.io/v1beta1.metrics.k8s.io created
...
```

그렇다면 metrics-server에서 사용하는 APIService 리소스는 어떤 내용을 담고 있을까요? 이전에 사용했던 components.yaml 파일을 잠깐 확인해보겠습니다.

```
apiVersion: apiregistration.k8s.io/v1
kind: APIService
metadata:
  name: v1beta1.metrics.k8s.io
spec:
  service:
    name: metrics-server       # [2] metrics-server라는 서비스 이름에 접근함으로써
    namespace: kube-system     # [1] kube-namespace에 존재하는
  group: metrics.k8s.io.       # [3] metrics.k8s.io라는 이름의 API를 사용할 수 있다고 정의함
  version: v1beta1             # [4] API 버전은 v1beta1
...
```

APIService 리소스는 "새로운 API를 확장해 사용하기 위해서는 어떠한 서비스(Service)에 접근해야 하는가"를 정의하고 있습니다. 위의 YAML 파일을 통해 새로 생성될 API의 이름은 metrics.k8s. io이고, 이 새로운 API는 metrics-server에 접근함으로써 사용할 수 있습니다. 이처럼 APIService를 생성한 뒤 metrics.k8s.io라는 이름의 API를 호출하게 되면 이는 API 서버(kube-apiserver)에서 처리하지 않고, 확장된 API 서버인 metrics-server에서 처리하게 됩니다.

이러한 API 확장 방식을 쿠버네티스에서는 API Aggregation이라고 합니다. API Aggregation이라는 단어를 그대로 해석한 것처럼 추가적인 API를 묶어서(Aggregation) 마치 쿠버네티스 API처럼 사용할 수 있는 것이라고 생각하면 됩니다. 이를 순서대로 나타내면 다음과 같습니다.

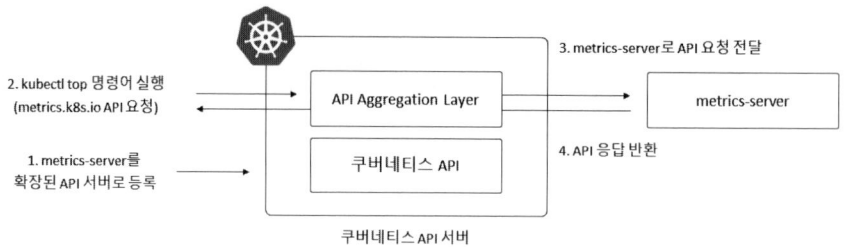

그림 14.5 metrics-server의 동작 원리

1. APIService 리소스를 통해 metrics-server를 확장된 API 서버로서 등록합니다.
2. 사용자는 쿠버네티스 API 서버(kube-apiserver)에 metrics.k8s.io API 요청을 전송합니다.
3. 해당 API는 API Aggregation에 의해 metrics-server로부터 제공되고 있으므로 쿠버네티스 API 서버는 해당 요청을 metrics-server에 전달합니다.
4. 사용자는 metrics-server가 처리한 API 응답을 반환받습니다. 위 경우에는 metrics-server가 /stats/summary로부터 수집한 노드, 파드의 리소스 사용량 메트릭을 반환받았습니다.

일반적으로 API Aggregation 기능을 활용하는 경우는 그다지 많지 않지만 metrics-server처럼 별도의 외부 데이터 소스로부터 메트릭을 가져다 쓰거나 추가적인 쿠버네티스 기능을 구현해야 할 때는 API Aggregation을 유용하게 사용할 수 있습니다.

metrics-server에서 사용하는 metrics.k8s.io라는 이름의 확장된 API가 실제로 존재하는지도 확인해 보겠습니다. 다음 명령어처럼 kubectl에 --raw 옵션을 추가하면 쿠버네티스 API 서버 (kube-apiserver)에 직접 API를 요청하는 것처럼 사용할 수 있습니다.

```
$ kubectl get --raw /apis/metrics.k8s.io | jq
{
  "kind": "APIGroup",
  "apiVersion": "v1",
  "name": "metrics.k8s.io",
  "versions": [
    {
      "groupVersion": "metrics.k8s.io/v1beta1",
      "version": "v1beta1"
    }
  ],
  "preferredVersion": {
    "groupVersion": "metrics.k8s.io/v1beta1",
    "version": "v1beta1"
  }
}
```

쿠버네티스 API 서버에 /apis/metrics.k8s.io 경로로 요청했을 때 위와 동일한 결과를 반환하는지 알고 싶다면 API 서버로 직접 요청을 보내봐도 되지만, kubectl을 사용할 수 있는 터미널에서 kubectl proxy 명령어를 사용하면 인증 없이 손쉽게 API 서버로 접근할 수 있습니다.

```
$ kubectl proxy
Starting to serve on 127.0.0.1:8001

$ # 다른 터미널을 하나 더 실행한 다음 127.0.0.1:8001로 요청을 전송합니다.
$ curl localhost:8001 # 별도의 Bearer 인증 헤더 없이도 요청에 성공했습니다.
...
    "/apis/metrics.k8s.io",
    "/apis/metrics.k8s.io/v1beta1",
...
```

상세한 API 버전 및 nodes 또는 pods를 명시해 API를 호출하면 kubectl top 명령어에서 사용되는 메트릭을 볼 수 있을 것입니다. 물론 이 API 요청은 쿠버네티스 API 서버가 아닌 metrics-server에서 처리하게 됩니다.

```
$ kubectl get --raw /apis/metrics.k8s.io/v1beta1/nodes | jq
$ kubectl get --raw /apis/metrics.k8s.io/v1beta1/pods | jq
```

14.3.3 kube-state-metrics

kube-state-metrics는 쿠버네티스 리소스의 상태에 관련된 메트릭을 제공하는 애드온입니다. 예를 들어, 파드의 상태가 Running인지 또는 디플로이먼트의 레플리카 개수가 몇 개인지 등은 리소스 상태에 해당하며, kube-state-metrics 애드온을 통해 확인할 수 있습니다.

kube-state-metrics 또한 깃허브에서 설치를 위한 YAML 파일을 제공하므로 쉽게 설치할 수 있습니다.

```
$ git clone https://github.com/kubernetes/kube-state-metrics.git
$ cd kube-state-metrics/examples/standard
$ kubectl apply -f .
clusterrolebinding.rbac.authorization.k8s.io/kube-state-metrics created
clusterrole.rbac.authorization.k8s.io/kube-state-metrics created
deployment.apps/kube-state-metrics created
serviceaccount/kube-state-metrics created
service/kube-state-metrics created
```

kube-state-metrics 서버는 metrics-server에 비해 구성이 단순하기 때문에 curl 등으로 요청을 보내면 관련 메트릭을 바로 확인할 수 있습니다.

```
$ kubectl run -i --tty --rm debug \
  --image=alicek106/ubuntu:curl bash

root@debug:/# curl kube-state-metrics.kube-system.svc:8080/metrics
kube_configmap_info{namespace="kube-system",configmap="kubeadm-config"} 1
kube_configmap_info{namespace="kube-system",configmap="kubelet-config-1.18"} 1
kube_configmap_info{namespace="kube-public",configmap="cluster-info"} 1
kube_configmap_info{namespace="kube-system",configmap="calico-config"} 1
...
# 굉장히 많은 메트릭이 출력됩니다.
```

14.3.4 node-exporter

node-exporter는 인프라 수준에서의 메트릭을 제공하는 exporter입니다. 컨테이너 메트릭에 초점을 맞춘 CAdvisor와는 달리 node-exporter는 파일 시스템, 네트워크 패킷 등과 같이 호스트 측면에서의 다양하고 자세한 메트릭을 제공하므로 가능하다면 쿠버네티스에 배포해두는 것을 추천합니다.

이번에는 node-exporter를 설치하고, 실제로 어떤 메트릭이 반환되는지 확인해 보겠습니다. node-exporter는 다양한 컨테이너 환경에서 사용할 수 있으므로 쿠버네티스 배포를 위한 YAML 파일을 node-exporter 깃허브 저장소[9]에서 직접적으로 제공하고 있지는 않습니다. 그 대신, kube-prometheus 등과 같은 깃허브 저장소[10]에서 쿠버네티스용 node-exporter 매니페스트를 찾을 수 있습니다.

kube-prometheus 깃허브 저장소에서는 프로메테우스를 중심으로 하는 모니터링 시스템을 한번에 편하게 설치할 수 있도록 jsonnet 및 YAML 파일들을 제공합니다. kube-prometheus의 가이드를 따라 여러 모니터링 도구를 한꺼번에 설치해도 상관은 없지만 이번 장에서는 각 도구들을 하나씩 직접 설치해보면서 모니터링 시스템이 어떻게 구성돼 있는지 학습해보는 것을 목적으로 합니다.

---

9 https://github.com/prometheus/node_exporter
10 https://github.com/prometheus-operator/kube-prometheus/tree/master/manifests에서 node-exporter에 관련된 YAML 파일을 사용할 수 있습니다.

이번에는 예외적으로 이 책의 깃허브에서 제공하는 YAML 파일로 node-exporter를 설치해 보겠습니다. 물론 앞에서 언급한 것처럼 나중에 모니터링 시스템에 어느 정도 익숙해지고 나면 kube-prometheus 저장소 같은 곳에서 YAML 파일을 받아 설치해도 상관없습니다.[11]

```
$ cd chapter14/node-exporter
$ kubectl apply -f .
namespace/monitoring created
daemonset.apps/node-exporter created
service/node-exporter created
serviceaccount/node-exporter created
```

node-exporter는 monitoring이라는 네임스페이스에 생성됐을 것입니다. 다음과 같이 node-exporter가 정상적으로 실행 중인지 확인합니다. node-exporter는 데몬셋으로 배포되므로 모든 노드에 파드가 하나씩 생성돼 있습니다.

```
$ kubectl get po -o wide -n monitoring
NAME                  READY  STATUS   RESTARTS  AGE   IP          NODE
node-exporter-5xwb5   1/1    Running  0         4m3s  10.40.0.30  ip-10-40-0-30...
...
```

위 명령어의 출력 결과를 유심히 살펴보면 파드의 IP와 노드의 IP가 동일한 것을 알 수 있습니다. 이는 node-exporter가 호스트 네트워크 모드(hostNetwork)로 실행되기 때문입니다. 파드 스펙에 다음과 같이 hostNetwork를 설정해주면 마치 docker run 명령어의 --net host와 같은 효과를 낼 수 있습니다.

예제 14.1 chapter14/node-exporter/node-exporter-daemonset.yaml

```
...
        - mountPath: /host/root
          mountPropagation: HostToContainer
          name: root
          readOnly: true
      hostNetwork: true
...
```

따라서 노드의 IP에 접근할 수 있다면 마찬가지로 node-exporter에도 접근할 수 있습니다. 이전처럼 kubectl run으로 임시용 파드를 생성하거나 클러스터 노드에 직접 SSH로 접속해 노드의 IP 및 node-exporter의 기본 포트인 9100으로 요청을 전송하면 다양한 메트릭을 확인할 수 있습니다.

---

11 이 책의 깃허브 저장소의 chapter14/에 위치한 파일들은 대부분 kube-prometheus 깃허브 저장소의 파일을 베이스로 하고 있습니다.

```
root@debug:/# curl 10.40.0.30:9100/metrics
...
node_disk_writes_completed_total{device="xvda"} 55947
# HELP node_disk_writes_merged_total The number of writes merged.
# TYPE node_disk_writes_merged_total counter
...
```

node-exporter는 기본적으로 상당히 많은 양의 메트릭을 수집하게 돼 있으며, 수집되는 메트릭의 종류는 node-exporter 깃허브에서 확인할 수 있습니다. 만약 필요 없는 메트릭이 있다면 node-exporter 데몬셋 YAML의 실행 인자(args) 중 --no-collector를 적절히 추가하는 방식으로 수집하지 않을 수 있습니다.[12]

14.4 프로메테우스를 활용한 메트릭 수집

모니터링을 위한 메트릭을 제공하는 애드온을 설치했다면 다음은 프로메테우스를 설치해 메트릭을 수집할 차례입니다. 그 전에 지금까지 다뤘던 메트릭 수집 도구에 대한 설명을 간단히 정리해보겠습니다.

- **kubelet에 내장돼 있는 CAdvisor**: 특정 노드에서 컨테이너 수준의 메트릭을 반환합니다. metrics-server는 kubelet의 /metrics/resource 에 접근해 파드와 리소스 관련 메트릭을 임시로 메모리에 수집하고, 이를 확장된 API로서 제공했습니다. 앞에서 다루지는 않았지만 kubelet의 CAdvisor가 제공하는 메트릭을 그대로 가져오기 위한 /metrics/cadvisor라는 경로도 별도로 존재합니다.

- **kube-state-metrics**: 쿠버네티스 리소스의 상태에 관한 메트릭을 반환합니다. 별도의 인증 없이 kube-state-metrics 서버의 8080 포트와 /metrics 경로로 요청해서 메트릭을 확인할 수 있습니다.

- **node-exporter**: 컨테이너가 아닌 인프라 수준에서의 메트릭을 반환합니다. 데몬셋의 형태로 모든 노드에 배포했으며, 9100 포트와 /metrics 경로로 요청해서 메트릭을 확인할 수 있습니다.

14.1절 "모니터링 기본 구조"에서 설명했던 내용을 기억하고 있다면 이러한 애드온의 특징 및 기능과 맞물려 있는 메트릭 수집 흐름을 쉽게 이해할 수 있습니다. 지금까지 설명한 CAdvisor, kube-state-metrics, node-exporter는 각자가 제공하는 메트릭을 외부에서 수집해갈 수 있도록 /metrics 같은 엔드포인트를 제공합니다. 프로메테우스를 설치한 뒤 메트릭을 수집할 수 있는 엔드포인트를 프로메테우스에 설정하기만 하면 메트릭이 자동적으로 수집될 것입니다.

---

[12] https://github.com/prometheus/node_exporter#enabled-by-default

단, 프로메테우스 중심의 모니터링 시스템을 제대로 활용하려면 쿠버네티스보다는 프로메테우스 자체에 대한 이해가 필요합니다. 그러한 내용은 이 책의 범위를 벗어나기 때문에 자세히 다루지는 않지만 관심이 있다면 이 책의 깃허브에서 제공하는 강좌 목록 중 프로메테우스 관련 내용을 읽어보는 것을 추천합니다. 따라서 이번 절에서는 프로메테우스 모니터링 시스템을 완벽하게 이해하기보다는 대략적인 구조 및 흐름을 이해하는 것을 목표로 합니다.

14.4.1 프로메테우스 설치

프로메테우스를 설치하는 방법은 여러 가지가 있습니다. 우선 가장 직관적인 방법으로 프로메테우스 도커 이미지를 사용하는 디플로이먼트를 배포하는 방법을 생각해 볼 수 있습니다. 하지만 이번 절에서는 프로메테우스 오퍼레이터(Operator)와 커스텀 리소스를 활용해 프로메테우스를 관리하는 방법을 사용할 것입니다. 오퍼레이터라는 개념이 약간 생소할 수 있지만 이전에 12장에서 다룬 커스텀 리소스 및 컨트롤러의 개념과 거의 동일합니다.

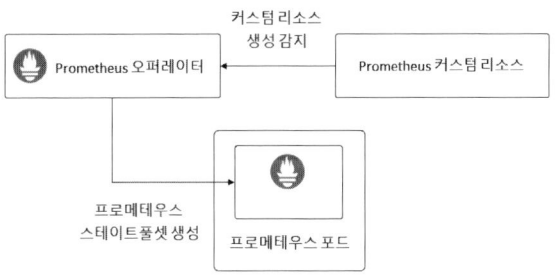

그림 14.6 프로메테우스 오퍼레이터와 커스텀 리소스

간단하게 생각해서 prometheus라는 커스텀 리소스를 생성하면 실제로 프로메테우스 파드가 생성된다고 생각하면 됩니다. 그뿐만 아니라 프로메테우스에서 메트릭을 수집할 대상이나 기타 설정 또한 커스텀 리소스로 정의해 사용할 수 있으며, 이로부터 생성된 프로메테우스 설정들은 프로메테우스에서 자동으로 리로드되어 적용됩니다. 만약 이러한 것들을 오퍼레이터 없이 직접 구성하려면 매우 귀찮을지도 모르지만 커스텀 리소스를 사용하면 이러한 기능을 손쉽게 사용할 수 있습니다.

하지만 이는 프로메테우스 오퍼레이터를 반드시 사용해야 한다는 뜻은 아닙니다. 만약 프로메테우스 자체에 대한 공부를 깊게 하고 싶다면 직접 프로메테우스 파드를 생성해 사용할 수도 있고, 심지어 바이너리를 직접 실행해 사용하는 방법도 생각해 볼 수 있습니다. 어떠한 방법을 선택할지는 순전히 여러분의 취향 또는 목적에 달려 있지만 이번 절에서는 프로메테우스 오퍼레이터 및 커스텀 리소스의 사용 측면에서 설명하겠습니다.

프로메테우스 오퍼레이터는 깃허브 저장소[13]에서 설치를 위한 YAML 파일을 제공합니다. 다음 명령어를 순서대로 실행해 프로메테우스 오퍼레이터를 설치합니다.[14] 오퍼레이터 사용을 위한 여러 CRD(Custom Resource Definition)도 함께 생성됩니다.

```
$ git clone https://github.com/prometheus-operator/prometheus-operator.git
$ cd prometheus-operator && kubectl apply -f bundle.yaml
customresourcedefinition.apiextensions.k8s.io/alertmanagers.monitoring.coreos.com created
...
clusterrole.rbac.authorization.k8s.io/prometheus-operator created
deployment.apps/prometheus-operator created
serviceaccount/prometheus-operator created
service/prometheus-operator created
```

default 네임스페이스에 프로메테우스 오퍼레이터가 정상적으로 생성됐는지 확인합니다.

```
$ kubectl get po -n default
NAME                                      READY   STATUS    RESTARTS   AGE
prometheus-operator-677cb4df44-t5trn      1/1     Running   0          4m51s
```

다음은 prometheus라는 이름의 커스텀 리소스를 생성해 프로메테우스를 배포할 차례입니다. 일단 지금은 최소화된 설정만으로 프로메테우스를 생성해 보겠습니다. 다음 내용으로 YAML 파일을 작성하되, 오브젝트의 종류(kind)가 Prometheus라는 점에 유의합니다.

예제 14.2 chapter14/prometheus-simple.yaml

```
apiVersion: monitoring.coreos.com/v1
kind: Prometheus
metadata:
  name: prometheus
  namespace: default
spec:
  replicas: 1
  serviceMonitorNamespaceSelector: {}[15]
  serviceMonitorSelector: {}
```

---

13 https://github.com/prometheus-operator/prometheus-operator

14 만약 kubectl apply 도중 metadata.annotations: Too long: may not be more than 262144 bytes 에러가 발생한다면 kubectl apply --server-side --force-conflicts -f bundle.yaml 명령어를 통해 오퍼레이터를 설치합니다. 이와 관련된 이슈는 프로메테우스 공식 문서 링크 (https://prometheus-operator.dev/docs/platform/troubleshooting/#customresourcedefinition--is-invalid-metadataannotations-too-long-issue)를 참고합니다.

15 serviceMonitorSelector는 뒤에서 설명할 serviceMonitor를 선택하기 위해서 사용합니다. 이처럼 빈 값으로 넣을 경우 프로메테우스는 모든 serviceMonitor를 선택합니다.

이 YAML 파일을 사용해 Prometheus 리소스를 생성하면 다음과 같이 프로메테우스 파드와 서비스가 함께 생성됩니다. 12.4절에서 설명했던 것처럼 오퍼레이터가 커스텀 리소스의 생성을 감지한 뒤 프로메테우스 파드를 생성하는 동작을 수행한 것입니다.

```
$ kubectl apply -f prometheus-simple.yaml
prometheus.monitoring.coreos.com/prometheus created

$ kubectl get po -n default
NAME                                       READY   STATUS    RESTARTS   AGE
prometheus-operator-677cb4df44-t5trn       1/1     Running   0          14m
prometheus-prometheus-0                    3/3     Running   1          4m

$ kubectl get svc
NAME                   TYPE        CLUSTER-IP   EXTERNAL-IP   PORT(S)
...
prometheus-operated    ClusterIP   None         <none>        9090/TCP
prometheus-operator    ClusterIP   None         <none>        8080/TCP
```

이번에는 프로메테우스가 자체적으로 제공하는 웹 UI로 접속해 보겠습니다. 브라우저에서 프로메테우스 파드의 9090 포트로 접속하면 웹 UI를 확인할 수 있지만 프로메테우스 오퍼레이터가 자동으로 생성해준 prometheus-operated라는 이름의 서비스는 ClusterIP 타입이기 때문에 브라우저에서 직접적으로 접근하는 것은 불가능합니다.

이를 위해 프로메테우스 파드에 연결하는 LoadBalancer 타입의 서비스를 새로 만들어도 되지만 이번에는 조금 다른 방법을 사용해 보겠습니다. 다음과 같이 kubectl port-forward 명령어를 사용하면 외부로 노출되지 않는 서비스에 임시로 접근할 수 있도록 로컬호스트에 포트 포워딩을 생성할 수 있습니다.

```
$ # kubectl port-forward svc/<서비스 이름> <로컬포트>:<서비스에서 사용하는 포트>
$ kubectl port-forward svc/prometheus-operated 19090:9090
Forwarding from 127.0.0.1:19090 -> 9090
Forwarding from [::1]:19090 -> 9090
```

예를 들어, 위와 같이 kubectl port-forward 명령어를 사용하면 현재 터미널의 127.0.0.1:19090 주소가 prometheus-operated 서비스의 9090 포트와 연결됩니다. 만약 kubectl을 윈도우 또는 macOS에서 사용하고 있다면 브라우저를 열어 127.0.0.1:19090로 접속해 프로메테우스 웹 UI를 사용할 수 있습니다.

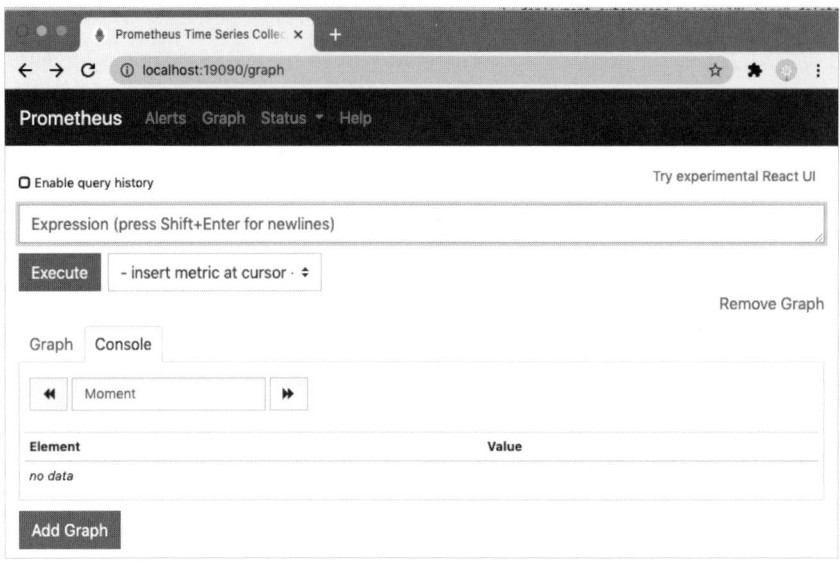

그림 14.7 프로메테우스의 웹 UI 기본 화면

 kubectl port-forward는 파드에 대해서도 사용할 수 있습니다. 다음과 같이 svc를 생략할 경우 기본적으로 파드에 대해 포트 포워딩됩니다.

```
$ kubectl port-forward prometheus-operator-677cb4df44-t5trn 19090:9090
$ # 127.0.0.1:19090으로 접근하면 파드의 9090 포트로 요청이 전송됩니다.
```

14.4.2 프로메테우스로 메트릭 수집하기

프로메테우스가 정상적으로 배포됐으니 다음은 메트릭을 실제로 수집해서 확인해볼 차례입니다. 앞에서 설명했던 것처럼 프로메테우스가 exporter로부터 메트릭을 가져오려면 메트릭을 가져올 수 있는 엔드포인트를 프로메테우스에게 알려줄 필요가 있습니다. 만약 프로메테우스 오퍼레이터를 사용하지 않을 경우에는 프로메테우스 파드 내부에 존재하는 설정 파일[16]에 엔드포인트를 직접 기입한 뒤 프로메테우스 프로세스를 리로드해야 하겠지만 지금은 커스텀 리소스를 사용하고 있으므로 그러한 수고스러운 작업을 하지 않아도 됩니다. ServiceMonitor라는 커스텀 리소스를 사용하면 어떠한 엔드포인트로부터 메트릭을 가져올 것인지를 쿠버네티스 리소스로 정의하고, 이를 프로메테우스에 자동으로 적용할 수 있기 때문입니다.

---

16 프로메테우스 파드 내부에는 prometheus.yml이라고 하는 프로메테우스 설정 파일이 존재합니다.

우선 node-exporter의 메트릭을 프로메테우스로 가져와 보겠습니다. 이 책에서 제공하는 예제에서 chapter14/node-exporter-serviceMonitor.yaml이라는 이름의 YAML 파일을 통해 ServiceMonitor 리소스를 생성합니다.

```
$ kubectl apply -f node-exporter-serviceMonitor.yaml
servicemonitor.monitoring.coreos.com/node-exporter created
```

ServiceMonitor 오브젝트는 "어떠한 서비스에 연결돼 있는 파드로부터 메트릭을 가져올 것인가"를 프로메테우스에게 알려주는 역할을 합니다. 방금 생성한 ServiceMonitor 리소스에는 node-exporter 서비스에 연결돼 있는 파드로부터 메트릭을 가져오는 설정이 들어 있습니다. YAML 파일의 내용을 살짝 확인해 보겠습니다.

예제 14.3 chapter14/node-exporter-serviceMonitor.yaml

```
...
  selector:
    matchLabels:
      app.kubernetes.io/name: node-exporter
```

ServiceMonitor에서의 라벨 셀렉터는 "어떠한 서비스를 선택할 것인가"를 의미하며, 위에서 설정돼 있는 라벨은 기존에 만들어둔 node-exporter 서비스의 라벨입니다. node-exporter 서비스에는 앞서 생성해 둔 node-exporter 데몬셋 파드들이 연결돼 있을 것이므로 최종적으로 프로메테우스는 각 node-exporter 파드에 접근해 메트릭을 수집하게 됩니다.

 시계열 데이터베이스가 메트릭을 수집하는 방법에는 Push 방식과 Pull 방식이 있습니다. Push는 exporter가 직접 데이터베이스로 메트릭을 전송(push)해서 저장하는 방식이고, Pull은 데이터베이스가 exporter에 접근해 메트릭을 당겨오는(pull) 방식입니다.

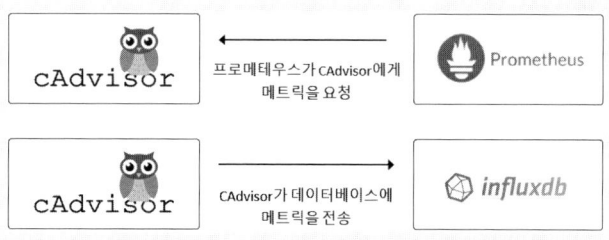

그림 14.8 Push 방식을 사용하는 InfluxDB와의 비교

프로메테우스는 Pull 방식을 사용하며, exporter에 접근해 메트릭을 수집해오는 것을 scrape(긁어오기)이라고 표현합니다.

ServiceMonitor를 생성했다면 다시 웹 UI로 되돌아와 프로메테우스의 설정에 잘 반영됐는지 확인해 보겠습니다. 상단 메뉴에서 [Status] → [Configuration]을 클릭하면 프로메테우스에서 현재 사용 중인 설정 파일(prometheus.yml)을 볼 수 있습니다.

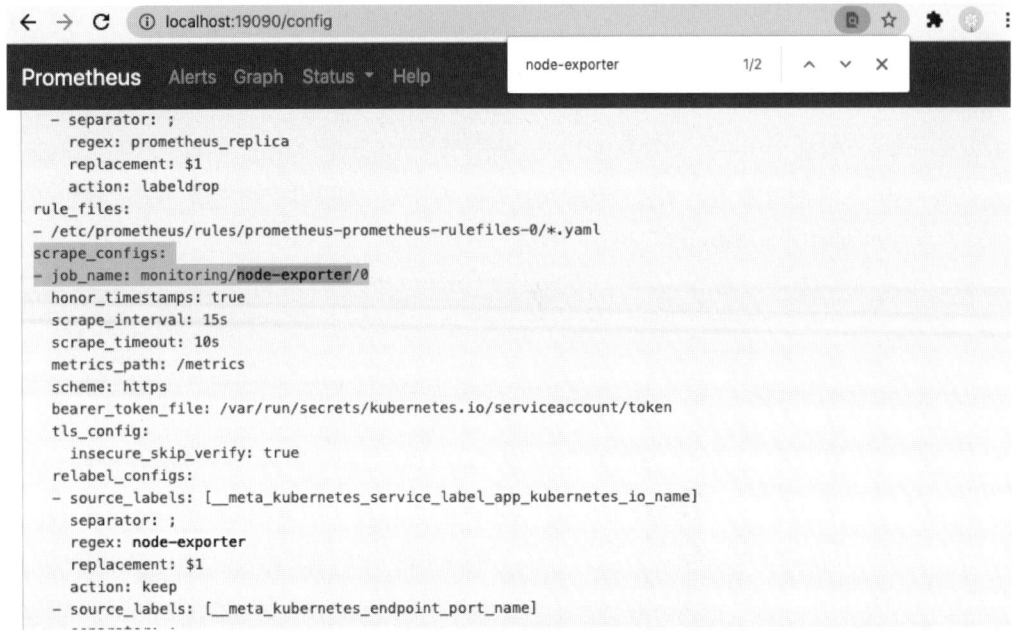

그림 14.9 웹 UI에서 확인할 수 있는 프로메테우스 설정(Configuration)

node-exporter라는 항목이 존재하는 걸로 봐서는 ServiceMonitor가 정상적으로 반영된 것 같습니다. 그렇다면 이번에는 프로메테우스가 실제로 node-exporter를 메트릭 수집 대상으로서 사용하고 있는지 확인해보겠습니다. 상단 메뉴에서 [Status] → [Targets]를 차례로 클릭합니다.

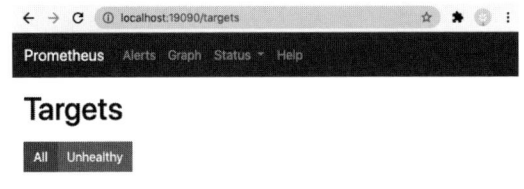

그림 14.10 비어 있는 Targets 화면

이상하게도 아무런 내용도 출력되지 않습니다. 사실 어떠한 시스템을 구축할 때 이처럼 잘 동작하지 않는 경우는 매우 흔합니다. 이런 경우에 가장 먼저 살펴봐야 할 것은 파드의 로그입니다. 프로메테우스의 로그를 확인해보겠습니다.

```
$ kubectl logs -f prometheus-prometheus-0 -c prometheus --tail 10

... Failed to list *v1.Pod: pods is forbidden: User \"system:serviceaccount:default:default\"
cannot list resource \"pods\" in API group \"\" in the namespace \"monitoring\""
... Failed to list *v1.Endpoints: endpoints is forbidden: User \"system:serviceaccount:default:d
efault\" cannot list resource \"endpoints\" in API group \"\" in the namespace \"monitoring\""
...
```

default 서비스 어카운트가 pods, service, endpoints 등의 리소스를 list할 수 없다는 걸로 미뤄봐서 권한 문제임을 추측해볼 수 있습니다. Prometheus 커스텀 리소스를 생성할 때 서비스 어카운트도 별도로 설정해주지 않았고, 권한도 특별하게 설정한 것이 없었기 때문입니다.

이번에는 prometheus라는 이름의 서비스 어카운트를 생성하고 적절한 권한을 부여한 뒤, 프로메테우스 파드가 이 서비스 어카운트를 사용하도록 설정해 보겠습니다. 이 책에서 제공하는 깃허브 저장소에서 다음 파일들을 찾아 리소스를 생성합니다.

```
$ kubectl apply -f prometheus-clusterRole.yaml
clusterrole.rbac.authorization.k8s.io/prometheus-k8s created

$ kubectl apply -f prometheus-clusterRoleBinding.yaml
clusterrolebinding.rbac.authorization.k8s.io/prometheus-k8s created

$ kubectl apply -f prometheus-serviceAccount.yaml
serviceaccount/prometheus-k8s created
```

프로메테우스가 새 서비스 어카운트를 사용하도록 설정합니다. 다음의 YAML 파일을 적용하면 프로메테우스 파드가 다시 생성될 것입니다.[17]

예제 14.4 prometheus-sa-configured.yaml

```yaml
apiVersion: monitoring.coreos.com/v1
kind: Prometheus
metadata:
  name: prometheus
  namespace: default
```

---

17 kubectl port-forward로 프로메테우스와의 연결을 유지하고 있던 상태라면 웹 UI에 접근하기 위해서 port-forward를 종료한 뒤 다시 실행해야 할 수도 있습니다.

```
spec:
  replicas: 1
  serviceMonitorNamespaceSelector: {}
  serviceMonitorSelector: {}
  serviceAccountName: prometheus-k8s
```

```
$ kubectl apply -f prometheus-sa-configured.yaml
prometheus.monitoring.coreos.com/prometheus configured
```

그러고 나서 프로메테우스 웹 UI에서 Targets를 다시 확인해보면 node-exporter 파드가 제대로 인식돼 있을 것입니다. 프로메테우스는 이러한 Targets에게 각각 접근해 메트릭을 수집해 저장합니다.

그림 14.11 정상적으로 ServiceMonitor가 인식되어 Targets가 등록된 화면

상단의 [Graph]를 클릭해 메트릭의 종류를 확인해보면 node-exporter가 제공하는 메트릭이 존재합니다. 앞에서 설명했던 것처럼 node-exporter가 제공하는 메트릭은 인프라 수준에 해당하기 때문에 파일 시스템, 디스크, 네트워크 등에 관련된 것들이 대부분입니다.

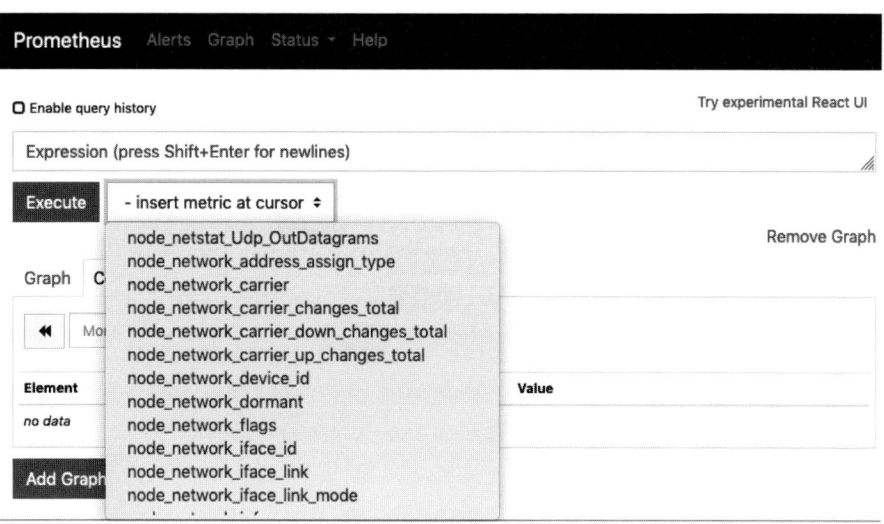

그림 14.12 node-exporter에서 수집되는 메트릭 종류

이와 비슷한 방법으로 kubelet의 CAdvisor와 kube-state-metrics에 대해서도 메트릭을 수집하면 됩니다. kubelet과 kube-state-metrics를 위한 ServiceMonitor 또한 생성해서 메트릭을 수집해 보겠습니다.

```
$ kubectl apply -f kube-state-metrics-serviceMonitor.yaml
servicemonitor.monitoring.coreos.com/kube-state-metrics created

$ kubectl apply -f kubelet-serviceMonitor.yaml
servicemonitor.monitoring.coreos.com/kubelet created
```

 ServiceMonitor의 내용은 쿠버네티스보다는 프로메테우스에 의존적인 내용이 많으므로 이 책에서는 ServiceMonitor의 세세한 설정 방법까지 다루지는 않습니다. 하지만 프로메테우스를 제대로 사용하려면 ServiceMonitor에서 사용되는 각종 프로메테우스 설정 옵션들을 반드시 알고 있어야 합니다. 이러한 내용에 관심이 있다면 이 책에서 제공하는 깃허브에서 프로메테우스 관련 강좌를 읽어보는 것을 추천합니다.

ServiceMonitor가 정상적으로 적용됐다면 웹 UI의 Targets에서 다음과 같은 출력 결과를 볼 수 있습니다. kubelet 및 node-exporter에서 표시되는 숫자는 노드의 개수에 따라 다를 수 있으며, 아래에서는 4개의 노드로 테스트했기 때문에 (4/4 up)처럼 표시됩니다.

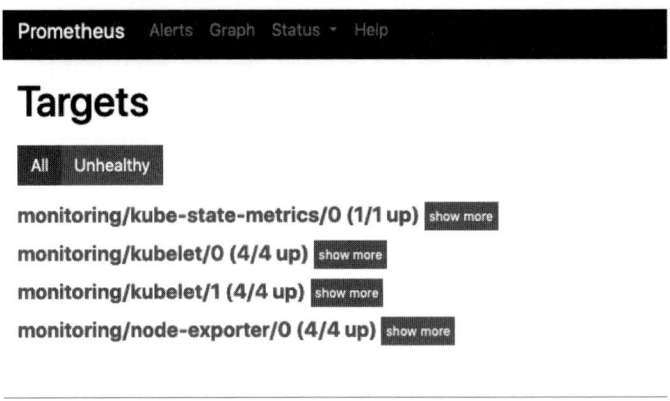

그림 14.13 정상적으로 메트릭을 수집하고 있는 프로메테우스의 Targets 화면

프로메테우스에 수집되는 데이터는 보통 그라파나라고 하는 별도의 대시보드 도구를 통해 확인하는 것이 일반적이지만 프로메테우스 웹 UI에서도 간단하게나마 메트릭을 확인할 수 있습니다. 상단 메뉴에서 [Graph]를 클릭하고, 원하는 메트릭 이름을 선택한 뒤 [Execute]를 클릭하면 간단하게나마 메트릭 데이터 또는 그래프를 볼 수 있습니다.

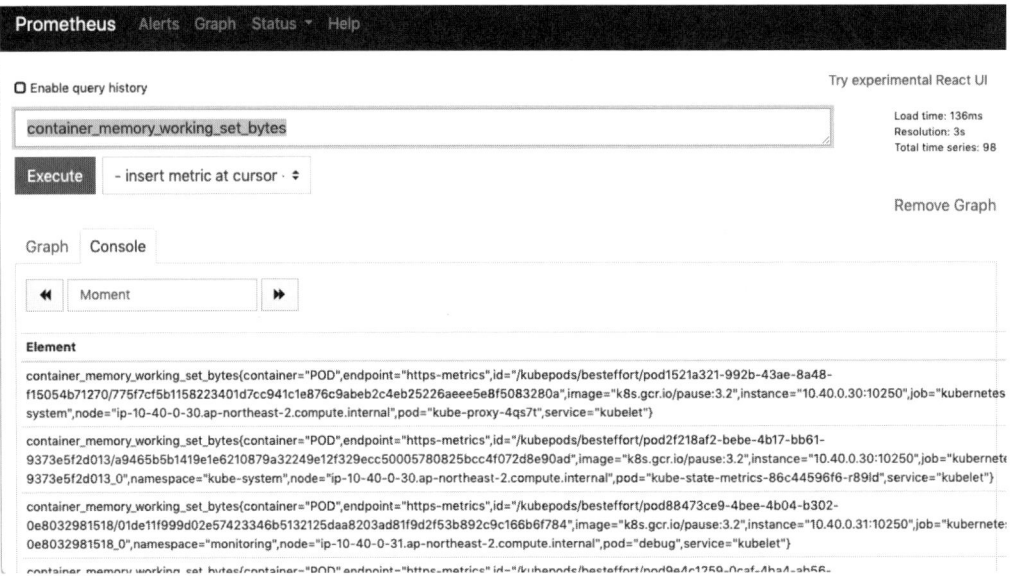

그림 14.14 웹 UI에서 메트릭을 조회한 결과

프로메테우스는 수집되는 메트릭 양에 따라 메모리를 꽤 많이 소모하는 시계열 데이터베이스입니다. 따라서 프로메테우스의 데이터 리텐션(retention)은 짧게 설정하는 것이 일반적이며, 기본적으로는 최근 24시간 동안의 데이터만 조회할 수 있습니다.[18] 프로메테우스에 수집되는 장기간의 데이터를 시각화하고 싶다면 추가적으로 타노스(Thanos) 같은 솔루션을 찾아보는 것도 좋은 방법입니다.

14.4.3 그라파나로 프로메테우스 메트릭 시각화하기

프로메테우스에 메트릭이 잘 수집됐다면 다음은 메트릭을 보기 좋게 시각화할 차례입니다. 시각화 도구는 프로메테우스와 호환되는 것이라면 무엇을 사용해도 큰 문제는 없으나 이번 절에서는 그라파나라고 하는 대시보드 도구를 사용해 메트릭을 확인해 보겠습니다.

그라파나는 별도의 설정 없이 도커 허브의 그라파나 이미지만 사용하면 손쉽게 설치할 수 있습니다. 이 책에서 제공하는 깃허브 저장소의 chapter14에 위치한 grafana.yaml 파일을 사용해 그라파나를 배포합니다.

예제 14.5 chapter14/grafana.yaml

```
apiVersion: apps/v1
kind: Deployment
metadata:
  name: grafana
  namespace: default
...
  spec:
    containers:
    - image: grafana/grafana:7.0.0
      name: grafana
...

$ kubectl apply -f grafana.yaml
deployment.apps/grafana created
service/grafana created
```

---

18 프로메테우스 실행 옵션 중 --storage.tsdb.retention.time의 값을 참고합니다. 수집되는 메트릭의 양이 그다지 많지 않다면 이 값을 24시간보다 좀 더 늘려도 괜찮습니다.

> 지금은 프로메테우스와 그라파나를 테스트용으로 사용하고 있기 때문에 별도의 볼륨을 마운트하지 않았습니다. 하지만 실제 운영 환경에서는 프로메테우스나 그라파나에 장애가 발생하더라도 데이터가 유실되지 않도록 퍼시스턴트 볼륨을 반드시 사용하는 것이 좋습니다.

그라파나에 접근하기 위한 서비스를 LoadBalancer 타입으로 사용해 외부에서 접근할 수 있도록 만들어도 되지만 지금은 간단히 사용해보기 위해 ClusterIP 타입으로 생성한 뒤 port-forward를 통해 그라파나에 접근해 보겠습니다. 다음 명령어로 그라파나 서비스로 임시 포트 포워딩을 연결한 다음, 브라우저에서 127.0.0.1:3000 주소로 접속합니다.

```
$ kubectl port-forward svc/grafana 3000:3000
Forwarding from 127.0.0.1:3000 -> 3000
Forwarding from [::1]:3000 -> 3000
```

초기 ID와 비밀번호인 admin/admin을 입력해 로그인하면 관리자 비밀번호를 변경할 수 있습니다.

그림 14.15 그라파나의 기본 로그인 화면

그리고 나서 다음으로 넘어가면 다음과 같은 화면을 볼 수 있습니다.

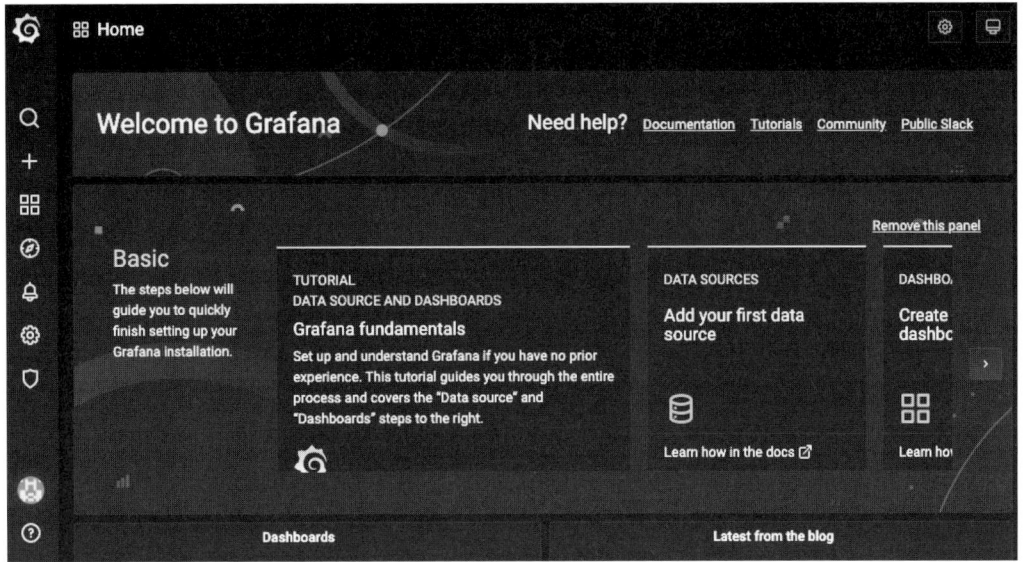

그림 14.16 그라파나의 메인 화면

그라파나에서 메트릭을 시각화하려면 먼저 프로메테우스를 데이터 소스로 등록한 뒤, 쿼리를 통해 메트릭을 시각화하는 대시보드를 생성해야 합니다. 우선 이전에 사용했던 프로메테우스를 그라파나에 데이터 소스로 등록해 보겠습니다. 좌측의 톱니바퀴 모양(Configuration)을 클릭하고 [Data Sources]를 선택한 뒤 [Add data source] 버튼 → [Prometheus]를 차례대로 선택합니다.

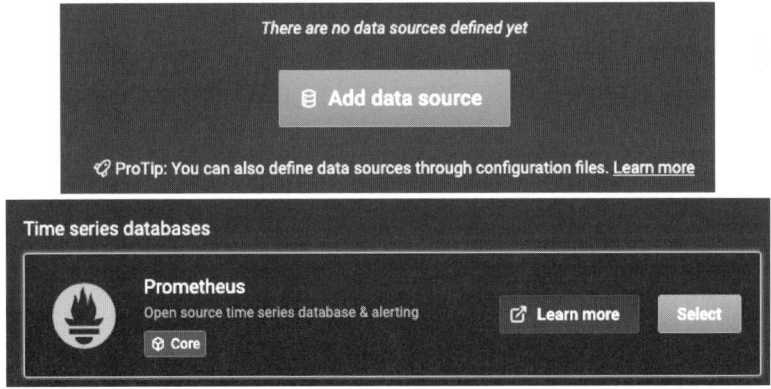

그림 14.17 데이터 소스 추가 화면

그러고 나면 프로메테우스에 접근하기 위한 정보를 입력할 수 있습니다. [Name]에는 기본값인 'Prometheus'를 입력하고, [URL] 항목에는 프로메테우스에 접근하기 위한 주소를 입력합니다. 아래 예시에서는 프로메테우스와 연결돼 있는 서비스 이름의 주소(http://prometheus-operated.default.svc:9090)를 입력했습니다.

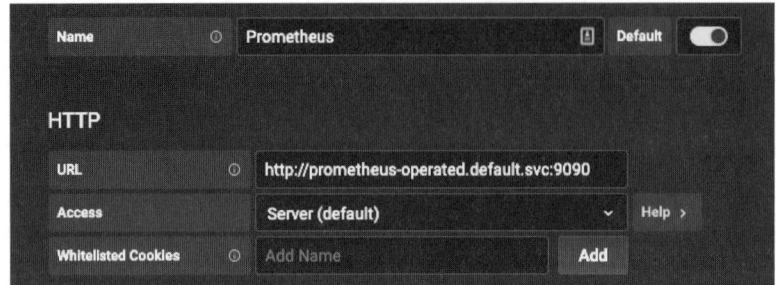

그림 14.18 프로메테우스를 데이터 소스로 등록

하단의 [Save & Test] 버튼을 클릭해 프로메테우스에 제대로 연결됐는지 테스트하고 저장합니다.

그림 14.19 그라파나와 프로메테우스의 연결 테스트 및 등록

다음은 프로메테우스 데이터 소스를 이용해 그라파나 대시보드를 생성할 차례입니다. 그라파나에 익숙하다면 직접 대시보드를 만들어도 상관없지만 이미 공개돼 있는 많은 대시보드 중 적절한 것을 가져와 사용하는 것도 좋은 방법입니다. 그라파나 공식 사이트[19]에 접속하면 쿠버네티스, 도커 스웜 모드 등 다양한 환경에서 사용할 수 있는 대시보드를 검색할 수 있습니다.

---

[19] https://grafana.com/grafana/dashboards

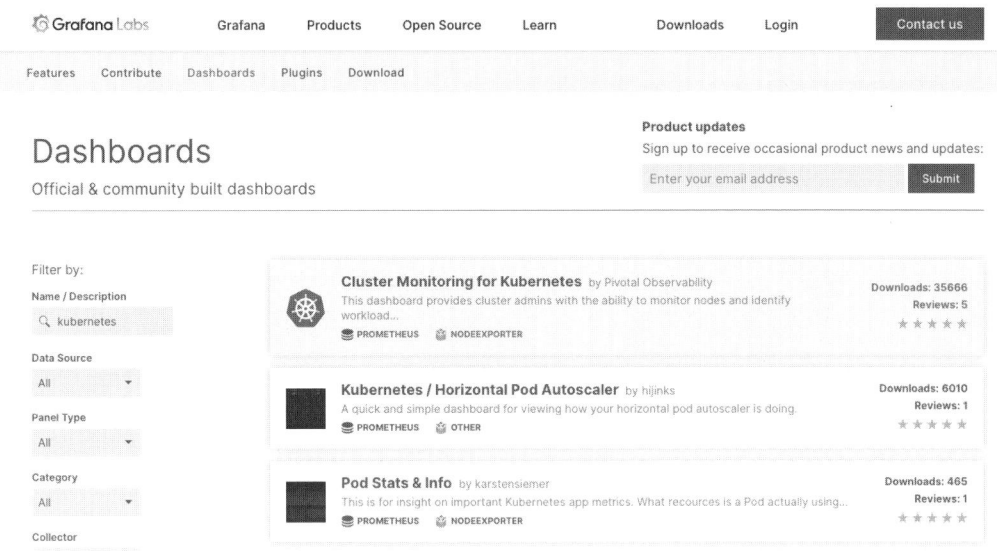

그림 14.20 그라파나 대시보드 사이트에서 'kubernetes'로 검색한 결과

공개돼 있는 그라파나 대시보드는 ID 단위로 구분하며, ID만 알고 있으면 그라파나에서 그대로 Import할 수 있습니다.

여러분이 쉽게 따라할 수 있도록 이번 장에서 구축한 node-exporter, CAdvisor의 메트릭을 활용할 수 있는 대시보드[20]를 미리 만들어뒀으니 이 대시보드의 ID를 복사해 두겠습니다. 아래 그림에서 확인할 수 있는 것처럼 이 대시보드의 ID 번호는 13077입니다.

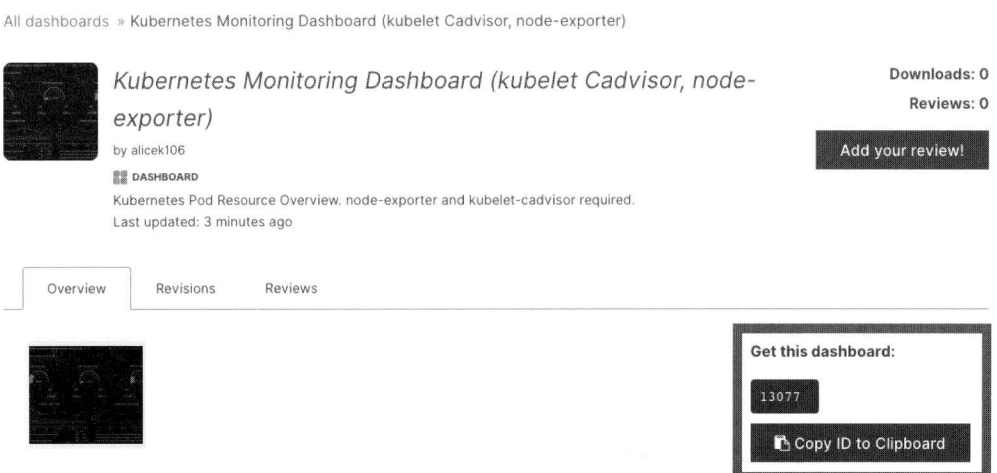

그림 14.21 테스트용으로 사용할 대시보드

---

20 https://grafana.com/grafana/dashboards/13077

그라파나의 왼쪽 메뉴에서 [Dashboards] → [Manage]를 선택한 뒤 [Import] 버튼을 클릭합니다.

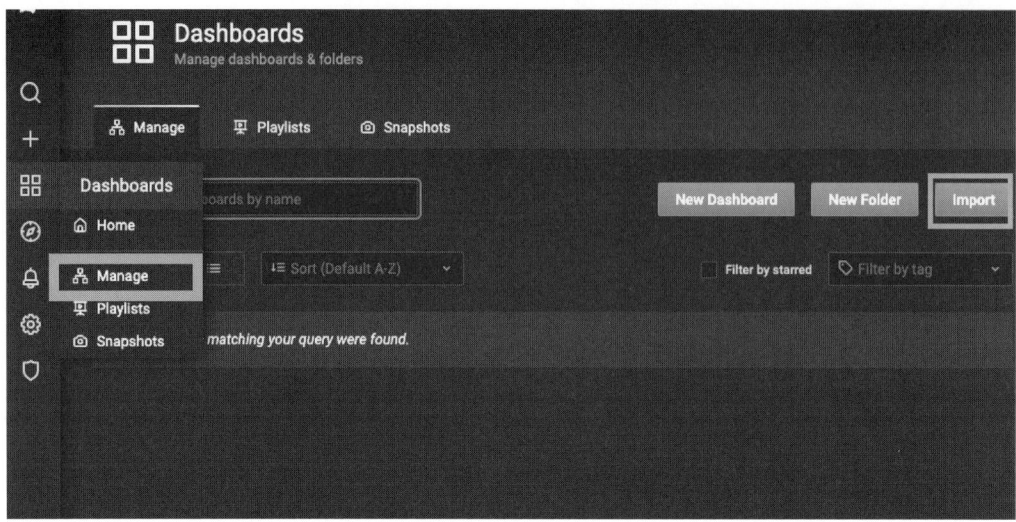

그림 14.22 [Dashboards] → [Manage] → [Import] 클릭

위에서 소개한 대시보드 ID인 13077을 [Import via grafana.com] 항목에 입력하고 [Load]를 클릭합니다.

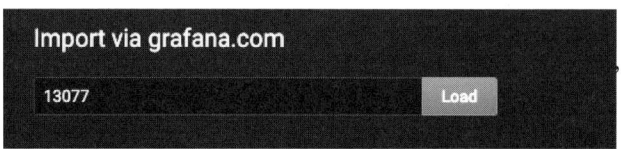

그림 14.23 대시보드 ID 입력

아래 부분에서 어떠한 Prometheus 데이터 소스를 사용할 것인지 선택합니다. 방금 등록한 프로메테우스를 선택하면 됩니다.

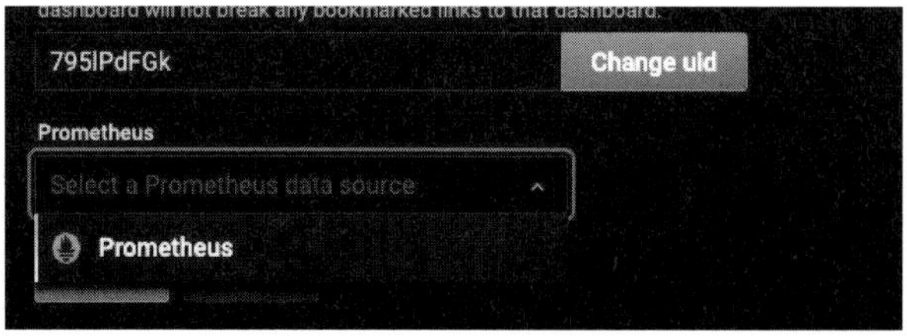

그림 14.24 데이터 소스 선택

그런 다음 하단의 [Import] 버튼을 클릭하면 프로메테우스 메트릭을 시각화한 대시보드를 확인할 수 있습니다.

그림 14.25 프로메테우스에 수집된 메트릭으로 대시보드를 구성한 화면

 그라파나의 기본적인 사용법을 이해하기 위해 이번 절에서는 이미 존재하는 대시보드를 가져오는 예시만 설명했습니다. 하지만 실제로 여러분만의 대시보드를 구성하려면 PromQL이라고 하는 프로메테우스 전용 쿼리 문법을 사용할 줄 알아야 하며, 프로메테우스의 데이터 포맷 또한 어느 정도 이해하고 있어야 합니다. 프로메테우스의 사용법에 관심이 있다면 프로메테우스 공식 문서[21]를 참고하거나 깃허브 저장소에서 제공하는 별도의 강좌 링크를 읽어보기 바랍니다.

---

21 https://prometheus.io/docs/prometheus/latest/querying/basics/

memo

부록

부록 A 도커 데몬 시작 옵션 변경하기
부록 B gcloud 명령어 설치하기
부록 C AWS CLI 설치하기

부록 A _ 도커 데몬 시작 옵션 변경하기

도커 데몬 시작 옵션을 변경하는 방법은 두 가지가 있습니다. 첫 번째는 도커 데몬 서비스의 시작 옵션을 직접 변경하는 것이고, 두 번째는 daemon.json을 설정해 도커 데몬이 설정 파일을 읽게 하는 것입니다. 전자는 운영체제마다 사용하는 방법이 조금씩 다르지만, 후자는 기본적으로 /etc/docker/daemon.json 파일을 사용하므로 대부분의 리눅스 운영체제에서 동일하게 사용할 수 있습니다. 도커 데몬의 실행 옵션이 잘못 설정되면 도커 데몬이 시작하지 않을 수 있으므로 주의해야 합니다.

(1) 도커 데몬 서비스 파일 변경하기

도커 데몬의 서비스 파일을 변경함으로써 도커 데몬의 시작 옵션을 변경해 도커 데몬의 여러 기능을 추가로 사용할 수 있습니다. 그러나 서비스 파일을 변경하는 방법은 운영체제와 배포판에 따라 조금씩 다르므로 본 항목을 참조해 알맞게 사용하길 바랍니다. 또한 대부분의 설정 변경은 도커를 재시작해야 정상적으로 적용되므로 설정 파일을 변경한 뒤에는 도커 서비스를 재시작해야 합니다.

이번 장에서 설명하는 옵션 적용은 모두 다음과 같은 명령어로 사용할 수 있습니다. 그러나 이 경우 서비스가 아닌 포그라운드로 도커 데몬을 실행합니다.

```
# dockerd (옵션)
Ex) dockerd -H tcp://0.0.0.0:2375 -H unix:///var/run/docker.sock
```

도커 데몬의 옵션을 변경한 뒤에 도커가 제대로 시작되지 않는다면 설정 파일에 추가한 옵션을 dockerd 명령어로 직접 실행시켜 보는 것도 좋은 방법입니다. 어떠한 옵션이 잘못되어 도커 데몬이 시작하지 못하는지 직접 확인할 수 있기 때문입니다.

우분투 24.04이상, CentOS 7, Raspbian Stretch: 라즈비안 스트레치

/etc/default/docker 파일이 존재하지 않는다면 이 파일을 직접 생성한 뒤 DOCKER_OPTS 항목을 입력합니다.

```
# vi /etc/default/docker
DOCKER_OPTS="-H tcp://0.0.0.0:2375 -H unix:///var/run/docker.sock"
```

systemd 기반의 리눅스는 /etc/default/docker 파일을 수정해도 도커 데몬에 직접적으로 적용되지 않습니다. 이를 위해 도커의 서비스 파일에서 도커 데몬이 /etc/default/docker의 DOCKER_OPTS를 참조하도록 수정해야 합니다.

CentOS 7은 아래의 파일을 수정합니다.

```
# vi /usr/lib/systemd/system/docker.service
```

우분투, 라즈비안 등의 데비안 계열 운영체제는 아래의 파일을 수정합니다.

```
# vi /lib/systemd/system/docker.service
```

도커의 서비스 파일에서 다음과 같이 EnvironmentFile 항목을 추가하고 시작 옵션에 $DOCKER_OPTS를 추가합니다.

```
......
EnvironmentFile=-/etc/default/docker
ExecStart=/usr/bin/dockerd $DOCKER_OPTS
ExecReload=/bin/kill -s HUP $MAINPID
...
```

만약 도커의 서비스 파일을 찾을 수 없다면 다음 명령어로 위치를 직접 확인할 수 있습니다. 아래의 예시는 도커의 서비스 파일 경로가 /lib/systemd/system/docker.service인 경우입니다.

```
# systemctl status docker | grep docker.service
● docker.service - Docker Application Container Engine
   Loaded: loaded (/lib/systemd/system/docker.service; enabled; vendor preset: enabled)
   CGroup: /system.slice/docker.service
```

도커의 서비스 파일을 다시 로드한 뒤 재시작합니다.

```
# systemctl daemon-reload
# systemctl restart docker
```

그러고 나면 앞으로 도커 데몬의 시작 옵션을 수정할 때 docker.service 파일이 아닌 /etc/default/docker 파일을 수정하면 됩니다.

Docker Desktop on Windows / Mac

Docker Desktop의 오른쪽 위의 톱니바퀴 아이콘을 클릭한 뒤, 왼쪽의 Docker Engine 항목을 클릭하면 도커 데몬 옵션을 수정할 수 있습니다. 각 옵션은 뒤에서 설명할 daemon.json에 쓰이는 형식과 동일한 JSON 형태로 입력해야 합니다.

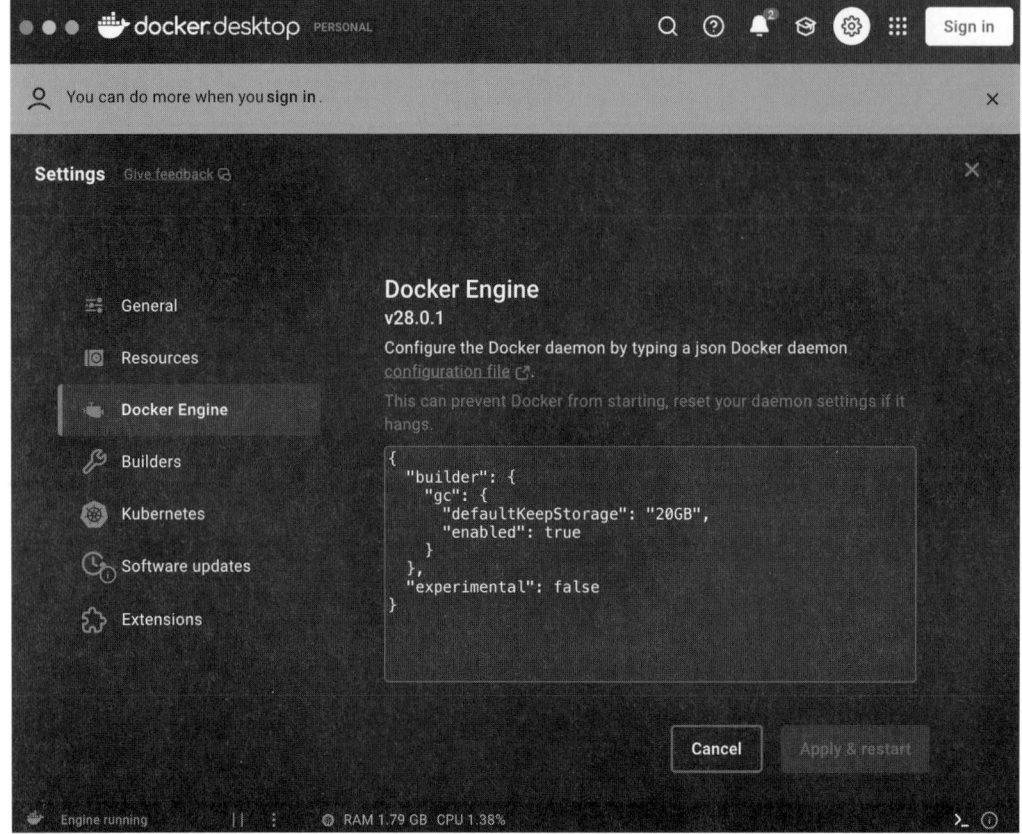

그림 A.1 [Docker Engine] 탭에서 옵션 입력

단, Docker Desktop on Windows / Mac에서는 도커의 일부 기능이 제한될 수 있다는 점에 유의합니다.

(2) daemon.json 파일 작성하기

도커 데몬은 JSON 형태로 된 파일을 읽어 실행 옵션으로 사용합니다. 도커 데몬은 기본적으로 /etc/docker/daemon.json 파일을 읽지만 이 파일이 없어도 도커 데몬이 실행되므로 꼭 이 방법을 사용해야 하는 것은 아닙니다. 그렇지만 현재 사용 중인 운영체제에서 도커 서비스 설정 파일의 위치를 모르거나 도커 실행 옵션이 많아서 관리가 어렵다면 daemon.json 파일을 작성하는 것이 편리합니다.

/etc/docker/daemon.json이 아닌 다른 경로를 설정하려면 도커 데몬의 실행 옵션에 다음과 같이 추가합니다.

```
DOCKER_OPTS="...... --config-file=/mydir/daemon.json ...."
```

daemon.json 작성법은 다음과 같으며 리눅스에서는 /etc/docker/daemon.json을 기본적으로 사용합니다. daemon.jon 파일에서는 도커 데몬의 모든 옵션을 설정할 수 있습니다. 다음은 이 책에서 다뤘거나 자주 사용하는 도커 데몬 실행 옵션을 보여줍니다.

```
{
  "hosts": [
    "0.0.0.0:2376",
    "unix:///var/run/docker.sock"
  ],
  "labels": [
    "servername=alicek106"
  ],
  "insecure-registry": [
    "192.168.99.102:5000"
  ],
  "storage-driver": "overlay2",
  "tls": true,
  "tlscacert": "/root/.docker/ca.pem",
  "tlscert": "/root/.docker/cert.pem",
  "tlskey": "/root/.docker/key.pem",
  "tlsverify": true
}
```

부록 B _ gcloud 명령어 설치하기

gcloud는 구글 클라우드 플랫폼을 좀 더 효율적으로 사용하기 위해 구글 클라우드에서 제공하는 명령어입니다. gcloud를 사용하면 GKE의 쿠버네티스 클러스터를 명령어로도 손쉽게 생성하고 삭제할 수 있으며, 각종 작업을 자동화할 수 있다는 장점이 있습니다.

gcloud는 맥 OS X, 리눅스 모두에서 구글 클라우드에서 제공하는 셸 파일을 통해 간편하게 설치할 수 있습니다. 입력을 묻는 문구가 출력되면 아무것도 입력하지 않고 엔터를 눌러 기본값을 사용하도록 설정합니다. 설정값들은 필요에 따라서 변경해 사용해도 됩니다.

```
$ curl https://sdk.cloud.google.com | bash
```

셸 파일의 실행이 끝났다면 현재 터미널에서 사용하고 있는 셸을 다시 시작합니다.

```
$ exec -l $SHELL
```

gcloud init 명령어를 사용해 구글 클라우드에 로그인합니다. 로그인 확인을 묻는 입력에는 y를 입력하고, 출력되는 링크를 복사해 웹 브라우저에서 접속합니다.

```
$ gcloud init

Welcome! This command will take you through the configuration of gcloud.
…
You must log in to continue. Would you like to log in (Y/n)?  y

Go to the following link in your browser:

https://accounts.google.com/o/oauth2..
```

웹 브라우저에서 안내하는 계정 로그인 및 권한을 허용하면 로그인 코드를 얻을 수 있습니다. 이 코드를 복사한 다음, 다시 터미널로 돌아와 붙여넣습니다.

```
Enter verification code: 4/RAGjw7XPvU4…
```

다음은 사용할 프로젝트와 리전을 선택할 차례입니다. 쿠버네티스 클러스터를 생성할 때 사용했던 프로젝트가 있다면 해당 프로젝트를 선택합니다.

```
Pick cloud project to use:
 [1] gcd-test-216509
 [2] Create a new project
```

```
Please enter numeric choice or text value (must exactly match list item): 1

Your current project has been set to: [gcd-test-216509].
```

사용할 리전을 선택할 때는 여러분이 기존에 사용하고 있는 리전을 선택해도 되지만, 아래 예시에서는 GKE에서 클러스터를 생성할 때 기본적으로 사용하도록 설정된 us-central1-a를 선택했습니다.

```
Do you want to configure a default Compute Region and Zone? (Y/n)?  y

Which Google Compute Engine zone would you like to use as project
default?
If you do not specify a zone via a command line flag while working
with Compute Engine resources, the default is assumed.
 [1] us-east1-b
 [2] us-east1-c
 [3] us-east1-d
 [4] us-east4-c
 [5] us-east4-b
 [6] us-east4-a
 [7] us-central1-c
 [8] us-central1-a
 …

Too many options [62]. Enter "list" at prompt to print choices fully.
Please enter numeric choice or text value (must exactly match list item):  8
```

GKE의 클러스터 목록을 출력해 정상적으로 설정이 완료됐는지 확인합니다.

```
$ gcloud container clusters list
NAME                 LOCATION         MASTER_VERSION         …
standard-cluster-1   us-central1-a    1.31.6-gke.1020000     …
```

gcloud container clusters get-credentials 〈클러스터 이름〉처럼 명령어를 입력하면 해당 클러스터에 접근하기 위한 접근 정보가 담겨있는 kubeconfig를 가져올 수 있습니다.

```
$ gcloud container clusters get-credentials standard-cluster-1
Fetching cluster endpoint and auth data.
kubeconfig entry generated for standard-cluster-1.
$ kubectl get nodes
NAME                       STATUS    ROLES     AGE    VERSION
gke-standard-cluster-1-…   Ready     <none>    109m   1.31.6-gke.1020000
```

부록 C _ AWS CLI 설치하기

AWS CLI는 AWS의 기능을 커맨드 라인으로 사용할 수 있는 명령어입니다. 셸에서 인스턴스나 EBS 볼륨의 생성, 삭제를 할 수 있기 때문에 각종 자동화 작업에 유용하게 활용할 수 있다는 장점이 있습니다.

AWS CLI는 맥 OS X, 리눅스 등에서 사용할 수 있으며, 파이썬 3 이상이 설치돼 있다면 pip3 명령어를 이용해 쉽게 설치할 수 있습니다.[1]

```
$ pip3 install awscli
```

아래 명령어로 AWS CLI가 정상적으로 설치됐는지 확인합니다.

```
$ aws --version
aws-cli/1.16.249 Python/3.7.4 Darwin/18.7.0 botocore/1.12.239
```

AWS CLI를 사용하려면 AWS에서 발급한 접근키(Access Key)와 비밀키(Secret Key)가 필요합니다. 접근키와 비밀키는 AWS 웹사이트에 접속한 뒤, IAM에서 새로운 사용자(User)를 생성함으로써 얻을 수 있습니다.[2]

AWS 웹사이트의 IAM에서 왼쪽의 [사용자]를 클릭한 뒤, [사용자 추가] 버튼을 클릭합니다.

그림 C.1 AWS IAM의 사용자 추가

---

1 다른 플랫폼에서의 설치 방법은 AWS 공식 문서인 https://docs.aws.amazon.com/ko_kr/cli/latest/userguide/cli-chap-install.html을 참고합니다.
2 https://console.aws.amazon.com/iam/home?region=ap-northeast-2#/users

'사용자 이름' 항목에는 적절한 사용자 이름을 입력하고, 엑세스 유형에서는 '프로그래밍 방식 액세스' 체크박스에 체크한 다음 [다음: 권한] 버튼을 클릭해 넘어갑니다.

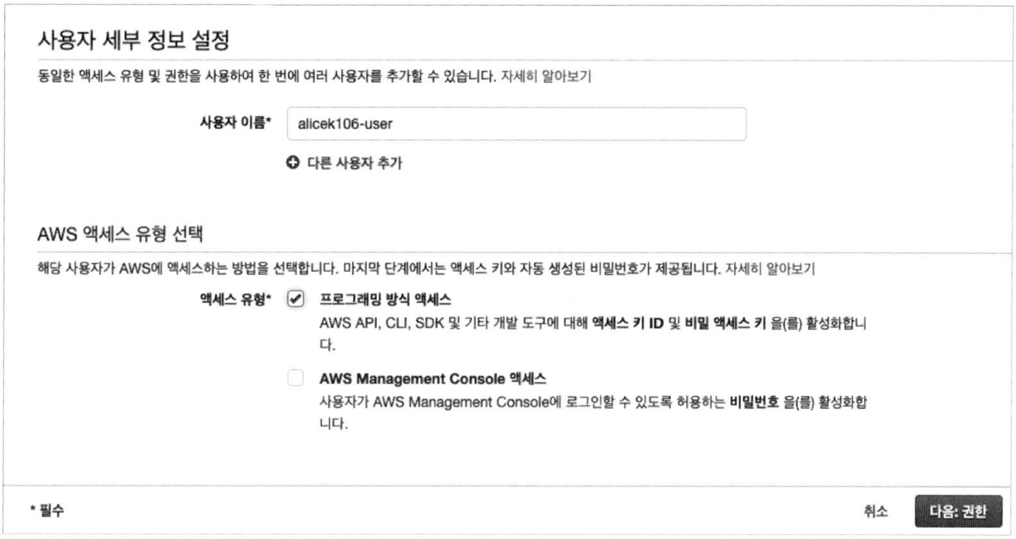

그림 C.2 사용자 세부 정보 설정

권한 설정에서는 [기존 정책 직접 연결]을 클릭하고, 최고 관리자 권한인 'AdministratorAccess' 왼쪽에 있는 체크박스에 체크합니다. 단, 실제 운영 환경에서는 최소한으로 필요한 권한만을 부여해 사용하는 것이 좋습니다.

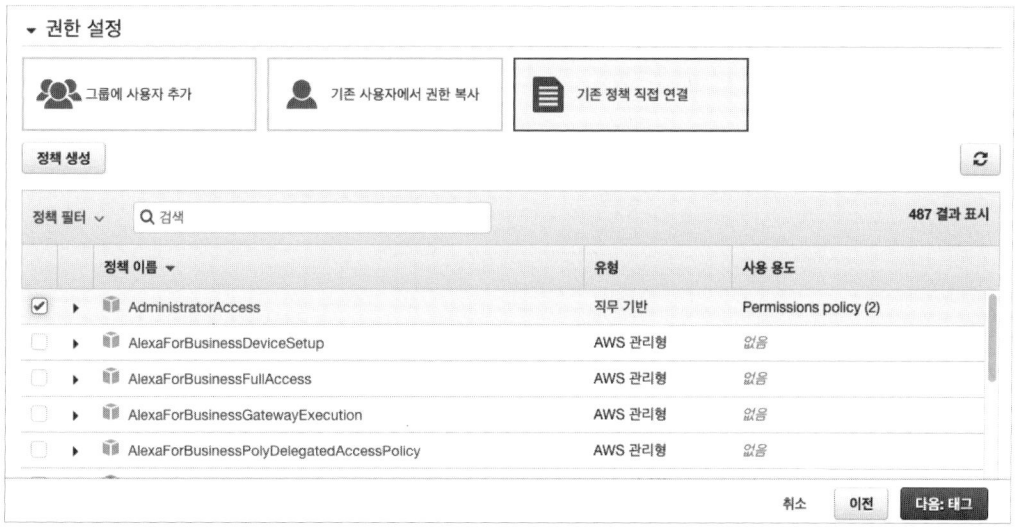

그림 C.3 사용자에게 권한 추가

태그 입력은 필수가 아니므로 [다음: 검토] 버튼을 클릭해 검토 페이지로 넘어갑니다. 검토 페이지에서 [사용자 만들기] 버튼을 클릭하면 최종적으로 사용자가 생성되고, 액세스 키 ID와 비밀 액세스 키가 화면에 표시됩니다. 이 키는 AWS의 리소스를 제어할 수 있는 권한이 있으므로 절대로 외부에 유출되지 않아야 합니다.

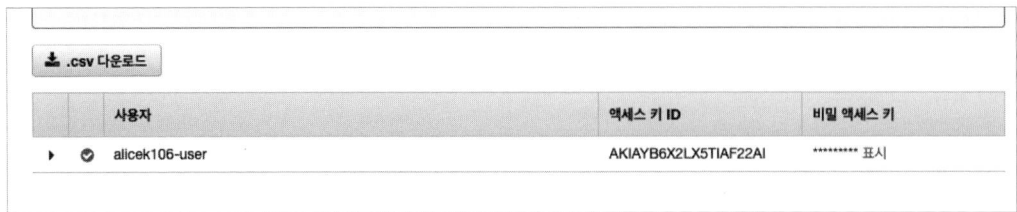

그림 C.4 출력된 액세스 키 ID와 비밀 액세스 키 복사

aws configure 명령어를 입력하면 AWS CLI에 키를 설정할 수 있습니다. 입력하는 항목 중에서 AWS Access Key ID와 AWS Secret Access Key에는 앞에서 출력된 키를 각각 입력합니다.

```
$ aws configure
AWS Access Key ID [None]:
AWS Secret Access Key [None]:
Default region name [ap-northeast-1]: ap-northeast-2³
Default output format [None]:
```

EC2 인스턴스의 목록을 출력하는 다음 명령어를 사용해 AWS CLI가 적절히 설정됐는지 확인할 수 있습니다.

```
$ aws ec2 describe-instances --region ap-northeast-2
```

---

3 ap-northeast-2a는 서울 리전입니다.

찾아보기

기호

.matchLabel	284
.targetPort	295

A – C

A 레코드	313
AccessMode	390
activeDeadlineSeconds	472, 562
Affinity	81
aggregation	418
Aggregation	585
annotation	362, 404
annotations	306
apache benchmark	541
API 그룹	430
apiGroups	413
APIService	585
ARC	159
author	84
awscli	385
bash	21
BestEffort	463, 471
brctl	49
btrfs	155
Burstable	463
bypass	361
ca.crt	101
CAdvisor	162, 373, 576
calico	252, 292
CFS	80
cgroup	3, 164
chroot	3
clone	158
CloudWatch	70
cluster-admin	441
ClusterIP	296
CNAME	313
CNCF	235
commit	83
Containerize	31
Context	112
Cordon	504
CPU 아키텍처	91
CPU 친화성	81
CPU Manager	458
CRD	550
CRI-O	4
Custom Resource Definition	550

D – F

dangling	87, 162
Declarative	546
default	315
detached 모드	177
Dex	438
dig	56
Digest	104
DiskPressure	459
DNS	55
DNS 서버	56, 200
docker0	48, 50
Dockerfile	109
docker_gwbridge	190
docker.io	83
docker-registry	338, 431
drain	505
Drain	205
dry-run	333
EBS	384
EKS	238
emptyDir	373
endpoint	298
Endpoint	533
entrypoint	131, 138, 220
ENTRYPOINT	113, 131
ephemeral-storage	449
etcd	482, 548
events	160, 532
Eviction	459, 506

exec	35, 267	
export	89, 137	
exporter	577	
EXPOSE	115	
ExternalName	312	
externalTrafficPolicy	308	
firewall-rules	300	
fluentd	67	
FQDN	320	
Fully Qualified Domain Name	320	

G – K

gcr.io	83
generic	335
GKE	236
Go 언어	2
Go 템플릿	25, 200
hostPath	372
HPA	539
htop	80
htpasswd	99
HTTPS	97
ifconfig	27, 47, 193
Imperative	546
Impersonate	410
ingress	172, 190
Ingress	349
Ingress Controller	353
init 프로세스	521
inspect	44, 46
JSON 배열	134
json-file	60
jsonpath	379
kops	250
kubeadm	244
kube-apiserver	408
kubeconfig	433
kubectl	241

kubectl proxy	423
kubelet	582
kube-prometheus	588
kube-scheduler	482
kubespray	244
kube-state-metrics	587
kube-system	316, 482, 564
kustomize	334, 342

L – N

Layers	85
libcontainer	6
LimitRange	473
link	36
load	88
LoadBalancer	302
MacVLAN	57
manifests	103
matchLabels	394
maxLimitRequestRatio	476
maxSurce	517
MemoryPressure	459
metrics-server	539, 579
minReadySeconds	534
MongoDB	67
Mountpoint	45
mysql	34, 61
namespace	3
NAT IP	28
NFS	377
Nginx	97
node-exporter	588
Node.js	130
nodeName	485
NoExecute	501
ntp	243
NTP	170

O – R

OIDC	438
OOM	459
Operator	556
Out Of Memory	459
Overcommit	450
OverlayFS	153
PaaS	159, 203
Persistent Storage	204
postStart	527
preStop	536
Private Registry	95
Projection	330
provisioner	401
QoS 클래스	458
Raft Consensus	172
RBAC	406
rebalance	183
Reclaim Policy	394
Reconcile	556
Remote API	142
replica	176
ResourceQuota	317, 465, 467
REST 요청	424
restartPolicy	464, 522, 558
RESTful API	96, 102
revisionHistoryLimit	514
rewrite-target	363
Role Based Access Control	406
Rolling Update	177
root 사용자	126
round-robin	180
Route53	254
Routing Mesh	190
rsyslog	64

S – Z

S3 버킷	251
save	88
Scheduler	176
schemaVersion	104
SDK	427
secret	186
Self-Signed	98
ServiceMonitor	594
sessionAffinity	302
SIGKILL	127, 536
SIGTERM	536
SNAT	307
SRV 레코드	569
star	83
stateful	46
stress	78, 79
Sun Microsystems	157
Swap	243
Swap 메모리	77
syslog	64
Taints	497
tar	131
Task	175
terminationGracePeriodSeconds	536
tls	341
TLS	146, 149, 364
Tolerations	497
tolerationSeconds	501
tty	21
Unschedulable	504
veth	47
VIP	200
Virtual IP	200
VTEP	195
Watch	510, 555
YAML 파일	212
yml	106
ZFS	157

ㄱ - ㄹ

가상 머신	3
가상 호스트	349
게이트웨이	50
공유기	58
그룹	436
네임스페이스	3, 268, 314
네트워크 네임스페이스	271
네트워크 드라이버	58
네트워크 애드온	249
네트워크 플러그인	292
노드 스코어링	484
노드 필터링	484
다이제스트	104
대시보드	163
댕글링	162
댕글링(dangling) 이미지	87
도커 데몬	139
도커 볼륨	97, 201
도커 서버	139
도커 엔진	18
도커 커뮤니티	149
도커 클라이언트	139
도커 허브	19, 82, 89, 110
디버그 모드	159
디플로이먼트	284
라벨	116, 206, 486
라벨 셀렉터	279, 298, 508
라우팅	190
라우팅 메시	190
라운드 로빈	55, 180, 199, 226
레플리카	176
레플리카 셋	469
레플리카셋	273
로깅 드라이버	63
롤링 업데이트	177, 514
리눅스 컨테이너	6

ㅁ - ㅅ

마이크로서비스	5, 274
매니페스트	103
맥(MAC) 주소	53
멀티 스테이지	119
메모리 스왑	243
메타데이터	112
명령형	546
모놀리스	5
모니터링	159
몽고DB	67
바이패스	361
배시 셸	33, 131
배시(bash) 셸	21
백그라운드	34
버추얼박스	13
볼륨	37
볼륨 컨테이너	41
분산 코디네이터	197, 482
브리지	37, 54, 197, 225
브리지 네트워크	50
블루 그린 배포	519
사설 레지스트리	95
사이드카 컨테이너	317, 375
서브넷	50
서브 리소스	415
서비스	292
서비스 디스커버리	197, 212
선언적	546
셸 스크립트	8
스케줄러	176
스키마 버전	104
스택	227
스테이트리스	46
스토리지 드라이버	150
스토리지 클래스	393, 399
썬 마이크로시스템즈	157

ㅇ – ㅋ

아파치 웹 서버	28, 29, 111
애노테이션	280
애드미션 컨트롤러	317
엔드포인트	298, 361, 533
오버레이 네트워크	51, 193, 229
오버레이(overlay) 네트워크	190
오버커밋	450
오브젝트	260
오토 스케일링 그룹	253
오퍼레이터	556
온프레미스	237
워드프레스	31
유닉스 소켓	139
유저	436
인그레스	349
인그레스 컨트롤러	353
인증서	97, 98, 145, 146
재균형	183
제약조건	208
주석	306, 362, 404
캐시	117, 119
캐시 미스	81
커맨드	24, 115, 131, 138
커스텀 리소스	549, 591
컨테이너 레이어	37
컨테이너화	31
컨텍스트	112, 131, 133, 434
컨텍스트 스위칭	81
컨트롤러	555
컨트롤러 매니저	548
컨피그맵	323
코어 API 그룹	414
클론	158

ㅌ – ㅎ

태스크	175
토큰	172
토폴로지	492
퇴거	459, 506
투사	330
퍼시스턴트 볼륨	382
퍼시스턴트 스토리지	204
포그라운드	33, 34, 113
포드	264
포드 스펙	277
포드 템플릿	277
포트 포워딩	30
표준 출력	60
프로메테우스 오퍼레이터	591
프로젝트	216
하이퍼바이저	3
헤드리스 서비스	569
호스트 네트워크	51
호스트 볼륨	38
환경변수	35, 105, 106, 144, 150